DICTIONNAIRE BASQUE-FRANÇAIS

DICTIONNAIRE

BASQUE-FRANÇAIS

PAR

W. J. van EYS

PARIS
MAISONNEUVE
15 Quai Voltaire

LONDRES
WILLIAMS & NORGATE
14 Henrietta Street
Covent garden

1873

PREFACE.

L'accueil bienveillant fait à notre „Essai de Grammaire de la langue basque", nous a encouragé à tenter un autre essai, celui d'un Dictionnaire.

Jusqu'à ce jour rien ou à peu près rien n'a été fait pour la lexicologie basque, et cependant tous ceux qui s'occupent de cette langue intéressante savent combien l'étude en est entravée par le manque d'un dictionnaire. Souvent la publication en a été annoncée comme prochaine, mais ce plan ne s'est jamais réalisé [1]. Nous espérons donc qu'on ne jugera pas avec trop de sévérité ce premier travail nécessairement incomplet.

---

[1] *M. F. Lécluse*, Dict. basq.-esp.-fr. 2 v. 8°. à 2 col. N'a pas paru.

J. B. Archu et F. Michel. gr. 8°. N'a pas paru.

C. A. F. Mahn, dans sa brochure »Denkmäler der baskischen Sprache 1857" dit, qu'il espère publier un jour un dictionnaire basque.

Chaho a commencé à publier un dict. basque (jusqu'à *l*); mais il ne donne que les mots empruntés aux autres langues.

INTRODUCTION.

§ 1.

Nous avons réuni dans ce dictionnaire quatre dialectes: le guipuzcoan, le biscaien, le labourdin et le bas-navarrais. Pour le dialecte labourdin il y avait à consulter le précieux dictionnaire MS. de Silvain Pouvreau, inscrit à la bibliothèque nationale de Paris, sous le n°. 7700. Pour le bas-navarrais il n'y a qu'un tout petit vocabulaire de M. Salaberry d'Ibarolle. Plus tard, à Londres, nous avons pu consulter le Nouveau Testament traduit par Liçarrague et imprimé à la Rochelle en 1571. C'est sans doute un des livres les plus importants pour l'étude de la langue basque.

Pour le guipuzcoan il y a le dictionnaire de Larramendi, qui, quoique bon à consulter, est cependant de moins de valeur qu'on ne serait tenté de le croire; d'abord tous les dialectes sont mêlés, et puis il contient une grande quantité de mots qui sont inconnus ou qui peut-être n'ont jamais été en usage. Larramendi paraît avoir pris un dictionnaire espagnol et l'avoir traduit, sans se demander si le mot qu'il allait traduire était connu ou non; et ce qui est pire encore, c'est qu'il a fabriqué un assez grand nombre de mots, entièrement en désaccord avec le caractère de la langue basque. C'est ainsi qu'il a fait des mots commençant par „des" à la manière espagnole et quelques uns par „be". P. ex. *desjosi*, découdre; *beteuki* de *be-euki*; soutenir, sous-tenir.

La partie étymologique est plus que faible; Larramendi s'est laissé entraîner à considérer le basque comme la source des langues qu'il connaissait; l'espagnol en dérive entièrement, selon lui, ou peu s'en faut, et s'il ne trouve un mot analogue en espagnol, il le cherche et le trouve dans la langue latine, qui l'a pris, cela va sans dire, au basque.

Astarloa va plus loin sous quelques rapports; les voyelles isolées n'ont plus de secrets pour lui; *a* indique la force, *e* la douceur etc., etc. Il y a donc peu à apprendre, sauf quelques exceptions, chez ces auteurs.

Les très rares explications de M. Salaberry ne sont pas heureuses non plus [1]). Chaho est d'un fantastique inouï. Selon lui, „le sanscrit, le grec, le latin, le gallique, le celtibérien des Espagnols n'étaient que des dialectes du celto-scythique (?) du Nord. (p. 45)."

„La langue des Romains et des Brahmines, dialectes celtiques, même dans leur déclinaison qui est empruntée aux Euskariens, (p. 47)."

„Admettez, ce qui est une vérité facile à prouver jusqu'à l'évidence, que les Euskariens antiques occupaient non seulement le Sud-Ouest de l'Europe, mais encore toute la partie septentrionale de l'Afrique et le midi de l'Asie." (p. 45.)

„*Eca* désignait le premier nombre, l'unité, dans l'euskarien hindoustanique." Euskarien hindoustanique!! (p. 47.)

§ 2.

La méthode que nous avons suivie dans ce dictionnaire est celle-ci: nous avons placé en tête, autant que nous avons pu,

---

[1]) *Bego*, 3mo pers. de l'impératif de *egon*, rester, vient selon M. S. du verbe irrégulier *utz! Uste*, croire (au fond opinion) a pour présent de l'indicatif *sinhex! Horra*, voilà et *huna*, voici, deux démonstratifs, seraient des impératifs du verbe *ikhusi*, voir!! *Habil*, impératif de *ebilli*, serait l'impératif de *joan*!

le mot dans sa forme la plus simple en faisant suivre les dérivés et les composés ; ce n'est que très rarement que nous avons donné la préférence à la racine ; la langue basque étant entièrement isolée jusqu'à présent, il nous a semblé risqué de rechercher les racines, craignant de considérer comme tels des mots, dont l'apparente simplicité n'est due qu'à la dégradation inhérente à toute langue. En voyant le mot français „âge" on ne se douterait guère, si l'on n'avait pas les moyens d'en tracer la généalogie, que ce n'est plus que la terminaison du mot primitif. Age, de eage, edage, de aeaticum, aetas, aevitas, aevum où ae est le radical [1]). Un mot comme „car" pourrait passer pour une racine si l'on ne connaissait pas son étymologie [2]).

Nous avons donné les verbes d'après l'usage guipuzcoan, c'est à dire l'adj. verbal auquel nous avons joint le subst. verbal; mais pour correspondant français nous avons donné l'infinitif; ainsi *ikusi* (vu) *ikusten* (dans le voir) sont rendus par „voir". Comme *ikusten* est composé de *ikuste-n*, on ne trouve dans l'ordre alphabétique que *ikuste*, le subst. verbal indéfini, qui se trouve aussi uni à d'autres suffixes, comme *ra*, *ko*, etc. *ikustera*, *artzeko*, etc. etc. Ceci facilitera les recherches, d'autant plus qu'en bisc. le *e* final devient *i* quand suit l'article; ainsi du nom verbal *ilte* (dont *ilten*) on forme le substantif *illia*, le mourir, la mort.

Nous avons omis tous les mots comme: *okasion*, *blasfemio*, *trompatu*; ceux-là seulement ont été admis qui par leur forme étaient, pour ainsi dire, naturalisés basques, et par conséquent plus ou moins méconnaissables.

Si nous avons placé le dialecte guipuzcoan le premier, ce n'est pas pour faire entendre que cette place lui revienne de

---

[1]) V. Max Müller, Lectures, vol. I. p. 298.
[2]) Voy. O. Böthlingk. Über die Sprache der Jakuten, p. XVII, note 46, où l'auteur dit qu'en Thibétain on peut démontrer que plusieurs mots aujourd'hui monosyllabiques ont été pollysyllabiques autrefois.

droit; il nous paraît même que c'est tantôt l'un et tantôt l'autre dialecte qui offre des formes mieux conservées. On a dit, il est vrai, que le dial. guip. est le plus pur, mais c'est une opinion prématurée, aussi longtemps qu'une étude sérieuse des différents dialectes ne viendra pas l'appuyer.

Tous les substantifs, contrairement à l'usage, sont donnés sans l'article. Il faudra donc, pour trouver les noms biscaïens, connaître les règles de la permutation des voyelles finales; elles sont très simples: $a + a = a$ (on aurait pu accentuer le a, $á$, ce qui ne s'est jamais fait); *aita* père; *aita*, le père; $e + a = ia$, *eche*, maison; *echia*, la maison; $i + a = ÿa$, *andi*, grand; *andÿa*, le grand; $o + a = ua$, *guraso*, aïeul; *gurasua*, l'aïeul. Quand u est suivi de a ou e on intercale b; *buru*, tête, *buruba*, la tête; *zerubetan*, de *zeru-etan*, dans le ciel. Cette règle se fait quelquefois sentir en lab. pour le o et le e. En guip. les mots qui finissent en i, précédé d'une voyelle, changent i en y, quand suit l'article: *oi* fait *oya*. En bisc. le subst. verb. se forme régulièrement de l'adj. verb. sans jamais se contracter comme en guip. Ainsi *berotu* fait *berotuten*, en b. et *berotzen* en g. Il nous a paru superflu de répéter cette forme.

ORTHOGRAPHE ET SYSTÈME PHONÉTIQUE.

§ 3.

Nous avons conservé généralement les mots tels que Pouvreau et M. Salaberry nous les donnent; seulement nous avons suivi l'orthographe adoptée dans notre Essai, c. a. d. celle qui est en usage en France et qui par routine est toujours rejetée en Espagne. Toutes les citations ont l'orthographe moderne, excepté celles qui sont prises dans le Nouveau Testament de Liçarrague, la Rochelle 1571. Avec les poésies d'Echeparre c'est le plus ancien livre basque connu, et c'est à ce titre que nous n'avons pas touché à l'orthographe.

Au lieu de *y* nous avons adopté le *j*. On trouvera nos observations sous cette lettre. Quant à la phonétique basque, nous n'avons rien trouvé à y changer depuis que nous avons publié notre Essai, il y a cinq ans. Sans doute il y aurait beaucoup à ajouter à notre chapitre sur la phonétique basque, ce dont on s'apercevra dans les exemples cités où nous avons taché de suppléer à ce qui y manquait; mais les grandes lignes nous paraissent être exactes. M. Vinson, dans un article sur la phonétique basque, publié deux ans plus tard, (V. Revue de linguistique, 3me vol. 1869 Paris), les a acceptées toutes; il y a ajouté de très bonnes observations sur la permutation des consonnes et plusieurs additions. Il voudra bien nous permettre d'en relever quelques unes, qui nous paraissent demander une autre solution, en réservant un paragraphe spécial sur la mutation de *h* en *k*, le seul point où M. Vinson ne s'accorde pas avec nous.

Page 432, *behinere* est traduit par „jamais, pas une fois." C'est le contraire qu'il faut; „aussi une fois;" pour que la phrase soit négative il faut encore *ez*; *behinere ez*, pas aussi une fois. Page 435, 3°. permutation entre *a* et *i*, *atchiki* „retenu" devient à Bardos *itchiki*. Nous croyons que *atchiki* vient de *atz* et *itchiki*, de *ich*; tenu rend mieux l'idée que retenu. Page 441, 43. „Mais ceux-ci (dialect. esp.) transforment le *j* ou le *y* des premiers (dialect. fr.) en j, jota espagnole." Est-ce bien sûr? ne se pourrait-il pas que le lab. eût changé la jota en *y*? Il est certain que les Espagnols n'ont pris leur jota ni du latin, ni de l'arabe (v. Diez, Gr. vol. 1. p. 366); mais de qui alors? des Basques? nous l'ignorons. Un dialecte aurait pu avoir conservé le j et un autre l'avoir perdu. Nous avons en holl. le g qui est exactement le j esp. et les allemands ne l'ont pas. Page 444. note 1. La présence de *h* dans *lokharri* est attribuée à la rencontre de *t* et *k*: *lot-karri*, ce qui ne nous paraît pas juste. *H* appartient à *kharri*; v. *lokharri*. Page 450, 63. Il est probable que les mots basques ne pouvaient pas commencer par une explosive dure. Comment défendre alors la thèse du *k* primitif? A l'appui de ceci, M. V. cite plusieurs mots empruntés au latin; mais ne faudrait-il pas admettre qu'il y a une phonétique particulière pour les mots d'origine étrangère? Les groupes *br*, *pr*, *bl*, etc. ne sont pas basques et cependant quand il s'agit d'introduire le mot „personne", le dial. lab. en fait *presuna*. Le t, esp. de tiempo devient *d*, *dembora*; mais le *t* basque de *aitatu*, devient *p*, *aipatu*; *aizta* = *aizpa*. Ceci n'est pas seulement le cas en basque mais dans d'autres langues. Le son ch fr. n'existe pas en holl. Chaise (de poste) devient sees, dans la bouche du peuple et par contre concierge est prononcé concherche, même au théatre, sur la scène; et cependant il existe un seul et unique mot ou ch est prononcé ch fr. et représenté par sj: sjouwer, bambocheur. Page 450, 64. 2° *G* permute avec *r*. Cf. *oramai*, *orhantza*, dérivés de *ogi*. Il nous paraît plutôt de *orhe*. Page 454. 69. „En raison de cette permutation (*m* en *b* ou *p*) m, dans beaucoup de mots remplace le v français ou latin." Ne serait-ce pas plutôt l'influence espagnole? Page 454. 70 „Dentale: 1° *n* est intercalé comme lettre de renforcement, *aintzin* et *aitzin*." Il nous semble que la forme primitive est *aintzin*; chute de *n* dans *aitzin*. 3° „*N* permute avec *r*. *arima* = *anima*." Non pas; *anima* de l'esp.; *arima* du provençal. Nous avons vu avec plaisir, M. Vinson rectifier lui-même ce qu'il avait dit, page 428, par rapport à la prononciation des diphtongues.

DE LA MUTATION DE *h* EN *k*, OU DE *k* EN *h*.

§ 4.

M. Vinson dans un article de la Revue de linguistique, vol. III, p. 455—456, parle de ceux qui pensent que la 2de personne du pronom personnel était primitivement *ki*, aujourd'hui *hi*. Dans le 5me vol. de la dite Revue, page 215, M. Vinson revient à la question de cette mutation et reproduit l'opinion du Prince L. L. Bonaparte en rendant compte de son livre sur le Verbe basque, Londres 1869. Il parait donc que selon le Prince B. l'antériorité revient à *k* sur *h*. A la page 221—222, M. Vinson se range tout-à-fait à cette opinion, et défend la thèse, qu'il fait sienne, dans une réponse à M. de Charencey par rapport à une question de phonétique. — Dans notre Essai de grammaire, nous avions fait remarquer dans le chapitre II que le *h* initial, placé par suite de la composition au milieu d'un mot, devient *k*; que *eman-hume*, et *zar-hume* devenaient *emakume*, *zarkume*.

Cette observation était nouvelle et paraît avoir donné lieu à des comparaisons dont le résultat a été pour le Prince B. exactement l'opposé de ce que nous avions trouvé; *hume* était donc primitivement *kume*, et redevient *kume* dans les composés. Quelles peuvent être les raisons du Prince B. pour prendre le contre-pied d'un loi parfaitement claire, croyons nous, et appuyée par de nombreux exemples? nous l'ignorons. Quand on cite les deux exemples de notre Essai: *emakume* et *zarkume*, on dirait qu'ils sont isolés, qu'ils sont des exceptions, ce qui n'est pas le cas; en voici d'autres: *aitakide* de *aita-hide*; *haurkide* de *haur-hide*; *zorakeria* de *zora-heria*; *lokartu* de *lo-hartu*; *sukartu*, de *su-hartu*; *askazal* de *atz-hazal*; *sukalde* de *su-halde*; *erkatz* de *er-hatz*; *arrainkari* de *arrain-hari*; *chichkabar* de *chichhabar*, *gorrikara* de *gorri-hara*, etc. Cette nomenclature suffira pour prouver que cette permutation n'est pas une exception, mais au contraire qu'elle semble être toute naturelle.

Nous le répétons quelles sont les raisons du Prince B. pour admettre que le *k* est primitif? M. Vinson ne cite au fond qu'un seul exemple qui n'est pas bien concluant, comme nous verrons à l'instant, car le pronom *ki* pour *hi* n'est qu'une forme hypothétique, qui ne se trouve nulle part autant que nous sachions; il ne reste donc que *gizon kori*, pour *gizon hori*, exemple unique qui devrait prouver, à lui seul, que *k* est primitif; mais l'observation du Prince B. qui accompagne cet exemple, parle beaucoup plus en faveur de la loi comme nous l'avons posée; la voici „ceci n'arrive d'ailleurs aux démonstratifs que lorsqu'ils sont employés enclitiquement en guise de suffixes." Ainsi, en guise de suffixes c. a. d. attachés au mot; on pourrait (on devrait?) dans ce cas écrire *gizonkori*, et alors le *h* initial par suite de la composition vient au milieu et devient *k*, exactement comme tous les autres exemples. Ceci confirme tout-à-fait notre règle.

En outre n'est-il pas beaucoup plus naturel de voir une lettre changer, en venant en contact avec une autre, que de la voir disparaître dans une foule de mots, sans qu'il en reste aucune trace, et reparaître dans les composés? Il ne faudrait certes pas condamner une règle parce qu'elle est extraordinaire, mais aussi longtemps qu'il n'y aura pas de preuves pour l'appuyer, on sera en droit, croyons nous, de la considérer comme une pure hypothèse, et de plus une hypothèse inutile, car elle n'explique rien.

Mais en admettant pour un moment que la conséquence de cette observation eût en effet la valeur qu'on aimerait à lui attribuer, serions nous en droit d'admettre, comme pierre de touche, un mot qui se trouve être prononcé d'un certaine façon dans une petite localité, en contradiction avec les dialectes principaux. Nous ne voulons certes pas attaquer l'importance de ces observations de détail, mais il nous semble qu'il doit y avoir une certaine limite où les variantes finissent et où le désordre commence. Si, par exemple, on entend dire à Paris: collidor pour corridor, ou chartutier pour charcutier, ou bien à la campagne: j'avions et j'étions, on se tromperait, croyons nous, en notant ces irrégularités ou plutôt ces fautes, pour des variations de la langue française; au contraire si, en venant plus au midi, on s'apercoit, bien que rarement, d'une certaine difficulté à prononcer l's impur, on sait que c'est l'influence de l'italien ou de l'espagnol. M. Vinson termine son article en citant, *duk*, tu l'as; mais le *k* est là comme toujours dans les 2mes pers. la caractéristique du masculin, comme *n* l'est du féminin, *dun*. Ce *k* final, encore qu'il serait le représentant d'un pronom, ce qui est même probable, n'infirmerait en rien la règle que nous avons posée pour le *k* initial. Pour prouver la thèse du *k* primitif, on aurait pu trouver mieux, que *gizon kori;* car comme nous l'avons dit, l'exemple est annulé par l'observation qui l'accompagne; ce serait le mot *abi*, en lab. *habi*, en composition *kabi*, *chorikabi*, cage d'oiseau. Nous avons appliqué notre règle à *abi*, n'ayant pas fait attention, quand nous écrivions l'article, que *abi*, guip. a perdu le *h* du lab. *habi*, qui a son tour a changé en *h* le g esp. (gavia) ou le *c* primitif du lat. cavia, dont les dial. sardes et vénitiens ont fait *kabia*. V. Diez, E. W. 1. p. 195. Mais d'abord nous ignorons si le lab. a pris *habi* du latin cavia, ou bien de l'esp. gavia, ce qui est beaucoup plus probable, et ensuite, ce qui est très important, c'est un mot d'origine étrangère, et souvent les lois d'euphonie diffèrent selon que le mot est indigène ou étranger. Le groupe *br*, *pl*, n'est pas toléré en basque; et cependant dans un mot français que la langue basque adopte, la règle agit en sens contraire; de „personne" le lab. a fait *presuna*.

L'ÉTUDE DE LA LANGUE BASQUE.

§ 5.

Bien que le basque soit étudié de nos jours beaucoup plus sérieusement qu'il ne l'était autrefois, il n'est pas rare de trouver sur cette langue des théories, qui rappellent beaucoup trop l'époque des Larramendi, des Astarloa, des Chaho, etc. Les quelques échantillons que nous avons donnés des idées de ces auteurs sur la langue et sur l'étymologie basques, pouvaient se passer de commentaires. Aujourd'hui que nous avons les moyens d'échapper en grande partie aux erreurs de ces écrivains, grâce aux progrès des études linguistiques, on ne peut pas les passer sous silence; l'excuse des rêveries de ces temps-là n'existe plus de nos jours; de plus l'aplomb avec lequel ces extravagances sont débitées, fait beaucoup de tort à l'étude de la langue et donne souvent le change à ceux qui n'ont pas le temps ou les connaissances nécessaires pour approfondir la question, et qui à leur tour, sur ces données erronées, bâtissent des théories qui doivent s'écrouler du moment qu'il est prouvé que la base ne vaut rien.

Une brochure spécialement consacrée à l'étymologie basque est celle de M. de Charencey: Recherches sur les noms d'animaux domestiques chez les Basques 1869. Déjà ailleurs [1]) on a reproché à M. de C. de s'être trop pressé de tirer des conclusions de ses études; nous sommes entièrement de cet avis et nous regrettons l'assurance avec laquelle M. de C. nous donne des étymologies plus que douteuses. A la page 10, nous lisons, „On pourrait être surpris (en effet) de voir les Basques aller chercher dans la basse latinité ou au pis aller dans la langue grecque le nom d'un animal (le cheval) qu'ils ont connu depuis des siècles. Mais il ne faut pas oublier que la moitié (?!) peut-être du vocabulaire basque a été empruntée soit au latin, soit au provençal, soit à l'espagnol." Nous le demandons, est ce que M. de C. nous a habitué à des travaux si consciencieux sur l'étymologie basque, pour que nous puissions admettre un jugement si téméraire comme fondé. Nous en doutons fort. M. de Ch. n'a pas même profité de ce qui a été dit sur la phonétique basque et a fait des erreurs qu'il aurait pu éviter. Nous avons relevé quelques unes de ces étymologies, qu'on retrouvera dans le corps du dictionnaire, s. v. *aker, ahuntz, burni, merchika*. Nous préférons dire ici quelques mots d'un livre basque, dont la réédition est un véritable service rendu par M. F. Michel à ceux qui étudient la langue basque.

---

[1]) Un article de M. Vinson dans la Revue linguistique vol. III, p. 107.

Nous voulons parler des proverbes recueillis par Oienhart, et réédités par M. Francisque Michel. Nous possédons la seconde édition, de Bordeaux, 1847, revue, corrigée, etc.; heureusement le texte paraît avoir été reproduit à peu-près tel qu'il est dans l'édition originale. „C'est pour signaler ses imperfections (d'Oienhart)," dit M. F. Michel, „autant que pour les corriger que nous avons donné des observations sur le texte des Proverbes et des poésies; nous les devons en grande partie à un compatriote d'Oienhart, à M. Archu, instituteur communal à la Réole, dont l'obligeance égale le savoir. C'est à se savant modeste et laborieux que nous sommes aussi redevable de la traduction des poésies."

Comme les observations portent à peu-près toutes sur les mots, elles sont du domaine d'un dictionnaire et nous en passerons quelques unes en revue. Ce travail de critique est fastidieux au possible, mais il nous paraît nécessaire; le ton décidé avec lequel ces corrections sont faites et l'éloge dont elles sont accompagnées leur donnent une apparence de certitude, de vérité, qu'elles sont loin d'avoir. Quelques unes de ces corrections dénotent une ignorance totale des autres dialectes, ce qui est déjà beaucoup quand on se donne pour correcteur; mais il y en a d'autres, qui rendent le proverbe entièrement inintelligible; p. ex. les numéros 91 et 243. Nous donnerons les proverbes avec leur numéro d'ordre et la traduction du mot en question par Oienhart; ensuite la correction de M. Archu ou tout autre, finalement nos observations.

N° 1. *Adaussia*, aboiement. — Ce mot ne serait pas compris aujourd'hui, nous le soupçonnons d'être un transfuge latin ou espagnol. — *Adaussia* est parfaitement basque; le bisc. a *aussia*; le *d* est souvent supprimé dans la prononciation et même en écrivant; comp. *aitu* = *aditu; baut* = *badut; baanzut* pour *badanzut*, etc.

N° 90. *Ezina,* couché. — Il faut *ezana*. — Pas du tout; *ezina* ou mieux *etzina* est du dial. g. De la Vieuxville, dans son „Guiristinoen Doctrina" (dial. lab.), s'en sert aussi.

N° 91. *Espis*, ne soit. — *Espis* doit s'écrire en deux mots, *ez pitz* qui signifient „ne s'allume, ne se réveille." — Cette correction est au dessous de toute critique; citons le proverbe. *Bere ahal dena, espis berzeren*. Qui peut estre à soy, ne soit à autruy. Maintenant la correction: qui peut être à soi, ne s'allume ou ne se réveille pour les autres. Est-il permis de divaguer de la sorte, quand on a devant soi une traduction parfaitement intelligible? *Espis* est pour *ez biz*, ne soit, comme O. le traduit; l'explosive forte après la sibilante, v. Essai Ch. II. On peut ne pas connaître tous les dialectes, cela se conçoit, mais de rendre inintelligible une phrase parfaitement claire, c'est trop fort.

N° 112. *Onhetsac adiskidea*, chéris ton ami. — *Hon ezac*, (mot à mot „rend bon") rends toi favorable ton ami. — Du tout. O. traduit bien: chéris; le nom verbal est *onetsi* c. a. d. *on-etsi*, et l'impératif *onetsi ezac*, contracté en *onetsac*. Comp. *egotzak* pour *egotzi ezak; egizu* pour *egin-ezazu*.

N° 117. *Dohacaiz-dunac Sisurren illuna*, le malheureux est surpris de la nuit à Cicur. NB. Cicur est un petit village près de Pampelune. La correction de ce proverbe est comme celle du n° 91; on nous dit, lisez: *Doha cais dunac*, mot à mot qui a l'aller pénible, qui marche péniblement!! Quel sens est ce que cela donnerait? *Dohaicaiz-dunac* est tout simplement pour *dohai-gaitz-dun*, qui a mauvais destin = malheureux.

N° 129. *Eiheran dadinac egon-egui, bidean laster begui*, celui qui a trop tardé au moulin doit courir en chemin. — *Dadinac*. Il faut *badinac;* au lieu de *begiri* il faudrait *heguin*. — Ces corrections ne signifient rien; *dadinac* est la 3 pers. sing. du prés. du subjonctif de *izan*, *dadin* qu'il soit; *dadina*, celui qui est; nous ne comprenons pas ici l'emploi du subjonctif, mais c'est une autre question; qu'est-ce que *heguin* signifie? *begui* est parfaitement juste; c'est la 3 pers. sing. de l'impératif de *eguin*, qu'il fasse. Comp. la variante de ce proverbe, s. v. *berandu*.

N° 131. *Elisaren hurrenena*, le plus proche de l'église. —

A la place de *hurrenena*, lisez *hurbilena*, qui signifie le plus près.

Pas du tout; lisez: *hurrenena; hurren* est „près" et le superlatif est *hurrenena. Hurren*, est lab. selon Pouvreau; en tout cas *ur* est guip. et l'on dirait *urrenena*. Pour donner un petit échantillon de son savoir le correcteur ajoute „tous les dialectes rendent l'idée de proximité par *hurbilena* (navar. lab. guip. bisc.) et par *huillanena* (soul).

N° 243. *Arraulsia*, oeuf. — Il faut lire *arrautsia*. — Pas du tout, *arraultze* est guip. — Même proverbe. *Bilarrausi*, veau. Ce dernier mot doit être écrit en deux. *Bil* signifie ramasser, recueillir et *arrausia* est mis pour *arraichea*. — Cette correction-ci passe de nouveau les bornes; *bilarrausi*, est veau. Citons tout le proverbe: *Hobe da bakearequi arraulsia, esies aharrarequi bilarrausia*. Il vaut mieux un oeuf avec paix qu'un veau avec guerre ou dissension. Selon la correction ce sera: il vaut mieux un oeuf avec paix que de ramasser (ou de recueillir) un veau avec guerre! Voilà où mène l'aplomb dont nous parlions tout à l'heure. Nous espérons que ces corrections ne sont pas l'oeuvre du savant modeste dont l'obligeance égale le savoir, comme le dit M. Fr. Michel en juge compétent.

Nous ne continuerons pas cette nomenclature de bévues, mais il nous en a fallu citer un certain nombre, afin d'établir clairement que nous ne nous en prenons pas à des exceptions, à des erreurs qui peuvent échapper à tout le monde. Si notre critique paraît sévère à quelques uns, elles paraîtra juste, croyons nous, à tous ceux qui s'intéressent sérieusement à l'étude de la langue basque; il est nécessaire de faire voir que cette immense prétention de quelques auteurs, qui se renvoient réciproquement de grands éloges, n'a aucun fondement. Nous savons que notre critique va exciter la colère de certains auteurs comme lors de la publication de notre Essai de grammaire; mais jusqu'à présent ces messieurs n'ont trouvé que des gros mots pour opposer à nos preuves, croyant sans doute que des grossièretés valaient des arguments. C'est ainsi que M.

l'abbé Inchauspe, dans l'ouvrage de M Bladé sur l'origine des Basques, page 295 dit: Un écrivain allemand (M. van Eys) dans un essai de grammaire basque qui n'est au fond qu'un recurage de la vieille grammaire de Larramendy prétend qu'on ne peut pas rapporter à un verbe unique les formes transitives et intransitives, attendu qu'elles n'ont pas le même radical. Cette observation comme la plupart de celles du même auteur n'est fondée que sur l'irréflexion et sur l'ignorance." On le voit, M l'abbé n'y va pas de main morte et il croit sans doute que ses paroles d'oracle ont de la valeur dans une discussion scientifique; mais il se trompe cette fois-ci d'auditoire. Il se pourrait que les louanges si libéralement données et qui prouvent plus pour l'amitié, que pour les connaissances linguistiques, de ceux qui les prodiguent, aient ébloui quelque peu M. l'abbé [1]), qui paraît oublier que la modestie est une belle chose même pour ceux qui en ont besoin. Mais revenons aux observations du savant abbé et commençons par lui dire qu'Amsterdam n'est pas en Allemagne, mais que c'est la capitale de la Hollande; cette petite leçon de géographie donnée, passons au reproche de „recurage de la vielle grammaire de Larramendy." (Larramendi, si vous voulez bien le permettre). Si M. l'abbé n'a rien découvert de nouveau dans notre „Essai de gr. basq." il doit plutôt s'en prendre à lui-même qu'à nous; s'il l'avait lu, il y aurait trouvé, croyons nous, plusieurs choses. On ne peut malheureusement contenter tout le monde. M. le capitaine Duvoisin, au contraire, dans une critique de notre essai se montre si étonné de toutes les choses nouvelles que nous avons dites, que son étonnement, nous allions dire sa colère, se trahit à chaque page, dans un langage qui voudrait être

---

[1]) M. l'Abbé du reste ne serait pas le seul; M. le Capitaine Duvoisin, dans une brochure sur notre Essai de gr. basq. se plaint de ce que nous l'avons critiqué, lui, dont le nom se trouvé mêlé à la Pléïade. Plèïade!! Ne dirait-on pas qu'il s'agit des Humboldt, des Bopp, des Burnouf, des Sleicher! pour ne parler que des morts.

acerbe et qui n'est que bouffon ou grossier, selon que l'on considère cette critique valoir quelque chose, ou ne valoir rien du tout.

M. l'Abbé nous permettra de lui indiquer le chapitre II, sur le système phonétique basque, comme étant entièrement nouveau; il n'existait rien par rapport à cette partie importante de la langue. Nous ne prétendons nullement avoir épuisé le sujet; ces lois phonétiques pourront être complétées, et nous avons vu avec plaisir M. Vinson s'en occuper dans la Revue linguistique; mais nous avons été le premier à en donner les traits fondamentaux, qui jusqu'à présent, autant que nous sachions, sont rigoureusement justes. M. l'abbé ignore peut-être que les lois phonétiques sont d'un interêt de premier ordre pour l'étude d'une langue; aussi s'en passe-t-il à ce qu'il paraît; mais s'il les avait connues quand il a publié son „Verbe basque," il n'aurait pas fait les erreurs que nous avons relevées.

Ce qui paraît surtout avoir froissé M. Inchauspe c'est que nous n'admettons pas son idée, qu'il a très nettement exprimée dans son „Verbe basque," que avoir et être ne font qu'un; „il n'y a qu'un verbe et qu'une conjugaison" dit M. l'abbé. Dans le livre de M. Bladé il tâche d'en convaincre le lecteur par un argument qui est plus que médiocre; le voici: „Il n'existe pas de radical pour les formes du verbe basque, qui, dans la même voix sont d'une variabilité infinie. Il ne faut connaître que les premiers termes du verbe pour en être convaincu. Je suis se dit *niz*; il est, *da*; nous sommes, *gira*; j'étais, *ninzan*; il était, *zen*; j'ai, *dut*; j'avais, *nian*, ou *nuen*; il avait, *zian*. Il est évident qu'on ne peut pas plus donner un même radical à *niz, da, zen*, qu'à *dut, nian, zian*; et que ni les voix ni les formes du verbe basque ne peuvent se distinguer par les radicaux." Toujours le même ton d'oracle „il n'existe pas de radical, il est évident," etc.; malheureusement cela est évident pour M. l'abbé, mais pas pour ceux qui sont habitués aux études linguistiques. Parce qu'on ne peut pas donner un même radical à *niz, da, zen*, il faudrait en conclure que le verbe basque n'a pas de radical! Ceci revient à dire que, puisqu'en français „fus, été, être" n'ont pas le même radical, le verbe être, par conséquent, n'en a pas non plus. Quand même la thèse de M. l'abbé serait exacte, ce dont nous doutons beaucoup, son argument ne vaut rien. Si pour d'autres langues on est arrivé après de patientes recherches à découvrir les formes primitives, ce n'est certes pas en s'y prenant de la façon de M. l'abbé; pour lui „fus" et „été," ne seraient jamais dérivés de fuo et de stare, mais seraient toujours restés des formes verbales sans radical! Il nous semble au contraire que le verbe basque ne contient pas un radical mais plusieurs radicaux.

La question du verbe est une grosse question qui demande à être étudiée sérieusement, ce qui n'a pas encore été fait [1]); on n'a rassemblé que les différentes formes du verbe. Comme le dit M. Inchauspe lui-même dans la préface de son „Verbe basque," p. IX. „Le rôle que nous nous sommes assignés a été celui d'un ouvrier consciencieux et patient qui recueille les matériaux épars d'un magnifique édifice... etc." Il faudra maintenant, pour continuer la métaphore, trouver l'architecte, l'archéologue, capable de découvrir les lois d'après lesquelles l'édifice a été élevé, et qui sache distinguer ce qui est ancien de ce qui a été ajouté plus tard, soit par inadvertance, soit par un besoin exagéré d'ordre. L'impression que fait le verbe basque, est qu'il s'y trouve beaucoup de formes qui n'existent qu'en théorie. C'était déjà l'opinion de Humboldt, et rien n'a été écrit depuis ce temps-là, qui diminue cette impression. Nous n'avons rien que des tableaux; aucune règle, aucun aperçu même qui jette quelque lumière sur la question obscure du verbe. Dans l'état où étaient les études de la langue

---

[1]) Nous ne connaissons la publication du Pce L. L. Bonaparte que par ce que M. Vinson en a dit dans la Revue linguistique.

basque, il était impossible peut-être de donner plus, mais il est nécessaire de convenir que nous ne savons à peu près rien du verbe. Quand nous saurons à fond les lois de la phonétique basque, nous y trouverons sans doute un auxiliaire qui nous sera très-utile; si l'on voit que dans *ichok*, impératif de *idechon*, le *o* est très-probablement la seule lettre qui reste du verbe *egon*; ou que le provençal renc, a donné très régulièrement le basque *herreka*, si l'on voit, disons nous, les mots s'altérer de telle façon, il est permis de croire que le verbe peut avoir souffert de la même manière. Au reste la régularité apparente pourrait induire en erreur; si pour l'amour de la régularité, l'on conjugait le verbe défectif férir, sur le modèle périr, il n'y aurait aucun obstacle : je féris, tu féris, etc. Nous savons aujourd'hui que ce serait une erreur et que l'on disait anciennement : je fiers, tu fiers, etc. v. M. Brachet, Gram. hist. p. 216, note 1. Mais nous ne le saurions pas si la langue française avait été aussi peu connue que la langue basque; aussi du moment qu'il sera prouvé que les formes du verbe basque sont aussi certaines, qu'il est certain que „férir" vient du latin ferire, et que „je fier, tu fiers", etc. est du français d'autrefois, de ce moment là le doute ne sera plus permis; mais jusqu'à présent l'impression reste que nous avons souvent à faire à des barbarismes comme „je féris" plutôt qu'à des archaïsmes comme „je fiers".

DU CARACTÈRE DE LA LANGUE BASQUE.

§ 6.

Avant de terminer cette introduction, déjà assez longue, nous aimerions dire deux mots par rapport au caractère de la langue basque. — Il a été si souvent dit et si souvent répété que le basque est une langue bizarre, qu'on a fini par prendre pour des singularités des faits qui se retrouvent dans plusieurs autres langues. Plus nous connaîtrons le basque et plus ces bizarreries disparaîtront. Nous avons tâché autant que possible, de donner les analogies, tant des mots que des expressions et des formes des mots, qui se retrouvent dans d'autres langues. Peu à peu la langue basque se trouvera alors moins isolée et l'étonnement cessera. La forme du substantif verbal, par exemple, sur lequel on a tant écrit, est toute simple et se retrouve en anglais. Dans „*Joaten naiz*" (je vais), et „I am going", *joaten* et going sont des noms au locatif; going est pour „a going", c'est-à-dire „on going". v. M. Müller, Lectures, II. p. 20. La terminaison *keria* se retrouve en hollandais. L'emploi de l'adjectif pour former le verbe, se retrouve en all. et en holl. v. *egin*. Aux analogies qui se rencontrent dans les langues plus connues, comme le fr. l'all. etc., on peut ajouter celles que l'on trouve dans des langues qui peut-être sont moins éloignées du basque. Nous ferons suivre ici quelques points de ressemblance entre le basque et le mongol, sans vouloir en tirer la moindre conclusion quant à leur parenté; c'est seulement dans le but de réunir les matériaux qui peuvent jeter quelque lumière sur l'étude de la langue basque.

Dans la langue mongole comme dans la langue basque:

1°. Aucun mot ne commence par r.

2°. Le pron. pers. de la 3me personne n'existe pas; il est remplacé par le pronom démonstratif.

3°. Le génitif des pron. pers. n'existe qu'accompagné de suffixes (*nerekin, hiretzat*, etc.); mais par eux on forme les pron. possessifs (*nere, hire* etc.).

4°. Le pron. relatif „que" n'existe pas, il faut rendre la phrase par un participe. Le livre que tu m'as donné, doit se rendre par: le livre par toi donné. On peut mieux traduire ces phrases par l'all. Dein mir gegebenes Buch.

5°. Le verbe est périphrastique; on dit: je suis prenant, pour: je prends.

6°. Le supin est exprimé par *ra* (en basque aussi, *ra, jatera*, pour manger).

7°. Les participes sont déclinables comme des substantifs.

On le voit, la langue basque n'est pas encore si étonnante qu'on a bien voulu le dire. Le verbe est et reste toujours un grand mystère, mais il est probable, qu'une fois que nous connaîtrons son véritable caractère, il se présentera des analogies, comme il s'en est déjà trouvées. Nous n'avons aujourd'hui que le temps d'indiquer que les terminaisons auxiliaires lab. nav. et bn. *daroat* etc. dérivent probablement de *eroan*.

Cette façon d'envisager le basque comme une langue entièrement exceptionnelle n'a pas seulement le désavantage d'être inexact, mais celui plus grand encore, d'influencer les études en nous poussant à donner de l'importance à des détails qui n'attireraient pas même l'attention dans les langues plus connues. Il nous semble que les différences de prononciation, qui influencent, cela va sans dire, l'orthographe, ont été notées avec un soin exagéré. Un jour peut-être elles auront leur utilité, mais seulement alors que les grandes lois qui régissent les mutations phonétiques seront fixées. Rien de plus facile, étant dans le pays, que de marquer ces divergences, mais encore faut-il savoir faire la part des véritables variations, et la part de ce qui n'est que du désordre ou de l'ignorance. On a dressé des alphabets basques avec un nombre de lettres double de celui que possèdent les autres langues! Et pourquoi? Est-ce que les Italiens ont deux z pour le z dur et le z doux? Est-ce qu'en fr. il y a deux manières d'écrire les ll mouillés, puisque les uns prononcent famille et les autres famiye? Ecrit-on avec un accent différent piége et vérité, parce que le é de piége se prononce différemment du dernier é de vérité; et dans le mot vérité même, le premier é a un son moins fermé que le dernier é. Y a-t-il un autre s pour exprimer le s gras comme il est prononcé en Auvergne? Comme nous l'avons déjà dit ailleurs, faudra-t-il dire qu'en français il y a permutation de c en t parce que quelques gens du peuple prononcent chartutier pour charcutier? Nous craignons beaucoup que ces minuties, qui n'ont que peu de valeur, ne fassent oublier ce qu'il faut avant tout, des règles générales et simples, et qu'elles ne continuent à entretenir cette réputation d'étrangeté que la langue basque doit en grande partie aux études superficielles de ceux qui s'en sont occupés.

Comme M. le capitaine Duvoisin paraît avoir été chargé par ses compatriotes, de faire l'examen de notre Essai, nous avons cru nécessaire de reproduire ici l'opinion d'un Basque qui paraît être considéré comme une autorité.

W. J. v. E.

QUELQUES MOTS A PROPOS DE L'ESSAI DE GRAMMAIRE DE LA LANGUE BASQUE DE M. W. J. VAN EYS. EXTRAIT DU COURRIER DE BAYONNE DU 9 FÉVRIER 1868.

Sous le titre qui précède, il parut en 1865, à Amsterdam, un ouvrage sans nom d'auteur. Cet écrit de peu d'étendue ne renfermait que des notions incomplètes, et pouvait être considéré comme un résumé d'idées suggérées par la lecture des travaux que Lardizabal et le P. de Larramendi ont laissés sur la langue basque. Il n'était pas irréprochable; mais plus d'une fois ses erreurs ne lui appartenaient pas, il les répétait de confiance. Y avait-il là des motifs d'excuse suffisants, ou fallait-il que la critique se montrât sévère contre cette ébauche grammaticale? — Ces considérations ne subsistent plus aujourd'hui que l'auteur, M. van Eys (il nous donne son nom dans une édition nouvelle), est venu au Pays Basque faire une excursion après laquelle, suffisamment instruit sans doute, il a refondu son écrit et s'est posé en docteur.

Tenter, soit même dans un *Essai*, d'établir les règles d'un idiome qu'on ne possède pas encore, c'est se hasarder dans une entreprise très-scabreuse pour le moins. Les Basques sauront bien à quoi s'en tenir sur cette œuvre prématurée; mais, de nos jours, leur langue est plus étudiée en Europe qu'elle ne le fut jamais, et les hommes qui s'en montrent curieux ne sont-ils pas exposés, par ce titre de *Grammaire*, à donner créance à l'*Essai* et à lui attribuer une autorité qu'il ne comporte pas? — C'est ce que l'on a considéré, et pour cette raison j'ai accepté la charge de faire l'examen du livre de M. van Eys.

Les études grammaticales semblent appartenir à cet ordre de travaux intellectuels d'une perfectibilité inépuisable. Chaque jour voit éclore un traité nouveau remaniant la grammaire des langues le mieux connues. Celle de la langue basque est, non-seulement susceptible d'amélioration, mais encore a grand besoin d'être corrigée et complétée sur un plan nouveau. Aussi, M. van Eys ne se fait-il pas faute de condamner tous les traités qui ont précédé le sien; à ses yeux, ce ne sont que des „amas de règles incohérentes et contradictoires"; et c'est sans doute pour les remplacer qu'il veut tracer „une esquisse à grands traits qui soit plus en rapport avec le caractère de la langue." — Le jugement est dur, l'engagement un peu téméraire.

Le caractère éminent de la langue basque éclate tout d'abord dans l'unité de sa conception. — Unité de déclinaison: tous les noms, quelle que soit leur nature, obéissent à une règle commune, et c'est de la règle qu'ils reçoivent leurs formes. — Unité verbale: une seule conjugaison réunit les modes d'exprimer l'idée *agissante* ou *passive*, l'état ou le *mouvement*; *da* (il est), *du* (il a), dans ces deux formes se concentre le génie créateur du système de conjugaison. — Aucune grammaire n'est moins embarrassée d'exceptions que la grammaire basque. Aussi, dès que l'on a saisi la clef de la déclinaison et de la conjugaison, les grands problèmes sont résolus, tout se simplifie, et l'on ne tarde pas à se rendre maître de la langue. Une méthode qui rende facilement accessible à l'esprit le jeu de ce double système est donc la fin que le grammairien doit se proposer.

M. van Eys aurait-il atteint ce but si désirable? — Pour essayer de l'aborder, il faudrait une connaissance approfondie de la langue, et cette condition essentielle fait défaut à l'auteur. Au lieu d'une vue d'ensemble prise de haut, du décousu, beaucoup de détails secondaires et trop souvent inexacts, voilà ce qu'on trouve dans son œuvre.

Au chapitre 1er, traitant de l'orthographe, M. van Eys a le mérite de se rallier au système rationnel qui fait son chemin et auquel appartient l'avenir. Il examine la nature phonique des lettres usitées dans les livres écrits en dialecte guipuscoan. On voit que les bonnes informations lui ont manqué quelquefois. Entr'autres choses, il généralise l'usage de la *jota* espagnole; il est exceptionnel. Il assure aussi que le *v* se prononce „comme en français ou en espagnol." D'abord, et malgré leur Académie, les Espagnols font, dans la prononciation de cette lettre, une confusion qui ne permet pas qu'elle soit prise pour exemple; en second lieu, le son français du *v* n'est connu d'aucun dialecte basque, et les écrivains qui emploient ce caractère le prononcent eux-mêmes comme le *b*.

„Devant *k, r, l,* le *n* est élidé" (chap. II). — L'élimination euphonique du *n* devant le *k* et le *l* est une rareté et non la règle: de *min* (vif) on fera *minki* (vivement), et non point *miki;* de *ehun* (cent), *ehunka* (par centaines), et non *ehuka.* De même, on dira *egonlekhua* (demeure), *etzanlekhua* (couche), et non pas *egolekhua,* etc. — Pour ce qui est du *r* suivant un *n*, le règle est toute opposée à celle que suppose l'*Essai.* Cette coïncidence des deux lettres ne peut avoir lieu que dans la déclinaison qui a des flexions à *r* initial. Quand on doit les appliquer à un nom terminé par le *n*, on ne supprime rien, l'euphonie intercale la voyelle *e; on* (bon) fera *on-e-rat* (au, vers le bon) Au reste, cette règle n'est pas une particularité propre au *n;* elle est indiquée toutes les fois que dans la déclinaison une consonne finale de nom rencontre une consonne initiale de flexion. Les exemples contraires produits par M. van Eys sont sans base; *non* est au cas que l'on appelle *positif indéfini*, et signifie *où, dans quel lieu*; son thème est *no*, qui fait *nora* (vers quel lieu) d'une manière parfaitement régulière; il ne remplace pas *nonra*, comme dit l'auteur. On en trouve la démonstration dans les noms de lieux déclinés: *Lar resoro* (Larressore), *Larresoron* (à, dans…), *Larresorora* (à, vers…); *Biarno* (Béarn), *Biarnon*, *Biarnora*, etc., etc.

Le *r* „après les lettres *z, n*, devient *d*. *Raño*, suffixe, *jusque* avec *egun, aujourd'hui*, fait *egundaño*." — Le prétendu suffixe *raño* n'existe pas. *Egundaño*, ou comme nous disons sans mouiller *egundaino*, est un mot composé et contracté; déliez la contraction, et les mots, rétablis dans leur entité, seront *egunera dino*. — Ce qui est dit du changement de *r* en *d* devant le *z*, ne repose pas sur un meilleur fondement; les exemples cités pour appuis sont de fausse application. „Le dialecte basque français a les deux formes *erastea, edaztea*, parler." Cette variante existe-t-elle? où? Lors même que cela serait, la thèse n'en tirerait nul avantage, puisque le *r* dans *erastea* n'est pas en contact avec le *z*. Le second exemple, *igaz daño*, se décompose de la même manière que *egundaino*, par *igazera dino*. Toutefois le *z* peut se trouver en face du *r* dans la déclinaison, et alors, en vertu de la règle précitée, on intercale un *e* euphonique.

M. van Eys dit encore au sujet du *r:* „A la fin d'un mot il est toujours redoublé quand suit l'article ou un suffixe commençant par une voyelle." — Le *r*, s'il est rude de nature, ne subit pas d'altération, quelle que soit situation. Quand il est doux, le contraire de ce que dit l'*Essai* est de règle. Ainsi, *ur* (eau) est l'indéterminé de *ura*; *zur* (bois de charpente) est le thème de *zura*; dans *ura, ur eztia, zura, zur ederra*, le *r* se prononce comme français dans *Uranie*. — De doux, ce *r* peut cependant devenir rude; il faut pour cela que le mot commence, non par une voyelle, mais par une consonne. Le même fait se représente quand le *r* termine une phrase ou un membre de phrase. Il n'y a là rien de phénoménal, tout est d'ordre naturel; dans les cas rapportés, le *r* devient forcément rude; le *r* dans *ur zikhina, bi zur*, ne saurait être prononcé avec douceur comme dans *oro, ur ona*. Le *r* doux devient encore rude lorsque la voyelle initiale du mot qui suit est avoisinée par un second *r* doux, par exemple dans *zur arina*. Je ne sais s'il y a dans la langue dix mots qui soient affectés par ces observations, et voilà les minuties au milieu desquelles vague l'auteur, tout en prétendant tirer les lignes d'une „esquisse à grands traits". Cette remarque se trouverait tout aussi bien placée en maint autre endroit; la répéter serait inutile.

Le chapitre III est consacré à la déclinaison. M. van Eys avait conçu un paradigme de trois cas; il cherche encore à accréditer son opinion. C'est lutter contre l'évidence; la déclinaison basque déborde de toutes parts le cercle étroit où on voudrait l'enfermer. L'euphonisme lui impose certaines règles: M. van Eys s'en impatiente, il se cabre devant les faits, il refuse de les reconnaître: *Systèmes préconçus*, s'écrie-t-il, *règles confuses, arbitraires, élaborées dans le cabinet d'étude*. Repoussant ce qui est certain, il court après l'imaginaire : „Il paraît, dit-il, que le basque français a un pluriel indéfini." — L'indéfini, dans le nom, n'a pas de nombre; comment en aurait-il, puisque le nombre le renverse et le transforme en défini? On connaît des classes de noms dans lesquels la loi euphonique rend des cas indéfinis semblables à des pluriels définis; c'est ce que l'auteur voulait ou devait dire.

Le chapitre IV effleure la question des degrés de comparaison. — Aux trois degrés de signification reçus par la grammaire générale, le basque ajoute l'*excesif*. Ce degré est de qualité aussi essentielle que les autres. L'*Essai* ne le connaît pas; encore sait-il moins les formes à nuances graduées que les suffixes et les interfixes élèvent sur ces quatre bases.

Les pronoms occupent le chapitre suivant. — Le verbe basque contient les pronoms personnels. Si le discours exige qu'on les exprime formellement, celui de la troisième personne, qui n'existe pas, est représenté, suivant la circonstance, par l'un des trois degrés du démonstratif, et quelquefois par le réfléchi. Ces procédés sont communs à diverses langues; le grec et le latin, entr'autres, reconnaissent dans le verbe la présence des pronoms personnels; quand ils doivent les rendre en forme, au lieu du troisième personnel qu'ils ne possèdent pas, ils emploient, le grec un réfléchi, le latin ses adjectifs démonstratifs. M. van Eys n'accepte pas cette disposition pour le basque; se taisant sur ses raisons, il oppose une méthode contraire et veut que le démonstratif du troisième degré soit un pronom personnel; encore ne voit-on pas le motif pour lequel, dans l'ordre même de ses idées, il exclut les deux autres degrés qui remplissent cependant le même office et qui sont tout aussi indispensables. La manière dont se forme le pronom composé de la troisième personne aurait pu le faire douter de la bonté de sa théorie, il n'a pas su profiter de cet indice.

Il émet encore une opinion très-innattendue sur le singulier *zu* (vous), qu'il suppose avoir été à l'origine le pluriel de *hi* (toi). — Ce qui suit n'est pas moins surprenant. — D'après l'*Essai*, les désinences casuelles dans les noms sont des articles; ce ne sont plus des articles quand on les applique au pluriel des pronoms personnels. — L'anomalie qui éclate entre les deux termes de la proposition avertissait l'auteur de l'étrangeté de sa spéculation; il la trouve seulement remarquable. — Dans les langues néo-latines, l'article supplée la flexion déclinative, mais l'un n'est pas l'autre. L'article, tel que le conçoit la grammaire moderne, n'existe pas plus en basque qu'en latin.

De la réunion pure et simple du pronom démonstratif du

premier degré au réfléchi et aux personnels des deux premières personnes résultent les composés, en sorte que les Basques disent *ce moi* pour *moi-même*, *ces nous* pour *nous-mêmes*. Ils diraient *ce de moi*, *ces de nous*, à en croire l'*Essai*, qui prétend que le composé est construit sur le génitif des personnels. — Quelques dialectes, il est vrai, ont, dans les composés, converti en *e* l'*i* et l'*u* des pronoms personnels, et c'est ce qui a donné le change à l'auteur; mais les autres dialectes n'ont pas opéré cette mutation et laissent à découvert la contexture des composés: *nihau*, *guhau*, etc.

—

J'ai à peine parcouru une vingtaine de pages du livre sans m'arrêter à toutes ses défectuosités; l'*Essai* en contient assez pour former la matière d'un volume. Dans notre temps où l'on est si pressé de produire, il arrive que les jeunes gens, amateurs des sciences, transforment en *Traités* les notes rapides, mal digérées et souvent fautives qu'ils recueillent dans un cours d'étude spéciale. M. van Eys nous donne un travail de ce genre, et j'admire la rare assurance de sa parole. De la chaire qu'il s'est improvisée, il distribue avec liberalité le blâme à l'exclusion de l'éloge, non pas précisément à ces élucubrations légères qui, dans les encyclopédies et dans beaucoup d'autres livres, faussent les vraies notions sur la langue basque, mais bien aux philologues qui ont bien mérité par des observations sensées; et, particularité curieuse, la plupart du temps les fautes dont il les croit coupables ne sont telles qu'à ses yeux. J'ai été assez heureux pour que mon nom, malgré son obscurité, ait été mêlé à ceux de la pléiade savante. J'aurais tort de m'en plaindre; je me bornerai à donner une idée des critiques de l'*Essai* par le spécimen suivant:

„Souvent, pour cacher ce que le fond avait de défectueux, on a entassé conjecture sur conjecture, et on a abordé les questions les plus épineuses avant d'avoir, nous ne disons pas aplani, mais examiné les difficultés les plus élémentaires.

„Prétendre, comme cela a été fait, que le pluriel aurait été *ak* précédant le signe du cas: *gizonakak, gizonaken*, etc., n'est qu'une pure conjecture; rien ne vient à l'appui de cette supposition "

La censure, on le voit, est impitoyable et superbe. Elle s'adresse d'abord à tous nos grammairiens et finit par lancer un trait qui frappe l'auteur lui-même en pleine poitrine. Un des grands linguistes dont s'honore l'Europe et qui ne s'aventure jamais au hasard, avait observé que le dialecte de Marquina dit *gizonaak* (les hommes), et non *gizonak* comme ailleurs.[1] Il a fait connaître plus tard, qu'à Irun et à Fontarabie, on emploie les formes *gizonaken* (des hommes), *gizonaki* (aux hommes). M. H. de Charencey en a tiré la conclusion qui précède. Pour la combattre, M. van Eys conteste des faits irrécusables, et cependant il a été à portée de les vérifier personnellement. Afin de faciliter ses investigations futures, j'ajouterai que c'est dans les paysages environnant Irun en Fontarabie, plutôt que dans l'enceinte de ces villes, que se sont conservées les formes dont il est question.

Pour le moment, je ne m'étendrai pas davantage sur l'*Essai de Grammaire basque*. Aussi bien n'apprendré-je rien de plus au lecteur sur le peu de sûreté des connaissances de l'auteur en fait de langue basque. Le premier travail de M. van Eys était comme l'efflorescence d'un esprit trop hâtif; c'était aussi la manifestation d'une bonne volonté que la persévérance à l'étude pouvait rendre profitable à la science. La seconde édition penche vers l'esprit de système, écueil sur lequel les intelligences médiocres restent tristement échouées. M. van Eys a péché par excès de promptitude; toutefois, il a fait preuve d'assez de perspicacité et de talent pour nous laisser l'espérance qu'il saura se relever d'un échec qui n'a en lui-même rien de définitif. L'amour du vrai, la recherche de la lumière

---

[1] *Langue basque et langues finnoises*, par le prince L.-L. Bonaparte.

et un contrôle plus sévère des premières impressions le conduiront dans la voie où nous nous féliciterions de le voir marcher.

Capitaine Duvoisin.

EXTRAIT DU LIBÉRAL BAYONNAIS DU 18 AOÛT 1868.

Guéthary, 14 Août 1868.

Réponse à Mr. le Capitaine Duvoisin à propos de sa critique de notre essai sur la langue basque.

Notre essai paraît avoir vivement contrarié M. Duvoisin. Le ton de sa critique, qu'il a publiée en février dans le *Courrier de Bayonne*, en fait foi.

Ce n'est que tout dernièrement que nous avons trouvé, chez le libraire, à Paris, les aménités que M. Duvoisin a fait paraître sous le titre de: *Quelques mots à propos de l'essai de grammaire de la langue basque de M. J. van Eys*. Examinons un peu ces observations avec calme et voyons ce qu'elles valent.

Les deux premières pages ne contiennent que des personnalités: elles n'intéressent donc en rien la science.

A la page 7, l'auteur dit que nous avons généralisé l'usage de la *jota* espagnole; qu'est-ce que l'auteur entend par cela? Nous l'ignorons, nous avons dit que le *j* se prononce comme la *jota* espagnole et cela est incontestable. M. Duvoisin n'étant pas du Guipuzcoa, son erreur serait excusable, s'il n'affirmait pas trop vivement le contraire; il en est de même de l'observation de l'auteur quand il dit que le son du *v* français n'est d'aucun dialecte basque; c'est encore une erreur; que M. Duvoisin se rende dans le Guipuzcoa et il entendra dire *gau on* (pron. *gavon*); et *auek* (pron. *avek*). A la page 8, l'auteur dit: *l'élimination de* n *devant* k *est une rareté et non la règle*. Nous maintenons la règle. Aux exemples cités dans l'essai et qui suffiraient, nous ajoutons encore *oraikoa* ou *oraingoa*; dans cette dernière forme du même mot, le *n* a pu se maintenir étant suivi de *g*; dans le premier mot, au contraire, le *n* a dû être élidé, le *k* a été conservé, ou en d'autres termes n'a pas été converti en *g*.

A la même page, l'auteur dit: „*La règle est tout opposée à celle que suppose l'Essai* à savoir que *n* s'élide devant *r*." Nous maintenons encore la règle; *nora* est pour *non-ra*, et non pas, comme le suppose l'auteur, pour *no-ra; no* est la racine et n'a pas encore de signification; avec le suffixe *n*, *no* fait *non*, qui signifie *où;* et *nora* pour *nonra*, vers où; exactement comme *nondik*, *non-dik;* ici le *n* a pu rester. Nous citons encore *egille* pour *egin-le*, *emalle* pour *eman-le*.

La démonstration de l'auteur qui cite *Biarno*, *Biarnora*, *Biarnon*, ne démontre rien dutout; il est parfaitement clair que Biarno, plus le suffixe *n* ou *ra* fait *Biarnon*, *Biarnora;* cela n'a rien à faire avec la règle que nous avons posée.

Page 9. L'auteur dit: „*raño* n'existe pas;" nous répondons *raño* existe; *raño;* jusqu'à; litt. jusque vers. L'auteur n'a plus ici l'excuse qu'il s'agit d'un dialecte qui n'est pas le sien; ici même à Guéthary on dit *echeraño*, jusqu'à la maison. Nous avons dit que *ra* pourrait devenir parfois *da;* par exemple *egundaño*, jusqu'aujourd'hui. Nous laissons de côté, pour le moment, l'étonnement que cause cette mutation à M. Duvoisin; il y a tant de choses qui étonnent l'auteur; même que *zu* serait le pluriel de *hi;* c'est-à-dire que *zu*, vous, est employé comme singulier tout comme „vous" en français.

Egundaño, pourrait aussi s'expliquer comme *egun-da-ño;* jusque-est-aujourd'hui; *egunera* comme le veut l'auteur, ne paraît avoir rien à faire ici. Nous avions aussi d'abord penché pour cette explication; mais puisqu'on dit *gizonarendaño*, [1]) jusqu'à l'homme, où *da* ne peut-être le verbe, il nous a semblé plus juste d'accepter ici l'influence des lois phonétiques. Nous avons cité *erastea* ou *edastea*, pour indiquer la tendance de

---

[1]) Cet exemple nous a été cité, dans le temps, mais il ne pour paraît pas être correct; v. *egundaño*.

transmutation de ces lettres; il y a encore *ideki* ou *ireki*, *kokoratz* ou *kukudatz*.

Heureusement nous trouvons enfin au bas de la même page une observation à peu près juste, par rapport à la lettre *r*; nous disons à peu près, parceque le *r* de *lur* et *eder* est dur et si l'on y ajoute l'article *a*, on écrit *lurra*, *ederra*, etc. A la page 10, l'auteur reprend l'éternelle question d'une déclinaison; nous renvoyons à l'introduction de notre Essai ne pouvant la reproduire ici; nous croyons y avoir démontré jusqu'à l'évidence qu'il n'existe pas de déclinaison en basque pas plus qu'en français; quand on connaît les langues turque, hongroise, etc., cette question est simple; elle n'embarrasse que ceux qui prennent le latin et le grec pour base. Aussi M. Duvoisin ne donne-t-il pas un seul argument; l'auteur dit: „C'est lutter contre l'évidence; la déclinaison déborde de toutes parts" On le voit, ce ne sont pas là des arguments, c'est tout au plus une phrase en l'air.

A la page 11, l'auteur nous reproche, d'avoir dit: „Il paraît que le basque français a un pluriel indéfini. Nous n'avons fait que répéter ce que nous avons trouvé dans un livre, nous ne savons plus lequel et uniquement pour constater notre doute à cet égard; nous l'avons dit dans la note au bas de la page 13, n'ayant pas la prétention d'avoir une opinion sur un dialecte qui nous est peu connu.

Sa critique du pronom (même page) nous échappe, nous ne saisissons pas ce que veut l'auteur. Quant aux termes „de démonstratifs du troisième degré etc." ils devraient être bannis d'un écrit scientifique.

Nous avons déjà parlé du pronom *zu*, pour le singulier.

Ensuite (page 12) nous aurions dit que les désinences casuelles dans les noms sont des articles et ne sont plus des articles quand on les applique au pluriel des pronoms personnels.

Où aurions nous dit cette absurdité? L'auteur aurait dû le dire.

L'auteur veut que *nerau, herori, berori,* soient formés de *ni-au, hi-ori,* après avoir converti *i* en *e;* il faudrait le prouver; la remarque est incomplète; d'où vient le *r* intercalé.

Pour ce qui regarde les pluriels *gizonakak,* etc., il faudra d'abord s'en assurer, et puis examiner avec beaucoup de prudence si cette forme exceptionnelle du pluriel doit être considérée comme primitive ou comme une corruption. Enfin, voilà bien assez d'un temps précieux donné à réfuter cette critique et voilà donc à quoi se réduisent les observations de M. Duvoisin. En quoi l'auteur se trouve-t-il donc si froissé de ce que nous avons tâché de faire un livre qui aurait pu être fait depuis longtemps. M. Duvoisin a-t-il produit quelque chose comme linguiste? Rien qu'une toute petite brochure sur la déclinaison et sur laquelle nous avons fait plusieurs observations dans l'introduction de notre Essai; nous regrettons que l'auteur n'ait pas répondu un seul mot à nos remarques, maintenant que l'occasion s'en présentait.

Si nous attachions la moindre valeur scientifique à la critique de M. Duvoisin, nous exprimerions ici notre étonnement de ne pas avoir reçu le numéro du journal dans lequel cette critique a été placée, aussi n'y répondons nous que dans les journaux du pays afin que les Basques sachent à quoi s'en tenir.

W. J. van Eys.

ADDITIONS.

LE PRONOM DÉMONSTRATIF A-T-IL TOUJOURS ÉTÉ A?

Le pronom démonstratif *a*, celui-là, existe uniquement dans le dialecte biscaïen.

Si l'on ne savait pas que *a* est encore de nos jours en usage, on serait tenté de croire que ce pronom ne doit son existence qu'à un raisonnement inductif, qui aurait pu être celui-ci : puisque *gizona* signifie l'homme, il faut que *a* soit l'article et *gizon* le nom ; or comme l'article est primitivement un pronom ou en dérive, il s'en suit que *a* est le pronom démonstratif. Le nominatif est donc trouvé, c'est *a*. — Comme le génitif est *gizonaren*, de l'homme, *aren* est le génitif et *ari* (*gizonari*) le datif du pronom. C'est ici que le raisonnement ne serait plus ou n'est plus exact. *Aren* n'est pas le génitif, ni *ari* le datif de *a*, mais bien de *ar*.

Nous savons que *a* est employé en biscaïen : *zer da a?* qui est celui-là? *Nor da gizon a?* qui est cet homme là? — Añibarro, qui est biscaïen, s'en sert d'une façon enclitique, ce qui paraît être très-inusité. Nous n'avons trouvé que ce seul exemple, et les Biscaïens qui sont à Londres, à l'église des Carmélites, n'ont pas pu nous traduire la phrase de cet auteur; la voici: *Adu gaistoko infernutarra! diñot nik orain, à, aldi baten jarraitu eskero Jesusi, iges eginik beraganik, ta eginik Satanasen vanderapekoak, ondatu zana betiko infernuan.* Lora sorta, p. 10. Méchants penchants de l'enfer! moi je vous dis maintenant, celui-là qui après avoir suivi une fois Jésus, s'étant enfui de lui et s'étant placé sous la bannière de Satan, il est perdu éternellement en enfer.

Nous n'avons pas à rechercher ici si une étymologie, erronnée peut-être, a influencé la forme du mot; si *a* a été employé pour *ar*, uniquement parce que le grammairien avait dit que *a* est le pronom. Nous n'avons pas d'anciens livres biscaïens pour tâcher de découvrir la vérité; mais aussi nous pouvons nous en passer; les mots disent assez leur propre histoire et sans documents anciens nous pouvons dire, croyons nous, que *a* était primitivement *ar*. L'espèce d'étymologie à laquelle nous faisons allusion ici, est celle que M. Max Muller nomme „popular etymology". C'est selon cette étymologie que sündfluth, déluge, est formé de sünde, péché, et fluth, inondation, tandis que sündfluth veut dire, grande inondation. De même sweetheart, amant, viendrait de sweet, doux et heart coeur; or heart est ici pour ard, terminaison qui se trouve aussi dans drunkard, ivrogne et qui signifie penchant, naturel. — S'il y a une langue à laquelle l'étymologie populaire, c'est à dire, non-scientifique a été appliquée, c'est bien la langue basque, et notre appréhension, exagérée peut-être, d'accepter les arrêts de MM. les grammairiens, n'étonnera personne.

„Celui-là" est donc rendu par *a*; par contre „cela" est rendu par *ori*. Les autres pronoms dém. *au* et *ori* s'emploient pour exprimer celui-ci et ceci, celui-là et cela. On ne dit pas: *nok esan da a?* mais: *nok esan da ori?* Qui a dit cela. En général l'emploi de *a*, celui-là, est extrêmement rare et l'exemple cité ci-dessus, d'Añibarro, est le seul que nous ayons trouvé dans les livres, et encore n'est-il pas compris par les Biscaïens. Tout cela donne à réfléchir. Il arrive quelquefois, comme en allemand, que le pronom et l'article ne font qu'un. Der mensch signifie l'homme ou cet homme là, selon que l'accent tombe sur „der" ou sur „mensch"; mais ce n'est pas le cas en basque, croyons nous; *a* était *ar* et voici pourquoi.

1°. Le soi-disant *r* euphonique, comme nous l'avons déjà fait remarquer dans notre Essai p. 23, ne se trouve qu'au singulier: *gizonaren*, de l'homme. Ainsi l'oreille basque aurait été choquée de *aen* au sing. et non pas de *aen* au pluriel (*gizonaen*, des hommes), ce qui n'est guère probable. Il est plus probable que le *r* s'est perdu; comp. le démonstratif *hau* qui est aussi *haur; hirur = hiru; laur = lau*, etc. Dans le dial. bisc. les élisions sont fréquentes et très-fortes; *biar dot* il me faut, fait *biot; norena* fait *nona* etc.; on trouve même le génitif sing. écrit *semearen* et *semeaen*, v. Olaechea, Dotrina Cristianea. Citons encore *nok* pour *nork*, *ze* pour *zer*. Le *r* est donc une lettre qui s'est souvent perdue et plus souvent en bisc. que dans les autres dialectes, et c'est justement ce dialecte qui nous occupe ici.

2°. Le *r* euphonique se trouve dans plusieurs mots composés où il est absolument superflu. On pouvait dire également bien *agatik* que *argatik*, et la preuve en est que les deux formes sont en usage; la première comme terminaison: *gizonagatik*, pour l'homme; la seconde comme pronom démonstratif: *argatik*, pour celui-là, pour cela, de *ar-gatik*. Si le pronom avait été *a* et non *ar*, on aurait pu dire *agatik*, pour celui-là, puisqu'on dit *gizonagatik* (*gizon-agatik*) et puisque le pronom et l'article ne sont qu'un seul et même mot. Pourquoi donc *a* dans un cas et *ar* dans l'autre, ou plutôt comment expliquer le *r* intercalé là où il ne sert à rien, où il est de trop? Il faudra admettre qu'il s'est perdu dans *agatik*, etc. — En général les lettres euphoniques disparaissent en raison de ce que nos connaissances d'une langue s'étendent, témoin le t euphonique français (dira-t-on) qui était considéré par tous les anciens grammairiens comme une lettre euphonique.

Maintenant que *ar* est retrouvé nous avons l'explication de plusieurs mots qui restaient des énigmes. Nous avons d'abord le nominatif patient (qui n'est pas en usage) *ar*, dont est formé régulièrement le nominatif agent *ark*; ensuite le pluriel qui est maintenant aussi régulier; *arek*, b.; après la chute de *r*, *ack*, b.; puis *ayek*, g. et *hayek*, l. et bn. Il reste maintenant à rechercher pourquoi *ar* a été remplacé par *hura*. La même question se présente pour *ona* remplacé par *hau*. Nous devons rectifier ici deux erreurs. La première se trouve dans la traduction de la citation de Añibarro, dans le dict. s. v. *a*. Nous y avons traduit *a* par „cela", au lieu de „celui-là" La seconde, est la signification donnée de *adu*, diable, au lieu de coutume, habitude, penchant. Le Biscaïen lisant *adu gaistoko*, mauvaise habitude, nous avait dit que *adu* signifiait diable. Pour le théologien, mauvais penchant pouvait signifier, diable; pour le grammairien c'était différent. Nous avons oublié un moment que nous parlions à un homme d'église. Plus tard un autre biscaïen s'est expliqué, moins religieusement, mais plus clairement.

SYSTÈME PHONÉTIQUE DE LA LANGUE BASQUE.

Nous reproduisons ici le chapitre II, de notre Essai de grammaire, traitant de la phonétique de la langue basque, pour ceux qui ne possèdent pas l'Essai, le dictionnaire étant tiré à cinq cents exemplaires, l'essai à trois cents seulement. Nous y avons ajouté quelques notes explicatives qui se trouveront entre parenthèses, et puis un tableau des permutations des consonnes.

F. Cette lettre est très-rare, et les mots où elle se trouve sont écrits de deux manières: *kafia* et *kabia*, *farra* et *barra.* Il est généralement admis que ce n'est pas une lettre basque et qu'elle ne se trouve que dans les mots d'origine étrangère.

H, est aussi très-rarement employé dans le dialecte du Guipuzcoa; il existe cependant, mais on le supprime presque toujours. *H* initial, placé par suite de la composition au milieu d'un mot, devient *k*. De *ari*, mouton et *hume* (*ume* dial. guip.) enfant, petit, on fait *arkume*, agneau; de *zar*, vieux et *hume*, *zarkume*, enfant malingre; très probablement *emakume* est dérivé de *eman* + *hume*, celle qui donne des enfants, la femme. Jusqu'à présent *hume* est le seul mot que nous ayons trouvé auquel la règle soit applicable — (Depuis nous avons trouvé un grand nombre de ces mots, v. l'introd. du dict. p. VIII).

N, devant les labiales *b*, *p* devient *m*; *nombait* pour *non-bait*, quelque part; *mempe* pour *men-pe*, possession; *lembiziko* pour *len-biziko*, premier.

Devant *k*, *r*, *l*, *t*, le *n* est élidé: *nora*, pour *nonra*, vers où; *noronz* pour *non-ronz*, vers où; *zala* pour *zan-la*, qu'il était; *gizonarekin* pour *gizonaren-kin*; *aitzitik* pour *aintzintik*; *ara* pour *an-ra*, vers là; *herreka*, du prov. renc; *egille* de *egin-le*; etc. etc.; ou bien *e* est intercalé: *lan* + *ko* fait *laneko*; *lan* + *ra* fait *lanera*. (Quand le *n* est conservé les explosives fortes (*k*, *t*) deviennent douces, ce qui donne les deux formes: *egondu* ou *egotu*; *emetik* ou *emendik*, *oraikoa* ou *oraingoa*; *zelako* ou *zelango*.

R, ne se trouve jamais au commencement d'un mot. Dans les mots d'origine étrangère et qui commencent par *r* on le fait précéder d'un *e* ou d'un *a*; de rex a été formé *errege* roi; de razon, raison, *arrazoya*. A la fin d'un mot, quand le *r* est dur il est toujours redoublé quand suit l'article ou un suffixe qui commence par une voyelle; *ondar*, sable, *ondarra*, le sable; *lur* terre, *lurra*, la terre. (Les mots dont le *r* est doux ne le redoublent pas; *ur*, *or*, *zur* font *ura*, *ora, zura.* Cet *r* est souvent supprimé dans les mots composés; *ur* et *biziak* font *ubiziak;* *zur* et *arri, zuarri;* *zur* et *ola, zuola.* — M. le capitaine Duvoisin prétend que *r* rude ne subit pas d'altération. Quand il est doux le contraire est de règle!! Alors M. D. écrit *lura, zurra!!)*

Après les lettres *z, n,* il (le *r*) devient *d. Raño,* suffixe, „jusque" avec *egun,* „aujourd'hui" fait *egundaño.* On a donc préféré dans ce cas-ci ne pas élider *n,* comme dans *nora* (v. lettre N), mais changer le *r* en *d,* mutation assez ordinaire de l'*r* doux, dont le son est si mou qu'il se rapproche du *d.* Le dial. basque français a les deux formes: *Erastea, edastea,* parler. *Igaz,* l'année dernière, avec *raño* fait *igazdaño,* jusqu'à l'année dernière. (V. *egundaño,* dans le dict. où cette question a été traitée plus en détail. Nous pouvons ajouter ici, ce qui nous a échappé dans les différents articles à ce sujet (v. aussi *ra* et *ño*), que la mutation de *z* en *d* ne s'est pas vérifiée et que par conséquent l'explication que nous donnons ajourd'hui de *egundaño* y gagne).

T, devant *k* s'élide: *bat,* un et *kide,* pareil font *bakid,* commun; *tzat,* pour et *ko,* de, font *tzako,* envers.

M. Aucun mot ne paraît se terminer par m. Dans les noms étrangers comme Adam, Balaam il est remplacé par *n* (En esp. les noms bibliques ont n au lieu de m; v. Diez, Gr. v. 1, 200).

V, est encore une lettre rare et généralement elle est remplacée par *b* et dans les mots d'origine latine par *m.* De „vagina" *magina.* Il est possible cependant que ce soit par l'influence de la langue espagnole qui a fait de „vimen" mimbre; de „vilano" milano.

Z, devant *z* devient *t. Etzan* pour *ezzan,* il n'était pas.

Aucun mot basque ne se termine par une explosive douce. La plupart se terminent par une voyelle: *arreba*; soeur; *alde*, côté; *arri*, pierre; *arno*, vin; *buru*, tête; par une des dentales *l, n, t, z*; par *r* et *s*; quelques uns par une explosive forte, comme: *bat*, un. (Exception). Deux consonnes ne se suivent jamais, ou très-rarement du moins, dans une même syllabe. Dans les mots d'origine étrangère on intercale une voyelle ou bien on retranche une des consonnes pour éviter la rencontre de deux consonnes: *eleiza*, de iglezia; *apirilla*, avril. Il y a quelques exceptions: *single*, usé; *lambro*, brouillard. Deux consonnes dans deux syllabes différentes peuvent se suivre; les consonnes finales d'une syllabe sont toujours une des dentales: *l, z, t*; le *z*; le *r*; ou les nasales *n, m*.

Quand donc deux consonnes se rencontrent dans deux syllabes différentes, elles sont soumises aux règles suivantes:

Les explosives fortes après un son sibilant, après *r* et les voyelles.

Les explosives douces après *l, m, n*.

De là il suit que:

1°. Les explosives fortes *k, t, p*, sont remplacées par leurs correspondantes douces *g, d, b*, après *l, m, n*; p. ex. *eldu* et non *eltu*, arrivé; *Olondarra* et non *Olontarra*, habitant d'Oloron; *ongi* et non *onki*, bien; *jango* et non *janko*; *emengo*, *emendik* et non *ementik*, d'ici; on peut dire, en élidant le *n*: *emetik*; *izatu* pour *izandu*, *egotu* pour *egondu*, etc.

Ceci est la raison pourquoi le *n* du génitif singulier est élidé, quand suit le suffixe *kin*, avec, qui régit ce cas: *gizonarekin*, avec l'homme, pour *gizonarenkin*. Cette règle a aussi été observée pour les mots d'origine étrangère; de voluntad est venu *borondate* (*d* pour *t*); de intelligentia, *endelguya*, (*d* pour *t*); de tiempo, *dembora* (*b* pour *p*). (Par erreur de tiempo; plutôt du lat. tempore. Ajoutons encore *herreka* du prov. renc; *n* élidé, *e* prosthétique; *h*, aspiration propre au dial. bn.)

Les explosives douces *g, d, b*, sont remplacées par leurs

correspondantes fortes *k, t, p,* après *r,* les sons sibilants et les voyelles; p. ex. *Burgosko,* de Burgos. *Ortheztarra,* habitant d'Orthez (mais *Olorondarra*); *eztu* pour *ez dut,* je n'ai pas; *baita* pour *bai da; baitu* pour *bai du; artuko,* mais *jango; lurpean,* sous la terre; *maipian,* sous la table, *ezpedi* pour *ez bedi.*

On écrit souvent *ezditu, ezdituzu,* etc.; cependant Oihenart ne s'écarte pas de la règle et écrit *estitu.*

Ces mutations ne sont que grammaticales; étymologiquement la langue basque paraît moins s'en soucier; p. ex. *berdin,* égal; *erbal,* faible; *burdin,* fer.

Les exemples de transposition de lettres (métathèse) sont très-fréquents en basque: *gabe* et *bage; igaro* et *irago; irudi* et *iduri, eriden* et *ediren,* etc.; puis dans les dérivés; de *ots,* bruit, *ostiga,* tonnerre; de *itz (hitz),* parole, *hiztuna,* orateur, etc.

LES VOYELLES.

Tout mot finissant en *a* et auquel on ajoute l'article ou un suffixe quelconque qui commence par a, en élide un, (ou peut-être les deux se contractent en â). *Aita,* père, avec l'article *a,* fait *aita. Malaga + arra,* fait *Malagarra.*

I entre deux voyelles devient *y* et *u* devient *v. Amorrai,* truite, avec l'article: *amorraya. Garai,* victoire, *garaya. Lau,* quatre, *lavoindura,* quadrupède. On n'observe pas toujours cette règle, mais bien que l'on écrive: *gau on,* bon soir, on prononce *gav on;* on écrit *au ere* et l'on prononce *avere.* (Echeberria écrit *b* pour *v; abek* pour *avek;* on sait que les Espagnols prononcent *b* et *v* de la même façon; ainsi, comme nous venons de le dire, on prononce *avek* à la française.) Les mots comme *andi* grand, *euri* pluie, où le *i* ne vient pas entre deux voyelles, s'écrivent *andia,* le grand, *euria,* la pluie, mais on les prononce *and'dia, euridia,* comme si le *i* était *y.*

Avant de terminer ce chapitre il nous faut encore relever une petite erreur des grammairiens basques, qui prétendent que ñ équivaut à *in*, ce qui n'est pas; ñ équivaut a *ni*, c. a. d. à gn français, ny hongrois. *Baño* se prononce *banio* ou *bagno*. Il est vrai que les Basques français écrivent partout *in* où les Basques espagnols écrivent ñ; ce qui prouve seulement qu'il y a une différence d'orthographe, mais non pas que ñ = *in*.

TABLEAU DES PERMUTATIONS DES CONSONNES DANS LES MOTS BASQUES DE DIFFÉRENTS DIALECTES.

GUTTURALES.

K. { *s. z. ch.* *Karamitcha* = *zaramika*. *Kirten* = *zirtoin*. *Kunkur* = *zunkur*. *Kiskaldu* = *chichkaldu*.

G. {
s. z. *Gale* = *zale*. *Gapar* = *zapar*. *Itogin* = *itozin*.
h. *Iges* = *ihes*. *Igar* = *ihar*. *Ego* = *eho*. *Olgatu* = *olhatu*. *Chingurri* = *chinhaurri*. *Gardots* = *hardots*.
j. *Echagun* = *echejaun*. *Gan* = *joan*. *Igaz* = *yaz* (pour *jaz*).
d. *Chingar* = *chindar*. *Biga* = *bida*. *Gupela* = *dupela*. *Gino* = *dino*. *Atsegin* = *atseden*.
t. *Betondo* de *begi-ondo*. *Marranga* = *marhanta*.
r. v. **R**.
m. v. **M**.
b. v. **B**.

H.
- ñ ou *nh*. *Ihes* = *iñes*. *Ihar* = *inhar* (nh port. = ñ). *Ginhar* = *giñar*. *Chinhaurri* = *iñurri*.
- *y*. *Bohatu* = *buyatu*. *Sahets* = *sayets*. Peut-être influence de l'esp. comme *hiema* = *yema*.

V. note à la fin du tableau.

DENTALES.

T.
- *k*. v. **K**.
- *g*. v. **G**.
- *n*. *Gazta* = *gasna* (Exception).
- *p*. *Aizta* = *aizpa*. *Aitatu* = *aizpatu*. *Seta* = *sepa*.

D.
- *g*. v. **G**.
- *h*. *Chindurri* = *chinhaurri*.
- *r*. *Ideki* = *ireki*. v. *Egundaño*.
- *z* (?). *Bidar* = *bizar*.

L.
- *d*. *Elur* = *edur*. *Belar* = *bedar*.
- *r*. *Itzulbide* = *itzurbide*. *Holtzadar* = *Hortzadar*. *Zahalo* = *zaharo*. *Zamalduna* de *zamari*. *Haliko* de *hari*. *Juale* = *juare*. *Olitz* = *oritz*.
- *n*. v. **N**.

N.
- *l*. *Narru* = *larru*. *Lahar* = *nahar*. *Ultze* = *untze*.
- *r*. *Belhaun* = *belhaur* (Exception).

LABIALES.

P.
- *t*. v. **T**.
- *m*. *Parra* = *marra*.

B.
- *g*. *Ebiakoitza* = *egiakoitza*. *Burhaso* = *gurhaso*. *Burdi* = *gurdi*. *Erbal* = *ergal*. *Habuin* = *hagun*.
- *m*. *Bilgor* = *milgor*. *Biga* = *miga*. *Ibeni* = *imini*.

M.
- *p*. v. **P**.
- *h* ou *f*. *Mun*, *hun* ou *fun* dans *burumun* Exception. Sans cela permutation avec les autres labiales: *ibeni* = *imini* = *ipini* = *ifini*.

PALATALES.

Ch. { *tz.*   *Itchuli = itzuli.*
       ts.   *Itchaso = itsaso.* (Plutôt différence d'ortohgraphe que de prononciation).
       d (?).   *Ichuri = iduri.*

Ñ. { *h.* v. **H.**

Z, S. { *t.*   *Zirzil = tirtil. Zunkur = tuntur.*
       t après chute de *r*? *Orzegun = ostegun. Orzirala = ostirala; bortz* ou *borz = bost; berze = beste.*

LINGUALES.

R. { *d.* v. **D.**
       l. v. **L.**
       n. v. **N.**
       g.   *Ernari = ernagi. Buruzari = buruzagi. Argizari = argizagi. Iritai = igitai.*

NOTE.

ñ ou *nh*. La nasale palatale (ñ) paraît avoir été exprimée dans les dialectes basques français par le groupe *nh* comme en portugais. Pouvreau écrit *guinharra* et on écrit et on prononce *giñarra; senhar*, bn. vient de l'esp. señor et ainsi on trouve les variantes *chinhaurri = (ch)iñurri*. L'*h* ne donne pas seulement ce son mouillé à l'*n*, mais aussi à l'*l*; comp. *zilhar = zillar; zilhegi = zillegi*. La question se présente donc si l'orthographe n'a pas influencé la prononciation et si le *h*, qui était simplement pour indiquer la prononciation, n'a pas été considéré à tort, comme une lettre organique. Nous ignorons si le *h* est prononcé dans *senhar*, mais ceci importe peu pour le moment; il est possible que l'usage ait adopté cette prononciation, et alors il faut l'admettre; mais il est clair que l'*h* est inorganique ici; combiné avec *n* il représente le son ñ. Comparez encore *iñara* qui s'écrit *inhara* ou *enhara;*

nh évidemment pour *ñ*. Il y a cependant une difficulté. Comment se sont formés des mots comme *iges = ihes = iñes?* *Iñes* devrait être la forme primitive, écrite plus tard *inhes* (qui ne se trouve pas) puis *ihes*, puis *iges;* comme *giñar = ginhar = gihar;* (*ch*)*iñurri, inhaurri*. Il serait, sous quelques rapports, plus logique de renverser la série, puisque probablement le *g* a précédé le *h*, et le *h*, l'*n*. Nous aurons alors *iges, ihes, iñes;* mais le *ñ* ne s'explique pas de cette façon; il ne provient par de *h*, selon toute apparence. Nous pouvons plutôt conclure, par analogie, à une forme intermédiaire en *y*, qui en effet se retrouve pour quelques mots. Le *y* indique ce son particulier, que nous avons appelé mouillé, le y hongrois; ce son en basque rappelle un peu celui de *ñ* et à cause de cela Larramendi et Lardizabal ont employé l'une et l'autre orthographe (v. *jardun*). On devra donc établir l'ordre suivant: *iges, ihes, iyes* (hypothétique), *iñes*. Nous pouvons citer un mot qui a parcouru toute la série, c'est *igar*, sec, *ihar*, étincelle, *eyar*, sec, *inhar*, étincelle; *inhar* aurait pu s'écrire *iñar*. Il faudra alors admettre que dans quelques cas le *ñ* procède de *nh* qui est pour *y* et que dans d'autres cas c'est le contraire qui a lieu; c'est *nh* qui procède de *ñ*, comme dans *senhar*. Le n a toujours une grande tendance à changer de place; comp. *iñor = nihor; hanitz = anhitz; bedeinkatu = benedikatu*.

ABRÉVIATIONS.

1.

g	guipuzcoan.
b	biscaien.
l	labourdin.
bn.	bas-navarrais.
esp.	espagnol.
prov.	provençal.
fr.	français.
holl.	hollandais.
all.	allemand.
angl.	anglais.
comp. . . .	comparez.

syn.	synonyme.
v.	voyez.
litt.	littéralement.
c. a. d. . . .	c'est à dire.
s. v.	sub verbo.
i. a.	inconnu aujourd'hui. On trouvera quelquefois : P. i. a. ce qui veut dire que le mot est cité par Pouvreau et qu'il est inconnu aujourd'hui.

2.

Larr.	Larramendi.	Diccionario trilingue. San Sebastian 1745.
O.	Oihenart.	Proverbes basques. Bordeaux 1847.
P.	Pouvreau.	Dictionnaire MS.
Lardiz. . . .	Lardizabal.	Testamentu zarreco, etc. Tolosan 1855.
Ax.	Axular.	Gueroco guero. Bordelen 1642. Bayonan 1864.
Chourio.		Jesu-Christoren imitacionea.
Moguel		Basserritaar jaquintunaren echeco escolia. Vitorian 1845.
Arrue (maître d'école à Zarauz).		Traduction ms. de l'ouvrage précédent de Moguel.

Olaechea, B.	Doctrina christianea. Victorian 1780.
Vieuxville, P. de la	Guiristinoen doctrina laburra. Bayonan 1788.
Echeverria, J. C. de	Jesusen imitacioco.... Tolosan 1829.
Mendiburu, A. S.	Jesusen compañico. Donostian 1747.
Añibarro, P. A.	Lora sorta espirituala. Tolosan 1803.

3.

Diez, E. W.	Diez, Etymologisches Wörterbuch. Bonn 1861.
Diez, Gr.	Diez, Gram. des roman. Sprachen. Bonn 1865.
Littré, D.	Littré, Diction. de la langue française.
Brachet, D. E.	Brachet, Diction. étym. de la langue française.
L. R.	Raynoaurd, Lexique roman.
D. A. E.	Diccionario de la lengua castellana. Madrid 1726. (Académie espagnole.)
Dozy, Glos.	Dozy et Engelmann. Glossaire des mots espagnols et portugais dérivés de l'arabe. Leyde et Paris 1869.
Fick. Indog. Wb.	Fick, Vergleich. Wörterb. der indog. Sprachen. Göttingen 1870.
Mahn, Bask. Sprach.	Mahn, Denkmäler der baskischen Sprache. Berlin 1857.
Mahn, Etym. Unters.	Etymologische untersuchungen auf dem gebiete der romanischen Sprache. Berlin 1863.

A.

A. Pronom démonstratif, celui-là. Le dial. bisc. est le seul qui ait conservé *a* comme pron. dém. (v. Essai p. 14, 26) *dinot nik orain a.* Añibarro, Lora Sorta, p. 10, je vous dis maintenant cela.

Le pron. qui y correspond dans les autres dialectes est *hura*. Dans tous les dialectes, y compris le bisc. *a* est devenu l'article défini. *Gizon*, homme, *gizona*, l'homme ; *emakume*, femme, *emakumea*, la femme.

Le pluriel de *a* comme pron. dém. est *aek* ou *arek*, b. *ayek*, g. *hek*, l. bn. *Gizon arek*, ou *ayek* ou *hek*, ces hommes-là.

Le pluriel de *a* comme article est *ak*. *Gizonak*, les hommes. Voir ce que nous avons dit de la forme du pluriel dans l'Essai de Gr. basq. p. 21, 23. Le génitif et le datif se trouvent s. v. *hura*.

As'e, b. syn. de *huras'e*, celui-là même ; *s'* = ch français Voir pour la prononciation Essai de gr. basq. p. 27.

An, g b. *han*, l. là. Très probablement de *a* avec le suffixe *n* qui correspond au locatif des autres langues.

Anche, g. b. là-même ; de *an-che* ; V. Essai p. 27.

Ara g. b. *hara*, l. là. *Ara noa*, je vais là ; plus littéralement en allemand, ich gehe dorthin. *Ara* est pour *an-ra*, avec élision de *n*, vers-là. V. Essai de gram. basq. p. 7.

Aari, v. *ari*, 2.
Aaztu, v. *aztu*.
Abachu, bn. défaut.
Abade, g. b. abbé.
Abadota, l. guêpe.
Abal, v. *ubal*.
Abanzu, bn. presque. Selon Chaho comme substantif avance, anticipation et formé du latin ab ante.

Abao, b. rayon de miel. syn. de *abaraska*.

Abar, g. b. l. bn. branche. Comp. *adar*.

Abarka, g. b. bn. Chaussure (primitivement de bois tendre) en cuir non tanné ; nous croyons de *abargai* ou *kai* et non de *abar-kia* comme le veut Astarloa. (Apol. de la lengua bascong. p. 292.) *Abarkia* n'existe pas.

Abarkatu, *abarkatzen*, g. envelopper, entourer.

Abaraki, bn. abri pour le bétail, de *abar-toki?*

Abargia, bn. bois taillis.

Abarrots, g. b. *abarrox*, bn. *habarrots* ou *harrabots*, l. métathèse de *habarrots*, vacarme, fracas, bruit désagréable. De *abar-ots*, le bruit, le craquement des branches quand elles se cassent? *Ihez egiozu ahal guziaz munduko habarrotsari*; Chourio, Imit. de J. C. Fuyez autant que possible le tumulte du monde. *Ibañetaren lephoan harrabots bat agertzen da*. Chant d'Altabiscar. Au col d'Ibagneta un bruit retentit.

Autsiabartza, g. rixe, de *autsi*, rompre et *abartz* pour *abarrots*. Le verbe faire dans „faire du bruit" est rendu dans plusieurs langues par „battre, donner des coups, rompre;" le français ne possède pas de verbe équivalent; p. ex. en anglais to kick, en hollandais schoppen; to kick up a row, faire du tapage; en hol. geweld schoppen. Nous croyons donc que *autsi* est employé ici dans le même sens.

Autsiabartzalle, g. tapageur (subst.).

Abaraki, v. *abar*.

Abaraska, g. rayon de miel.

Abargi, v. *abar*.

Abarka, v. *abar*.

Abarkatu, abarkatzen v. *abar*.

Abarrots, abarrox v. *abar*.

Abata, bn. loge des chasseurs au haut d'un arbre pour observer les palombes.

Abatsa, l. moyeu; vase de laiterie.

Abatz, bn. pile de fougères etc. attachée sur de grosses branches et transportée en la traînant.

Abazkatu, l'action de mettre en pile.

Abazera, l. bourrasque.

Abazkatu, v. *abatz*.

Abaztorra, abaztorratu, bn. éloigner quelqu'un avec violence ou avec défense de revenir.

Abazuza, abazuzi, v. *baba*.

Abe, 1 g. b. *habe*, l. bn. poutre, étai; — b. bois, forêt, arbre. *Haur habe*, l. tuteur.

Abe, 2 l. taon.

Abegi, b..accueil.

Abek, v. *au 2*.

Abendu, g. b. *avendo*, l *abendo*, bn. décembre, avent.

Aberastasun, v. *abere*.

Aberastu, v. *abere*.

Aberats, v. *abere*.

Aberatsi, v. *abere*.

Aberatski, aberatskiro, v. *abere*.

Aberatz, v. *abere*.

Aberax, v. *abere*.

Abere, g. b. l. bn. animal. *Aberats*, g. l. *aberatz*, b. *aberax*, bn. riche. Evidemment de *abere*, mais la terminaison est obscure; peut-être que le *u* final s'est perdu; *tsu* se trouve comme équivalent de *dun*, dans *altsu* ou *aldun*; ainsi qui possède animaux = riche. *Aberastu, aberatzen*, g. b. l. bn. enrichir. *Aberastasun*, g. b. l. bn. richesse.

Aberatsi, g. *aberatski*, l. bn. *aber-atskiro*, g. adv. de *aberats-ki* et *kiro*.

Abrildu, abrildutzen, g. immoler, de *aber-il-du*. Un des rares mots où se trouve le groupe *br*, et un des très rares mots qui aient rapport à un culte quelconque.

Aberilla, v. *apirilla*.

Abeto, g. sapin; l'esp. abeto.

Abi, g. b. *habi*, l. nid. L'orthographe labourdine est la meilleure, les composés le prouvent; on dit *chorihabi*, mais aussi *chorikabi*, où le *k* remplace régulièrement le *h*. v. Essai Ch. II. C'est sans doute en décomposant ce mot (*chorikabi*) et dans l'ignorance des règles phonétiques que *kabi* a été pris pour le mot primitif; la même confusion s'est produite avec *kide* pour *hide*.

Abiadura, v. *abiatu*.

Abiatu, *abiatzen* g. l. bn. s'acheminer, se préparer à partir, se préparer à un travail, — b. commencer; de l'esp. aviar.

Abiadura, bn. commencement; bn. l. allure, démarche, — g. b. les quelques pas qu'on fait pour prendre son élan quand on va sauter.

Abo, v. *ao*.

Aboztu, *abuztu*, g. b. l. Août; par extension récolte en g. et l. de l'esp. agosto.

Abrildu, v. *abere*.

Abruzka; mot dont O. se sert selon P. sur la face; de l'esp. a bruces, de bruces.

Aburu, bn. croyance confuse, espérance peu fondée.

Abuztu, v. *aboztu*.

Ach, v. *aitz*.

Achal, v. *azal*.

Achake, b. *aitzaki*, g. l. prétexte, de l'esp. achaque qui vient de l'arabe v. D. A. E. et Diez E. W. II p 81.

Acheri, v. *azari*.

Achiruina, l. cheville du pied.

Achitamachia, s. d. L. papillon.

Achiti, s. d. L. de aqui adelante, dorénavant.

Achol, v. *ajol*.

Acholatasua, v. *ajol*.

Achulo, v. *aitz*.

Achur, v. *aitz*.

Achuri, l. bn. agneau. — b. chevreau.

Achut, bn. terme de mépris, correspondant à, fuyez lâches.

Adakai, adaki, v. *adar*.

Adar, g. b. l. bn. corne d'animal; grosse branche, plus grande que *abar*.

Adaki, l. *araki*, g. (*r* pour *d*, v. Essai d. gr. basq. p. 8); en lab. branches mortes, éclats de bois; en g. bûche, de *adar-kai*. P. donne encore *adakai*.

Adartcho, l. branchette, de *adar-tcho*, v. *ch*.

Adartsu, g. b. branchu; *artepe adartsu bat*, sous un chêne branchu; de *adar-tsu*.

Adarburu, b. l. noeud dans le bois; *adar-buru*.

Adarburu, v. *adar*.

Adartcho, v. *adar*.

Adartsu, v. *adar*.

Adats, l. chevelure. P. i. a.

Adareta, l. charrue. C'est le nom de la nouvelle charrue dont l'usage n'est pas encore généralement répandu.

Adausi, v. *ausi*.

Aderallu, v. *adrillu*.

Adesara, ou *adesoras*, l. subitement; syn. de *berehala*; de l'esp. adeshora.

Adi, g. *adin*, b. entendement, intelligence. Selon M. Mahn (Bask. Sprachd.) *adi* dérive du lat. audire; il nous semble que le bisc. *adin* s'y oppose; le *n* appartient au radical et comme finale se perd souvent comp. *arrai, zai, mai*.

Aditu, aditzen, g. l. *aitu, aituten*, b. (*d.* supprimé) entendre, comprendre.

Aditza, g. *adimendu*, g. b. l. bn. syn. de *adi*. La première forme est le subst. verb. déf. *aditzea*, dont le *e* est supprimé, comparez *agin tza*; la seconde paraît être imitée du français ou de l'espagnol.

Adierazo, g. b. l. faire entendre, indiquer; de *adi-erazo*.

Adigarri, g. b. signification, de *adi-garri*.

Adindu, adindutzen, g. tempérer, modérer.

Adierazo, v. *adi*.

Adigarri, v. *adi*.

Adimendu, v. *adi*.

Adin, 1 v. *adi*.

Adin, 2 g. b. l. bn. âge. *Adin gare*, P. nous avons même âge.

Adiña, g. autant que; de *adin 2?*

Adindu, v. *adi*.

Adindutze, v. *adi*.

Adiskide, g. b. l. bn. ami. Probablement de *adis kide* (comp. *lankide*); *adis* pour *aditza* ou *aditze*. *Adiskide* signifie alors con-entendement, c. a. d. celui avec qui l'on s'entend. Comparez le fr. compagnon du latin cum-panis. v. Dict. de M. Littré.

Adiskidetasun, g. b. l. *adiskidetarzun*, bn. amitié; de *adis-kide-tasun*.

Adiskidetasun ou **tarzun**. v. *adiskide*.

Aditu, v. *adi*.

Aditza, v. *adi*.

Aditze, v. *adi*.

Ador, l. sec. *Estul adorra*, toux sèche. *Ador* n'est plus connu aujourd'hui dans cette acception; est-ce une variante de *agor?* *Ador* signifie de nos jours roue.

Adrillu, g. b. *adreillu*, l. *aderallu*, bn. brique; de l'esp. ladrillo.

Adu, b. g. diable. *Adu gaistoko infernutarra*. Añibarro, Lora-sorta, p. 10. mauvais diable infernal.

Adur, b. bave.

Aek, v. *a*.

Afaldu, v. *afari*.

Afari, bn. souper, subst.

Afaldu, afaltzen, l. bn. *apaldu, apaltzen*, g. b. souper. Est-ce de *afari-du* et *l.* pour *r*; comp. *bazkaldu, gosaldu*.

Afer, v. *alfer*.

Aferkaria, v. *alfer*.

Aga, g. b. *haga*, l. bn. long bâton, perche, p. ex. pour mettre le linge à sécher.

Athal haga, l. barre de porte.

Hagatu, bn. 1° arpenter; 2° terme de meunier, presser la farine dans le sac, ce qui se fait avec un bâton.

Age, apparence. Ce mot n'est en usage ni en guip. ni en lab. Larramendi donne *agia*, la forme bisc. avec l'article.

Agian, l. bn. peut-être; de *agia-n*, dans l'apparence = apparemment.

Agertu, (aussi *oger*) *ageri*, b. *agertzen*, g. b. l. bn. paraître, apparaître, de *age-artu*; se conjugue avec *izan*; *agertu zitzagon*, il lui apparût. *Oberen bat ager dedin artean*, jusqu'à ce qu'il (en) paraisse un (livre) meilleur. Mendiburu. Iardizabal emploie *agertu* comme verbe actif dans le sens de manifester, déclarer.

Ageri, *agiri*, g. déclaration, témoignage.

Agerkera, g. b. apparition.

Agerkai, g. document, témoignage, écriture; de *ager-kai*.

Agerrian, g. b. l. bn. à découvert; *bertzeren agerrian* l. à la vue d'autrui; de *ageria-n*. Pourquoi deux *r*?

Ager, v. *age*.
Ageri, v. *age*.
Agerkai, v. *age*.
Agerkera, v. *age*.
Agerrian, v. *age*.
Agertu, v. *age*.
Agertze, v. *age*.
Agian, v. *age*.
Agin, 1. g. if.
Agin, 2. *agin*, g. b. *hagin*, l. bn. grosse dent. En g. et b. avec l'article *agiña* En b. *agin* est dent; grosse dent est *matrailla agin*, ou *albagin* de *alho-agin*.

Aginke egin, b. mordre; *chakurrak aginke egin diotsu*, le chien vous a mordu.

Agin, 3. ou **agindu**, **agintzen**, g. b. commander; g. b. l. promettre.

Agindu, g. b. ordre. *Agindu au ipiñi eta bereala*, cet ordre étant donné (placé), desuite...

Agintza, g. l. *agintari*, b. promesse, offrande. v. *aditza* pour la forme.

Agintzari, g. chef, commandant, de *agintze-ari*.

Agindu, v. *agin* 3.
Aginke, v. *agin* 2.
Agintari, v. *agin* 3.
Agintza, v. *agin* 3.
Agintzari, v. *agin* 3.

AGIRANDOA. Selon Oienhart (corrections au Ms. de Pouvreau) corruption de: au gui l'an neuf.

Agireka, **agiraka**, b. querelle.
Agiri, v. *age*.
Agitz, g. *hagitz*, l. vigoureux, fort, très, beaucoup.

Agor, g. l. sec. tari; l. stérile. *Eta ez zuten haurrik, zeren Elisabeth agorra baitzen*; et ils n'eurent point d'enfants, parce qu'Elisabeth était stérile.

Agortu, *agortzen*, g. b. l. bn. sécher, tarir.

Agortasun, g. b. l. sécheresse, stérilité, de la femme; de *agortasun*.

Agorrean, b. l. à sec; de *agorrea-n*. v. Essai p. 49 note 1.

Agorilla, bise. selon Astarloa, mais n'est plus connu aujourd'hui; le mois d'août; de *agor-illa*.

Agorrean, v. *agor*.
Agorilla, v. *agor*.
Agortasun, v. *agor*.
Agortu, v. *agor*.
Agortze, v. *agor*.
Agudo, g. l. bn. prompt, habile, de l'esp. agudo.
Agur, v. *gur*.
Agure, aguretu, v. *gur*.
Ahaide, v. *aide*.
Ahaidetasun, v. *aide*.
Ahakatu, v. *ao*.
Ahakartu, v. *ao*.
Ahal, v. *al* et *ao*.
Ahalge, bn. *ahalke*, l. honte. La forme bn. est plus en rapport avec les lois phonétiques.

Ahalgetu, bn. *ahalkatu*, l. avoir ou faire honte.

Ahalgekor, bn. *ahalgegarri*, l. honteux; de *ahalge-kor* et *garri*.

Ahalgegabe, bn. *ahalkegabe*, l. effronté; de *ahalge-gabe*.

Ahalgegabe, v. *ahalge*.
Ahalgegarri, v. *ahalge*.
Ahalgekor, v. *ahalge*.
Ahalgetu, v. *ahalge*.
Ahalkatu, v. *ahalge*.
Ahalke, v. *ahalge*.
Ahalkegabe, v. *ahalge*.
Ahamen, v. *ao*.
Ahantsi, l. oublié. *Ahantsi-zait*, il m'a oublié.

Ahantskor, l. oublieux.
Ahantskor, v. *ahantsi*.
Ahapaldi, v. *ao*.
Ahar, v. *ao*.

Aharausi, v. *ao*.
Ahardi, l. bn. 1° truie; 2° pièce de bois de pressoir aux trous de laquelle s'adaptent les fuseaux pour presser.

Ahari, v. *ari*, 2.
Aharratu, v. *ao*.
Aharrosi, v. *ao*.
Ahartara, v. *ao*.
Ahartu, v. *ao*.
Aharzatz, l. *ahatzatz*, bn. i. a. bélier.

Ahasabai, v. *ao*.
Ahate, v. *ate*, 2.
Ahats, l. sale; i. a.
Ahatskeria, saleté; de *ahats-keria*.
Ahatskeria, v. *ahats*.
Ahatszatz, v. *aharzatz*.
Ahatzi, v. *aztu*.
Ahazuri, l. friand, écornifleur; syn. de *napur*. De *ao?* mais qu'est ce que *zuri?*

Aheri, v. *ao*.
Ahi, v. *ai*.
Ahinko, b. par coeur, syn. de *gogoz*.
Ahitu, v. *ai*.
Ahizpa, v. *aizpa*.
Aho, v. *ao*.
Ahoeri, v. *ao*.
Ahogozo, v. *ao*.
Ahoganga, v. *ao*.
Ahoki, v. *ahuku*.
Aholkatu, aholkatzen, l. exhorter, inciter à faire quelque chose. Probablement de *aho*; le *l* se trouve dans plusieurs composés; la terminaison n'est pas claire.

Ahorpegi, v. *aurre*.
Ahotz, l. bn. *aillotz*, l. bale de froment.

Ahozpez, v. *ao*.
Ahuku, l. *ahulki, ahoki*, bn. convoi funèbre.
Ahul, l. faible, maigre; bn. léger, de peu de valeur. Pouvreau ajoute encore· à jeun, mais cette acception est inconnue aujourd'hui.
Ahuldura, l. faiblesse, maigreur.
Ahultu ahultzen, l. maigrir, se sentir faible.
Ahuldura, v. *ahul*.
Ahulki, v. *ahuku*.
Ahultu, v. *ahul*.
Ahultze, v. *ahul*.
Ahunna, v. *aunts*.
Ahuntz, v. *aunts*.
Ahur, l. bn. creux de la main, poignée. *Ahur bat aza*, une poignée de choux.
Ahurpegi, v. *aurre*.
Ahuspe, v. *ao*.
Ahuts, l. joue. Selon Oienhart *ahuz* est Lab. occid.
Ahutzetako, l. soufflet; pourquoi pas *ahutsetuko?*
Ahutzetako, v. *ahuts*.
Ahuzpez, v. *ao*.
Ai, g. *ahi*, l. bouillie (pour les enfants).
Ahilu, l. se fatiguer à l'excès; comparez le français être brisé, moulu.
Ailu, ai'utzen, g. finir, tarir, user.
Aichturrak, v. *aitz*.
Aida, g. b. cri qu'on entend à tout moment dans le pays basque pour faire avancer les boeufs attelés. Larramendi cite encore *ayo, ayorro;* mais ces mots sont inconnus aujourd'hui.

Aide, g. b. *ahaide*, l. parent.
Aidetasun, g. b. *ahaidetasun*, l. parenté.
Aide urkoak, ou *aide urren*, g. b. proches parents.
Aidetasun, v. *aide*.
Aienatu, aienatzen, g. (mieux *ayenatu*) disparaître.
Aihen, v. *ayen*. 2.
Aiher, l. bn. envie, désir surtout de faire le mal. Selon Pouvreau on dit en Soule *aiher naiz*, pour je me doute, je soupçonne.
Aiherkunde, l. bn. vengeance.
Aiherkunde, v. *aiher*.
Aihotz, l. bn. *ayotz*, b. espèce de serpe à long manche pour couper les haies.
Ailiz, ailitz, l. (plût à Dieu) qu'il fût. *Ailiz*, et *ailû* (plût à Dieu) qu'il eût, sont peut-être formés de *al* pouvoir et *liz* et *lu*; comp. les imperfecto-condicional de Larramendi: *baliz, balu; (ba-liz, ba-lu)* si j'étais, si j'avais; le *i* peut avoir remplacé le premier *l*, (*al-liz = ailiz*) pour le son mouillé; *ailiz, ailu* correspondent alors à puisse, veuille. *Iainkoak ailliotsa* (sic) *liren asko*. Axular, p. 419 a. éd. Veuille Dieu qu'ils soient assez.
Ailliz, v. *aliz*.
Ailliotsa, v. *ailiz*.
Ailu, v. *ailiz*.
Aillotz, v. *ahotz*.
Aimbat, v. *ain*.
Aimbeste, v. *ain*.
Ain, añ, g. *ain*, b. *hain*, l. bn. si, tant; contraction de *adiña? Ain andia;* si grand. *Ain-non;* si-que

Aimbat, ambat, g. b. *hambat,* l. tant, autant que; de *ain-bat,* un si; all. so ein, solch ein = pareil.

Ambat beago, g. b. tant mieux.

Aimbeste, g. b. *hainbertze,* l. bn. tant, autant; de *ain-beste,* comme l'ital. altretanto.

Anitz, g. bn. *hainitz, anhitz,* l. bn. beaucoup. *Hainitz dire erraiten dutenak,* il y en a beaucoup qui disent. *Anhitzetan,* souvent.

Bezain, bezin, g. l. bn. *basen,* b. aussi, comme; *elurra bezain churia,* blanc comme la neige. M. Salaberry considère *bezain* comme la conjonction que! Il nous semble que *bezain* est formé de *biz,* 3me pers. de l'impératif, soit, et de *ain,* soit autant = pareil, comme.

Bezambat, g. l. syn. de *bezain;* en lab. encore: quant à; *nitaz bezambat,* quant à moi.

Aingeru, g. b. *angeru, ainguru,* bn. ange, du latin angelus; *r* pour *l. borondate* de voluntad; par contre *tambolina* de tambourin.

Aingura, l. ancre de navire. P.

Ainguru, v. *aingeru.*

Ainharba, l. bn. araignée.

Aintzir, g. l Selon Larramendi lac, étang, ce qui n'est plus l'acception générale; c'est plutôt bourbier. En g. on dit plus communément *zingira.*

Ainzin, v. *aitzin.*

Ainzinatu, v. *aitzin.*

Ainzindu, v. *aitzin.*

Ainzinean, v. *aitzin.*

Ainzineko, v. *aitzin.*

Ainzur, v. *aitz.*

Ainzurtu, v. *aitz.*

Aipamen, v. *aipatu.*

Aipatu, aipatzen, g. ou *aitatu, aitatzen,* g. b. l. *aiphatu,* bn. mentionner, parler de.

Aipamen, l. *aitaera,* g. *aitamen,* b. mention; de *aipa-men.*

Aipamen ona du, l. il a bonne renommée. *Aipatzen zara,* l. on parle de vous.

Aipu, l. bruit. *Esta gerlen aipurik,* il n'y a pas de bruit de guerre.

Aiphatu, v. *aipatu.*

Aipu, v. *aipatu.*

Aira, v. *arri 2.*

Aire, g. l. bn. air, de l'esp. aire. *Aireko choriak,* les oiseaux de l'air.

Aise, v. *aize.*

Aisia artu, v. *asartu* s. v. *ats,* l.

Aisolbe, v. *aize.*

Aita, g. b. l. bn. père.

Aiton, g. aïeul; de *aita-on.*

Aitasaba, g. bisaïeul. *aitagoya, asabak,* g. b. ancêtres. *Aitagoya,* le haut-père équivalent à notre grand-père n'est plus connu.

Aitaita, b. aïeul. Ce sera la réduplication de *aita.*

Aitanagusi, g. *aitaso,* g. l. bn. syn. de *aiton,* aïeul. Le premier de *aita-nagusi.*

Aitalen, g. b. patriarche; de *aita-len.*

Aitaisun, l. bn. beau-père, (second père) esp. padrastro; comp. *alabaizuna.*

Aitagiñarreba, aitañarreba, b. l. bn. *aitagiarreba,* g. beau-père, esp suegro.

Aitabichi, b. l. bn. parrain.

Aitaponteko, g. b. syn. de *aitabichi;*

de *aita-ponte,* du latin fonte, puisque le parrain tient l'enfant sur les fonts de baptême.

Aitabesuetako, g. b. syn. d. *aitabichi;* de *aitabeso,* puisque le parrain tient l'enfant dans ses bras.

Aitabesuetako, v. *aita.*
Aitabichi, v. *aita.*
Aitaera, v. *aipatu.*
Aitagiarreba, v. *aita.*
Aitagiñarreba, v. *aita.*
Aitagoya, v. *aita.*
Aitaisun, v. *aita.*
Aitaita, v. *aita.*
Aitalen, v. *aita.*
Aitamen, v. *aipatu.*
Aitañarreba, v. *aita.*
Aitanagusi, v. *aita.*
Aitaponteko, v. *aita.*
Aitasaba, v. *aita.*
Aitaso, v. *aita.*
Aitatu, v. *aipatu.*
Aitatze, v. *aipatu.*
Aithor, v. *aitortu.*
Aiton, v. *aita.*
Aitormen, v. *aitortu.*
Aitortu, aitortzen, g. b. *aithor,* l. bn. avouer, confesser.

Aitormen, g. b. l. bn. aveu, confession. *Juinko egiazkoaren aitormen gabea bazan ere,* qu'il était sans reconnaître, (confesser) le vrai Dieu.

Aitu, v. *adi* et *ai.*
Aitutze, v. *ai.*
Aitz, g. *ach,* b. *haitz,* l. rocher.
Aizkora, g. b. l. bn. hâche.
Aitzur, g. bn. *achur,* b. *ainzur,* l. bêche.

Bien que nous ne sachions pas expliquer la seconde partie des composés *aizkor* et *aitzur* nous les avons placés ici; on sait que ces instruments étaient en pierre chez tous les peuples.

Aitzurtu, aitzurtzen, g. b. bn. *ainzurtu,* l. bêcher.

Aichturrak, l. ciseaux, forces.

Achulo, b. grotte; de *ach-zulo;* syn. de *arzulo.*

AITZAKI, v. *achake.*

Aitzin, l. *ainzin,* bn. (le) devant. La ressemblance avec le vieux fr. ains, avant, est-elle fortuite?

Aitzinean, l. *ainzinean,* bn. devant. *Guzien aitzinean,* devant tous.

Aitzindu, l. *ainzindu,* bn. devancer, prévenir.

Aitzinatu, l. *ainzinatu,* bn. avancer; l. attiser le feu.

Aitzinez-aitzin, l. *ainzinez-ainzin,* bn. face-à-face.

Aitzineko, l. ancêtre; *ainzineko,* bn. devancier; de *aitzin-ko.*

Aitzitik, l. au contraire. Le *n* élidé devant *t,* v. Essai, ch. II.

Aitzinatu, v. *aitzin.*
Aitzindu, v. *aitzin.*
Aitzinean, v. *aitzin.*
Aitzineko, v. *aitzin.*
Aitzitik, v. *aitzin.*
Aitzur, v. *aitz.*
Aitzurtu, v. *aitz.*
Aize, g. *haize* l. bn. *aise,* b. vent. Comp. *ats,* qui est évidemment le même mot, légèrement modifié par l'introduction de l'*i*. Le bisc. prononce généralement *asse* (*ss*=ch. français) vent; cette forme se rapproche déjà plus de *ats;* quand nous voyons que le

bisc. *aisia artu* correspond au guip. *asartu* (pour *ats-artu*), il nous semble qu'il ne peut rester aucun doute que *aize* et *ats* aient une origine commune.

Aizeman, aizegin, aizeztatu, g. b. l. bn. souffler. de *aize-eman* et *egin.*

Haizatu, l. bn. exposer au vent; l. effaroucher.

Aisia artu, v. *asartu* s. v. *ats.*

Aisolbe; selon O. de la Soule mérid. Lieu où l'on est à couvert du vent; de *aize-ol-be.*

Aizegin, v. *aize.*

Aizeman, v. *aize.*

Aizeztatu, v. *aize.*

Aizkora, v. *aitz.*

Aizpa, g. *ahizpa,* l. *aizta,* b. soeur de soeur.

Aizta, v. *aizpa.*

Ajol, g. *achol,* l. bn. soin. souci. *Etzait ajola,* je ne m'en soucie pas.

Acholatasu, l. soigneux; de *achol-tsu.*

Ak, v. *a.*

Akabatu, *akabatzen,* g. bn. finir; de l'esp. acabar.

Akai, l. bécasse; i. a.

Akamaillu, l. hièble; syn. de *andura.*

Aker, g. b. l. *akher,* bn. bouc. *Akerlarre,* l. lieu de sabbat des sorciers, de *aker-larre.*

M. de Charencey rattache *aker* au sansc. agâ, chèvre (Recherches sur les noms d'animaux domestiques chez les Basques 1869); la terminaison *er* est pour *ar.* Quelques preuves n'auraient pas été de trop; nous ne discuterons pas ici si c'est uniquement la ressemblance partielle des deux mots qui a induit M. de C. à les rattacher l'un à l'autre; nous pouvons dire en passant que la ressemblance a souvent fort peu d'importance en fait d'étymologie; mais il aurait fallu prouver que *er* se trouve pour *ar;* nous n'en connaissons pas un seul exemple; aussi n'est-il pas probable quand on a à transformer un féminin (agâ) en masculin *aker* et qu'on a sous la main la désinence *ar* mâle qui est bien basque, qu'on préfère prendre une désinence *er* qui ne signifie rien du tout et qui ne se trouve nulle part, tandis que *ar* indique exactement ce qu'il fallait. Nous croyons qu'on ne peut pas être trop soigneux en établissant les étymologies de la langue basque; il ne faut pas oublier que nous ne la connaissons que depuis trois siècles et qu'elle se trouve être tout-à-fait isolée.

M. Bréal, dans l'introduction du 3me volume de sa Gram. comparée, dit (à propos de la finale slave (ŭ) considérée par Dobrowsky comme l'exposant du nominatif, tandis qu'en réalité c'est la finale du thème a adoucie en ŭ, vlŭkŭ, loup, vrika-s, sansc.) „Une telle rencontre prouve clairement que nous sommes exposés à nous tromper sur la cause des faits les plus simples et que nous courons le risque d'imaginer les théories les plus chimériques, du moment que nous bornons notre vue à un seul idiome pris à un seul moment de son existence." Si cela est vrai pour les autres langues, que sera-ce donc pour la langue basque, qui malheureusement réunit en elle les deux conditions si défavorables d'être isolée et de n'offrir aux études qu'une période très limitée en comparaison des autres langues.

Akerlarre, v. *aker*.
Aketch, v. *aketz*.
Aketz, l. *akhetz, aketcha*, bn. verrat.
Akher, v. *aker*.
Akhetz, v. *aketz*.
Akhitu, bn. fatiguer.
Akobitu, bn. parvenir.
Al, g. b. *ahal*, l. bn. pouvoir. Le dial. g. ne se sert pas de *al* comme substantif, seulement comme nom verbal, qui se place alors devant l'auxiliaire et est invariable; *ematen aldet*, je puis donner; *etorten alnaiz*, je puis venir. Les dial. lab. et bn. s'en servent comme substantif.

Alik, dans les locutions suivantes *al* correspond à possible: *alik gichiena*, g. le moins possible; *ahalik lasterena*, l. le plus vite possible; *ik* est le suffixe que régit le superlatif; v. Essai p. 19.

Almen, g. pouvoir, puissance. Ce sera au fond un pléonasme comme p. ex. aujourd'hui; de *al-men*.

Altsu, aldun, g. puissant; de *al-su*, et *al-du-n*.

Albait, g. b. syn. de *alik; albait*

guchiena, le moins possible. Dans les composés *bait* correspond à quelque; some, angl. irgend, all. p. ex. *nombait, norbait, nolabait; v. baitu.*

Alegin, b. *eginal*, g. ce qu'il est possible de faire; *eginal guzia*, tout ce qui est possible; de *al-egin*.

Alegia, g. certes; *bai alegia*, oui certes, de *al-egia*.

Ala, *alatan*, g. *alan*, b. *hala*, l. *hala, halatan*, bn. ainsi. En l. g. bn. *hola* et *holatan*, de même, en bisc. *ola* v. *alako*. *Ala* est formé du démonstratif *a + la*; comp. *orrela, onela; alan*, et *alatan*, de *ala-n*, et *ala-ta-n*.

Ala-non, alatan-non, g. de telle façon que, de sorte que. *Tan* est littéralement dans; ainsi: dans la façon que; comme en all. *in der Weise*.

Alaere, g. (*ala-ere*), *alambere*, b. (*alan-bere*), *halarikere*, l. (*hala-r-ik-ere*) toutefois, nonobstant.

Alatagusi, g. malgré tout; de *ala-eta-guzi*.

Alako, g. b. *halako*, l. de *ala-ko* tel, pareil; *alakoak esan dit*, g. un tel m'a dit. Moguel écrit *olakorik; ez jatzuben olakorik jazoko;* de *olako-r-ik*, rien de pareil ne vous serait arrivé.

Alabañan, g. puisque, *alabainan, alabadere*, bn. dès que cela est ainsi; de *ala-bañan* et *ala-bada-ere*.

Alabaño, alanbaño, g. b. semblable.

Ala nola, g. *zelan alan*, b. *hala nola*, bn. ainsi que, comme.

Halabere, l. *halaber* bn. de même,

pareillement, aussi; p. ex. *gau on* bonsoir; *halaber*, pareillement, (je vous le souhaite).

Halabiz, bn. ainsi soit-il; *biz* est la 3me p. de l'impératif: soit.

Bezala, bezela, g. *bezela,* l. bn. comme; formé comme *alabiz.*

Bezalako, g. pareil; de *biz-ala-ko. Oyetan besterik ez bazalako bat arkitu zuen,* parmi eux il (n'en) trouva pas un pareil des (aux) autres.

Hala hala, l. *halahula,* bn. négligemment, couci-couci.

Alaba, g, b. l. bn. fille.

Alabaordeko, g. b. *alabaizuna,* l. bn. fille d'un mariage précédent; de *alaba-orde-ko.* La terminaison *izun* n'est pas claire; serait-ce pour *izen?* nom; qui n'est fille que de nom. Bien qu'il y ait des exceptions à la règle, il faudrait alors que *izen* précédât *alaba.* v. Essai p. 120.

Alabichi. l. filleule.

Alabadere, v. *ala.*

Alabainan, Alabañan, v. *ala.*

Alabaizuna, v. *alaba.*

Alabaño, v. *ala.*

Alabaordeko, v. *alaba.*

Alabichi, v. *alaba.*

Alaere, v. *ala.*

Alai, g. vigoureux, joyeux.

Alako, v. *ala.*

Alambere, v. *ala.*

Alan. v. *ala.*

Alanbaño, v. *ala.*

Alargun, g. *alhargun,* l. bn. veuf, veuve. *Alharguntcha,* l. bn. veuve.

Alataguzi, v. *ala.*

Alatan, v. *ala.*

Alatu, g. se désespérer; cela me désespère, *alatzen zait.*

Albagin, v. *agin* 2.

Albait, v. *al.*

Albenia, l. lisière du drap, venelle du lit. Ce mot est selon Oienhart, de la vallée de Bastan.

ALBIESTIA, v. *albista.*

ALBIRISTEAK, v. *albista.*

ALBISTA, g. b. *albiestia,* l. bn. bonne nouvelle; pour *albiristea,* de l'esp. albricias. comp. „albiz", avis, opinion. L. R. s. v. Arbitre.

Albiristeak, l. étrennes qu'on donne à celui qui apporte une bonne nouvelle; esp. albricias.

Albo, g. b. côté.

Alboan, g à côté; de *alboa-n.*

Alboratu, alboratzen, g. s'approcher; de *albo-ra-tu.*

Alboragotu, même forme verbale au comparatif; et *alborageitu,* au superlatif. Nous ne donnerons plus ces noms verbaux qui se forment régulièrement du nom verbal primitif.

Alboagin, v. *agin* 2,

Alboan, v. *albo.*

Alborageitu, v. *albo.*

Alboragotu, v. *albo.*

Alboratu, v. *albo.*

Alburno, *alburun,* bn. espèce de poisson d'eau douce; (tanche?)

Alburun, v. *alburno.*

ALCHAGARRI, v. *altzatu.*

ALCHALILIA, v. *altzatu.*

ALCHATU, v. *altzatu.*

ALCHATULILIA, v. *altzatu.*

Alchona, l. P. valet de pasteur. O. écrit *alzona*, du moins c'est ainsi dans l'édition de Bordeaux 1847.

Aldakak, l. bn. petites branches au pied d'une plante.

Aldaketa, v. *alde*.

Aldakoi, v. *alde*.

Aldakor, v. *alde*.

Aldamio, l. galerie extérieure d'une ferme.

Aldapa, v. *alde*.

Aldapere, v. *alde*.

Aldaratu, Aldaratzen, l. éloigner, provoquer, mettre en colère. Variante de *alderatu*? *Eta bere ardi lagunen alhapidetik aldaratzen da*. Axular p. 78. et s'éloigne du pâturage de ses compagnes (les) brebis.

Aldaratze, v. *aldaratu*.

Aldatsa, v. *alde*.

Aldatu, Aldatze, v. *alde*.

Alde, g. b. l. bn. côté, région, proximité; en esp. aldea. Il nous semble que l'esp. vient du basque. Les composés basques prouvent que *alde* a dû être *halde*, bien qu'aucun dialecte n'ait conservé le *h*. Ceci n'est pas un obstacle, la même chose a eu lieu avec *eria*, la maladie, qui n'a pas non plus conservé le *h*, si ce n'est dans le composé *gorheria*, que P. écrit encore avec *h*, et qui vient donc confirmer ce que nous avons dit de *eria*.

Alde, g. bn. en faveur de, au profit de. *Gizonaren alde egin*, fait en faveur de l'homme; — l. manière façon; *aldez eda moldez*, d'une façon ou d'une autre. *Hitz hura bi al-* *detara aditzen da*, ce mot s'entend de deux façons.

Aldean, g. l. près, à côté, en comparaison; de *alde-a-n*.

Aldatu, aldatzen, g. l. bn. changer (p. ex. de vêtement), déplacer, transporter, transmettre, *Gurasoetatik semeetara onela aldatuaz*, g. transmis (par la transmission, par le transmettre) ainsi de père en fils.

Aldaketa, g. changement.

Aldeko, g. l. bn. proche; de *alde-ko*.

Aldeagoro, prochainement; de *aldea-go-ro*.

Aldapa, g. l *aldapere, aldatsa*, g. pente — l. colline. De *alda-pea* et *pe-ra*. *Aldatsa* pour *aldatza*, subst. verb. contracté? comp. *aditza*.

Aldakoi, g. *aldakor*, b. mobile, de *alde kor* et *koi*.

Alde egin, g. se séparer; faire une chose en faveur de, v. *alde*.

Alderatu, alderatzen, g. b. approcher; — l. syn. de *aldatu*, mais pas dans l'acception de changer de vêtement.

Alderdi, l. bn. moitié, côté; de *alde-erdi*.

Aldeagoro, v. *alde*.

Aldean, v. *alde*.

Aldegin, v. *alde*.

Aldeko, v. *alde*.

Alderatu, v. *alde*.

Alderdi, v. *alde*.

Aldi, g. b. l. bn. fois, tour, g. espace de temps. *Aldi batean etorriko ez naiz*, je ne viendrai pas pour quelque temps. *Asko aldiz*, plusieurs fois. *Eta aldi onetan ere* *berezko otiura egin zueu*, g. et aussi cette fois il fit selon sa propre habitude.—b.l.bn. humeur; *aldiona*, la bonne humeur; *aldi charra*, la mauvaise humeur.

Aldizka, b. l. bn. tour-à-tour.

Aldiona, v. *aldi*.

Aldizka, v. *aldi*.

Aldun, v. *al*.

Ale, g. grain.

Alor, g. *alhor*, l. bn. En g. champ ensemencé; semailles; en l. et bn. champ labourable ou labouré et prêt à être ensemencé de *ale* et — ?

Aletu, aletzen, g. égrener.

Alegia, v. *al*.

Alegin, v. *al*.

Alentatu, l. éventé; *arno alentatua*, vin éventé.

Aletu, Aletzen, v. *ale*.

Alfer, ou *alper*, g. *alper*, b. *alfer*, l. *afer*, bn. paresseux.

Alfer, ou *alpertasun*, g. b. l. *alferreria*, b. *alferkeria*, l. *aferkaria*, bn. paresse. En bn. aussi stérile en parlant d'un champ; de *alfertasun* et *keria*.

Alferrik, alperrik, g. l. en vain, inutilement.

Alferkeria, v. *alfer*.

Alferreria, v. *alfer*.

Alferrik, v. *alfer*.

Alfertasun, v. *alfer*.

Alforcha, bn. *alfurcha*, l. *alporcha*, g. sacoche, besace; de l'esp. alforja.

Alfurcha, v. *alforcha*.

Algara, g. éclat de rire.

Alha, Alhatu, Alhatzen, l, bn. brouter, paître; tourner (d'un moulin), *alha du*, il tourne. Selon P. aussi: ronger, et *alhadura*, l. remords. tranchées. *Concientcia gaiztoaren alhaduraz*, Axular, des remords de la mauvaise conscience.

Alhapide, pâturage; de *alha-bide?* *eta bere ardi lagunen alhapidetik aldaratzen da*, Axular. 78. et s'éloigne du pâturage de ses compagnes les brebis.

Alhadura, v. *alha*.

Alhargun, v. *alargun*.

Alharguntcha, v. *alargun*.

Alhapide, v. *alha*.

Alharze, l. bn. seuil de la porte.

Alhatu, alhatzen, v. *alha*.

Alhor, v. *ale*.

Aliatu, aliatzen, l. cacher.

Aliaua, l. petit sac où les paysans mettent leur argent pour le cacher dans leur sein; de *aliatu?* caché; ou le participe du subst.?

Alik, v. *al*.

Aliz, bn. *ailliz*, l. se dit du pain qui n'est pas levé; holl. tessig.

Alka, l. herbe dont on fait les balais.

Alkandora, g. chemise d'homme.

Alkar, et les dérivés v. *elkar*.

Alkaterna, l. goudron, de l'esp. alquitran.

Alkia, l. banc, escabeau.

Allia, b. queue.

Almen, v. *al*.

Almucha, amurza, l. amorce de fusil.

Almute, l, mesure pour le grain, picotin; de l'esp. almud.

Alof, l. à l'abandon; terme de marine quand le vaisseau vogue sans voiles et sans avirons.

Alor, v. *ale*.
Aloze, v. *alozna*.
Alozna, l. replis, troussis, quand un vêtement est trop long. Larramendi donne *aloze*.
Alper, v. *alfer*.
Alperrik. v. *alfer*.
Alpertasun, v. *alper*.
Alporcha, v. *alforcha*.
Alta, bn. interj. indiquant regret ou menace. *Alta nahi zindien*, or donc vous vouliez. On prononce généralement *altaa* en faisant entendre deux *a*.
Altaguzi, v. *ala*.
Altchagarri, v. *altzatu*.
Altsu, v. *al*.
Altza, l. aulne, arbre, aussi *haltza*.
Altzau, bn. tas de foin, de dimension a être soulevé avec la fourche; comp. *altzatu*.
Altzatu, b. *Altchatu, alchatu*. bn. lever, élever, de l'esp. alzar.
Altchagarri, l. *alchagarri*, bn. levain.
Alchalilia, alchatu lilia, bn. papillon.
Ama, g. b. l. bn. mère.
Azama, ugazama, g. b. *amaizuna*, l. seconde femme du père; comp. *alabaizuna*.
Amagiarraba, g. b. belle-mère.
Amona, (*ama-on*) *Amandria* (*ama-andere*) madame-mère; titre laudatif? *amasaba, amagoya* (*ama-goi*) *amanagusia* (*ama-nagusi*) g. *amaso*, bn. aïeule, grand-mère. A Guéthary *amona* est de nos jours directrice de couvent, soeur en religion.
Amatasun, g. *amaldea*, l. (i. a.) maternité; de *ama-tasun*.

Amabichi, b. l. bn. *amabesuetako*, b. (*ama-beso*) puisqu'elle tient l'enfant sur les bras quand il est baptisé) *amaordeko*, b. (*ama-orde-ko*), *amaponteko*, g. b. du latin fonte (qui tient l'enfant sur les fonts) marraine.
Amabesuetako, v. *ama*.
Amabi, v. *amar*.
Amabichi, v. *ama*.
Amabost. v. *amar*.
Amagiarraba, v. *ama*.
Amagoya, v. *ama*.
Amai, b. fin. *amaitu*, fini.
Amaika, v. *amar*.
Amairu, v. *amar*.
Amaizun, v. *ama*.
Amalau, v. *amar*.
Amaldea, v. *ama*.
Amanagusi, v. *ama*.
Amandria, v. *ama*.
Amaño, l. bn, nourrice.
Amaordeko, v. *ama*.
Amaponteko, v. *ama*.
Amar, g. b. *hamar*, l. bn. dix.
Hamar bat, bn. une dizaine.
Amargarren, g. b. *hamargarren*, l. bn. dixième; de *amar-garren*, *Hamarra*, l. la dixième partie.
Amaika, g. b. *hameka*, l. *hamaka*, bn. onze. Peut-être de *amar-ig*, dans le sens de au delà de dix.
Amabi, g. b. *hamabi*, l. b. douze.
Amairu, g. b. *hama hirur*, l. bn. treize.
Amalau, g. b. *hamalaur*, l. bn. quartorze.
Amabost, g. b. *hamabortz*, l. bn. quinze.
Amasei, g. b. *hamasei*, l. bn. seize

Amazazpi, g. b. *hamazazpi,* l. bn. dix-sept.

Amazortzi, b. *emezortzi,* g. *hemezortzi,* l. bn. dix-huit.

Emeretzi, g. b. *hemeretzi,* l. bn. dix-neuf; de *amar-bederatzi.*

Amarau, bn. arraignée.

Amarra, l. lien, garrot. Le fr. amarre, du basque? plutôt que du hollandais marren comme le disent M. Littré, Dict. et M. Brachet, Dict. étym.

Amarratu, amarratzen, g. l. lier, garotter.

Amargarren, v. *amar.*
Amarrain. v. *amorrai.*
Amarratu, v. *amarra.*
Amasaba, v. *ama.*
Amasei, v. *amar.*

AMASERA, g. syn. de *maira,* de l'esp. amasar, pétrir.

Amaso, v. *ama.*
Amatasun, v. *ama.*
Amazazpi, v. *amar.*
Amazortzi, v. *amar.*
Ambat, v. *ain.*
Amen, v. *ao.*
Ameschar, v *amets.*
Ameskaitz, v. *amets.*

Amets, g. b. l. *amex,* bn. songe, rêve.

Ametstu, ametsten, g. b. l. rêver.

Ameskaitz, ameschar, g. cauchemar; de *amets gaitz* (*k* pour *g* v. Essai. Ch. II); et *amets char.*

Ametstu, ametste, v. *amets.*

Ametz, g. b. l. bn. rouvre.

Ameztei, l. forêt de rouvres; de *ametz-tegi.* Oienhart dit que le mot gascon est tausint.

Amex, v. *amets.*
Ameztei, v. *ametz.*

Amiamako, l. héron. Peut-être de *mehe-moko*; mais d'où vient *a* inital? En tout cas formé irrégulièrement; l'adj. suit le subst. v. Essai, p. 120.

Amil, quel dialecte? rotation.

Amiltza, amiltegi, g. *amiltoki,* b. précipice, gouffre de *amil-tegi* et *toki.*

Amildu, amiltzen, g. précipiter, ou bien la forme causative *amilerazo,* précipiter, faire tomber. *Orregatik, da egia pikatuan amilerazteagatik deabruak sinistu eragiten diela askori.* Arrue trad. Ms. de Moguel. p. 88. Pour cela la vérité est que le diable pour faire tomber dans le péché, (leur) fait croire à beaucoup que.

Amildu, amiltze, v. *amil.*
Amilerazo, v. *amil.*
Amiltegi, v. *amil.*
Amiltoki, v. *amil.*
Amiltza, v. *amil.*
Aminno, v. *ao.*
AMIRUN, l. amidon.
AMODIJO, v. *amore.*
Amoltu, l. *amultu,* bn. aimable.
Amona, v. *ama.*
Amontzea, l. apprivoiser. P.
AMORE, g. l. *amodijo,* b. amour.
Amorrai, g. *amarrain,* bn. *hamuarrain,* l. truite; de *amu-arrain.*
Amorratu, g. enrager.
Ampor, v. *embor.*
Amu, g. b. bn. *hamu,* l. hameçon; du latin hamu-s?

Gahamu selon M. Salaberry est

un petit crochet à l'usage des pêcheurs. Veut-il dire hameçon ? Il paraît en tout cas que c'est le même mot, *g* pour *h*, *gamu* et l'autre *h* introduit, *gahamu*.

Amuko, g. lin préparé pour être filé ; le rebut en est le *mulo*.

Amulsu, v. *amolsu*.

Amurutcha, l. roitelet (oiseau).

Amurza, v. *almucha*.

An, v. *a*.

Anaitar, v. *anai*.

Anai, g. b. *anaye*, l. bn. frère. *Zeren hire anaye haur hil baitzen*. Luc. *XV*, 32. Test. Rochelle. Car celui-ci ton frère était mort.

Anaitar, g. *anayazko*, l. fraternel ; de *anai-tar*, et *anaya-z-ko*.

Anayazko, v. *anai*.

Anaye, v. *anai*.

Anche, v. *a*.

Anda, l. litière.

Andana, bn. récolte.

Andarrai, g. églantier.

Andeatu, bn. gâter. *Andegatu*, l. dissiper, paraît être le même mot, mais n'est plus connu aujourd'hui.

Andegatu, v. *andeatu*.

Andere, v. *andre*.

Andi, *aundi*, g. b. *handi*, l. bn. grand. Tous les dérivés l. et bn. avec *h*.

Ark erakusten dizkitzu gay aundi onen sayets gustiak (Lettre de Larramendi à Mendiburu), lui vous montre tous les côtés de cette grande question.

Anditasun, g. b. l. bn. grandeur.

Andiro, andizkiro, g. *handiki, handizki*, l. grandement ; de *anai-ro* et *ki*.

Anditu, anditzen, g. b. l. bn. grandir.

Andiuste, antuste, g. orgueil ; de *andi-uste?* grande, haute opinion. L'adject. devrait suivre.

Andiro, v. *andi*.

Anditasun, v. *andi*.

Anditu, v. *andi*.

Anditze, v. *andi*.

Andiuste, v. *andi*.

Andizkiro, v. *andi*.

Andre, g. *anre*, b. *andere*, l. bn. En bisc. femme mariée ; dans les autres dialectes, mariée ou non mariée, demoiselle ; quand on parle à une femme on emploie *andrea* ; *bai andrea*, oui madame.

Andura, l. hièble.

Anega, b. l. mesure pour les grains qui contient sept *gaitziru* ; de l'esp. fanega qui s'écrit aussi hanega ; v. Dict. de l'Acad. esp.

Angereder, l. *anyereder*, bn. belette ; de *andere-eder*. La prononciation de l'*y* comme *d* (v. Essai p. 6) doit être la cause de cette variété d'orthographe. Nous écrivons *angereder* avec *g* d'après Pouvreau ; il nous paraît que c'est une faute ; il a dû lire *g* pour *y*. Cette même méthaphore (jolie demoiselle) se retrouve non seulement dans le fr. belette, mais aussi en danois, en bavarois et dans l'ancien anglais. v. Brachet, D. E.

Angeru. v. *aingeru*.

Anhitz, v. *ain*.

Anhitzetan, v. *ain*.

Anima, g. *arima*, b. l. bn. âme; esp. anima; prov. arma, v. L. R. 1. 89.

Anitz, v. *ain.*
Anho, v. *ano.*
ANKA, b. patte l.g. (Tolosa) jambe, bn. hanche, de l'esp. anca?
Ano, g. l. portion; *anho;* soul. méridional selon O. pitance du berger. Selon Chaho du latin annus dans le sens de récolte; ce qui paraît assez invraisemblable.
Anre, v. *andre.*
ANSARA, *anzara,* l. *ansera,* bn. oie, de l'esp. ansar.
ANSERA, v. *ansara.*
Ansi, g. l. *antsi,* bn. soin, souci, — g. l. bn. application, faculté. — g. l. génie, moyen. — g. travail, vigueur. *Jauna ez duzua ansiarik ene ahizpak utz nezan bakharrik zerbitzatzera?* Seigneur n'as-tu point de souci que ma soeur me laisse servir toute seule. Luc. Ch. X. 40. lab. Soc. bib. Londres. *Ansi da,* g. il importe.
Antcha, bn. sangsue.
Antesa, g. l. merlot, poisson de mer.
Antichuna, g. pot à anse pour boire; l'angl. mug.
Antolatu, *antolatzen,* l. bn. s'habiller, s'arranger.
Antsi, v. *ansi.*
Antuste, v. *andi.*
Antz, v. *anz.*
Antzatsu, v. *antze.*
Antze, l. bn. industrie, adresse. Variante de *ansi?*
Antzatsu, industrieux; de *antze-tsu.*
Antzu, ou *anzu,* l. mais la première forme est préférable. Qui n'a plus de lait; selon M. Salaberry (bn.) pas pleine. On nous a affirmé cependant qu'on le dit des vaches pleines qui n'ont pas de lait. Il est possible que „sec" soit la signification générale du mot et de là comme le croit M. Mahn, Bask. Sprachdenk. *anchoa,* anchois, (poisson) séché.
Anzutu, anzutzen, g. l. bn. *anzitu,* b. déssécher (des femelles); bn. sevrer.
Antzutu, antzutze, v. *antzu.*
Anyereder, v. *angereder.*
Anz ou **antz,** g. b. apparence, ressemblance. Larramendi écrit ce mot avec et sans *t.* Lardizabal avec *t. Eta gizona bere antzera egin zuen,* g. et quand il eût fait l'homme à son image.
Anza badu, g. b. il paraît. *Anza du,* b. il ressemble.
Anzeko, g. b. semblable, pareil; de *anz-ko.* Le lab. *anzo,* comme, paraît être une forme contractée... *Haur maite anzo,* Eph. V. 1. comme ses chers enfants. *Bat bedera bere gizara anzora eta moldera minzo da.* Axular. Chacun parle selon sa guise, sa façon.
ANZARA, v. *ansara.*
Anzeko, v. *anz.*
ANZINAKO, g. ancien, de l'esp. anciano; de *anzina-ko.*
Anzitu, v. *antzu.*
Anzo, v. *anz.*
Anzu, v. *antzu.*
Añ, v. *ain.*
Ao, g. b. *aho,* l. bn. bouche. En bisc. *ao* fait avec l'article *aua,* mais généralement *b* est intercalé après

u, *auba*, comme si le radical était *au*; cette forme est aussi usitée à Tolosa. Comp. *zerubetan*, *dezeru-etan*.

Abo et *uba* que cite Larramendi sont inconnus.

Ahartu ou *ahakartu*, et généralement *aharratu*, l. bn; la première forme de *aho-artu*, la seconde de *aho-hartu*, avec la mutation de *h* en *k* (v. Essai Ch. II); se quereller, littéralement et trivialement se prendre de bec (bouche); de là le mot suivant:

Ahar, querelle. *Beharrak aharra*, nécessité (engendre) noise. Prov. de Oienhart. v. ci-dessus.

Aharratu, l. cité plus haut, dérivation secondaire et formée de *ahar*, avec l'article, *aharra* et de là *aharratu*. Pouvreau cite encore *ahakatu*.

Auzpez, g. b. *ahuzpez*, *ahozpez*, l. *ahuspe*, bn. sur la face, p. ex. tomber. De *ao*, ou *aho-z-pe-z*. La forme bn. qui a *s* est évidemment fautive c'est le suf. *z*. qu'il faut.

Aosapai, g. *ahasabai*, *ahoganga*, l. palais (de la bouche). De *ao-sabai*. V. pour l'analogie de la forme du mot palais, Diez, E. W. Selon MM. Brachet et Littré du latin *palatum* d'où *palé* et par erreur palais. Quoiqu'il en soit le basque *aosapai* vient augmenter les exemples cités par M. Diez et tirés d'autres langues dans lesquelles le palais de la bouche est exprimé par voûte ou ciel ou quelque idée analogue. En holl. nous disons *verhemelte*, de *hemel*, ciel.

Ahoganga est formé de *aho* et de *ganga* que P. cite comme signifiant déjà seul, palais de la bouche; et puis cahuette, vieux mot pour cahute. Selon Larramendi: luette.

Ahogozo, l. bn. salive.

Ahoeri, *aheri*, l. mal à la bouche, de *aho-eri*.

Ahamen, l. bn. bouchée, morceau; de *aha* (pour *aho*) et *men*.

Ahatara l. bouchée. *Ahartara*, S. d. L. bocanada, bouchée; paraît être une erreur, *r* est de trop.

Amen, l. (syncope de *ahamen*) ainsi que *aminno* bn. (*nn* = gn, fr. orth. de M. Sal.) portion, part, et par extension, moment, petit moment; *amenetik amenera*, de moment en moment.

Arrausi, g. b. *aharausi*, l. *aharrosi*, bn. baillement de *aho-irausi*. *Aharausi egin*, l. bailler. P. cite encore *ahal usain*, baillement et *ahal usainka dago*, il baille. Il n'est pas clair d'où vient le *l*; l'emploi de *usain* est curieux, du moins si ce mot n'a pas d'autre signification qu'odeur.

Ahapaldi, l. P. dit couplet de vers, strophe; et au pluriel *ahapaldiak*, discours impertinents; selon Larramendi, au supplément, bocanadas, gorgée (d'eau etc.), bouffée (de fumée, de vanité); de *aho*?

Aosapai, v. *ao*.

Apacha, b. corne des pieds des animaux, sabot, syn. de *beatzal*.

Apain, g. *apaindura*, b. l. *aphaindura*, bn. ornement.

Apaindu, *apaintzen*, g. l. bn. orner, se parer — l. bn. apprêter, préparer.

Apaindu, v. *apain.*
Apaindura, v. *apain.*
Apaintze, v. *apain.*
Apaiz, g. *apez,* l. *aphez,* bn. prêtre, du lat. abbas.
Apezkoa, l. la prêtrise.
Apairu, l. bn. repas. Selon Chaho du lat. apparare.
Apal, l. humble; bn. bas.
Apaldu, apaltzen, l. *aphaldu,* bn. s'abaisser, se prosterner. *Bihotzez eta arimaz apaldurik,* prosterné de coeur et d'âme.
Apala, g. planchette sur la cheminée sur laquelle on pose des plats.
Apalardotza, l. cheville du pied; syn. de *achiruina.*
Apaldu, v. *apal* et *afari.*
Apar, g. écume. Comp. *arrapo.*
Apartsu, écumeux.
Apartsu, v. *apar.*
Apez, v. *apaiz.*
Apezkoa, v. *apaiz.*
Aphaindura, v. *apain.*
Aphal, aphaldu, v. *apal.*
Aphez, v. *apaiz.*
Aphiril, v. *apirilla.*
Aphur, v. *apur.*
Apirilla, g. l. *aberilla,* b. *aphiril,* bn. le mois d'avril. Comme presque tous les noms des mois purement basques se terminent par *illa* (le mois) p. ex. *agorilla,* il est possible que ce soit une contraction de *apiril-illa.*
Apo, g. l. b. crapaud.
Apo belatza, l. butor (oiseau).

Arostu, l. *apostura,* g. gageure; l. pacte, de l'esp. apuesta; *apostu egin du,* l. il a fait pacte...
Apote, g. b. verrat.
Apuko, g. prétexte; syn. de *aitzaki.*
Apunta, l. joli, mignon.
Apur, g. b. l. *aphur,* bn. peu; *apur bat,* un peu. — g. miette
Apurtu, apurtuten, b. rompre; *apurtu, apurtzen,* l. baisser; *apurtu da,* il a baissé de condition.
Apurtasun, l. bassesse.
Apurtasun, v. *apur.*
Apurtu, v. *apur.*
Apurtze, v. *apur.*
Ar, 1. g. b. l. bn. mâle. Ne serait-ce pas l'origine du suffixe *tar* qui forme l'ethnique en basque? de même qu'en angl. et en all. man et mann: frenchman, englishman. Landsmann (compatriote) correspond exactement à *erritar.* Le *t* est euphonique.
Ar, 2. v. *artu.*
Ar, 3. g. b. *har,* l. bn. ver.
Arrasta, arrastatzen, g. b. ramper. L'esp. arrastrar du basque? P. écrit *arraztea* (dans *luarraztea*) avec *z* ce qui est mieux; beaucoup de noms verbaux formés de substantifs ont *s* ou *z;* mais il nous semble que c'est le suffixe *z;* p. ex. de *erro, errozlatu,* et ici de *arra, arrazta.*
Ara, 1. v. *a.*
Ara, 2. On trouve ce mot dans les locutions suivantes: *ara emen,* g. b. voici; *ara an,* g. b. voilà; *ara nola,* g. voici comment; *ara emen* correspond à *ona emen,* g. b. voici.

Ara et *ona* paraissent être des démonstratifs; (comp. les pron. dém. et les adv.). Pour *ona* il nous semble qu'il n'y a pas de doute, c'est le démonstratif (pronom ou adverbe) renforcé de son synonyme *emen;* *ara* sera donc le démonstratif dont la forme actuelle est *hura* (*hura-ark*); comme le *k* est toujours la caractéristique de l'agent, il est permis, croyons nous de conclure à la forme (primitive?) *ar* ou *ara*, dont *ark* pour l'agent; comp. *hura*. Même observation pour le pron. dém. *au-onek*. *Onek* fait conclure à une forme primitive *on*, qui se retrouve quand un suffixe suit, p. ex. *liburu onetan* (*on-e-tan*) dans ce livre-ci; comp. *araitzin, araño*.

On ne peut y chercher une forme verbale qui correspondrait à : prends ou tiens ou vois. En admettant que le verbe *artu* eût un impératif simple (non périphrastique) comme *egin* etc., ce serait sans doute le verbe qui se prêterait le mieux à expliquer *ara;* mais cet impératif porterait toujours la caractéristique soit du masculin *k* soit du fém. *n*.

Arabera, v. *arau*.

Arada, l. bourdonnement, p. ex. des abeilles; écho.

Aragi, g. b. *haragi*, l. bn. chair, viande.

Arakai, arkai, g. viande salée.

Arakiña, g. boucher, de *aragi-egiña*.

Haragizko, l. charnel, de *haragi-z-ko*.

Harapirika, l. la chair qui vient dans une plaie et la dépasse.

Harategun, bn. jour gras, de *haragi-egun*.

Aratozte, b. carnaval. Probablement de *aragi;* mais qu'est ce que *tozte* ou *atozte?* *Atoz* est la 2de personne du sing. de l'impératif de *etorri; atoz* viens, *atozte* venez; mais carnaval exprime étymologiquement le contraire, soit que l'on accepte, carnis levamen, v. Littré, D. soit, carnevale, v. Diez E. W.

Araistia, *araistian*, l. P. naguère; parait être une corruption de *araitzin*.

Araitzin, l. P. depuis longtemps; litt. avant cela, de *ara* 2. et *aitzin*; exactement le holl. voor dezen, autrefois; voor, prép. avant; dezen, pron. dém. celui-ci.

Arakai, v. *aragi*.

Araki, v. *adar*.

Arakiña, v. *aragi*.

Aralde, v. *arau*.

Araldetu, araldetze, v. *arau*.

Arana, g. l. prune.

Arantz, g. b. *aranze*, l. épine.

Aranze, v. *arantz*.

Araño, g. jusque là; v. *ara* et *ño*.

Arara, v. *arabera*, s. v. *arau*.

Ararteko, arartekotasun, arartekotarzun, v. *artu*.

Aratche, v. *aretze*.

Aratin, b. sur le dos.

Aratozte, v. *aragi*.

Aratz, l. (i. a.) propre.

Araztu, arazten, rendre propre.

Aratztasun, propreté.

Aratztasun, v. *aratz*.

Arau, g. règle, droit; — l. bn. proportion, apparence. M. Salaberry dit: selon, et synonyme de *arabera*.

Arauz, g. bn. selon, de *arau-z*. Axular écrit p. 229 *arauaz; emazu beraz duzunaren arauaz*, donnez donc selon que vous avez.

Arabera, g. l. bn. *araura, arauera*, l. bn. et par contraction *arara*, selon; de *arau-ra*; en guip. *b* pour *u*. *Ra*, suffixe, vers; il nous semble que c'est une contraction de *arau*; v. pour les détails *ra*. *Ebanyelio san Luken arabera*, Evangile selon St. Luc.

Arauez, bn. vraisemblablement; et aussi sans doute, dans un sens interrogatif; de *arau-ez*. Au fond le même mot que *arauz*; il n'y a aucune raison pour y introduire cet *e* de liaison. Le mot est de M. Salaberry.

Arauchuka, bn. *arauka*, l. bn. par à peu près, à proportion, de *arau-ch-ka*.

Araukide, g. conforme; de *arau-hide*.

Aralde, l. paire, couple. Selon Pouvreau encore: troupe, compagnie. Larramendi donne *seguimento*, suite; mais ni l'un ni l'autre dialecte ne connaît plus cette acception de *aralde*, qui pourrait cependant être la signification primitive, de *arau-alde* pour indiquer ce qui se trouve sur une même ligne (règle), ce qui forme une série; série est rendu par Larramendi par *aralde*; nous ignorons si ce mot est usité.

Araldetu, araldetzen, g. suivre.

Arara, v. *arau*.

Arauaz, v. *arau*.

Arauchuka, v. *arau*.
Arauera. v. *arau*.
Arauez, v. *arau*.
Arauka, v. *arau*.
Araukide, v. *arau*.
Araura, v. *arau*.
Arauz, v. *arau*.
Arazi 1, b. humble, syn de *apal*.
Arazi 2, v. *artu*.
Arazo, v. *erazo*.
Arazte, v. *erazo*.
Araztu, v. *aratz*.
Arbalda, l. bât d'âne, de l'esp. *albarda*.
Arbazo, l. bn. bisaïeul.
Arbi, g. bn. navet, rave.
Arbui, l. mépris. S. d. L. rebut
Arbuyatu, l. bn. mépriser, détester.
Arbuyatu, v. *arbui*.
Ardai, g. l. bn. amadou.
Ardaindegi, v. *ardanza*.
Ardanazka, v. *ardanza*.
Ardandegi, v. *ardanza*.
Andankoi, v. *ardanza*.
Ardanza, l. vigne.
Ardanazka, entonnoir.
Ardaindegi, ardandegi, cellier; de *ardan-degi* pour *tegi*; mais qu'est-ce que *ardan*? *Ardo* est vin.
Ardankoi, qui aime la cave; de *ardan-koi*.

Ardao, v. *ardo*.
Ardatchua, v. *ardatz*.
Ardatz, g. b. l. bn. fuseau; g. l. essieu, vis; l. roue de moulin de *ari-atz*? mais d'où vient le *d*?
Ardatchua, l. peson du fuseau; diminutif de *ardatz*.
Ardatzketan ari naiz, g. je file; litt. je suis occupé à (dans le) filer.

Ardi, g. b. l. bn. brebis.—b. puce.

Ardizain, l. *artzain,* l. bn. *artzai,* b. berger; de *ardi-zain.* comp. *arzain.*

Artzanora, g. mâtin; chien de berger; *artzain-ora.*

Arditegi, b. bercail; syn. de *artegi;* de *ardi-tegi.*

Artalde, b. l. troupeau de brebis; de *ardi* (ou *ari*) *talde.*

Artzar, bn. vieille brebis destinée à la boucherie; de *ardi-zar.*

Ardimihi, bn. herbe en forme de langue de brebis.

Ardietsi, l. *ardiexi,* bn. atteindre, parvenir, obtenir; paraît être composé de *ardi-etsi,* comme *onetsi, autetsi;* mais qu'est-ce que *ardi?*

Ardiexi, v. *ardietsi.*

Ardimihi, v. *ardi,*

Ardit, l. bn. liard; mot béarnais, v. L. R.

Arditegi, v. *ardi.*

Ardizain, v. *ardi.*

Ardo, g. b. *arno,* l. bn. *ardao,* b. vin. Dans le Labourd toute sorte de boisson. *Arno buztinoa,* cidre pur.

Sagardo, g. b. *sagarno,* l. bn. cidre; de *sagar-ardo.*

Ardura, g. b. l. soin. — l. bn. souvent. *Imini biar dau ardurarik andijeena,* b. il faut donner le plus grand soin.

Ardurako, l. continuel.

Arduratsu, l. (i. a.) soigneux.

Ardurako, v. *ardura.*

Arduratsu, v. *ardura.*

Are, 1. g. b. l. *arte,* l. bn. herse. De la racine sc. ar?

Arheatu, arheatzen, l. *arhatu,* bn. herser. En lab., du moins à Guéthary, on dit plutôt, *arhen haritzen naiz,* je herse.

Are, 2. g. b. l. encore, aussi, même. *Are geyago,* encore plus. *Are etsayak,* même les ennemis. *Zembatenaz areago,* l. d'autant plus.

Are, 3. b. l. bn. sable; de l'esp. arena?

Aren, v. *hura.*

Arera, v. *artu.*

Arerijo, b. ennemi; syn. de *etsai.*

Aresti, g. moment. *Arestian emen zan,* il était ici, dans un moment (il y a un moment). *Aresti artan,* dans ce moment.

Aretche, v. *aretze.*

Aretze, aratche, aretche, l. bn. Veau d'un an; syn. de *chahal.*

Argal, g. b. maigre; — bn. clair-semé. *Gizonaren borondatia dala guztiz argal ta aldakorra;* la volonté de l'homme est très faible et mobile.

Argaltasun. g. b. l. maigreur, faiblesse. *Eta onen argaltasuna estaltzen jakin zutelako,...* et parce qu'ils avaient su protéger la faiblesse de celui-ci (Noé ivre).

Argaldu, argaltzen, g. b. affaiblir.

Argaldu, v. *argal.*

Argaltasun, v. *argal.*

Argaltze, v. *argal.*

Argamasa. l. mortier; esp. *argamasa.*

Argatik, v. *hura.*

Argi, g. b. l. bn. lumière, comme adject: éclairé, lumineux;

rayonnant. *Damu emon deutsee gizon argi askori*, b. Moguel; a donné de la peine à beaucoup d'hommes éclairés. *Eta arpegi argiarekin begiratzen zion*, Lardizabal; et elle le regarda avec un visage rayonnant.

Argitu, argitzen, g. b. l. bn. éclairer.

Argitasun, g. l. splendeur. — g. b. vivacité. — b. syn. de *argibide*.

Argibide, argide, g. éclaircissement; la seconde forme contractée de *argi-bide*.

Argiro, g. b. clairement.

Argizagi, l. bn. lune. Selon Darrigol, Diss. apol. p. 28, le mot est *argizari* et signifierait mesure de lumière, de *argi-izari*. Il se pourrait que le mot primitif fut *argizari* mais alors il nous semble, qu'il faut le décomposer en *argiz-ari*, l'éclaireur; comme *buruzari, nekazari, agintari, eiztari*, etc. etc. v. *ari* 4. Cette étymologie nous semble plus naturelle. *Argizari*, est aussi employé pour clair de lune, v. Manuel de la conversation, Bayonne 1861, sans nom d'auteur. La double ortographe *g* et *r* se retrouve encore ailleurs mais elle est excessivement rare; nous n'en pouvons citer que deux exemples pour le moment *buruzari, buruzagi*, dont la terminaison est au fond la même que celle de *argizagi*; et puis *iruzkia*, que donne M. Fabre dans son guide de la conversation, pour *iguzkia*. Nous ne croyons pas que les deux exemples qui sont donnés par M. Vinson dans la Revue linguistique, vol. III, p. 450, puissent être cités à l'appui de la permutation de *r* en *g*; *oramai* ne dérive pas, croyons nous de *ogi*, mais de *orhe, ore*; *orhantz* aura la même origine. La dernière objection pourrait être que les substantifs composés, ne sont pas formés à l'aide du suffixe *z*; les différents éléments du mot sont juxtaposés sauf le changement de lettres que les lois phonétiques exigent, ainsi *euriyasa*, de *euri-jasa*; *arzain*, de *ari-zain*; *hezetasun*, de *heze-tasun*; *arkume* de *ari-hume*, etc. etc *Argi* cependant paraît faire exception. Le guip. *argizagi*, en b. *argizai*, cire, est formé sans doute de *argi-z-gai*, matière à lumière = cire.

Bien que cette étymologie (*argizari*) nous paraisse acceptable, nous voudrions proposer de décomposer *argizagi* en *argi-z-age*; apparence de lumière; on sait que dans le dial. bisc. *e* devient *i* quand *a* suit, ainsi, *argizagia*. Comme la nuit dans d'autres langues a été exprimée par des mots qui indiquent des idées de mort, de destruction (v. Origines I. O. de M. Pictet II, 587), de même la lumière de la lune paraît avoir fait une impression lugubre sur les Basques. D'autres dialectes disent *illargi*, lumière de mort; *illhun*, sombre dérive aussi de *ill*, mort. De plus le mot apparence (de lumière) peut facilement avoir pris la signification de clair (de lumière). En allemand il n'y a qu'un mot pour les deux idées; „scheinen" est paraître et briller, luire; „Mondschein," clair de lune, pourrait se traduire: apparence. Il est encore possible que ces deux mots *argizagi* et *argizari* existent indépendants l'un de l'autre.

Argizagi, 2. g. *argizai*, b. cire; syn. de *ezko*; de *argiz-gai*.

Argizaite, bn. clair de lune, de *argi* — ?

Argizar, g. b. l. étoile du matin, de *argi-izar*.

Argitaratu, argitaratzen, g. b. l. publier; de *argi-tara-tu*.

Argibide, v. *argi*.
Argide, v. *argi*.
Argiña, v. *arri* 1.
Argiro, v. *argi*.
Argitaratu, v. *argi*.
Argitaratze, v. *argi*.
Argitasun, v. *argi*.
Argitu, v. *argi*.
Argitze, v. *argi*.
Argizagi, 1 & 2. v. *argi*.
Argizai, v. *argi*.
Argizaite, v. *argi*.
Argizar, v. *argi*.
Argizari, v. *argizagi*, s. v. *argi*.
Argoila, bn. terme de vigneron; pampre taillé d'une certaine façon.
Arhatu, v. *are*. 1.
Arhe, v. *are*, 1.
Arheatu, arheatze, v. *are*, 2.
Arhin, v. *arin*.
Ari, 1. v. *hura*.
Ari, 2. g. *aari*, b. *ahari*, l. bélier.

Ariki, g. chair de mouton; de *ari-aragi*?

Arkume, g. agneau; de *ari-hume*.

Arzai, g. *arzain*, b. l. berger; de *ari-zain*.

Artegi, g. bercail; de *ari-tegi*.

Ari, 3. g. b. *hari*, l. bn. fil. — l. filet.

Haristatu, bn. raccommoder avec du fil.

Arilla, b. *harilko*, l. *haliko*, (l pour r, comp. *auhaldu*, de *auhari*; *bulhute*, de *buru*) bn. peloton de fil.

Harilkatu, l. *halikatu*, bn. dévider. De *ari-hartu*? prendre le fil. Le h devient régulièrement k (v. Essai Ch. II); mais généralement le r de *artu* n'est pas supprimé.

Halgai, bn. tout ce qui provient du lin et qui est propre à être filé; de *hal* (pour *hari*) *-gai*. comp. *haliko*.

Arizpi, g. fil de soie ou de coton; de *ari-izpi*.

Ari, 4. g. *hari, haritzen*, l. bn. M. Salaberry écrit *ai*. Nom verbal qui accompagné des terminaisons de *izan* signifie être occupé à, faire, travailler. En g. *ari* seul est en usage; en lab. on se sert aussi de *haritzen*, pour indiquer le fréquentatif. *Lanean hari naiz*, je travaille; *lanean haritzen naiz*, je travaille d'habitude j'ai coutume de travailler. Ce nom (*ari*) se trouve chez Larramendi et Lardizabal accollé à celui de *jardun, yardun* (v. ce mot) comme ayant la même signification et la même conjugaison; mais ils ne disent pas comment *ari* est devenu *jardun* ou comment *jardun* dérive de *ari*. Nous croyons avoir réussi à expliquer la conjugaison de *jardun*; mais pour *ari* il reste un doute, si l'on veut faire dériver ce mot de *jarri*; c'est que ce dernier a deux *r*. Larramendi ni Lardizabal qui généralement le copie ne nous sont d'aucune utilité. Lardizabal donne un second exemple d'une confusion pareille en attribuant la conjugaison d'un verbe à un thème verbal tout différent; *noa*, etc. est le présent de l'indicatif de *oi!* Cette méprise est trop forte pour pouvoir donner lieu à aucun doute; v. *joan*.

Comme terminaison nous croyons retrouver *ari* dans beaucoup de terminaisons pour indiquer le facteur, *agintzari, arzainkari, eiztari, gelari, gerlari* etc. etc.

Arian, b. quelque chose. *Arian daukazu?* avez-vous quelque chose? Peut-être de *ari*.

Ezarian ezarian, g. l. peu à peu; de *ez-arian*.

Arich, v. *aritz*.
Ariki, v. *ari*, 2.
Arilla, v. *ari*, 3.
Arima, g. b. l. bn. Cardabera (bisc.), écrit *anima*, de l'esp. anima; *arima*, du prov. arma.

Arin, g. b. l. *arhin*, bn. léger. *Umetako okerkerijaak ariñaguak oi dira...baño*, d'habitude les méchancetés de l'enfance sont plus légères que... Moguel.

Arinek arin, b. en courant.
Arindu, arintzen, b. l. devenir léger.
Arintasun, g. b. l. légereté; de *arin-tasun*.

Arinkiro, g. *arinki*, l. adv.
Arindu, v. *arin*.
Arinki, v. *arin*.
Arinkiro, v. *arin*.
Arintasun, v. *arin*.
Arintze, v. *arin*.
Aritz, g. *arich*, b. *haritz*, l. bn. chêne. Serait-ce de *arri*, pierre, à cause de la dureté du chêne, et de *tzat* contracté en *tz*. (comp. *kotz* pour *kotzat*)? comme en esp. roble, rouvre, fait roblizo, dur. Il y a une objection cependant; ce sont les deux *r*, bien qu'on trouve des mots qui s'écrivent avec un et deux *r*; *harots, arrautz; arrera* ou *arera*. Il est curieux qu'en lab. on ne prononce pas du tout le *r* dans *aritz*; ainsi on dit *aitz* ce qui signifie rocher; mais ce dialecte les supprime fréquemment.

Arizpi, v. *ari* 3.
Ark, v. *hura*.
Arkai, v. *aragi*.
Arkaitz, g. rocher; au fond pléonasme de *arri-haitz*; *k* pour *h*, v. Essai Ch. II.

Arkakuso, g. puce.
Arkhara, bn. en chaleur (des brebis). Dé *ari-khar?*
Arkhinna, v. *arkina*.
Arkiarazo, v. *arkitu*.
Arkina, l *arkhinna*, bn. engrais de chèvre et de mouton, de *ari* et *egina, egiña*, fait; *k* pour *g* après *r*, v. Essai Ch. II; *nn*=gn. fr.

Arkitu, arkitzen, g. *aurkitu*, b. *aurkhitu*, l. bn. trouver; de *ar-*(*artu*) *hide-tu?* prendre avec.

Arkiarazo, g. faire trouver.

Arkola, l. étoupe. Mot de Oienhart selon P.

Arkoska, g. *arkoskor*, b. gravier.

Arkume, v. *ari*, 2.

Arlantz, l. bale de blé; syn. de *ahotz*.

ARLOTATU, *arlotatze*. v. *arlote*.

ARLOTE, l. fripon, l'esp. arlote; l'angl. harlot, prostituée.

Arlotatu, arlotatzen; s'amuser dans les mauvais lieux.

Armazoi, b. *armazoin*, l. i. a. outil, instrument.

Armazoin, v. *armazoi*.

Armiarma, g. *armierma* l. araignée; syn. de *marmara, ainharba*.

Armierma, v. *armiarma*.

Arnase, v. *ats* 1.

ARNES, bn. outil; du rom. arnes, v. L. R. et le Dict. de M. Littré s. v. harnais.

Arno, v. *ardo*.

Aro, l. bn. saison, temps. *Zer aro da?* quel temps fait-il? *Gastaro*, l. le temps de la jeunesse; *Azaro*, bn. saison des semailles; novembre.

Arotz, g. b. *harots, arrauts*, l. forgeron. En g. aussi charpentier.

Arpegi, v. *aurre*.

ARRABA, l. *arrau*, bn. *arraun* g. aviron, rame. Du rom. ram; rameau, baguette. v. L. R; avec *ar* prosthétique et *b* pour *m*. v. Essai, Ch. II.

Arrabar, v. *arri* 1.

Arraberritu, v. *berri*.

Arrabita, bn. violon.

ARRADIZA, g. gerçure (aux mains). Corruption du latin rhagadia avec *ar* prosthétique?

ARRAI, l. l. bn. gai, joyeux. Ne serait-ce pas de l'esp. rayo, rayon? et alors rayonnant.

Arrai, 2. g. *arrañ*, b. *arrain*, l. bn. poisson. La différence dans la terminaison *in* n'est pas chose rare; comp. *arzai, usai*. Le *i* intercalé dans les dialectes basques fr. remplace d'ordinaire le son mouillé de l (ll français) et de *n*, (gn fr. et ñ esp. v. *arteino*); et quant à l'*n*, il paraît que ce son à la fin d'un mot est désagréable à l'oreille des basques espagnols; de melon on a fait *meloya*; de l'esp. razon, *arrazoya*.

Arraingorri, g. en esp. escarcho; litt. poisson rouge.

Arrantzatu ou *arrantza, arrantzatzen; arrantzan egin,* g. pêcher; en lab. on construit ce nom verbal avec *hari, arraintzan hari naiz,* je pêche.

Arrantza, g. pêche.

Arrantzari, g. *arrainsale,* l. (mieux *arrainzale*) *arrainkari,* bn. pêcheur; de *arrantz-ari* et *arrain-zale*.

ARRAIL, l. bn. bûche, de *arraildu*.

ARRAILDU, l. bn. fendre; corruption du latin rhagadia.

ARRAILGARRI, l. qui fait fendre (le coeur); de *arrail-garri*.

Arrain, v. *arrai*. 2.

Arraingorri, v. *arrai*, 2.

Arrainkari, b. truite, syn. de *amorrai*. bn. pêcheur. v. *arrai*, 2.

Arrainzale, ou *sale*, v. *arrai* 2.

ARRAKA 1. g. fente; du latin rhagadia; comp. *arradiza*.

ARRAKATU, *arrakatzen*, fendre.

Arraka 2. bn. grand débit.
Arrambela, bn. arc tendu pour y exposer et blanchir les échevaux.
Arramberritu, v. *berri*.
ARRANGURA, bn. souci, *arrenkura*, l. plainte. *Arrenkuraz dago;* il se plaint. Du prov. rancura, récrimination, plainte, v. L. R. v. *errenkuratu*.
Arrano, g. b. l. bn. aigle.
Arrantza, 1. v. *arrai* 2.
Arrantza, 2. g cri de l'âne.
Arrantzarri, v. *arrai* 2.
Arrantzatu, v. *arrai* 2.
Arrantzatze, v. *arrai* 2.
Arrañ, v. *arrai* 2.
ARRAPATU, g. saisir, du rom. rapar, v. L. R.
Arrapo, l. écume; *aha bazter arrapotsua*, l. qui écume des deux côtés de la bouche. P.
ARRAPOZKI, bn. tranquillement; de fr. repos avec *ar* prosthétique.
ARRAS, g. tout-à-fait; — l. bn. très. *Arras ongi*, très bien; on prononce *arrach*. Selon Chahó du latin rasus, pour indiquer l'état d'une chose porté à l'extrême limite, et peut être comparé au fr. à ras de, au ras de.
Arraske, g. fer pour nettoyer la huche à pétrir; comp *arska*.
Arrasta, arrastatze, v. *ar* 3.
Arrastian, l. environ, i. a.
ARRASTELU, l. rateau; du rom. rastel; et *ar* prosthétique.
ARRATOI, g. rat, de l'esp. rato.
Arrats, g. b. l. *arrax*, et par contraction *ax;* bn. nuit.
Arratsean, l. au soir.

Arratsalde, g. b. l. *arraxalde*, bn. soirée. *Aratsalde on*, bonsoir.
Arratsalde, v. *arrats*.
Arratsean, v. *arrats*.
ARRAU, v. *arraba*.
Arraultz, g. *arrautz*, b. *arraultze*, l. *arrolze*, bn. oeuf.
Arraultze guria bera, oeuf à la coque. *Arraultze gogorra*, oeuf dur.
ARRAUN, v. *arraba*.
Arrausi, v. *ao*.
Arrautz, v. *arots* et *arraultz*.
Arrax, v. *arrats*.
Arraxalde, v. *arrats*.
Arrazadura, l. P. passion, mauvaise habitude; se dit aussi de quelques infirmités du corps. i. a.
ARRAZOI, g. *errazoi*, b. *arrazoin*, l. bn. raison, du prov. razo, ou plutôt de l'esp. razon, vu la term. in.
Arraztea, v. *ar* 3.
Arre, g. b. gris; en bisc. avec l'article *arria;* comme toujours *e* devient *i*. Serait-ce de *arri*, couleur de pierre?
Arreba, g. b. l. bn. soeur de frère.
Arrega, l. bn. fraise.
ARREGATU, l. P. arroser; i. a. de l'esp. regar.
Arreit, g. l. 2. pers. du sing. de l'impératif de *jarraitu*, suivre. On se serait attendu à *arrait* avec *a;* mais dans le N. Test. de la Rochelle ainsi que chez Larr. se trouve *arreit. Baina erran cieçon bercebati: arreit-niri*, St. Luc IX: 59. Puis il dit à un autre: suis moi.
Arren, g. b. l. bn. de grâce, je vous en prie, donc. *Esan esazu*

arren, dites de grâce, dites donc.

ARRENKURA, v. *arrangura*.

Arrera, v. *artu*.

Arrerazi, v. *artu*.

Arrerazo, v. *artu*.

Arrerazotzen, v. *artu*.

Arret zarret, à droite et à gauche. Quel dialecte? Larramendi s. v. diestro.

Arreta, g. b. *artha*, l. bn. soin. *Baña arretarik andiena ipiñi bearrean*, g. mais quand il faut donner le plus grand soin.

Arretaz, g. soigneusement.

Arthatu, arthatzen, soigner.

Arthatsu, soigneux, de *artha-tsu*.

Arthoski, bn. adv. de *arthaz-ki*.

Arretaz, v. *arreta*.

Arretsi, v. *haretsi*.

Arri, 1. g. b. *harri*, l. bn. pierre. — g. b. forte grêle.

Arritu, arritzen, g. *harritu, harritzen*, l. bn. pétrifier, s'étonner.

Arrigarri, g. b. l. épouvantable, admirable.

Arritsu, g. b. l. pierreux.

Arrobi, g. b. *harrobi, hardia*, l. carrière; de *arri-obi* et *dia*.

Arribizi, g. b. écho; de *arri-bizi*, pierre vivante. Selon Larramendi le lieu où se trouve l'écho, et l'écho, le son même, *yotorri*; mais ce mot n'est pas connu dans le Guipuzcoa, ni en Labourd.

Arzulo, g. grotte; de *arri-zulo*.

Argiña, g. b. tailleur de pierre; de *arri-egin*.

Harrabar, ou *arrabar* b. Selon P. grêle; il donne encore *harri abar*, grosse grêle, qui est évidemment le même mot; mais aujourd'hui on ne les connaît plus à ce qu'on nous a dit.

Harroin, l. P. pilier; i. a. de *harri-oin*.

Harroki, l. P. tas de pierres; i. a. de *harri-toki*.

Arri, 2. g. b. *harri*, l. bn. cri pour faire avancer les chevaux et les mulets. Dans le Labourd aussi *aira*.

Arria, v. *arre*.

ARRIBERA, *erribera*, l. rivière, du fr. rivière avec *ar* prosthétique, et *b* pour *v*.

Arribizi, v. *arri*, 1.

Arrigarri, v. *arri*, 1.

ARRIMATU, v. *arrimu*.

ARRIMU, bn. refuge. — l. arrangement; — b. appui; de l'esp. arrimo, appui, protection.

Arrimatu, bn. se placer sous la protection de quelqu'un. — b. appuyer, s'appuyer.

Arritsu, v. *arri*, 1.

Arritu, v. *arri*. 1.

Arritze, v. *arri*, 1.

Arro, g. b. *harro*, l. bn. gonflé, vaniteux, — l. hâbleur, taré. La signification propre paraît être: creux. P. donne *harroa* souche, arbre vermoulu et gâté en dedans. *Baiña, iharari eta harroari inhar batekere iratchekitzen dio*. Axular p. 286, mais au sec et au vermoulu une étincelle même, le lui fait prendre (feu). Larramendi ne donne que le sens figuré à *arro*; pour creux, hueco et gonflé, hinchado il donne *utsa* et *anditua*. On retrouve *harro* dans *azken harro* avec la signification de creuser ou creux v. *azkuin*. *Barnea harro duen alkateak, astaparretan ditu legeak.* 490. Prov. d'O. Le juge qui a l'âme tachée, tient les lois entre ses griffes; litt. l'alcalde qui a l'intérieur gâté etc. etc.

Arrotu, arrotzen, g. b. bn. se gonfler, — l. parler beaucoup; se monter.

Arrokeria, g. b. vanité. — l. hâblerie, jactance; de *arro-keria*.

Arrotasun, g. syn. de *arrokeria*; mais cette dernière forme est préférable, v. *eri*.

Arrobi, v. *arri* 1.

Arrogaria, v. *arrogatu*.

Arrogatu, arrogatzen, l. voler, piller, de l'esp. arrogar.

Arrogaria, arrogatzaille, voleur; de *arroga-ari* et *tzalle*. Le *i* est de trop.

Arrogatzaille, v. *arrogatu*.

Arroila, bn. fossé pour l'irrigation des champs; de l'esp. rolla.

Arrokeria, v. *arro*.

Arrola, l. *arolla*, bn. collier (des chevaux) de l'esp. rolla.

Arrolze, v. *arraultz*.

Arront, v. *arrunt*.

Arrontatu, arrontatze, l. P. moissonner, couper le blé, i. a. *Heriotzearen sega, onen eta gaichtoen arrontatzeko.* Axular. 574. a. éd. La faux de la mort pour (le) moissonner (des) les bons et les méchants.

Selon le suppl. de Larr. mancomunar, s'unir, se joindre pour agir de concert.

Arrotasun, v. *arro*.

Arrotu, v. *arro*.

Arrotz, g. l. bn. étranger, hôte.

Arrotztu, l. bn. devenir étranger à, se déshabituer de (son travail p. ex.).

Arrotzatu, arrotzatzen, g. éloigner, détourner.

Arrotzatu, v. *arrotz*.

Arrotzatze, v. *arrotz*.

Arrotze, v. *arro*.

Arrotztu, v. *arrotz*.

Arrunt, l. bn. *arront* que P. cite n'est plus connu. Commun, familier. *Guzickin solhasturi amolsu edo arruntez.* Axular 32., qui parle à tous, aimable, familier. — l. bn. tous, sans exception. *Arrunt hil dituzte*, il les ont tous tués. *Arrunt dira bat*, il sont tout-à-fait un. Selon Chaho du latin rotundus.

Arruntian, bn. communément.

Arrunter, bn. adj. toile commune faite néanmoins avec du lin dégagé de l'étoupe. Salaberry. Nous ne comprenons pas comment le substantif toile peut être un adjectif.

Arruntian, v. *arrunt*.

Arrunter, v. *arrunt*.

Arska, l. mé (maie) à pétrir; selon Pouvreau ce mot est employé par Oienhart et syn. de *maira*. Le mot *arska* n'est plus connu; comp. *aska*, pétrin. Le *r* peut s'être perdu dans la prononciation. Oienhart écrit de même *arsto*, qui de nos jours dans tous les dialectes est *asto*.

Arsto, v. *asto*.

Artalde, v. *ardi*.

Artazi, b. ciseaux.

Arte, l. g. b. l. bn. espace.

Artean, g. b. l. bn. dans l'espace (de), tandis que, entre, parmi, jusqu'à ce que, aussi longtemps que ; de *artea-n. Eta berri ayek eskribuz ezarri artean, gorde ziran,* g. et ces nouvelles furent conservées tandis qu'elles furent couchées par écrit. *Bi muru artean,* entre deux murs. *Mundu mundua dan artean gau-egunak elkarri jarraituko zitzayeztela,* g. que le jour et la nuit se suivront aussi longtemps que le monde est monde. *Gizonen artean,* entre, parmi les hommes *Zaude ni etorri artean,* l. restez jusqu'à ce que je vienne.

Arteraño, g. b. *arteino,* l. *artio,* l. bn. jusqu'à ; de *urte-ra-ño, arte ño.* Comme le *i* dans *arteiño* ne sert qu'à donner le son mouillé à l'*n*, il est mieux de l'écrire sans tilde. *Artio* contraction de *arteino. Sarri artio,* l. jusqu'à tantôt.

Arte, 2. chêne

Arte, 3. b. aujourd'hui *arieztasun,* droiture ; peut être de *arte,* chêne.

Arteza, b. droit ; *artheza,* l. droit, adroit. *Jangoikuaren legia arteza da,* la loi de Dieu est droite, équitable.

Artez, arteztero, b. adv.

Arteztu, b. diriger.

Artezari, b. directeur; de *arteza-ari.*

Artean, v. *arte,* 1.

Artegi, v. *ari,* 2.

Arteino, v. *arte,* 1.

Arteraño, v. *arte,* 1.

Artez, v. *arte,* 3.

Arteza, v. *arte,* 3.

Artezari, v. *arte,* 3.

Arteztasun, v. *arte,* 3.

Arteztero, v. *arte,* 3.

Arteztu, v. *arte,* 3.

Artha, v. *arreta.*

Arthatsu, v. *arreta.*

Arthatu, v. *arreta.*

Artheza, v. *arte,* 3.

Artho, v. *arto.*

Arthoski, v. *arreta.*

Artio, v. *arte,* 1.

Arto, g. b. l. *artho,* bn. maïs, méture. Selon W. v. Humboldt de *arte,* chêne, puisque primitivement on faisait le pain de glands de chêne.

Artu, artzen, g. b. *hartu, hartzen,* l. bn. prendre, recevoir. En holl. le verbe krijgen est aussi employé pour prendre et recevoir. — b. mener (la vie). — l. traiter (mal ou bien). *Eta jaten dugula atseguin har deçagun.* St. Luc. XV. 23. Test. Rochelle 1571... et que nous (en) mangions (et) prenions joie. *Artu eban bizitza nasai bat,* b. il eut, mena une vie relâchée. *Artzen zuen gogor,* l. P. il le traita durement.

Ez ezertan artu, g. ne faire aucun cas de, mépriser.

Arrerazo ou *arrerazi, arrerazotzen,* g. *arazi,* b. *hararazi,* l. faire prendre, de *ar-erazo, erazi.* Généralement le g. ne se sert pas de la forme radicale *ar* ; l'impératif cependant en est formé, *ar ezazu,* prends, *arbeza,* qu'il prenne. Familièrement on dit *to* (masc.) *no,* (fém.) prends (le) tiens (le) ; avec régime pluriel (les) *totzik, notzin,* v. *to.*

Arrera, arera, g. accueil.
Artu-emon, b. commerce.
Hartze, hartzeko, bn. créance.
Hartzedun, l. bn. créancier; de *hartze,* subst. verb. et *du-n.*
Ararteko, b. l. bn. médiateur, entremetteur; de *ar-arte-ko.*
Arartekotasun, b. l. *arartekotarzun,* bn. intercession.

Artu-emon, v. *artu.*
Artz, g. l. ours. du lat. ursa?
Artzai, v. *ardi.*
Artzain, v. *ardi.*
Artzanora, v. *ardi.*
Artzar, v. *ardi.*
Artze, v. *artu.*
Arzai, arzain, v. *ari,* 2.
Arzulo, v. *arri* 1.
As. La racine *as* ou *az* a produit beaucoup de dérivés. L'orthographe est souvent flottante entre *as* et *az.* Larramendi écrit *aztura* et *astura;* Pouvreau *astea* et *haztea.* Bien que *azi,* semence, s'écrive dans tous les dialectes avec *z,* et *asi,* commencement, principe avec *s,* il nous paraît qu'il ne peut pas y avoir de doute que ce ne soit le même mot, quand on voit l'irrégularité avec laquelle les dérivés s'écrivent; tantôt *s* et *z, asture* et *azture;* tantôt *s* dans un dérivé où il faudrait *z, ase* rassasié, de *azi* nourri (ou *azi* de *ase?*) La double signification de *as* ou *az* indique croyons nous, que c'est le même mot pris dans deux acceptions qui se confondent, principe et semence; nous ne changerons rien à l'orthographe admise.

1° *Azi,* 1. g. b bn. *hazi,* l. semence.
Azaro, g. b. récolte; de *az-aro.* — g. b. *hazaro,* bn. novembre; synonyme de *azilla.*
Azilla, b. *hazilla,* l. le mois de novembre, de *az-illa.*
Azi, 2. *azitzen,* g. *azi, azten,* b. *hazi, hazten,* l. bn. nourrir, élever;— g. croître (d'un enfant, d'un arbre). *Beste askok bere azten dituheez gure moduban seme-alabaak.* Moguel, p. 17 beaucoup d'autres aussi ont élevé leurs enfants (fils-filles) de notre manière.
Aziriko, b. *azitako,* g. ayant été élevé, (abl. abs.) de *azi-ik,* et *r* euph. (v. Essai p. 46) et *azi-tako.*
Aziera, g. *azaijera,* b. éducation; *iminteko ardura egijasko bat eureen familijaren azaijeraan,* b. pour donner un véritable soin à (dans) l'éducation de leur famille.
Aztura, g. l. habitude. Lardizabal *astura. Baño bere astura lasai gaistoagatik,* mais à cause de ses mauvaises habitudes relâchées. *Eta ikusi gabe ikusten, nolakoak, zer azturatakoak eta zertsu diren,* Axular p. 414 a. éd Et de-voir, sans voir, quelles et comment sont les habitudes, et ce qu'ils sont à peu près.
Azturatu, azturatzen, g. s'habituer.
Azkuntza, azta, l. nourriture, habitude, façon de vivre; P. cite *azta,* mais ce mot n'est plus connu. *Azta horri itchekiko dio,* il gardera cette habitude.
Azama, v. *ama.*

Hazkurri, l. bn. nourriture ; la terminaison n'est pas claire.

Ase, g. b. l. bn. rassasié ; rempli.

Asetu, asetzen, g. l. bn. *asetu, aseten*, b. rassasier, soûler, remplir.

Asazketu, asazketan, b. se rassasier beaucoup ; de *ase-asko-tu*.

Asko, g. b. l. bn. beaucoup ; de *as-ko*.

Askotan, g. b. souvent. *Baña ay! askotan provechu gabe*, mais hélas ! souvent sans utilité.

Askotu, askotzen, g. *Oñaze eta arazo askotu dizkizut*, peines et troubles je te les augmenterai.

Aski, g. b. l. assez ; de *as-ki*.

Askitan, bn. souvent ; de *aski-tan*.

Askide, askotza, g. multitude ; de *as-hide*.

Askidatu, askidatzen, g. satisfaire, de *as-hide-tu*.

Askietsi, s. L. syn. de *askidatu*; de *aski-etsi*.

2° *Asi*, g. *asiera*, g. b. *hastepen, haste*, bn. *hastapen, hatsapen*, l. (transposition du *t*) commencement. *Hastean Jainkoak egin zituen zerua eta lurra*. Au commencement Dieu fit le ciel et la terre.

Asi, asten, g. b. *hasi, hasten* ou *hasitzen*, l. bn. commencer. *Hortakotzat, hasitzen* (*haci-cen*) *egitetik molderik gabeko... leze ilhun bat bezala.* Test. zahar. par Larregui ; pour cela ayant commencé, sans aucune forme, comme un abîme obscur.

Aste, g. b. l. bn. semaine ; subst. verbal indéfini, (le) commencer, commencement. Etymologie généralement admise ; mais au fond commencement de quoi ?

Astelen, g. b. *astelehen*, l. bn. lundi ; de *aste-len*, le premier du commencement.

Astearte, g. b. *asteharte*, mardi ; de *aste-arte*, entre commencement, c. a. d. qui tient le milieu.

Asteazken, g. b. l. bn. *astezken*, l. bn. mercredi ; de *aste-azken*, dernier du commencement.

Asa! bn. interj. pour exciter l'intérêt ; ce sera le fr. ah ça !

Asabak, v. *aita*.

Asaia, bn. émotion violente. Selon P. phtisie.

Asakatu, s. L. acabarse, s'éteindre, mourir, s'anéantir. Est-ce pour *askatu*, dans le sens de dissoudre ?

Asalda, bn. tumulte ; *asaldu*, l. fâcherie ; de l'esp. asalto.

Asaldatu, asaldatzen, l. bn. se fâcher, se soulever ; irriter, importuner.

Asarre, asarretu, v. *ats*, 1.

Asartu, v. *ats*, 1.

Asartze, v. *ats*, 1.

Asazketu, v. *azi*, s. v. *as*.

Asbera, v. *ats*, 1.

Ase, 1. v. *azi*, s. v. *as*.

Ase, 2. v. *aize*.

Aśe, v. *a*.

Aserre, v. *ats*, 1.

Aserretu, v. *ats*, 1.

Aserretze, v. *ats*, 1.

Asetu, v. *azi*, s. v. *as*.

Asi, v. *as*.

Asiera, v. *asi*, s. v. *as*.

Asiki, v. *auts*.

Asikitu, v. *auts*.

Aska, b. bn. pétrin — b. l. auge. — l. bn. rigole le long de la route ; chute du *r*, v. *arska, asto*.

Askatu, askatzen, b. délayer.

Askaldu, askaltzen, l. bn. déjeuner; de *askari-du*; pour la mutation de *r* eu *l* v. *ari*, 3.

Askari, l. bn. déjeuner; de *ase-hari?* v. *ari*, 4. *k* pour *h*, v. Essai, Ch II.

Askatu, askatze, v. *aska*.

Askazi, l. bn. parent.

Aski, v. *azi*, s. v. *as*.

Askidatu, v. *azi*, s. v. *as*.

Askide, v. *azi*, s. v. *as*.

Askietsi, v. *azi*, s. v. *as*.

Askitan, v. *azi*, s. v. *as*.

Asko, v. *azi*, s. v. *as*.

Askotan, v. *azi*, s. v. *as*.

Askotu, v. *azi*, s. v. *as*.

Askotza, v. *azi*, s. v. *as*.

Askotze, v. *azi*, s. v. *as*.

Askor, v. *ats*. l.

Askordiñak, b. engelures.

Asma, asmo, g. b. résolution. *Artu nuen gipuzkoako euskeran berri bat argitaratzeko asmoa*, g. j'ai pris la résolution d'en publier un nouveau en basque du guipuzkoa. *Jainkoak bere asmoak agertu ziozkan*, g. Dieu lui manifesta ses résolutions, ses projets. — l. pensée. Selon Larramendi divination; mais aujourd'hui *asmo* ne paraît plus être en usage dans cette acception, ni en g. ni en b. Cependant les derivés suivants existent:

Asmatzalle, g. b. devin; de *asmatzalle*.

Asmatu, asmatzen g. b. deviner, inventer; de *atz*, trace et *eman*, g. ou *emon*, b.? (de là les deux formes *asma, asmo*), indiquer, donner la trace p. ex. dans les entrailles des animaux. *Edo doktriña barrijak asmeetan ditubeenak*, b. ou qui inventent de nouvelles doctrines.

Asmatu, v. *asma*.

Asmatzalle, v. *asma*.

Asmi, b. petit pain, galette; syn. de *opil*.

Asmo, v. *asma*.

Asmu, asmuka, v. *atz*.

Asnase, v. *ats*, l.

Asnaur egin, l. ruminer. Selon P. ce mot est employé par O.

Aspaldi, g. b. l. bn. *aspaldian*, g. il y a longtemps; de *aldi*, espace de temps; mais qu'est ce que *asp?* *Aspaldian eztet ikusi*; g. il y a longtemps que je ne l'ai vu. *Aspaldi du etorria nintzela*, l. il y a longtemps que je suis arrivé.

Aspaldian, v. *aspaldi*.

Asper, bn. selon Oienhart, satisfaction, contentement. P. ajoute: il se prend aussi en mauvaise part, *asper hartu dut*, j'ai pris plaisir. Qu'est-ce que P entend par cela; veut-il dire plaisir charnel? Nous croyons plutôt qu'il a voulu dire vengeance, puis que c'est la signification du verbe; plaisir et vengeance se touchent d'assez près; nous savons que „la vengeance est le plaisir des dieux". La forme du mot vient corroborer cette double signification; il nous paraît que *asper* est une variante de *asber*, de *ats*; pas avec la signification de soupir, cela va sans dire, mais de mauvais (bas) souffle.

Aspertu, aspertzen, l. se venger. *Aspertu natzayo odoloraiño*, je me suis vengé de lui jusqu'au sang. — g. b. fatiguer, ennuyer. *Lanaz aspertu naiz*, g. je suis fatigué, ennuyé du travail.

Asperkaillu, l. vengeance; la terminaison n'est pas claire; elle se retrouve dans *herskailu*.

Asperkaillu, v. *asper*.
Aspertu, aspertze, v. *asper*.
Aspo, v. *ats* 1.
Asse, v. *aize*.
Astaintasun, v. *azta*, 1.
Astal, v. *aztal*.
Astalkatu, l. dévider. Le *r* de *ari* fil est souvent *l* dans les dérivés, v. *ari*; *astalkatu* peut donc être pour *astarikatu*. *Ast* qui est pour *atz*, doigt, se retrouve aussi dans *ardatz*, doigt à fil = fuseau.

Astalko, écheveau de fil.

Astalko, v. *astalkatu*.
Aste, v. *asi*, s. v. *as*.
Astearte, v. *asi*, s. v. *as*.
Asteazken, v. *asi*, s. v. *as*.
Asteharte, v. *asi*, s. v. *as*.
Astelehen, v. *asi*, s. v. *as*.
Astelen, v. *asi*, s. v. *as*.
Asten, v. *asi*, s. v. *as*.
Astezken, v. *asi*, s. v. *as*.
Asti, 1. **astitzen**, g. battre, fouetter.

Asti, 2. b. l. bn. loisir.

Astiro, g. b. l. lentement; à loisir.

Astigar, *gastigar*, g. tilleul. Le tilleul servait anciennement à faire des cordes, des nattes. v. Pictet, Origines I. E. 1. 225. Lar-ramendi donne pour corde aussi *estigarria*, ce qui sera le bisc. *estugarri*, évidemment dérivé de *estu* serrer, lier, et *garri*. Les deux noms signifieraient donc celui qui lie, le lieur, s'il nous est permis de faire ce mot.

Astigarraga, lieu planté de tilleul.

Astigarraga, v. *astigar*.
Astindu, astintzen, g. b. secouer, battre. Probablement une variante de *asti*, et formé de *asti-egin-du*. En bisc. *egin* se contracte en *ein*. *Erazo egin* fait *erain*.

Astintze, v. *astindu*.
Astiro, v. *asti*, 2.
Asto, g. b. l. bn. âne. Oienhart, dans ses proverbes, écrit *arsto*.
— l. T en bois sur lequel on pend les habits pour les battre.

Astokeria, g. b. l. bn. bêtise, ânerie; de *asto-heri*.

Astokume, ânon; de *asto-hume*.

Astokilla, l. le membre viril de l'âne; de *asto-killo?*

Astoaren arima, l. papillon.

Astokaiko, g. b. (un) imbécile; se dit par dérision, le *kaiko, kaiku* n'étant employé que pour les vaches.

Astokaiko, v. *asto*.
Astokeria, v. *asto*.
Astokilla, v. *asto*.
Astun, v. *azta*, 1.
Astunda, v. *azta*, 1.
Astura, v. *azi*, s. v. *as*.
Asturatu, v. *azi*, s. v. *as*.
Asturatze, v. *azi*, s. v. *as*.
Asun, g. b. l. bn. ortie.
ATABALA, b. l. bn. tambour; de l'esp. *atabala* (v. Dict. A. E.) qui

vient de l'arabe. *Atabalatu*, battre de la caisse.

Atakide, v. *ate*, 1.

ATALAYA, g. b. l. En g. on prononce *talaya*; lieu élevé sur la côte, tour d'où l'on peut observer les bâteaux des pêcheurs et leur faire des signaux; de l'esp. atalaya qui vient de l'arabe tala'a; v. Dozy, Glos.

Atarte, v. *ate*.

Atchiki, l. bn. tenir; de *atzegin?* comp. *itcheki*.

Ate, 1. g. b. *athe*, l. bn. porte. Dans les composés *athe*, devient *athal* sans que nous puissions en trouver la cause. P. donne même un exemple ou *athal* est pour *athe*. *Athal ondoan dago*, il se tient près de la porte.

Athalalase, l. P. dit: seuil de la porte; mais il paraît que ce n'est pas juste; c'est la planche qu'on tire devant la porte dans les fermes; de *athal* —?

Athalhaga, l. barre de la porte, de *athal* —?

Athalondatu, *athamendatu*, bn. chercher des renseiguements secrets; de *athal-ondo-tu* et *athal* —?

Atheka, l. bn. brêche; passage étroit d'un champ à un autre.

Athari, l. devant de maison couvert, abri; Larramendi dans le supplément donne *atarte*, portal, portail; comp. *ateri*.

Atherbe, l. *atharbe*, bn. lieu pour être à l'abri de la pluie; comp. *ateri*; de *atheri-be*; par extension, maison, toit. *Ezen eznauc digne ene atharbe pean sar adin.* Test. Rochelle. St. Luc.

VII. 6. car je ne suis pas digne que tu entres sous mon toit.

Atakide, g. écluse; copié de l'esp. compuerta; de *ate-hide*.

Ate, 2. g. *ahate*, l. bn. canard.

Atera, **ateratzen**, g. *atera*, *ateraten*, b. *athera*, *atheratzen*, l. tirer hors, arracher, sortir; ellipse (aller) vers la porte? *ate-ra*.

Aterate, **ateratze**, v. *atera*.

Ateri, g. b. *atheri*, l. bn. Ce mot indique qu'il ne pleut pas, qu'il fait sec. *Atheri da*, l. il fait sec; mais aussi comme substantif, sérénité. Sans pouvoir indiquer la filiation des idées il semble néanmoins que *ateri* se rattache à *ate* par *atharia* et *atherbe*. Quand on est à l'abri (*atherbean*) on ne sent pas la pluie, c'est comme s'il ne pleuvait pas, ce qui est la signification de *ateri*, *atheri*, bien plus que sérénité; pour sérénité, ciel serein, Larramendi donne *osgarbia*, *odagea*.

Ateri ou *atertu*, *atertzen*, g. *atheri*, *athertu*, *athertzen*, l. bn. ne plus pleuvoir, se rasséréner. *Athertzen da*, il se fait sec. c. a. d. la pluie discontinue, *atheri da*, il fait sec, c. a. d. il ne pleut pas. *Ezta behin ere athertu*, il n'a pas cessé de pleuvoir; litt. il n'a jamais fait sec. *Uria atheri da*, la pluie a cessé. Dans ce dernier exemple qui est aussi de P. *atheri* a pris entièrement le sens de sécher, la pluie (s)'est séchée.

Aterrune, g. sérénité, ciel serein; de *ateri-une*, époque de sécheresse.

Berrogei egunen buruan aterrunea agertu zan, au bout de quarante jours le ciel serein reparut

Atertu, v. *ateri.*
Aterrune, v. *ateri.*
Atertze, v. *ateri.*
Athaka, v. *ate.*
Athalalase, v. *ate,* l.
Athalhaga, v. *ate,* l.
Athalondatu, v. *ate,* l.
Athamendatu, v. *ate,* l.
Atharbe, v. *ate,* l.
Athari, v. *ate,* l.
Athe, atheka, v. *ate,* l.
Athera, v. *atera.*
Atherbe, v. *ate,* l.
Atheri, v. *ateri.*
Athertze, v. *ateri.*
Atorra, g. b. chemise de femme, bn. chemise d'homme — l. chemise d'homme et de femme ; — b. chemise en général et aussi d'enfants.
Atoz, v. *etorri.*
Ats, l. b. *hats,* l. *hax,* bn. Pouvreau écrit *hatz* pour *hats,* et *hats* pour *hatz.* Ce radical ne s'est conservé ni en g. ni en b. bien qu'il se retrouve dans les composés. En l. et bn. *hats* s'est conservé avec la signification de souffle, haleine, respiration, désir violent et c'est selon toute apparence une variante de *aize* g. *ase,* b. *haize,* l. vent. Ce qui nous paraît changer cette supposition en certitude c'est que le verbe guip. *asartu,* jouir, est en bisc. *aisia artu.*

Hats, l. haleine, souffle, respiration, l. aise, désir violent ; *hatsaren gainean jarriko naiz,* Axular p. 75. Je me mettrai à l'aise ; le gén. à cause de *gainean.* Le lab. *aisia,* aise, sera pris du bisc. v. *ats,* et pourrait avoir donné, ais, prov. aise, fr. dont l'origine est inconnue.

Atsnase, asnase, g. *arnase,* b. En g. respiration ; en b. haleine. Le b. *arnase* est une étrange corruption de *asnase* ou mieux *atsnase.*

Asnase artu, g. respirer.

Atseda, g. souffle ; de *atseden.*

Atseden. g. *atseen,* b. souffler dans le sens d'éteindre ; se reposer ; comme en français p. ex. faire souffler les chevaux. *Eta arbola pean atseden zezatela,* g. et qu'ils se reposassent sous l'arbre. *Gorputz kansabari atseen eragiteko,* b. pour faire reposer au (le) corps fatigué. De *ats-egin* et *ein.*

Aserre, g. b. aussi *asarre,* b. *haserre,* l. bn. *hasarredura,* l. colère, de *ats-erre.*

Aserretu, aserretzen, g. b. *haserretu, haserretzen,* l. bn. se mettre en colère ; de *aserre. Eta chit aserretua irten zan,* g. et il sortit très irrité. *Aserretzen zera,* tu es en colère.

Asarre ou *asarretu,* g. b. se quereller ; de *asarre,* v. ci-dessus.

Asartu, asertzen, g. *aisia artu,* b. jouir, s'amuser, de *ats* et *aise artu.*

Hatshartu, l. prendre haleine ; respirer ; de *hats hartu.*

Atsegin, g. b. l. *axegin,* bn. joie, de *ats-egin.* Il est curieux qu'en, l. et bn. on écrive ce mot sans *h.*

Atsegin dut, l. j'en suis content.

Askor, b. joyeux ; de *ats-kor.*

Atsekabe, g. b. l. *axegabe,* bn.

affliction; de *ats-gabe*, *k* pour *g*. v. Essai, Ch. II.

Aspo, g. *hausko*, l. poumons; de *hats-ko*. Le *p*. dans *aspo* semble être pour *k*.

Hauskoak, plur. de *hausko*, l. bn. soufflet, (de forge, de cuisine).

Asbera, g. *hatsbeherapen*, l. *hasperapen*, bn. *hasper?* soupir; de *ats-bera* et *hats-beherapen*. *Gaiz derizanak irri deraidik, onderizanak hasperren,* Prov. de Oienhart. Celui qui te hait te fera rire, celui qui t'aime te fera soupirer.

Ats, 2. g. sale; — b. puanteur. Serait-ce *ats* haleine? comp. *hatsti*.

Atsitu, b. se salir, se corrompre.

Hatsti, l. qui a l'haleine forte.

Atseda, v. *ats*, 1.

Atseden, v. *ats*, 1.

Atseen, v. *ats*, 1.

Atsegin, v. *ats*, 1.

Atsekabe, v. *ats*, 1.

Atsitu, v. *ats*, 2.

Atsnase, v. *ats*, 1.

Atso, g. b. l. vieille, ne se dit que de la femme. De l'homme on dit *agure*.

Atsotu, atsotzen, g. b. l. vieillir.

Atsotu, atsotzen, v. *atso*.

Atun, l. bn. thon (poisson) de l'esp. atun.

Atz, b. g. *hatz*, l. bn. En b. doigt; en g. gale; en l. bn. démangeaison, trace. Doigt est en g. *beatz*; nous ignorons d'où vient *be*; et en l. et bn. *erhi*; cependant *atz* se retrouve dans les composés qui sont communs à tous les dialectes. Il nous semble que les différentes acceptions de *atz* (doigt, demangeaison, gale), se touchent de si près, qu'on peut les considérer comme derivées du même radical.

Azkazal, g. *atzazal*, b. *azazkal*, bn. ongle; de *atz-hazal*; *k* pour *h*, v. Essai, Ch. II. Le bn. a transposé le *k*.

Hatzeri, bn. gale; de *hatz-eri*; mal (des) doigts.

Aztapar, atzapar, l. *aztapar*, bn. patte, griffe, de *atz* — ? On ne peut avoir malheureusement aucune confiance en Larramendi qui fait dériver, l'esp. zarpa, griffe, du basque *atzarpa* pour *atzapar*. Nous ne savons si *atzarpa* existe.

Atzlodi, b. *beatzlodi*, g. pouce; de *atz-lodi*.

Atzlodiurren, b. *beatzlodiurren*, g. index; de *atz-lodi-urren*.

Atzchiker, b. petit doigt; de *atzchiki*.

Atzitu, atzitzen, g. saisir. Comp. *atchiki*. *Sikengo ondoan atzitu zituen,* après qu'il eut pris Sichem.

Aztatu, aztatzen, g. *hastatu*, l. toucher, tâter.

Asmu, bn. (sans *h* et avec *s*?) Selon M. Salaberry, tact.

Asmuka, l. bn. à tâtons.

Hastamu, l. P. syn. de *asmuka*; mais parait ne plus être connu.

Aztarna, g. trace; de *atz* — ?

Aztarnatu, aztarnatzen, g. indiquer.

Hatzeman, l. *hatzaman*, bn. attraper, atteindre de *hatz-eman*.

Hatzegin, l. se gratter; de *hatz-egin*.

Atzapar, v. *atz*.

Atzartze, v. *atzarri*.
Atzarri, atzartzen, l. bn. éveiller, exciter. *Atzarri dago*, il est éveillé.
Iratzarri, l. *iratzartu*, b. bn. se réveiller; de *erazo-atzar*. *Atzar* est peu usité pour *atzarri*.
Atzazal, v. *atz*.
Atzchiker, v. *atz*.
Atze, g. (le) derrière, partie postérieure.
Atze, g. bn. étranger. Il nous semble que c'est le même mot dans l'acception de *atzen*, dernier, dont *azetu*, s'éloigner; comme de *arrotz*, étranger, *arrotztu*, s'éloigner; ce n'est pas seulement l'éloignement qui est indiqué, mais peut-être aussi le peu de cas que l'on fait de l'étranger; il est considéré comme le dernier. Le prov. basque: *arrotz herri, atzo herri*, pays d'étranger, pays de loup, peut servir comme illustration de l'antipathie pour l'étranger.
Atzekoaldeak, g. les fesses; de *atze-ko-aldeak*.
Atzetu, atzetutzen, g. éloigner; — bn. devenir étranger.
Atzen, g. *azken*, b. l. bn. dernier; de *atze-n*. Très problablement le superlatif, c. a. d. le génitif (v. Essai, Ch. IV.); comp. all. letste, erste, v. Pott, Zählmeth. p. 215.
Atzean, g. b. derrière; de *atze-a-n*. *Echearen atzean*, derrière la maison.
Atzenean, g. *azkenean*, b. l. finalement; de *atzen-ean*, v. Essai, p. 49. note 1.
Atzeneko, g. *azkeneko*, b. l. dernier,

de *atzen-ko*, avec *e* de liaison; v. Essai, p. 8. *Bere atzeneko urteetan*, dans ses dernières années.
Azkendu, azkentzen, l éloigner, de *azken*. *Ardia bere lagunei azkentzen zaienean*, Axular, p. 78. Quand la brebis s'est éloignée de ses compagnes. Le même auteur emploie dans le même sens, *hastan, hastantzea*; il nous semble que c'est une corruption du guip. *atzen*. *Eta bere ardi lagunen alhapidetik aldaratzen eta hastantzen da*. Axular, p. 78 et se détourne, et s'éloigne du pâturage de ses compagnes les brebis.
Hastangarri, v. ce mot.
Atzo, g. b. l. bn. hier; de *atze?* d'où vient le *o?*
Atzeratu, atzeratzen, g. b. reculer; de *atze-ra*.
Atzean, v. *atze*.
Atzen, v. *atze*.
Atzenean, v. *atze*.
Atzeneko, v. *atze*.
Atzeratu, v. *atze*.
Atzeratze, v. *atze*.
Atzetu, atzetutze, v. *atze*.
Atzitu, atzitze, v. *atz*.
Atzekoaldeak, v. *atze*.
Atzlodi, atzlodiurren, v. *atz*.
Atzo, v. *atze*.
Au, 1. v. *ao*.
Au, 2. onek, g. *au, auk* ou *onek*, b. *hau, hunek*, l. *hau, haur, hunek*, bn celui-ci. Au pluriel, *oyek*, g. *oneek*, b. *hoyek*, l. *hauk*, bn. ceux-ci. Le g. possède encore un pluriel régulier, *auek*, gén. *auen*; dat. *auei*. Le *u* se prononce *v*; la prononciation flottante de *v* et *b*

chez les Espagnols donne encore l'orthographe *abek; Jesusen itzak dira abek.* Echeverria, Imit. de J. C. Celles-ci sont les paroles de J. C. Le gén. sing. de *au,* g. est *onen,* dat. *oni.* Le gén. plur. *oyen,* dat. *oyei.* En b. *oneen,* gén. *onei,* dat.

Auśe, g. bn. *ausse, aure.* Celui-ci même. Nous écrivons *ś* qui se prononce comme *ch* fr. Comp. *aśe, huraśe. Auśe da benetako errukia,* Moguel, *Echeco escolia* p. 13. Ceci est la vraie compassion.

Auba, v. *ao.*
Auei, v. *au 2.*
Auek, v. *au 2.*
Auen, v. *au 2.*
Auendatu, v. *auhen.*
Auenkak, Oienhart dans ses corrections au Ms. de Pouvreau dit: échelles de cordes pour monter le long du mât. Selon d'Etcheberry (un contemporain?) antemna; mais c'est une erreur, dit Oienhart, puisque antemna est *maspreza* en basque.

Auga, bn. osier.
Auhaldu, v. *auhari.*
Auhari, l. bn. souper (subst.); de *ao-ari,* 4? *u* devenu *f* dans *afari.*

Auhaldu, bn. souper (verbe); de *auhari-du; l* pour *r* comp. *ari,* 3. et *gosaldu.*

Auhen, l. bn. lamentation, cri de détresse. De *ao?* ou peut-être une onomatopée.

Auendatu, g. déplorer.

Auher, bn. fainéant, inutile; variante de *alfer?*

Auk, v. *au,* 2. et *euki.*
Aukera, v. *hauta.*

Auldu, g. perdre ses forces.
Aunatu, aunatzen, v. *unha.*
Aundi, v. *andi.*
Aunts, g. b. *ahuntz,* l. bn. chèvre. M. de Charencey rattache *ahuntz* ainsi que *akher* au sanscr. *agâ; un* est une finale dénominative (qu'est-ce que c'est qu'une finale dénominative?); *z,* est le féminin(!) et pourrait être d'origine néo-latine, le *g* a pu se transformer en *h.* M. d. C. ajoute: tous ces noms d'animaux (*idia, chahala,* etc.) ne sont pas d'origine celtique pure, mais se rattachent directement à la langue aryaque primitive. Quelques preuves n'auraient pas été de trop. La mémoire se refuse de temps en temps à fournir tout ce qu'il faut de celtique *pur* et d'aryaque primitif (est ce qu'il y a un aryaque secondaire?) pour suivre la généalogie de pareils mots. L'étymologie basque n'avancera guère de cette façon. La ressemblance des mots tente toujours beaucoup M. d. C. c'est ainsi qu'il compare *garailu* au zend gairi, hauteur, tandis que nous croyons qu'il dérive de *gan.* M. d. C. ajoute „ce n'est pas du reste la première fois que j'ai cru remarquer ce fait dans les emprunts faits aux langues aryennes: le basque paraît plus près du zend que du skr." Ne dirait-on pas que c'est une chose prouvée que le basque se rapproche d'une de ces langues.

Ahunna, bn. chevreau; selon M. Salaberry; *nn* = gn. fr.

Aur, g. *haur*, l. bn. enfant.
Aurdun, g. enceinte; de *aur-dun*.
Aurtasun, g. *haurtasun*, l. enfance, — l. humeur enfantine; de *aur-tasun*.
Aurgite, g. *haurrukhaite*, bn. accouchement; de *aur-egite* et *haur-ukhaite*.
Haurrukhaizte, bn. fausse couche; de *haur-ukhaite-gaizto*.
Hauride, l. *aurhide*, bn. consanguin; de *aur-hide*. Ce mot aurait dû s'écrire selon les lois phonétiques (v. Essai, Ch. II), *haurkide*; il n'y a aucun motif pour admettre une exception à la règle générale.

Aurdun, v. *aur*.
Aurgina. S. d. L. occasion.
Aurgite, v. *aur*.
Aurhide, v. *aur*.
Auriskitu, auriskitzen, l. presser, fouler aux pieds, opprimer.
Aurkezte, v. *aurre*.
Aurkeztu, v. *aurre*.
Aurkhitu, v. *arkitu*.
Aurki, v. *aurre*.
Aurkitu, v. *arkitu*.
Aurni, bn. accorder, s'accorder.
Aurpegi, v. *aurre*.
Aurrandetu, v. *aurre*.
Aurrandetutze, v. *aurre*.
Aurre, g. b. (le) devant.
Aurrena, g. premier; le gén. de *aurre* est *aurren*; avec l'art. ou le démonstr. *a, aurrena*, le, celui de devant = premier. Aussi employé comme adverbe. *Aurrena emazteari esan zion*, g. premièrement il dit à la femme.
Aurrean, g. b. devant; de *aurrea-n*.
Aurreko, g. b. précédent; de *aurreko*; substantivement et au pluriel:
Aurrekoak, aïeux.
Aurrera, g. b. en avant; de *aurre-ra*.
Aurreratu, aurreratzen, g. b. avancer; de *aurrera*.
Aurrerakoan, g. b. dorénavant; de *aurrera-ko-an*.
Aurkeztu, aurkezten, g. présenter.
Aurrandetu, aurrandetutzen, g. continuer.
Aurki, g. bref, de suite; — bn. ce soir, cette après midi; de *aur-ki*.
Arpegi, g. b. *aurpegi*, g. *ahurpegi*, *ahorpegi, harpegi*, l. visage; — g. l'endroit d'une étoffe; de *aurre-begi*; *p* pour *b*, v. Essai, Ch. II.
Arpegira eman, g. reprocher, jeter à la face. *Jainkoak bere desobedienzia arpegira eman*; Dieu lui reprocha, lui jeta (litt. donna) à la face, sa désobéissance.
Arpegi eman, g. faire face, tenir tête. *Oyek ere arpegi eman nai izan zieten*... ceux-ci voulurent aussi leur tenir tête.

Aurrean, v. *aurre*.
Aurreko, v. *aurre*.
Aurrekoak, v. *aurre*.
Aurrena, v. *aurre*.
Aurrera, v. *aurre*.
Aurrerakoan, v. *aurre*.
Aurreratu, v. *aurre*.
Aurtasun, v. *aur*.
Aurten, v. *urte*.
Aurthen, v. *urte*.
Aurthiki, l. bn. jeter, lancer, renverser, darder.
Ausa, ausaz, g. peut-être, par

hasard. *Egia ezta ausa,* peut-être ce n'est pas vrai.

Ausardi, v. *ausart.*

Ausarki, l. bn. abondamment.

Ausart, g. l. bn. osé, hardi; du rom. auzart. v. L. R.

Ausardi, g. hardiesse.

Ausaz, v. *ausa.*

Ause, v. *au,* 2.

Ausi, 1. b. aboyer. Il ne peut y avoir de doute, croyons nous, que ce ne soit le même mot que le lab. *adaussi,* employé par Oienhart, Prov. 1, et que le correcteur, dans l'édition de Bordeaux 1847, prononce gravement être un transfuge latin ou espagnol. Comme le mot est bisc. et paraît avoir été lab. et que Larramendi ne connaissait pas très bien ces dialectes, il écrit *asi,* au mot ladrar, et dans son supplément à la fin du second volume *eusi;* c'est cet *eusi* qui nous a valu les étymologies sur les *Euskaldun,* que Humboldt a mises en circulation sans en être satisfait, il est vrai, que M. Mahn a reproduites après Humboldt et M. de Charencey après les autres, en ajoutant que *eusi* dérive de la racine *es;* mais il ne donne aucune preuve à l'appui, ce qui serait bien difficile. *Es* a le sens de serrer, fermer, et nous ne voyons pas comment *es,* aurait pu produire des dérivés ayant la signification de parler.

Ausi, 2. *autsi,* s. v. *auts.*

Ausiki, v. *auts.*

Ausina, S. d. L. ortiga; ortie.

Ausko, v. *auts.*
Auskor, v. *auts.*
Ausse, v. *au,* 2.
Auste, v. *auts.*
Autatu, v. *hauta.*
Auteman, v. *hauta.*
Autetsi, v. *hauta.*
Autetsitze, v. *hauta.*
Auts, g. b. *herrauts,* l. *erhaux,* bn. poussière; v. l'article suivant.

Autserre, g. *hauts,* l. *haux,* bn. cendre Les dialectes basq. fr. emploient *herrauts* pour le guip. *auts* et vice-versa. Le guip. a conservé la signification propre de *auts-erre,* poussière brûlée = cendre.

Autserria, g. *hautserria, hausterria,* l. *hauxte,* bn. le jour des cendres; le mot *egun,* jour, est sous-entendu, *hautserri eguna.*

Lardizabal se sert de *su-auts.*

Ausko, l. braise, matière de cendre, dit P. Oienhart le corrige et écrit (moins bien) *azkua. Ausko,* de *auts-ko,* plutôt que de *auts-cua,* pour *kaya, quia,* (v. *gai*), comme dit M. Mahn, E. U. p. 76.

Autsi, austen, g. b. *ausi,* b. *hautsi, hausten,* l. *hauri,* bn déchirer, rompre. *Baldin debeku au austen bazuen,* g. si vous rompez (enfreignez) ce commandement. *Katillu bat ustebaga ausi badabee,* b. s'ils ont déchiré par inadvertance quelque cotillon. Moguel. p. 13.

Auskor, g. *hautskor,* l. *hauxkor,* bn. fragile; de *auts-kor.*

Autsiera, g. fracture; de *autsiera.*

Autsaillea. S. d. L. celui qui brise; quebrantador; de *autsi-tzalle.*

Erratz, g. b. *erhatz,* l. bn. *erkatz,* l. balai. Il n'est pas très clair comment ce mot est composé; il se pourrait de *errauts-atz. Atz,* doigt, c. a. d. bâton ou n'importe quoi de raide. de droit; les deux formes, *hatz* et *katz,* indiquent que cette supposition est fondée; *hatz,* la forme lab. ordinaire; *katz,* la même forme, mais influencée par les lois phonétiques, v. Essai, Ch. II. *Err* est donc la contraction de *errauts?*

Autsiki, g. *asiki,* l. *ausiki,* bn. morsure. Peut être de *autsi-kin?* Mordre, rompre, déchirer, pourraient être exprimés par le même mot.

Autsikitu, autsikitzen, g. bn. *asikitu,* l. mordre.

Autsaillea, v. *auts.*
Autserre, v. *auts.*
Autsi, v. *auts.*
Autsiabartza, v. *abar.*
Autsiabartzalle, v. *abar.*
Autsiera, v. *auts.*
Autsiki, v. *auts.*
Autsikitu, v. *auts.*
Autsikitze, v. *auts.*
Autu, v. *hauta.*
Auxe, v. *au,* 2.
Auznartu, S. d. L. ronger; esp. roer; de *auts?*
Auzo, g. b. *hauzo,* l. proximité,— l. bn. voisin.

Auzoko, g. b. voisin; de *auzo-ko.*
Auzoko, v. *auzo.*
Auzpez, v. *ao.*

Avenikoa, l. accomodement. P.
Ax, v. *arrats.*
Axegabe, v. *ats,* 1.
Axegin, v. *ats,* 1.
Ayei, v. *hura* et *a.*
Ayek, v. *hura* et *a.*
Ayen, 1. v. *hura* et *a.*
Ayen, 2. g. b. *ayhen,* l. *aihen,* bn. Viorne, vigne sauvage. A Guéthary (Lab.) les branches de la vigne.
Ayenatu, ayenatzen, g. mieux que *aienatu;* disparaître. Larramendi écrit ce mot, que nous ne trouvons pas dans son dictionnaire, *ay-enatzen,* ce qui fait supposer qu'il est composé de *ay* et *enatu;* mais nous ne connaissons pas ces mots.
Ayeru, ayheru, l. signe.
Ayo, v. *aida.*
Ayorro, v. *aida.*
Ayotz, v. *aihotz.*
Ayubia, S. de L. clameur, esp. alarido.
Az, v. *as.*
Aza, g. l. bn. *azija* b. chou. De *az?*
Azal, g. b. l. *achal,* b. bn. écorce, croûte, — b. peau. Les composés prouvent que *azal,* devrait s'écrire, *hazal;* le *h* ne s'est conservé, autant que nous sachions, que dans *bethazal;* il a subi généralement l'influence des lois phonétiques; v. Essai, Ch. II; *azkazal* pour *atz-hazal.*
Azaldu, azaltzen, g. b. manifester.
Azaltze, v. *azaldu.*
Azama, v. *ama.*

Azantz, bn. bruit; *uraren azantza*, le bruit de l'eau.

Azao, g. *azau*, b. l. bn. gerbe. Le l. et bn. ont la forme bisc. en *u*. Larramendi cite encore *azauto*, mais ce mot n'est pas connu dans le Guipuzcoa. Il est difficile de rendre compte de *azao*; il n'est pas probable, à en juger par la forme, qu'il vienne de l'esp. „haz;" La première partie *az* pourrait être de *azi*, semence; mais *ao*? il est vrai que *ao* en outre de bouche signifie encore en lab. le tranchant d'une épée, d'un couteau etc.; il pourrait donc avoir encore une autre signification tout aussi éloignée du sens primitif, bouche.

Azar, azarri, bn. excéder de reproches. Comp. *azartu*.

Azari, g. *azeri*, b. l. *acheri*, l. bn. renard. En lab. *azeri* signifie plutôt, grand renard et par méthaphore, astuce; *acheri*, uniquement renard.

Azaro, 1. b. bn. Novembre; de *az-aro*, saison des semailles.

Azaro, 2. S. d. L. rocio, rosée.

Azartu, S. d. L. oser; variante de *ausart; azarria*, atrevido, hardi.

Azau, v. *azao*.

Azauto, v. *azao*.

Azaijera, v. *azi*, s. v. *as*.

Azazkal, v. *atz*.

Azazketu, v. *azi*, s. v. *as*.

Azeri, v. *azari*.

Azi, v. *as*.

Azia, S. d. L. espalda, épaule.

Aziera, v. *azi*, s. v. *as*.

Azija, v. *aza*.

Azilla, v. *azi*, s. v. *as*.

Aziriko, v. *azi*, s. v. *as*.

Azitako, v. *azi*, s. v. *as*.

Azitze, v. *azi*, s. v. *as*.

Azizurria. S. d. L. papera, goître; de *azi-zuri*?

Azkanaro, l. P. blaireau; comp. *azkuin*. Larr. écrit *askonarra*.

Azkar, g. l. bn. fort, vigoureux. — l. bn. en chaleur, se dit de la chèvre.

Azkazal, v. *atz*.

Azken, azkendu, azkentze, v. *atze*.

Azkenean, v. *atze*.

Azkin. S. d. L. hacendoso; actif; comp. *azkar*.

Azkoin, selon O. dans ses corrections au Ms. de P. le trou où entre la vis du pressoir.

Azkon, 1. l. espèce de dard; mot de O. selon P. Azcona est espagnol et pourrait dériver de l'ancien all. asc; esche; frêne. v. Diez, II, 99.

Azkon, 2. v. *azkuin*.

Azkonarra, v. *azkanaro, azkuin*.

Azkua, v. *auts*.

Azkuin, l *azkon*, bn. blaireau, taisson. A Guéthary, *azken harrua*; Larramendi, *askonarra*; O. selon P., *azkanaro*; dans le Manuel de la conversation fr. basque, Bayonne, 1861, se trouve, *akomarra*. Cette dernière forme doit être corrompue, le *z* se trouve dans tous les dialectes; le mot paraît donc composé de *azken* ou *azkon* et *arra*, ou *harro* (avec l'art. *harrua*). *Arro, harro*, vain, gonflé, aura d'abord signifié creux; cette signification se retrouve dans le lab. *harrou*, arbre ou souche vermoulue et gâtée en dedans. Il y a cependant une difficulté; c'est que si c'était une espèce particulière de blaireau (*azken*), le blaireau des creux (puisqu'il fouille sous terre), *arro* devrait précéder. v. Essai, p. 120. Comme ce mot est composé maintenant il signifierait le creux du blaireau. Est-ce que *azkon*, viendrait de l'ancien all. dahs, l'all. dachs?

Azkuntza, v. *azi*, s. v. *as*.

Azorri, l. écourgée; espèce de fouet fait de lanières de cuir. Ne paraît pas dériver de l'esp. azote.

Azorriatu, azorriatzen, frapper avec l'écourgée. *Azorriatu behar luke*, il faudrait bien l'étriller.

Azorriatu, v. *azorri*.

Azote, b. l. fouet, verge; de l'esp. azote.

Azpa, v. *azpi*.

Azpi, g. b. l. bn. dessous; subst. *Onen azpia zikina dago*, g. le dessous de ceci est sale. — g. l. fesse; — bn. cuisse; par pruderie?

Azpian, g. b. l. sous et dessous, prép. et adv. en g; en de *azpia-n*. adv. lab. *Liburu au mayaren azpian* (ou *maipean*) *dago* ce livre est sous la table. *Azpian dago*, il est dessous. *Azpian* est syn. de *pean* qui est *be-an*; *az*, le démonstr. *a* + *z* ? comp. all. darunten, darauf, etc.

Azpiko, g. esclave, de *azpi-ko*.

Azpa, bn. morceau de bois servant de chaussure aux traîneaux.

Azpian, v. *azpi*.

Azpiko, v. *azpi*.

Azpila, l. cormier.

Azpildu, azpiltzen, l. bn. ourler; de *azpi*?

Azta, 1. bn. poids.

Astun, g. b. pesant; mieux *aztun*; de *azta-dun*, qui a poids.

Astaintasun, b. *aslunde*, g. pesanteur.

Azta, 2. v. *azi*, s. v. *as*.

Aztal, g. jambe; — l. mollet; — bn. talon. P. écrit *astal*.

Aztalbeharri, bn. cheville du pied; il est difficile de voir l'analogie entre oreille et cheville *aztal-beharri*.

Aztalbeharri, v. *aztal*.

Aztapar, v. *atz*.

Aztarna, aztarnatu, v. *atz*.

Aztaro, v. *aro*.

Aztatu, aztatze, v. *atz*.

Azten, v. *azi*, s. v. *as*.

Azteitu, b. regarder; comp. *aztiatu*.

Azti, g. b. l. bn. devin. Faudrait-il rattacher *azti* à *atz*, dans le sens d'indiquer?

Aztiatu, aztiatzen, g. b. deviner, prédire, pronostiquer.

Aztiatu, aztiatze, v. *azti*.

Aztu, aztutzen, g. *aaztu*, b. *ahatzi*, bn. oublier; syn. de *ahantzi*.

Aztura, azturatu, azturatze, v. *azi*, s. v. *as*.

Azuna, l. P. truie pleine; n'est-ce pas l'adj. pleine, parlant de la truie? de *aztun*, v. *astun*.

Azundu, g. devenir pleine.

Azundu, v. *azuna*.

Azur, v. *ezur*.

B.

Ba, v. *bai*.

Baanzut, ou *banzut*, l. plait-il, bn. j'entends, je comprends. De *badantzut, ba-dantzut*, j'entends, de *entzun*. Alors en lab. interrogatif, entends-je, et en bn. affirmatif.

Baatchuri, v. *baratzuri*.

Baazuza, v. *baba*.

BABA, g. b.l. bn. fève; de l'esp. haba.

Babarruma, généralement *babaurna*, g. haricot blanc, esp. judia; en bisc. *india babia*, ce qui indique une provenance étrangère. La „judia" est venue des Indes (de là le bisc.) en Italie, et de l'Italie (de là le guip.) en Espagne; v. Dict. esp. de Dominguez; ainsi *barbarruma* est pour *baba erroma*, fève romaine. P. cite *baba erroma* (fève romaine) qu'il dit signifier une espèce de petit poisson.

Babazuza, l. *abazuza*, g. *abazuzi*, b. *baazuza*, l. bn. grêle, — bn. grésil; de *baba-zuzi*.

Babazizkor, bn. giboulée; de *babazuzi-kor*?

BABARRUMA, v. *baba*.
BABAURNA, v. *baba*.
BABAZUZA, v. *baba*.
BABAZIZKOR, v. *baba*.

Babese, g. protection. *Persiako erregearen babesean*, dans (sous) la protection du roi de Perse.

BACHERA, l. bn. vaisselle. Selon Chaho des patois romans qui ont *bachero*; ce mot ne se trouve pas dans le L. R.

Bacheragille, bacherille, l. *bachereile*, bn. potier; de *bachera-egille*.

BACHERAGILLE, v. *bachera*.
BACHEREILE, v. *bachera*.
BACHERILLE, v. *bachera*.

Bada, v. *bai*, 1.

Badarik, v. *bai*, 1.

Baga, bagarik, v. *gabe*.

Bagant, bn. journalier, celui qui travaille à la journée.

Bage, v. *gabe*.

Bagilla, g. b. le mois de Juin; de *ebaki-illa*.

BAGO, l. *fago*, (Guéthary); *pago*, (Hasparren) hêtre; de l'esp. haya.

Bahatu, v. *bahe*.

Bahe, b. l. bn. crible, tamis. *Bahatu*, passer au tamis.

Bahi, l. bn. gage, saisie. *Bahitu*, engager, saisir, mettre à l'amende.

Bahitu, v. *bahi*.

Bai, 1. g. b. l. bn. oui; dans

la conversation le *i* est souvent supprimé, *ba, ba, ba,* oui, oui, oui. Il n'y a aucun texte guip. ou bisc. qui soit aussi ancien que le Testament de la Rochelle 1571, où nous voyons qu' alors on employait *bai* pour *ba* comme particule affirmative; bien que nous ne puissions citer aucun exemple g. ou b. à l'appui de notre opinion, il nous semble qu'il ne peut y avoir de doute que *bai* et *ba* ne soient le même mot; on trouvera l'exemple plus loin sous *ba*.

Baietz, g. oui certes; nous ne savons rendre compte de la terminaison qui se retrouve aussi dans *ezetz,* non certes.

Baita, g. b. aussi; de *bai-da*, *t* pour *d*, v. Essai, Ch. II. Peut-être que *baita* se retrouve dans les composés, *nombait, zerbait, norbait,* et pourrait être comparé à l'all. auch, aussi, wer auch, wie auch, wo auch.

Baitaere, g. *baitabere*. b. mais encore, mais aussi; de *baita-ere* ou *bere*.

Baizik, g. l. *bezik,* l. bn. *baizen,* l. ne que, sinon, et le verbe avec la négation *ez;* de *bai ez-ik. Eta biak ezdira asagi bat baizik izango,* et les deux (Adam et Ève) ne seront qu'une chair. *Ni baizen,* P. sinon moi. *Aspaldi zuen etzela edireiten zatharkaturik baizen.* Inchauspe, Intr. du g. G. Axular; il y a longtemps qu'il ne s'en trouvait sinon de gâtées.

Baimen, g. l. permission; de *baimen*.

Ba, g. b. l. bn. 1°. particule affirmative, préfixée aux terminaisons auxiliaires (v. Essai, p. 118), ainsi qu'aux verbes réguliers. *Badet*, j'ai, *bada*, il est (pour il y a). *Aita nerea badakit...* mon père je sais; *dakit* de *jakin*. Nous avons dit plus haut, s. v. *bai*, que *ba* était autrefois *bai. Zeren hire anaye haur hil baitzen eta viztu baita, galdu baitzen eta eriden baita,* S. Luc. XV. 32. Test. la Rochelle 1571. Car celui-ci ton frère était mort et il est revenu à la vie, il était perdu et il est retrouvé. Aujourd'hui on écrit *bada, bazen.*

Ba, 2°. particule conditionnelle, si. *Ikusten badet,* g. si je le vois.

Bada, g. b. l. bn. il est; de *ba-da*.

Bada, g. b. l. or, donc. L'affirmation, il est, *ba-da,* nous paraît pouvoir indiquer: or, donc; tout aussi bien que quiza, esp. (qui sait) peut-être. *Ilek bada bildu zira denean,* Test. la Rochelle, 1571. Act. 1. 6. Eux donc s'étant rassemblés. *Zaude prestoki bada,* soyez donc sage.

Badarik, badarik ere, l. néanmoins, toutefois.

Bai, 2, l. tache; au figuré, défaut. *Deus ere bayarik eztu jokoa baizen,* P. il n'a de tache que le jeu. *Etzaitut bayatzen deusetan,* je ne vous tache en rien.

Baietz, v. *bai,* l.

Baimen, v. *bai,* l.

Baina, g. haricot vert; de l'esp. vaina.

Baina, bainan, v. *baña*.

Baino, v. *baño*.

Baita, v. *bai*, 1.

Baitabere, v. *bai*, 1.

Baitaere, v. *bai*, 1.

Baitan, baithan l. en, dans, chez. *Manech baitan da;* il est chez Jean. *Zure baitan,* il est en vous, en votre pouvoir.

Baizen, v. *bai*, 1.

Baizik, v. *bai*, 1.

Bakan, v. *bat*.

Bakar, bakarrik, v. *bat*.

Bakartade, v. *bat*.

Bakartasun, v. *bat*.

Bake, v. *pake*.

Bakhan, v. *bat*.

Bakhar, bakharrik, v. *bat*.

Bakharka, bakhartarzun, v. *bat*.

Bakid, v. *bat*.

Bakidatu, bakidatze, v. *bat*.

Bakitu, bakitze, v. *bat*.

Bakoch, v. *bat*.

Bakoitchi, v. *bat*.

Bakoiti, v. *bat*.

Bakoitz, v. *bat*.

Bakotcha, v. *bat*.

Bakun, v. *bat*.

Balakatu, v. *balaku*.

Balaku, l. bn. caresse, flatterie. *Balakatu, balakatzen,* flatter, caresser, gagner quelqu'un.

Baladrea, l. éllébore; la terminaison *drea* n'est guère basque.

Baldatu, *balditu,* l. impotent; de l'esp. baldado, estropié.

Balde, l. égal, pareil; i. a.

Baldera, aujourd'hui *bandera*, l. étendard; c'est l'esp. bandera.

Baldernapeza, l. P. abbé de paroisse, magistrat. Il est clair que le mot finit par *apheza*, abbé; mais *baldern?*

Baldi, 1. b, humble.

Baldi, 2. g. Espèce de seau pour vider les barques de pêcheurs.

Baldin, g. b. l. bn. *balin*, l. bn. si; particule condition.; le verbe qui l'accompagne est toujours précédé de *ba*, si. *Baldin berrogeita amar on arkitzen badira,* s'il s'en trouve quarante de bons. *Aski ogi balin bada,* s'il y a assez de pain. Il se pourrait que *baldin* fût une contraction de *ba-al-egin,* si possible (de) faire; le lab. *balin* y correspond le mieux; *egin* est souvent contracté en *ein;* le *d* de *baldin* reste inexpliqué; peut-être de *bada* et que, comme cela arrive souvent, il a changé de place, au lieu de *bada-al-ein,* baldin.

Baldin ere, baldindez, baldin baitaere, g. si par hasard.

Baldindez, v. *baldin*.

Balditu, v. *baldatu*.

Baldoziak, g. les tempes.

Baldres, bn. Sans-souci. Sous cette forme ce mot ne peut être basque.

Balea, l. baleine.

Baliatu, v. *balio*, 2.

Balimba, l. bn. interjection exprimant un souhait ardent. Il nous semble de *balin-ba,* et *m* pour *n* devant *b*; v. Essai, Ch. II. si possible de faire! Le *ba* qui termine 'e mot n'est pas clair; est-ce le second *ba* qui se trouve toujours à la suite de *balin* et préfixé au verbe? v. *balin*.

Balin, v. *baldin*.

Balio, 1. 3 pers. sing. du preterito condicionado de Lardizabal, „s'il le à lui". Ce temps correspond à l'imparf. du subj. esp. et it. et à l'imparf. de l'ind. fr. *Eman izan balio*, s'il le lui avait donné; si se le hubiese dado; esp. se glielo avesse dato, it. Ce temps est formé du condit. en préfixant *ba*, si, et en retranchant la terminaison *ke*: *banio*, *baziño*, *balio* etc.

BALIO, 2. g. l. bn. valeur, prix; de l'esp. *valia*.

Baliatu, baliatzen, se servir, employer, — l. bn. se prévaloir, faire valoir. En g. *baliatu* régit *z*. *Suge pistirik sotillenaz baliatu zan*, il employa le serpent, le plus rusé des reptiles.

Balitz, b. l. **baliz**, g. 3. pers. sing. du suppositif, de *izan*, s'il était; *ba-litz*, formé du condit. en préfixant *ba* et en retranchant, *ke*.

Balsan, l. ensemble. *Gurekin balsan*, ensemble avec nous. *Gure balsan*, parmi nous, P. *Neskatoen balsan*, pêle-mêle avec les filles.

Baltz, v. *bele*.

Bana, g. b. l. chaque, dans le sens d'une répartition égale. *Emango dizutet eun sagar bana*, je vous donnerai à chacun cent pommes. *Bana*, paraît mieux correspondre à l'anglais, each, indéclinable; I will give you hundred apples each. P. cite le gén. *banaren*, dont nous ne nous rendons pas compte. *Egur zama banaren billa goaz*, nous allons chercher chacun un fagot de bois. Chaque, est sans cela rendu par *bakoitza, oro*, etc. etc. *Bana*, vient très probablement de *bat*; *t* élidé devant *n*, v. Essai, Ch. II; mais qu'est-ce que *na* que nous retrouvons dans *biña*, selon Larramendi, dos à dos, deux à deux.

Banaka, g. l. bn. un à un, séparément; *bana-ka*.

Banakatu, banakatzen, g. b. séparer; — placer un à un.

Banaka, banakatu, v. *bana*.

BANDERA, v. *baldera*.

Bano, l. bn. mou; *banoki*, adv.

Baña, g. b. *bañan*, g. *baya*, b. *bainan, baina*, l. (*i* pour le tilde), *bena*, soul; mais; comp. *baño*. *Baña nai litzakean baño laburragoa da*, mais il (livre) est plus court qu'on ne le voudrait.

Baña dérive évidemment de *ba*, mais la terminaison n'est pas claire.

Bañan, v. *baña*.

Baño, g. b. *baino*, b. l. bn. *beno*, bn. soul que, après le comparatif. — En b. encore sinon; le g. préfère alors *ezpada*. *Batzuek chikiagoak besteak baño*, les uns sont plus petits que les autres. *Nori Jauna zeuri baino basteri eskini negijo nik?* A qui d'autre, Seigneur, si non (qu') à vous, l'offrirai-je? *Ez dago guretzat leste azkenik beliko salvazione edo kondenazinoia baño*, b. il n'y a pour nous pas d'autre fin, que (sinon, en g. *ezpada*) le salut ou la condamnation éternelle.

Banzut, v. *baanzut*.

Bapo, g. b. l. bn. se dit de quelqu'un qui est bien portant, gros et gras; de l'esp. guapo. En b. on s'en sert comme d'une exclamation ironique: bien! bien!

Bar. Le radical *bar* ne paraît pas être en usage; nous le plaçons ici afin de réunir tous les dérivés.

Barru, g. *barren*, l.? *barne*, bn. adverbe, dedans. Le guip. *barru*, n'est pas clair; on dirait que c'est un substantif, (intérieur) qui cependant ne se retrouve pas; *barru* est toujours suivi d'un suffixe, autant que nous sachions. Le lab. et probablement le bn. aussi sont des génitifs de *bar*, et ressemblent au fr. dedans; esp. de dentro; holl. van binnen. Il n'est pas toujours facile de découvrir la différence dans l'emploi de ces formes-ci qu'on pourrait appeler des génitifs et de celles qui, comme *barrenean*, etc. pourraient être appelées des locatifs, et qui correspondent peut-être plus exactement au français: en dedans. *Agindu zion aska zurezko kampotik eta barrutik, betunez igortzia, egin zezala,* Lardizabal; il lui ordonna de faire une arche en bois enduite de bitume en dehors et en dedans. *Gain eder, barren uher,* beau dehors, mauvais dedans, P.

Barruan, barrunen, barrenen, g. b. *barrenean,* et par syncope *barnean,* l. dedans, en dedans; de *barru-an,* et de *barren-ean* (v. Essai, p. 49 note 1.); *barren* est déjà un génitif, ainsi exactement comme le fr. en dedans. *Barrunen egongo ziran eguneta-rako bear ziran janariakin bete zuen.* Lardizabal; qu'il l'eût remplie (l'arche) d'aliments pour les jours qu'ils devraient être dedans.

Barreneko, l. adj. intérieur; de *barren-ko*; avec *e* de liaison puisque *k* ne peut suivre *n*. v. Essai, Ch. II. *Barreneko bakeaz,* Chourio, Imit. de J. C. II, 3. De la paix intérieure.

Barna, l. bn. profondément. *Erran cieçon Simoni, eramac barnago,* Luc, V. 4 Test. Rochelle, et il dit à Simon, emporte-le (filet) plus profondément.

Barrena, g. b. *barhena,* bn. le bas, substantif; sans article *barren, barhen*.

Le lab. cependant se sert de *barrena* pour „dans," „dedans" et cela sans rendre la terminaison *n* superflue. *Etchean barrena* l. P. dans la maison; *etchean* est déjà dans la maison, *echea-n*. *Eta bihi hura gordetzen du lurrean barrena.* Axular, anc. éd. p. 36. et elle (fourmi) cache ce grain dans la terre.

Barrenean, g. au bas de. Nous trouvons le même mot (v. ci-dessus) en lab. avec la signification de, dedans, adv. de *barren-a-n* avec *e* de liaison v. Essai, p. 49, note 1.

Barrundu, barruntzen, g. b. pénétrer.

Barhanda, bn. aux écoutes.

Barrendatu, l. *barhandatu,* bn. espionner; de *barrendari?*

Barrendari, l. *barhandari*, bn. espion; de *barren-ari*, 4; *d* euph?
Barrio, bn. basse-cour.
Barneko, bn. veste; c'est un adj. *barne-ko*, employé substantivement.
Barneko-motch, bn. gilet.
Barata, l. selon P. bourde; selon O. dans ses corrections au Ms. de P. noise, brouillerie. Corruption du provençal borda?
Baratchuri, v. *baratz*.
Baratu, baratzen, l. arrêter, du fr. barrer?
Baratz, g. *baratze*, l. bn. jardin.
Baratzuri; g. *baratchuri*, l. *baatchuri*, bn. *berakatz*, b. ail; de *baratz-churi*?
Baratze, v. *baratz*.
Baratzuri, v. *baratz*.
Barazkaldu, v. *bazkatu*.
Barazkal muga, v. *muga*.
Barazkari, v. *bazkatu*.
Barbantzu, v. *garbantzu*.
Barbar, b. l. bn. en éparpillant; par-ci, par là. En b. se dit d'une personne qui parle à tort et à travers. Fait penser au holl. warren, brouiller; wirwar, confusion, embrouillamini.
Barbarita, bn. 1° bruit, rumeur; syn. de *sorberia*. 2° tressaillement de la peau quand un insecte marche dessus; apparemment de *barbar*.
Barda, v. *bart*.
Bardiñ, v. *berdin*.
Bare, g. l. 1° rate, 2° limaçe. Sont-ce deux mots différents? peut-être l'analogie se trouve-t-elle dans la substance molle, spongieuse des deux? *Bare*, se trouve encore chez Axular, anc. éd. p. 275, nouv. éd. p. 101. Pouvreau corrige ce mot et dit: il faut *malba boa izaitea*, être faible et malsain, au lieu de: *malba eta bare izaitea*. Que le mot se trouve aussi dans la nouvelle édition ne prouve rien; ce ne serait pas la seule erreur; v. *euzu*.
Bargo, l. bn. jeune cochon sevré, trop jeune pour être appelé *urde*.
Barhanda, barhandatu, v. *bar*.
Barhandari, v. *bar*.
Barhen, v. *bar*.
Barik, v. *gabe*.
Bariku, b. vendredi.
Barkamendu, v. *barkatu*.
Barkatu, barkatzen, g. l. *parkatu*, b. *barkhatu*, bn. pardonner; du latin parcere.
Barkazio, g. *barkamendu*, l. *barkhamendu*, bn. pardon.
Barkaziozka egon, g. demander pardon.
Barkatze, v. *barkatu*.
Barkazio, v. *barkatu*.
Barkhamendu, v. *barkatu*.
Barkhatu, v. *barkatu*.
Barna, v. *bar*.
Barne, v. *bar*.
Barnean, v. *bar*.
Barneko, barneko motch, v. *bar*.
Barrabil, g. bn. testicule.
Barramba, l. bn. grand bruit.
Barrasta, bn. poignée de grains; comp. *parraska*.
Barrata, bn. douve.

Barrayari, v. *barreatu.*
Barrayatu, v. *barreatu.*
Barrayatzaille, v. *barreatu.*
Barre, v. *farra.*
Barreatu, barreatzen, g. *barrayatu,* l. bn. divulguer. — l. dissiper; de *barri? Berri gogoangarri au barreatu zanean bezala,* g. aussitôt que cette mémorable nouvelle fut divulguée.

Barrayari, barreyari, aujourd'hui plutôt, *barrayatzaille,* l. dissipateur; de *barraya-ari* et *tzalle.*

Barreu, bn. dispersé; contraction de *barreatu.*

Barren, v. *bar.*
Barrena, comme subst. et préposition, v. *bar.*
Barrendatu, v. *bar.*
Barrendari, v. *bar.*
Barrenean, v. *bar.*
Barrenen, v. *bar.*
Barreu, v. *barreatu.*
Barreyari, v. *barreatu.*
Barri, v. *berri.*
Barrio, v. *bar.*
Barriro, v. *berri.*
Barritsu, v. *berri.*
Barritu, v. *berri.*
Barriz, v. *berri.*
Barru, v. *bar.*
Barruan, v. *bar.*
Barrundu, v. *bar.*
Barrunen, v. *bar.*
Barruntze, v. *bar.*
Barrur, v. *baru.*
Bart, g. *barda,* bn. hier au soir. Véritable énigme comme *etzi-damu, etzi-dazu.*

Baru, b. *barrur,* l. bn. jeûne.

Bas, g. désert, substantif. — g. b. l. bn. adj. sauvage.

Basatar, g. sauvage, subst. homme sauvage.

Basatia, g. syn. de *basatar.*

Basaurde, g. b. l. sanglier; de *basa-urde.*

Basaur, g. noisette, de *basa-ur.*

Baserri, g. b. ferme; P. cite *basherri,* pays champêtre, sauvage, mais ce mot n'est plus connu; en b. et g. il s'est conservé avec la signification plus restreinte de ferme.

Baserritar, g. b. fermier; *bas-erri-tar.*

Basaburu, bn. hameau de la montagne; de *basa-buru.*

Basabarhen, bn. hameau de la plaine; de *basa-barhen, barhen* dans le sens de bas.

Basothea, l. bn. genièvre; syn. de *orre;* de *basa-othea.*

Baso, g. b. forêt. La forme indique que *baso* et *bas* ont la même origine; ou peut-être bien que c'est le même mot légèrement modifié; dans d'autres langues nous trouvons les mots pour forêt et désert dériver d'un même radical; aranya, sansc. de arana, lointain, étranger, et signifiant proprement le désert. v. M. Pictet, Orig. I. E. I, p. 210.

Basatu, basatzen, l. P. s'égarer, se fourvoyer, i. a.

Basa, l. boue, du fr. vase.
Basabarhen, v. *bas.*
Basaburu, v. *bas.*
Basatar, v. *bas.*
Basatia, v. *bas.*
Basatu, v. *bas.*

Basaur, v. *bas.*
Basaurde, v. *bas.*
Baserri, baserritar, v. *bas.*
Basherri, v. *bas.*
Baso, v. *bas.*
Basothea, v. *bas*

Basta, bn. point de couture large; de l'esp. basta.

Bat, g. b l. bn. un; *bat* est aussi employé comme pron. indéfini, quelque, et régit alors le génitif; v. Essai, p. 122.

Batu, batzen, g. b. l. réunir, joindre; *bathu,* bn. *batu,* l. se rencontrer, se parler. *Batu naiz harekin,* je me suis rencontré avec lui. P. ajoute que *batu* se prend aussi déshonnêtement.

Batasun, g. b. bn. *batarzun,* bn. *batzunde,* g. union, alliance; de *bat-tasun, tarzun.*

Batzarre, g. b. l. bn. assemblée, — l. bn. rencontre, accueil. Ce mot paraît être formé de *bat-zar,* comme *biltzarre,* et signifier au fond assemblée des anciens

Bakan, g. b. l. *bakhan, bekhan,* bn. rare; paraît être formé de *bathan;* *k* pour *h,* et *t* élidé devant *k*; v. Essai, Ch. II. *Besterik zuen artean chit urria eta bakana dalako,* d'un autre côté parce qu'il est (livre) très rare parmi vous.

Bakun, g. l. simple, innocent; formé comme *bakan,* mais avec l'adv. *hun, bat-hun?*

Bakid, g. commun. général; de *bat-kide.*

Bakitu, bakitzen, g. unir; de *bakid-tu.*

Bakidatu, bakidatzen, g. communiquer.

Bakoitz, g. *bakoch,* b. *bakotcha,* l. chacun; de *bat —?*

Bakoiti, g. *bakoitchi,* l. impair, l'opposé de *biritchi.*

Batbedera, l. bn. chacun; de *batbedera.*

Batzuek, g. l. *batzuk,* b. quelques uns. Dans les dial. basq. esp. c'est un pluriel; en lab. il y a *batzu, batzuk* sing. *batzuek,* plur. *Batzu dira,* l. quelques uns sont. *Batzuk diote,* l. quelques uns disent; le *k* ici indique le sujet du verbe actif, l'absence du *k* dans le premier exemple, le sujet du verbe passif. *Batzuek diote,* l. quelques uns disent; ici *ek* indique le pluriel. Ces exemples sont de P. qui aurait pu avoir fait une erreur; mais la preuve que *batzu* est considéré comme sing. c'est que le génitif est en *ren.* Oienhart prov. 72 écrit: *Bazuren (batzuren) gar onsian...* dans la salière de quelques uns. — Dans les dial. basq. esp. il faudrait *batzuen,* gén. plur. de *batzuek.* Nous avons peut-être ici une dernière trace de la signification primitive plurielle de *zu,* vous et non tu, comme nous l'avions déjà fait remarquer dans notre Essai, p. 21. Maintenant d'où vient la terminaison *zu;* cela ne peut être le suffixe *su* qui a formé tant d'adjectifs, le pluriel aurait été *suak (zuak)* et non *suek;* il est plus probable que c'est le pronom *zu,* (vous) au pluriel *zuek;* bien qu'il ne soit pas très clair comment „vous un" a dû exprimer „quelques uns"; il est peut-être permis d'accepter cette hypothèse, jusqu'à preuve du contraire; la difficulté a dû être grande en basque pour exprimer le pluriel de *bat; batak* et *batek* existant déjà comme sing. défini et indéfini. On pourrait trouver dans d'autres langues des cas analogues; en holl. le pron. pers. 2 pers. est „gij;" pour distinguer le pluriel on y ajoute „lieden," hommes (l'all. Leute) „gijlieden;" du moins dans la grammaire, puisque d'ordinaire le verbe ou le sens de la phrase indique suffisamment le pluriel. En fr. „vous autres," n'est qu'une forme intensive de „vous" quoique „autre" ne renferme nullement l'idée de renforcer.

Batzuetan, batzutan, g. l. *batzubetan,* b. quelquefois, de *batzu-etan.*

Batean, g. l. *batetan,* g. *betan,* bn. à la fois; de *bat-etan.*

Batezere, g. *batezbere,* b. surtout; de *batez-bere* et *ere.*

Bat batetan, g. b. *bat batez, bat batean,* l. subitement.

Batetako, g. à la fois, ensemble.

Batere ez, g. b. bn. aucun; de *batere-ez,* aussi pas un. M. Salaberry écrit *batere,* aucun; c'est une erreur, il faut encore la négation.

Bakar, g. b. l. *bakhar,* bn. seul, solitaire, isolé; de *bat; har* de *hartu? Izanik bera gauza guztijen egilla ta jaube bakarra.* Moguel. Etant lui-même créateur et seul maître de toutes choses.

Bakarrik, g. b. *bakharrik,* l. adv. seulement; de *bakar-ik. Ez bakarrik gazte, baita bere zaarrak,* b. non seulement les jeunes, mais aussi les vieillards.

Bakharka, bn. un à un.

Bakartade, g. b. solitude.

Bakartasun, g. b. l. *bakhartarzun,* bn. solitude, de *bakar-tasun.*

Batarzun, v. *bat.*

Batasun, v. *bat.*

Batayo, g. *bautismo,* b. baptême.

Batayatu, g. *batiatu,* b. baptiser.

Batbatean, v. *bat.*

Batbatetan, v. *bat.*

Batbatez, v. *bat.*

Batbedera, v. *bat.*

Batean, v. *bat.*

Batere, v. *bat.*

Batetako, v. *bat.*

Batetan, v. *bat.*

Batezere, batezbere, v. *bat.*

Bathu, v. *batu,* 2.

Batiatu, v. *batayo.*

Batu 1, v. *bat.*

Batu, 2, batzen, g. l. *bathu,* bn. téter.

Batzarre, v. *bat.*

Batze, v. *bat* et *batu,* 2.

Batzubetan, v. *bat.*

Batzuek, v. *bat.*

Batzuetan, v. *bat.*

Batzuk, v. *bat.*

Batzunde, v. *bat.*

Batzutan, v. *bat.*

Bautismo, v. *batayo.*

Baya, b. cependant; variante de *bana.* Y pour ñ se trouve dans *yardun = iñardun; iardausi = iñarrusi.*

Bazka, v. *bazkatu*.

Bazkatu, bazkatzen, g. l. bn. paître; du latin pascuare; v. Du Cange.

Bazka, l. bn. pâture; de *bazkatu*, comme *ahar* de *aharratu*. Ne faudrait-il pas placer ici comme dérivés: *Bazkari*, g. b. bn. *barazkari*, l. dîner, (subst.). De *bazka-ari*, 4.

Bazkaldu, g. b. bn. *barazkaldu*, l. dîner (verbe); aussi *barazkari* construit avec *egon. Barazkaritan, nago*, je dîne. Est-ce que *bozkaldu* ne serait pas pour *bazka-ari-du*; *bazkari* s'est conservé dans le substantif, et le *r* dans le verbe s'est transformé en *l*; comp. *halikatu* de *hari*; comp. *afaldu, gosaldu*. La forme lab. s'oppose à cette explication; et cependant il ne paraît pas y avoir de doute que *bazka* et *bazkatu* ne viennent du latin.

Bazkaldu, v. *bazkatu*.
Bazkaltze, v. *bazkatu*.
Bazkari, v. *bazkatu*.

Baztanga, g. petite vérole.

Bazter, g. b. coin, angle. — l. bn. côté, bord, lisière; — g. b. l. bn. pays, contrée, environs. *Oihalaren bazterra*, le bord du drap. *Planiaren (?) bazterra*, la marge d'une feuille de papier. *Bazter ayetako erregeak*, g. les rois de ces contrées.

Bazterrean, l. auprès, au bord de. *Ithur bazterrean*, au bord de la fontaine.

Bazteralde, bn. campagne, environs; de *bazter-alde*; syn. de *bazter*. P. cite: *miratzatzue* (de l'esp. mirar) *bazterrak*, voyez les environs.

Baztertu, baztertzen, l. bn. b. écarter.

Bazteralde, v. *bazter*.
Bazterrean, v. *bazter*.
Baztertu, baztertze, v. *bazter*.

Be, g. b. bas, (adj. et subst.). Le radical ne paraît pas être en usage dans les dial. basq. français; mais on le retrouve dans les dérivés sous la forme *behe*. *Echearen beak onak ditu*, g. les parties basses (le bas) de la maison sont bonnes. *Prezio bea*, le bas prix. *Be* devient *pe* selon les lois phonétiques, v. Essai, Ch. II; *pe* se trouve uni au substantif non décliné, *maipea*, le bas de la table, de *mai-pe-a*.

Bean, g. *bian*, b. en bas (adv.); de *be-a-n*. *Bean nago*, je suis en bas. *Bean* est employé comme suffixe pour exprimer sous = dans le bas; *maipean*, sous la table, *zerupean*, sous le ciel; *pean* n'est pas du style familier, on dit alors *azpian*: *zeruaren azpian*, sous le ciel.

Bera, g. b. *beherat*, l. en bas, c. a. d. vers le bas; l'all. nach unten; de *be-ra. Bera* ou *beherat noa*, je vais en bas.

Behera, l. *behere*, bn. la partie inférieure. C'est le même mot que le précédent, mais nous ne nous expliquons pas comment il a pu arriver à prendre la signification du substantif.

Beeratu, beeratzen, g. b. *beheratu, beheratzen*, l. baisser. *Urak beeratzen ziran*, g. les eaux baissèrent.

Beheratzapen, l. abaissement; de *beheratze-a-pen*.

Beheiti, l. bn. en bas, (adv.). *Eria beheiti doa*, le malade décline ; litt. va en bas Evidemment de *beheti*, quoique le suffixe *ti* n'exprime pas la tendance vers, c'est plutôt le contraire.

Beheititu, beheititzen, l. baisser, rabaisser.

Beherapen, l. bn. décroissement de la lune ; de *behera-pen*.

Bea, g. bêlement des moutons.

Bean, v. *be.*

Bear, g. *biar*, b. *behar*, l. bn. besoin, nécessité, indigence ; — g. b. devoir. *Beste batek eragiten deutsa biarra*, b. Un autre lui fait faire son devoir. — l. bn. nécessiteux, pauvre. *Bear* construit avec *izan* correspond aux verbes falloir, devoir. *Bear da*, il faut. *Egun oroz saindutasunean behar ginduke berretu*. Chourio. Im. de J. C. p. 47. Chaque jour nous devrions (il nous faudrait) accroître en sainteté.

Bearsu, bearsun, g. nécessiteux ; de *bear-tsu*.

Bearreko, g. mendiant ; de *bear-ko*.

Behartasun, l. *behartarzun*, bn. pauvreté ; de *behar-tasun*.

Beartu, beartzen, g. obliger, contraindre ; — l. se forcer ; c. a. d. quand on se fait mal en s'efforçant à faire un travail dur.

Bearbada, g. b. peut-être ; de *bear-ba-da*, s'il est nécessaire.

Bearrean, g. b. au lieu de. *Au esan bearrean*, au lieu de dire ceci. Il est difficile de rendre compte de ce mot qui paraît être formé de *bear-r-ean*, (v. Essai, p. 49, note I.) dans la nécessité, dans l'obligation, ce qui donne un sens entièrement différent.

Beargai, g. besoin, négoce, travail.

Bearbada, v. *bear.*

Beargai, v. *bear.*

Bearrean, v. *bear.*

Bearreko, v. *bear.*

Bearsu, bearsun, v. *bear.*

Beartu, beartze, v. *bear.*

Beatz, g. doigt ; *behatz*, l. P. ongle ; — bn. pouce. Comp. *atz.*

Beatzal, g. corne du pied, sabot ; de *beatz-azal*.

Beatzlodi, g. pouce ; de *beatz-lodi*.

Beatzlodiurren, g. index ; de *beatz-lodi-urren*.

Beatzal, v. *beatz.*

Beatzlodi, v. *beatz.*

Beatzlodiurren, v. *beatz.*

Beazun, g. *biaztun*, b. *behazun, behaztun*, l. fiel.

Beberina, l. serviette. N'a pas l'air basque.

Bechango, bn. coude.

Bedar, v. *belar*. 2.

Bedats, soul. selon O. corrections au Ms. P. *bedax*, bn. printemps.

Bedax, v. *bedats.*

BEDEINKATU, BEDEINKATZEN, g. *benedikatu*, l. bénir. du lat. benedicere.

Bedeinkazio g. bénédiction.

BEDEINKAZIO, v. *bedeinkatu.*

Bedera, bn. chacun un. *Diacreac diraden ematte bederaren senhar*. Test. Rochelle, 1. Tim. IV. 12. Que les diacres soient maris d'une seule femme ; ou chacun d'une femme. *Eta borthetaric batbedera cen perla bederaz*, Test. Rochelle, Apoc. XXI. 21. Et chacune des portes était d'une seule perle ou d'une perle chaque.

Bederatzi, g. b. l. bn. *beratzi*, b. neuf.

Bederatzigarren, neuvième.

Bedere, bederen, l. bn. au moins.

Bedi, 3 pers. sing. de l'impér.; qu'il soit.

Beeban, b. 3. pers. sing. imparf. de l'indic. (*eban*) avec *ba* préfixé; correspond au g. *bazuen*.

Beeratu, beeratze, v. *be*.

Begi, g. b. l. bn. oeil.

Begitarte, g. b. l. *begitharte*, bn. visage; de *begi-arte*. Le *t* paraît être ici euphonique, ainsi que dans plusieurs autres composés. On ne se sert plus de ce mot dans le Guipuzcoa, mais bien en Biscaye où il a conservé sa signification littérale de „entre yeux"; on le dit de quelqu'un qui a pleuré et dont les yeux sont rouges tout autour.

Begi ezarri, g. jeter les yeux.

Betazal, g. b. *bethazal*, l. bn. paupière; de *begi-azal*.

Betille, g. *betule*, b. cil; de *begi-ille* et *ule*; le *t* euphon.

Bepuru, g. l. *bephuru*, bn. sourcil; de *begi-puru?* M. Mahn (Bask. Sprachdenk.) compare *puru* à: braue, all. brow, angl. bhrû, sansc.

Bezinta, g. *bekhain*, bn. sourcil; syn. de *bepuru*; le g. est obscur; le bn. paraît composé de *begi-gain*, dessus yeux.

Betondo, g. b. partie de la tête près des yeux; de *begi-ondo*, le *t* euphon.

Betondokoa, b. coup de poing; oeil poché; de *betondo-ko*.

Bekoki, g. b. front. *Bekhoki*, bn. paraît n'avoir conservé que le sens figuré: audace; de *begi?*

Belar, g. l. bn. front; syn. de *bekoki*; — l. P. frontispice, devant de maison; de *begi?*

Begiratu, begiratzen, g. b. l. regarder, considérer; — g. se garder de; de *begi-ra-tu*. *Sutik eta uretik begiratzea*, se garder du feu et de l'eau. *Begirauk*, l. garde-toi.

Begistatu, begistatzen, g. b. l. regarder. Aujourd'hui syn. de *begiratu*. P. donne *begistu* et *bekaiztu* regarder de mauvais oeil, ennuyer, être jaloux; et ceci semble la véritable signification: de *begi-gaizto-tu*. Si P. n'eût pas donné cette signification, il semblerait plutôt que *begistu* vint de *begi-z-tu?*

Begizko, g. fascination; probablement le même mot que *bekaizgo*, v. l'art. ci-dessous.

Bekaizgo, g. bn. *bekaitzko*, l. *bekaizkeria*, bn. jalousie, envie; de *begi-gaitz-ko* et *keria*.

Bekaizteria, l. P. le mauvais oeil; le mal occhio des Italiens; de *begi-gaitz-keria*. Selon M. Salaberry syn. en bn. de *bekaingo*.

Bekhaizti, bn. envieux; *begi-gaitz*.

Begira egon, g. b. l. attendre. *Zure begira nago*, je vous attends.

Begira nerekin, g. *begira nigaz*, b. gare à moi.

Bethitza, l. oeillade ; mot d'Oienhart, selon P. qui le décompose en *begiko-hitza* (mot de l'oeil), *begitza, bethitza.*

Begi ezarri, v. *begi.*
Begira egon, v. *begi.*
Begiratu, begiratze, v. *begi.*
Begistatu, begistatze, v. *begi.*
Begistu, v. *begi.*
Begitarte, begitharte, v. *begi.*
Begizko, v. *begi.*
Beha, behatu, behatzen, bn. écouter, — l. attendre, regarder, considérer. *Beha lehenik, mintza azkenik,* Prov. d'O. Ecoute le premier, parle le dernier. *Neure buruari ungi behatzen badiot.* Chourio, Imit de J. C. si je considère bien moi-même. *Gure beha egotu da,* il nous a attendus.

Behar, v. *bear.*
Beharri, v. *belarri.*
Beharrondoko, v. *belarri.*
Behartarzun, v. *bear.*
Behartasun, v. *bear.*
Behatz, v. *beatz.*
Behatze, v. *beha.*
Behatztopatu, v. *behatztupa.*
Behatztupa, l. *behatztopa,* bn. faux pas.

Behatztopatu, faire un faux pas. *Eta bere escuetan eramanen autela eure oinaz harrian behaztopa ezadinçat.* Matt. IV: 6. Test. Rochelle. Et ils te portèrent en leurs mains, de peur que tu ne te heurtes ton pied contre quelque pierre.

Behatu, v. *beha.*
Behaztun, v. *beazun.*
Behazun, v. *beazun.*

Beheiti, v. *be.*
Beheititu, beheititze, v. *be.*
Behera, beherapen, v. *be.*
Beherat, v. *be.*
Beheratu, beheratze, v. *be.*
Behere, v. *be.*
Behi, v. *bei.*
Behin, behinere, v. *bein.*
Behindik, v. *bein.*
Behingotz, v. *bein.*
Behoka, v. *beor.*
Behor, v. *beor.*
Bei, g. b. *behi,* l. bn. vache.
Beya gastu guchirekin azitzen da, g. la vache est élevée à peu de frais.
Beitegi, g. vacherie ; de *bei-tegi.*
Beimbere, v. *bein.*
Bein, beñ, g. b. *behin,* l. bn. une fois.

Beñ ere ez, g. *beñ bere ez, beimbere ez,* b. *ez behin ere,* l. bn. jamais ; litt. pas aussi une fois. C'est une erreur que M. Salaberry écrive *behin ere,* jamais, sans la négation *ez,* ou *gabe,* etc.; même observation pour *batere. Ta beimbere aztu ezpedi,* et qu'il n'oublie jamais. *Hura da behin ere unhatu gabe othoitz egitea.* C'est de faire la prière sans jamais se lasser.

Beingo baten, b. subitement.
Behingotz, bn. pour toujours ; selon M. Salaberry — l. pour quelque (un) temps, de *behin-go-tzat.*
Beindik bein, benik bein, g. b. *behindik behin,* l. au moins, pour le moins. *Har zaite behindik behin zure bihotzean bakearen ezartzen.* Chourio, Imit. de J. C. Commencez au moins par établir la paix dans votre coeur.

Beindik bein, v. *bein.*
Beingo baten, v. *bein.*
Beitegi, v. *bei.*
Beka, g. *beka dago,* il bêle.
Bekaitzko, v. *begi.*
Bekaizgo, v. *begi.*
Bekaizkeria, v. *begi.*
Bekaizteria, v. *begi.*
Bekar, v. *ekarri.*
Bekatu, g. 1. *pekatu,* g. b. bn. péché ; de l'esp. pecado ou du latin peccatum.
Pekatusko, b. pécheur, adj. de *pekatu-z-ko.*
Bekhain, v. *begi.*
Bekhaizti, v. *begi.*
Bekaiztu, v. *begi.*
Bekhan, v. *bat.*
Bekhoki, v. *begi.*
Bekoki, v. *begi.*
Belar, 1, v. *begi.*
Belar, 2. g. *bedar,* b. *belhar,* 1. bn. herbe.
Belarri, g. b. *beharri,* 1. bn. oreille.
Belarrondoko, g. b. *beharrondoko,* 1. bn. soufflet — 1. oreiller, i. a.
Belarrondoko, v. *belarri.*
Belatch, v. *bele.*
Belaun, g. b. *belhaun,* 1. bn. genou. Liçarague et La Vieuxville écrivent : *belhaur; goizean bezala belhauriko yarri behar da,* comme le matin il faut se mettre à genoux. — g. b. 1. degré de parenté, génération. *Hirurgarren belkaunekoek guti gozatuko dute.* Ax. p. 249, la troisième génération jouira peu. — bn. coude d'un chemin.
Belaunikatu, g. b. *belhaunikatu,* 1.

belhaurikatu, bn. *Eta belhauricaturik reuerentia eguiten ceraucaten,* Marc, XV. 19. Test. Rochelle ; et s'étant agenouillés ils lui faisaient la révérence.
Belhauniko, belhauriko jarri, se mettre à genoux.
Belaunikatu, v. *belaun.*
Belch, v. *bele.*
Beldur, v. *bildur.*
Beldurti, v. *bildur.*
Beldurtu, beldurtze, v. *bildur.*
Bele, g. b. 1. bn. corbeau.
Belatch, bn. corneille ; de *bele* avec la terminaison des diminutifs *ch?* Selon O. épervier. v. Prov. d'O. Il écrit il est vrai *belaz;* mais P. qui le cite écrit *belatch.*
Beltzur, g. corneille.
Beltz, belch, g. *beltz,* 1. *belz,* bn. *baltz,* b. noir. L idée très abstraite de couleur aura été exprimée par un dérivé de *bele;* la terminaison *tz* est peut-être la syncope de *tzat,* pour le corbeau, c. a. d. ce qui lui est propre. Bien que la terminaison ne soit pas bien claire, il nous semble que *bele* et *beltz* ont une origine commune.
Beltzuri, 1. *belzuri,* bn. mine noire.
Belzuriz, bn. en fronçant le sourcil.
Belhar, v. *belar,* 2.
Belhaun, v. *belaun.*
Belhaunikatu, v. *belaun.*
Beltz, v. *bele.*
Beltzur, beltzuri, v. *bele.*
Belu, b. tard ; syn. de *berandu.*
Beluze, g. foin.
Belz, belzuri, v. *bele.*

Bema, bemo, l. 3. pers. de l'impératif de *eman, emon,* qu'il donne.

Bena, g. b. vrai, sérieux. *Gizon bena,* homme sérieux. De *bein* ou de l'esp. buen? v. l'exemple ci-dessous, s. v. *benetako.*

Benaz, benazki, g. *benetan,* b. en vérité; de *bena-z* et *ki* et de *ben-etan.*

Benetako, g. b. vrai, véritable. *Benetako erruki ta amodijua dagoz,* la véritable compassion et (le véritable) amour consistent. Dans cet exemple on pourrait rendre, véritable, par seule, unique, ce qui ferait croire que *bena* vient de *bein.*

Benaz, benazki, v. *bena.*
BENEDIKATU, v. *bedeinkatu.*
Benetan, v. *bena.*
Benik bein, v. *bein.*
Beno, v. *baño.*
Beñ, beñ ere, v. *bein.*
Beñ bere, v. *bein.*
Beor, bigor, g. *bior,* b. *behor,* l. bn. jument.

Behoka, bn. l. pouliche; pour *beho-kai?*

Bephuru, bepuru, v. *begi.*
Bera 1, v. *be.*
Bera 2, v. *bere.*
Bera 3. g. b. l. bn. *beratz,* bn. mou.

Beratu, beratzen, l. devenir mou.
Berakatz, b. ail; syn. de *ba-ratzuri.*

Berandu, g. b. l. *berant* l. bn. tard. *Berant jaiki dadina bidean laster,* qui se lève tard trotte tout le jour.

Berandu, berantzen, g. b. l. *be-rantu,* bn. (mieux avec *d,* v. Essai, Ch. II); tarder, retarder. *Berantzen du,* l. il tarde (à venir).

Berantetsi, berantesten, l. *berantexi,* bn. s'impatienter, tarder, impers. il me tarde; de *berant-etsi,* comme *aut-etsi,* etc.

Berant, v. *berandu.*
Berantetsi, v. *berandu.*
Beranteste, v. *berandu.*
Berantexi, v. *berandu.*
Berantu, berantze, v. *berandu.*
Berariaz, g. exprès; bn. selon M. Salaberry, adv. qui exprime l'opposé du mot *serioski.*

Beratu, beratze, v. *bera,* 3.
Beratz, v. *bera,* 3.
Beratzi, v. *bederatzi.*
Berau, v. *bere.*
BERAZ, l. bn. donc; syn. de *arren. Emazu beraz duzunaren arauaz,* Axular, p. 348. Donnez donc selon que vous avez. Ne serait-ce pas de l'esp. de *veraz?* en vérité?

BERBA, b. mot; syn. de *hitz;* du lat. *verba. Berba aurrekoa,* préface; litt. l'all. Vorwort.

Berdella, g. l. maquereau, (poisson).

Berdin, g. l. bn. *bardiñ,* l. b. égal, uni. *Ez oi da bardiña guzien okertasuna,* habituellement les travers de tous ne sont pas égaux — l. bn. adv. *berdin joan behar da mundutik,* aussi bien (litt. également) faut-il quitter ce monde.

Berdindu, berdintzen, l.bn. égaliser.
Berdintasun, g. b. l. égalité; de *berdin-tasun.*

Berdinkatu, berdinkatzen, g. b. comparer.

Berdinkunza, g. b. comparaison.

Berdintsu, l. *berdinxu,* bn. à peu près.

Berdindu, v. *berdin.*
Berdinkatu, v. *berdin.*
Berdinkatze, v. *berdin.*
Berdinkunza, v. *berdin.*
Berdintasun, v. *berdin.*
Berdintze, v. *berdin.*
Berdinxu, v. *berdin.*
Berdogala, l. pourpier.
Bere, 1. g. b. l. bn. pron. poss. son, sa; au plur. *beren,* ses. Ainsi que les autres pronoms poss. (*nire, hire, zure, gure*) *bere* a la forme d'un génitif; ainsi *bere* est *be-re,* comme *hire,* est *hi-re,* etc. On peut donc en conclure que *be* a existé, comme *ni, hi, gu, zu.* Comme pron. personnel *be* n'existe plus, mais il en est resté une trace dans la 3^m pers. de l'impératif de tous les verbes, *beza,* de *b-eza; bekar,* de *b-ekar,* etc.etc. L'existence de *be* ne nous paraît donc plus douteuse; dans l'impératif *b* remplit les mêmes fonctions que *h* (de *hi*): *hadi* (*h-adi*) sois; *bedi* (*b-edi*) qu'il soit; et comme pron. poss. il prend la même forme que les autres: *nire, hire, bere,* etc.

Bera, g. b. l. bn. le même, lui-même. *Berak eta bere emazteak gogoan zeukaten,* g. Lui-même et sa femme désiraient. *Bera dago,* l. Il demeure seul; comme l'angl. by himself. *Bera* nous paraît être formé de *bere-a,* comme *berau* de *bere-au* et *nerau* de *nere-au,* c'est-à-dire, le pron. poss. renforcé du pron. dém. v. Essai, p. 23, 24. *A* a ici la signification primitive du démonstratif.

Berea, g. b. l. bn. adj. pronominal, le sien; de *bere-a,* le de lui, la chose de lui = le sien.

Bere, 2. b. adv. même, aussi. *Ez bakarrik gazte idiak baita bere zaarak,* non seulement les jeunes égaux (les jeunes gens du même âge), mais aussi les vieillards. D'habitude la forme définie (avec l'article) procède de la forme indéfinie (sans article); ici, nous croyons que le contraire a eu lieu; *bere* vient de *bera,* en faisant tomber le *a* et en prenant la forme indéfinie. Longtemps nous avons pensé, avant d'en venir à la conclusion que *be* (v. *bere,* 1.) est le radical, que *bere,* adv. (même), était le radical, et de là *bera* (avec l'article) le même, ce qui était parfaitement régulier; mais du moment qu'il nous a semblé clair que *bere* pron. poss. était un génitif, cette supposition est tombée et nous croyons avoir démontré que la filiation est: *be,* radical qui se retrouve dans l'impératif; *bere,* le génitif; *bera,* génitif plus le démonstratif; *bere,* forme indéfinie de *bera.*

Bere'bai, b. aussi.

Ber bera, g. b. correspond à: mismisimo, esp. superlatif de: même.

Berau, beronek, g. b. lui-même, celui-ci même; de *bere-au* et *onek*; au plur. *berok,* eux-mêmes; de *bere-oyek. Berok* sert comme pluriel de *berau* et de *berori.*

Berori, berorrek, g. b. *berhura, berura,* l. celui-là même; de *bere-ori* et *bere-hura.* Au plur. *berok,* ceux-là mêmes, de *bere-oyek. Berori* sert encore en g. et b. comme 2me personne, à l'imitation des autres langues, p. ex. l'allemand, Sie, ils, employé pour „vous." En all. Sie et en fr. vous, servent pour le plur. et le sing. mais le basque suit l'exemple espagnol et dit *berori* au singulier, l'esp. usted et *berok* au pluriel, l'esp. ustedes. Le bisc. a *eurak* au lieu de *berok.*

Berez, g. b. l. *berenez,* l. P. *bere baitarik,* l. de soi, par soi, de soi-même; de *bere-z.* Nous ne savons si la forme *berenez* que donne P. est connue. *Gizonak berez jakitia deseatzen du,* Chourio, Imit. de J. C. L'homme désire de lui-même savoir. *Abel, berez paketsua,* Abel, pacifique de sa nature.

Berezko, g. b. de soi, naturel; de *berez-ko.*

Bere buru, g. b. de soi-même; syn. de *berez,* v. *buru.*

Beretu, beretutzen, g. b. l. s'approprier, gagner (le coeur).

Beregan, g. *beregain,* l. bn. pour soi, pour son propre compte; de *bere-gañ. Eman beregain,* l. mettre à part.

Beregaineko, l. excellent, de *beregain-ko,* avec *e* de liaison.

Beregaindu, l. se mettre en ménage, se mettre chez soi.

Bereganatu, bereganatzen, g. b. s'approprier, s'attirer. En l. attirer pour son profit; de *bere-gana.*

Bertan, g. b. dans le même endroit; expression elliptique, endroit est sous-entendu; de *bere-tan. Emen bertan,* g. ici-même.

Bertatik, g.b. *bertarik,* l. *beretarik,* l. de suite, incontinent, dès l'instant même; de *bertan-tik* et *rik;* le *n* élidé; v. Essai, Ch. II.

Bereala, g. *beriala,* b. *berehala,* l. tout de suite; syn. de *bertarik;* de *bere-ala;* paraît être une expression elliptique comme *bertan.*

Berhil, bn. mort de lui-même, se dit des animaux qui meurent de leur propre mort; de *ber-hil.*

Beste, g. b. *bertze,* l. bn. autre; de *bere-ez* pas le même = autre. Il ne nous semble pas trop risqué de décomposer ce mot comme nous le faisons; le *r* doux est souvent supprimé dans la prononciation; de là la forme guip.; pour ce qui regarde le *t,* il paraît ne pas s'y trouver anciennement; le plus ancien livre basque (Testament de 1571) ne l'a pas. *Baina erran cieçon berce bati arreit niri,* Luc. IX. 59. puis il dit à un autre: suis moi. Dans la prononciation et surtout quand l'article suit, *berezea* devient facilement, croyons nous, *bertzea.* On trouve la double orthographe de *z* et *tz* dans *enzun* et *entzun, antzi* et *anzi.*

Bestela, g. b. *bertzela,* l. bn. *bestannez,* bn. M. Salaberry; autrement, de *beste-la;* comp. *onela.*

Berezi, g. l. *berhezi,* l. bn. séparé, distingué, particulier; de *bere-ez,* avec la terminaison *i,* qui forme les adj. verbaux, comp. *asi* de *as;* *ichi* de *ich; utzi* de *utz;* etc. Le *h* de *berhezi* n'est point une objection; ou sait la manière tout arbitraire avec laquelle cette lettre a été introduite dans des mots où elle ne devrait pas être et supprimée dans d'autres mots où elle aurait dû rester. *Alde* s'écrit dans tous les dial. sans *h* et aurait dû s'écrire *halde; ume* généralement sans *h* doit être *hume;* tandis que *hola* flot est l'esp. ola. *Zeintzuetatik bakoitzari bere itzkuntza berezi... eman zien.* Lardizabal. A chacun desquels il donna sa langue particulière.

Berezi, bereisten ou *berezitzen,* g. 1. *berhezi,* bn. séparer.

Bereziki, 1. *berheziki,* bn. particulièrement; *ki* forme les adverbes.

Bertzetarakor, 1. changeant, inconstant; de *bertze-etara-kor.*

Berea, v. *bere.*
Bereala, v. *bere.*
Berebai, v. *bere.*
Berbera, v. *bere.*
Bere buru, v. *bere.*
Beregain, beregaineko, v. *bere.*
Beregaindu, v. *bere.*
Beregan, v. *bere.*
Bereganatu, v. *bere.*
Bereganatze, v. *bere.*
Berehala, v. *bere..*
Bereiste, v. *beste,* s. v. *bere.*
Beren, v. *bere.*
Berenez, v. *bere.*
Beretarik, v. *bere.*
Beretu, v. *bere.*
Berez, v. *bere.*

Berezi, v. *beste,* s. v. *bere.*
Bereziki, v. *beste,* s. v *bere.*
Berezitze, v. *beste,* s. v. *bere.*
Bereako, v. *bere.*
BERGA, 1. aune, (mesure), du fr. verge.
Berhezi, v. *beste,* s. v. *bere.*
Berheziki, v. *beste,* s. v. *bere.*
Berhil, v. *bere.*
Berho, berro, 1. haie, hallier, broussailles; syn. de *sapar, sasi.* Selon P. ces mots sont d'Oienhart.
Berhura, v. *bere.*
Beriala, v. *bere.*
Berkhoi, bn. envieux, syn. de *bekhaizti.*
BERMATU, v. *berme.*
Bermatzaki, v. *berne.*
BERME, 1. bn. caution. Selon Chaho du latin firmus.

Bermatu, cautionner.

BERNE, g. b. l'os de la jambe, du genou au pied; holl. scheenbeen; du lat. perna. A Guéthary on dit *berme.*

Bermatzaki, permatzaki, 1. l'os de la jambe; de *berme* (pour *berne*) *tzat, ki;* avec l'art. *kia* pour *kai. Ki, kia* se retrouve dans *izuski,* balai.

Bero, g. b. l. bn. chaleur, chaud.
Berotu, berotzen, g. b. l. bn. chauffer.
Berok, v. *bere.*
Beronek, v. *bere.*
Berori, v. *bere.*
Berorrek, v. *bere.*
Berotu, v. *bero.*
Berotze, v. *bero.*
Berreun, v. *berri.*

Berri, g. l. bn. *barri*, b. nouveau; subst. nouvelle. *Zer berri dakarkezu?* l. quelle nouvelle apportez vous?

Berriz, g. l. bn. *barriz*, b. de nouveau; de *berri-z*. Aussi employé comme mot explétif, or, mais. *Eta Kainek, berriz, bere abuztuetatik gichi bat.... ematen ziolako*, Lardizabal ; et que Caïn lui avait donné un peu de ses récoltes.

Berriz ta berriz, g. syn. de *berriz*.

Berriro, g. *barriro*, b. *berriki*, l. adv. de nouveau, nouvellement; *ro* et *ki* forment les adverbes. *Demboraz mundua berriro bete zezaten*, pourquoi avec le temps ils remplissent de nouveau le monde.

Berritu, berritzen, g. l. *barritu*, b. *arraberritu*, bn. renouveler. P. cite encore *arramberritu* ; i. a. Les dialectes fr. paraissent avoir formé ce nom verbal en imitant le français ; *re* est devenu comme toujours *arre*.

Berritsu, g. *barritsu*, b. bavard ; de *berri-tsu*.

Berrogei, g. b. *berrogoi*, l. P. ajoute *berriz hogoy*. Quarante; de *berri-ogei, hogoi*.

Berrogei ou *berrogoigarren*, g. b. l. quarantième.

Berreun, g. b. deux cents.

Berriki, v. *berri*.
Berriro, v. *berri*.
Berritsu, v. *berri*.
Berritu, v. *berri*.
Berritze, v. *berri*.
Berriz, v. *berri*.
Berro, v. *berho*.

Berrogei, berrogoi, v. *berri*.
Bertan, v. *bere*.
Bertarik, v. *bere*.
Bertatik, v. *bere*.
Bertz, v. *pertz*.
Bertze, v. *beste*, s. v. *bere*.
Bertzela, v. *beste*, s. v. *bere*.
Bertzetarakor, v. *beste*, s. v. *bere*.
Beruin, l. vendange.
Berun, g. l. plomb. Apparemment du prov. plom. *B* pour *p*; *r* pour *l*, comp. *borondate*; *ber* pour *br*, ce qui n'est admis en basque.
Berura, v. *bere*.
Besabea, g. charrue à cinq dents.
Besaize, v. *beso*.
Besarka, besarkatu, v. *beso*.
Besatra, v. *beso*.
Besinoeta, v. *beso*.
Beso, g. b. l. bu. bras; — l. coudée.

Besoz beso, l. bn. bras dessus, bras dessous.

Besaize, g. aile de moulin; de *beso-aize*.

Besarka, g. embrassement. Ce mot peut également bien venir de l'esp. *besar*, baiser ; cependant il est difficile de rendre compte de la finale *ka*, qui se trouve aussi dans le verbe, *besarkatu*, l. embrasser ; *besarkatu*, peut être composé de *beso-hartu* qui devient *besokartu* ; le *r* a donc changé de place, ce qui n'est pas rare ; comp. *harrabotz*.

Besatra, l. brassée; la terminaison n'est guère basque.

Besinoeta, 1 pièce de terre. Ce sera d'après la mesure par coudées ?

BESTA, 1. fête.

Bestannez, v. *beste,* s. v *bere.*

Beste, v. *bere.*

Bestela, v. *beste,* s. v *bere.*

Beta, g. temps, loisir. *Betarik eztet,* je n'ai pas de temps.

Betan, v. *bat.*

Betatu, v. *bete.*

Betazal, v. *begi.*

Bete, g. b. *bethe,* 1. bn. plein. *Egunak bete ziranean eman zion seme bat,* g. quand les jours furent pleins (quand elle fut au terme de sa grossesse) elle lui donna un fils. *Erori naiz ene bethean,* l. je suis tombé tout de mon long.

Bete ou *betatu, betetzen,* g. *bete, beteten,* b. *bethe* ou *bethatu, bethetzen,* l. bn. remplir. *Eta mundua osotoro bete zuten,* g. et avaient (les eaux) rempli entièrement le monde.

Bete betean, g. b. l. tout-à-fait, entièrement. La réduplication est très fréquente en basque pour ces locutions adverbiales ayant une signification superlative, comp. *bat batetan, ber bera,* etc. On retrouve en fr. la même chose, plein plein = très plein ; petit petit = très petit.

Bethàkor, l. fertile, qui porte des fruits. *Zuhaitz bethakorra eztu nehork ebakitzen,* Axular, p. 38. Personne ne coupe l'arbre qui porte des fruits.

Betete, betetze, v. *bete.*

Bethakor, v. *bete*

Bethalde, l. P. troupeau de bétail.

Bethazal, v. *begi.*

Bethe, bethatu, v. *bete.*

Bethi, v. *beti.*

Bethidanik, v. *beti.*

Bethiereko, v. *beti.*

Bethiere, v. *beti.*

Bethieretu, v. *beti.*

Bethiko, v. *beti.*

Bethitza, v. *begi.*

Bethor, bethoz, v. *etorri.*

Beti, g. b. *bethi,* l. bn. toujours.

Betiko, g. b. *bethiko,* l. éternel ; de *beti-ko. Zer egingo det bizitza betikoa irabatzeko,* g. que ferai-je pour gagner la vie éternelle ?

Bethidanik, l. bn. de tout temps, pour le passé ; de *bethi-da-n-ik. Bethidanic Jaincoac badaçaguzqui bere obra guciak.* Test. Rochelle. Act. des Ap. XV. 18. De tous temps sont connues à Dieu toutes ses oeuvres.

Bethiere, bethiereko, l. continuel, perpétuel, pour le futur ; de *bethi-ere-ko.*

Bethieretu, bethieretzen, l. continuer, perpétuer, de *bethi-ere-tu.*

Betiko, v. *beti.*

Betille, v. *begi.*

Betondo, v. *begi.*

Betondokoa, v. *begi.*

Betor, betoz, v. *etorri.*

Betule, v. *begi.*

Beza, 3 pers. sing. de l'imper. qu'il ait.

Bezain, v. *ain.*

Bezala, bezalako, v. *ala.*

Bezambat, v. *ain.*

Bezela, v. *ala.*

Bezik, v. *bai,* 1.

Bezin, v. *ain.*
Bezinta, v. *begi.*
Bi, g. b. l. bn. deux.

Biga, l. *biga* ou *bida,* bn. deux. Il nous semble que *biga* est *bi* plus l'article; que le *g* est pour *h*, ainsi *biha,* comp. *iges* et *ihes, ihar* et *igar. Biha* = *bia*, comme *mehea* = *mea*, etc. Nous le croyons d'autant plus que *biga* n'est jamais accompagné d'un substantif; on ne dit pas, *biga etche*, deux maisons, mais bien: *badira bia,* il y en a deux. Si *g* est primitif la ressemblance avec le lat. bi-s est fortuite.

Bigarren, g. b. l. bn. deuxième; de *bi-garren.*

Bira, l. *biña,* g. deux à deux. *Eta igor citzan hec bira bere beguitharte aitcinean,* Luc. X. 1; Test. Roch. et les envoya deux à deux devant lui.

Bitarte, g. l. *bitharte,* bn. intervalle, — l. médiateur; de *bi-arte,* avec *t* euphonique; comp. *betazal, betondo.*

Bitartean, g. *bitartian,* b. *bithartean,* bn. en attendant, cependant; de *bitarte-an.*

Bıgar, biar, g. b. *bihar,* l. bn. demain; de *bi-gaur?*

Biaramon, g. *bijamona,* b. *biharamun,* l. bn. le lendemain; de *biar,* v. ci-dessus; mais qu'est-ce que *amon, amun;* serait-ce l'esp. *man,* le valaque *muin,* de *mane,* matin, v. Diez. E. W. 1. 263.

Biaramonean, g. b. le lendemain, litt. dans le lendemain.

Biga, g. *bigai,* b. *miga,* l. (*m* pour *b,* comp. *bilgor* et *milgor,* Biarritz et *Miarritz*); génisse; par allusion à l'âge?

Bizki, g. *biki, bikochak* (plur.) b. *biritchiak,* l. bn. jumeaux. *Biritchi,* sing. l. pair, l'opposé de impair; de *bi?*

Birretan, g. en deux (fois). Larramendi met deux *r,* un aurait suffi; de *bi-r etan.*

Birika, g. *birija,* b. *biria,* l. poumon; puis qu'il y en a deux. Il n'est pas clair comment ce mot est formé. A Guéthary on donne le nom de *biria* a une partie de l'intérieur de la vache qui tient au foie; on le mange.

Biri handia, l. grand poltron!
Bialdu, v. *bide.*
Bian, v. *be.*
Biar, v. *bear* et *bigar,* s. v. *bi.*
Biaramon, v. *bi.*
Biaztun, v. *beazun.*
Bichigoi, g. pagre, rousseau (poisson); de l'esp. *besugo,* ou l'esp. du basque?

Bichilia, bn. jour maigre; de l'esp. *vigilia.*
Bida, v. *bi.*
Bidaldu, v. *bide.*
Bidali, bn. trouver, se procurer, chercher.
Bidaltze, v. *bide.*
Bidaro, v. *bide.*
Bidar, l. menton. Selon P. c'est un mot d'O.
Bidarri, g. pavé. Ce mot se trouve dans les dialogues basq. publiés par le prince N. Bonaparte; il est évidemment composé

de *bide-arri*; mais aurait dû être *arri-bide*, comme Steinweg, all. et non Wegstein. v. Essai, p. 120. Il se peut que *bidarri* soit en usage; ce qui prouverait seulement l'oubli d'une règle généralement (toujours?) observée.

Bide, 1. l. particule dubitative; *Etorri bide da,* il est venu peut-être.

Bide, 2. g. b. l. bn. chemin, voie, moyen. *Gizonaren gaiztakeriari ateak isteko, bide onetatik bat,* g. un des bons moyens pour fermer la porte à la méchanceté des hommes.

Bide eman, g. b. donner lieu, occasionner.

Bidez, g. b. l. au moyen de, en passant; de *bide-z.*

Bidezko, g. juste; de *bidez-ko. Bere aserre bidezkoa,* sa juste colère.

Bitartez, g. b. syn. de *bidez*; de *bide-arte-z.*

Bialdu, bialtzen, g. b. *bidaldu,* l. envoyer (en message), envoyer dehors. *Belea bialdu zuen,* il envoya (lâcha) le corbeau.

Bitezar, g. envoi. Probablement de *bide-ezar*; comme nom verbal généralement *ezarri.*

Bidebage, g. b. *bidegabe,* l. bn. injustice; de *bide-gabe. Zer bidegabea!* l. quel malheur!

Bidaro, b. bn. disposition du temps favorable ou contraire au voyageur; de *bide-aro.*

Bidebage, v. *bide.*
Bidegabe, v. *bide.*
Bider, g. b. fois. *Bi bider,* deux fois. *Asko bider,* maintes fois, souvent. *Zembait bider!* combien de fois!

Bidez, v. *bide.*
Bidezko, v. *bide.*
Biga, bigai, v. *bi.*
Biga = miga, v. *bi.*
Bigar, bigarren, v. *bi.*
Bigor, v. *beor.*
Bigun, 1. g. b. mou.

Bigundu, g. b. appaiser. *Bigundurik erregubagaz,* appaisant par des prières; v. ci-dessous.

Bigun, 2. *bihun* l. courage, vigueur. Selon P. ce mot est d'O. Il est curieux qu'il signifie exactement le contraire du g. et b. v. ci-dessus.

Bigundu, v. *bigun.*
Bihar, v. *bi.*
Biharamun, v. *bi.*
Bihi, 1. bn. grain (blé).

Bihitegi, grenier.
Bihitu, bihitzen, égrener.
Bihibat ez, aucun; litt. pas un grain. *Bihibat eztut,* je n'en ai aucun. Il faut toujours la négation; même observation que pour *batere* et *beinere.*

Bihibat, v. *bihi.*
Bihitegi, v. *bihi.*
Bihitu, v. *bihi.*
Bihitze, v. *bihi.*
Bihotz, v. *biotz.*
Bihotzkatu, v. *biotz.*
Bihotzdun, v. *biotz.*
Bihun, v. *bigun,* 2.
Bihur, bihurtu, v. *biurri.*
Bihurguna, v. *biurri.*
Bihurri, v. *biurri.*
Bijamona, v. *biaramon,* s. v. *bi.*

Bikaña, g. crême; la meilleure partie de quoi que ce soit. A Zarauz et à Azpeitia ce mot n'est pas usité pour crême.

Bike, l. *bikhe*, poix, du lat. pix. M. Salaberry dit: goudron; c'est sans doute une erreur.

Biki, v. *bi.*

Bikochak, v. *bi.*

Bikor, l. morceau; se dit encore du rebut de la farine qui reste dans le sac et aussi des petites bosses ou aspérités qui se forment sur le pain quand on le fait cuire au four.

Bikun, l. complet; i. a.

Bila; Larramendi cite ce mot; Pouvreau donne *pila, bilduna, bilkua*; ils sont tous inconnus aujourd'hui. Le g. et b. seuls ont conservé:

Pilla, g. *pillo,* b. pile, monceau, du lat. pila.

Bildu, biltzen, g. b. l. bn. rassembler, récolter.

Bildilla, b. le mois d'Octobre; de *bildu-illa.*

Biltzar, g. l. bn. assemblée; il paraît de *bil (bildu)-tzar (zar),* assemblée des anciens; comp. *batzarre.*

Bildura, g, réunion; de *bildu-ra.*

Bilgia, bn. lieu propre à amasser des objets; de *bil-tegi.*

Billur, bilhur, l. garrot.

Bilhurtu, bilhurtzen, garroter, lier.

Bilarrausi, l. *bilharrozi,* bn. veau; selon M. Sal. veau mâle âgé de quelques mois. De *belar-autsi,* qui mord, (mange) l'herbe? *o* pour *au,* v. *arrausi. Hobe da bakeareki arraulsia, eziez aharreki bilarrausia,* prov. d'O. mieux vaut l'oeuf avec paix que le veau avec guerre.

Bilaun, l. vilain, du fr. vilain. Prov. 496 d'O.

Bilbatu, v. *bilbe*

Bilbe, bn. trame. *Bilbatu,*tramer.

Bildilla, v. *bila.*

Bildots, g. b. l. *bildox,* bn. agneau. Nous ignorons comment ce mot est composé. On serait tenté de croire que la timidité de l'agneau a été exprimée par *bildur-ots,* crainte du bruit; ou encore, en vue de son ennemi le loup, *bildur-otso;* mais la forme du mot s'y oppose; il faudrait plutôt que *ots* précédât. L'explication de M. de Charencey, n'est pas satisfaisante non plus; il dit: „de *bildu,* obtenu (ce qui n'est pas le sens de *bildu,* c'est rassemblé, uni) littéralement le croît du troupeau"; c'est tout; que fait-il de *ots,* et où voit il troupeau. Ce „littéralement" laisse beaucoup à désirer.

Bildox, v. *bildots.*

Bildu, bilduna, v. *bila.*

Bildur, g. b. *beldur,* g. l. bn. crainte, craintif. *Bildur naiz,* g. je crains. *Enaiz deusen beldur,* l. je ne crains rien. *Jainkoaren beldurra du,* il a crainte de Dieu.

Bildurti, g. b. *beldurti,* l. bn. craintif.

Bildurtu, bildurtzen, g. b. *beldurtu, beldurtzen,* l. bn. craindre.

Bildurgarri, g. b. effrayant; de *bildur-garri.*

Bildura, v. *bila.*

Bildurgarri, v. *bildur.*
Bildurti, v. *bildur.*
Bildurtu, bildurtze, v. *bildur.*
Bilgia, v. *bila.*
Bilgor, milgor, l. *bilgor,* bn. suif.
Bilhakatu, l. bn. devenir, se transformer, — l. tirailler, traiter mal quelqu'un; P.
Bilharrozi, v. *bilarrausi.*
Bilhatu, v. *billatu.*
Bilhukatu, l. tordre; i. a.
Bilhur, v. *bila.*
Bilhurtu, v. *bila.*
Bilkua, v. *bila.*
Biligarro, b. l. bn. grive.
Billatu, billatzen, g. b. *bilhatu,* l. bn. chercher.
Billoiba, v. *illoba.*
Billos, v. *bilo.*
Billostasun, v. *bilo.*
Billusgorri, v. *bilo.*
Billusi, v. *bilo.*
Billustasun, v. *bilo.*
Billuste, v. *bilo.*
Billur, v. *bila.*
Bilo, l. bn. cheveu; n'est plus usité dans le Labourd, du moins à Guéthary. De l'esp. pelo?
Billos, g. b. *billusi* l. *buluzi,* bn. dépouillé, nu. Selon Chaho de *bilda pilda, filda),* vêtement, et *utzi* laisser. Il nous semble de *bilo,* cheveu et *uts,* vide, sans cheveux, chauve, et puis en général, nu. En bisc. pour tête chauve, on dit: *buru billosa.* Le *i* de *billusi,* peut être comparé à l'*i* de *asi* (de *as*) et de *esi* (de *es*), et donne au radical la forme verbale, en fait un participe passé, ou plutôt un adjectif verbal, mieux rendu ici par „dépouillé" que par „nu."
Les deux *l* ne sont point un obstacle, croyons nous; comp. *ile* et *ille; hila* et *hilla. Adan eta Eva, billosik ikusi ziranean;* Lardizabal, Adam et Eve, quand ils se virent nus.
Billostasun, g. b. nudité. *Etzuten, alabañan beren billostasuna ikusten,* Lardizabal; ils n'avaient pas vu, en effet, leur nudité.
Billusgorri, l. syn. de *billussi,* nu; comp. *larrugorri* qui s'explique mieux, vu la couleur de la peau; peau-rouge. Chaho traduit *billusgorri,* rouge nu, tout nu, comme si rouge en français était une expression usitée, comme p. ex. tout fin nu, comme on disait jadis; nous n'avons pas pu trouver si rouge était jamais employé dans ce sens; *larrugorri* démontre que c'est une façon de parler basque et correspond à *billusgorri,* poil-roux; est-ce que ce mot donnerait à entendre que les Basques sont de race rousse, blonde?
Biltzar, v. *bila.*
Biltze, v. *bila.*
Bimpher, bn. envers, l'opposé de, endroit. M. Salaberry ajoute: envers, adjectif; c'est préposition.
Biña, v. *bira,* s. v. bi.
Bior, v. *beor.*
Biotz, g. b. *bihotz,* l. bn. coeur.
Biotzdun g. *bihotzdun,* l. courageux; de *biotz-dun.*
Bihotzkatu, bn. se chagriner.
Biotzdun, v. *biotz.*

Biphi, l. bn. mite. *Bipitatu,* l. vermoulu.

Biphil, biphildu, v. *bipil.*

Bipil, l. *biphil,* bn. dépouillé, dénudé, plumé. Ce mot paraît se rattacher à pelo, esp. ou *bilo,* basque, mais comment? qu'est-ce que *bi* dans *biphil?*

Bipildu, l. plumer; se dit aussi de quelqu'un qui répond bien, qui arrange bien son adversaire.

Biphildu, bn. plumer.

Bipildu, v. *bipil.*

Bipitatu, v. *biphi.*

Bira, v. *bi.*

Birau, g. b. malédiction; comp. *burho.*

Biri, v. *birika,* s. v. *bi.*

BIRIBIL, g. b. l. bn. rond; *biri* fait penser au lat. viria, anneau, v. Brachet, Dict. Etym. s. v. virer; *bil* de *bildu,* rassembler, v. *bila; bil* aurait pu donner tout aussi bien *billatu* que *bildu;* nous ignorons si *billatu* existe; mais il se retrouve dans *biribillatu,* syn. de *bildu,* rassembler; c'est du nom verbal *biribillatu,* que vient *biribil,* comme *ahar* de *ahartu.*

Biribildu, bn. arrondir.

BIRIBILDU, BIRIBILLATU, v. *biribil.*

Birija, v. *bi.*

Birika, v. *bi.*

Biritchi, biritchiak, v. *bi.*

Birretan, v. *bi.*

Biskit, v. *bit.*

Bisuts, g. petite pluie; — b. chasse-neige.

Bit, qu'il me le donne; *biskit,* qu'il me les donne. P.

Bitarte, bitartean, v. *bi.*

Bitartez, v. *bide.*

Bitartian, v. *bi.*

Bitezar, v. *bide.*

Bitharte, bithartean, v. *bi.*

BITHORE, v. *bitore.*

Bitika, bitiña, l. chevreau.

BITORE, g. *bithore,* l. excellent, éminent. Du lat. victor. P. dit: expert, versé; i. a. *Abranek esan nai du aitabitorea eta Abrahamek askide bitorearen aita,* Lardizabal; Abram signifie père excellent et Abraham père d'une multitude excellente.

Bitsa, b. écume; on prononce généralement *bicha.*

Bitztu, pitztu, v. *bizi.*

Biu, 3ᵐᵉ pers. sing. de l'impér. qu'il ait. *Batbederac bere emaztea biu.* I Cor. VII. 2. Test. Rochelle. Que chacun ait sa femme; v. *euki.*

Biurri, g. *bihurri,* l. bn. En g. tordu, pervers; en l. malin, pervers, entêté; en bn. indocile. *Eta ondore chit biurri eta gaiztoaren guraso izan zan,* g. et il fut le père d'une postérité très perverse et méchante.

Bihurguna, l. retour, restitution.

Biurtu, biurtzen, g. b. *bihur* ou *bihurtu, bihurtzen,* l. bn. retourner, restituer, se convertir en. *Autsa zeran eta auts biurtuko ziran,* g. tu es poussière et tu retourneras à la poussière. *Eta beren tokira biurtu ziran,* g. et ils retournèrent dans (litt. vers) leur pays. *Biurtu* fait penser au fr. virer, virar, employé exactement avec les mêmes significations. En l. *biurtu* signifie encore, tordre, traduire; en bn. tordre, rendre, résister et aussi comme terme de châtreur, rendre stérile sans châtrer.

Biurtu, biurtze, v. *biurri.*

Biz, 3. pers. du sing, de l'impératif de *izan*; *b-iz*; *b* est la caractéristique de la 3me pers. v. *bere.*

Bizar, g. b. l. bn. barbe. Faudrait-il accepter l'étymologie de Larramendi: *biz-arra,* qu'il soit homme? *Sagar bizarra,* l. P. mousse de pommier.

Bizarnabala, l. *bizarnabela,* bn. rasoir, de *bizar-nabela.*

Bizarnabala, bizarnabela, v. *bizar.*

Bizi, ou *vizi,* g. b. l. bn. substant. vie; — g. b. l. bn. adj. vif — bn. aigre. *Sagar bizia,* pomme aigre. Plusieurs auteurs écrivent *vizi* (*vici*), mais comme cette lettre n'est pas basque nous n'avons admis aucun mot avec *v.*

Bizitza, g. *bizitze,* b. syn. de *bizi;* c'est le subst. verbal *bizitzea,* le vivre = la vie; comp. *aditza.*

Bizi ou *bizitu, bizitzen,* g. l. bn. vivre.

Biziera, g. *bizijera,* b. façon de vivre, de *biri-era.*

Bizikari, g. vivant; serait mieux *bizikarri,* de *garri.*

Bizikor, g. *bizkor,* b. animé, vif; de *bizi-kor.*

Biziro, g. l. *biziki,* l. bn. vivement; de *bizi-ro* et *ki.*

Biztanle, g. habitant, de *biztan-le* pour *egille.* *Biztan* pour *bizi-tan?*

Biztandu, biztandutzen, g. habiter.

Biztu, g. *bitztu* ou *pitztu, pitzten,* l. P. donne les deux formes, mais *pitztu* est généralement usité dans le Labourd; Larramendi écrit *viztu;* exciter, allumer, ressusciter, — bn. aigrir.

Zeren zure anaya hau hil baitzen, eta piztu baita, car celui-ci ton frère était mort et il est vivant. St. Luc.⁎ XV. 32. dial. lab. impr. à Londres par la soc. bibl. *Anaya* aurait dû être *anaye;* la forme indéfinie avec le pron. démonstratif. Larramendi écrit *viztu;* mais *piztu* est usité généralement dans le Labourd.

Pitztura, l. aiguillon. *Haragiaren pitztura,* l'aiguillon de la chair.

Su pitzgarri, l. allumette.

Biziera, v. *bizi.*

Bizijera, v. *bizi.*

Bizikari, v. *bizi.*

Biziki, v. *bizi.*

Bizikor, v. *bizi.*

Biziro, v. *bizi.*

Bizitu, bizitze, v. *bizi.*

Bizkar, g. b. l. bn. dos.

Bizki, v. *bi.*

Bizkitartean, g. l. *bizkitartian,* bn. cependant; syn. de *bitartean.* La terminaison est claire *artean;* mais qu'est-ce que *bizki?*

Bizkor, v. *bizi.*

Biztandu, v. *bizi.*

Biztanle, v. *bizi.*

Biztu, v. *bizi.*

Boa, v. *bare.*

Bodina, l. tas de dix gerbes dont on en tire une pour la dîme; mot d'O. selon P.

Bohatu, bohatze, v. *buyatu.*
Bohulu, l. guêpe, bourdon, frelon; mot d'O. selon P.
Bohoinak, l. gourdes, frettes.
Boyak (*boiac*) l. entraves; mot de O. selon P.
Boyatzea, (*boïatzea*) mettre aux fers.
Boyatzea, v. *boyak.*
Boilla, v. *bola.*
Boina, g. b. le bonnet des Basques tricoté en laine.
Bokata, l. lessive.
Bokatu, v. *buka.*
Bola, g. l. bn. boule; de l'esp. bola. W. v. Humboldt cite *boilesna* comme dérivé de *bola,* boule à lait = mammelle; il ne dit pas dans quel dialecte; ce n'est ni g. ni l.
Boilla, g. rond; syn. de *biribil.*
Boli, l. ivoire, du prov. bori; *l* pour *r* et aussi *r* pour *l* comp. voluntad, esp. borondate, *hari* et le dérivé *haliko* etc.
Bombuna, l. copeaux pour allumer le feu.
Borda, g. l. borde, métairie, cabane; l'esp. borda.
Borma, l. muraille; O. écrit *borma* pour *horma* selon P.
Bornua, 1. l. bn. gourme; du francais? *b* pour *g* comp. *barbantzu* de garbanzo; *nabusi* = *nagusi*.
Bornua, 2. l. selon P. terme de nautonnier. *Bornuan ziadukak chalupo,* il tient la chaloupe à lancer.
Borondate, g. l. bn. volonté; de l'esp. voluntad; *b* pour *v; r* pour *l,* comp. *boli, ari,* 3. *d* pour *t* après *n,* v. Essai, Ch. II.

Borra, l. gros maillet de fer pour briser les pierres. Le mot parait être *borra* et non *bor.* Axular, p. 54 anc. éd. 33 nouv. éd. écrit:
Ikusiko duzu... Hercules sendo famatu hura pintatua makilla borra bat, eskuan duela, vous trouverez représenté cet Hercule fameux et robuste qui a dans la main un bâton-maillet. En écrivant les deux mots il semble employer un mot composé que nous écrivons avec un trait d'union bâton-maillet = massue? Ne serait-ce pas le prov. bordo, bâton de pélerin?
Borratu, borratzen, g. b. l. bn. effacer; de l'esp. borrar.
Borrero, g. l. bn. bourreau; de l'esp. borrero ou l'esp. du basque? P. cite encore *burreba,* qui paraît être inconnu, du moins aujourd'hui. *Borrero,* ferait penser à *buru,* tête; d'autant plus que bourreau est d'origine inconnue; mais la ressemblance des mots ne décide rien en définitive.
Borroka, l. lutte.
Borrokatu, borrokatzen, lutter.
Borrokatu, v. *borroka.*
Borrondin, g. espèce de poisson de mer qui ressemble à l'*arraingorria.*
Bortcha, l. bn. force, du prov. forza, *b* pour *f* qui comme *v* n'existe pas ou presque pas.
Bortu, l. bn. désert; apparemment le même mot que *borda.*
Bortz, v. *bost.*
Bortzgarren, v. *bost.*
Boska, bn. soupe au vin.

Bost, g. b. bn. *bortz,* l. cinq.
Bostgarren, g. b. *bostagarren,* bn. *bortzgarren,* l. cinquième.
Bostortz, g. charrue à cinq dents, de *bost-ortz.*
Bostagarren, bostgarren, v. *bost.*
Bostortz, v. *bost.*
Bota, botatzen, g. b. bn. *bulatu,* l. lancer, jeter hors — l. bn. buter, terme de jeu de paume; de l'esp. ou du prov. botar. *Seme alabaak ezin echetik bota leitekez otseiñak legez,* b. on ne peut chasser de la maison les fils et les filles comme des domestiques.
Bothere, l. bn. pouvoir, de l'esp. poder.
Botoya, (botoïa), l. sujet, (opposé de, maître); mot d'O. selon P.
Boz, v. *poz.*
Bozkario, v. *poz.*
Boztu, bozte, v. *poz.*
Brana, l. espèce de fleur des bruyères.
Breka, g. dorade; esp. breca.
Brozela, P. dit: Le corps de la charette qui a les deux côtés servant de clayes et quand les côtés sont formés d'ais on l'appelle *orkira.*
Bu. P. donne ce mot et l'exemple suivant: *begira bu,* qu'il prenne garde; ce sera l'esp. bu, être imaginaire, pour effrayer les enfants; quelque chose comme croquemitaine.
Bua, P. vérole; l'esp. bua ou buba.
Buelta, l. *bulta,* bn. disposition, effort. A Guéthary: un certain laps de temps. L'esp. vuelta ?

Buha, v. *buyatu.*
Buhezka, v. *buyatu.*
Buhumba, v. *buyatu.*
Buhurri, v. *buru.*
Burrumba, bn. bruit, hanneton. Si *burrumba* était écrit avec un *r* on pourrait croire que c'est une variante de *buhumba;* comp. aussi *buyatu.*
Buiraka, l. P. carquois.
Buka, g. fin.
Buka ou *bukatu, bukatzen,* g. *bokatu,* selon P. haut nav. finir.
Bukaera, fin; plus usité que *buka.*
Bukaera, v. *buka.*
Bukatu, v. *buka.*
Bular, g. b. *bulhar,* l. bn. poitrine, sein, mammelle.
Bulardetsu, g. vaillant; de *bulartsu;* mais pourquoi *de* intercalé ? *Eta irureunda (irur eun eta) emezortzi serbitzari indartsu eta bulardetsuenak arturik* Lardizabal. Et ayant pris trois cent dix-huit serviteurs des plus forts et vaillants.
Bulardetsu, v. *bular.*
Bulhar, v. *bular.*
Bulhute, v. *buru.*
Bulkatu, l. P. pousser, frapper; du prov. burcar; *l* pour *r;* comp. *boli.*
Buluzi, v. *bilo.*
Bulla, g. *bullija,* b. bruit.
Bullija, v. *bulla.*
Bulta, v. *buelta.*
Bultzatu, g. pousser; serait-ce une corruption de *bulkatu ?*
Buluzi, v. *bilo.*
Burdatu, burdatzen, l. plier, courber, i. a.

Burdax, bn. extrémité, bout; de *burdatu?*

Burdi, v. *gurdi*.

Burdin, v. *burni*.

Burdinzalhi, v. *burni*.

Burhaso, v. *gurhaso*.

Burho, l. bn. jurement, imprécation; comp. *birau*.

Burhostatu, maudire.

Burhostatu, v. *burho*.

Burkoku, v. *buru*.

Burla, l. agrafe, broche; de *burni?*

Burmun, v. *buru*.

Burni, g. *burdin*, b. l. bn. fer. Permutation rare, il est vrai, des dentales *n* et *d*, comp. *ardo, arno*; chute de *n* final comp. *arrai, zai*, etc. etc. Ce mot est obscur. L'étymologie donnée par M. de Charencey n'est guère satisfaisante; *burdin* se rattacherait à l'araméen barz, avec une terminaison euphonique *in*. Les lettres euphoniques facilitent un peu trop les recherches étymologiques; *in* ne sert jamais, autant que nous sachions, comme groupe euphonique; au contraire en guip. il y a chute de *n* par euphonie, comp. *arrai, zai, burni*, etc. M. de C. trouve des lettres euphoniques partout; un *k* dans *echekanderia*, un *z* dans *idizko*, un *i* dans *aitza*; deux *r* dans *chakurra*, et pour comble d'euphonisme le *a* final de *chakurra*, qui n'est autre chose que l'article *a*. Quant à *r* ou *rr*, dit M. de C. c'est une consonne euphonique. On le voit il n'y a pas le moindre doute; malheureusement cela est tout a fait une erreur. M. de C. aurait pu lire dans notre Essai, publié deux ans avant sa brochure sur l'étymologie basque (Recherches sur les noms d'animaux domestiques etc. 1869) que les mots terminés en *r* dur redoublent cet *r* quand suit l'article; ainsi *chakur*, fait *chakurra*; il aurait alors aussi évité la faute de prendre l'article pour une lettre euphonique. Une ligne plus bas nous lisons que le *r* se redouble d'ordinaire entre deux voyelles, ce qui est encore une grande erreur, comp. *lira, biri, biro, bera, bero, buru, gora, ara, ari, are*, et des douzaines d'autres exemples si l'on veut. A la page 14, M. d. C. prétend que le *k* de *arkume* est euphonique; toujours dans notre essai M. de C. aurait pu lire que *h* initial devient *k*, quand il se trouve par suite de la composition, au milieu d'un mot; à l'appui de son assertion M. d. C. cite *etchekanderia* où le *k* serait aussi euphonique, ce qui est une nouvelle erreur; *etchekanderia* est pour *etcheko anderia*, littéralement : dame de la maison; *ko* est le suffixe qui correspond à *de*.

Mais revenons à *burdin*; hypothèse pour hypothèse il nous paraît plutôt que *burdin*, vient du latin ferrum; *f* n'existe pas en basque et est rendu par *b*; alors *berrun*, avec *n* puisque *m* n'est pas toléré à la fin d'un mot. Nous ignorons d'où vient le *d*, mais quelques uns des composés se rapprochent beaucoup de la forme hypothétique *berrun*; v. ci-dessous.

Burrunzale, g. b. 1. *burdinzalhi*, bn. cuillière en fer ayant la tige debout, dont on se sert dans la cuisine; de *burdin-zalhi*. *Burrun* est ici pour *burdin* et se rapproche de la forme hypothétique *berrun* qui peut venir du latin ferrum, v. ci-dessus.

Buruntzia, g. broche; de *burun* pour *burdin*, v. l'art. ci-dessus. La terminaison est obscure.

Burniola, g. forge; de *burni-ola*.

Burniola, v. *burni*.

Burreba, v. *borrero*.

Burruka, g. b. altercation, rixe. Probablement de *burho*.

Burrukatu, disputer.

Burrukatu, v. *burruka*.

Burrumba, 1. babillard, — bn. bruit; hanneton.

Burrunzale, v. *burni*.

Buru, g. b. l. bn. tête, chef, terme, temps déterminé, — g. chapître. *Buru* sert encore pour le pronom, même, ou comme le français chef, *bere buruz*, g. b. l. bn. de soi-même, de son chef; *zure buruz* de vous même, de votre propre chef. *Ondo ezagutzen duenak bere buruba*, b. celui qui se connait bien lui-même. *Ez bere buruan Cami... ezpada Canaani*, non pas à Cham lui-même, mais à Canaan.

Buruz, g. b. par coeur; — 1. de front, — bn. avec bon sens.

Buruan, g. b. 1. bn. au bout de; de *buru-a-n*; régit le génitif. *Eta egun gutiren buruan*, et au bout de peu de jours. Autrefois on disait aussi en fr. mettre à chef, pour venir à bout. v. Littré. Dict.

Burmun, ou *burumuñak* g. *buru hun*, l. *buru fuinak* (plur.) bn. cervelle; de *buru-mun*. La permutation de *m* en *h* et *f* nous paraît tout-à-fait exceptionnelle.

Burulete, g. *burute*, l. *buruthe*, bn. *bulhute*; bn. M. Salaberry bourrelet. La terminaison est obscure mais le mot dérive évidemment de *buru*. La ressemblance avec le français serait-elle fortuite? Selon M. Littré et M. Brachet, Dict. étym. bourrelet vient de bourre.

Buruauste, g. b. l. bn. tracas, casse-tête; de *buru-auste*, v. *ausi* s. v. *auts*.

Buru eman, g commencer, exécuter, — l. tenir tête.

Burukal, bn. par tête.

Burutikburura, l. *burutikburu*, bn. d'un bout à l'autre.

Buruzburu, l. bn. tête-à-tête.

Buruzari, g. l. *buruzagi*, l. bn. chef; de *buruz-ari*, *l* pour *r* comp. *argizari*. La terminaison semble ici superflue; peut-être que le mot a été fait quand la signification de la terminaison n'était plus comprise; comme il est arrivé avec la terminaison „ment" dans beaucoup d'adverbes français; grassement, chèrement, n'ont pas de sens étymologiquement parlant.

Burugogor, g. b. entêté; de *burugogor*.

Buhuru, l. syn. de *burugogor*;

n'en serait-ce pas la contraction.

Buruzkin, bn. syn. de *burugogor*; de *buruz-egin*? qui fait à sa tête.

Buruzkingo bn. entêtement; de *buruzkin-go*. Comme *go* forme les adjectifs, *buruzkingo* est un adj. pris substantivement.

Burkoka, l. à coups de tête; de *buru-ko-ka*. *Burkoka hari dire ahariak*, les béliers se tourtent, (anc. fr. se poussent).

Bururdi, l. bn. traversin; de *buru* — ?

Burukita, bn. oreiller; de *buru* —?

Buruka, l. bn. *buruchka*, bn. épi de blé; de *buru-okai*? P. cite *buruka biltzailleak*, glaneurs, mais *biltzailleak* (de *bildu*, rassembler) n'est plus connu aujourd'hui.

Buruilla, l. *burulla*, bn. le mois de Septembre; de *buruka-illa*? le mois des blés.

Burukarritu, l. faire le fier; de *buru-ekarri*.

Buruan, v. *buru*.
Buruauste, v. *buru*.
Buruchka, v. *buru*.
Buru eman, v. *buru*.
Buru gogor, v. *buru*.
Buru hun, v. *buru*.
Buruilla, v. *buru*.
Buruka, v. *buru*.
Burukal, v. *buru*.
Burukarritu, v. *burru*.
Burukita, v. *buru*.
Burulete, v. *buru*.
Burulla, v. *buru*.
Burumunak, v. *buru*.
Buruntzia, v. *burni*.
Burunzale, v. *burni*.

Bururdi, v. *buru*.
Burute, buruthe, v. *buru*.
Burutik, v. *buru*.
Buruz, v. *buru*.
Buruzagi, v. *buru*.
Buruzari, v. *buru*.
Buruzburu, v. *buru*.
Buruzkin, v. *buru*.
Buruzkingo, v. *buru*.
Busta, v. *busti*.
Busti, g. b. l. bn. mouillé.

Busti, bustitzen, l. bn. aussi *busta*, selon M. Salaberry; mouiller. *Eltze ahultu da neskatoak barnean ogia bustiz*. P. Le pot est devenu maigre, parce que la servante y a trempé son pain.

Bustaldi, g. b. bain; de *busti-alde*.

BUTATU, v. *bota*.

Buyatu, buyatzen, g. *bohatu*, l. En g. enfler; en l. souffler. Larramendi donne *buha*, soplo, souffle, et *buhatu*, soplar, souffler; mais ce nom verbal n'est pas connu dans le Guipuzcoa; il est évident que *buyatu* et *bohatu* dérivent de *buha*, si ce n'est que *buha* vienne de *bohatu*, comme *ahar* de *ahartu*, ce qui est rare. L'espagnol a bufar (bouffer, pouffer); le *f* que le basque ne possède pas est devenu *h* et *buhatu* peut dériver de bufar. Mais comme bufar est considéré comme une onomatopée, v. Dict. Littré et Diez, E. W. il sera permis de demander si bufar ne viendrait pas de *buha*, souffle, bien que nous ne puissions citer aucun exemple où le *h* basque devienne f en esp. ce qui est une grande objection. D'un autre côté bufar n'aurait pas donné *buha*, mais *buhatu*; et *buha* souffle est plus primitif que bufameu, souffle en prov. Quoiqu'il en soit il paraît y avoir eu un radical *bu*, *buh*, dont dérivent *buha* et les mots suivants :

Buhumba, bn. tempête. *Ordua altcha cedin haice buhumba handibat*. Marc, IV. 37. Test. Rochelle; et il s'éleva un grand vent (de) tempête.

Buhezka, l. P. qui parle toujours et ne dit rien qui vaille.

Buhezkatu, l. P. bourdonner.

Buztan, g. b. l. bn. queue. Larramendi et Pouvreau écrivent *bustan* avec *s*, Axular avec *z*. Comme on prononce *buztan*, il serait mieux de l'écrire avec *z*.

Buztandu, *buztantzen*, l. germer; à cause de la ressemblance entre les jeunes pousses et des petites queues. *Zeren bertzela sorliteke bihi hura buztan liteke* ; Axular 37, parce que autrement ce grain germerait.

Buztandu, **buztantze**, v. *buztan*.

Buztarina, *uztarina* l. *uzterina*, bn. croupière d'âne. Nous ignorons d'où vient le *b*. *Uztarina* paraît se rattacher ainsi que *uzki*, cul, à *uts*, vide; creux, antre, trou; exactement comme en hollandais où hol signifie creux, antre et trivialement, cul. La terminaison reste obscure; et jusqu'à preuve du contraire nous considérerons plutôt le *b* comme préfixé à *buztarina* que retranché à *uztarina*. La même difficulté se retrouve avec *buztarri* qui s'écrit aussi *uztarri*.

Buztarri, v. *uztarri*.

Buztin, g. b. argile; — bn. argileux.

Buztino, l. pur, sans mélange. *Arno buztinoa*, vin pur. A Guéthary on entend par là du cidre pur, sans être mélangé d'eau. P. le traduit aussi par: pommade (c. a. d. cidre) fine sans goutte d'eau. O. écrit *bustino*.

C.

Ch. représente le *ch* espagnol qui correspond a *tch* en français; ainsi les basques esp. écrivent *eche*, et les basques fr. *etche*. Quoique cette orthographe soit très simple, les basques fr. ne s'y sont pas toujours tenus; on écrit *chakur* en lab. et en bn. et l'on prononce *tchakur*.

Ch, indique souvent un diminutif. *Zakur*, g. chien; *uli*, mouche, *chakur*, g. petit chien, *ulitcha*, le moucheron. Pour les adjectifs le cas est un peu différent, à ce qu'on nous a dit, et très particulier; ce n'est pas l'adjectif qui en est altéré, mais le nom que l'adjectif qualifie; *gizon zakar bat*, un homme dur; *gizon chakar bat*, un petit homme dur.

Ch, comme terminaison des adverbes de lieu et des pronoms, correspond à: même; *oriche*, *hurache*, *emenche*.

Chaar, v. *char*.
Chabal, chabaldu, v. *zabal*.
Chaberama, g. tortue.
Chabola, v. *eche*.
Chaburtu, chaburtzen, g. abréger, raccourcir. Probablement de *chabur* que nous n'avons pas pu trouver. La terminaison *bur* se retrouve dans *labur*, qui a la même signification.

Chaburtze, v. *chaburtu*.
Chacha, bn. terme de jeu de paume.
Chafla, l. bn. emplâtre; probablement variante de *zafla*, gifle; l'analogie se retrouve ailleurs; en holl. nous disons pour gifle „lap" morceau, généralement de drap ou de cuir; quelque chose de plat.
Chahal, v. *chal*.
Chahar, v. *zar*.
Chahu, l. bn. propre; l'opposé de sale.
Chahutu, chahutzen, l. bn. nettoyer, — bn. dissiper; rouer de coups; *chahutu nau*, il m'a abîmé de coups.
Chahutu, chahutze, v. *chahu*.
Chai (avec l'art. *chaya*), l. chai.
Chainku, v. *changu*.
Chakhar, chakhartu, v. *zakar*.
Chakhur, v. *zakur*.
Chakur, v. *zakur*.
Chal, g. b. *chahal*, l. bn. veau d'un an; syn. en bn. de *aratche*.
Chalma, g. bât.

Chamar, 1. v. *zamar*.

CHAMAR, 2. g. b. l. bn. blouse (vêtement); probablement de simarre?

Chambolin, g. joueur de tambourin.

Champera, l. corde à prendre la morue. P.

Champha, bn. aboiement.

Chanchilla, g. mesure pour le lait.

CHANDA, g. l. *sanya*, bn. *Zein bere chandan*, chacun son tour. Apparemment de l'esp. tanda, tour; bien que la mutation de t en *ch* soit extraordinaire.

Changu, g. mutilé; *chainku*, l. soul. boiteux. Il nous semble de *zango* jambe, d'où *chango* (*ch* diminutif) petite jambe et de là, boiteux; la jambe petite, c. a. d. courte faisant boiter; et puis en g. le sens plus général de, mutilé.

CHANGURRU, g. écrevisse; probablement de l'esp. cangrejo.

Chaol, v. *eche*.

CHAPIÑAK, l. chaussons. C'est l'esp *chapin*, qui vient de l'arabe selon Alcala. v. D. A. E. cependant nous ne trouvons pas le mot chez Dozy et Engelmann. Glossaire des mots esp. et port. dérivés de l'arabe.

Char, g. bn. *chaar*, b. *tchar*, l. mauvais. Ne serait-ce pas le diminutif de *zar* vieux?

Charto, b. *charki*, bn. mal.

Charkeria, bn. action blâmable; de *char-keria*.

Chara, l. bn. bois taillis. P. écrit *charha*, *charhadi*.

CHARAMELLA, l. bn. chalumeau; du prov. caramel.

Charbo, bn. goujon.

Chardanga, fourchette. O.

Chardango, l. P. lévrier.

Chardakatu, bn. élaguer des arbres.

Charha, charhadi, v. *chara*.

Charkeria, v. *char*.

Charki, v. *char*.

CHARPOTA, v. *cherpola*.

CHARRAMPIÑA, l. rougeole; de l'esp. sarampion. Dans le Manuel de la conversation, Bayonne 1861; *charrampioa*. L'origine de l'esp. sarampion est inconnue.

Charri, g. b. *cherri*, g. l. bn. cochon. — l. écrouelles.

CHARRO, b. bn. pot, jarre; l'esp. jarro.

Charthatu, v. *cherto*.

Charthatze, v. *cherto*.

Charthe, v. *cherto*.

Charto, v. *char*.

Chasta, l. éclair; synonyme de *chimista*.

Chatar, l. *chathar*, bn. lange d'enfants. — bn. nom donné au chasseur qui tient un bâton au bout duquel est un morceau de toile pour effrayer les palombes.

Chathar, v. *chatar*.

Chatur, l. paquet; i. a.

Chaude, l. filet. P.

Chaz, v. *igaz*.

Che, 1. suffixe qui affirme la signification d'un mot ou qui l'exagère. *Emenche*, g. ici-même. *Anche*, g. là-même. *Handiche*, bn. trop grand.

Che, 2. **ze**, g. ze, b. chehe, l.

bn. menu, petit; de là le diminutif *ch?* v. *ch.* La Vieuxville emploie *chehe* dans le sens de familier : *katechima da instruzione familier edo chehe bat,* le cathéchisme est une instruction familière.

Cheatu, zeatu, chetu, cheatzen, g. *chehatu, chehatzen,* l. bn. *chehekatu,* l. broyer, briser.

Zearo, g. minutieusement; de *zea-ro.*

Chehero, cheheroki, l. séparément, en détail, i. a.

Zeakor, g. fragile; de *zea-kor.*

Cheatu, cheatze, v. *che,* 2.

Chede, g. bn. l. *gede,* l. but, fin, limite; — bn résolution.

Chedatu, l. viser; — bn. limiter, indiquer jusqu'où une chose doit ou peut se faire; p. ex. indiquer jusqu'où une personne doit travailler.

Chedatu, v. *chede.*

Chedera, bn. lacet pour prendre des oiseaux.

Chegosi, v. *egosi.*

Chehatu, chehatze, v. *che,* 2.

Chehe, v. *che,* 2.

Chehekatu, v. *che,* 2.

Chehero, cheheroki, v. *che,* 2.

Chekada, *segada,* l. filet, lacet à prendre des oiseaux, syn. de *chedera.*

Chekor, g. bouvillon.

Chermen, g. poire; ce mot est usité à Azpeitia et dans les environs.

CHERPOLA, g. *charpota,* l. bn. serpolet; de l'esp. serpol.

Cherra, v. *zerra.*

Cherrenda, l. bn. bande, de toile, de drap, de quelque étoffe que ce soit.

Cherrent, bn. vif, éveillé; ce mot ne paraît pas être basque.

Cherri, v. *charri.*

Chertatu, v. *cherto.*

Cherto, g.l. *charthe,* bn. greffe;— l. nuque, i. a. *Lepo chertoa,* la nuque du cou. *Bekatuaren chertoak,* P. les rejetons du péché.

Chertatu, chertatzen, g. l. *charthatu, charthatzen,* bn. greffer, enter; vacciner.

Chetu, v. *che,* 2.

Chibi, v. *chiki.*

Chibista, g. nœud coulant.

CHICHA, l. mot enfantin, du nanan; c'est l'esp. *chicha* qui est le mot enfantin pour carne, viande; — bn petit champignon blanc.

Chichari, l. bn. ver intestinal; du diminutif *che, chich* et *ar,* petit ver.

Chicharro, l. espèce de poisson.

Chicher, l. *chitcher,* bn. grésil.

Chichitola, v. *chichitoza.*

Chichitera, chichitola, l. papillon; i. a.

Chichka, bn. 1° piqûre, petit trou; 2° mauvaise humeur momentanée; 3° petite mauvaise action.

Chichkabar, bn. menu-bois; de *che* ou *chi* ou *chich,* diminutif et de *abar,* qui est *habar,* et ❋ pour *h.* v. Essai, Ch II.

Chichkaldu, chichkaildu, v. *kiskaldu.*

Chichkarratu, bn. flamber; (un poulet, un cochon); du diminutif *che, chich*, et *kartu;* brûler légèrement.

Chichkor, v. *chigortu.*

Chichkortu, v. *chigortu.*

Chicho, bn. bléser en parlant.

Chicht, bn. promptement; onomatopée; la flèche passe *chicht.*

Chichta, chichtatu, bn. enfoncer une arme pointue dans un corps; comp. *zihi.*

Chichtapur, bn. menu-bois; syn. de *chichkabar.*

Chichter, bn. quartier de fruit.

Chichto, bn. panier long placé sur les bâts.

Chichuria, l. P. Fougère brûlée pour engraisser les champs.

Chidor, g. *zidor,* b. étroit. *Bide chidorra,* le chemin étroit.

CHIFLATU, bn. avaler; manger son bien; ce mot ne peut être basque et dérive probablement de *gifle,* ancien mot pour joue.

Chigortu, chigortzen, l. griller (du pain), rôtir; ce nom verbal nous paraît dériver de *gur,* courbé; les choses qu'on grille se crispent, se courbent, se frisent; c'est dans ce dernier sens que P. donne l'exemple: *ille chigortua,* poil frisé. Le *ch* initial est le diminutif. Le bn. *chichkor, chichkortu,* sécher à l'excès, est évidemment une variante.

Chikhin, chikhindu, v. *zikin.*

Chikhinkeria, v. *zikin.*

Chikhiro, bn. mouton; syn. de *ahari*; de *chikiratu.*

Chikhor, bn. terme de boulanger; petit son.

Chiki, g. b. l. *chipi,* l. petit.

En catalan xic, chic; esp. chico. Est-ce que la ressemblance entre le basque et les langues romanes serait fortuite; le *ch* diminutif est essentiellement basque et convient donc parfaitement pour exprimer petit; selon Diez, E. W. 1. p. 127. c'est du latin ciccum que dérivent les formes des lang. romanes, et les dérivés sont trop répandus (it. cica, fr. chiche, alban. tziçe,) pour songer au basque *chiki,* d'autant plus que l'origine latine n'offre aucune objection. Il reste donc à décider si le basque a pris *chiki* du latin ou de l'esp. etc. ou si c'est une forme indépendante des autres langues.

Chiki est employé substantivement pour enfance:

Chikitatik izan zan guztiz ikasnaija, b. dès son enfance il était avide d'instruction.

Il paraît qu'on dit aussi en b. *chikarretatik,* dès l'enfance, par conséquent de *chikar,* que nous ne connaissons pas.

Chikitu, chikitzen, g. *chipitu, chipitzen,* l. briser, rapetisser.

Chikitasun, g. b. *chipitasun,* l. petitesse; de *chiki-tasun.*

Chipidura, l. rapetissement; de *chipi-dura.*

Chikiratu, chikiratzen, g. l. bn. châtrer.

Chikiratzalle, g. châtreur; de *chikira-tzalle.*

Chibi, g. (Zarauz), *chipirodi,* g. (St. Sébastien), *chipiraillu,* l. sèche (poisson). A Guéthary on les nomme: ancornet ou lancornet.

Chibi pocho, g. le même poisson que le *chibi*, mais plus grand, appelé en esp. jibia.

Chipa, l. bn. véron, petit poisson de mer, selon P., de rivière, selon M. Littré.

Chikin, chikindu, v. *zikin*.
Chikinkeria, v. *zikin*.
Chikiratu, v. *chiki*.
Chikiratzalle, v. *chiki*.
Chikiratze, v. *chiki*.
Chikitasun, v. *chiki*.
Chikitu, v. *chiki*.
Chikitze, v. *chiki*.
Chila, chilatu, v. *zulo*.
Chilbor, g. *zilbor*, b. *chilko*, l. *chilkhoi*, bn. nombril. Evidemment de *chilo*, trou; mais qu'est-ce que *bor?* Le lab. peut être un adj. (*chil-ko*) pris substantivement.

Childre, chindre, bn. noeud; ganse, espèce de noeud au bout d'une corde pour pouvoir l'accrocher. Sous cette forme ce mot ne peut être basque.

Chili, bn. vasière, endroit où l'on ramasse de la vase.

Chilia biliak, l. P. haillons; i. a.

Chiligoratu, chirigoratu, l. flamber (un poulet); comp. *chipildu*.

Chilintcha, l. *chiliña*, b. *chinchila*, bn. clochette; paraît être une onomatopée.

Chiliña, v. *chilintcha*.
Chilista, g. b. lentille, comp. *chindilla*.
Chilkhoi, v. *chilbor*.
Chilko, v. *chilbor*.

Chillar, g. arbuste très mince dont on fait des balais.
Chilo, v. *zulo*.
Chilustre, bn. syn. de *childre*.
Chimel, v. *zimel*.
Chimich, g. *chiminch*. b. *chimitch*, bn. *zimitch* (P. *zimitx*) l. punaise; de l'esp. chinche?
Chimichta, v. *chimista*.
Chimikatu, v. *zimiko*.
Chimiko, v. *zimiko*.
Chimilichta, bn. éclaboussure.
Chiminch, v. *chimich*.
Chimignu, v. *chimua*.
Chimino, v. *chimua*.
Chimista, g. l. bn. *chimichta*, bn. A Baïgorry on dit *chismista* et P. écrit aussi *zizmixta*, éclair.
Chimitch, v. *chimich*.
Chimua, g. *chimino*, b. bn. *chimignu*, P. (gn = ñ) singe; du lat. simia.
Chimur, chimurtu, v. *zimur*.
Chincharri, g. clochette; syn. du lab. *chilintcha*. Larramendi écrit *chincherri*.
Chinchila, v. *chilintcha*.
Chinchinbare, chinchinmare, l. sangsue.
Chinchosta, g. tresse de cheveux.
Chinchur, v. *zintzur*.
Chinda, v. *chingar*, l.
Chindilla, l. lentille; syn. de *chilista*. P. écrit *chingilla;* mais cela paraît être fautif. *Chingil* est cloche.
Chindre, v. *childre*.
Chindurri, chingurri, g. *chinhaurri*, l. bn. *chindurri, iñurri*,

b. *inhurri*, 1. P. (i. a.), fourmi. *Zoaz nagia chinhaurria gana*, Axular, p. 36. an. éd. 15. n. éd. Allez paresseux à la fourmi. Pour la variante de *d* et *g* comp. *chingar, chinda; gupela, dupela*. Est-ce que *iñurri, inhurri* serait une forme plus primitive dont *chingurri, chinhaurri (ch-inhurri)* sont les diminutifs? comp. *chingar*.

Chingar, 1. g. *chinda, inhar, ihar*, 1. étincelle; *chingar*, b. braise, charbon. *Ihar*, dont Axular se sert n'est plus connu aujourd'hui; c'est peut-être une forme plus primitive, variante de *inhar*, dont *chingar (ch-inhar)* est le diminutif; pour la double orthographe de *g* et *h*, comp. *iges, ihes; ego, eho; chingurri, chinhaurri*. *Ihar* ferait penser à *gar* flamme; *chingar* petite flamme = étincelle; mais il faudrait pouvoir expliquer le *i* prosthétique, ce que nous ne pouvons pas pour le moment; nous avons seulement à signaler un fait très curieux, c'est l'espèce d'échelle de sons qui se retrouve dans *chingurri* et quelques autres mots; à savoir: *g, h, d, ñ*, *Chingurri, chinhaurri, chindurri, iñurri*. *Chingar, ihar, chinda, inhar* (nh. port.?); *inhara*, —, *iñara, enhara*, (nh portugais?) *Iges, ihes*, —, *iñes*. Et peut-être *ñ* ou *in* devient *y*, comp. *iñardun, yardun, inhar = eyar*.

Chingar, 2. l. bn. tranche de jambon. A Guéthary, du lard.

Chingil, 1. cloche-pied. *Chingilka jaustenda*, il saute à cloche-pied. *Chingil* paraît désigner ici cloche, (comp. *chinchila*), et sera formé de l'onomatopée *chin* et de la terminaison *gil* pour *egile*. Cette expression doit être prise du français où clocher est boiter.

Chingola, l. galand; P. bn. ruban. Galand est du vieux fr. pour garlande, guirlande. v. Littré, D. galandage.

Chingor, g. grêlon.

Chingurri, v. *chindurri*.

Chingurritz, v. *chindurri*.

Chinhaurri, v. *chindurri*.

Chinka, 1. bn. mauvaise humeur; i a.

Chinka, 2. b. bn. filet, pour pêcher.

Chio, l. *chira*, bn. cautère.

Chipa, v. *chiki*.

Chiphildu, v. *chipildu*.

Chipi, v. *chiki*.

Chipidura, v. *chiki*.

Chipildu, l. flamber un poulet; syn. de *chiligoratu*, — *chiphildu*, bn. brûler à l'extérieur.

Chipiraillu, v. *chiki*.

Chipirodi, v. *chiki*.

Chipitasun, v. *chiki*.

Chipitu, chipitze, v. *chiki*.

Chira, v. *chio*.

Chirchil, v. *zirzil*.

Chirgil, bn. malpropre, peu fourni; en parlant des grappes de raisins; comp. *zirzil*.

Chiri, v. *ziri*.

Chiribiri, l. violon. Dans les Dial. du P^{ce} Bonaparte se trouve *chiribiri*, bisc. syn. de *inguma*, papillon.

Chiribikar, l. joueur de violon. A Guéthary, *chiribika*.

Chiribika, chiribikar, v. *chiribiri*.

Chirigoratu, l. flamber, un poulet; syn. de *chipildu*.

Chiripa, l. ruisseau.

Chiristatu, chiristatzen, v. *ziri*.

Chiritu, v. *ziri*.

Chirola, v. *chistu*.

Chispa, g. fusil.

Chistu, v. *istu*.

Chistú, g. b. *chirola*, l. bn. petite flûte basque. Le mot *chistu* est de Zarauz; il est accentué sur la dernière syllabe *chistúa*, la flûte; *chistua*, la salive. On trouve aussi *istu*.

Chistu egin, l. siffler.

Chit, g. *chito*, b. *tchit* soul. très. *Chit ondo* très bien.

Chita, v. *chito*, l.

Chitaldi, v. *chito*, l.

Chitatu, v. *chito*, l.

Chitcher, v. *chicher*.

Chitchuketa, bn. travail du laboureur ou de l'ouvrier qui répare ou raccommode ses outils.

Chithal, bn. terme de mépris pour les petits hommes et les petites femmes.

Chito, 1. g. l. *chita*, b. bn. poussin.

Chitatu, l. couver. *Oilloa chitatzen dago*, la poule couve.

Chitaldi, l. couvée.

Chito, 2. v. *chit*.

Chito, 3. g. silence. Rappelle l'italien, zitti, zitto.

Chizki bezkiak, l. haillons; v. *chili*.

Chizpildu, l. P. griller; comp. *chipildu*.

Choarre, g. moineau.

Chocho, v. *zozo*.

Choil, choilki, v. *soil*.

Choko, v. *zoko*.

Chokon, v. *zoko*.

Chondor, g. charbonnière.

Chopin, v. *zotin*.

Choratu, v. *zoratu*.

Chori, g. b. l. bn. oiseau. Généralement pour les petits oiseaux.

Chori-buru, g. b. l. tête légère.

Choro, v. *zoro*.

Chorro, g. gouttière, tuyau de fontaine; v. *churru*.

Chorroin, v. *churroin*.

Chorroch, v. *zorrotz*.

Chort, g. l. *chorta*, bn. goutte; petite quantité; v. *churru*.

Chortaka, goutte à goutte; de *chorta-ka*.

Chortaka, v. *chort*.

Chotil, v. *sotil*.

Chotin, v. *zotin*.

Chuchen, v. *zuzen*.

Chuhandor, bn. arbrisseau roux à fruits noirs.

Chuhur, v. *zur*.

Chukatu, v. *chukhu*.

Chukatze, v. *chukhu*.

Chukhadar, v. *chukhu*.

Chukhu, l. bn. sec, moins absolu que *idor*.

Chukatu, chukatzen, g. l. *chukhatu*, bn. sécher, tarir. *Noek ikusi zuenean mundua chukatu zala*, g. Quand Noé eut vu que la terre était séchée.

Chukhadar, bn. essuie-mains.

Chukun, g. propre, élégant.

Chulo, v. *zulo*.

Chupa, g. jaquette d'homme.

Chupatu, g. sucer; de l'esp. chupar.

Chume, l. bn. petit; probablement le diminutif *ch* et *hume*. *Aitek eta amek irakhatsi behar diozkate oraino haur chumei, Pater Noster, Ave Maria*, etc. Les pères et mères doivent enseigner encore aux petits enfants le Pater Noster etc. la Vieuxville, p. 25.

Chur, v. *zur*, 2.

Churchuri, v. *zur*, 1.

Churdak, v. *zerdak*.

Churhail, v. *zuri*.

Churi, v. *zuri*.

Churimuri, g. *zurumuru*, b. rumeur vague. Il est curieux que nous ayons ce mot en hollandais (schorriemorrie), sans que l'origine soit connue, signifiant, canaille; un tas de canailles, een hoop schorriemorrie.

Churingo, v. *zuri*.

Churitasun, v. *zuri*.

Churitzaille, v. *zuri*.

Churnio, g. cheville du pied; syn. de *orgatil*.

Churpail, churphail, v. *zuri*.

Churpatu, l. P. se courber.

Churretatu, v. *churru*.

Churroin, l. *chorroin*, bn. pouperon de lin.

Churru, l. trémie de moulin; — bn. cuve à lessive; — torrent, cours d'eau; O. s'en sert dans ce sens, selon P. Comp. *zorro*, fourreau, sac, ventre; ainsi *churru*, *zorro* désignent un récipient quelconque, dans lequel on coule pour ainsi dire, ou la farine (trémie), ou l'eau (cuve), ou l'épée (fourreau), ou la nourriture (ventre). Comparez encore *chorro*, gouttière; *chort*, goutte; *churrusta*, *zurruta*, découlant, dégouttant; *churrupita*, averse; tous ces mots paraissent avoir une origine commune; mais où la trouver? est-ce *chort* goutte, ou est-ce *ur*, eau avec le diminutif *ch* préfixé et de là le verbe *churretatu*, couler, (mot d'O. selon P.); il y a ici un obstacle, ce sont les deux *r*, et bien que l'orthographe basque soit souvent très arbitraire il ne serait pas prudent d'admettre cette irrégularité sans preuves incontestables.

Churrupeko, bn. trépied soutenant la cuve à lessive; de *churru-pe-ko*.

Churrupeko, v. *churru*.

Churrupita, bn. averse. *Euria churrupitan ari da*, la pluie tombe à verse; comp. *churru*.

Churrustan, l. bn. coulant continuellement, p. ex. d'un robinet.

Churrusta, bn. *zurruta*, l. adv. en coulant.

Churruta, l. jet d'eau, cascade: mot d'O. selon P.

Churtch, v. *zurtz*.

Chut, chutik, chutitu, v. *zut*.

Chutchur, bn. se dit d'un arbre très chargé de fruits.

D.

Da, 1. g. b. l. bn. 3 pers. sing. du prés. de l'ind. de *izan*, il est. Le *a* de *da* devient *e* en lab. quand suivent les suffixes *n*, et *la* ; ainsi *den*, l. *dan*, g. qui est ; *dena*, l. *dana*, g. lui ou ce qui est ; *dela*, qu'il soit ; en g. *dala*.

Dena den bezala erraitera, pour dire la chose comme elle est ; litt. pour dire comment est ce qui est. *Bezala* régit *a*, pour cela *den*. *Irrazoiña galdetzen baduzu, huna non den*, Chourio. Si vous demandez la raison la voici ; *den* à cause de *non*. *Zer egin behar du giristino batek irakartzen denean*, que doit faire un chrétien quand il se réveille ; *den-ean*, v. Essai, p. 35.

Danik, g. b. l. bn. dès, depuis. *Oraindanik*, g. *orai danik* l. bn. dès à présent, désormais. Il nous semble que *danik* est la contraction de *danetik*, c. a. d. *da — n — tik*. Pour unir *tik* à *dan* il fallait intercaler le *e* de liaison *danetik* ou bien supprimer le *t*, *danik* ; v. Essai, Ch. II. Aussi Larramendi emploie-t-il *danetik*, dans le même sens. *Mundu mundua danetik*, depuis que le monde est monde. Il est cependant possible que *danik* soit une forme indépendante de *danetik* et formée de *dan-ik*.

Danez, g. selon, comme, étant. *Andia danez gizonen gaiztakeria*. Comme la méchanceté des hommes est grande ; de *dan-z* avec *e* de liaison ; litt. par qui est = par l'être = étant ; par l'être grande la méchanceté, étant grande, etc. etc.

Da, 2. v. *ta*.

DACAILLA, l. l'. nappe ; de l'esp. toalla.

Dagokana, v. *egoki*, s. v. *egon*.

DAINU, v. *damu*.

Dakiregi, v. *jakin*.

Dako, bn. auge.

Dallu, bn. faux.

Dallarri, pierre à aiguiser la faux ; de *dallu-arri*.

DAMU, g. b. l. peine, regret — l. bn. dommage ; du latin damnum. Les dial. g. et b. ont *dañu* pour dommage, perte. P. cite *dainu* qui paraît être inconnu aujourd'hui. *Dañu* de l'esp. daño. *Damu det*, g. *dut*, l. *dot*, b. je regrette (j'ai regret). *Nere damuz* g. b. à mon regret. *Damu da*, l. bn. c'est dommage.

Damurik, g. b. à regret; de *damu-ik*, et *r* euph.

Damutu, damutzen, g. l. se repentir; *damutzen naiz*, je me repens.

Damutasun, g. b. l. repentir, regret; de *damu-tasun*.

Damukor, g. construit avec *egon* est syn. de *damu det*; *damukor nago*, je regrette; de *damu-kor*.

DAMUKOR, v. *damu*.
DAMURIK, v. *damu*.
DAMUTASUN, v. *damu*.
DAMUTU, v. *damu*.
DAMUTZE, v. *damu*.
DAMUZ, v. *damu*.

Dan, v. *da*, 1.

Danda, 1. bn. pac, l'un des termes d'une obligation payable en plusieurs portions et à divers délais. Salaberry.

Danda, 2. v *danga*.

Danetik, v. *da*, 1.

Danez, v. *da*, 1.

Danga, b. bn. *danda*, l. coup de cloche.

DAÑU, v. *damu*.
Daño, v. *ño*.
Danik, v. *da*, 1.

Dantzut, dantzuk, etc. v. *enzun*.

Darthu, bn. rejeton de souche d'arbre; holl. kreupelhout; terrain en bois taillis où les souches produisent des arbrisseaux que l'on coupe.

DASTATU, DASTATZEN, l. goûter; du prov. gostar. A Guéthary on prononce *yastatu*. v. *Y*.

Daugin, bn. prochain. Ce mot a l'air d'être une forme verbale.

DEABRU, g. bn. *diebru*, b. *debru, deabru*, l. diable.

Deadar, v. *dei*.
Deatulu, bn. tarière.

DEBADIO, bn. discussion; du fr. débat?

Debalde, bn. en vain. — l. à l'abandon; de l'esp. de balde, (qui vient de l'arabe, bâtil, v. Dozy, Glos.) pour rien, gratis.

DEBEKU, g. l. bn. défense.

Debekatu, debekatzen, g. l. bn. *debekau*, b. (*t* élidé) défendre.

DEBLAUKI, DEBLOKI, l. hardiment. *Deplauki*, bn. complètement, amplement. Selon O. dans ses corrections au Ms. de P. ce mot est seulement connu à Sare et Ascain et ne lui paraît pas être basque. *Zer ordenatuko diozu bada Jainkoaren izen saindua, hain deblauki, antsikabeki eta kontu guti erabiltzeko usantza duenari?* Axular p. 262. a. éd. Qu'ordonnerez vous à celui qui a coutume de traiter le saint nom de Dieu si hardiment, si légèrement (sans souci), et qui en tient si peu de compte? La terminaison adverbiale est *ki*; il reste donc, *deblau*, que Chaho voudrait rattacher au latin debellatus, part. de debellare.

DEBLOKI, v. *deblauki*.

Deboildu, bn. détruire. Ce mot, qui se trouve chez M. Salaberry, n'a pas l'air basque et fait penser à débile.

DEBRU, v. *deabru*.

Dei, g. b. appel, vocation. — l. son. *Abranen deya*, la vocation d'Abraham. *Mesaren deïa*, le son de la messe. *Deïez dagoka*, P. il l'appelle. *Zure deïa du*, il vous appelle. Ces exemples prouvent que le verbe dérive du substantif et non le subst. du verbe.

Deitu, deitzen, g. b. l. *deithu*, bn. appeler.

Deadar, g. *diadar*, b. cri; *deyadar*, l. alarme; *deihadar*, bn. tocsin. La terminaison est obscure.

Deithore, l. lamentation pour les morts.

Deithoratu, l. *deithuratu*, bn. témoigner du regret à la mort de quelqu'un.

Deihadar, v. *dei*.

Deinhu, bn. adresse pour le travail. Comme on prononce quelquefois *d* comme y (dj) comp. *dostatu*, etc. il est probable que *deinhu* est une corruption de génie.

Deino, v. *ño*.

Deithore, v. *dei*.

Deithoratu, deithuratu, v. *dei*.

Deithu, v. *dei*.

Deitu, deitze, v. *dei*.

Deitzi, v. *jetzi*.

Dema, g. gageure.

Dembora, g. l. *dempore*, b. temps.

Demontria, l. bn. interjection d'étonnement; peste! Ce mot n'est pas basque; mais d'où vient-il?

Dempore, v. *dembora*.

Den, dena, v. *da*, l.

Denda, bn. constipation.

Dendari, g. l. bn. tailleur, couturière. Il nous semble de l'esp. tendero, boutiquier. Selon Chaho du lat. tentorium.

Dendatu, b. l. se parer.

Dendatu, v. *dendari*.

Deplauki, v. *deblauki*.

Deritzat, v. *eritzi*.

Desafia, bn. *desafio*, l. défi.

Desenkusa, l. (i. a.) bn. excuse. On dit plutôt aujourd'hui *deskusa*.

Deskansu, l. bn. repos; de l'esp. descanso.

Destatu, destatzen, l. mirer.

Destarratu, v. *desterru*.

Desterru, l. exil; de l'esp. destierro.

Desterratu, l. *destarratu*, bn. exiler, esp. desterrar.

Desturta, l. rustre, lourdaud; i. a.

Deunge, b. mauvais. *Bardin urten daike guraso onetatik seme deungiak*, également d'un bon père il peut provenir de mauvais fils. Est-ce que *deunge* serait une variante de *donge* qui est *don-ge*, pas saint = mauvais.

Deus, l. bn. quelquechose. M. Salaberry se trompe quand il dit que *deus* signifie, rien; pour cela il faut encore la négation. *Deus guziak*, l. toutes choses.

Ene deusak, l. mes petites affaires. *Baduzu deusik?* avez-vous quelque chose.

Deus ez, l. bn. rien. *Deus ezta, ezta deusik*, il n'y a rien.

Ezdeus, l. bn. vaurien.

Ezdeuskeria, l. bn. ineptie, action faite par imprévoyance.

Deyadar, v. *dei*.

Di, v. *dik*.

Dia, g. multitude. En g. *dia* n'est en usage que dans les composés; nous ignorons si *dia* se trouve dans les autres dialectes.

Diako, g. pluriel; de *dia-ko*.

Diatu, diatzen, g. peupler.

Diazkitu, diazkitzen, g. multiplier.

Diadar, v. *dei*.

Diako, v. *dia*.

Diatu, diatze, v. *dia*.

Diazkitu, diazkitze, v. *dia*.

Diebru, v. *deabru*.

Diharu, v. diru.

Dik, g. l. bn. *di*, b. de, dès, depuis; le *d* se change en *t* selon les lois phonétiques, v. Essai, Ch. II. *Dik* indique toujours une idée de mouvement (par opposition à *go*), au propre et au figuré. *Irten naiz echetik*, je sors de la maison. *Ezta gizona ogi beretik biziko*, Matt. IV. 4. l'homme ne vivra pas de pain seulement. *Noiztik*, g. depuis quand. *Emendik zazpigarren egunean*, g. *oraitik zazpigarren egunean*, l. d'ici ou d'à présent au septième jour, c. a. d. après sept jours.

Dik — ra, g. après. *Kuchan sartu zanetik urte betera*, une année pleine après être entré dans l'arche; on ne peut traduire ceci littéralement; à peu près: une année pleine de ou dès (du moment de) leur entrée (*sartu zan*, ils étaient entrés), dans l'arche. Quand *dik* doit exprimer le pluriel ou l'indéfini, on y ajoute, comme cela a lieu avec les autres suffixes. (v. Essai, p. 50),

ta ou *eta* (*e* de liaison) et le *d* devient *t* (v. Essai, Ch. II), *etatik*.

Dilinda, l. crochet; *dilindan*, bn. en suspens.

Din, g. juste. *Asko diña det*, j'en ai assez.

Din diña, justement.

Dindez, à proportion. Le *d* paraît être euphonique.

Dindez, v. *din*.

Dino, v. *ño*.

Dionez. g. selon; de *dio-n-z* et *e* de liaison; selon que il dit.

Diriala, b. Le dial. b. intercale un *i* quand *la* et *n* suivent; *diriala* correspond à *dirala*, qu'ils sont; et *dirian* à *diran*, qui sont.

Dirian, v. *diriala*.

Diru, g. b. l. bn. argent (monnayé). Selon Chaho du lat. denarium en passant par *diharu*, soul. Il nous semble plutôt de l'esp. dinero. La mutation de *n* en *h* se retrouve encore dans *liho*, de l'esp. lino. En bisc. *o* devient régulièrement *u* quand suit l'article; dinero est donc devenu *diherua* (forme hypothétique) *diharua, dirua*; si le mot soul. *diharu*, de Chaho, existe, il n'y a rien à dire, mais s'il n'existe pas, ce qui n'est pas impossible, la contraction de *diherua* en *dirua* expliquerait tout aussi bien, si non mieux, la forme actuelle.

Dirudienez, v. *irudi*.

Distia, l. bn. splendeur. On dit à Guéthary, *distira*; il paraîtrait donc que le *r* s'est perdu.

Distiatu, distiatzen, g. l. bn. briller, reluire.

Distiadura, l. bn. lueur.

Distiadura, v. *distia*.

Distiatu, v. *distia*.

Distiatze, v. *distia*.

Dithari, l. bn. dé à coudre; du lat. digitale, ou de l'esp. dedal.

Dithi, titi, g. b. l. bn. teton, mammelle. Ce mot se retrouve dans presque toutes les langues indo-européennes, titthe, grec; ziza, ancien haut. all. teta, prov. et esp. tette, fr. v. L. R. et Diez, E. W. S'il était permis de juger par la forme, les basques auraient pris leur mot du grec.

Doai, doain, g. *doain, dugai*, b. *dohain*, l. bn. Selon Chaho *dohañ, duhañ*, soul. Don, destin; esp. destino, dones; du lat. donum, avec mutation de *n* en *h*, (v. *gihar, liho, diharu*) et de la finale *m* en *n*. Chaho se demande si le *i* est à sa place dans *dohain*, puisqu'on ne le prononce pas; il nous semble qu'il serait mieux d'écrire *dohain* sans *i*, du moment que le *n* a le tilde, *ñ*; *i* indique le son mouillé de *n* et *l*; *in* et *il*, correspondent à l'esp. ñ et ll; comp. *baño* et *baino, zain* et *zañ*, etc. etc.

Doaitsu, g. *dohatsu*, l. *dohaxu*, bn. heureux; de *doai-tsu*.

Doatsutasun, g. l. *dohaxutarzun*, bn. bonheur, en style d'église; de *doatsu-tasun*.

Doakabe, g. l. *dohakabe*, bn. malheureux; de *doai-gabe*; *k* pour *g* après une voyelle, v. Essai, Ch. II.

Dohakaiz, malheur; de *dohain-gaitz*; chute de *n*, comp. *dohatsu*, *k* pour *g* après une voyelle; v. Essai, ch. II. mauvais destin, mauvaise chance. V. Pr. d'O. 117. *dohacaiz dunac*, celui qui a mauvaise chance = le malheureux.

Dohainik, l. gratuitement; de *dohain-ik*.

Doain, v. *doai*.

Doaitsu, v. *doai*.

Doakabe, v. *doai*.

Doatsu, doatsutasun, v. *doai*.

Dohain, v. *doai*.

Dohakabe, v. *doai*.

Dohakaiz, v. *doai*.

Dohañ, v. *doai*.

Dohatsu, v. *doai*.

Dohaxu, dohaxutarzun, v. *doai*.

Doi, l. bn. juste, proportionné, à propos. *Zure doia har zazu*, bn. prenez juste ce qu'il vous faut. *Baldin doiez bazara, guti baduzu, emozu guti*. Ax. 229. Si vous êtes juste, si vous avez peu, donnez peu.

Doi doia, l. bn. tout à l'heure, à peine; cette expression ne se rapporte qu'au passé; *doi doia joan da*, il est à peine parti, il est parti tout à l'heure. En g. b. l. *doi doia* signifie, à peine, avec difficulté.

Doi doia irabazi du, il a gagné avec peine.

Doiaz, bn. avec mesure, avec économie.

Doiaz, v. *doi*.

Doidoia, v. *doi*.

Doillor, v. *dolor*.

Dollor, v. *dolor*.

Dolor, g. *dollor*, b. *doillor*, l. En g. et b. vil; en l. *doillora*, un drôle, un bon compagnon, P. Selon

Chaho du latin dolus; la terminaison *or* reste sans explication.

Dolu, l. bn. deuil; de dol, deuil. v. L. R.

Dolutu, dolutzen, l. bn. se repentir.

Dolugarri, l. bn. digne de pitié; de *dolu-garri*.

Dolugarri, v. *dolu*.

Dolutu, dolutze, v. *dolu*.

Domu, l. empeigne de soulier.

Don, l. bn. Ce mot est pris de l'espagnol et correspond dans les composés à Saint; *Dona Phalen*, bn. *Donpalayoa*, l. St. Palais (ville). *Donostia*, St. Sébastien, de Don-Esteban.

Donge, b. mauvais; de *don-ge* pour *gabe*; litt. pas saint; on trouve aussi *deunge* pour mauvais, c'est probablement le même mot.

Donge, v. *don*.

Dorpe, l. bn. rude, pénible. — l. fier, enflé d'orgueil; de l'esp. torpe. *Eritasun dorpea*, rude maladie.

Dorre, g. l. bn. tour, de l'esp. torre.

Dorthollo, bn. grossier, inflexible.

Dosta, v. *gozo*, 2.
Dostatu, dostatze, v. *gozo*, 2.
Dosteta, v. *gozo*, 2.

Drago, l. bn. coup à boire; de l'esp. trago.

Draya, l. bn. grenaille, petit plomb de chasse. Ce mot n'est pas basque, mais d'où vient-il?

Du, 1. Suffixe qui dans tous les dialectes sert à former l'adjectif verbal; le *d* devient *t* selon que les lois phonétiques l'exigent, *hebaindu, galdetu*, etc. etc.

Du, 2. 3 pers. sing. du présent de l'indicatif: il a. Quand *du* est suivi du relatif *n*, on écrit *duen* (comp. *dun*), qui a.

Duen, v. *du*.

Duga, l. douve; du prov. dogua.
Dugai, v. *doai*.
Duhañ, v. *doai*.

Dun, Cette terminaison se retrouve dans tous les dialectes et sert à former des adjectifs; elle est composée de *du*, il a, et de *n* relatif, qui, que; qui a. Ainsi, *aurdun*, qui a enfant = enceinte; *biotzdun*, qui a coenr = courageux, etc. Quand *dun* n'est pas une terminaison, on écrit *duen*, qui a.

Dupela. v. *dupha*.

Dupha, l. bn. *duphela, dupela, gupela*, l. tonneau. O. écrit *lupa*, selon P. Pour la variété d'orthographe, comparez *chindurri, chingurri; chindar; chingar*. Est-ce qu'il faudrait rattacher *duga* douve à *dupha?* L'origine de douve est incertaine; v. Littré, D., Diez, E. W.; Brachet, Dict. Etym.

Duphin, v. *dupin*.

Dupin, *tupin*, l. *duphin*, bn. *tupin*, b. pot en fer dans lequel les paysans font la soupe; par méthaph. homme lourd.

Dura, terminaison qui est de tous les dialectes et qui sert à former des substantifs; *distiadura, hebaindura*, etc. Il est difficile de décider si cette terminaison est prise de l'espagnol p. ex. cortadura, coupure; cornadura, couronnement, etc. ou si elle est basque. Dans un mot comme *epeldura*, attiédissement, de *epel* tiède, elle pourrait être basque; nous choisissons *epeldura*, puisque *epeltasun*, tiédeur, existe aussi; *ra*, est vers et indiquerait peut-être ici le „devenir" tiède, l'attiédissement; *chipitasun*, petitesse, *chipi'ura*, rappetissement, le devenir petit; *eztidura*, le devenir doux, l'adoucissement.

Durdurika, bn. bruit sourd.
Durdurikatu, chanceler. On dit plutôt *durduzatu*.

Durdusi, l. menace.

Durdusiatu, menacer, frôler.
Durduziatu, v. *durdusi*.
.**Durduzatu,** v. *durdurika*.
Dutchulu, l. bn. robinet, ouverture d'un vase. Il nous semble qu'étymologiquement ce mot indique l'orifice du canal ou du goulot d'un vase, *tuto-chulo*, tuyau-trou. Nous avons en hollandais exactement le même mot: tuitgat; et tuit, tout seul, indique goulot, seulement d'une théière ou bouilloire; on dit le cou (hals) d'une bouteille. Il est curieux que le verbe holl. tuiten, et le basque *tutatu* signifient le premier tinter (les oreilles), et le second corner aux oreilles.

E.

Ea, g. l. bn. si. On trouve aussi *eya*, et à Guéthary *ean*. *Galdetu dit ea ettorriko zeran*, g. il m'a demandé si vous viendrez. *Nahi nuke iakin ean Bidarten izatu zaren*, je voudrais savoir si vous avez été à Bidart.

Ea, g. b. l. *hea*, bn. or, sus! voyons! commençons! esp. bamos! *Ea! egiten ote dezun*, voyons! si vous le faites. *Ea eder dala!* voyez qu'il est beau!

Ean, v. *ea*.

Ebai, v. *ebaki*.

Ebaki, ebakitzen, g. l. bn. *ebai, epaki*, b. couper. Le dial. b. contracte souvent la dernière syllabe des formes verbales; *aitu = aditu; echan = echeden; ein = egin*. Il est curieux que les dial. basq. fr. aient choisi cette forme contractée pour signifier spécialement couper le blé.

Epai, epaitzen, l. *ephai, ephaitzen*, bn. couper avec la faux ou la faucille; v. l'art. ci-dessus.

Epaille, l. *ephaille*, bn. faucheur, moissonneur; de *epai-ille* pour *egille*.

Epailla, g. b. le mois de mars; de *epai (epaki) -illa*.

Erabaki, g. *erabai*, b. décider; de *erazo-ebaki*. Les verbes couper, trancher, pour „décider" se retrouvent dans plusieurs langues; mais pourquoi le nom verbal a-t-il la forme d'un causatif en basque?

Ebakitze, v. *ebaki*.

Ebaska, v. *ebatsi*.

Ebatsi, ebatsten, l. *ebaxi*, bn. voler, dérober.

Ebaska, l. bn. à la dérobée.

Epaixka, syn. de *ebaska*; mot d'O. selon P.

Ebatste, v. *ebatsi*.

Ebaxi, v. *ebatsi*.

Ebiakoitza, egiakoitza, bn. samedi; syn. de *larumbata*.

Ebilli, v. *ibilli*.

Echadi, v. *eche*.

Echagun, echaguntz, v. *eche*.

Echalde, v. *eche*.

Echan, v. *icheden*.

Echaon, v. *icheden*.

ECHATU, ECHATZEN, l. lancer; de l'esp. echar.

Eche, g. b. *etche*, l. bn. maison. Selon W. v. Humboldt. Prüf. der Unters. etc. etc. de *ichi*, fermer; ce qui est très probable; Larramendi donne aussi *ichea*, maison.

Echetar, g. ceux qui habitent la maison; correspond exactement à l'all. hausgenosse; de *eche-tar*.

Echola, et par contraction *chaola*, g. *chabola*, b. *etchola*, l. bn. cabane; de *eche-ola*.

Etchechka, l. bn. maisonnette; de *etche*, avec le diminutif *ch*.

Echeko, g. b. adj. domestique; de *eche-ko*.

Echekoak, l. bn. syn. de *echetar*, du moins à Guéthary; plur. de *echeko*.

Echejaun, g. *echagun*, b. maître de la maison; de *eche-jaun*.

Etcheko andere, l. bn. dame de la maison; de *eche-ko-andere*. M. de Chanrencey écrit *etchekanderia*, (Recherches sur les noms d'animaux etc.) et se figure que *k* est une lettre euphonique.

Echalde, g. *etchalde*, l. bn. *echaguntz*, b. propriété, ferme; de *eche-alde* et *echagun-tzat*.

Echadi, g. lignage.

Etchesartze, bn. trousseau: de *etche* et probablement de *sartze*, subst. verb. entrer; l'entrée en ménage.

Etchikhertze, bn. visite domiciliaire; de *etche-hertzte?*

Echeden, v. *icheden*.

Echejaun, v. *eche*.

Echeki, v. *ich*.

Echeko, v. *eche*.

Echetar, v. *eche*.

Echoik, v. *icheden*.

Echoin, v. *icheden*.

Echola, v. *eche*.

Edale, v *edan*.

Edan, edaten, g. b. l. bn. boire.

Edanerazo, g. b. *edanazi*, b. *edanarazi*. l. bn. Selon Sal. *edadan*, bn. faire boire, abreuver; de *edan-erazo*.

Edari, g. b. l. bn. boisson.

Edale, g. b. l. buveur; de *edan-le*; pour la chute de *n*, v. Essai, Ch. II.

Edatoki, g. abreuvoir; de *edan-toki*; chute de *n*, v. Essai, Ch. II.

Egarri, g. b. l. bn. soif. Ne faudrait-il pas placer ce mot ici comme dérivé de *edan-garri?* porté, enclin à boire = soif. La contraction peut paraître violente, mais elle n'est pas isolée; comp. *emeretzi* pour *amar bederatzi*, *erle* pour *erraile*, etc. C'est un adjectif employé substantivement comme tant d'autres adjectifs; la forme l'indique, et aussi l'emploi: *egarri naiz*, j'ai soif c. a. d. je suis altéré. En anglais ou ne dit pas non plus, j'ai soif; mais, je suis altéré, I am thirsty.

Egarsu, l. bn. soif; syn. de *egarri*; de *egarri-su* pour *tsu*; Chourio écrit *egartsu*. Si notre supposition par rapport à *egarri* est fondée, il faut croire que *egarsu* a été formé du nom verbal *egarri-tu*, ou bien, que ce mot est d'une date plus récente, et que la terminaison *tsu*, *su*, y a été ajoutée, après qu'on eût oublié que *garri* en avait déjà fait un adjectif; la première hypothèse (l'adjectif du verbe) nous paraît la plus vraisemblable. Quoique étant décidément un adjectif, *egarsu* s'emploie substantivement.

Egarsua badut, j'ai soif.

Egarritu, egarritzen, b. l. bn. donner soif.

Egargarri, b. qui donne soif; du nom verbal *egarri-garri.*

Egarridura, bn. sentiment caché de haine; *egarri-dura.*

Edanarazi, v. *edan.*
Edanazi, v. *edan.*
Edanerazo, v. *edan.*
Edaran, v. *edan.*
Edari, v. *edan.*
Edasi, v. *erausi.*
Edasle, v. *erausi.*
Edaste, v. *erausi.*
Edate, v. *edan.*
Edatoki, v. *edan.*
Ede, g. *hede,* l. bn. courroie, lanière; dans le Labourd surtout pour attacher le joug.

Edegin, b. *hedatu, hedatzen,* l. bn. étendre, s'étendre.

Hedadura, bn. étendue; *heda-dura.*

Edegin, v. *ede.*
Edeki, edekitzen, bn. ôter.
Edekitze, v. *edeki.*
Eder, g. b. l. bn. beau.

Edertasun, g. b. l. beauté.
Ederki, g. l. *ederto,* b. adv. agréablement, joliment.

Edertu, edertzen, b. l. bn. *edertatu,* l. embellir.

Ederets, ederetsten, l. (i. a); *ederexi,* bn. trouver agréable, accueillir, agréer; de *eder-etsi. Guero ere ederetz dut,* enfin il m'a agréé.

Ederkitasun, l. bienséance; de *ederki-tasun.*

Edergallu, l. bn. ornement; de *eder — ?*

Ederets, v. *eder.*

Ederexi, v. *eder.*
Edergallu, v. *eder.*
Ederki, v. *eder.*
Ederkitasun, v. *eder.*
Edertasun, v. *eder.*
Edertatu, v. *eder.*
Ederto, v. *eder.*
Edertu, v. *eder.*
Edertze, v. *eder.*
Ediozoin, v. *edo.*
Edireite, v. *eriden.*
Ediren, v. *eriden.*
Edo, g. b. l. bn. ou; — b. sans doute, par hasard.

Edozein, g. l. *edozeñ,* b *ediozoin,* bn. quiconque, quelconque, quelqu'un, chacun; de *edo-zein. Edozeñek daki errazago dana gauzia esaten egiten baño,* b. chacun sait qu'il est plus aisé de dire que de faire une chose

Edola ere, l. ou du moins.

Edoi, v. *odei.*
Edola ere, v. *edo.*
Edoski, edoskitzen, l. sucer, téter; i. a. On dit aujourd'hui *erauskitu,* dumoins à Guéthary, pour téter, en parlant des animaux; ceci nous paraît être le causatif *erazo-edoski,* dont le *d* s'est perdu en lab. Larramendi donne *eradoski,* P. *eredoski.*

Edoskitze, v. *edoski.*
Edozein, edozeñ, v. *edo.*
Eduki, v. *euki.*
Edur, v. *elur.*
Ega, v. *ego,* l.
Egargarri, v. *edan.*
Egari, egarten, l. user.
Egarri, v. *edan.*

Egarridura, v. *edan*.
Egarritu, v. *edan*.
Egarritze, v. *edan*.
Egarsu, egartsu, v. *edan*.
Egarte, v. *egari*.
Egatu, v. *ego*, 1.
Egatze, v. *ego*, 1.
Egazkin, v. *ego*, 1.
Egazti, v. *ego*, 1.
Egi, v. *hegi*, 1.
Egia, g. b. l. bn. vérité. La ressemblance entre *egia* et *ekia* soleil, permettrait peut-être de les considérer comme ayant une origine commune. L'idée abstraite de vérité a pu être exprimée par lumière. Comparez M. Renan, Hist. gén. des langues sém. p. 22. 23 où l'auteur dit „l'idée du vrai se tire de la solidité, celle du beau de la splendeur," etc.

Egiazko, g. b. l. bn. vrai, véritable; de *egia-z-ko*.

Egiazki, g. b. l. bn. véritablement ; de *egia-z-ki*.

Egiaz, g. l. *egijaz*, b. en vérité; de *egia-z*.

Egiati, l. *egiti*, b. véridique.

Egistatu, egistatzen, g. vérifier.

Egiakoitza, v. *ebiakoitza*.
Egiati, v. *egia*.
Egiaz, egiazki, v. *egia*.
Egiazko, v. *egia*.
Egijaz, v. *egia*.
Egikizun, v. *egin*.
Egile, egille, v. *egin*.
Egin, egiten, g. b. l. bn. généralement contracté en bisc. en *ein;* faire. L'impératif, le prés. et l'imp. du subjonctif sont les seuls temps réguliers. En bisc. *egin* sert comme auxiliaire, *il egiten dau arimea*, il tue l'âme ; *lotsatu egin naz*, j'ai eu honte. Ceci indique clairement la nature de quelques uns des noms verbaux basques, c. a. d. qu'ils sont des substantifs ou des adjectifs. La même chose se retrouve dans d'autres langues; en français p. ex. le verbe „rendre" peut être comparé à *egin ;* rendre mou amollir; rendre petit, rapetisser ; etc. et plus exactement en hollandais ou en allemand où l'on se sert du même verbe qu'en basque; holl. maken; all. machen, *egin* ; dood maken, *ill egin*, faire, rendre mort, tuer; krom maken, plier; faire rendre courbé; dood et krom sont des adjectifs, mort et courbé. Open maken, rendre ouvert = ouvrir; toe maken, rendre fermé = fermer. Toutes ces expressions peuvent se rendre par de véritables verbes; toe maken = sluiten; dood maken = dooden ; open maken = openen; mais dans le langage ordinaire on préfère les formes composées, adj. adv. ou participe et auxiliaire.

Eragia, g. b. *erain*, b. *egin arazi*, l. faire faire. — b. mouvoir.

Egille, g. b. l. *eginzale*, *egile*, bn. faiseur, — g. créateur; de *eginle* pour *zale*. Il nous semble que M. Salaberry a raison en considérant *le* comme syncope de *zale*. *Egille*, à son tour, devient terminaison, mais dans la forme syncopée, *ille; bacherille*, potier, de *bachera-egille*. Pour la chute de *n*

v. Essai, Ch. II. *Bere egillea eza-gutzeko eta maitatzeko*, pour connaître et aimer son créateur.

Eginbide, (mieux *egimbide*) g. l. bn. *eginbidera*, b. *imbide*, bn. devoir; de *egin-bide*. Cette fois c'est le bn. au lieu du bisc. qui supprime le *g*.

Imbidezu (mieux *tsu* ou *su*) bn. honorable, disposé à remplir ses devoirs; de *imbide-tsu*.

Eginkizun, g. l. qui peut sefaire. La terminaison est obscure; elle paraît être une forme verbale; *kizun* indique un futur: *esankizun*, g. ce qui se dira; *etorkizun*, ce qui viendra, ce qui peut venir.

Egikizun, b. occupation; v. ci-dessus *eginkizun*. Le bisc. a mieux observé les lois phon. en élidant *n* devant *k*, v. Essai, Ch. II. *Ta anima geyagogaz bere egikizunari jarraituteko*, et pour poursuivre ses occupations avec plus de zèle.

Egiramu, l. action faite par ostentation; mot d'O. selon P. de *egin* —?

Ezin, en g. et l. avec l'art. *eziña* impossible. Il nous paraît plus que probable que *ezin* se compose de *ez-ein* pour *egin*. Le bisc. écrit généralement *ein*, et le bn. a fait la même contraction dans *imbide*, v. ci-dessus.

Dans tous les dial. g. b. l. bn. *ezin*, accompagné des terminaisons auxiliaires, correspond à, ne pas pouvoir. *Ezin det*, je ne puis pas. *Ezin joan naiz*, je ne puis pas aller. *Eta ecin haren hitza reprehenditu ukan dute*, Luc. XX. 26, Test. Rochelle; et il ne purent pas trouver à redire à ses paroles.

Ezin ikusia, g. la haine.

Ezin eramana, g. l'envie.

Ezin eraman alako, g. insupportable; litt. de manière qui ne peut être supporté.

Ezin esan al adiña, g. inombrable; litt. autant que ne peut être dit.

Eginal, v. *al*.

Eginbide, eginbidera, v.*egin*.

Eginkizun, v. *egin*.

Eginzale, v. *egin*.

Egiramu, v. *egin*.

Egistatu, v. *egia*.

Egistatze, v. *egia*.

Egiti, v. *egia*.

Ego, 1. g. b. *hegal*, l. bn. aile.— l. nageoire; comme l'esp. ala pour nageoire, tandis que les basques esp. ont *isatsa*. Le *o* du guip. et bisc. *ego*, ne se retrouve dans aucun dialecte, ni dans aucun dérivé.

Hegaldatu, hegaldatzen, l. bn. s'envoler, voler; de *hegal?* mais d'où vient le *d?* comp. *egatu*.

Egatu, egatzen, g. *egaz egin,* b. voler. Il est difficile de décider si *egatu* vient de *ego*, ou *ego* de *egatu*; *egatu* pourrait dériver de *ega*, g. qui signifie vol; de là aussi le bisc. *egaz egin* faire, (prendre) vol, c. a. d. voler; cependant il semblerait que le mot pour aile a dû exister avant celui de vol; et aussi le verbe voler, avant le substantif vol. Faudrait-il peut-être rattacher tous ces mots au radical *ig?* d'où *hegi*, dont on aurait pu former *hegi-alde-tu*, (hypothétique) puis *hegaldatu*, et enfin le substantif *hegal*; nous aurions alors en même temps l'explication du *d* dans *hegaldatu*.

Ega, v. ci-dessus.

Hegatz, l. (i. a.) *hegax*, bn. plume. En g. ce mot n'est pas ou n'est plus connu; on emploie *luma*, de l'esp. *pluma*; avec aphérèse du *p* pour éviter le son *pl* qui n'est pas basque. Larramendi, il est vrai, donne *egatsa*, mais on ne sait jamais s'il cite un mot guip. ou bien d'un des autres dialectes. La terminaison *tz* n'est pas claire.

Egazti, g. b. *hegatstin*, l. bn. oiseau. M. Fabre (Guide de la conv. fr. basq. Bayonne 1862), écrit *egaxkin*.

Egazti, g. b. pourrait être un participe: couvert de plumes, l'angl. feathered; le fr. plumé exprime par hasard exactement le contraire; comp. les participes (adj. verbaux) *autsi* de *auts*; *etsi* de *es*; *ichi* de *ich*; etc. Le *n* a la fin de *hegatstin*, ferait penser que *egaxkin* est peut-être une forme mieux conservée pour *egatz-egin*, (*k* pour *g* après *x = tz*) fait (de) plume = oiseau; nous ne connaissons qu'un exemple de permutation de *k* et *t*, c'est *atzen* et *azken*, et encore c'est plutôt *tz* pour *zk*. Toutes ces formes restent donc très incertaines.

Ego, 2. g. *egoi*, b. *hego*, l. bn. vent du midi. *Eta hegoac draun-sanean*, Luc. XII. 55. Test. Rochelle. Et quand le vent du midi souffle.

Ego, 3. **egotzen,** g. *eyo, eyoten*, b. *eho, ehotzen*, l. bn. moudre. — l. digérer, rouer de coups; quelque chose d'analogue en fr. moulu, pour: abîmé de fatigue. Le subst. verbal en lab. est aussi *ehoiten*, du moins P. cite: *ehoiteko gaitza*, dur à digérer.

Egoi, v. *ego,* 2.
Egoille, v. *egon.*
Egoite, v. *egon.*
Egoitste, v. *egotzi.*
Egoitza, v. *egon.*
Egoki, v. *egon.*

Egon, ou *egotu*, ou *egondu*, *egoten* (*egoiten* l.) g. b. l. bn. Le *n* est élidé devant *t*, v. Essai, Ch. II. En g. b. être, rester, attendre. En l. bn. rester. Les basq. esp. s'en servent pour „être" à l'imitation des espagnols, qui emploient „estar" pour être; *egon* exprime seulement être, sans relation d'un datif; *dembora ederra dago*, le temps est beau. *Egon* se conjugue des deux manières, *nago, ago, dago*, etc. et *egoten naiz*; l'impératif est *ago, zagoz*, reste, *bego*, qu'il reste, etc. *Benetako erruki ta amodijua dagoz....* b. la véritable compassion et le (véritable) amour sont.

Egon zaite piska bat, g. attendez, restez un peu.

Egon aldia, g. b. visite.

Egoitza, l. bn. *egongia*, bn. demeure; de *egon-tegia*; *egoitza*, le subst. verbal; comp. *aditza*.

Egoille, l. celui qui aime à rester à la maison; de *egon-le* pour *zale*; *n* élidé, v. Essai, Ch. II. La terminaison ne peut être *ille,* syncope de *egille,* comme dans *bacher-ille,* le sens l'indique; *i* est donc ici pour donner le son mouillé à *l.*

Egoki, g. b. l. importer (verbe unipers.) appartenir, concerner, convenir. *Dagokit niri,* il m'importe. *Eta onestasunari ez dagokion erdi agerian ikusi zuenean,* Lardizabal. Et l'ayant vu (Noé) à moitié nu, ce qui ne convient pas à la décence. *Egoki* a toujours un datif inhérent et est employé comme en esp. estar (être), ou l'anglais to be, avec un participe présent. *Auzoko gizona beti dagokat eske,* b. l'homme du voisinage me demande toujours; litt. m'est toujours demandant; me esta siempre pidiendo; is always asking me.

Egoki, g. b. à propos, propre à, capable. *Zu egokia zera au egiteko,* vous êtes capable de faire cela. Comme substantif: propriété, capacité. *Gizonen egokia,* le propre des hommes, c'est.... *Dagokana,* g. concernant; c'est la 3 pers. sing. du prés. de l'indicatif de *egoki,* avec datif de la 3 pers. à lui, il concerne (à) lui; plus *n* relatif: qui concerne (à) lui; plus l'art. *a*; ce qui le concerne = concernant. *Argitaratuko libru bat Jesusen biotzarekiko devozioari dagokana,* pour publier un livre concernant la dévotion au coeur de J. C.

Egon aldia, v. *egon.*

Egondu, v. *egon.*
Egongia, v. *egon.*
Egorri, v. *igorri.*
Egortzi, b. infecter.
Egosi, egosten, g. b. l. bn. En g. b. cuire; en l. bn. bouillir. En lab. on ne prononce généralement pas le *g. Haragi egosia,* l. la viande bouillie. *Gizon egosia,* l'homme bouillant, mauvais; — bn. dissimulé.

Egoskin, bn. décoction; de *egosi-egin.*

Chegosi, g. digérer. Selon W. v. Humboldt, de *ch-egosi,* réduire en bouillant; klein kochen.

Egoskin, v. *egosi.*
Egoste, v. *egosi.*
Egote, v. *egon.*
Egotsle, v. *egotzi.*
Egotu, v. *egon.*
Egotze, v. *ego,* 3. et *egotzi.*
Egotzi, egotzen, g. b. *egotze, egoitsten,* bn. lancer, jeter. Selon M. Salaberry faire descendre; mais *egotzi* n'a pas la forme d'un causatif. P. cite *ekoiztea,* jeter le fruit de quelque arbre; ceci est évidemment le même mot; il cite encore, *haur egoistea,* l'avortement. *Sugeari errua egotzirik,* g. jetant la faute sur le serpent. *Baldin Jaincoaren semea bahaiz egotzak eure buru beherera;* Test. Rochelle. Matt. IV. 6. Si tu es le fils de Dieu jette-toi en bas.

Egotsle, jeteur; de *egotzi-le.*

Eragotzi, g. b. surprendre, arrêter, empêcher. — l. jeter par terre, ébranler, secouer; de *erazo-egotzi.*

Eguaize, v. *egun*.
Eguanz, v. *egun*.
Egubazten, v. *egun*.
Egubena, v. *egun*.
Eguerdi, v. *egun*.
Egun, g. b. l. bn. jour; — l. bn. aujourd'hui. *Egun on*, bonjour.
Eguneango, g. *eguniango*, b. quotidien; *egun-ean-go*. v. Essai, 49, note 1.
Eguerdi, g. b. l. bn. midi; de *egun-erdi*. Le *u* doit être conservé et prononcé ici, puis qu'il appartient au radical.
Eguanz, g. b. aurore; de *egun-anz*.
Egvn sentia, g. b. aurore.
Eguraldi, g. b. *egunaldi*, l. P. (i. a.) temps; de *egun-aldi*. *Eguraldi ederra*, le beau temps. La mutation de *n* en *r* est rare, sinon entièrement exceptionnelle.
Egundaño, g. *egundaino*, l. bn. jamais, comme dans: l'avez vous jamais vu; et plus exactement, je, all. ever, ang. Litt. jusque est jour. Dans notre, Essai, p. 8. nous avons décomposé ce mot en *egun-raño*, jusqu'à-jour, en admettant la mutation de *r* en *d*, mutation incontestable dans tous dialectes basques: *erasi, edasi; ideki, ireki; kukudatz, kokoratz; adaki, araki; enada, iñara; ichedon, icheron; inguda, ingura*; etc. *Raño* est formé de *ra*, vers et *ño*, jusque; ces deux suffixes se rencontrent séparés, comme dans: *echera*, vers la maison; *ara*, vers là; *onaño*, jusqu'ici; *oraño* (*orain, orañ-ño*), jusqu'à présent; ou unis, comme dans: *echeraño*, jusqu'à, jusque vers la maison; *zeruraño*,

jusqu'au, jusque vers le ciel; *ondamen au egin zaneraño*, jusqu'à ce qu'était faite cette destruction; *zan*, 3. pers. sing. imparf. et *raño*. M. le capitaine Duvoisin, dans une critique de notre Essai de grammaire, déclare, sans la moindre hésitation, que „le prétendu suffixe *raño* n'existe pas" Ceci est clair, mais ne prouve pas pour la perspicacité de l'auteur, auquel échappe un mot d'un usage si fréquent et cela encore dans sa propre langue! Autant vaudrait nier que „jusque" existe en français. Un peu plus loin dans la même brochure M. D. se demande si la variante *r* pour *d* existe! On a vu plus haut si elle existe. Quand on en est encore à se demander de pareilles choses on ferait mieux de ne pas se charger d'écrire des critiques linguistiques. Enfin M. Duvoisin, qui sait si bien sa langue, a eu la bonté de nous corriger et de nous dire que *egundaño* est la contraction de *egunera dino*.

Ceci est une nouvelle erreur; si *egunera dino* donne une forme syncopée, ce n'est jamais *egundaño*, mais *eguneraino*, par suite de la chute du *d*, et puis *eguneraño*; mais ceci prouverait justement le contraire de ce que M. D. a voulu prouver, c'est-à-dire que *raño* n'existe pas. M. D. paraît croire qu'on entend par contraction la disparition arbitraire de quelques lettres (*era*) et l'introduction de quelques autres (*a* après *d*)! Laissons cela. —

Il n'y a donc aucun doute que *raño* existe, mais il nous semble aujourd'hui que *egundaño*, doit s'expliquer d'une autre façon et mieux; savoir de *egun-da-ño*, jusque est jour. Ceci laisse parfaitement intact ce que nous avons dit par rapport au suffixe *raño*. Notre supposition nous paraît d'autant plus probable, qu'elle nous donne l'explication de la forme *diño*, qui est restée obscure jusqu'à présent. Le *a* de *da*, il est, devient *e* quand *n* ou *l* suivent; ainsi *da-n* fait *den*; *da-la* fait *dela*, etc.; *da-no* peut donc être devenu *deno*, et comme le son mouillé de *n* est rendu dans les dialectes basq. fr. par *i* (comp. *baino* = *baño*, *zein* = *zeñ*, etc.), *deno* est devenu *deino* et par corruption *dino*, et en bisc. *gino* par suite de la permutation de *d* et *g*; comp. *dupela*, *chindurri*. Ces formes correspondent parfaitement au guip. *daño*, qui ne change pas *a* en *e*. *Raño* et *daño*, existent donc tous les deux: jusque vers et jusque est.

Nous n'aurions pas pris la peine de réfuter si longuement l'opinion de M. Duvoisin, dont M. Vinson avait déjà fait justice dans la „Revue linguistique, 3me année, p. 451" et nous même dans un des journaux de Bayonne, si ce n'était que l'hypothèse de M. Duvoisin, qu'il a prise chez Darrigol (Diss. Apol. p. 74), ne trouvât encore des partisans. M. Vinson, dans la même Revue, 5me année, p. 215. fait mention d'un travail (le verbe basque) du prince L. L. Bonaparte, qui paraît partager l'opinion de Darrigol et expliquer *raño*, comme étant une contraction de *ra-dino*; *dino* pour *dan-oro*, „tout ce qui est." Notre article est déjà assez long et nous croyons avoir prouvé que cette étymologie est au nombre de celles, où le hasard joue un beaucoup plus grand rôle que la méthode. En admettant même la chute de *or*, nous n'avons l'explication, ni du changement des voyelles (*daño*, *deno*, *dino*), ni de l'*ñ* mouillé. Comp. encore *ra* et *ño*. Selon notre explication, il a été rendu compte de toutes les lettres, sans faire violence à une seule.

Egunka, g. b. l. bn. jour par jour; de *egun-ka*.

Egunian egunian, b. tous les jours; de *egun-ian* qui est *ean* dans les autres dialectes.

Egunaz, g. b. l. de jour; de *eguna-z*.

Eguneko, bn. quotidien. *Gure eguneco oguia iguc egunecotzat*. Luc. XI. 3. Donne nous aujourd'hui notre pain quotidien.

Egunorozko, bn. quotidien; de *egun-oro-z-ko*.

Egubazten, b. mercredi; syn. de *asteazken*; de *egun-azten*. Le *n* élidé comme dans *eguanz*, *eguerdi*, *eguaize*, etc.; le *b* intercalé à cause de l'*a* suivant.

Egubena, b. jeudi; syn. de *ostegun*; de *egun* —?

Egundu, *eguntzen*, bn. se lever

en parlant (du jour); *egundu da*, le jour est venu.

Egurastu, egurastutzen, g. aérer, exposer au jour. *Kainek Abeli esan zion egurastu bat artzeko aitzakiarekin*. Caïn dit à Abel sous prétexte de prendre l'air, le frais. Ici *egurastu* (adj. verb.) est pris substantivement.

Egunaldi, v. *egun.*
Egunaz, v. *egun.*
Egundaino, v. *egun.*
Egundaño, v. *egun.*
Egundu, v. *egun.*
Eguneango, eguniango, v. *egun.*
Eguneko, v. *egun.*
Egunka, v. *egun.*
Egunorozko, v. *egun.*
Egun sentia, v. *egun.*
Eguntze, v. *egun.*
Egur, g. b. l. bn. bois à chauffer.

Egurrola, g. l'atelier du charpentier; de *egur-ola*.

Egurtegi, g. b. l. bn. bûcher, endroit où l'on garde le bois.

Egur egitea, l. P. couper (litt. faire) le bois.

Eguraldi, v. *egun.*
Egurastu, v. *egun.*
Egurrola, v. *egur.*
Egurtegi, v. *egur.*
Eguzki, g. b. *iguzki*, l. bn. soleil. M. Fabre (Guide de la conversation) écrit *iruzki* et M. Vinson, Revue ling. III. 452, donne les formes *iluzki, iduzki;* nous ne les avons pas encore trouvées ailleurs. Il est très probable que *eguzki* est formé de *egun;* pour la chute de *n* comp. *eguanz, eguaize, egubazten, egubena;* mais qu'est-ce que la terminaison? peut-être *gai* contracté en *ki*, comme *izuzki*, balai, litt. chose à (enlever) saleté. *Eguzki* serait alors, chose à (donner) jour, lumière?

Iguzkiz iguzki, l. du matin au soir.

Iguzkitatu, iguzkitatzen, l. étendre au soleil.

Ehaile, ehaille, v. *eo.*
Ehaite, ehaitu, ehaitze, v. *eo.*
Ehe, l. bn. eau de lessive.
Eheinatu, eheinatzen, l. soigner un malade.
Ehin, l. facile; *ehinki*, adv. mots d'O. selon P.
Eho, v. *eo* et *ego*, 3.
Ehoaltzea, v. *eo.*
Ehoite, v. *ego*, 3.
Ehotze, v. *ego*, 3. et *eo.*
Ehortsi, ehortzen, l. *ihortzi;* bn. ensevelir; — l. se cacher.

Ehortsiko natzayo, je me cacherai de lui. P.

Ehortsleku, ehortstoki, l. cimetière; de *ehortsleku* et *toki*.

Ehortsle, ehortzaille, l. fossoyeur; de *ehorts-egille*.

Ehortsle, v. *ehortsi.*
Ehortsleku, v. *ehortsi.*
Ehortstoki, v. *ehortsi.*
Ehortzaille, v. *ehortsi.*
Ehortze, v. *ehortsi.*
Ehun, v. *eun*, 1. et *eo.*
Ehundegi, v. *eun*, 2.
Ei, 1. b. particule dubitative

comme *omen*. *Etorri ei da*, on dit qu'il est venu.

Ei, 2. g. *hei*, l. étable de cochons En lab. étable, en général.

Eihar, l. bn. moulin.

Eiharzain, l. meunier; *eihar-zain*.

Eiharzain, v. *eihar*.

Eitate, bn. procédé.

Eite, bn. ressemblance.

Eiz, g. chasse; *ihizi*, l. bn. chasse, gibier.

Eiztari, g. *ihiztari*, l. bn. chasseur; de *eiz* et *ihiz-ari*, 4. *t* euph.

Eizean egin, g. chasser.

Eizatu, eizatzen, g. *ihiztatu, ihiztatzen*, l. bn. chasser.

Eizatu, eizatze, v. *eiz*.

Eiztari, v. *eiz*.

Ekach, v. *ekaitz*.

Ekai, v. *gai*.

Ekaitz, g. l. *ekach*, b. *nekhaitz*, bn. tempête, orage; de *aize, haize*, vent? mais d'où vient *e* ou *ne*? Pourrait-on rattacher *nek* à *neke*, travail, peine, dans le sens d'un vent dur?

Ekan, v. *ekarri*.

Ekandu, b. coutumes, mœurs; syn. de *oitura*, g.

Ekanza, g. image; ce mot est inconnu à Zarauz (Guip.) *Norenak dira daukazkien ekanza eto izkirotallua*, St. Luc. XX. 24. dial. g. société bibl. de Londres. De qui a-t-il l'image et l'inscription?

Ekarara, l. bourrasque. *Hau da uriaren ekarara!* quelle bourrasque de pluie!

Ekararazi, v. *ekarri*.

Ekark, v. *ekarri*.

Ekarri, ekartzen, g. b. l. *ekharri*, bn. porter, apporter, amener; g. mener, (p. ex. la vie). Ce nom verbal se conjugue des deux manières dans les dialectes basq. esp. L'impératif est: *ekark, ekan*, porte; *bekar*, qu'il porte; selon P. *ekarrak, ekarran*. — En bn. dit M. Salaberry, on ne fait pas de différence, comme en français, entre porter et amener; mais *ekharri* signifie amener, et *eraman*, emmener; du moins si nous comprenons bien M. S.

Erakarri, g. l. *ekararazi*, l. appeler, dans le sens de faire venir; *erakarri*, bn. M. Salaberry l'écrit sans *h*; faire porter, faire venir; de *erazo-ekarri*.

Il nous paraît que c'est de *ekarri* que vient le suffixe *garri*, qui forme un très grand nombre d'adjectifs : *arrogarri*, orgueilleux, *ahalgegarri*, honteux, etc. etc. c. a. d. porté à, enclin à l'orgueil, à la honte, etc. etc. Cette forme d'adjectifs se retrouve dans d'autres langues; p. ex. en holl. et en all. le participe présent du verbe qui nous occupe ici, porter, rend le même service que *garri*; haatdragend; holl. rancunier; de haat, haine, et dragend, portant; fruchtbringend, fruchttragend, all. fertile, de frucht, fruit et bringend, apportant, tragend, portant. Tous ces adjectifs devraient avoir une signification active, ce qui n'est pas toujours le cas; nous trouvons chez Larramendi le mot de *estimagarri*, apreciable, esp. estimable; la masse de mots qui a été fabriquée dans une ignorance totale du caractère de la langue, p. ex. tous les mots qui commencent par „des" *des-argitu* etc. etc. prouve qu'ils sont de date récente; ceci ne peut donc être un argument contraire à notre supposition. — Comme les adjectifs sont employés substantivement, il va sans dire qu'il y a beaucoup de substantifs terminés par *garri* ou *karri*, selon les lois phonétiques: *lotkarri*, porté à saisir, à prendre; *lotkarria*, le (la chose) qui est porté à saisir = emplâtre.

Il est souvent difficile dans les autres langues d'établir la généalogie des mots et bien plus encore dans la langue basque qui doit tirer tous les éclaircissements de son propre fonds; aussi ne nous risquerons nous pas à fixer si tel mot a précédé tel autre; si *kur* p. ex. existait avant *ekarri*, mais il nous semble que la racine *kr* (*kar*, *kor*, *kur*) se retrouve dans *kure*, inclination (être porté à) comme dans *ekarri*.

Ekartze, v. *ekarri*.
Ekhaina, bn. juin.
Ekharri, v. *ekarri*.
Ekhey, v. *gai*.
Ekhi, *eki*, bn. soul. soleil. Peut-être de *ekin*, avancer, monter; nous trouvons ce nom verbal seulement chez P.
Eki, v. *ekhi*.
Ekin, ekiten, g. b. entreprendre, commencer, attaquer. L'espagnol „acometer" a ces trois significations différentes que le basque lui aura prises. *Ekhin, ekhiten*, l. avancer. En guip. ce nom verbal régit le datif dans toutes les acceptions. *Nere lanari ekiteko*, pour entreprendre mon travail. *Eta Jerusaleni ekin baño lenago*, avant d'attaquer Jérusalem. *Eta hala baldin haserre direnen eta hauzitan dabiltzanen hartean, ongunderik, eta abenikoarik egin nahi baduzu, ez berehala lehenbiziko egunean ekhin, utzkitzu, baldin nahi baduzu kolpea segur egin, apur bat hoztera...* Axular a. éd. p. 302. n. éd. p. 126. Et ainsi si vous voulez faire paix entre ceux qui sont en colère et en procès, n'avancez pas de suite le premier jour, si vous voulez avoir un coup sûr pour les refroidir..... M. L'abbé Inchauspe a corrigé (?) *ekhin* en *egin*, ce qui rend la phrase inintelligible. Aurait-il ignoré la signification de *ekhin?* ou le dirait.

Ekin, paraît si rattacher à *ig*, *ik*, d'autant plus que *eraikitzea, iraikitzea*, signifient, selon P. faire monter; c. a. d. qu'ils sont les causatifs de *ekin*; *erazo-ekin*, et de là la forme syncopée *irakin*, bouillir, qui ne pouvait être mieux rendu que par, faire monter.

Ekite, v. *ekin*
Eko, l. non, nenni, en tutoyant; i. a.
Ekoizte, v. *egotzi*.
Ekoratze, l. se taire; mot d'O. selon P. i. a.

EKOSARI, l. fève; i. a.
Ekuru, l. tranquille.
Ekurugaitz, inquiet; de *ekurugaitz. Otso gosea ekurugaitz*, prov. d'O. L'ours affamé est inquiet.
Ekurugaitz, v. *ekuru*.
El, eldu eltzen, g. b. *hel, heldu, heltzen*, l. bn. La signification primitive de ce nom verbal sera bien celle qu'il a dans les dialectes lab. bn. et bisc., venir; puis parvenir, atteindre. En g. *etorri* a pris la place de *el*, qui signifie aujourd'hui mûrir, saisir; dans ce sens-là le dial bisc. s'en sert aussi. *Gizonik elduenak*, g. les plus mûrs des (d'entre les) hommes. *Sagar oyek ondu elduak dira*, g. Ces pommes sont mûres; litt. ces pommes sont bien venues; ici on dirait que la signification primitive reparaît; mais l'on ne s'en rend pas compte puisque *el* n'est pas en usage pour venir; cela s'expliquerait mieux si c'était un des dialectes basq. fr. qui se servit de cette expression et qui l'aurait prise du français; comp. mal venu, belle venue. — *El akio besotik*, g. Saisis-le par le bras, (*akio* est la 2 pers. de l'impératif, toi à lui). Le radical *el* est généralement peu usité en guip.
Eriotzia eldu baño leenago penitenzia egiazkoa egin, b. Doctr. eusq. B. Olaechea. 59. il faut faire véritable pénitence avant que la mort ne vienne.
Elkidatu, elkidatzen, g. convenir; de *el-hide-tu*. La signification propre de *el* reparaît ici, mais nous ne pouvons par garantir que ce nom verbal soit en usage.
Heldura, l. avancement; de *heldura. Heldurarik eztu bere egitekoetan*, l. il n'avance pas dans ses affaires.
Helbide, l. *helmen*, bn. portée, de *hel-bide* et *men*.
Helbidean, bn. à portée, de *helbidea-n*.
Elbarri, g. estropié.
Elbarritu, elbarritzen, estropier.
Eldarnio, l. rêve; i. a. syn. de *ametsa*.
Elder, bn. bave.
Eldersu, baveux; de *elder-tsu*.
Eldu, v. *el*.
Ele, g. *elhi*, l. (i. a.) troupeau de grand bétail.
ELEIZA, g. *elechia*, b. *eliza*, l. bn. église.
Elemamia, l. levain.
Elgar, v. *elkar*.
Elgorri, b. rougeole; de *el-gorri?* v. *gelberia*.
Elhar, l. bruyère; i. a.
Elhatari, v. *elhe*.
Elhe, l. bn. parole; propos, discours, fable.
Elheka, bn. en conversation; de *elhe-ka*.
Elhekatu, bn. parler, faire la conversation.
Elheberri, l. discours frivole; de *elhe-berri*.
Elhesari, l. louange; *elhe-sari*.
Elhatari, l. beau parleur; de *elhe-ari*, avec *t* euph. comp. *eizturi*.
Elheberri, v. *elhe*.

Elheka, elhekatu, v. *elhe*.
Elhesaria, v. *elhe*.
Elhi, v. *ele*.
Elhorri, v. *elorri*.
Elhur, v. *elur*.
Eliza, v. *eleiza*.
Elkar, g. l. **alkar**, b. *elgar*, bn. On trouve aussi *elkor*, l. L'un et l'autre. La forme bn. est la meilleure, selon les lois phonétiques; v. Essai, Ch. II. Faudrait-il voir dans *elkar* un composé de *el-garri*, porté, enclin à venir; se réunir, se mettre ensemble; ensemble? *Elkar maite dute*, l ils s'entr'aiment
Elkarrekin daude, l. ils demeurent ensemble. *Gau-egunak elkarri jarraituko zitzayeztela*, g. que le jour et la nuit se suivront l'un l'autre.
Elkarganeko, g. *alkarreganako*, b. *elkarganako*, l. réciproque; de *elkarganako*.
Elkartu, elkartzen, g. *alkartu*, b. se réunir.
Elkarte, g. union, concorde.
Elkargo, g. assemblée, compagnie; de *elkar-go*.
Elkargun, g. compagnon; la terminaison n'est pas claire.
Elkargarri, g. sociable; de *elkargarri*.
Elkarganeko, elkarganako, v. *elkar*.
Elkargarri, v. *elkar*.
Elkargo, v. *elkar*.
Elkargun, v. *elkar*.
Elkarte, v. *elkar*.
Elkartu, elkartze, v. *elkar*.

Elkhor, elkhortu, v. *elkor*.
Elkhorreria, v. *elkor*.
Elkidatu, v. *el*.
Elkidatze, v. *el*.
Elkoit, l. sauf; syn. de *l ekat*.
Elkor, g. l. sec, sécheresse.
Elkortu, elkortzen, g. l. sécher.
Elkhor, bn. sourd; très probablement le même mot que *elkor*. Le lat. surdus signifiait d'abord obscur, puis sourd; v. Fick. Vergl. Wb. Cependant comp. *gor, agor*.
Elkhortu, bn. devenir sourd.
Elkhorreria, bn. surdité; de *elkhor-eria*. Un des rares mots où *eria* n'est pas devenu *keria*.
Elkortu, elkortze, v. *elkor*.
Elorri, g. b. *elhorri*, l. bn. épine; aubépine, ronce.
Eltze, 1. v. *el*.
Eltze, 2. g. l. *elze*, bn. pot en terre pour la soupe. A Guéthary on nous a dit que le *eltze* est toujours en terre et le *duphin* en fer. Selon M. Salaberry ces mots sont synonymes. *Dirakien eltzeari etzayo ulia lotzen*, P. la mouche ne s'attaque pas à la marmite qui bout.
Eltzo, v. *elzo*.
Elur, g. *elhur*, l. *edur*, b. neige.
Elzaborra, bn. grand instrument de musique produisant un son désagréable, dont on fait usage pour les charivaris. M. Salaberry. Nous ne connaissons pas l'instrument dont parle M. Salaberry; mais *elza borra* doit se rattacher à *eltze*. La musique ou plutôt le bruit d'un charivari se fait avec les poêles et les marmites. La ter-

minaison *aborra* n'est pas claire; comp. *abarrots*.

Elzar, l. guêpe; bn. petit ver dans la viande gâtée.

Elzaur, l. noix; comp. *inchaur*. *Elzaur baño azantza geyago*, plus de bruit que de noix.

Elzaur mamia, elzaurkia, cerneau. *Elzaurondo*, noyer.

Elzaurkia, v. *elzaur*.
Elzaurondo, v. *elzaur*.
Elze, v. *eltze*, 2.
Elzo, l. *eltzo*, bn. toute sorte de petits moucherons. *Guidari itzuac eltzoa irasten duçue eta camelua iresten*, Matt. XXIII, 24. Test. Rochelle. Conducteurs aveugles vous coulez le moucheron et vous avalez le chameau.

Ema, v. *eme*.
Emagin, l. *emain*, bn. sagefemme; de *eme-egin?*
Emain, v. *emagin*.
Emaite, v. *eman*.
Emaitza, v. *eman*.
Emak, v. *eman*.
Emakidatu, emakidatutze, v. *eman*.
Emakume, v. *eman*.
Eman, ematen, g. *emon, emoten*, b. *eman, emaiten*, l. bn. donner. De la conjugaison régulière il est resté l'impératif et le présent du subjonctif: *emak, emok*, donne; *bema, bemo* qu'il donne. *Demadan, demazun, deman*, que je donne, etc. *Gogo emoc çure buruari*, Tim. IV. 16. Test. Rochelle; songe à toi.

Emaitza, g. l. cadeau; — l. bn. générosité. Paraît être le subst. verbal en *tze*; comp. *aditza*.

Emakume, g. l. femme; de *eman-hume*; *k* pour *h*, v. Essai, Ch. II.

Emakidatu, emakidatutzen, g. concéder; de *eman-hide-tu*; *k* pour *h*, v. Essai, Ch. II.

Eraman, eramaten, g. l. bn. emporter, emmener; — g. supporter, porter; de *erazo-eman*. *Berri mingarri au eraman zion*, il lui porta cette douloureuse nouvelle. *Onek ezin zituen Agaren lotsagabekeriak eraman*, celle-ci ne put supporter les insolences d'Agar.

Emate, v. *eman*.
Emazte, g. b. l. bn. *emazteki*, l. femme mariée. *Emazte* paraît se rattacher à *eme*, mais que signifie la terminaison?

Emazteki, v. *eme*.
Embalditu, embalditzen, l. estropier; être perclus.

Embeïa, bn. envie; du français envie; *b* pour *v*, et par conséquent *m* pour n.

Embor, g. *ampor*, b. ivrogne; syn. de *moskor*. Comp. l'esp. *emborrachar*.

Eme, g. b. l. bn. femelle; — l. bn. doux.

Emeki, l. doucement; de *eme-ki*.
Emetasun, l. douceur; de *emetasun*.
Ema, ematu, bn. adoucir, calmer.
Emerdia, g. l. l'accouchée; de *eme-erdi?* En holl. en style très familier, ce que les anglais appellent slang, on dit „in tweeen vallen," tomber en deux.

Emeki, v. *eme*.

Emen, g. b. *hemen,* l. bn. ici. *Emenche,* g. b. l. ici-même; de *emen-che;* v. Essai, p. 27.

Emendik, g. *emetik,* b. *hemendik,* l. *hementik,* bn. d'ici. La forme bn. pèche contre les lois phonétiques, v. Essai, Ch. II. M. Archu et M. Salaberry la donnent, mais Larramendi, guidé par l'oreille, écrit correctement *emetik.* On ne peut faire suivre *emen* du suffixe *ra,* on emploie alors *ona; onara, onaraño.*

Emenche, v. *emen.*

Emendatu, emendatzen, l. bn. augmenter.

Emendik, v. *emen.*

Emerdia, v. *eme.*

Emeretzi, v. *amar.*

Emetasun, v. *eme.*

Emetik, v. *emen.*

Emezortzi, v. *amar.*

Emok, v. *eman.*

Emon, v. *eman.*

Emote, v. *eman.*

Emparau, b. au plur. *emparaubak,* les autres, ces autres, le reste. Ce mot paraît être composé, mais nous ignorons comment. *Zegaitik bada mutil gazte oneek egin ez ebeen emparaubak egin ebeena?* Moguel, p. 150. Pourquoi donc ces jeunes gens n'avaient-ils pas fait ce qu'avaient fait les autres. *Beragandik artuten dogu izate ta emparauba,* Moguel, p. 8. De lui nous avons reçu l'être et le reste.

Emparatu, l. *empharatu,* bn. protéger, empêcher; de l'esp. amparar.

Endelgija, g. *endellegua,* l. intelligence.

Endrezera, l. sentier; taille, maintien. i. a. *Gorputzeko endrezera,* Axul. 592 a. éd. 424. n. éd. Le maintien du corps. Ne faudrait-il pas rattacher ce mot à : endressar, endrezar, redresser, diriger? v. L. R.

Enada, g. *inhara,* l. bn. *enhara, iñara,* l. P. hirondelle. Pour la permutation de *r* en *d,* v. *egundaño,* s. v. *egun;* pour celle de *h* et *ñ* v. *chingar. Gau-enhara,* l. chauve-souris, P.

Ene, b. l. bn. mon; syn. de *nere. Eta ene gucia hire duc,* Test. Rochelle, Luc. XV. 31. Et tout mon bien (litt. mon tout) est (le) tien.

Enea, le mien.

Engoitik, l. désormais; bn. déjà. Devra être rattaché à *goi,* mais comment? de „en" esp. et *goitik;* comme „en adelante?"

Enhara, v. *enada.*

Enkantu, bn. réduire à l'immobilité. Nous ignorons d'où vient ce mot; mais sous cette forme il n'a pas l'air basque, tout comme les suivants qui commencent par *enk.*

Enkante, bn. position dangereuse. Sal.

Enkara, bn. prendre des allures pour une action, néanmoins sans l'exécuter. Sal.

Enkhelo, bn. imbécile. Sal. Ce mot fait penser à l'all. einzel.

Enkhennu, bn. grimace niaise; du fr. ingénu?

Enkoniadura, v. *enkoniatu.*

Enkoniatu, bn. s'attrister, de l'esp. enconia.

Enkoniadura, tristesse.

Entortu, entortze, l. P. Vomir, i. a.

Entrabalo, bn. balancement, irrésolution.

Entrennak, bn. les articulations du corps.

Entregu, l. habile, apte. P. i. a. Serait-ce du fr. intrigant ?

Entzun, v. enzun.

Enzun, enzuten, g. l. bn. *entzun*, b. entendre, écouter. Ce nom verbal est conjugué des deux manières ; *dantzut, dantzuk, dantzu, dantzugu*, etc. je l'entends, etc.; *dantzuzkit*, je les entends.

Erautsi ukan du çuec orain dacussaçuen eta dançuçuen haur; Act. II. 33. Test. Roch.; il a répandu ce que maintenant vous voyez et entendez.

Eranzun, eranzuten, g. *erantzun*, b. répondre, — l. réprimander, reprendre ; de *erazo-enzun*.

Eranzuera, g. réponse; de *eranzun-era*.

Eranzuki, l. reproche, réprimande.

Eranzukide, erantzupide, g. relation, rapport; de *eranzun-kide*, à l'imitation de l'esp. con-respondencia. *Alako erantzupidea gordetzeko*; Lardizabal; pour s'abstenir de tel rapport.

Enzute, v. enzun.

Eo, eotzen, g. *eyo, eyoten*, b. *eho, ehotzen*, bn. *ehaitu, ehaitzen*, ou *ehaiten* l. tisser. En b. et bn. tisser et moudre, indifféremment.

En g. moudre est *ego*, comme on nous l'a dit à Zarauz; mais Larramendi donne *eo* et *ego* pour tisser et pour moudre. P. cite *ehoaltzea*, tisser ; et *ehaitea*, faire moudre. Cet accord' des trois dialectes à n'avoir qu'un mot pour indiquer les deux verbes, rend la différence que fait le guip. douteuse. *Eo* sera la syncope de *ego*. Il est encore possible que ces deux mots n'aient rien à faire l'un avec l'autre.

Eun, g. b. toile. Le mot *euta* que donne Larramendi n'est pas connu dans le Guip., du moins pas à Zarauz.

Eunle, g. b. *ehaille*, l. *ehaile*, bn. tisserand; de *eun-le* et *ehai-le*.

Ehuna, l. le métier de tisserand. P. *Ehunean emaitea*, mettre au métier. Ici reparaît la forme guip. *eun*; ainsi que dans :

Ehundegi, bn. atelier de tisserand; de *ehun-tegi*; comme dans *ehuna*, on retrouve ici le g. *eun*.

Eosi, v. egosi.

Eotze, v. eo.

Epai, 1. v. *ebaki*.

Epai, 2. g. arrêt, sentence.

Epailla, epaille, v. *ebaki*.

Epaitze, v. *ebaki*.

Epaixka, v. *ebatsi*.

Epaki, v. *ebaki*.

Epatu, epatze, v. *epe*.

Epe, g. b. l. *ephe*, bn. terme, délai.

Epatu, epatzen, l. fixer un terme.

Epel, g. b. l. *ephel*, bn. tiède.

Epeltasun, g. b. l. tiédeur; de *epel-tasun*.

Epeldura, g. b. l. attiédissement; de *epel-dura*.

Epeldu, epeltzen, g. l. tiédir.

Epeldu, v. *epel*.

Epeldura, v. *epel*.

Epeltasun, v. *epel*.

Epeltze, v. *epel*.

Eper, g. b. l. perdrix. Faut-il parler de l'étymologie que propose M. de Charencey, qui coupe la dernière syllabe du latin perdix ou de l'esp. perdiz (*per*) et y ajoute un *e* prosthétique, *eper*.

Eperdi, v. *epurdi*.

Ephai, v. *ebaki*.

Ephaille, v. *ebaki*.

Ephaitzen, v. *ebaki*.

Ephe, v. *epe*.

Ephel, v. *epel*.

Epurdi, *ipurmamia*, g. *eperdi*, b. *iphurdi*, l. bn. cul.

ERA, g. air, mode, manière; de l'esp. aire? *Ibillera*, manière de marcher.

Erara, selon, de *era-ra*; ou est-ce une variante de *arara*?

Eraztu, eraztutzen, eratu, eratutzen, proportionner.

Eraantzi, v. *janzi*.

Eraatsi, v. *jachi*.

Erabai, v. *ebaki*.

Erabaki, v. *ebaki*.

Erabe, ennemi, quel dialecte?

Erabilli, v. *ibilli*.

Eracheki, v. *ich*.

Erachi, v. *jachi*.

Erachiki, v. *ich*.

Eradate, v. *edan*.

Eradoski, v. *edoski*.

Eraduki, v. *euki*.

Eragille, v. *egin*.

Eragin, v. *egin*.

Eragotzi, v. *egotzi*.

Eragozte, v. *egotzi*.

Eraiki, v. *jaiki*.

Eraikitze, v. *jaiki*.

Erain, v. *egin*.

Erakarri, v. *ekarri*.

Erakasi, v. *ikasi*.

Erakaxi, v. *ikasi*.

Erakin, v. *irakin*.

Erakite, v. *irakin*.

Erakusaldi, v. *ikusi*.

Erakusi, v. *ikusi*.

Erakusle, v. *ikusi*.

Erakuste, v. *ikusi*.

Erakutsi, v. *ikusi*.

Eralde, bn. farine qui reste après que les pierres en ont rendu la masse.

Eraman, v. *eman*.

Eramate, v. *eman*.

Erantzi, erantzitzen, erazten, g. b. *erauntzi, eraunsten*, l. (i. a.) *eraunzi*, bn. déshabiller. Selon Zabala de *erazo-jantzi*.

Erantzun, v. *enzun*.

Erantzupide, v. *enzun*.

Eranzuera, v. *enzun*.

Eranzuki, v. *enzun* et *errantsun*.

Eranzukide, v. *enzun*.

Eranzun, v. *enzun* et *errantsun*.

Eranzute, v. *enzun*.

Erasan, v. *esan*.

Erasi, v. *erausi*.

Eraso, 1. v. *esan*.

Eraso, 2. **erasotzen**, g. attaquer, battre; tomber, en parlant de la pluie; ce nom verbal régit le datif. *Lau ayek bostai eraso zietenean*, quand ces quatre (rois) eurent battu les cinq. *Euri-jasa izugarri batek eraso zion*, une pluie épouvantable tomba. La même expression se retrouve à peu-près dans: pluie battante.

Erasotzalle, g. envahisseur; de *eraso-tzalle*,

Erasotzalle, v. *eraso*, 2.

Erasotze, v. *eraso*, 2.

Eraspena, b. affection, passion.

Eraste, v. *erausi*.

Eratzan, v. *etzin*.

Eratzate, v. *etzin*.

Erauki. Ce mot se trouve chez Axular, p. 365. P. le cite, mais ne l'explique pas; il dit „erauqui est quand on dit, je me rends, je vous cède. *Erauqui dioçoçu ossasun doblea*, guérir l'âme et le corps." Tout cela n'explique pas le passage d'Axular.

Eraunsi, g. *eraunxi*, bn. *erauntsi*, selon Lardizabal. Ce nom verbal signifie en g. répandre, verser, couler, v. Larr. s. v. llovioso; en bn. selon M. Salaberry, agir, travailler; il ne donne pas d'exemple pour cette acception; mais il ajoute que *eraunxi* est le participe passé du verbe *ari* (!) L'exemple donné à l'appui de cette assertion, montre comment M. Salaberry a été induit en erreur: *euria ari da?* pleut-il? *ez orai, bena eraunxi du orachtean*, non actuellement, mais il a plu tantôt. La signification de „couler" paraît donc s'être perdue dans les dial. basq. fr. et de là la confusion. En g. *eraunsi* se conjugue régulièrement; on dit *euriari darauntsa* ou *daraunsa*, il pleut; plus généralement cependant: *euria ari da*. Larramendi ajoute que dans l'acception de couler, (la pluie coule, tombe) on met le sujet au datif, *euriari* ou *chingorrari darauntsa*, il pleut, il grêle; sans cela au nominatif: *hitzontziari chorakeria daraunsa*; au parleur il lui découle des sottises. Nous ne nous expliquons pas l'emploi du datif, tout aussi peu ici qu'avec le nom verbal *eraso*, 2; peut-être faut-il en chercher la cause en ce que la signification primitive s'est perdue à peu près dans les dial. basq. esp. et tout-à-fait dans les dial. basq. fr; témoin l'exemple bn. cité plus haut, et l'emploi de *eraunxi* en souletin; dans ce dialecte, à ce qu'on nous a dit, ce nom verbal est employé pour „faire" dans toutes sortes d'acceptions. En prêtant à „faire" une signification encore plus vague (*egin*, faire, sert comme auxiliaire en bisc.), on pourrait comparer les phrases: le temps est à la pluie, il est à son travail; et encore mieux le holl. het is aan het regenen (aan = à); litt. il est à pleuvoir, au basque: *euriari daraunsa*. L'hypothèse n'est pas très satisfaisante, nous l'avouons; aussi reste-t-il encore à expliquer la forme de *eraunsi* qui semble être celle d'un causatif; *erazo*—? Comp. *erautsi*.

Eraunxi, bn. ondée.

Eraunste, v. *erantzi*.

Erauntzi, v. *erantzi*.

Eraunxi, v. *eraunsi*.

Eraunzi, v. *erantzi.*

Erausi, erausitzen, g. *iraunsi,* b. *erasi, erasten,* l. bn. *edasi, edusten,* l. (*d* pour *r,* comp. *egundaño*); bavarder, murmurer. *Edasi* n'est plus en usage en lab. bien que le substantif verbal *edasia,* le bavardage, et *edasle,* bavard, se soient conservés. *Erausi* et *erasi* se conjuguent aussi régulièrement; le premier a donné, *darauskit, darauskizu, darauskio,* etc. je bavarde, etc.; le second, *darasat, darasazu, darasa,* etc. Cette dernière forme correspond en lab. à chanter, dans la phrase familière: qu'est-ce que tu me chantes? *zer darasak* (mas.), *zer darasan* (fém.); dans la prononciation le *r* est généralement élidé. *Erausi* et *erasi* ne sont évidemment que deux variantes d'un même mot, qui a en guip. deux significations différentes; *erausi* est bavarder; *erasi,* parler avec colère, hablar en furia. Ceci rappelle l'esp. hablar, parler, qui est devenu hâbler en français; il est possible que de la même manière le dial. g. ait pris *erasi* du lab. en modifiant légèrement la signification. Le *k* qui se trouve dans *darauskit,* indique peut-être l'accusatif plur. „les" (pour paroles?) comme c'est généralement le cas. Ceci expliquerait en même temps la forme transitive du verbe (*d* initial, caractéristique de l'acc. sing.), qui au fond devrait être intransitive.

M. Mahn (Bask. Sprachd. p. XX), considère *erausi* comme le causatif de *eusi*; *erazo-eusi,* ce qui nous semble très-probable; surtout après avoir fait une légère correction; ce n'est pas *eusi,* mais *ausi,* qu'il faut; *eusi* est donné par Larramendi dans le supplément de son dictionnaire, mais ce mot est inconnu; il faut *ausi,* b. contraction de *adausi,* lab. ou bn? v. ces mots. Pour la chute de *d,* comp. *aitu = aditu; baut = badut, euki = iduki,* etc. L'explication de M. Mahn devient ainsi plus probable encore; nous avons donc *erazo-ansi,* contracté en *erausi.* Ce qui change cette hypothèse en certitude, c'est la signification de *erausi,* en guip. bavardage, et en bn. aboiement. La forme bisc. *iraunsi,* paraît être une corruption; la conjugaison est exactement la même que celle de *erausi.* Pouvreau cite un exemple: *eraunste handi bat,* il a grand caquet; là le *n* se retrouve comme dans *iraunsi.* Faudrait-il aussi considérer cette forme comme une corruption de *erausi;* ou ne serait-ce pas plutôt pour, couler, répandre; *eraunsi*; et pourrait se comparer à: déluge de paroles.

Erausi, g. bavardage; — bn. aboiement.

Erausle, g. *erasilla, edasle,* l. bavard; de *eraus le* et *edas-le.*

Erausimendu, bn. fureur; de *erausi-men!* La finale *du* n'est pas claire; peut-être *mendu* imitation du français ment. *Eta bethe citecen eraucimenduz,* Luc. VII. 11. Test. Rochelle; et ils furent remplis de fureur. Faudrait-il rattacher *ausi* à *ots* bruit? un grand nombre d'adjectifs verb. ont été formés du radical au moyen de *i*; ainsi *asi* de *as*; *esi* de *es*; *ichi* de *ich*; *utzi* de *utz*, etc. etc.

Erausimendu, v. *erausi.*
Erausitze, v. *erausi.*
Erauskitu, v. *edoski.*
Erauskitze, v. *edoski.*
Erausle, v. *erausi.*
Erauste, v. *erautsi.*

Erautsi, erausten, bn. M. Salaberry écrit *erauxi*. Il règne une grande confusion dans l'orthographe et dans la signification de ce nom verbal, qu'il ne faut pas confondre avec *erausi*. Il nous semble qu'en bn. la signification est la plus complète, et l'orthographe la plus correcte. *Erautsi*, est, croyons nous, le causatif de *jautsi* ou *jeuxi*, comme l'écrit M. Salaberry; ainsi: *erazo-jautsi*, faire descendre. La chute de *j* initial n'est pas rare; comp. *arreit niri*, suis-moi, de *jarraitu*. Ce causatif correspond à ceux des autres dialectes, *erachi*, g. de *erazo-jachi*; *eraatsi*, b. de *erazo-jatsi*; v. *jachi*. *Erautsi* est donc „faire descendre" et dans ce sens le bn. s'en sert pour „abattre des fruits du haut d'un arbre;" il serait alors mieux d'écrire *erautsi* et non pas *erauzi* comme le fait M. Salaberry. En l. et bn. pour „tirer du vin" (le faire descendre, du tonneau); *arno erausten kari da*, il tire le vin. M. Sal. se sert encore de *erauxi*, comme verbe transitif, descendre; *erauxi dut generretik eiherakaria*, j'ai descendu la moulande du grenier; cette expression sera peut-être imitée du français; descendre est employé populairement pour mettre plus bas; v. Littré, Dict.

Erautsi se trouve dans le Test. de la Rochelle pour, répandre. *Eta mirets ceçaten...ceren Gentilen gaineraere Spiritu sainduaren dohaina erautsi içan baitzen*, Act. X. 45; et ils s'étonnèrent de ce que le don du St. Esprit était aussi répandu sur les Gentils. *Erautsi ukan du çuec orain dacussaçuen eta dançacuen haur*; Act. II, 33; il a répandu ce que maintenant vous voyez et entendez. La signification de répandre se lie à celle de verser, couler, et c'est alors que le guip. se sert de *eraunsi*. D'où vient le *n* de *eraunsi*? en lab., du moins à Guéthary, on ne fait pas de différence entre *erautsi* et *erauntsi*; Pouvreau cite *eraunstea*, pour caquet; *eraunstiki*, pour tempête, fiabe d'eau. Pour comble de confusion le bisc. a *irauntsi*, bavarder pour *erausi*; et le bn. *eraunzi* dont le subst. verbal est aussi *eraunstea*, pour déshabiller. Le bisc. *irauntsi*, ainsi que le mot que P. cite, *eraunstea* (quel dial.?) caquet, paraissent être des formes corrompues. Les dialectes, g. bn. et l. ont tous les trois *erausi, erasi*. Le *n* de *eraunsi* qui se trouve dans toute la conjugaison, paraît donc appartenir à la racine verbale et il faudra abandonner, pour le moment, l'idée d'indentifier *eraunsi* avec *erautsi*, ce qui, sans cela, expliquerait bien sa forme, qui reste obscure jusqu'à présent ; *erautsi* (*erazo-jautsi*) faire tomber, étant employé en bn. (v. l'exemple cité) pour répandre, ce qui est synonyme à peu près de verser, couler.

Erautste, v. *erautsi*.

Erauxi, v. *erautsi*.

Erauzi, bn. Ce nom verbal se trouve dans le Testament de la Rochelle (*erauci*) et dans le vocabulaire de M. Salaberry; selon ce dernier : abattre des fruits du haut d'un arbre ; v. *erautsi*. Voici le texte du Test. *cembeit proposez trublatu ukan çaituztela, çuen arimac erauciz…* Act. XV. 24. Vous ont troublé par certains propos en renversant vos âmes. Il nous semble que c'est une erreur ; il aurait fallu *erautsiz*; v. *erautsi*; renverser c'est faire tomber. On trouve encore *eraucimendu*. *Eta bethe citecen eraucimenduz.* Luc. VI. 11. Et ils furent remplis de fureur. *Eraucimendu*, dériverait de *erauci*, ce qui n'est guère possible pour la signification, il faudra écrire *erausimendu*, de *erausi*.

Erauzimendu, v. *erauzi*.

Erazarri, v. *jasarri*, 2.

Erazeki, v. *irazeki*.

Erazi, v. *erazo*.

Erazo, erazotzen, g. b. *erazi, erazten*, g. b. l. *arazo, arazten,* l. contraindre, forcer ; selon Larramendi : *obligar a hacer algo*. Ce nom verbal ne sert qu'à former les causatifs ; tantôt il est préfixé, tantôt suffixé ; de *ar* (*artu*), *arerazo* ; de *ikasi, irakasi*. En bisc. *erazi* est souvent contracté en *azi*; ainsi de *edan, edanazi*; de *jan, janazi*. Zabala (Verbo vascongado, p. 162) se trompe donc quand il dit que *erazi* est d'un autre dialecte que du biscayen ; mais cette erreur provient de ce qu'il n'a pas vu que *erazo* est un nom verbal ; il le considère comme un suffixe (afijo) „*arazu, erazo*" et dans les autres dialectes „*erazi.*" La forme syncopée *ra*, de *erazo*, qui se retrouve dans plusieurs causatifs, comme *erakarri* de *ekarri*; *erakusi* de *ikusi*, est pour lui une syllabe intercalée dans le nom verbal. Il faut avouer qu'au premier abord cette explication paraît assez juste, d'autant plus qu'une quantité de formes verbales ont été envisagées de la même façon ; mais il est fort probable que ces intercalations, qu'on a cru découvrir, dans la langue basque, comme dans les langues de l'Amérique, doivent s'expliquer d'une autre façon. Pour notre cas il n'y a pas de doute, croyons nous, que des causatifs comme, *erakarri, erantzun, erabilli*, ne soient des formes contractées de *erazo-ekarri, erazo-entzun, erazo-ibilli*, etc.; mais il sera bon de donner l'opinion d'un des grands linguistes de notre époque sur cette question si obscure des intercalations ou incapsulations. „A fourth class, the infixing or incapsulating languages, are but a variety of the affixing class, for what in Bask or in the polysynthetic dialects of America has the appearance of actual insertion of formative elements into the body of a base, can be explained more rationally by the former existence of simpler bases, to which modifying suffixes or prefixes have once been added, but not so firmly as to exclude the adition of new suffixes at the end of the base, instead of, as with us, at the end of the compound." Max Müller. On the stratification of language (London 1868) p. 22. Revenons à *erazo*. Bien que ce nom verbal s'écrive régulièrement dans tous les dialectes avec *z* et *eraso*, attaquer, avec *s*, il nous semble qu'à l'origine ces deux noms ont pu se confondre et signifier contraindre, matériellement et moralement.

Arazo, g. subst. trouble, labeur. *Oñaze eta arazoak askotu dizkizut*, peines et labeurs je te les augmenterai.

Erazte, v. *erantzi* et *erazo*.

Erbal, g. *herbail*, 1. faible, maladif. Variante de *argal? g* pour *b*, v. *gurasoak*.

Erbestu, g. b. proscrit; *erri-beste*.

Erbi, g. b. bn. *herbi*, 1. lièvre.

Erbiñude, g. belette.

Erchatu, erchatzen, 1. solliciter, contraindre, pousser, induire.

Erdainatu, erdainatzen, 1. rogner.

Erdaldun, v. *erdara*.

Erdara, erdera, g. 1. langue étrangère, par opposition à la langue basque; pour les basques espagnols, l'espagnol, pour les basques français, le français. P. le traduit par, langue du pays, par quoi il faut entendre, dit W. v. Humboldt, (Prüfung der Unters. p. 58, 59) la langue romane, qui était parlée en France et en Espagne. D'après Humboldt, *erdara* serait composé de *erri*, pays et *ara*, selon, *d* serait une lettre euphonique. Autant que nous sachions le *d* ne sert jamais comme lettre euphonique; c'est plutôt une lettre qui se perd façilement; comp. *baut*, pour *badut*; *baanzut* pour *badanzut*; *ausi* pour *adausi*, *aitu* pour *aditu*, etc. *Ara* n'est pas „selon" comme le dit Humboldt, qui décompose *arauz* en *arauz*, au lieu de *arau-z*; mais *ra*, (vers) pourrait indiquer ici, selon; vers et selon sont intimement liés; comp. *eredura*. *Erdara* est donc, la langue selon le pays, la langue du pays, par opposition à la langue basque. Il nous semble que cette étymologie laisse à désirer.

Erdaldun, g. celui qui parle *erdara*; de *erdara-dun*; *l* pour *r* comp. *bulhute* = *buruthe*, *hari* et le dérivé *haliko*, *afari* et *afaldu*, etc.

Erdera, v. *erdara*.

Erdi, g. b. l. bn. milieu, moitié; accouchée.

Erdian, g. b. bn. au milieu; de *erdia-n*.

Erdi, *erditzen*, g. l. bn. accoucher;

bn. mettre bas. Dans le langage vulgaire ou plutôt ce que les Anglais nomment slang, on dit en hollandais tomber en deux.

Erditsu, l. demi; de *erdi-tsu*. *Oren erditsu bat*, P. l'espace environ d'une demi-heure.

Erditik, l. bn. par le milieu; de *erdi-tik*.

Erdiratu, erdiratzen, l. fendre; P. dit fendre par la moitié; on nous a dit que ce verbe n'est employé qu'au figuré.

Erdiragarri, l. bn. qui fait fendre; de *erdira-garri*. *Bihotz erdiragarri*, qui fait fendre le coeur.

Erdizka, g. b. l. bn. à moitié; de *erdi-z-ka*.

Erdizkatu, erdizkatzen, l. *Gizon gaixto, odol-isurleek… eztituzte bere egunak erdizkatuko*, Axular. p. 164. a. éd. 377, n. éd. Des hommes méchants, sanguinaires ne parviendront point à la moitié de leurs jours. Ps. LV. 24. et non LIV; erreur dans les deux éd.

Erdiragarri, v. *erdi*.
Erdiratu, v. *erdi*.
Erdiratze, v. *erdi*.
Erditik, v. *erdi*.
Erditsu, v. *erdi*.
Erditze, v. *erdi*.
Erdizka, v. *erdi*.
Erdizkatu, v. *erdi*.
Erdizkatze, v. *erdi*.

Erdoi, g. b. *herdoil*, l. rouille. Selon Chaho une corruption de ferugilla, dimin. de ferrugo.

Herdoildu, herdoiltzen, l. rouiller.

Erdu, b. 2. pers. sing. de l'impér. du verbe? *erdu ona*, viens ici.

Erdutu erdutzen, l. partir, s'acheminer; i. a.

Ere, g. l. bn. *bere*. b. aussi, encore. Serait-ce le même mot que *bere*, avec chute du *b*? *Ni ere*, moi aussi. *Kainek bere abuztuetatik gichi bat, eta au ere gogogabe ematen ziolako*, Lardizabal. Caïn lui avait donné un peu de ses récoltes et cela encore sans plaisir. *Ez-ere*, g. non plus. *Ez hura ere*, lui non plus. *Ez jan ta ez edan ere*, ne pas manger ni boire non plus.

Ere bai, g. *bere bai*, aussi.

Eredu; selon O. c'est du lab. occidental, équipollent; *haren eredura* ou *haren auraura*, à l'équipollent de luy, comme luy. *Eredu* est composé, croyons nous, de *ere-du*, il a aussi; c'est la forme d'un adj. verbal. comme *eldu, artu*, etc. dont *eretzen* est le subs. verbal, v. ci-dessous.

Eredura, ereduz, g. l. *eretzean*, bn. en proportion, en comparaison; de *eredu-ra* et *eredu-a-z*. Le bn. est le subst. verbal *eretze*, de *ere*, comme *eitze*, de *el* (*eldu*); au défini et avec le suffixe *n*, *eretzean*, dans le comparer c. a. d. en comparaison.

Eretz, bn. comparaison. M. Salaberry. v. ci-dessus *eredura*.

Erearo, l. juin. P. écrit *ereroa*. M. Salaberry écrit *errearo*, ce qui sera la bonne orthographe, de *erre-aroa*, la saison de la chaleur; *erre*, brûler, rôtir.

Erebai, v. *ere*.
Erechi, v. *eritzi*.

Eredoski, eredoskitzen, v. *edoski.*

Eredu, eredura, v. *ere.*

Ereduz, v. *ere.*

Erein, ereintzen, et mieux *ereiten,* g. b. l. bn. semer.

Ereite, v. *erein.*

Eremu, g. l. bn. désert; du lat. eremus.

Erenegun, v. *iru.*

Ereroa, v. *erearo.*

Eresia, g. désir violent. Il nous semble de *erre-etsi* et alors mieux avec deux *r.*

Eresiak, l. bn. vieilles chansons qui contiennent quelque histoire. P. *Eressiz cantatu drauçuegu eta eztuçue nigarric eguin,* Luc. VII. 32. Test. Rochelle; nous vous avons chanté des lamentations et vous n'avez pas pleuré.

Eretz, eretzean, v. *ere.*

Erezarri, v. *ezarri.*

Ereztatu, ereztatzen, g. incommoder, importuner.

Ergel, l. faquin, niais, badin, imbécile. P. écrit aussi *elger.*

Ergelkeria. Usoaren inocentcia eta ergelkeria; l'innocence et la niaiserie de la colombe. Ax. p. 342.

Ergi, l. bn. bouvillon. A Guéthary, veau mâle de deux à quatre ans.

Erhaitea, l. bn. tuer. Nous n'avons pas trouvé l' adj. verb. comp. *eritu.*

Giza erhaille, l. meurtrier.

Giza erhaitekak, l. bn. meurtres. *Inuidiác, guiça-erhaitecac.* Gal. V. 21. Test. Roch. Les envies, les meurtres.

Erharzun, v. *erhasun.*

Erhastun, v. *erhaztun.*

Erhasun, l. *erharzun,* bn. langueur, maladie. *Eta senda citzan erharçun diuersez eri ciraden guciak.* Marc. 1. 34. Test. Rochelle; et il guérit tous (ceux) qui étaient malades de différentes maladies. Comp. *eritasun.*

Erhatz, erhatztatu, v. *auts.*

Erhauts, l. syn. de *herrauts.*

Erhaux, v. *auts.*

Erhaztun, bn. *erhastun,* l. anneau, bague. Paraît être formé de *erhi*; comme *atzestun,* (b. ?) que cite Larramendi, de *atz;* la terminaison est donc *astun* ou *estun,* qui devra être rattachée à *estu,* serrer.

Erhi, l. bn. doigt; syn. de *atz* et *beatz.*

Erhi mokoa, l. le bout du doigt.

Erhi potocha, l. le pouce.

Erkain, le bout des doigts. P. *Erkainetan jakin behar diren gauzak,* choses qui doivent se savoir sur le bout des doigts.

Erho, v. *ero.*

Erhogo, v. *ero.*

Erhokeria, v. *ero.*

Erhotasun, v. *ero.*

Eri, g. l. bn. malade. *Eri nago,* g. je suis malade. P. écrit *eriz nago. Eri* a dû s'écrire primitivement avec *h, heri,* les composés le prouvent, et par bonheur P. cite un mot, le seul que nous sachions où le *h* se retrouve, *gorheria.* Aucun dialecte n'a conservé le *h*; mais on sait la manière arbitraire avec laquelle cette lettre a été tantôt introduite et tantôt élidée, p. ex. *aurhide* de *haur*; *ilherri* de *hilerri*; *herebes* de l'esp. al rebes, etc. etc.; ceci n'est pas une variété d'orthographe, on trouve ces irrégularités dans un seul et même dialecte. —

Comme le *h* initial devient *k* au milieu d'un mot (v. Essai, Ch. II), *heri* dans les composés devient *keri*, avec la signification de défaut: *ordikeria*, l'ivrognerie, de *ordi*, ivre; *arrokeria*, la vanité, de *arro*, gonflé. Comme terminaison, *keria* est opposé à *tasuna*; ainsi *umetasuna*, le propre de l'enfance; *umekeria* puérilité, enfance (tomber dans l'); *zorakeria*, folie (extravagance); *zoratasuna*, folie (maladie mentale); *ixukeria*, aveuglement; *ixutarzun*, cécité. On voit, par les derniers exemples, la différence faite entre les défauts de la nature, p. ex. *zoratasuna*, qui sont en dehors de notre appréciation, et ceux dont nous sommes responsables et que nous pouvons qualifier de mauvais p. ex. *zorakeria*.

La manière d'exprimer une tendance mauvaise ou excessive par des mots comme malade, mal, etc. ne se trouve pas seulement chez les basques; en holl. on dit, bien que l'expression soit triviale „manziek" d'une femme qui désire ardemment un mari, un homme; de man, homme, et ziek, malade; koopziek se dit de quelqu'un qui achète à tort et à travers, de koopen, acheter; comp. *ikusmin*, désir ardent de voir; de *ikus* et *min*, mal; *sumin*, furieux, de *su-min*.

Eritu, eritzen, g. l. bn. devenir malade.

Eritasun, g. l. *eritarzun*, bn. maladie.

Erideite, v. *eriden*.

Eriden, erideiten, bn. *ediren, edireiten*, l. bn. trouver. *Galdu baitzen eta eriden baita*, Luc. XV. 32. Test. Rochelle; il était perdu et il est retrouvé.

Erijotz, v. *erio*.

Erio, g. b. (?) *herio*, l. bn. (la) mort, subst. Selon Larramendi meurtre, et *eriotza*, la mort. La signification de ces deux mots ne paraît pas bien définie. Dans le Labourd (Guéthary) on emploie *herioa* pour la mort, personnifiée pour ainsi dire, l'all. der Tod; *heriok jo du*, la mort l'a frappé; par contre *heriotza*, la mort, le mourir; all. das Sterben; *heriotzeko orena*, l'heure de la mort, *eriotzako orduban*, b. dans l'heure de la mort. Axular ne paraît pas faire cette distinction; il écrit p. 574, an. éd. *Heriotzearen sega onen eta gaichtoaren arrontatzeko*, la faux de la mort pour moissonner les bons et les méchants; il aurait fallu, si cette distinction est généralement faite: *herioaren sega*. Dans l'édition soi-disant corrigée de M. l'abbé Inchauspe, le mot *heriotzearen* est resté; mais ces corrections sont faites avec trop peu de soin pour qu'on puisse s'y fier; v. p. 230. anc. éd. 348. nouv. éd. où *enzu* se trouve deux fois pour *euzu*; p. 302 an. 6d. p. 126. nouv. 6d. *ekhin* se trouve corrigé par *egin*; maintenant avec *egin* la phrase n'a plus de sens. P. donne plusieurs exemples de *herioa*; *herioa zor du*, il mérite la mort. *Herioz hil bedi*, qu'il meure de mort. *Herioko hersturak*, les détresses (angoisses) de la mort. *Heriotze* pourrait être le subst. verb. (le mourir) formé de *erio*; Larramendi donne *eriotu* pour matar, tuer; le subst. verb. est donc *eriotzen*.

Ezen heriotzea desegiñen da, Chourio, Imit. de J. C. p. 260; parce que la mort est détruite. Quoique *eriotu, eriotzen* puissent dériver très régulièrement de *erio*, ce qui nous donnerait en même temps l'explication de *eriotze*, il se pourrait que *eriotze* fût le mot primitif, de *eriotza*, la maladie froide.

Nolakoa bizitza, alakoa heriotza, g. *Zelakua bizitzia, alakua erijotzia*, b. Moguel; telle vie, telle mort.

Ta geure eriotzako orduban, b. Olaechea; et dans l'heure de notre mort.

Eriotz, g. b. *erijotz*, b. *heriotze*, l. bn. v. ci-dessus.

Heriotzegilla, l. meurtrier; de *heriotze-egille*.

Heriotarako, bn. mortel. *Eta baldin cerbait heriotarakoric edan badezate*, Marc. XVI. 18. Test. Rochelle; et s'ils ont bu quelque chose de mortel.

Eriotu, v. *erio*.
Eriotz, eriotze, v. *erio*.

Eriste, v. *eritzi*.
Eritarzun, v. *eri*.
Eritasun, v. *eri*.
Eritsten, v. *eritzi*.
Eritu, v. *eri*.
Eritze, v. *eri*.
Eritzi, eristen, g. *iritzi, erechi*, b. *eritzi, eritsten*, l. bn. En g. bn. s'appeler, paraître. *Zachariasi Joannes eritziren çayon semebat promettatu*. Sommaire du Ch. I. de St. Luc. Test. Roch. Il fut promis à Zacharie un fils, nommé Jean.

En b. l. bn. juger, estimer, paraître.

En g. et b. *eritzi* a deux temps réguliers, le présent et l'imparfait de l'indicatif: *deritzat, deritzazu, deritza*, etc. *neritzan, zeneritzan*, etc. *Nola deritza?* comment s'appelle-t-il? Faudrait-il considérer *eritzi* comme composé de *ere-etsi?* comp. *onetsi, autetsi, sinetsi*, etc. s. v. *es.* il nous semble que la signification le permettrait, mais le *e* de *etsi* ainsi que le *s* se sont toujours maintenus dans les composés.

Eritzi, g. *erechi*, b. comme subst. opinion. *Nere iritzian*, g. *nire erechian*, b. dans (selon) mon opinion.

Oniritzi, g. l. bn. *onerechi*, aimer; régit le datif. *Senharrac, çuen emastey on eriztecue*, Eph. V. 25. Test. Rochelle. Maris, aimez vos femmes.

Gaitz eritzi, l. *gaitz erechi*, b. haïr.

Erkain, v. *erhi*.
Erkatz, v. *auts*.
Erkatzea, l. P. comparer i. a. Comp. *eretz*.

Erlapo, bn. vaisseau en bois par où le grain est versé sur la meule. Sal.

Erlaste, v. *erlastu.*

Erlastu, erlasten, l. *erlaxtu,* bn. s'enrouer; l. se morfondre. *Konzientzia da behin ere lohakartzen ezten zerbitzari bat, marrantatzen edo erlasten ezten predikari bat,* Axular, p. 426. an. éd. La conscience est un serviteur qui ne s'endort jamais, un prêcheur qui ne s'enroue pas.

Erlauntza, v. *erle.*

Erlautza, v. *erle.*

Erlaxtu, v. *erlastu.*

Erle, 1. g. b. l. bn. abeille.

Erlauntza, g. *erlautza,* b. ruche; de *erle-untzi.*

Erle umea, l. l'essaim d'abeilles.

Erle belharra, l. P. thym.

Erle, 2. v. *erran.*

ERLIGIO, g. *erliginoe,* b. *erreligione, erligione* l. bn. religion.

Ernagi, g. b. *ernari,* l. pleine, (des femelles). En b. on prononce généralement *ernai.* Comp. *argizagi* pour la double orthographe $r = g$.

Ernai, 1. g. *erne,* l. vigilant, éveillé.

Ernatu, ernatzen, l. bn. exciter, éveiller — bn. se réveiller.

Ernai, 2. bn. poutre.

Ernaltzea, l. P. féconder. P. donne le latin foeto. L'adj. verb. sera *ernaldu,* probablement pour *ernaridu* (v. *ernagi*); l pour r comp. *afaldu,* et *ari* 3.

Ernari, v. *ernagi.*

Ernatu, v. *ernai,* 1.

Ernatze, v. *ernai,* 1.

Erne, v. *ernai,* 1.

Ero, g. *erho,* l. bn. fou.

Erhotasun, l. *erhogo,* bn. folie. *Ainen zazue supporta appur bat neure erhogoan,* 2. Cor. XI. 1. Test. Rochelle. Plût à Dieu que vous me supportassiez un peu dans ma folie; (imprudence, dans quelques bibles). La forme lab. est formée de *erho-tasun; erhogo* paraît être un adj. (*erho-go*) employé substantivement.

Erhokeria, l. bn. folie, extravagance, folâtrerie; de *erho-keria.*

Eroan, v. *joan.*

Erori, erorten, g. b. l. bn. tomber.

Erorte, v. *erori.*

Erosi, erosten, g. l. bn. acheter.

Erospen, l. bn. achat; de *erospen.*

Erosle, l. bn. acheteur; de *eros-le.*

Erosle, v. *erosi.*

Erospen, v. *erosi.*

Eroste, v. *erosi.*

Erpai, soul. selon O. et P. — qui attend longtemps. *Haren erpai hemen nago,* je demeure ici l'attendant avec impatience. La traduction de P. donne le sens de la phrase, mais non pas la signification propre du mot.

Erpe, b. griffe; syn. de *aztapar.*

Erpeka, b. coup de griffe; de *erpe-ka.*

Erpetu, b. griffer.

Erpeka, v. *erpe.*

Erpetu, v. *erpe.*

Erphil, l. bn. v. *erpil.*

Erpil, l. *erphil,* bn. blême, flétri; faible. Paraît être une variante de *erbal.*

Erpiñ, g. sommet; syn. de *tontor.*

Erpo, v. *orpo.*

Ertor, v. *erretor.*

Erra, v. *erre.*

Erraile, erraille, v. *erran.*

Erraite, v. *erran.*

Erraldia, v. *erre.*

Erraizun, v. *erran.*

Erramu, g. b. l. bn. fête des Rameaux; laurier.

Erran, 1. erraiten, l. bn. dire. *Baina erran cieçon berce bati, arreit niri,* Luc. IX. 59. Test. Rochelle; puis il dit à un autre, suis-moi. L'impératif, *errok,* dis. *Erroc badani aldiz aiuta neçan,* Luc. X. 40. Test. Roch. dis lui donc qu'elle m'aide de son côté.

Erranzalle, erraille, l. *erraile,* et par syncope *erle* bn. diseur; de *erran-zale,* et de *erran-egille;* le *n* supprimé, v. Essai, Ch. II.

Gaitz erraille, l. médisant.

Erraizun, l. blâme, reproche. *Nahi eztuenak erraizunik, estemela okasinorik,* Axular, an. éd. 403; n. éd. 215. Celui qui ne veut pas de blâme, qu'il n'en donne (?) pas l'occasion. La terminaison n'est pas claire, aussi nous paraît-il que ce mot n'est pas bien composé; nous ignorons si d'autres qu'Axular s'en sont servis. Pouvreau cite encore *errantzuki, eranzuki;* aujourd'hui ou dit *errantsun,* (du moins à Guéthary) que P. cite aussi et ce mot nous donne la forme correcte, sauf les *r;* v. *errantsun.*

Erran, 2. v. *errañ.*

Errantsun, l. *eranzun,* l. P. blâme, reproche; syn. de *errantzuki* et *erraizun.* Ces mots s'écrivent avec deux *r* (excepté *eranxun,* P.), ce qui ferait penser qu'ils dérivent de *erran;* c'est plutôt de *eranzun* et ils devraient être écrits avec un *r.*

Eranzun est pour *eraso-enzun,* faire entendre, écouter, c. a. d. répondre, v. *enzun.* En esp. répondre est *contestar,* et de là probablement la signification de „réprimander" en lab. *eranzun;* ainsi s'explique le désordre d'avoir le verbe *eranzun,* réprimander, avec un *r* et *errantzuki* ou *errantsun,* reproche, réprimande avec deux *r.*

Errantzuki, v. *errantsun.*

Erranzale, v. *erran.*

Errañ, g. *erran,* b. *errein,* l. bru, belle-fille.

Errape, g. b. l. pis de vache.

Errasoi, v. *arrasoi.*

Erraste, v. *erraz.*

Errasumin, v. *erre.*

Erratillu, g. plat; *erretillu,* l. plat en bois pour hâcher la viande.

Erratz, v. *auts.*

Errauts, v. *erre.*

Errayak, l. P. entrailles, boyaux.

Erraz, g. b. l. *errech, erretch,* l. bn. facile, aisé.

Errazki, errazkiro, g. *erretchki,* bn. facilement; de *erraz-ki* et *kiro.*

Erraztu, errasten, g. l. *errechtu, errechten*, b. l. faciliter.

Erraztura, g. *erraztasun*, l. *errechtasun*, b. l. facilité; de *erraz-tasun*.

Errazita, v. *erre*.

Errazki, errazkiro, v. *erraz*.

Errazoi, v. *arrazoi*.

Erraztasun, v. *erraz*.

Erraztu, erraztura, v. *erraz*.

Erre, erretzen, g. l. *erre, erretan*, b. *erre* ou *erra, erretzen*, bn. brûler, rôtir (la viande); griller (le poisson).

Errekia, l. *erria*, g. b. le rôti. En g. et b. le participe comme en français. Le lab. sera probablement de *erre-ki* pour *kai*; matière à rôtir; v. *gai*.

Erra, g. *herra*, l. bn. haine. Probablement le même mot que *erra*, brûler. De pareilles métaphores se trouvent dans toutes les langues; pour l'hebreu, v. M. Renan, Hist. des langues sém. p. 22 et 23.

Herratsu, l. haineux; de *herra-tsu*.

Errasumin, l. *erresumin*, bn. douleur causée par la brûlure, cuisson; de *erra-su-min*.

Errauts, g. b. cendre; de *erre-auts*.

Errazita, g. colère. Bien que nous ignorions la signification de la terminaison, il nous semble qu'il faut rattacher ce mot à *erre, erra*, d'autant plus que *erra, herra*, paraît être le même mot, v. ci-dessus.

Erraldia, l. A Guéthary on entend par *erraldia* toute la manipulation du pain, cuire, pétrir, etc.

Errearo, v. *erearo*.

Errebelatu, errebelatzen, l. s'égarer, égarer. Ne serait-ce pas de l'esp. rebelar qui signifie aussi, se brouiller avec quelqu'un; de là s'éloigner, s'égarer?

Erreberia, bn. délire; du fr. erreur? *b* pour *u*.

Errebezatu, g. vomir; de l'esp. (al)rebez.

Erreboleta, l. boucle de fer. P. Ce mot n'a pas l'air basque.

Errech, v. *erraz*.

Errechi, errechitu, bn. 1° consommer avec économie; 2° calmer une convoitise immodérée. Sal. Peut-être de *erre-ichi*? *ichi* en b. est cesser, laisser et ainsi cesser de brûler.

Errechtasun, v. *erraz*.

Errechtu, errechte, v. *erraz*.

Erradilla, l. raifort. Ce mot n'a pas l'air basque et fait penser au prov. *raditz*, d'où le fr. *radis*.

Errasumin, v. *erre*.

Erredola, l. râcloire; syn. de *arrada*. Selon Chaho du lat. radula.

Errega, conque; mesure basque. P.

Errege, g. b. l. bn. roi; du lat. regem; comp. *lege*.

Erreinu, g. de l'esp. reino; *erresuma*, l. bn. royaume.

Erregeren minak, l. les écrouelles; puisque d'après un préjugé le roi pouvait les guérir.

Erretate, l. royauté.

Erregu, g. b. prière; de l'esp. ruega.

Erregutu, erregutzen, prier.

Errein, v. *erran.*
ERREINU, v. *errege.*
Erreka, l. sillon; — l. bn. ravin; — b. rivière. En bn. ce mot se retrouve avec la signification de sillon, dans *ilderreka.* P. cite: *emaztearen erreka,* mais ne le traduit pas; est-ce par pruderie?
ERREKERITU, bn. requérir.
Errekia, v. *erre.*
Errekitu, bn. 1° nom générique signifiant provision de toute espèce; 2° nourriture pour les malades.
Errekitatu, soigner les malades.
Errekitatu, v. *errekitu.*
ERREMENTARIA, g. forgeron; de l'esp. herramienta et la term. basq. *ari,* 4.
ERREMUSINA, l. bn. aumône; du lat. eleemosina.
Erren, g. b. boiteux.
ERRENKURATU, ERRENKURATZEN, l. se plaindre, être fâché de; du pr. rancura; v. L. R. *Eta hala estudala arrazoinik zutaz errenkuratzeko,* Chourio, Im. de J. C. Et comme je n'ai pas de raison de me plaindre de vous. V. *arrangura,* qui se trouve séparé par erreur de cet article-ci.
ERREPAÑA, g. refrain; de l'esp. refran?
ERREPIKA, ERREPIKATEN, l. *arrapika,* bn. carillonner; de l'esp. repicar.
Errepikatu, l. chanter à tue-tête.
ERRESA, l. bn. gages, arrhes; d'une des lang. rom. On prononçait autrefois, errhes, v. Littré, D.

ERRESUMA, v. *errege.*
Erresumin, v. *erre.*
Erretan, v. *erre.*
ERRETATE, v. *errege.*
Erretch, erretchki, v. *erraz.*
Erretillu, v. *erratillu.*
ERRETOR, l. *ertor,* bn. recteur, curé; du prov. rector.
ERREUEZA, l. P. revêche; *herrebes,* bn. maladroit; de l'esp. rebes. Le *h* est introduit ici d'une façon tout-à-fait arbitraire.
Erreza, l. P. ou *eresa, heresa,* pain bis.
ERREZO, g. b. prière; de l'esp. rezo, prière.
Erri, g. b. *herri.* l. bn. Ce mot est souvent traduit par pays, ce qui n'est pas la véritable signification; c'est plutôt l'esp. pueblo. P. donne pays, mais aussi paroisse et M. Salaberry village. *Erri* indique tout autant et peut-être plus, les habitans, que la contrée même. *Eta erriko tropel guztia zegoan kampoan,* St. Luc. 1. 10. dial. g. Et toute la multitude de peuple était dehors. *Ni askotan etorri natzazu erri onetara,* je suis venu plusieurs fois vers ce peuple.
Erritar, g. b. *herritar, hertar,* l. compatriote; de *erri-tar.*
Herriko-jaun, par contraction *her jaun,* l., le Seigneur du lieu.
Erria, v. *erre.*
Erriatzea, O. terme de marine, détacher une corde du navire; quel dial?
Erribera, l. l. P. *Leku erribera,* lieu où il ne fait pas froid

en hiver. *Erribera* paraît être un adjectif.

ERRIBERA, 2. v. *arribera*.

Errierta, g. rixe, dispute.
Erriertan eman, se disputer.

ERRIO, g. rivière; de l'esp. rio.

Erritar, v. *erri*.

Erro, 1. g. l. bn. racine. *Athearen erroak,* l. les gonds d'une porte. P.

Erro, 2. b. bn. téton, pis.

Erroi, b. corbeau; — l. corneille.

Erroite, v. *erron*.

Erroitz, bn. précipice; comp. *ertz*. Il est difficile d'admettre que *erroitz* soit une corruption de *ertz*; ce dernier serait plutôt une syncope de *erroitz*, et cependant *ertz* est plus près de *herxi* que *erroitz*.

ERROMERIA, g. b l. pélérinage; de l'esp. romeria.

Erron, erroiten, l. *errun*, bn. pondre. *Oilloak erron du,* la poule a pondu.

ERROTA, g. b. l. moulin; — bn. roue; du lat. rota.

Errozgora, bn. la face en haut, couché sur le dos. Ce mot paraît être composé de l'esp. rostro, visage et de *gora*, dessus.

Erru, g. b. faute.
Erruez, g. b. innocence; de *erru-ez*.
Errudun, g. b. coupable; de *erru-dun*.
Errukarri, g. b. coupable; de *erru-karri*.

Errudun, v. *erru*.

Erruesa, g. rebut.

Erruez, v. *erru*.

Errukarri, v. *erru*.

Erruki, g. b. compassion. Les dial. basq. esp. écrivent indifféremment *erruki* ou *urriki*. Ces mots paraissent être formés, comme dans les langues romanes, de *erru-ki* pour *kin*, con-passion; mais comme *erru* signifie faute et non douleur, passion, on serait tenté de considérer *erruki* comme une transposition de *urriki*, qui est allié à *urrikal* que l'on retrouve dans tous les dial. avec la signification de pitié, compassion. Il est vrai que *urri* ne se retrouve pas non plus, pour le moment du moins, comme substantif, dans le sens de passion, souffrance; mais tous les dérivés et composés font conclure à un radical *urri* dans le sens indiqué ci-dessus; v. *urrikal*. *Guraso batek ez deutsala semiari errukiz nekerik artu eragiten,* b. qu'un père, par compassion, ne fasse pas prendre de la peine à son fils et....

Errukitsu, g. b. miséricordieux; de *erruki-tsu*. *Baña Jainko errukitsua kupitu zan,* g. mais le Dieu miséricordieux eut pitié.

Errukiorra, b. compatissant; syn. de *urrikaltsu*, g.

Errukiorra, v. *erruki*.

Errukitsu, v. *erruki*.

ERRUMES l. bn. gueux, mendiant; dénué, abject. Selon Chaho, de *erremusina* et appliqué surtout aux quatre ordres de moines mendiants. Ne faudrait-il pas plutôt rattacher ce mot à *erromeria*, pélérinage;

parmi les pélerins il y en a toujours un grand nombre de pauvres. Les proverbes espagnols démontrent en outre que les pélérinages ne sont pas tenus en grande estime. Romeria de cerca, mucho vino y poca cera. A las romerias y las bodas, van las locas todas; comp. romieu, pélerin, v. L. R.

Errun, v. *erron.*

ERRUNKA, l. *herroka, herreka,* bn. rang, ordre; du prov. renc, rengua, avec *er* prosthétique et chute de *n* devant *k*, v. Essai, Ch. II. on trouve encore *arronka, herronka.*

Erruz, g. avec abondance; évidemment de *erru-z,* mais dans quel dialecte est-ce que *erru* signifie abondance?

Erskon, l. bn. fort, vigoureux, d'une bonne santé. *Ecen alegueratzen gara gu flaccu garen, eta çuec erscon çareten,* 2. Cor. XIII, 9. Test. Rochelle; or nous nous réjouissons si nous sommes faibles et que vous soyez forts.

Erthangora, l. sur le dos; syn. de *errozgora.* La terminaison *gora* est claire, mais *erthan* nous est inconnu.

Erthura, l. pesant.

ERTOR, v. *erretor.*

Ertsi, v. *es.*

Ertz, g. b. bord, ourlet; comp. *erroitz* et *española.* Peut-être de *hersi* (v. *es.*)

Eruan, v. *joan.*

Es, nous plaçons ici en tête la racine, afin de réunir les mots qui nous paraissent avoir une origine commune. Rappelons que parmi les terminaisons de l'adjectif verbal il y en a en *du, tu, i,* etc.; la forme radicale, sans terminaison quelconque, est en usage dans les dialectes basq. fr.; ainsi *ebax* pour *ebaxi; har* pour *hartu;* ceci est très rare dans les dialectes basq. esp. Disons encore que *h* est une variété de dialecte et que le lab. écrit parfois deux *s*, ce que les dial. basq. esp. ne font jamais. On trouve *ss* en bisc. mais dans quelques mots seulement pour indiquer le son *ch* français.

La racine *es* contient l'idée de serrer, enfermer.

Esi, g. b. *hesi* ou *hessi,* l. *hersi,* bn. clôture, haie. A Guéthary, surtout clôture pour parquer les animaux. La forme de ces mots est celle d'un adject. verbal (participe) comme *asi, utzi,* etc. Le substantif verb. correspondant serait *esten* ou *hesten, hersten;* la première forme ne se retrouve que dans *hestia* (de *heste,* le *e* en lab. devient quelquefois *i* comme en bisc.) et *esteak,* v. ci-dessous; la seconde forme a plusieurs dérivés. Le seul point obscur ici c'est le *r* de *hersi.* Faut-il le considérer comme primitif et perdu dans quelques dialectes ou dans quelques mots du même dialecte? Ce serait possible, et alors la racine serait *ers,* au lieu de *es.* Pour la chute de *r* comp. *aska, asto, aritz.*

Heste, avec l'art. *hestia,* l. clôture ; c'est le subst. verb. indéfini, bien que comme tel il ne paraisse pas être en usage; c'est alors *hertsten* qu'on emploie; v. plus bas.

Estu, (*tu,* terminaison) *estutzen,* g. b. *hertstu* ou *herstu, hertsten,* l. serrer, p. ex. avec une corde. En lab. au figuré, presser quelqu'un, l'engager. En g. et b. être impatienté; *estu nago,* je suis impatienté. Le g. ne se sert pas de la forme contractée *esten* pour *estutzen,* comme *uzten* de *utzi,* et *isten* de *ichi.* — *Zeren zembait behar ordu herstutan..... baizen,* Axular, a. éd. p. 242. Car il fallait dans quelques moments pressés.

Estuera, g. b. compression; de *es-dura.*

Hertstura, l. *herzdura,* bn. détresse, angoisse; de *herts-dura.*

Esturasun, g. b. difficulté, embarras. Pour *es-dura-tasun?* *Alako esturasunetatik atera izan ziluela lenago ere bein baño geyagotan,* g. qu'auparavant aussi il les avait tirés plus d'une fois de pareilles difficultés.

Esteak, g. *hertzeak,* l. *herzeak,* bn. intestins, boyaux; de *este,* v. *esi,* ci-dessus.

Estugarri. b. corde; de *estu-garri.* *Esgarri,* que donne Larramendi, n'est connu, ni en b. ni en l. ni en bn.

Esteka, l. bn. lien, attache pour le bétail; (mieux avec *h*) de *este,* v. *esi;* comp. *esteak, hestia.*

Esteka, estekatzen, l. lier, attacher.

Estekaillu, l. lien, attache. La terminaison n'est pas claire; comp. *hertskaillu.*

Esitu, esitzen, g. b. environner; de *esi-tu,* v. ci-dessus.

Hertsi, hertsten, l. (i. a.) *ertsi, herxi,* (*x = ts*) bn. fermer. Comme adj. *hertsi, herxi,* signifie étroit; et au figuré en lab. avare. P. ajoute synonyme de *hessi.* C'est donc bien le même mot. M. Salaberry écrit *herxi,* fermé et *hersi,* clôture, ce qui est encore le même mot; cette différence dans l'orthographe a tout l'air d'être du désordre. *Ezneçala fascha, ia bortha ertsia duc.* Luc. XI. 7. Test. Rochelle; ne m'importunes point, j'ai déjà fermé la porte. *Bainan itchekatzu zure sensuak goardia hertsiaren azpian.* Chourio, Im d. J. C. p. 73, mais tenez vos sens sous la garde étroite....

Hertstegi, l. clôture, de *hertsi-tegi.*

Herxatu, bn. rétrécir.

Hertskaillu, herskailu, O. bandage, emplâtre; comp. *estekaillu.*

Esaera, v. *esan.*

Esaite, v. *esan.*

Esakune, v. *esan.*

Esamesak, g. opinion, dire; de *esan-ezak?*

Esan, esaten, g. b. *esan, esaiten,* l. dire. On trouve aussi *essan,* en bisc. dont quelquefois le *n* final se perd. *Jaten asi baño leenago, zer essan biarda?* Olaechea, p. 15; que faut-il dire avant de commencer à manger. *Ederto essa eban*

San Pabloc, Añibarro, p. 11. St. Paul a dit très bien.

Esana, g. b. dit; adj. verb. Comme subst. opinion, dire.

Esaera, g. *esakune*, b. dicton, proverbe. Le g. de *esan-ra*, avec élision de *n* ce qui était superflu puisque le *e* de liaison a été introduit; la terminaison du bisc. n'est pas claire; *esan-une* pour *hune* et de là *kune*, (*k* pour *h*, v. Essai, Ch. II) ne donne pas un sens très satisfaisant.

Erasan, erazaten, ou *eraso, erasotzen*, g. b. *eraso*, 1. faire dire; de *erazo-esan*.

En lab. *erasan* signifie généralement, faire dire quelque chose à quelqu'un sans qu'il le veuille.

Esate, v. *esan*.

Eseki, esekitzen, g. prendre.

Eseri, esekitzen, g. s'asseoir.

Esgarri, v. *estugarri*, s. v. *es*.

Esitu, v. *es*.

Esitze, v. *es*.

Eskabia, (*eskabi.?*) 1. farcin, grosse gale, teigne. *Buru eskabiatua*, tête teigneuse, P.

Eskaini, v. *eskeñi*.

Eskaintzen, v. *eskeñi*.

Eskaldun, v. *euskara*.

Eskañi, v. *eskeñi*.

Eskara, v. *euskara*.

Eskaratz, 1. place devant la maison. *Eskaratzaren garbitzea*, P. balayer la place.

Eskari, v. *eske*.

Eskarniatu, eskarniatzen, 1. berner, se moquer. *Jainkoaz eskarniatzea*, se moquer de Dieu, P. Du prov. escarnir, esquernir. L'italien scherno, schernire.

Eskas, 1. g. b. 1. insuffisant, court; — 1. manque, défaut; de l'esp. escaso, court, frugal, avare. *Zer duzu eskas?* que vous manque-t-il? *Eztu diru eskasia*, il n'y a pas manque d'argent.

Eskaski, adv. de *eskas-ki*.

Eskatu, eskatzen, bn. ne pas compléter la mesure.

Eskas, 2. 1. terme de jeu de paume, ligne de démarcation.

Eskaski, v. *eskas*.

Eskatu, 1. v. *eske*.

Eskatu, 2. v. *eskas*.

Eskatze, 1. v. *eske*.

Eskatze, 2. v. *eskas*.

Eske, g. b. 1. bn. Ce nom parait toujours être construit avec un verbe, *egon, ibilli*, etc. P. le traduit par quête, demande; M. Salaberry par: en mendiant. En g. il est toujours accompagné d'un nom verbal. *Mundua gizo-seme eske zegoan*, le monde demandait (il lui fallait) des hommes. *Zeren eske dago?* que demande-t-il? *Eske dabilla etchez etche*, 1. P. il va quêtant, mendiant, de maison en maison.

Eskari, g. pétition.

Eskean ibilli, g. b. 1. mendier.

Eskatu, eskatzen, g. b. 1. demander. *Egin ere bearko degu gure estaduak eskatzen duana*, g. mais nous devrons aussi faire l'état, la profession, qui est demandée.

Eskela, g. b. 1. louche; — 1. nord-est. Ce mot paraît avoir une même origine que *ezker* gauche, ou plutôt en être une variante ; la confusion entre *s* et *z* est grande, v. *as* ; pour la permutation de *l* et *r*, v. *ari*, 3. Le seul obstacle est peut-être que le *r* de *ezker* est dur, *ezkerra*, et non *ezkera* ; cependant ceci ne doit pas nous arrêter, croyons nous ; la signification vient aussi à l'appui de l'origine commune des deux mots, et dans d'autres langues on trouve des expressions analogues. En malais p. ex. on exprime „louche" par gauche, et dans beaucoup de langues le nord est désigné par gauche ; v. Pictet, Orig. I. O. II 495. Pott, Zahlmeth. 261. Dans cette dernière acception *eskela* se trouve donc pour *ezkerra*.

Eskeñi, eskañi, eskentzen, g. *eskini*, b. *eskaini, eskaintzen*, l. offrir, promettre. On serait tenté de rattacher ce mot à *esku* ; mais qu'est-ce que la terminaison ? est-ce *ein* pour *egin*, avec transposition de *i? Eta Jaunari sakrifizioan eskentzen zitzayozkan*, g. et ils s'offrirent en sacrifice à Dieu.

Eskeñi, g. offrande, promesse, adj. verb. pris substantivement. *Iru gizon oyek bere eskeñi oparoa ontzat artu*, g. ces trois hommes après avoir reçu son offrande abondante.

Esker, g. b. l. bn. remercîment. Comme *eskeñi*, on aimerait rattacher ce mot à *esku*, mais la terminaison est obscure. *Eskerrik asko*, g. *eskerrik aski*, l. bn. merci ; litt. beaucoup de remercîments.

Eskeron. g. b. l. gratitude ; de *esker-on*.

Eskergabe, g. b. l. bn. ingrat, ingratitude ; *esker-gabe*.

Eskergabetasun, g. b. l. ingratitude ; *eskergabe-tasun*

Eskerbeltz, g. l. ingratitude ; *esker-beltz*.

Eskergaizto, l. bn. ingratitude ; en lab. c'est plus, c'est de l'ingratitude mêlée de vengeance.

Eskerdun, l. reconnaissant ; *eskerdun*.

Eskerbeltz, v. *esker*.
Eskerdun, v. *esker*.
Eskergabe, — gabetasun, v. *esker*.
Eskergaizto, v. *esker*.
Eskeron, v. *esker*.
Eskierki, l. mot explétif ; vraiment, voire ; i. a.

Eskilla, g. l. *ezkila*, bn. cloche ; c'est l'esp. esquilla.

Eskiña, g. *eskina*, b. angle ; c'est l'esp. esquina.

Eskini, v. *eskeñi*.

Eskiribatu, eskiribatzen, l. écrire.
Esko, v. *eze*, l.
Eskoara, v. *euskara*.
Esku, g. b. l. bn. main ; pouvoir, faculté. M. Mahn (Bask. Sprachd. p. XXXIV) propose de rattacher *esku* à *es* ; il nous semble que c'est plus que probable, seulement au lieu de *ets*, comme il le dit, il faut *es ; ets* n'existe pas. Quant à l'explication qu'il a donnée plus tard („Etym. Unters. p. 75),"de la terminaison *ku*, elle ne nous semble pas être juste ; M. Mahn considère *ku* comme une variante de *caya, quia* (dans notre dict. *gai*,

kai). Nous croyons plutôt que *esku*, est *es-ko*, avec l'article, *eskua*, *o* devenant *u* en bisc. Selon la forme c'est un adjectif employé substantivement; v. *ko* s. v. *go*. *Esku eskuina*, la main droite. *Esku ezkerra*, la main gauche. *Oyei beren antzekoak sortzeko ezkua emanik*, g. en donnant à ceux ci la faculté de reproduire leurs semblables. *Eztut eskurik*, l. je n'ai pas de pouvoir.

Eskura eman, g. l. *eskubera emon*, b. donner (mettre) à la disposition de. *Jainkoak atsegin-kontentuzko* (pléonasme) *gauza guziak eskura eman ziozkan*. Dieu lui donna toutes choses pour son contentement.

Eskuei eragin, l. mettre la main à l'oeuvre.

Eskubide, g. b. l. faculté; de *esku-bide*.

Eskumen, g. l. bn. poignée, botte; de *esku-men*.

Eskudanza, l. bn. hardiesse, — bn. habileté.

Eskumutur, g. b. l. poignet; de *esku-mutur*.

Ezkutu, (mieux *eskutu*), g. b. caché, occulte; de *esku-tu*.

Ezkutatu, ezkutatzen, (mieux avec *s*) g. cacher; de *ezkutu*.

Eskuratu, eskuratzen, g. b. l. apprivoiser; de *esku-ra-tu*.

Eskuetaratu, eskuetaratzen, g. b. l. avoir en mains, posséder; de *esku-etara-tu*. *Beste obeto egindako bat eskuetaratzen dezuten bitartean*, g. jusqu'à ce que vous en possédiez un autre (livre) mieux fait.

Eskularru, l. bn. gant; de *eskularru*.

Eskuerakutsi, g. cadeau; paraît être composé de *esku-erakutsi*; comp. *ikhusgarri*; mais le sens n'en est pas très clair.

Eskuskribatu, g. manuscrit.

Eskumahangu, bn. petit filet à manche. *Mahangu*, manche? Ce mot est mal composé; v. Essai, p. 120.

Eskungain, bn. avant-main; Sal.

Eskutik, bn. profitant du nantissement d'un objet d'autrui; Salaberry. *P*. cite s. v. *gau*, l'exemple suivant: *gau eskura da*, il s'en va nuit. Veut-il dire la nuit est proche? dans ce cas cette expression correspond à peu-près au holl. op handen zijn, être sur mains, c. a. d. être proche, d'un événement, etc. toujours au figuré.

Eskualdun, v. *euskara*.
Eskubide, v. *esku*.
Eskudanza, v. *esku*.
Eskuerakutsi, v. *esku*.
Eskuetaratu, v. *esku*.
Eskuetaratze, v. *esku*.
Eskui, g. *eskuma*, b. *eskuin*, l. bn. droit, opposé à gauche; — l. bn. à droite. *Zoaza eskuin*, allez à droite. *Eskui* devra être rattaché à *esku*; mais la terminaison est obscure. Le guip. *eskui*, doit avoir perdu le *n* final; comp. *arrai*, 2.
Eskuin, v. *eskui*.
Eskularru, v. *esku*.
Eskuma, v. *eskui*.
Eskumahangu, v. *esku*.
Eskumen, v. *esku*.
Eskumutur, v. *esku*.

Eskungain, v. *esku*.
Eskuratu, eskuratze, v. *esku*.
Eskuskribatu, v. *esku*.
Eskutatu, eskutatze, v. *esku*.
Eskutik, v. *esku*.
Eskutu, v. *esku*.
Eslayo, bn. fanfaron, presque fou.
Esnatu, esnatzen, 1. g. réveiller, se réveiller; exciter.
Esnatu, esnatzen. 2. v. *esne*.
Esne, g. b. l. bn. lait.
Esnatu, esnatzen, l. faire venir le lait au sein; P. Il paraît que cela se dit plutôt des vaches.
Esnedun, bn. femelle; de *esnedun*.
Esnekeria, bn. laitage; de *esnekeria*. La terminaison *keria* (de *heria*, maladie), rappelle ici la terminaison „ment" dans quelques adv. des langues romanes; p. ex. en parlant d'un marteau qui tombe lourdement, où ment (mente) a tout-à-fait perdu sa signification primitive et n'est plus qu'un élément formatif; v. Diez, Gr. II. p. 432. M. Müller, Lect. I. p. 46. On aurait toujours pu (ou dû) choisir *tasun* au lieu de *keria*.
Esne ophil, g. b. l. bn. pain au lait.
Esnedun, v. *esne*.
Esnekeria, v. *esne*.
Espa, g. plainte. *Eta senarari beti espaka zegokion*, et elle était toujours en plaintes (à se plaindre) envers son mari.
Espabera, bn. espèce de filet; en fr. épervier? et de là le basque.

Espaina, v. *ezpaña*.
Espal, avec l'article *espala*, l. bn. terme de laboureur, javelle, poignée de blé dont douze en forment le *azau*, la gerbe. — l. *ezpala*, g. *ozpala*, b. copeau. *Aritzak ezpala bere arikoa*, g. le copeau de chêne a son fil; c. a. d. tel père, tel fils.
Espar, bn. échalas.
Espara, l. bn. mouche, qui s'attaque aux bêtes à cornes.
Ezpartin, l. bn. espadrille. Chaussure espagnole et basque en chanvre tressé. Selon le Dict. de l'Ac. esp. on nomme esparteña la chaussure faite en esparto, genêt de Murcie, et alpargata celle faite de chanvre.
Estainua, g. b. l. bn. étain; de l'esp. estaño.
Estadu, g. b. *estatu*, l. état. *Baña onek ikusirik aren animaren estadua*, g. mais celui-ci voyant l'état de son âme.
Estakuru, l. bn. prétexte; — bn. défaut.
Estali, estaltzen, g. l. bn. *estaldu*, b. cacher, couvrir, protéger; — bn. saillir (des animaux). Ce nom verbal paraît être composé de *este-ari*; v. *es* et *ari*, 4. Pour la mutation de *r* en *l*, comp. *arilla*, etc. s. v. *ari*, 3. Le nom verbal *ari* semble être devenu *al* dans, *askaldu, auhaldu, afaldu, bazkaldu, gosaldu*.
Estalarazi, g. faire couvrir; — bn. faire saillir une femelle.
Estalpe, g. b. abri, mystère; de

estal-pe. Estalpean nago, je suis à l'abri.

Estalki, g. b. l. *estalgi,* bn. couverture; — b. prétexte; de *estalgai.* La forme bn. est la plus correcte.

Estalgune, l. couverture, le couvert; de *estal-gune?* et la signification aura changé; d'abri elle sera devenue couverture.

Estaldura, bn. couche, de terre, de plâtre, etc. de quoi que ce soit; de *estal-dura.*

Estalarazi, v. *estali.*
Estaldu, v. *estali.*
Estaldura, v. *estali.*
Estalgi, v. *estali.*
Estalgune, v. *estali.*
Estalki, v. *estali.*
Estalpe, v. *estali.*
Estaltze, v. *estali.*
Estankatze, v. *estanku.*

Estanku, estankatzen, l. boucher, fermer. P. Faudrait-il rattacher ce nom verb. à *es, esten? Estanku ezten barrikatik isurtzen da arnoa,* le vin découle de la barrique qui n'a pas été bouchée.

Estatu, v. *estadu.*

Estayak, v. *eztayak.*
Este, v. *esi,* s. v. *es.*
Esteak, v. *es.*

Esteali, estealtzen, bn. détruire, abîmer, ruiner. O. écrit (v. Prov. d'O. Bordeaux 1847 p. 220), *esteïalzea,* dissiper le bien, le laisser perdre; *esteïari,* misérable. *Esteali* pourrait être composé, il nous paraît, de *este-ari,* rendre étroit, dans le sens de rendre petit, diminuer; pour la mutation de *l* en *r,* v. *estali.*

Esteari, bn. souffrant, misérable, v. *esteali.*

Esteari, v. *esteali.*
Esteka, v. *es.*
Estekaillu, v. *es.*
Estekatze, v. *es.*
Esteyak, v. *eztayak.*

Estorbu, b. l. empêchement; c'est l'esp. *estorbo.*

Estorbatu, estorbatzen, l. détourner.

Estropu, l. hasard, P. i. a. *Estropuz,* fortuitement.

Estropo, g. faux pas, heurt; de l'esp. *estropiezo?* même signification.

Estu, v. *es.*
Estuera, v. *es.*
Estugarri, v. *es.*
Esturasun, v. *es.*
Estutze, v. *es.*
Et, v. *ez.*

Eta, g. b. l. bn. conjonct. et. Souvent par contraction *ta. Gayari banagoka batetik, eta bestetik hizkuntzari, baderitzat, gezurtatzen dituzula Erdaldunen ta Euskaldunen usteketa charrak, ta desegiten, ta ay-enatzen guzien lausoak, ta llliluramenduak.* Lettre de Larramendi à Mendiburu. Il me paraît qu'il importe d'un côté au sujet (travail) et d'un autre côté au langage que vous démentiez les mauvaises opinions des étrangers et des Basques et que vous détruisiez et fassiez disparaître l'aveuglement et l'erreur de tous. — Ici se trouve un de ces verbes comme Larramendi n'en a fait malheureusement que trop, *desegiten*, deshacer, défaire, esp. de des et *egin;* mode de formation qui est tout-à-fait contraire au génie de la langue basque.

Etan, v. *ta* et *n.*
Etara, etarako, v. *ta* et *ra.*
Etatik, v. *ta* et *dik.*
Etchalde, v. *eche.*
Etchatze, v. *eche.*
Etche, v. *eche.*
Etchechka, v. *eche.*
Etchekidura, v. *ich.*
Etchesartze, v. *eche.*
Etchikhertze, v. *eche.*
Etchola, v. *eche.*
Eten, eteten, b. *ethen, ethentzen,* l. bn. déchirer, rompre. *Beti tiraan daguan arija laster eteten da,* b. le fil qui est toujours tendu se rompt bientôt.
Ethendura, l. bn. déchirure; — bn. hernie. *Eta gaizquitzenago da ethendura.* Matt. IX. 16. Test. Roch. Et la déchirure en est plus mauvaise.
Ethenkor, bn. fragile; de *ethenkor.*

Ethen, ethentze, v. *eten.*
Ethendura, v. *eten.*
Ethenkor, v. *eten.*
Ethor, ethorri, v. *etorri.*
Ethorki, v. *etorri.*
Ethorkizko, v. *etorri.*
Ethorte, v. *etorri.*
Ethortze, v. *etorri.*
Etorkin, v. *etorri.*
Etorkizun, v. *etorri.*
Etorri, etortzen, g. *etorri,* *etorten,* b. *ethorri, ethortzen,* ou *ethorten,* l. bn. venir, arriver. Ce nom verbal se conjugue aussi régulièrement; *nator, ator, dator,* etc. je viens, tu viens, etc. L'impératif est; *ator, atoz,* viens; *betor,* qu'il vienne; *atozte, zatozte,* venez; *betoz, betozte,* qu'ils viennent. *Ethor,* est usité en bn.

Etorkizun, g. l. bn. avenir; — g. résultat; de *etor-kizun. Baitaere, seme onen etorkizuneko berri asko eman ziozkan,* Lardizabal. p. 17; mais aussi il lui donna beaucoup de nouvelles de l'avenir de ce fils. *Eta etorkizun gaiztoai bideak ebaki nai...* et comme celui qui veut couper les voies aux mauvais résultats.

Etorkizunean, g. dans la suite, à l'avenir; de *etorkizun-ean.*

Etorkin, g. *ethorki,* l. En g. postérité; en lab. race, tige de famille, P. De *etor-kin.*

Ethorkizko, l. adj. de *ethorki-z-ko;* de famille. *Ethokizko izena,* le nom de famille. *Ethorkizko bekatua,* le péché originel.

Etorte, v. *etorri.*
Etortze, v. *etorri.*
Etsai, v. *zai,* 2.
Etse, g. inculte, d'un terrain; *etse dago. Etse* sera probablement une forme négative comme inculte, *et* sera pour *ez; z* devant un sibilant devient *t,* v. Essai, Ch. II. *etzan* pour *ez zan; etsai* (mieux *etzai*) pour *ez zai;* mais d'où vient *se?*

Etsi, etsitzen, g. *etsitu, etsi*

tzen, l. *exi*, bn. désespérer; — l. juger, estimer. *Etsitu dut*, l. je désespère. *Hura sobera etsirik enezat*, l. jugeant que celui-là est trop pour moi; P. Comme *etsi, etsten* ou *esten* (non pas *etsitzen*), signifie en lab. juger, apprécier, signification qui se retrouve dans les dérivés de tous les dialectes, on serait porté à croire que désespérer n'est qu'une signification secondaire, et qu'il faut rattacher *etsi* à la racine *es*, fermé, en passant par les acceptions de serrer, environner, comprendre, juger, apprécier (*etsi*) et finalement désespérer. Suivent les verbes composés avec *etsi*:

Onetsi, onesten, g l. bn. aimer, agréer, accueillir; litt. juger, estimer bon; comp. coûter bon, trouver bon. *Jainkoak ofrenda hura chit onetsi zion*, g. Dieu accueillit très-bien cette offrande.

Gaitz etsi, gaitz esten, g. l. bn. haïr; prendre en mauvaise part; litt. juger mauvais.

Autetsi, autesten, g. choisir; litt. juger le choix.

Sinetsi, sinesten, l. *sinhexi*, bn. croire, de *sin-etsi*. Ici le sens propre commence déjà à se perdre et *etsi* correspond presque à un auxiliaire, p. ex. avoir foi; v. *sin*.

Guti etsi, guti esten, l. mépriser; litt. apprécier peu.

Ihardetsi, ihardesten, l. bn. répondre, résonner; paraît être composé de *ihar-etsi*; bien que le sens ne soit pas satisfaisant; v. *ihar*.

Ederretsi, ederresten, l. *ederrexi*, bn. trouver beau; de *eder-etsi*.

On voit par les verbes composés que *etsi* signifie juger, estimer, apprécier, et bien que ces verbes n'expriment pas une idée moins abstraite que celle de désespérer, il faut croire que *etsi* a signifié d'abord juger, qui pourrait se rattacher à la racine *es*, et ensuite désespérer; ou faudrait-il voir deux mots distincts dans *etsi*, juger et *etsi*, désespérer? En tout cas *etsi* ne peut rendre l'idée abstraite et négative de désespérer; le mot d'espoir n'existe seulement pas, ni espérer non plus. Les dial. basq. esp. expriment ce dernier verbe par *icheden*, qui semble indiquer: rester (faire) ferme; signification analogue à celle du verbe esperar, esp. qui est employé pour espérer et attendre.

Etsigarri, g. l. *exigarri*, bn. désespérant; de *etsi-garri*.

Etsigarri, v. *etsi*.
Etsitu, v. *etsi*.
Etsitze, v. *etsi*.
Etste, v. *etsi*.
Etzaite, v. *etzin*.
Etzan, etzate, v. *etzin*.
Etzani, v. *etzin*.
Etzauntza, v. *etzin*.
Etzi, g. b. l. bn. après-demain. Ce mot, ainsi que les composés, sont de véritables énigmes.

Etzi damu, g. b. l. *etziri damu*,

l. P. (i. a.) après après demain, c. a. d. le troisième jour.

Etzi dazu, g. le cinquième jour; comme *etzi damu*, le troisième jour. Larramendi cite encore dans le supplément du dictionnaire *etzi luma*, deux jours après; *etzi karamu*, trois jours après.

Etzidamu, v. *etzi*.

Etzidazu, v. *etzi*.

Etzikaramu, v. *etzi*.

Etziluma, v. *etzi*.

Etzin, etziten, g. l. *etzan, etzaten*, b. l. bn. se coucher; — g. étendre, s'étendre. En lab. on dit aussi, à ce qu'il paraît, *etzani, etzaiten*.— *Giristino batek zer egin behar du etziterakoan*; la Vieuxville, p. 106; que doit faire un chrétien quand il se couche. *Mundua etzina da*, il est adonné à la mondanité, P. *Eta ikusi zutenean illa zetzala*, g. et quand ils virent qu'il était étendu, couché, mort.

L'impératif, le prés. et l'imparf. de l'indic. ont des formes régulières.

Eratzan, eratzate, l. faire coucher; de *erazo-etzan*.

Etzauntza, l. couche; P.

Etzite, v. *etzin*.

Eu, euk, b bn. tu, synonyme de *hi*. *Eu irakatsi yeutsana*, b. c'est toi (humilité) qu'il enseigne. Nous n'avons pas pu découvrir *eu* dans le Test. de la Rochelle, il y a toujours *hi*; mais le pron. poss. *eure* s'y trouve.

Eure, bn *heure*, l. ton; gén. de *eu*, comme *hire*, de *hi*. *Auc bihotz on, seme, barkatu zaizquic eure bekatuac*, Matt. XI. 2. Test. Roch. Aies bon courage, fils, tes péchés te sont pardonnés. *Eure haurra ezak gastiga, haur deno*, pr. 169. d'O. Châtie ton enfant aussi longtemps qu'il est jeune. *Egiok heure Jainkoari othoitz*. Ax. p. 71. prie ton Dieu.

Euror, l. bn. (?) P. toi-même; de *eure-ori*, comme *herori*, ou de *eu-ori* avec *r* euph.?

Euk, v. *eu*.

Euki, g. b. **eduki,** bn. **iduki,** l. g. Dans le dictionnaire de Larramendi ce nom verbal est placé en tête de la conjugaison ou des conjugaisons qui correspondent à l'espagnol „tener", avoir, tenir; ainsi les formes, *det, dezu, du*, etc. *daukat, daukazu, dauka*, etc., *dadukat, dadukazu, daduka*, etc. sont toutes considérées comme venant de *iduki*. Il y a là évidemment de la confusion, causée en partie par l'espagnol qui a deux verbes auxiliaires (tener, haber), pour exprimer avoir; et en partie par l'obscurité de quelques formes verbales basques. *Iduki, eduki*, se conjugue régulièrement, comme *ekarri, izeki*, etc. (v. Essai, Ch. X.); et *euki* en est la syncope; pour la chute du *d*, comp. *baut — badut; aitu = aditu; ausi = adausi; beratzi = bederatzi*, etc. *Iduki* a donné régulièrement *dadukat, dadukazu*, etc. et *euki* a donné *daukat, daukazu*, etc. Comme *ekarri* fait *dakart, eduki* fait *dadukt*; mais comme *t* ne peut suivre *k* (v. Essai, Ch. II), on a intercalé *a*, *dadukat*, tout comme *izeki* fait *dizekat* pour *dizekt*. Nous ne croyons pas qu'on puisse trouver ici l'origine des terminaisons auxiliaires, *det*, *dezu*, etc. *Iduki* signifie donc primitivement „tenu" et non „eu"; c'est aussi dans ce sens que les dial. basq. fr. s'en servent. *Edo bataraquin eduquiren du eta bercea menospreciaturen*, Matt. VI. 24. Test. Rochelle; ou il s'attachera à l'un et méprisera l'autre. M. Salaberry dit que *iduki* est synonyme de *atchiki*. *Iduki dut neure hitza*, l. j'ai tenu ma parole. Les dial. basq. esp. ne se servent pas du subst. ou de l'adj. verbal pour tenir ou tenu; toujours pour avoir, eu; mais bien de la forme fléchie, *dadukat*, etc. *Ezaguturik dudakat soldaduak*, Moguel. Soldats, je le tiens pour connu..... Cependant il fallait un mot pour exprimer l'infinitif „avoir" ou le participe „eu", (l'indicatif était rendu par *det*, *dezu*, dont nous parlerons plus tard), et c'est ce que le nom verbal *iduki*, tenu, pouvait faire également bien que le verbe „tener" pour les espagnols. Les dial. basq. esp. ont donc *euki*, *iduki*, pour „eu" et *idukitze*, *idukitzea*, pour „avoir". *Obea da adiskide onak idukitzea*, g. il est mieux (l') avoir de bons amis. Les dial. bn. et soul. ont *ukan*, *ukhan*, *ukhen*; ce nom verbal a probablement une origine commune avec *euki*, *eduki*; mais en tout cas les formes sont distinctes, *ukan*, eu; *eduki*, tenu. Comp. *eutsi*.

Il nous semble donc qu'il n'est pas aussi certain qu'on a bien voulu le dire, que *det*, *dezu*, etc. dérivent de *euki*, ni que *euki* doive se décomposer en *eu* racine, et *ki* terminaison. Les seules formes qui viennent à l'appui de cette hypothèse sont celles de l'impératif; *euzu* (*eu-zu*) aies; *biu* (*b-iu*), qu'il ait. L'impératif est sans doute un temps primitif et il est rendu dans tous les verbes réguliers par le thème verbal, plus la caractéristique du pronom sujet, *ekark* (*ekar-k*) *bekor*, (*b-ekar*) de *ekarri*; mais sommes nous certains d'avoir une forme primitive dans *euk*, *euzu*? Le bn. dit: *auk*, *aun*, *auzu*, aies; *auc bihotz on, seme baskatu zaizquic eure bekatuac*, Matt. IX. 2. Test. Roch. 1571; c'est, avec les poésies de d'Echeparre, le plus ancien texte basque qui existe; et encore qu'est-ce que trois cents ans dans l'existence d'une langue! Pour faire dériver *det* ou *dot* ou *daut* ou *dut*, de *euki*, il faut absolument la chute du *k* dont il n'y pas d'exemple jusqu'à présent, autant que nous sachions; mais du moment qu'elle sera prouvée l'hypothèse est admissible; *euki* qui donne régulièrement *daukat*, (déjà contracté de *dadukat*, de *iduki*) sera devenu *dauat*, après la chute hypothétique du *k*, et puis *daut*, bisc; de là *dut*, lab. et bn. Mais il se pourrait aussi, en nous appuyant sur la plus ancienne forme connue *auk*, que l'impératif fût formé du pronom démonstratif *au*. En détachant les caractéristiques, *k* (mas.), *n*, (fém.) et *zu* (forme polie), il reste *au*, qui pourrait être le pron. dém. Quand on dit en français, „là" pour „tiens", ou „da" all. on fait aussi usage d'un démonstratif, dont la signification en basque, est complétée par les caractéristiques, *k*, *n*, *zu*. Ce pron. dém. explique aussi les terminaisons du présent de l'indicatif de tous les dialectes, excepté celles du guip. *det*, *dezu*, etc. Le bisc. *dot*, devrait s'écrire *daut* v. Zabala, Verbo vascongado, p. 6. Pour le moment ces deux hypothèses s'excluent donc réciproquement, ou bien il faut croire, ce qui serait encore possible, mais non pas probable, que l'impératif et le prés. de l'indicatif n'ont rien de commun. En russe p. ex. on rend „j'ai" par: (il) est chez moi; et le verbe est même supprimé dans „je n'ai pas" qui se rend par „pas chez moi". Quelque chose d'analogue aurait pu se produire en basque, et il nous semble qu'aussi longtemps que nous n'aurons pas une explication satisfaisante des formes verbales basques, il sera permis ou plutôt nécessaire de considérer les arrêts définitifs, portés pas quelques auteurs sur cette partie de la langue, comme ayant fort peu de valeur.

Nous faisons suivre ici quelques exemples tirés du Nouveau Testament, de Liçarrague, la Rochelle 1571, où se trouvent les formes du verbe qui ne se rencontrent pas ailleurs. *Auc bihotz on, seme, baskatu zaizquic eure bekatuac*, Matt. IX. 2. Aies bon courage, fils, tes péchés te sont pardonnés. *Batbederac bere emaztea biu eta batbederac bere senharra biu*, 1. Cor. VII. 2. Que chacun ait sa femme et que chaque (femme) ait son mari. *Ainençaçue supporta appurbat*, 2. Cor. XI. 1. Plût-à-Dieu que vous me supportassiez un peu. Cette forme (*ainençaçue*), n'est donc pas uniquement souletine comme cela a été dit.

Eraduki, eradukitzen, 1. P. *hitz eradukia,* obligé envers quelqu'un de faire quelque chose.

Eukitze, v. *euki.*

Euli, g. b. *uli,* b. l. bn. mouche. *Ulitcha,* l. moucheron; la terminaison diminutive *ch.*

Eultz, g. ruche; la terminaison n'est pas claire.

Eultz, v. *euli.*

Eun, 1. g. b. *ehun,* l. bn. cent. *Eun* ou *ehungarren,* centième.

Eun, 2. v. *eo.*

Eungarren, v. *eun.*

Eunle, v. *eo*

Eurak, v. *eure,* 2.

Eure, 1. v. *eu.*

Eure, 2. En bisc. *eurok* (Lardizabal), *eurak* (Zabala, Moguel) eux, eux-mêmes, correspond au plur. *berok,* g. dans l'emploi de „ustedes" esp. vous (plur.) fr. Il doit donc y avoir ou y avoir eu un sing. qui en guip. est *berori*, usted, esp. vous (sing.) fr. Le bisc. se sert aussi de *berori*, et non pas de *eure*, à quoi l'on pourrait s'attendre. Nous ignorons si *eure* existe en bisc. dans le sens de „lui, lui-même." *Guraso batzuk eurak egin gura izaten daue eskontzea.* Quelques pères eux-mêmes aiment à faire le mariage (de leurs enfants).

Eureen, b. leurs; gén. plur. de—? *eureen artian*, entre ceux-là, entr'eux. *Eureen ta beste askoren arimaak*, les âmes de eux (leurs) et de beaucoup d'autres.

Euri, g. b. bn. *uri*, l. b. pluie. *Euria ari da*, g. il pleut; v. *eraunsi*.

Euritsu, b. *uritsu*, l. pluvieux; de *euri-tsu*.

Euri-jasa, g. *euri-yasa*, b. bourrasque. *Euri-jasa izugarri batek eraso zion*, g. un torrent de pluie épouvantable tomba.

Uritea, l. abondance de pluie; P. *Nigaz uriz*, l. à chaudes larmes.

Euri-jasa, euri-yasa, v. *euri*.
Euritsu, v. *euri*.
Eurok, v. *eure*.
Euror, v. *eu*.
Eusi. Larramendi cite *eusi* dans le supplément de son dictionnaire, où il a réuni des mots bisc. et lab. (surtout d'Axular); mais il y en a beaucoup dont il a changé la forme ou la signification, p. ex. *alapide*, camino libre, au lieu de pâturage; *alhaturik*, cansado, fatigué, pour rongé (de remords). La même chose pour *eusi*, qui n'est pas connu,
mais qui est le bisc. *ausi*, aboyer.

Euskaldun, v. *euskara*.
Euskalerri, v. *euskara*.
Euskalherri, v. *euskara*.
Euskara, g. l. *euskera*, b. *eskuara*, g. *heskuara*, l. bn. *eskoara*, *eskara*, l. la langue basque, le „bascuence" des espagnols. Ce n'est pas un adj. pris substantivement, comme le français, l'italien, le grec; l'adjectif „basque" est:

Euskarazko, g. *heuskarazko*, bn. basque. *Euskarazko libru hau*, ce livre basque. *Heuscarazco hitzac*, introd. Test. Rochelle; les mots basques. Plusieurs tentatives ont été faites pour découvrir l'origine de ce mot; citons celle de Humboldt qui n'est guère heureuse, et dont il avoue lui-même ne pas être satisfait. *Eusi* est aboyer, et dans l'acception la plus large, faire du bruit, parler; *euskara* signifierait alors: selon le parler = *eus-k-ara*, c. a. d. le parler par excellence, le basque. Il est inutile, croyons nous, de nous arrêter longtemps à cette étymologie; d'abord *eusi* n'existe pas, (v. *eusi*); puis il faudrait savoir d'où vient le *k*; et encore est-ce que le sens serait très satisfaisant?

Euskaldun, eskaldun, g. *euskeldun,* b. *heskualdun,* l. bn. *heuskaldun,* bn. Basque, subst. L'introduction du N. Test. Rochelle est adressée: *Heuskalduney,* aux Basques. *Euskaldun* semble dériver de *euskara-dun,* qui a, qui possède l'*euskara;* pour la mutation de *r* en *l*, v. *ari*, 3.

Euskal-erri, g. b. *euskal-herri*, l. *heskual-herri*, l. bn. pays basque.

Euskarazko, v. *euskara*.

Euskaritu, euskaritutzen, g. s'appuyer, étayer, p. ex. un mur.

Euskeldun, v. *euskara*.

Euskera, v. *euskara*.

Eutsi, b. tenir, avoir. Lardizabal dans sa grammaire dit, saisir; mais c'est plutôt tenir. *Eutsi, neure Jesus neure arima au*, Olaechea. Ayez mon âme, mon Jésus. *Eutzi or*, tèn ahi, voilà, tiens.

Eutsi doit avoir une origine commune avec *euki*.

Euzu, l. 2de pers. sing. de l'impératif, aies; correspond au guip. *ezazu*; v. *euki*. *Baldin ezpaduzu emaitekorik euzu damu zeren eztuzun; eta damu harekin batean euzu borondate, baldin bazendu emaiteko*; Axular, p. 230, a. éd. 348, n. éd. Si tu n'a pas de quoi donner, aies regret de ce que tu n'as pas; et avec ce regret aies volonté de donner si tu as. Dans l'édition originale ainsi que dans l'éd. corrigée, il y a *enzu* pour *euzu* ce qui rend la phrase parfaitement inintelligible.

Exai, v. *zai*.

Exaigo, v. *zai*.

Exgarri, v. *etsi*.

Exi, v. *etsi*.

Eya, v. *ea*.

Eyar, v. *igar*.

Eyartu, v. *iyar*.

Eeyartze, v. *igar*.

Eyo, eyote, v. *ego*, 3. et *eo*.

Ez, g. b. l. bn. non; ne, ne pas. *Librua ez da guzia nerea ez eta besterena ere*, g. Le livre n'est pas entièrement de moi, et pas non plus d'un autre. Comme *z* devient *t* devant *z* (v. Essai, Ch. II), *etzan* est pour *ez zan*, et *etzira*, pour *ez zira*, etc. *Etzinioke* (*ez zinioke*) *ain argi ta garbi saill oni ekingo*. Lettre de Larr. à Mendiburu; vous n'auriez pas entrepris un travail si brillant. *Lehenbiziko ezean*, l. au premier refus, P. En lab. le *z* est élidé devant *naiz*; *enaiz hauzu*, je ne suis pas libre.

Ezer, g. b. quelque chose, interrogativement; *ezer eman diozu?* lui avez vous donné quelque chose? affirmativement, quelque chose est rendu par *zerbait*.

Ezer paraît avoir perdu sa signification primitive, *ez-zer*, pas quelque chose = rien; si l'on veut exprimer „rien," il faut se servir d'une double négation *ez-ezer*; on dit donc: *ezta* (*ez da*) *ezer*, il n'y a rien. L'orthographe ancienne *ecer* peut avoir contribué à en obscurcir la véritable signification, mais il est encore possible que ce soit la tendance, propre à plusieurs langues, à se servir d'une double et même d'une triple négation, comme en français; p. ex pour que personne ne sache rien; et même d'une quadruple négation dans: je n'ai jamais rien refusé à personne, v. Diez, Gr. l. p. 421.

Du temps de Larramendi, *ezer* doit avoir eu encore la signification propre de, rien, puisqu'il cite l'exemple : *Obedek ezer baño zer*, mieux vaut quelque chose (*zer*) que rien (*ezer*); litt. mieux que rien quelque chose.

Ezetz, g. non certes. Nous ne savons pas rendre compte de la terminaison qui se retrouve encore dans *baietz*, oui certes.

Ezere, g. pas même, pas non plus; de *ez-ere*, pas aussi.

Ezerere, ou *ezerkere* (comme agent), g. *ezerbere*, b. aucune chose; de *ezzer-ere*, pas quelque chose aussi.

Ezerez, g. b. (le) néant; de *ezerez*. *Jaungoikoak gauza guziak ezerezetik atera nai izan zituen*, g. Dieu a voulu tirer toutes choses du néant.

Ezeztatu, ezeztatzen, l. bn. anéantir, effacer. Il nous semble de *ez*, comme subst. (v. l'exemple s. v. *ez*) avec le suffixe *z*, *ezez*, plus la terminaison *tatu*. Peut-être encore de *ezerez* après la chute de *r*.

Ezezik, ezezen, g. b. quelquefois *ezeze*, b. non seulement; de *ez-ezik* et *ezen*. *Jakin ez ezen, irakurri ere badet oarrez*; Lettre de Larramendi à Mendiburu; non seulement je le sais, mais aussi j'ai lu avec attention.

Ezpa, g. b. sinon; de *ez-ba*, non si; *p* pour *b* après les sons sibilants; v. Essai, Ch. II.

Ezpada, g. excepté, de *ez-pa-da*, si non est = si ce n'est.

Ezpabere, b. *ezperen*, g. l. *ezpere*, bn. sinon, autrement. De *ezpa-bere* ou *ere*, sinon même, sinon aussi.

Ezpere mahatsarno berriac leher-tzen ditu çahaguiac, Marc. II. 22. Test. Rochelle; autrement le vin nouveau rompt les vaisseaux. *Ikasten baduzu, emango dizut saria, baña ezpere ez*; Lardiz. Si vous apprenez, je vous donnerai le prix, sinon, non. *Eta ezpere beha iazozu haserretua dabillan bati nola mintzo den*. Ax. 280. a. éd. 106. n. éd. Et autrement considérez celui qui est entré en colère, comment il parle.

Ezbai, l. bn. doute, incertitude.

Ezbaieko, l. indifférent; P.

Ezbalimba, l. bn. non pas, non certes. *Eta ichilic campora egoizten gaituzte? ez balimba*, Act. XVI. 37. Test. Rochelle; et maintenant ils nous mettent dehors en cachette? il n'en sera pas ainsi. — De *ezbalimba*, l'opposé, la négation de *balimba*. P. traduit *ez balimba*, par, non pas s'il vous plaît.

Ezdeus, l. le rien, le néant; — bn. vaurien. *Ezdeusetarik atheratzea*, l. tirer du néant, P.

Ezdeuskeria, l. vétille; *ezdeuskeria*.

Ezdeustu, ezdeusten, l. bn. anéantir.

Ezbear, g. malheur; de *ez-bear*? ce qu'il ne faut pas.

Ezade, g. suc.

Ezaguera, ezagueradun, v. *ezagun*.

Ezaguerazo, v. *ezagun*.

Ezagun, ou **ezagutu, ezagutzen**, g. *ezaun, ezautu, ezauten*, b. *ezagutu, ezagutzen*, l. bn. connaître. Ce nom verbal se conjugue aussi régulièrement; mais toujours précédé en guip. de la particule *ba* et avec élision du *g*; *badazaut*, (pour *ba-dazagut*), *badazauzu*, etc. je le connais, tu le connais, etc. La particule *ba* disparaît, cela va sans dire, dans les phrases négatives. *Eztut ezautzen*, je ne le connais pas.

Ezagun est plutôt un adjectif, *ezagutu*, l'adj. verbal formé, comme toujours, avec *tu*. *Ezagun* correspond à l'all. bekannt, *ezagutu* à gekannt; le premier est employé en l. et bn. comme adj. et comme substantif, pour ami, connaissance. *Ezagunen artean*, entre amis, connaissances.

Ezaguera, g. *ezaubera*, b. connaissance; de *ezagu-era*. En bisc. avec chûte du *g*, et introduction de *b* après *u*.

Ezagunde, g. connaissance; synonyme de *ezaguera*. La terminaison *de* n'est pas claire.

Ezagueradun, g. *ezauberadun*, b. celui qui reconnaît, qui professe une religion; de *ezagueradun*. *Jainko egiazkoaren ezagueradunak*, les croyants (?) du vrai Dieu.

Ezagutza, l. bn. connaissance; reconnaissance; comp. pour la forme *aditza*, *agintza*.

Ezagutzale, bn. connaisseur; de *ezagu-tzale*.

Ezagutzagabe, l. ingrat; de *ezagutza-gabe*.

Ezagutzagabetasun, l. ingratitude; de *ezagutzagabe-tasun*.

Ezaguerazo, g. *ezagutarazi*, l. faire connaître; de *ezagu-erazo* et *ezagutuarazi*.

Ezagunde, v. *ezagun*.
Ezagutarazi, v. *ezagun*.
Ezagutu, v. *ezagun*.
Ezagutza, v. *ezagun*.
Ezagutzagabe, v. *ezagun*.
Ezagutzagabetasun, v. *ezagun*.
Ezagutza, v. *ezagun*.
Ezagutzale, v. *ezagun*.
Ezagutze, v. *ezagun*.
Ezaintasun, v. *etsai*, s. v. *zai*, 2.
Ezarian ezarian, g. bn. peu à peu.
Ezarri, ezartzen, g. b. l. bn. mettre, placer; — l. parier. La premiere signification est celle que donne aussi Larramendi; cependant en g. et b. *ezarri* est plutôt employé pour jeter, au propre et au figuré. *Halaber nehorc eztu eçarten mahatsarno berria çahagui çarretan*. Marc, II. 22. Test. Rochelle; ainsi personne ne met le vin nouveau dans de vieux vaisseaux. *Erregetzarako begia ezarri zioten*, g. ils jetèrent les yeux sur le roi. *Gizon au jo eta lurrari ezarri diot*, g. après avoir battu cet homme je l'ai jeté par terre. *Ez jakee ezarriko errura*, b. il ne jettera pas la faute sur eux, il ne leur donnera pas la faute. *Zerhaz nahi duzu ezarri?* que voulez vous parier? L'acception de jeter (par terre) viendra de l'esp. sentarse, tomber sur son derrière, de sentar, mettre, poser.

Erezarri, l. donner contre, heurter, P. i. a. De *erazo-ezarri*.

Ezartze, v. *ezarri.*
Ezaubera, v. *ezagun.*
Ezauberadun, v. *ezagun.*
Ezaun, v. *ezagun.*
Ezauta, g. excepté; synonyme de *ezpada.* Très probablement de *ez-au-da,* n'est pas cela.
Ezaute, v. *ezagun.*
Ezautu, v. *ezagun.*
Ezbai, v. *ez.*
Ezbear, v. *ez.*
Ezdeus, ezdeuskeria, v. *ez.*
Ezdeustu, ezdeuste, v. *ez.*
Eze, 1. g. b. *heze,* l. bn. humide, humidité; vert, en parlant des arbres qui ont encore de la sève.
Esko, b. humide; de *eze-ko.*
Eskotasun, b. *hezetasun,* l. humidité; de *esko* et *heze-tasun.*
Ezetu, ezetzen, g. *heza, hezatu,* bn. mouiller, humecter.
Eze, 2. v. *ezen.*
Ezen, g. l. bn. *eze,* b. *ezik,* g. bn. *ezi,* bn. que, car. *Dio ezen nik jan dedala,* g. il dit que je l'ai mangé. *Hobe da bakeareki arraulsia eziez aharreki bilarrausia,* prov. d'O. Mieux vaut l'oeuf avec paix que non *(ezi-ez)* le veau avec guerre. O. écrit *esiez,* ce qui rend ce mot assez méconnaisable.
Ezer, v. *ez.*
Ezerbere, v. *ez.*
Ezere, v. *ez.*
Ezerere, v. *ez.*
Ezerez, v. *ez.*
Ezerkere, v. *ez.*
Ezetu, v. *eze.*
Ezetz, v. *ez.*
Ezetze, v. *eze.*

Ezezen, v. *ez.*
Ezezik, v. *ez.*
Ezeztatu, ezeztatze, v. *ez.*
Ezi, 1. v. *ezen.*
Ezi, 2. ezitzen, g. b. *hez, hezi, hezten,* l. bn. dompter, — bn. habituer au travail.
Hezgaitz, l. bn. difficile à dompter.
Ezik, v. *ezen.*
Ezin, v. *egin.*
Ezio, v. *izio.*
Ezitze, v. *ezi, 2.*
Ezker, g. b. l. bn. gauche; anc. esp. esquerro; esp. mod. izquierdo. M. Mahn (E. U. p. 75) propose, et il nous semble avec raison, de faire dériver *ezker* de *esku-oker;* dans ce cas il serait mieux d'écrire, *esker,* bien que tous les dialectes aient *ezker,* avec *z*; comp. *eskela. Ezker,* comme le remarque M. Mahn, est comme signification, tout-à-fait analogue au fr. gauche, de l'anc. haut-all. welk, faible; v. M. Brachet, D. E. s. v. gauche, où l'auteur dit: on voit que la main gauche signifie la main faible... Si étrange que paraisse cette origine elle est certaine et confirmée par l'existence de méthaphores analogues dans plusieurs langues de l'Europe; l'italien stanca (fatiguée); manca, (défectueuse); le prov. man seneco (main décrépite).
Ezkero, v. *gero.*
Ezkila, v. *eskilla.*
Ezko, l. bn. cire. Faut-il rattacher *ezko* à *ezti,* et puis tous les deux à *es?* avec la signification

de gluant; comp. *es* et *ich*. *Ezko* (*ez-ko*) signifierait comme *esku*, *eskua* (main), ce qui tient.

Ezkondu, ezkontzen, g. b. l. bn. se marier. Il nous paraît que *ezkondu*, dérive de *es*, lier; mais qu'est-ce que *kon*? Pouvreau écrit *eskondua* marié, avec *s*, ainsi que, *estayak*; v. ci-dessous.

Ezkontze, v. *ezkondu*.

Ezkur, g. l. bn. gland.

Ezkutu, v. *esku*.

Ezpa, v. *ez*.

Ezpabere, v. *ez*.

Ezpada, v. *ez*.

Ezpaita, v. *ez*.

Ezpala, v. *espal*.

Ezpaña, g. *espana*, b. *espaina*, l. lèvre. Il nous semble que les dial. b. et l. ont raison d'écrire *espaina* avec *s* et non *z*; de la racine *es*, fermer; d'autant plus que, bord (d'un habit) se dit en lab. *espaina*, *aldagarri espaina*, P. et en g. *ertz*; or *ertz* est la variante lab et bn. de *esi*, v. *es*. Ces deux dial. ont donc exprimé de la même manière l'idée de „bord;" mais le g. a pris son mot dans le dial. basq. français; *erxi, hersi*, n'est pas connu en guip.

Espere, v. *ez*

Ezperen, v. *ez*.

Ezpila, l. bercail.

Eztarri, g. b. l. gosier.

Eztayak, ezteyak, g. *eztegubak*, b. *estayak, esteyak*, l. *eztey*, ou *eztei* sing. *ezteyak*, plur. bn. noces. Pouvreau est le seul qui écrive *esteyak* avec *s* et le seul, croyons nous, dont l'orthographe soit correcte; *eztey, estei*, paraît dériver de *este*, lier (v. *es*) dont *esteka*, lien. *Orduan diotsa, adisquidea, nola huna sarthu aiz eztey arropa eztuela*. Matt. XXII, 12. Test. Rochelle. Et il lui dit, ami, comment es-tu entré ici sans que tu aies robe de noce.

Eztei, eztey, ezteyak, v. *eztayak*.

Ezten, g. b. l. bn. alène — g. l. aiguillon, dard; de *este*?

Eztera, g. b. l. *gestera, guztera*, l. *geztera*, bn. meule à aiguiser Le *g* peut s'être perdu; ou remplace peut-être *h*, *heztera* = *eztera*.

Ezteratu, bn. aiguiser.

Ezti, g. b. l. bn. miel. — l. bn. doux. Comp. *ezko*.

Eztitasun, l. *eztitarzun*, bn. douceur; de *ezti tasun*.

Eztidura, l. adoucissement; de *ezti-dura*.

Eztitu, eztitzen, l. bn. adoucir.

Eztika, bn. pomme douce.

Eztiki, eztiro, l. bn. doucement; de *ezti-ki* et *ro*.

Eztidura, v. *ezti*.

Eztika, v. *ezti*.

Eztiki, v. *ezti*.

Eztira, l. géhenne, torture. P. du verbe suivant:

Eztiratu, eztiratzen, donner la torture. Ne serait-ce pas du prov. *estizar*, fr. étirer? c'est dans ce dernier sens qu' *eztiratu* est encore employé de nos jours.

Estiratu, v. *estira*.

Eztiro, v. *ezti*.
Eztitarzun, v. *ezti*.
Eztitasun, v. *ezti*.
Eztitu, v. *ezti*.
Eztitze, v. *ezti*.
Eztor, bn. curé.
Eztul, g. b. bn. *estul*, l. toux

Eztul idorra, toux sèche. *Estulka*, l. bn. en toussant; de *eztul-ka*.

Ezur, g. *hezur*, l. bn. *azur*, b. os. — g. b. l. noyau des fruits. — g. b. arrêtes de poisson.

Sayets-ezur, g. *sahets-hezur*, l. bn. côte, (du corps).

F.

La lettre *f* n'est pas une lettre basque; cependant on la trouve dans quelques rares mots, dont en général on peut tracer la provenance étrangère. Les dial. basq. fr. ont adopté un assez grand nombre de mots avec *f* initial; dans les dial. basq. esp. nous ne connaissons qu'un seul mot commençant avec *f* et encore l'orthographe flotte entre *f* et *b*; *farra*, barre. Il y a plusieurs mots auxquels il est difficile d'assigner l'origine étrangère, cependant il n'y a pas de doute qu'elle se trouvera plus tard, car il paraît être certain que le *f* n'est pas basque, pas plus que le *v*. Le f des mots étrangers est conservé quelquefois ou bien il est remplacé par une labiale, p. ex. *bortcha*, force. Le *f* parcourt toute la série de labiales dans le mot *ifiñi, ibeni, ipiñi, imini*; ce nom verb. paraît cependant être basque; le *f* de *ifiñi*, lab. sera pour *b*. Il est très curieux que le verbe, prouver, ait donné *frogatu*; une consonne qui n'existe pas (*f*), et un groupe (fr) qui n'est pas admis en basque, ont été choisi pour rendre un mot étranger où la consonne ne se trouvait pas et où la rencontre de *f* et *r* aurait pu être évitée, comme la règle l'exige et comme cela a été fait dans un grand nombre de mots. Comparez ce que nous avons dit de ces anomalies de la phonétique, à la fin du paragraphe sur l'orthographe et la phonétique basques dans l'introduction.

Nous ne citerons que les mots qu'il serait difficile de reconnaître sous leur forme basque.

Farra, g. barre, b. le rire, subst. *Farra egin, farregin*, g. *barregin*, b. rire. Peut-être faudra-t-il considérer le bisc. *barre*, comme la forme la mieux conservée, et *farra*, une corruption. Est-ce que *barre* rire et *bare*, rate, auraient une origine commune?

Farregiten det, je ris. *Zertako Sara farraz dago?* pourquoi Sara rit-elle?

Farra irri, g. *irri barre*, b. sourire. *Irri farra* ou *hirri farra*, l. éclat de rire. *Irten eta farra irrian beste anayai esan zien*, g. il sortit et dit en souriant à ses autres frères. *Hirri* ou *irri farraka hari dire*, ils éclatent de rire. *Aditzen ditut hirri farrak*, j'entends des éclats de rire.

FAGO, v. *bago*.

FALKOÏN, bn. épervier, Salaberry. Evidemment faucon.

FARDILLO, bn. moût.

FARFATZEA, l. battre.

FARRASTATU, bn. dépouiller les cannes de maïs de leurs feuilles.

FARRASTAKIN, bn. fourrage de feuilles de maïs.

FATSA, l. marc de pommes ou de raisin; syn. de *lapa*.

FAUNA, l. Axular emploie ce mot; nous ignorons ce qu'il signifie. *Zuhaitz bethakorra eztu nehork ebakitzen. Baina alferra, fauna... zertako da ?* Personne ne coupe l'arbre qui porte des fruits, mais le (l'arbre) paresseux, le... à quoi sert-il? Ax. a. éd. 38. n. éd. 17.

FELDERAKA, l. levrette.

FERDAMINA, l. crasse verte qui sort du fil ou du linge la première fois qu'on le met à la lessive.

FEREKATZEA, l. frotter.

FETCHO, l. gentil.

FICHO, bn. corpulent.

FIKA, l. pie.

FILDA, PHILDA, l. linges, meubles.

FRILLA, l. loquet, tourniquet; syn. de *maratilla*.

FITZA, l. bourrier, balayure.

FLOKA, l. bouquet.

FOLA, l. collet de pourpoint.

FONTALE, l. poutre.

FORRUA, l. porreau.

FRANKAK, l. ouïes de poisson.

FRANKO, l. abondant.

FRINTZA, l. l'étoile de l'oeuf.

FROGA, l. bn. preuve.

FUIN, v. *mun*.

G.

Gabarri, b. chaloupe; de l'esp. gabarra, ou l'esp. du basque? L'origine du bas latin gabbarus est inconnue, v. Littré, D.

Gabe, g. l. bn. *bage, baga*, b. (hyperthèse de *gabe*), manque, défaut, — l. indigent. Comme suffixe dans tous les dialectes: sans. En bisc. contracté quelquefois en *ge*. *Gabeak hatsa karats*, prov. d'O. le pauvre a l'haleine puante. *Ez dala iñor zeruban sartuko bere agindubak gorde baga*, Moguel, p. 17. Que nul n'entrera dans le ciel sans garder ses commandements. *Nigabe*, sans moi. *Duda bagarik*, b. sans doute; quelquefois contracté en; *duda barik*.

Gabetu, gabetzen, l. bn. priver, être privé. *Jabe onaz gabetua dago*, l. il a perdu un bon support.

GABIA, l. hune, de navire; de l'esp. gavia, ou du prov. gavi, cage. Il est probable que le mot, *abi*, nid, que nous avons considéré comme étant basque, dérive aussi de l'esp. gavia ou du lat. cavea; *kabi, habi, abi;* permutation de *k* en *h* pour le lab. et chute du *k* ou de l'*h*, selon que le guip. a pris ce mot du latin ou bien de l'esp. ce qui est plus probable. Les dial. vénit. et sard. ont cabbia, pour cage, v. Diez, E. W. 1. 195.

Gabiko, g. gerbe.

Gach, v. *gaitz*.

Gachur, v. *gazta*.

Gahamu, v. *amu*.

Gai, gay, kai, g. l. bn. *gei*, b. P. écrit aussi: *gaiha*, et avec *e* initial (de liaison?) *ekai*, l. *ekhey*, bn. Le *g* devient *k*, selon les lois phon. v. Essai, Ch. II. Comme adjectif ce mot signifie: apte, capable, propre à. *Ezta gai ezertako*, g. *ezta deusetako gai*, l. il n'est propre à rien. *Ezta garik*, g. *ezta geirik*, b. je n'ai pas de quoi, p. ex. de drap pour faire un habit. Comme substantif: matière, sujet, étoffe. *Jolaskai*, g. sujet de conversation. *Baña erakusleak zembait argibide gai onetan ematen dizkigute*, g. mais les docteurs nous donnent quelques éclaircissements à ce sujet. *Potro hau daugin urtheko gerenno ekhey*, bn. j'ai ce poulain pour être étalon de l'année prochaine. Salaberry. *Emaiteko gayetan bagare*, Ax. p. 223. a. éd. si nous avons de quoi donner; litt. si nous sommes dans la capacité, si nous sommes capables. P. cite : *giltz ekaya,* fer pour faire une clef; *kutcha ekaya,* bois pour faire un coffre. Le nom de la matière est donc sous-entendu; le coffre doit indiquer qu'il s'agit de bois; la clef qu'il s'agit de fer.

Nous croyons que *gai, kai* et la forme syncopée *ka, ki* se retrouvent, comme terminaison, dans plusieurs mots, avec une signification moins définie, mais indiquant toujours que le nom auquel il est suffixé est rendu propre à faire, qu'il a la faculté de faire, une chose : *agerkai, halgai,* etc. *izuzki, eguzki, abarka.*

Gaicho, v. *gaitz.*

Gaichta, v. *gaitz.*

Gaichtatu, v. *gaitz.*

Gaichtagin, v. *gaitz.*

Gaichtakeria, v. *gaitz.*

Gaichto, v. *gaitz.*

Gaichtotu, v. *gaitz.*

Gaiero, bn. Chargé de supporter un préjudice, résultant d'une mauvaise action commise en commun. Salaberry.

Gaiha, v. *gai.*

Gain, v. *gañ.*

Gainaldea, v. *gañ.*

Gaindi egin, v. *gañ.*

Gainean, v. *gañ.*

Gaineko, v. *gañ.*

Gainera, gainerako, v. *gañ.*

Gainerakoan, v. *gañ.*

Gainetik, v. *gañ.*

Gaingiroki, v. *gañ.*

Gainian, v. *gañ.*

Gaiti, gaitik, v. *gañ.*

Gaisso, v. *gaitz.*

Gaisto, v. *gaitz.*

Gaistoko, v. *gaitz.*

Gaitz, Au lieu de *tz,* on trouve *ch, x, ss, z, st, zt,* mais c'est toujours le même mot, avec la signification de mal, mauvais. Dans quelques dialectes on paraît faire une distinction dans l'orthographe, pour les différentes acceptions de *gaitz,* ce que l'usage aura sans doute consacré; mais étymologiquement parlant, ces différences n'existent pas, croyons nous, si ce n'est celles que les lois phonétiques exigent, et qui, peut-être, se bornent à une seule variation, et c'est la transposition du *z; gaitz* fait *gaiztakeria. Ch,* caractéristique du diminutif, donne *gaicho;* ce son est quelquefois rendu en bisc. par *x* ou *ss;* comp. *ausse, auxe, ause;* d'autres fois *ch* est conservé, probablement d'après la fantaisie de l'auteur.

Gaitz, g. l. bn. *gach,* b. mal, maladie; subst. — b. l. difficile. *Gaitz ikharagarri bat da kolera;* le choléra est une maladie terrible.

Gaitz, gaicho, g. *gecha, geso,* b. malade. *Gaicho dago,* il est malade. On nous a dit que *gaitz* est employé en lab. comme une espèce de superlatif, p. ex. en parlant de quelqu'un qui fait tout très bien, ou qui est très grand au moral comme au physique.

Gachotasun, g. mal. subst. esp. dolencia; de *gacho-tasan.*

Gaicho, g. *gaisso*, b. *gaizo*, l. bn. pauvre, terme de tendresse. *Ama gaissuak darraiko ondoren*, Moguel; la pauvre mère le suivait. *Ene zakhur gaizoa*, bn. mon pauvre chien.

Gaizto, g. *gaisto*, b. *gaichto*, bn. *gaixto*, l. mauvais, méchant. *Eureen egemplu gaistuagaz lotsaturik*, b. ayant honte de leurs mauvais exemples. *Gaichtoen escuz crucificaturic hil ukan duçue*. Act. II. 23. Test. Rochelle; et vous l'avez tué, en le crucifiant, par la main des méchants.

Gaistoko, b. méchant. La terminaison *ko* semble superflue. *Adu gaistoko infernutarra*, Añibarro; méchant diable infernal.

Gaichtotu, b. *gaixtatu*, *gaixtatzen*, l. *gaitz, gaiztu*, bn. devenir méchant. *Ezta gaixtatzen gaitza*; il n'est pas difficile à corrompre, P.

Gaixtoki, l. méchamment.

Gaiztakeria, g. b. *gaichtakeria*, *gaixtakeria*, l. bn. méchanceté; de *gaitza-keria*.

Gaixki, l. mal; subst. *Gaixkiari ihez egitea eta ungiaren egitea*, la Vieuxville, p. 47. Fuir le mal et faire le bien. En bn. au pluriel: reproches. Comme adj. malade. Salaberry.

Gaizki, g. b. bn. *gaixki*, l. mal, adv. *Gaizki egin dut lan hori*, bn. j'ai mal fait ce travail.

Gaizetsi, l. *gaitzexi*, bn. trouver mauvais, désespérer; de *gaitzetsi*.

Gaichtagin, l. bn. malfaiteur, malfaisant; de *gaitza-egin*.

Gaitzeritzi, b. l. haïr; de *gaitzeritzi*.

Gaitzerran, l. médire.

Gaitzi, l. bn. ressentiment; de *gaitzitu?*

Gaitzitu, gaitzitzen, l. avoir du ressentiment, de *gaitz* et *i*, qui forme les adj. verbaux.

Gaitzikor, l. bn. susceptible, de *gaitzi-kor*.

Gaitzeritzi, v. *gaitz*.
Gaitzerran, v. *gaitz*.
Gaitzetsi, v. *gaitz*.
Gaitzexi, v. *gaitz*.
Gaitzi, v. *gaitz*.
Gaitzikor, v. *gaitz*.
Gaitziru, l. bn. boisseau.
Gaitzitu, gaitzitze, v. *gaitz*.
Gaixki, v. *gaitz*.
Gaixtakeria, v. *gaitz*.
Gaixto, v. *gaitz*.
Gaixtoki, v. *gaitz*.
Gaizetsi, v. *gaitz*.
Gaizki, v. *gaitz*.
Gaizo, v. *gaitz*.
Gaiztakeria, v. *gaitz*.
Gaiztatu, v. *gaitz*.
Gaizto, v. *gaitz*.
Gakho, v. *gako*.
Gako, l. *gakho*, bn. clef.
Gal, v. *galdu*.
Galaso, b. empêcher.
Galdatu, v. *gatde*.
Galde, g. l. *galdo*, bn. demande.
Galdetu, galdetzen, g. l. *galdatu*, bn. *galde egin*, l. bn. demander. Ce nom verbal régit *z* en guip. *Nere aitaren liburuaz galdetu det*, j'ai demandé le livre de mon père.

Galdegin, v. *galde*.

Galdetu, v. *galde.*
Galdetze, v. *galde.*
Galdo, v. *galde.*
Galdor, v. *gandor.*
Galdu, galtzen, g. b. l. bn. perdre. Moguel écrit, *galtzen,* pour *galduten,* bisc. Le g. se sert de *gal,* seulement à l'impératif.

Galdu, b. pernicieux, corrompu. *Olgeeta galdubak,* les divertissements pernicieux. *Biotz galduba,* le coeur corrompu.

Galera, g. perte
Galmena, g. perdition; de *galmen.*
Galgarri, g. l. bn. pernicieux; de *gal-garri.*
Galdura. l. corruption; de *gal-dura.*
Galtzapen, l. perte, perdition; de *galtza-pen.*

Galdura, v. *galdu.*
Gale, g. l. envie. *Lo galea,* g. l. *lo alea,* l. envie de dormir; comp. *zale.*
Galeper, v. *gari.*
Galera, v. *galdu.*
Galgarri, v. *galdu.*
Galhar, v. *garhar.*
Galharrox, v. *garhar.*
Galkha, galkhatu, bn. combler, bourrer.
Galmena, v. *galdu.*
Galsoro, v. *gari.*
Galtzapen, v. *galdu.*
Galtzarbe, g. aisselle.
Galtze, v. *galdu.*
Galyur, g. sommet; syn. de *tontor.*
GAMBARA, g. *gambera,* bn. *kamara,* b. En g et b. grenier; en bn. chambre. Le b. de l'esp. *camara;* le g. et le bn. du prov. *cambra.*
GAMBERA. v. *gambara.*

Gan, 1. g. b. en. En bisc. ce suffixe se soumet aux règles phonétiques et devient *kan,* quand il le faut. *Baña egin ezkero (eginez gero) eurakan dana,* mais après avoir fait ce qui est en eux. *Neregan,* en moi. Il nous paraît que *gan* est l'adv. *han, an,* là. Étant un suffixe, le *h* initial se trouve toujours au milieu du mot et suit la règle que *h* initial devient *k,* et ici par exception *g.* En bisc. le *k* se retrouve. Pour la mutation de *h* en *k,* v. l'introduction. Les dial. basq. fr. ont *baithan* pour *gan;* mais tous les dialectes font usage de *gana,* qui dérive de *gan.*

Gandik, g. *ganik,* b. l. bn. de, de chez; de *gan-dik.* Le *d* paraît s'être perdu dans *ganik. Jaunaganik eldu du,* il vient de chez monsieur.

Gana, g. b. l. bn. chez, à. En bn. *gana* régit le génitif. *Norgana zoaz? norengana zoaz?* bn. chez qui vas-tu? *Centenerac igorcitzan adisquideac harengana,* Test. Rochelle; le centenier envoya ses amis au devant de lui. *Jainkoagana bihotz goititzea,* l. élever le coeur à Dieu. Serait-il risqué de considérer *gana* comme la forme définie (avec l'article) de *gan,* en admettant que *gan* soit pour *han,* là; ainsi: le là, c'est-à-dire la demeure; comme „chez" fr. est pour „chiés" maison, elliptiquement pour en ches ou chiés; v. Littré, Dict.

Ganako, g. b. l. bn. envers, pour; de *gana-ko*; litt. de-vers ou de-à. *Nor gizonaganako Jaungoikoaren amorioa ezagutzen duena*, g. celui qui connaît l'amour de Dieu pour les hommes.

Gan, 2. v. *gañ*.

Gana, v. *gan*.

Ganako, v. *gan*.

Ganchingor, v. *gantz*.

Gancho, bn. crochet en fer au bout d'une perche.

Gandik, v. *gan*.

Gandor, *galdor, galyur*, g. sommet; syn. de *tontor*.

Ganez egin, v. *gañ*.

Ganga, l. cahute, palais de la bouche. Selon Larramendi, ce serait, la luette; ce qui nous paraît une erreur, du moins si *ganga* est cahute; v. *ahoganga*, s. v. *ao*. Peut-être comme le français gangue, de l'all. gang, allée; v. Littré. D.

GANIBET, g. b. l. couteau; du prov. canivet; v. L. R.

Ganik, v. *gan*.

Gantz, g. b. l. *ganz*, bn. saindoux: — l. panse.

Ganchingor, g. l. bn. *gatzchingor*, l. rillons de porc, cretons. Est-ce que *chingor* est pour *chingar* 2.?

Ganz, v. *gantz*.

Ganzola, l. bn. morceau de cuir qui forme, pour ainsi dire, l'empeigne du sabot; de *gan-zola*, semelle supérieure.

Gañ, g. *gan*, b. *gain*, l. bn. sur, dessus, *Mayaren gaña*, g. *mahañaren gaina*, l. le dessus de la table. *Hartu du beregain*, l. il a pris sur lui. *Enegain da untzia*. l. bn. le navire est à ma charge. Le *i* de *gain* paraît indiquer, comme c'est généralement le cas, le son mouillé de *ñ*.

Gañean, g. *gainian*, b. *gainean*, l. bn. sur; de *gañ-ean* (v. Essai, p. 49. Note, l. Comp. *aurrean, gibelean*); dans le dessus, et correspondant exactement à l'esp. en cima. *Mendiaren gañean*, sur la montagne. *Au gaiti aimbeste gauza esaten dira eureen gainian*, pour cela tant de choses sont dites sur eux.

Gainean, l. adv. en haut. *Gainean da*, il est en haut. En g. et b. on dit: *goian*.

Gañeko, g. b. *gaineko*, l. bn. de dessus, supérieur; de *gañ-ko*, avec *e* de liaison, puisque *k* ne peut suivre *n*, v. Essai, Ch. II. *Eta onen gañeko urak beekoetatik berezitu zituen*, g. et il sépara les eaux de dessus de ceci (firmament) d'avec celles d'en bas.

Gañera, g. b. en outre, par dessus; de *gañ-ra*, avec *e* de liaison, puisque *r* ne peut suivre *n*, v. Essai, Ch. II. Le verbe se construit avec *z*. *Ordi bat danez gañera*, en outre d'être un ivrogne.

Gainera, l. sur; v. *gañera*. *Hartzen dut ene gainera*, je prends sur moi. *Eltzea gainera dut*, j'ai mis le pot au feu, expression elliptique, feu, sous entendu; correspond au holl. opzetten, mettre dessus. De aardappelen zijn opgezet, les pommes de terre sont sur le feu. *Ceren*

Gentilen gaineraere spiritu sainduaren dohaina erautsi içan baitzen, Act. X. 45. Test. Rochelle; de ce que le don du St. Esprit était aussi répandu sur les gentils.

Gañerako, g. *gainerako*, l. bn. reste, surplus; de *gañera-ko*.

Gañerakoan, g. *gainerakoan*, b. l. bn. au reste, du reste; de *gañerako-an*.

Gañartu, g. dominer; de *gañartu*.

Gainaldea, l. la surface, le dessus.

Gañeratu, gañeratzen, g. b. se placer sur, monter; de *gañ-e-ra-tu*.

Gañetik, b. en outre, en sus; de *gan-e-tik*. *Bere argitasun ganetik*, en outre de son activité.

Gainetik, l. bn. d'en haut; de *gain-e-tik*.

Gañez egin, g. b. *gainez egin*, l. bn. augmenter. *Eta Gomorako bekatuak gañez egin zutela*, et que les péchés de Gomorrhe augmentaient. *Baldin aberatz bazara, gainez egina bazaude, emozu anhitz*, Ax. p. 229. a. éd. Si vous êtes riche, si vous avez du superflu, donnez beaucoup.

Gaindi egin, l. bn. monter (p. ex. le lait), déborder.

Gaingiroki, l. superficiellement, P. (i. a.). La terminaison de l'adv. est répétée jusqu'à trois fois, *gi* pour *ki*, *ro* et *ki*.

Gatik, g. b. l. bn. *gaitik, gaiti*, b. pour, à cause; — bn. malgré. Nous avons placé *gatik* ici, puisqu'il nous paraît être formé de *ga-tik* pour *gan* ou *gain-dik*, après l'élision régulière de *n* devant *t;* on aurait pu laisser le *n* et dire *gandik;* mais *gandik* signifiait peut-être déjà : de, de chez. Nous ne sommes pas du tout certain de ne pas nous tromper ici; nous avions penché un moment à rattacher *gatik* à *gan* pour *han* (v. *gan*), là; ainsi *gatik* pour *han-dik*, de là, ce qui expliquerait très bien la signification : de là = à cause; mais la forme *gaitik, gaiti*, s'y oppose; nous ne saurions expliquer le *i*, qui se retrouve régulièrement dans *gain* pour *gañ*. *Jaungoikoak gizonagatik egin duena, jaquilea dala*, g. c'est de (le) savoir ce que Dieu a fait pour les hommes.

Gañartu, v. *gañ*.
Gañean, v. *gañ*.
Gañeko, v. *gañ*.
Gañera, gañerako, v. *gañ*.
Gañerakoan, v. *gañ*.
Gañeratu, gañeratze, v. *gañ*.
Gañetik, v. *gañ*.
Gapar, v. *zapar*.
Gapirio, l. chevron de toit; de l'esp. cabrio.

Gar, g. b. bn. *kar*, l. flamme. *Khar*, l. bn. zèle. Evidemment le même mot, bien qu'on y ait introduit un *h*.

Gartu, gartzen, g. *gar hartu*, l. bn. *kartu, kartzen*, l. enflammer.

Kartsu, l. *kharxu, kharzu*, bn. fervent, zélé; de *kar-tsu*. M. Salaberry ajoute la remarque que *kharxu* est une corruption de *kharzu;* il nous semble que c'est le contraire; *kharxu* est mieux du moment qu'on a adopté, comme M. Sal. l'orthographe *x* au lieu de *ts*. Le *x* est de date récente; Liçarrague dans le Test. de la Rochelle ne s'en sert pas; si le mot en question s'y trouve il sera écrit *kartsu*.

Kartsuki, l. *kharxuki*, bn. adv. avec zèle; *ki* forme les adv.

Karlo, l. charbon; nous ne savons rendre compte de la terminaison; il est peut-être plus probable que *karlo* vienne de l'esp. cardo, avec mutation de *d* en *l*; comp. *elur = edur*; ceci est cependant une mutation de dialecte à dialecte, et nous ne l'avons pas encore trouvée dans les mots d'origine étrangère.

Garaba, l. aucun. P. Ce mot est obscur. Par les exemples que P. cite, on croirait plutôt que *garaba* ou mieux *garabe*, a une signification affirmative au lieu de négative. *Ezta garabik*, il n'y en a pas un seul. Ici *garaba* est construit avec *ez* pour rendre le sens négatif. *Orhoitz zara hitz garabez*, vous souvenez vous d'aucun mot? Aucun, est ici pour „quelque" et alors affirmatif. Le troisième exemple n'est pas très clair: *pena garaba*, peine qui reste à satisfaire. Mais en tout cas il en ressort, croyons nous, que *garaba* ne peut signifier „aucun," sinon accompagné d'une négation. Comp. *bagarik*.

Garabia, l. grue à lever des matériaux; de *garai-abe?*

Garagar, g. b. l. bn. orge; comp. *garau*.

Garagarilla. dial.? le mois de juin, et en bisc. de juillet; de *garagar-illa*, comp. *garilla*.

Garagarilla, v. *garagar*.

Garai, l. g. *garrai*, l. *garhai*, bn. excellent. La signification propre de *garai* doit avoir été: haut; les dérivés le prouvent; mais il paraît que seulement le sens figuré s'est conservé. Nous aurions voulu rattacher *garai*, à *gan*; c. a. d. de *gan-ra*, avec l'élision régulière de *n* devant *r*, mais le *i* final qui se retrouve dans tous les dérivés de tous les dialectes est un obstacle. Nous reprenons donc ce que nous avons dit, s. v. *ahuntz*, de *garaitu*, sans toutefois accepter l'opinion de M. de Charencey, qui n'est basée que sur la ressemblance des deux mots.

Garai, g. excellent; l. victoire, P.

Garaiko, g. d'en haut; de *garai-ko*.

Garaitik, g. bn. d'en haut; de *garai-tik*. *Baina baldin gogoz garaitik eguiten badut.* 1. Cor. IX. 17. Test. Rochelle; mais si je le fais contre ma volonté. L'emploi de *garatik*, n'est pas clair ici.

Garaira, bn. en haut; de *garaira*. *Jautsi içan den hura bera da igan-ere dena ceru gucien garaira*, Eph. IV. 10. Test. Rochelle; celui qui est descendu, c'est le même qui est monté au dessus (vers le haut) de tous les cieux.

Gairapena, g. l. victoire, avantage, de *garai-pen*.

Garailari, *garaile*, g. l. vainqueur

victorieux; de *garai-le* et *garai-ari*. Le *l* dans *garailari* paraît être euphonique.

Garaitu, garaitzen, g. l. *garhaitu, garhaitzen,* bn. vaincre, surpasser.

Garaite, l. avantage, victoire; subst. verb. pour *garaitze,* le vaincre. Axular, p. 30. l'écrit avec l'article, *garaitia. Izan zutenean Erromatarrek desiratzen zuten abantailla eta garaitia.* Les Romains après avoir eu l'avantage et la victoire qu'ils désiraient.

Garai, 2. g. temps. *Garai onetan,* dans ce temps.

Garaiko, v. *garai,* 1.
Garailari, v. *garai,* 1.
Garaile, v. *garai,* 1.
Garailla, bn. *gravier.*
Garaipena, v. *garai,* 1.
Garaira, v. *garai,* 1.
Garaite, v. *garai,* 1.
Garaitik, v. *garai,* 1.
Garaitu, v. *garai,* 1.
Garaitze, v. *garai,* 1.
Garando, v. *garrando.*

GARAÑO, l. *gerenno,* bn. (*nn* = ñ) étalon; du vieux fr. *goreignun, gareignun.* Ce mot se retrouve dans toutes les langues romanes; guaragno, it. guarañon, esp. v. Diez, E. W. 1. p. 230.

GARATOSA, l. étrille, P.

Garau, b. grain; comp. *gari.* Serait-ce peut-être de l'esp. *grano,* avec chute de *n?*

Garazi, 1. province du pays basque français. En fr. Cize.

Garaztar, habitant du pays de Cize.

GARAZI, 2. bn. cherté; de l'esp. *carrestia.*

Garaztar, v. *garazi,* 1.

Garba, l. *kharba,* bn. broye; instrument pour broyer le chanvre.

Garbatu, garbatzen, broyer le chanvre.

Garbatu, garbatze, v. *garba.*

Garbal, l. chauve; — bn. découvert.

Garbaldu, bn. éclaircir, découvrir.

Garbantzu, g. *barbantzu,* l. pois chiche. Selon M. Diez, E. W. 2. p. 131. de *garau antzu,* et l'esp. *garbanzo* du basque *garbantzu.* Pour la mutation du *g* en *b,* v. *gurasoak.*

Garbi, g. b. l. bn. propre, net, pur.

Garbitasun, g. b. l. bn. propreté, pureté; de *garbi-tasun.*

Garbidura, g. nettoyage; de *garbidura.*

Garbitu, garbitzen, g. b. l. bn. nettoyer. Le guip. se sert à l'impératif du radical *garbi.*

Garbiki, l. proprement; de *garbi-ki.*

Garbigarri, l. torchon; de *garbigarri.*

Garbidura, v. *garbi.*
Garbigarri, v. *garbi.*
Garbiki, v. *garbi.*
Garbitasun, v. *garbi.*
Garbitu, garbitze, v. *garbi.*
Gardox, bn. *harrots,* l. gousse verte et piquante de la châtaigne.
Garhai, v. *garai,* 1.
Garhaite, v. *garrondo.*
Garhaitu, garhaitze, v. *garai,* 1.
Garhar, l. *galhar,* bn. arbre

sec, branche morte; pour la mutation de *r* et *l*, v. *ari*, 3.

Galharrox, bn. charivari; de *galhar-ots* (*x* = *ts*), comp. *abarrots*.

Garhasia, garrasi, bn. cri de détresse, Sal. Pleurs avec crieries et lamentation; mot d'O. selon P. — éclats. *Ozpinen garhasiak*, éclats de foudre.

Garhasia, v. *garhar*.

Garhinna, bn. (*nn* = *ñ*) cri de désespoir; comp. *garhasia*.

Garho, bn. anse, d'une cloche ou d'une sonnette.

Gari, 1. g. l. (i. a.) froment; comp. *garau*.

Garilla, bisc. selon Astarloa; mais n'est plus connu, ni en b. ni en g. Le mois de juillet; de *gari-illa*.

Galsoro, g. champ de blé? esp. *trigal*; de *gari-soro*; *l* pour *r*, v. *ari*, 3.

Galeper, g. caille; de *gari-eper*; *l* pour *r*, v. *ari*, 3.

Gari, 2. l. bn. mince, grêle, efflanqué.

Garicha, v. *garrichu*.

Garichu, g. *garicha*, b. *kalitcha*, l. verrue.

Garilla, v. *gari*, 1.

Gario, l. sorte d'oiseau. P.

Garizuma, l. bn. carême; de l'esp. *cuaresma*.

Garkharasta, garkharastatu, bn. enfumer; terme de cuisine, en parlant de viande ou autre chose qui prend le goût de fumée; de *gar-karats?*

Garkhora, v. *garrondo*.

Garkhotcha, v. *garrondo*.

Garlanda, bn. cercle en fer ou en bois dans lequel on fait cuire le pain de maïs nommé: *mestura*, méture; de *garle?* Le mot guirlande est d'origine douteuse, v. Littré, Dict. Serait-il basque?

Garle, l. carreau, espèce de tonneau. *Garle bat sagarnoa*, un carreau de cidre. Comp. *garlanda*.

Garmendi, l. espèce de pomme; P. de *sagar-mendi?*

Garnura, v. *gernu*.

Garoa, g. fougère.

Garondo, v. *garrondo*.

Garrai, v. *garai*, 1.

Garranga, l. le chant de la poule. P. comp. *karanka*.

Garrasi, v. *garhar*.

Garrathoin, bn. rat. Il nous semble du pr. ou de l'esp. *raton*, avec *ar* prosthétique, comme tous les mots avec r initial, *arraton*; puis le *h* qui est souvent préfixé en bn. (v. *herreka*) et cet *h* changé en *g*. Pour la mutation de *h* en *g* comp. *chingar*, 1.

Garratz, g. b. l. *kharats, kharax*, bn. *kirats*, l. amer. *Garratz*, bn. âpre, violent, sévère.

Garratz, kirats, l. aigre; *kirats*, g. l. puanteur. La signification ne paraît pas bien fixe; mais tous ces mots, qui ne sont probablement que des variantes, indiquent quelque chose de désagréable au goût ou à l'odorat. Le mot *garratz* doit être un nom composé; de *gar-ats?* *ats* en bisc. est puanteur et *hatsti*,

l. qui a l'haleine forte. En holl. le mot „lucht," air, exprime comme *ats* en basque, air et puanteur; il faut, il est vrai, souvent ajouter le qualificatif soit „mauvais," soit „bon"; mais souvent aussi, p. ex. en parlant de la viande, on dira, elle a de l'odeur (er is een luchtje aan), sans rien ajouter pour indiquer qu'elle sent mauvais. Nous avons séparé les articles *ats*, 1. haleine et *ats*, 2. puanteur; mais il est fort possible qu'on doive les réunir. Il reste encore à trouver ce que *gar, kar* ou *kir* peut signifier.

Gabeak hatsa karats, prov. 173 d'O. Le pauvre a l'haleine puante. *Sagar garratza*, l. la pomme aigre.

Kirestu, kiresten, bn. *kiratstu, kiratsten*, l. *karatstu*, (?) *karatzen*; prov. d'O. puer. *Hatsa kiratsten zago*, l'haleine lui devient puante, P. *Diotsa Marthac, hil içan ceñaren arrebac, Jauna, kirestu duc, gaurguero.* Jean XI. 39. Test. Rochelle; Marthe, la soeur de celui qui était mort, lui dit, Seigneur, il pue déjà. *Buruti hasten da orraina karatzen*, prov. 107. d'O. C'est de la tête que le poisson commence à puer.

Garratztasun, l. âpreté; de *garratztasun.*

Kharaxtarzun, bn. amertume. *Garratzki*, l. adv.

Garratzki, v. *garratz*.

Garratztasun, v. *garratz*.

Garren, suffixe qui dans tous les dialectes sert à former les noms de nombres ordinaux: *bigarren,* *hirugarren*, etc. A en juger par la forme, *garren* est un génitif de *gar* dont la signification nous est inconnue; comme en basque le superlatif est exprimé par un génitif (v. Essai, Ch. IV), il faudra considérer *garren* comme un superlatif; dans plusieurs autres langues il y a des nombres cardinaux formés de cette manière; p. ex. zwanzigste, all; aussi *erste, letste*; et puis en basque: *atzen, lehen*, v. *atzen.*

Garri, 1. suffixe qui sert à former des adjectifs, v. *ekarri.*

Garri, 2. l. scrupule, remords, inquiétude, P. i. a.

Garrondo, g. *garondo (garando?) garhaite, garzeta*, l. P. *garkhora, garkhotcha*, bn. En g. et bn. nuque; en lab. le derrière de la tête; ce qui s'accorde bien avec *ondo*; *gar* de *garai*, l? Il semblerait que *gar* indique quelque chose comme tête, cime, sommet, comp. *garsoil, garbal*, chauve; *garunak*, cervelles et aussi *garle*. *Garkhora* signifierait plutôt couronne de la tête, c. a. d. le sommet, le holl. kruin; *gar-khora. Okhasinoa kopetan, bellarrean, aitzin aldean, illetsu da, eta cherlotsu, baiña garhaitean, garzetan, gibelaldean, motz, soil, garbal, karsoil eta ille gabe*; Ax. p. 153 a. éd. p. 366. n. éd. Il est chevelu du front, mais chauve du derrière de la tête. La passion d'Axular d'employer des synonymes lui fait répéter jusqu'à cinq fois le mot chauve. M. l'abbé Inchauspe écrit *garhaltean*; ce sera probablement une de ces corrections comme *egin* pour *ekin*, v. *ekin* ; *garhalte*, ne paraît pas exister.

Garsande, l. chanvre ; i. a. *Garsande hazi*, chenevis.

Garsoil, karsoil, l. chauve ; à Guéthary, crépu. *Soil* est déjà chauve ; d'où vient *gar ?* comp. *garrondo*.

Gartha-dembora ou *garthak*, l. bn. quatre-temps ; corruption de quatre.

Gartu, v. *gar*.

Gartze, v. *gar*.

Gazunak, b. cervelles ; comp. *garrondo*.

Garzeta, v. *garrondo*.

Gasaila, gasalla, bn. cris ou paroles vives de plusieurs personnes parlant à la fois.

Gasalla, v. *gasaila*.

Gasna, v. *gazta*.

Gaśotasun, v. *gaitz*.

Gastaro, *gaztaro*, v. *gazte*.

Gastu, g. l. bn. dépense ; de l'esp. *gasto*, même signification. *Ene gastuz*, à mes dépens.

Gastigar, v. *astigar*.

Gatazka, g. combat, rixe.

Gatha, l. espèce de poisson.

Gathabuta, v. *katabu*.

Gathea, l. bn. chaine ; de l'esp. cadena.

Gathibu, v. *katibu*.

Gathu, v. *katu*.

Gatillu, l. tasse ; syn. de *opor*.

Gatik, v. *gañ*.

Gatz, g. b. l. bn. sel. *Baina, baldin gatza gueçat badadi, cerçaz gacituren da*, Luc. XIV. 34. Test.

Rochelle ; mais si le sel perd sa saveur, avec quoi le salera-t-on ?

Gazi, l. salé.

Gazitu, gazitzen, l. saler.

Gatzuntzi, l. bn. salière ; de *gatzuntsi*.

Gatzkari, bn. marchand de sel ; de *gatz-hari*, v. *ari*, 4. (comp. *arrainkari*) ; *k* pour *h*, v. Essai, Ch. II.

Gatzatu, v. *gazta*.

Gatzatze, v. *gazta*.

Gatzchingor, l. grillons ou rillons de porc ; synonyme et variante (?) de *ganchingor*.

Gatzkari, v. *gatz*.

Gatzuntzi, v. *gatz*.

Gau, g. b. l. bn. nuit. En bisc. généralement prononcé *gaba*, avec l'article, au lieu de *gauba*, et en g. le *u* est prononcé *v*, quand suit une voyelle, *gavon* pour *gau on*.

Gauerdi, g. b. l. bn. minuit ; de *gau-erdi*.

Gauaz, g. l. bn. *gaubaz*, b. de nuit ; de *gau-z*.

Gau-enharra, v. *enada*.

Gaur, g. b. aujourd'hui ; — bn. cette nuit. *Gaur* correspond en g. plutôt à l'all. heute. *Gaur arratsaldean*, heute abend, ce soir. *Gaur goizean*, heute Morgen, ce matin. *Gaur eguerdian*, heute Mittag, ce midi. Le *r* final de *gaur*, reste pour le moment sans explication ; peut-être de *gau-ori ?* cette nuit, ou bien de *gauren*, génitif ; nous disons en holl. van daag, aujourd'hui, litt. de jour ; van nacht, cette nuit, litt. de nuit.

Gaur guero, bn. déjà. *Jauna ki-*

restu duc gaurguero, Jean, IX, 39. Test. Rochelle. Seigneur, il pue déjà.

Gaurdanik liarko, g. d'aujourd'hui à demain, c. a. d. bientôt, au premier jour.

Gauaz, v. *gau.*

Gaubaz, v. *gau.*

Gauerdi, v. *gau.*

Gaur, v. *gau.*

Gaurgero, v. *gaur,* s. v. *gau.*

Gauza, g. b. l. chose; de l'esp. *cosa.*

Gay, v. *gai.*

Gaz, kaz, b. (selon les lois phon. v. Essai, Ch. II.) suffixe, avec. *Gorotasunakaz,* avec les jouissances.

Gaza, v. *geza.*

Gazaita, *gozaita* bn. parrain ; comp. *ugazaita.*

Gazama, *gozama* bn. marraine ; comp. *ugazama.*

Gazi, gazitu, gazitze, v. *gatz.*

Gazta, g. *gaztai,* b. *gasna,* l. bn. fromage. Nous ne connaissons aucun exemple de la permutation de *t* en *n,* ou de *n* en *t;* nous avons donc probablement ici deux mots différents, du moins en partie. Il nous semble difficile de décider lequel est le plus ancien, du substantif (fromage) ou de l'adj. verb. *gatza,* caillé; il semblerait cependant qu'on a dû observer que le lait se caille, avant d'avoir appris à faire le fromage. *Gazta,* serait donc pour *gatza* (d'où *gatzatu*), le caillé, la chose caillée = fromage; et *gasna* trouverait aussi son explication, *gatza-esne,* lait caillé. Il y a une objection sérieuse, c'est que *esne* aurait dû précéder, v. Essai, p. 120.

Gatzatu, gatzatzen, g. b l. cailler, — l. concevoir; P. *Gatzatu gineko ilhunak,* la nuit que nous étions conçus.

Gazur, g. *gazuri,* b. *gachur,* bn. petit-lait; de *gatz-ur.*

Gaztai, v. *gazta.*

Gaztaro, v. *gazte.*

Gazte, g. b. l. bn. jeune.

Gaztetasun, g. b. l. *gaztetarzun,* bn. jeunesse; de *gazte-tasun.*

Gazteria, bn. la jeunesse, les jeunes gens; de *gazte-eria?* pour *keria;* ce serait, avec *gorheria,* le seul mot, que nous sachions, dans lequel la mutation de *h* en *k* n'a pas eu lieu.

Gaztekeria, g. b. bn. étourderie de jeunesse; de *gazte-keria.*

Gaztetu, gaztetzen, g. b. l. bn. rajeunir.

Gaztaro, l. le temps de la jeunesse; de *gazte-aro.* P. écrit *gastaro,* ce qui est une erreur.

Gaztechu, b. enfant. *Oi dira guraso batzuk kastigeetan ditubenak gaztechubak errugabe,* il y a des parents qui châtient les enfants sans faute.

Gaztechu, v. *gazte.*

Gaztekeria, v. *gazte.*

Gazteria, v. *gazte.*

Gaztetasun, tarzun, v. *gazte.*

Gaztetu, v. *gazte.*

Gaztetze, v. *gazte.*

Gaztigatu, gaztigatzen, l. bn. faire savoir, envoyer une commission.

Gazur, gazuri, v. *gazta.*
Ge, v. *gabe.*
Gecha, v. *gaitz.*
Gede, v. *chede.*
Geheli, l. chair de boeuf. P. i. a.
Gehiago, v. *gei.*
Gehien, v. *gei.*
Gei, 1. La signification primitive de *gei* paraît être „plus"; du moins à en juger par la locution suivante: *gei ta obe,* a mas y mejor, dans la dernière perfection; v. Larramendi s. v. mas. Il est difficile de dire si *gei* est un positif ou un comparatif; la même indécision règne par rapport à *obe,* qui signifie meilleur, mais auquel on ajoute cependant ainsi qu'à *gei,* le suffixe de comparaison *go; obeago, geyago.* On dirait même que *gei* sert parfois comme superlatif, puisqu'il est employé aussi pour exprimer „trop"; *alloratu,* approché; *alloragotu,* plus approché; *alloragetu,* trop approché. Nous retrouvons *gei* en bn. sous la forme *egi,* dans le même sens de „trop"; *goizegi yin hiz,* tu es venu trop tôt. *Bota horriek handiegi dira,* ces bottes sont trop grandes. La forme bn. nous rapproche peut-être du mot primitif, c. a. d. de *hegi, ige,* dans l'acception générale de „hauteur", „haut"; v. *ig.*

Geyen, g. *geijeen,* b. *geihen, geyen,* l. *gehien,* bn. (le) plus; all. meist; (la) plupart; — bn. supérieur, premier. Superlatif, c. a. d. génitif (v. Essai, Ch. IV), de *gei. Geyen,* devient avec l'article, *geyena,* la plupart. *Españako Euskaldunik geyenak,* la plupart (die meisten) des basques espagnols. *Bainan nola gehienek gutizia handiagoa baitute hañitz jakiteko,* Chourio, Im. de J. C. p. 33. Mais comme la plupart ont plus grand désir de savoir beaucoup. *Officier horietan gehiena Andre da,* bn. Sal. Parmi ces officiers le premier, le plus élévé en grade, est André. *Pilotan Jacob gehien da Martinen,* bn. au jeu de paume Jacob est supérieur à Martin. *Eta hartan da ageri usoaren inocentcia eta ergelkeria, perilik gehien duenean, baita erhoenik eta antsikabenik,* Ax. 342. a. éd. Et en cela se montre l'innocence et la niaiserie de la colombe, qui est la plus folle et la plus insouciante quand elle a le plus de danger.

Geyogo g. b. l. *geihago,* l. *gehiago,* bn. plus. davantage; comparatif de *gei. Eztut nahi geyago,* je n'en veux plus.

Geyenaz, g. *geyenez,* b. l. *gehienaz,* bn. tout au plus; de *geyena-z.*

Geyegi, g. b. *geizko,* g. trop. *Geizko* est formé comme un grand nombre d'adv. de *gei-z-ko;* mais *geyegi* a plutôt l'air d'être une réduplication, comme *betebetean,* etc.

Geitu, geitzen, g. b. augmenter.
Gei, 2. v. *gai.*
Geihago, v. *gei.*
Geihen, v. *gei.*
Gehien, gehienaz, v. *gei.*
Geijeen, v. *gei.*
Geinhatzea, v. *genhatzea.*

Geirik, v. *gai*.
Geitu, geitze, v. *gei*.
Geizko, v. *gei*.
Gela, g. 1. chambre.
Gelari, gelazain, 1. valet ou femme de chambre, servante de curé; de *gela-ari,* 4. et *zain.*
Gelari, v. *gela.*
Gelazain, v. *gela.*
Gelberia, 1. fièvre chaude, P. Ce mot n'est plus connu, mais Larramendi cite, *elgaitz (el-gaitz),* pour fièvre chaude, et *elgorri (el-gorri),* en bisc. signifie rougeole. *El* ou *gel* paraît donc signifier un mal, qualifié de *gaitz*, mauvais; de *gorri*, rouge; de *beria*, qui sera probablement pour *berro*, chaud. Mais d'où vient *el!* de *el, eldu?* ou bien de *eri,* (*heri*), mal avec mutation de *r* en *l;* comp. *ari,* 3; *g* pour *h*, comp. *eho = ego; iges = ihes,* etc. Cependant le *i* ne se serait pas perdu. Nous avouons que ces hypothèses ne sont pas très satisfaisantes. V. *helgaitz.*
Geldi, g. b. l. lent, lenteur; posé; — bn. stagnant.
Gelditu, gelditzen, g. b. l. bn. rester, cesser, s'arrêter. A Guéthary *geldi*, signifie s'arrêter. *Zamaldia geldi doa,* P. le cheval va lentement.
Geldi geldi, g. peu à peu.
Gelditu, gelditze, v. *geldi.*
Gemen, bn. force douteuse ou affaiblie; énergie équivoque. (?) Salaberry.
Gende, g. *gente*, b. gens; de l'esp. *gente.*

Genhatzea, P. *geinhatzea,* O. soul. nourrir, entretenir,
Geratu, geratzen, g. b. retenir, s'arrêter.
Gerba, 1. fleur de noyer.
Gereiz, g. *kereiz*, b. *geriza,* 1. En g. et b. ombre; en l. abri. La ressemblance avec le prov. *guarida,* l'esp. *garita*, refuge, d'où le fr. *guérite,* serait-elle fortuite? ou est-ce que le basque aurait pris ce mot des langues romanes?
Gerenno, v. *garaño.*
Gerezi, l. bn. cerise; d'une des langues romanes? avec mutation de la sibilante en gutturale; comp. *solaz,* esp. *jotas,* basque.
Geriza, v. *gereiz.*
Gerla, l. b. guerre.
Gerlari, guerrier; de *gerla-ari,* 4.
Gerli, l. pus. P. — bn. liquide qui sort imperceptiblement d'un arbre ou d'un fruit.
Gernua, l. urine. Larramendi cite, *garnura;* comme le *r* de *ura* est doux il se sera perdu dans la prononciation. Comp. *harn,* all. urine. Si *garnua, gernua* était composé de *gerri-ura,* il est probable que le *n* ne s'y trouverait pas.
Gero, g. b. l. bn. après, ensuite. *Gero* régit le suffixe *z, janez gero,* après avoir mangé. Comme après les sibilants il faut une consonne forte (v. Essai, Ch. II.), on écrit et l'on prononce *janezkero,* et de là l'erreur des auteurs et qui écrivent *jan ezkero (ezquero),* n'y ayant plus reconnu le mot *gero.* Bien qu'ils connaissent

l'erreur, ils restent fidèles à leur orthographe vicieuse. *Ordu hura ezkero*, Lardizabal. Après ce moment. *Gero Noe, bere emaztea eta oyen iru seme-errañak....* Ensuite Noé, sa femme et leurs trois enfants (fils-filles)... *Gero esan zion*, ensuite il lui dit. *Etorriko naiz gero*, l. je viendrai après, plus tard. *Hazi geroz*, l. après avoir commencé. *Egundainoz gero*, l. depuis tout jamais, P. (à tout jamais).

Geroa, g. b. l. l'avenir. *Geroko begira egoitea*, l. regarder à l'avenir. P.

Geroz, l. depuis.

Geroztik, g. b. l. dès-lors, depuis; de *geroz-tik*.

Geroko, g. b. l. bn. adj. d'après, de plus tard; de *gero-ko*. *Umetako okerkeriak arriñagoak oi dira azi ezkerokuak (aziez-gerokuak) baño*, b. les travers de la jeunesse sont d'habitude plus légers que ceux qui se produisent plus tard. Le fr. n'a pas d'adjectif qui corresponde à *geroko*, il faut une circonlocution; le holl. later, l'all. später (als die späteren), s'en rapprochent un peu plus, bien que ce soient des comparatifs. *Geroko egunak*, les jours d'après, les jours suivants. *Au geroko utzi det*, j'ai laissé cela pour plus tard.

Gerokoak, plur. de *geroko*; b. l. les descendants; litt. les ou ceux de après.

Gerokoa gero, g. arrive qu'arrive; litt. après ou plus tard, les (choses) de plus tard; l'all. später,

das spätere, rendrait assez bien le basque. C'est le titre (*geroko gero*) du livre si connu d'Axular.

Geroa, v. *gero*.
Gerok, v. *gu*.
Geroko, v. *gero*.
Geroz, geroztik, v. *gero*.
Gerpa, l. cordon de chapeau.
Gerrena, l. broche.
Gerri, g. reins, rognons; — g. b. l. bn. ceinture, partie du corps au dessus hanches.

Gerriko, l. bn. ceinture; ce dont on se ceint; de *gerri-ko*.

Gerrikatu, gerrikatzen, l. bn. se ceindre.

Gerruntzak, g. les reins, los lomos, selon M. Eguren, Guia-Manual, etc. Vitoria, 1868. Selon P. *gerruntzea* signifie „le lieu de la ceinture." De *gerri-untzi?*

Gerrikatu, gerrikatze, v. *gerri*.

Gerriko, v. *gerri*.
Gerruntzak, v. *gerri*.
Gerruntze, v. *gerri*.
Gersti, l. anse d'un vase.
Gertaera, v. *gertatu*.
Gertakari, v. *gertatu*.
Gertaldi, v. *gertatu*.
Gertatu, gertatutzen, g. *gerthatu, gerthatzen*, l. bn. arriver, survenir. *Guertha ere daiteke batzuen eta bertzeen abisua ona den*, Chourio, p. 43. Il peut arriver que le conseil des uns et des autres soit bon. Ce nom verbal est formé de *gert* ou *gerta*, mais nous ignorons la signification de ce radical(?) qui se retrouve dans plusieurs dérivés:

Comp. *gertuan*. Selon M. de Charencey, *gertatu*, dérive du lat. quaeritare; mais il nous semble que la signification s'y oppose.

Gertaera, gertaldi, g. *gerthanza*, l. événement. De *gerta era* et *aldi*; mais *anza* est obscur.

Gertakari, g. succès; — l. événement. Probablement de *gerta-ari* 4. (*hari*), et *k* pour *h*. *Zembat gertakari dakarzkiena*, qui apportât (eût) tant de succès.

Gerthanza, v. *gertatu*.
Gerthatu, v. *gertatu*.
Gerthatze, v. *gertatu*.
Gerthu, l. sûr.
Gerthuz, gerthuzki, l. assurément.
Gerthuz, gerthuzki, v. *gerthu*.
Gertuan, b. près de; de *gertuan*? comme *aurrean, atzean, ondoan*, etc. de *aurre, atze, ondo* et alors signifiant „dans la proximité de"; mais nous n'avons pas encore rencontré *gertu, gerto*, dans le sens de proximité. Faudrait-il rattacher le nom verb. *gertatu*, à *gertu*? le sens des deux mots le permettrait; arriver, survenir et être proche.

Gesal, l. bn. 1° saumure; 2° boue provenant de la fonte de la glace. On prononce généralement *yesal*.

Gesaldu, fondre, se dit de la glace fondue par le soleil.

Gesaldu, v. *gesal*.
Geso, v. *gaitz*.
Gestera, v. *eztera*.
Geu, geuk, v. *gu*.
Geure, v. *gu*.
Geurtza, l. l'année qui vient. P. i. a. *Geurtz datorken urtean*, l'année qui vient. *Geurtzko ogia*, le blé de l'année qui vient. On voit par l'exemple que donne P. que *geurtza* ne signifie pas „l'année qui vient", du moins dans le premier exemple; il faut croire que dans le second, il y a une ellipse. *Geurtz* paraît être un adverbe, et a peut-être une origine commune avec *gertuan*; ainsi, *geurtz datorken urtean*, dans l'année qui vient prochainement. *Datorken*, est la 3ᵐᵉ pers. du prés. de l'ind. de *etorri*, venir; *nator*, je viens; *ator*, tu viens; *dator*, il vient; *datorren*, qui vient (*dator* plus *n* relatif); nous ignorons pourquoi P. écrit *datorken*.

Geyago, v. *gei*.
Geyegi, v. *gei*.
Geyen, v. *gei*.
Geyenaz, v. *gei*.
Geyenez, v. *gei*.
Geza, g. l. bn. *gaza*, b. insipide, fade; — l. doux. *Sagar geza bat*, une pomme douce. *Ur geza*, eau douce.

Gezatia, l. pommier à pommes douces.

Gezatia, v. *geza*.
Gezi, l. trait; P. i. a.
Geztera, gezteratu, v. *eztera*.
Gezur, g. l. bn. *guzur*, b. mensonge. *Atera zituban guzur ta borroe asko imprentatik*, Moguel. Beaucoup de mensonges (d'inexactitudes?) et de fautes d'impression (en) ont été ôtés. Comme il parle d'une seconde édition de son propre ouvrage (*Echeko eskolia*), il n'emploiera pas *guzur* pour mensonge.

Gezurti, g. l. bn. *guzurti,* b. menteur.

Gezurtatu, gezurtatzen, g. l. *guzurtatu,* b. démentir.

Gezurrez, g. l. *guzurrez,* b. mensongèrement; de *gezur-z.*

Gezurrezko, g. l. *guzurrezko,* b. mensonger; de *gezurrez-ko. Bere Jainko gezurrezkoaren elisan,* dans l'église de son Dieu mensonger.

Gezurrez, ezko, v. *gezur.*

Gezurtatu, gezurtatze, v. *gezur.*

Gezurti, v. *gezur.*

Giar, v. *gihar.*

Gibel, l. bn. (le) derrière, (le) dos; — g. b. l. bn. foie. *Etche gibela,* le derrière de la maison. *Gibel egiok ekaitzari,* prov. 192, d'O. Tourne (litt. fais) le dos au mauvais temps.

Gibelean, l. derrière; de *gibel-ean,* dans le derrière; comp. *aurrean, ondoan,* etc. *Etchearen gibelean,* derrière l'église.

Gibelatu, gibelatzen, reculer, retarder. *Ene semea eztuzu gibela goan behar,* Chourio, Im. de J. C. p. 220. Mon fils il ne faut pas reculer.

Gibelari, l. *gibeldari,* bn. Saluberry; (pourquoi d?) de *gibel-ari* 4. retardataire.

Gibelondo, bn. conduite louable ou blâmable des personnes préposées à la garde de quelque chose en l'absence des maîtres. Sal.

Gibelari, v. *gibel.*

Gibelatu, gibelatze, v. *gibel.*

Gibelean, v. *gibel.*

Gibeldari, v. *gibel.*

Gibelondo, v. *gibel.*

Gichi, v. *guchi.*

Gichienez, v. *guchi.*

Gichitan, v. *guchi.*

Gichitu, v. *guchi.*

Gichon, v. *gizon.*

Gidail, l. l'os de la jambe; P. i. a. synonyme de *zangar.*

Gider, l. manche de couteau; queue d'un fruit. *Gerezi giderra,* la queue de cerise.

Gignarreba-gizon, l. beau-père; P. i. a. Ce mot paraît être une corruption de *aitagiñarreba,* même signification, v. *aita.* La seule façon de décomposer ce mot, nous semble être, *aita-egin-arreba,* ce qui n'offre rien de très satisfaisant; si ce n'est qu'il faut entendre par là le beau-père du mari; le père, amené dans la famille (fait = *egin*) par la fille?

Gignarreba emazte, l. belle-mère, P. i. a.

Gihar, g. l. *giar,* g. *giyarre,* b. *ginhar, giñar,* l. chair vive. Selon Larr. chair sans graisse. Pour la mutation de *h, y, ñ,* v. *chingar,* l. *Giharran ukitua,* l. touché au vif. V. *inharki.*

Gila, bn. *ginda, gine, gindoil,* l. guigne, cerise aigre, P. douce, Littré, D.

Gindoltzea, guigner, mot d'O. selon P.

Gille, 1. g. envie.

Gille, 2. l. quille.

Gilli gilli, v. *kilikatu.*

Giltz, g. b. l. *gilz,* bn. clef.

Giltzatu, l. bn. *giltzez ichi,* b. fermer à clef.

Giltzatu, v. *giltz.*

Giltzez ichi, v. *giltz.*

Giltzurrunak, g. les rognons, selon M. E(guren), Guia Manual, Vitoria, 1868.

Gilz, v. *giltz.*

Ginda, v. *gila.*

Gine, v. *gila.*

Gindach, l. 1° piége à prendre les chiens qui vont manger les raisins; P. en donne la description. 2° espèce de travail, où l'on soulève les boeufs pour les ferrer. Nous plaçons les deux acceptions dans le même article; peut-être faudrait-il les séparer. Il y a une ressemblance curieuse et fortuite peut-être, entre *gindach* et *windasch,* holl., grosse poutre, armée d'une poulie au moyen de laquelle on hisse les marchandises, etc. aux étages supérieurs; chaque maison a son *windasch;* ce mot est formé de *winden,* tourner, remonter, et *asch,* essieu.

Gindoil, v. *gila.*

Gindoltzea, v. *gila.*

Gingaya, l. à l'avenir; i. a. Probablement de *yin, jin,* venir.

Ginhar, v. *gihar* et *chingar.* P. donne: *urdaya ginharra,* sans traduction. *Urdaya* est chair de porc, lard. A Guéthary on dit *chingar* pour lard.

Giñar, v. *gihar.*

Giño, v. *ño.*

Girgilla, l. ruban; on le dit surtout des rubans qui flottent.

Giri, l. jument en chaleur.

Giristino, l. *giristinno* (nn = ñ), bn. chrétien.

Girtain, v. *kirten.*

Girtoin, v. *kirten.*

Gisa, g. l. bn. mode, façon, guise, apparence; — bn. suivant; de l'esp. *guisa. Esan dan gisan,* g. ainsi qu'il est dit; litt. dans la façon qu'il est dit. *Norbere gisara,* chacun à sa façon.

Gisako, l. bn. de belle apparence, de belle allure, propre; de *gisa-ko.*

Gisala, bn. suivant les apparences; de *gisa-la.*

Gisako, v. *gisa.*

Gisala, v. *gisa.*

Gisha, v. *gija.*

Gisu, bn. *kisu,* l. chaux.

Gisulabe, bn. *kisulabe,* l. four à chaux; de *gisu-labe.*

Gisustatu, gisustatzen, bn. *kisustatu,* l. répandre de la chaux sur les terres.

Gisulabe, v. *gisu.*

Gisustatu, v. *gisu.*

Gija, *gisha,* l. hanche. Nous trouvons ces deux mots dans notre Dict. Ms. comme syn. de *gizen,* gras, graisse, signification inconnue aujourd'hui.

Giyarre, v. *gihar.*

Giza erhaille, v. *erhaitea.*

Giza erhaiteka, v. *erhaitea.*

Gizakume, v. *gizon.*

Gizaldi, v. *gizon.*

Gizen, g. b. l. gras, graisse.

Gizentasun, g. l. embonpoint.

Gizentasun, v. *gizen.*

Gizerhaille, v. *gizon.*

Gizon, g. b. l. bn. homme.

Gizoncho, g. b. *gichon,* l. bn. petit homme; de *gizon* et *ch,* diminutif

Gizonaldi, b. *gizaldi*, g. b. génération; de *gizon-aldi*.

Gizakumeak, g. les hommes; litt. les enfants (des) hommes; exactement le holl. mensche-kinderen; de *gizon-kume*.

Gizerhaille, l. meurtrier. P. i. a. de *gizon-erhaille*.

Giza erhaiteka, l. meurtre.

Gizondu, l. bn. devenir homme, grandir.

Gizon erdi, l. eunuque.

Gizon izotz ou *hotz*; *gizon ithurri hotz*, l. homme impuissant.

Gizonaldi, v. *gizon*.

Gizoncho, v. *gizon*.

Gizondu, v. *gizon*.

Go. Nous considérerons ici *go* comme une racine, sans vouloir décider s'il ne faudrait pas rattacher *go* à *ig*, ou même si *go* ne dérive pas de *ig*. *Go* exprime l'idée de „haut" et a servi à exprimer les relations abstraites du comparatif et du génitif. Pour ce qui concerne le comparatif, l'analogie est claire; l'idée d'aller au delà, pouvait s'exprimer par „haut"; comp. le verbe *irago*, aller au delà; probablement de *erazo-igo*, faire monter. Le génitif trouve ses analogies dans d'autres langues, où il est quelquefois exprimé par un locatif; aussi ne faut-il pas oublier que tout ce qui est abstrait dans une langue, a été primitivement concret; v. M. Müller, Lectures, 1. 104. 222.

1º *Go*, g. b. l. bn. suffixe du comparatif, correspondant à, plus.

Andi, grand; *andiago*, plus grand. *Go* est toujours uni au nom défini, c. a. d. accompagné de l'article, (*andiago* et non *andigo*) et n'est jamais soumis aux lois de la phonétique; *go* reste invariablement *go*.

2º *Go*, suffixe du génitif, de. Selon que les lois phonétiques l'exigent, *go* devient *ko*, v. Essai, Ch. II. *Echeko jauna*, le maître de la maison. *Nongo*, d'où. *Burgosko*, de Burgos. *Gizonak, lurreko abereak, aireko egaztiak*, Lardizabal. Les hommes, les animaux de la terre, les oiseaux de l'air. *Abranen ondorengoak itsasoko areak baño uyariagoak izango zirala*, Lardiz. Que la postérité d'Abraham serait plus abondante que le sable de la mer. — On se serait attendu dans les deux derniers exemples au génitif généralement employé, le génitif en *en* (*ren*); *itsasoaren areak*, etc. Ceci prouve qu'on peut exprimer indifféremment le génitif par *go* ou par *en*; ce même fait se retrouve aussi dans les futurs, qui sont rendus dans quelques dial. par *go*, dans d'autres, par *en*. Le génitif dans des phrases, comme *aireko egaztiak*, et *lurreko abereak*, est tout près de devenir un adjectif, ou disons plutôt qu'il n'est pas toujours possible de tracer la limite qui sépare l'un de l'autre; animaux terrestres ou animaux de la terre, sont des phrases à peu près (tout-à-fait?) synonymes; v. l'article suivant.

3º *Go*, suffixe du génitif qui forme un grand nombre d'adjectifs,

v. ci-dessus, n° 2. Dans beaucoup de langues le même procédé se retrouve; en français, les génitifs „d'argent", „d'eau" (poule d'eau), de père, correspondent aux adj. aquatique, paternel, etc. *Echeko*, de maison = domestique; *alako*, de ainsi = tel; *goizko*, de matin = matinal; *emengo*, de ici; l'all. possède un adject. correspondant, hiesig.

Comme tout adjectif basque peut être employé substantivement, il y a plusieurs substantifs en *go* ou *ko*, qui sont à l'origine des adjectifs. Ainsi, *ondorengo*, postérité, litt. de après; *ondorengoak*, les (ceux) de après = descendants, postérité. *Aurreko*, de avant; *aurrekoak*, les (ceux) de avant = ancêtres; *elkargo*, assemblée, etc.

4° *Go*, suffixe du futur dans les dial. basq. esp. et quelquefois, mais rarement, en lab. aussi. Les dial. basq. fr. ont fait choix de l'autre suffixe du génitif, *en*, ou *ren*, selon les lois phon. v. Essai, Ch. II. *Artuko det*, g. *arturen dut*, l. je prendrai. Nous avons vu, plus haut (n° 2). Lardizabal se servir de la forme en *go*, pour celle en *en*; nous retrouvons ici, quoique dans différents dialectes, la même liberté. Cette façon de rendre le futur a quelque analogie avec l'espagnol, qui rend „avoir à faire une chose" par, haber de hacer algo.

Go devient *ko*, quand les lois phonétiques l'exigent; v. Essai, Ch. II. *Emango, galduko,* etc. M. l'abbé Inchauspe ignorant les lois phonétiques de la langue basque, se figure que les formes *joanko, emanko* (v. verbe basque, p. 9. note, 1.) ont été abandonnées par les dial. soul. et bn. à cause de la rudesse du son; il ajoute qu'elles sont conservées, dans les dial. guip. et bisc. Nous avons déjà dit dans notre Essai que c'est une erreur; c'est la loi phonétique qui exige *joango* et *emango*, tout aussi bien en soul. qu'en bisc. ou guip. *Joanko, emanko* n'existent pas.

5° *Go*, sert encore à indiquer le but d'une action, qui se rapporte en réalité à un temps futur; *go* correspond alors à de, fr.; para, esp.; zu, um zu, all. *Ene galtzeko asmoa artu zuen*, g. et il prit la résolution de le perdre. *Ta emoten deutsa bizitzia aterako bidea*, b. et il lui donna le moyen de se tirer de la vie. *Ekartzekorik (ko-ik,* plus *r* euph.) *ezta*, l. il n'y a rien à apporter. *Nekazariak ona izateko, bear da*, pour être bon laboureur, il faut.

6° *Go*, sert finalement à exprimer dès, depuis. *Abran Egipton sartu zaneko (zan-ko* avec *e* de liaison), g. Dès qu'Abraham entra en Egypte. Quand *go*, de, se trouve suffixé aux pronoms démonst. ou bien à un nom pluriel, il faut le faire précéder de *eta* et alors *go* devient *ko*, après la voyelle *a*, v. Essai, Ch. II. *Onetako*, de ceci, à cause de ceci. *Baña kongregazio (congre-*

gatio) egunetako ez dute bear lukeen euskarazko libririk, Mendiburu. Mais les congrégations de (nos) jours, n'ont pas les livres basques qu'il faudrait. Nous n'avons pas pu découvrir, jusqu'à présent, l'origine de *eta*; v. *ta*.

Gora.

Go, ne se retrouve pas seul, autant que nous sachions, avec sa signification primitive de „haut". Comme on vient de le voir, *go* est un suffixe et comme tel a perdu sa signification propre. Cependant *go* a donné des dérivés et par ceux-ci nous pouvons fixer le sens primitif de *go*, qui est, haut.

Gora, g. b. bn. en haut; de *gora*; litt. vers haut; exactement l'all. nach oben. *Baña eunda (eun eta) berrogeita amar' eguneen urak gora-beerarik egin gabe iraun zuten*, Lardizabal. Mais (pendant) cent cinquante jours les eaux restèrent sans aller en haut ou en bas; all. nach oben oder nach unten. En lab. *gora* signifie, haut, adv. *Zerua gora da*, le ciel est haut. *Eta hain gora kontemplazionean altchatu dire?* Chourio, p. 46. Et se sont-ils élevés si haut dans la contemplation?

Gora a donc perdu en lab. sa signification propre de mouvement, vers le haut, *go-ra*, et ne signifie plus que haut, adv. Il règne cependant une certaine confusion; tantôt on serait tenté de croire que le sens de *ra* se retrouve, p. ex. *Altcha zaitzu begiak gorat zure Jaingoaganat*, Chourio, p. 72. Levez les yeux en haut vers votre Dieu; *gorat* (*rat* = *ra*) indique ici la direction vers, exprimée, il est vrai, par *ganat*; mais en tout cas *gorat* ne signifie pas ici „haut"; *gorat* correspond ici à l'all. nach oben, ou bien à, auf. D'autre fois le mot devient méconnaissable, p. ex *Egiaz gauza gorez minzatzeak ez gaitu saindutzen*, Chourio, p. 26. En verité, le parler de choses hautes ne sanctifie pas l'homme; c. a. d. les paroles sublimes ne sanctifient pas l'homme. *Gorez* est ici pour *gora-z*; comme Chourio l'écrit, le radical serait *gor* ou *gore* et non pas *gora*. Même observation pour *gorena*, v. plus bas.

Gorabera, g. b. plus ou moins.

Gorago, l. bn. plus haut; de *gora-go*, compar. de *gora*. *Eta bertzeak baino gorago igan nahi izatea*, Chourio, p. 27. et de vouloir monter plus haut que les autres.

Goratu, goratzen, g. b. l. bn. élever, s'élever.

Goraitea, l. le haussement; subst. verb. *goraite* = *goratze*.

Goraki, l. adv. de *gora-ki*. *Zer probetchu zinduke trinitateko misterioaz gauza barrenak eta gordeak jakitea, eta hetaz zuhurki eta goraki minzat-*

zea, Chourio, p. 26. A quoi vous sert-il de savoir les choses cachées du mystère de la trinité et d'en parler savamment et hautement ?

Gorena, l. le plus haut; superlatif, c. a. d. génitif de *go*, comme *andiena*, de *andi*. Il aurait fallu, il est vrai, *goena*, par analogie avec les autres superlatifs, qui, contrairement à la règle générale, n'intercalent pas le *r* euphonique. *Gorena*, est donc une exception. (V. plus haut ce que nous avons dit de, *gorez* s. v. *gora*). *Ikhaskaririk gorena da buruen ezagutzea*. Chourio, p. 30. Le meilleur, le plus haut enseignement est de se connaître soi-même.

Gorapen, g. l. élèvement; — l. bn. croissance de la lune; de *gora-pen*.

Goratasun, g. b. l. hauteur; de *gora-tasun*.

Gorakoa, g. b. le vomissement; de *gora-ko*; la forme d'un adj. employé substantivement.

Goragale, g *gorale*, bn. envie de vomir; de *gora-gale* et *gora-le* pour *zale*.

Gorhain, bn. dégoût provoquant à vomir. Salaberry. Le *h* est de trop, croyons nous; *gorhain* est pour *gora-egin* comme en holl. opgeven, vomir; de op, prép. sur et geven, donner.

Gorhaindu, bn. dégoûter, se dégoûter; de *gorhain*. Etymologiquement, *gorhain* devrait signifier vomir, de *gora-egin-du*.

Goi.

Goi, g. b. haut, élevé. *Mendiaren goya*, le haut, la hauteur de la montagne. *Baña zeiñ ere dan goi, mee, ondatsu*. Lettre de Larramendi à Mendiburu. Mais quelque élevé, léger, profond qu'il soit. — Bien que, pour le moment, nous ne sachions pas rendre compte de l'*i* de *goi*, il ne nous semble pas nécessaire de séparer *goi* et *go*, dont l'origine commune paraît certaine et dont la racine est peut-être *ig*. Il serait possible que l'*i* de *goi* fût la voyelle formative des adject. verbaux, comme *esi* de *es*; *asi* de *as*; *ichi* de *ich*; etc. etc.; mais il faudrait alors qu'il y eût le nom verbal *goitu*, qui ne se trouve pas, autant que nous sachions; il n'y a que *goititu*, élever, dérivé secondaire de *goiti*.

Goyan, g. b. en haut; de *goi-a-n*, dans le haut; comp. *bean* de *be*; *aurrean* de *aurre*, etc. *Zerubak goyan inpernubak beian; gu, puska bateko luurrian, bijean erdijan*, Moguel. Le ciel en haut, l'enfer en bas; nous, dans un peu de terre, entre les deux.

Goitik, g. d'en haut; de *goi-tik*.

Goiti, l. bn. 1° en haut; de *goi-ti*. La signification du guip. *goitik*, paraît plus logique; *ti* indique généralement „de". *Ti* est donc ici pour *ra*, et *goiti* correspond à *gora*, guip. et est toujours employé avec les verbes qui indiquent le mouvement. *Banoha goiti*, je vais en haut. *Eta Jauna gauça hauçaz haey minçatu içan çayenean goiti cerurat altcha cedin*, Marc, XVI, 19. Test. Rochelle. Or le Seigneur, après leur avoir parlé, fut élevé en haut au ciel; litt. vers le ciel. Quand „en haut" se trouve avec des verbes qui n'expriment pas le mouvement, on emploie *gainean*; *gainean da*, il est en haut.

Goiti, l. bn. 2° reste, surplus. M. Salaberry écrit *goithia*, et paraît faire ainsi une différence qui n' existe pas; ces deux mots n'en font qu'un, qui est pris dans deux acceptions différentes; comp. fr. sus, en sus; all über, dessus; das übrige, le restant.

Goititu, goititzen, l. bn. élever.

Goitika, l. vomissement; de *goiti-ka*.

Goi erre, g. **goha**, l. (i. a.) étouffant, lourd, en parlant du temps; imité de l'esp. sobre asado. La forme lab. que donne P, n'est pas claire. *Dembora goi errea*, temps lourd.

Goha, v. ci-dessus.

Goierre, g. **goiherri**, l. partie élevée d'un pays; all. hochland; de *goi-erri*.

Goierritar, g. habitant de la montagne, des parties hautes; de *goierri-tar*.

Goan, v. *joan*.

Goan, gogoan behar, v. *gogo*.

Goarsa, l. espèce d'oiseau; P.

Goaya, courant de l'eau; mot d'O. selon P.

Goaz, v. *joan*.

Gocho, v. *gozo*.

Goga, l. instrument de ferrerie; P.

Gogalgina, v. *gogo*.

Gogan behar, v. *gogo*.

Gogara, gogarako, v. *gogo*.

Gogarte, v. *gogo*.

Gogatu, v. *gogo*.

Gogo, g. b. l. bn. pensée, inclination, gré, souvenir, désir. *Artuko dute ain ongille onarekin leyalak izateko gogo*, g. ils prendront le désir d'être fidèles à un si bon bienfaiteur. *Gaitzik gogoan etzuen*, g. ils n'avaient pas de mauvais penchants. *Gogoan atchikazu hiltzea*, l. tenez la mort en mémoire. *Baina baldin gogoz garaitic eguiten badut*; 1. Cor. IX. 17. Test. Rochelle. Mais si je le fais contre mon gré. Dit-on en bn. sur, au lieu de, contre mon gré? *Ene gogo onean*, l. de ma souvenance.

Gogo eman ou *emon*, bn. songer à, s'appliquer à. *Gogo emok zure buruari*, Tim. IV. 16. Test. Rochelle. Songez à vous.

Gogoak eman, g. *gogoak emon*, b. venir à l'esprit.

Gogo onez, g. de bon coeur.

Gogotik, b. l. bn. de bon coeur; de *gogo-tik*.

Gogoangarri, g. mémorable; de *gogoa-n-garri*.

Gogoz, l. bn. par cœur; de *gogo-z*.

Gogoeta, l. bn. pensée, réflexion.

Gogarte, b. méditation; de *gogo-artu?*

Gogoratu, gogoratzen, b. l. bn. se rappeler, venir à la pensée. *Gogoratu zait*, l. il m'est venu à la pensée. *Ikaratu zaiteze, neure maiteak gogoraturik Judasen zorigach*; Añibarro; tremblez, mes (bien) aimés en vous rappellant le malheur de Judas.

Gogatu, b. bn. amener à soi par des caresses; — l. penser, rêver; i. a.

Gogara, l. à plaisir; de *gogo-ara*. *Ene gogara da*, il est à mon plaisir, P. (c'est à mon gré).

Gogarako, l. agréable. *Esperantza dut Eskaldun guzien gogarakoa izanen dela*, j'espère qu'il (ce livre) sera agréable à tous les Basques. Préface du N. T. de Royaumont.

Gogalgina, l. complaisant; de *gogo-al-egin?*

Gogoan ou *gogan* ou *goan behar*, l. soupçon. *Herodes, errege Jentil hark, hil zuen Moriamnes bere emaztea koleran, gogan behar batez*, Ax. 300. a. éd. Hérode, ce roi des Gentils, tua sa femme Marianne, en colère, sur un soupçon.

Gogo eman, v. *gogo*.

Gogoak eman, v. *gogo*.

Gogoan behar, v. *gogo*.

Gogoangarri, v. *gogo*.

Gogoeta, v. *gogo*.

Gogo onez, v. *gogo*.

Gogor, g. b. l. bn. dur; — g. l. malgré. *Nere ezjakinari gogor egiñik*, g. le faisant malgré mon ignorance.

Gogortasun, g. b. l. dureté; de *gogor-tasun*.

Gogor, g. *gogorki*, l. bn. durement; *gogor-ki*.

Gogortu, gogortzen, g. b. l. endurcir. A Guéthary on ne prononce généralement pas le second *g*.

Gogora, v. *gogo*.

Gogoratu, gogoratze, v. *gogo*.

Gogorki, v. *gogor*.

Gogortasun, v. *gogor*.

Gogortu, gogortze, v. *gogor*.

Gogotik, v. *gogo*.

Gogoz, v. *gogo*.

Goha, v. *goi*, s. v. *go*.

Goi, v. *go*.

Goibela, l. sombre. *Gizon goibela*, homme sombre.

Goiceco, v. *goiz*.

Goich, v. *goiz*.

Goichetik, v. *goiz*.

Goichian, v. *goiz*.

Goichko, v. *goiz*.

Goierre, v. *goi*, s. v. *go*.

Goierri, v. *goi*, s. v. *go*.

Goierritar, v. *goi*, s. v. *go*.

Goijan, v. *goi*, s. v. *go*.

Goiherri, v. *goi*, s. v. *go*.

Goithi, v. *goi*, s. v. *go*.

Goiti, v. *goi*, s. v. *go*.

Goitik, v. *goi*, s. v. *go*.

Goitika, v. *goi*, s. v. *go*.

Goititu, goititze, v. *goi*, s. v. *go*.

Goiz, g. l. bn. *goich, gox*, b. matin, — bn. tôt, de bonne heure. *Orana goiz da*, il est encore de bonne heure. *Goiz danik*, dès le matin.

Goizean, g. l. bn. *goxian, goichian*, b. *goizian*, (Guéthary), le matin ; litt. dans le matin ; de *goizea-n*. *Goizean bezala belhauriko jarri behar da*, la Vieuxville ; comme le matin il faut qu'il s'agenouille. *Goxian eguberdian eta arratsian esateko orazinoia*, Olaechea ; pour dire des prières le matin, à midi et le soir.

Goizean goiz, g. l. de bon matin.

Goizik, bn. de bonne heure ; de *goiz-ik*.

Goizetik, g. l. bn. *goichetik*, b. dès le matin, de bonne heure ; de *goiz-tik* ; le e est de trop. *Goizetik arratsera*, du matin au soir.

Goizeko, l. bn. du matin ; de *goiz-ko*. Le e est de trop, *k* peut suivre *z* ; mais l'ancienne orthographe *goiceco* avec *c* rendait le e nécessaire. *Goizeko othoitza*, la prière du matin. Nous ignorons si l'on entend le e dans la prononciation ; mais l'orthographe peut avoir influencé la prononciation.

Goichko, bn. un peu trop de bonne heure ; de *goiz-ko*, avec *ch* pour indiquer le diminutif.

Goizegi, l. trop tôt ; de *goiz-egi*.

Goiztiria, l. matinée, P. i. a.

Goiztiarra, l. matinal, P.

Goizean, v. *goiz*.
Goizegi, v. *goiz*.
Goizeko, v. *goiz*.
Goizetik, v. *goiz*.
Goizian, v. *goiz*.
Goizik, v. *goiz*.

Goiztiarra, v. *goiz*.
Goiztiria, v. *goiz*.
Gokho, l. bn. grappe. *Mahatz gokhoa*, la grappe de raisin. P. écrit *gok-hoa*, ce qui ferait penser que c'est un mot composé ; nous ignorons comment ; *ho* peut-être de *aho*, bouche ?

Gokhox, bn. 1° partie du filet par où le poisson entre. 2° bois sur lequel on fait rouler les meules d'un moulin à farine.

GOLANDRA, l. double menton. Ce mot n'est pas basque à en juger par la terminaison.

GOLARDO, l. récompense ; de l'esp. galardon, même signification.

GOLASPE, bn. le dessous du menton du porc. Sal. De gola, esp. et *azpi*?

GOLATU, bn. se dit des moutons quand ils ont des tumeurs sous la bouche ; de l'esp. gola ? gosier.

Golde, g. b. l. charrue ; — l. bn. soc de charrue ; — l. arpent (de terre).

Goldortz, g. soc de charrue ; de *golde-ortz*.

Golde nabar ou *pikoya*, l. bn. coutre ; pointe en fer qui trace le sillon, soit mobile, comme aux anciennes charrues basques, soit fixée, comme à celles de nos jours.

Goldetu, goldetzen, g. labourer.

Goldetu, goldetze, v. *golde*.
Goldortz, v. *golde*.

GOLHARI, cuillère. Selon M. Salaberry, du dial. soul. Probablement une corruption du fr.

Golkho, golko, v. *kolko*.

Gombite, l. banquet; P. *gomit*, bn. invitation; de l'esp. convite.

Gombidatu, gomitatu, inviter.

Gona, l. cotillon; du prov. gona, robe, v. L. R.

Gondera, bn. 1° chapelet. 2° mauvaise herbe dont les racines ont la forme d'un chapelet.

Gongoilla, l. tumeur qui vient sous le menton des moutons; comp. *golatu*.

Gophor, v. *gopor*.

Gopor, l. *gophor*, bn. écuelle, bol, jatte en terre rouge avec anse.

Gor, g. b. l. bn. sourd. P. écrit aussi *çorra*, mais ce mot est inconnu aujourd'hui. Comp. *elkhor*.

Gortasun, g. b. *gorreria, gorheria,* l. *gordura*, bn. surdité; de *gor*, avec les term. *eria, tasun, dura*.

Gorheria est le seul mot, autant que nous sachions, où le *h* de *heria* se retrouve; v. l'introduction, paragraphe sur la mutation de *h* en *k*.

Gora, v. *go*.

Gorabera, v. *gora*, s. v. *go*.

Goraintziak, g. b. compliments, amitiés, salutations; — l. recommandations; P. i. a.

Goragale, v. *gora*, s. v. *go*.
Gorago, v. *gora*, s. v. *go*.
Goraite, v. *gora*, s. v. *go*.
Goraki, v. *gora*, s. v. *go*.
Gorakoa, v. *gora*, s. v. *go*.
Gorale, v. *gora*, s. v. *go*.
Gorapen, v. *gora*, s. v. *go*.
Goratasun, v. *gora*, s. v. *go*.
Goratu, v. *gora*, s. v. *go*.
Goratze, v. *gora*, s. v. *go*.

Gorda, gordatu, gordatze, v. *gorde*.

Gorde, g. b. l. caché.

Gorde, gordetzen, g. *gorde, gordeten,* b. *gorda, gordatu*, bn. *gordatu, gordatzen,* l. cacher. *Gorde da,* il s'est caché.

Gordetu, gordetzen, g. b. l. garder, serrer, défendre, protéger, s'abstenir. *Ez dala inor zeruban sartuko, bere agindubak gorde baga,* b. que nul n'entrera au ciel, sans garder ses commandements. *Gordezazu zure biotzian itz labur au,* Echeverria, p. 280. Gardez dans votre coeur ce mot court. *Ardotik gordetzea,* g. s'abstenir de vin.

Gordete, v. *gorde*.
Gordetu, v. *gorde*.
Gordetze, v. *gorde*.

Gordin, g. b. l. bn. cru, pas cuit; vert, pas mûr, — g. vert, d'un vieillard.

Gordura, v. *gor*.
Gorena, v. *gora*, s. v. *go*.
Gorgollu, g. bosse.
Gorhain, gorhaindu, v. *gora*, s. v. *go*.
Gorheria, v. *gor*.

Gori, g. b. ardent, incandescent; — l. chaud, rouge de feu; *burdin goria,* fer rouge, P. — bn. encourageant, excitant. Evidemment pour *gorri*, que P. écrit avec un et avec deux *r*; on prononce aussi toujours les deux *r*.

Goritu, goritzen, l. échauffer, embraser; — bn. encourager.

Goritu, goritzen, v. *gori*.
Gorkara, v. *gorri*.

Goroldi, goroldio, v. *oroldio*.
Gorosti, g. b. l. bn. houx.
Gorotz, g. l. s. *korotz*, b. l. fumier.
Goroztu, gorozten, g. fumer la terre.
Goroztu, gorozten, v. *gorotz*.
Gorphitz, v. *gorputz*.
Gorputz, g. b. l. *gorphitz*, bn. corps; du lat. *corpus*.
Gorra, l. espèce d'oiseau de mer. Le Ms. de P. était illisible.
Gorreria, v. *gor*.
Gorri, g. b. l. bn. rouge; nu. *Belhaun gorritan jartzea*, se mettre à genoux nus. Comp. *larrugorri*.
Gorritu, gorritzen, g. b. l. bn. rougir.
Gorrikara, l. *gorkara*, bn. couleur tirant vers le rouge; de *gorrihara* 2.
Gorringo, g. b. l. jaune d'oeuf.
Gorrikara, v. *gorri*.
Gorringo, v. *gorri*.
Gorritu, gorritzen, v. *gorri*.
Gorromio, l. rancune.
Gorroto, g. b. rancune, haine.
Gorrotatu, gorrotatzen. g. b. haïr.
Gortasun, v. *gor*.
Goru, b. quenouille.
Gorule, fileur.
Gosaldu, gosaltze, v. *gose*.
Gosari, v. *gose*.
Gose, g. b. l. bn. faim; affamé; l'angl. *hungry*. *Gose naiz*, je suis affamé, j'ai faim; I am hungry. *Mendi goseak*, P. montagnes stériles.
Gosete, l. famine. *Gosetez hil da*, il est mort de famine; P.
Gosetu, gosetzen, l. bn. b. avoir faim.

Gosari, g. l. déjeuner, subst. Astarloa cite (Apologia, p. 313) *goxala, goizala*, comme du bisc. et composé de *goiz-ala*, fortifiant matinal (fortificaciou matutina.) Cette étymologie n'est pas admissible, croyons nous; *ala* est pouvoir, force, ainsi force matinale, et puis il reste à savoir si le mot *goizala* existe; il fallait à Astarloa un mot en *l* pour expliquer le *l* du verbe *gosaldu*.
Gosari, paraît plutôt être composé de *gose-ari*, 4, bien que le sens n'en soit pas très clair (comp. *bazkari, afari*), et de là le verbe *gosaldu*.
Gosaldu, gosaltzen, g. l. *goxaldu*, b. déjeuner; de *gosari-du*; pour la permutation de *r* en *l*, v. *ari*, 3 et *afaldu, bazkaldu*.
Gosete, v. *gose*.
Gosetu, gosetze, v. *gose*.
Gosta, gostatzen, l. bn. coûter.
Gothor, l. fier, altier; i. a. — l. bn fort.
Gothortu, bn. grandir, se fortifier.
Gox, v. *goiz*.
Goxian, v. *goiz*.
Goxaldu, v. *gose*.
Goyan, v. *goi*, s. v. *go*.
Goyena, l. crême; P. Superlatif de *goi*, le dessus.
Goyerri, v. *goi*.
Gozaita, v. *gazaita*.
Gozakaitz, v. *gozo*.
Gozaldi, v. *gozo*.
Gozama, v. *gazama*.
Gozatu, v. *gozo*.
Gozatze, v. *gozo*.

Gozo, l. bn. jouissance; — g. b. l bn. doux, de bon goût, savoureux; goût, saveur; de l'esp. gozo, qui se rattache au lat. gaudium, v. Diez, E. W. Il nous semble que les différentes acceptions de *gozo* se lient très naturellement les unes aux autres; mais sans cela on serait tenté de séparer *gozo* jouissance, de *gozo*, doux, qui pourrait être une variante de *geza*, doux, insipide. Il est assez surprenant, que les dial. basq. esp. n'aient pas *gozo*, jouissance, bien que ce mot soit évidemment pris de l'esp. En g. et b. on dit *poz* ou *atsegiñ*. Le lab. emploie *gozo* encore dans un autre sens; *eztu gozorik* signifie dans ce dialecte: il n'a pas de repos; en guip.: c'est un rustre, un lourdaud; no tiene gracia.

Gocho. bn. même signification que *gozo*, mais se dit des petites choses.

Gozotasun, b. syn. de *gozo*.

Gozatu, gozatzen, l. *goza, gozatu*, bn. jouir de.

Jostatu, jostatzen, g. l. bn. *dostatu*, l. bn. se réjouir, s'amuser. Il serait peut-être mieux d'écrire le lab. et bn. *yostatu*, en donnant à l'*y* ce son particulier *dj*, qui se retrouve dans quelques rares mots; p. ex. *yastatu*, = *dastatu; yeitzi = deitzi*. La mutation de g esp. en *j* basque est rare; aussi se peut-il que le guip. ait pris le mot des dial. l. ou bn. qui écrivent, il est vrai, *dosta, dostatu*, (v. Pr. 525 d'O.) mais qui prononcent *djosta*, etc.

Dosta, bn. *dosteta, dostaketu*, amusement, récréation; du nom. verb. *jostatu, dostatu*. *Dostaketu*, a plutôt l'air d'être une forme biscayenne; v. *Jostaketan*. *Jostaketan ibilli*, g. se réjouir Cette expression que nous n'avons pas pu trouver chez Larramendi, mais dont Lardizabal se sert, paraît plutôt être du dial. bisc. Les subst. verb. dans ce dial. se forment à l'aide de la terminaison *etan, ten* ou *tzen*, etc.; *adi, adietan; ezkon, eskonetan; atera, ateraten,* v. Zabala. p. 13. Or *etan* est pour *hetan* (v. *ta*), et le *h*, venant au milieu du mot est devenu *k*; *jostaketan*, sera donc pour *jostaetan, jostaten*, et synonyme de *jostatzen*. Comp. *ardatzketan naiz*, je file; *anreketan ibilli*, s'amuser avec les femmes; etc.

Gozaldi, g. bonne humeur; sentiment de bien-être. *Gozaldiaz dago*, il est en bonne humeur.

Gozakaitz, g. mauvaise humeur; de *gozo-gaitz*.

Gozotasun, v. *gozo*.

Gredale, l. (?) plat (vaisseau, dit O.) pour hâcher la viande.

Graba, l. (Guéthary) espèce de petite dorade.

Griña, g. b. chagrin; — l. soin, souci, scrupule, P. Du prov. grinosa? affligé, triste, v. L. R. On trouve le mot *griña* chez Larramendi, pour inclination; mais il n'est guère probable que ce soit le même mot.

Gu, guk, g. l. bn. *geu, geuk*, b. nous. *Guri*, à nous.

Gure, g. l. bn. *geure*, b. notre; génitif de *gu;* comp. *nire, zure, hire, bere.*

Gerok, g. nous-mêmes; de *gure-oyek,* ou de *gu-oyek,* avec *r* euph.

Gurendu, guretzen, l. croître, P. Aujourd'hui, s'approprier.

Guchi, gichi, g. *gichi,* b. *guti,* l. bn. peu. *Guti dira,* ils sont peu. *Hitz gutiz,* en peu de mots.

Gichitan, g. b. *gutitan,* l. rarement; de *guchi* et *guti-tan.*

Gichienez, b. *gutienaz,* bn. *gutienean,* l. du moins; du superlatif *gichien, gutien,* et *z.*

Gichitu, b. *gutitu, gutitzen,* l. bn. diminuer.

Gutichko, l. bn. bien peu; *gutichko; ch,* diminutif.

Guti edo anitz, bn. plus ou moins.

Gichi gora bera, b. plus ou moins.

Gudu, l. bn. combat, dispute.

Guduka, l. bn. en combattant; de *gudu-ka.*

Gudutsu, l. querelleur; de *gudu-tsu.*

Guduka, v. *gudu.*

Gudutsu, v. *gudu,*

Guleru, b. gourmand; de l'esp. *gula,* gourmandise.

Gune, v. *une.*

Guneka, v. *une.*

Gunez, v. *une.*

Gupela, v. *dupha.*

Guphida, v. *gupida.*

Guphidexi, v. *gupida.*

Gupia, bossu; mot d'O. selon P.

Gupida, l. *guphida,* bn. ménagement, épargne; du fr. cupide? *Bena guphida da deusen emaitea,* mais il a de la répugnance à donner quelque chose. *Ceinec bere seme propria ezpaitu guppida ukan,* Rom. VIII. 31. Test. Rochelle. Lui qui n'a point épargné son propre fils.

Guphidexi, bn. agir avec ménagement; de *guphida-etsi.*

Gur, bn. *kur,* l. révérence, salut. La signification primitive de ce mot, paraît être : courbé, penché, incliné. En g. et b. on dit *agur,* quand on rencontre quelqu'un: bonjour, je vous salue. Il est difficile de rendre compte de l'*a,* mais il paraît certain que *agur* vient de *gur.*

Gurtu, gurtzen, g. l. saluer, incliner la tête en saluant.

Khurt, khurtu, bn. s'abaisser. Nous suivons l'orthographe de M. Salaberry; mais le *t* ne peut appartenir au radical. Ce n'est pas comme, p. ex. *haz, hazi,* nourrir; là le *i,* qui forme l'adj. verbal, est souvent supprimé en bn. ce qui n'a jamais lieu dans les dial. basq. esp. *Khurt* n'est pas le seul nom verbal, si arbitrairement coupé en deux; comp. *hant, hantu,* enfler.

Makur, b. l. *makhur,* bn. tordu, courbé, dévié. Même difficulté pour expliquer le *ma* de *makur* que l'*a* de *agur.* Faudrait-il considérer ces mots comme des pléonasmes; dans d'autres langues on en trouve des exemples; on dit: krumm beugen, all. courber; de krumm, adj. courbé, et beugen, plier. Zuschliessen, fermer; de zu, adv. fermé et schliessen fermer. Il faudra alors rechercher si *ma* a ou a eu la signification de „courbé". Comp. *mako*, crochet.

Makurtu, makurtzen, g. b. l. bn. se courber, incliner, plier. *Behin makurtuz gero alde batera ezin chuchen diteke bertzera eta ez gibelat bihur*, Ax. p. 98. Après avoir été courbé, après avoir penché vers un côté, on ne pourra le redresser vers l'autre, ni le retourner en arrière.

Gurpil, g. *kurpil*, b. roue; de *gur-bila?*

Agure, g. b. l. vieillard. Au pluriel en lab. *agureak* ancêtres. De *gure*, puisque le vieillard est courbé?

Aguretu, g. b. vieillir.

Gure, comme inclinaison au moral (inclination), sert de terminaison pour former des adjectifs et devient alors généralement *gor* ou *kor*, selon les lois phon. v. Essai, Ch. II. *Logure*, g. enclin à dormir, envie de dormir. *Azkure*, g. b. envie de se gratter, de *atz-gure*; *k* pour *g* après le sibilant. *Ilkor*, g. l. mortel; etc.

Gura, b. désir, volonté. Accompagné des terminaisons auxiliaires *dot, dozu, dau*, etc. correspond à „vouloir", *gura dot*, je veux; en guip. *nai det*.

Gura, v. *gur*.

Guraizi, g. ciseaux.

Gurasoak, g. b. *burhasoak*, l. bn. parents, père et mère; en bn. bisaïeul. Pour la mutation de *g* en *b* comp., *ebiakoitza, egiakoitza; burdi, gurdi; nabusi, nagusi..*

Gurbil, bn. soigneux, propre; l'opposé de *zirzil*.

Gurbiza, g. espèce de poisson de mer.

Gurdi, g. *burdi*, b. char.

Gurdo, bn. mou, tendre. Ne serait-ce pas l' esp. gordo, gras?

Gure, v. *gu*.

Gurendu, guretze, v. *gu*.

Guri, 1. v. *gu*.

Guri, 2. g. b. l. bn. mou, tendre; beurre. *Chal guri bat*, un veau tendre. *Ohe guri bat*, un lit mou. *Guriki*, adv. de *guri-ki*.

Gurpil, v. *gur*.

Gurtu, gurtze, v. *gur*.

Gurrinka, g. *gurrunga, gurrungai*, l. En g. grognements; en l. ronflement. *Gurrunga dago*, il ronfle.

Gurrunga, gurrungai, v. *gurrinka*.

Gurruntzi, l. diarrhée; P. i. a.

Gurutze, v. *kurutze*.

Gusu, l. *lengusu*, g. b. *guzialehen*, bn. *lehenkusiña*, Guéthary; cousin germain; du prov. cosin, avec chute de n; ou du cat. cosi. Les dial. basq. esp. ont dû prendre le mot des basq. fr. puisque consobrinus a donné sobrino en esp.; et cosin, pr. cugino, ital. cousin, fr. Tous les dial. ont adopté la manière esp. d'exprimer cousin germain, primo hermano, par *lehen*, primo, premier.

Gustera, v. *eztera*.

Gustu, l. bn. goût.

Guthizi, v. *gutizi*.
Guti, v. *guchi*.
Gutienaz, gutienez, v. *guchi*.
Gutienean, v. *guchi*.
Gutitan, v. *guchi*.
Gutitu, v. *guchi*
Gutizi, g. *guthisi*, l. bn. désir.
Guzi, g. l. bn. *guzti*, g. b. tout.
Guziz, guztiz, g. très; — l. bn. b. surtout; tout, dans les composés: *guziz botheretsu :* tout puissant.
Guziz ere, l. surtout.
Guziagatik ere, g. l. *guziagatik bere*, b. *guziarekin ere*, l. toutefois; malgré tout.
Guzia batzu, l. presque tout un. P.
Guziagatik ere, v. *guzi*.
Guzialehen, v. *gusu*.
Guziz, v. *guzi*.
Guztera, v. *eztera*.
Guzti, v. *guzi*.
Guztiz, v. *guzi*.
Guzur, v. *gezur*.
Guzurtatu, v. *gezur*.
Guzurti, v. *gezur*.
Guzurrez, guzurrezko, v. *gezur*.

H.

Habail, v. *ubal.*
Habarrots, v. *abar.*
Habe, v. *abe*, 1.
Habela, v. *ubal.*
Habi, v. *abi.*
Habil, v. *ibilli.*
Habirakoia, l. niot (vieux mot fr.?); l'oeuf qu'on laisse au nid pour faire pondre la poule. P.
Haboro, soul. plus. Salaberry.
Habuin, l. **hagun**, bn. écume de la bouche. Pour la mutation de *g* en *b*, v. *gurasoak.*

Eta ezpere behaiazozu haserretua dabillan bati, nola mintzo den, nola ahotik habuina darion. Ax. p. 280. a. éd. Et sinon regardez quelqu'un qui est en colère, comment il parle, comment l'écume coule de la bouche.

Habuintsu, l. baveux; de *habuintsu.*
Habuintsu, v. *habuin.*
Hacha, bn. qui n'a rien, qui ne possède rien.
Hache, bn. fardeau, charge d'homme; de l'esp. *haz.*

Hachelari, l. porte-faix; de *hacheari*, 4 et *l* eup.?
Hachekatu, bn. préparer des fardeaux.

Hadi, l. bn. 2de pers. de l'impér. de *izan;* sois. En g. et b. *adi.*
Haga, v. *aga.*
Hagana, l. sorte d'herbe. P.
Hagatu, v. *aga.*
Hagin, v. *agin*, 2.
Hagitz, v. *agitz.*
Hago, l. 1° fourneau. 2° balance. Il est probable que ce n'est pas le même mot.
Hagorandu, l. qui est aux abois, agonisant.
Hagun, v. *habuin.*
Haichtur, bn. ciseaux, forces.
Haik, l. **haika**, bn. Sal. 2de pers. de l'imp. de *jaiki;* lève-toi.

Haik hortic, jar adi orazinetan, egiok heure Jainkoari othoitz. Ax. 70. a. éd. 246. n. éd. Jonas, Ch. I. 6. et non pas Ch. II; erreur dans les deux éditions. Lève-toi de là, mets-toi en prière et fais prière à (et prie) ton Dieu.

Hain, **hainitz**, v. *ain.*
Hainbertze, v. *ain.*
Haitsa, bn. *Eta erran cieçon, Zaccheo, haitsa lehiatuqui,* Luc. XIX. 5. Test. Rochelle. Et il lui dit: Zacchée descends promptement. Nous n'avons trouvé jus-

12

qu'à présent, que l'impér. *haitsa*.

Haitz, v. *aitz*.

Haizatu, haizatzen, v. *aize*.

Haize, v. *aize*.

Hakoko, bn. accroupi; comp. *kokoriko*.

Hala, v. *ala*.

Halabere, v. *ala*.

Halabiz, v. *ala*.

Hala hala, v. *ala*.

Halahula, v. *ala*.

Halako, v. *ala*.

Halanola, v. *ala*.

Halarik ere, v. *ala*.

Halatan, v. *ala*.

Haldomaldoka, 1. bn. chancelant, boitant, clopin-clopant.

Halga, bn. bruyère; comp. *elhar*.

Halgai, v. *ari*, 3.

Halikatu, v. *ari*, 3.

Haliko, v. *ari*, 3.

Halsarrak. Selon P. ce mot signifie entrailles; et se trouve 2. Cor. XII; mais nous l'avons cherché vainement.

Haltz, 1. *halz*, bn. aulne (arbre).

Halz, v. *haltz*.

Hamabi, v. *amar*.

Hamabost, hamabortz, v. *amar*.

Hama hiru, hirur, v. *amar*.

Hamaka, v. *amar*.

Hamalau, laur, v. *amar*.

Hamasei, v. *amar*.

Hamar, v. *amar*.

Hamaratzi, v. *amar*.

Hamargarren, v. *amar*.

Hamarra, v. *amar*.

Hamarsu, 1. environ dix. Espèce d'adjectif, de *hamar-tsu*. Ce mot aurait dû se trouver sous *amar*.

Hamazazpi, v. *amar*.

Hambat, v. *ain*.

Hameka, v. *amar*.

Hamu, v. *amu*.

Hamuarrain, v. *amorrai*.

Han, v. *an*, s. v. *a*.

Handi, v. *andi*.

Handitche, bn. *handitsu*, 1. furoncle, clou.

Handitsu, v. *handitche*.

Hanitz, v. *ain*.

Hant, hantu, hantzen, 1. bn. enfler. Probablement syncope de *handitu*.

Hantkor, 1. vain, arrogant.

Hantureria, 1. arrogance; de *hantu-eria*; avec *r* euph. Généralement *eria* (*heria*) devient *keria*; v. *eri*.

Hantkor, v. *hant*.

Hantureria, v. *hant*.

Hantze, v. *hant*.

Har, v. *artu*.

Har, v. *ar*, 3.

Hara, 1. bn. voilà; v. *ara*, 2 pour l'explication. *Eta cembaitec errancieçon; hara hire ama*, Matt. XII. 47. Test. Rochelle. Et quelqu'un lui dit, voilà ta mère.

Hara, 2. v. *a*.

Harabara, 1. bruit, tintamarre. Ce sera pour *harrabar*.

Haragi, v. *aragi*.

Haragizko, v. *aragi*.

Haran, 1. bn. vallée.

Haraitzin, v. *hura*.

Harapirika, v. *aragi*.

Hararazi, v. *artu*.

Harategun, v. *aragi*.

Harbi, 1. 1° rave. 2° laitance.

Hardia, v. *arri*, 1.

Hardoa, mot d'O. selon P. amadou; syn. de *ardai*.

Haren, v. *hura*.

Harendi, horreindi, hunendi, bn. Ces trois mots sont formés des trois démonstr. *har* (forme hypothétique, dont *hark, ark* pour l'agent, v. *ara* 2 et *hura*) *hor, hun*, et signifient, comme noms, ce que les démonstratifs signifient comme adverbes. M. Sal. n'en donne des exemples que comme adjectifs: *harendiko, hunendiko, horreindiko*, d'ici, de là; all. hiesig, dortig. *Harendiko lota Simonentzat on da eta hunendikoa enetzat*, le lot du côté le plus éloigné de nous (der dortige theil) est bon pour Simon, et celui d'ici pour moi. *Hunendikoa*, est employé substantivement, *hunendiko-a*, le, la chose (le lot) d'ici. La terminaison *di* paraît être le suffixe *di*, de; mais la désinence *en*, du démonstratif est obscure.

Haretsi, arretsi, 1. enroué P. i. a.

Hargatik, v. *hura*.

Hari, v. *hura*; *ari*, 3. et *ari*, 4.

Harilkatu, v. *ari*, 3.

Harilko, v. *ari*, 3.

Haritz, v. *aritz*.

Haritze, v. *ari*, 4.

Hark, v. *hura*.

Harmen, bn. portée; de *har* (*hartu*)-*men. Acheriak khausitu zien mahaxa harmenetik gorago*, le renard trouva du raisin au-dessus de sa portée. Sal.

Harmora, 1. masure, muraille de bouvillage, P. i. a.

Harotz, v. *arotz*.

Harpa, 1. 1° griffe. 2° engourdissement de la jambe.

Harpegi, v. *aurre*.

Harrabar, v. *arri*, 1.

Harrabots, v. *abarrots*, s. v. *abar*.

Harramantza, 1. vacarme (d'enfants).

Harrapatu, bn. attraper, retrouver, atteindre.

Harrauts, v. *herots*.

Harri, v. *arri*, 1. et 2.

Harri abar, v. *arri*, 1.

Harrigarri, bn. épouvantable, v. *arri*, 1.

Harritu, harritze, v. *arri*, 1.

Harro, v. *arro*.

Harrobi, v. *arri*, 1.

Harroin, v. *arri*, 1.

Harroki, v. *arri*, 1.

Harrots, 1. bn. gousse verte et piquante de la châtaigne; comp. *gardox*.

Hartakotz, v. *hura*.

Hartara, v. *hura*.

Hartaraino, v. *hura*.

Hartarakotz, v. *hura*.

Hartarik, v. *hura*.

Hartean, 1. parmi, entre. Ce mot aurait dû se trouver s. v. *arte*; généralement on écrit *artean*. Axular s'en sert, v. l'exemple s. v. *ekin*.

Hartsi, 1. épars, éparpillé. *Ille hartsiak*, les cheveux épars.

Hartu, v. *artu*.

Hartzaz, v. *hura*.

Hartze, 1. v. *artu*.

Hartze, 2. v. *artu*.
Hartzedun, v. *artu*.
Hartzeko, v. *artu*.
Harzara, bn. de nouveau; syn. de *berriz*. P.
Harzaratzea, reculer, détourner, rebuter; i. a. Mot d'O. selon P. Comp. *hastangarri*.
Has, v. *hats*, 2.
Hasarredura, v. *ats*, 1.
Haserre, v. *ats*, 1.
Haserretu, v. *ats*, 1.
Haserretze, v. *ats*, 1.
Hasi, v. *asi*, s. v. *as*.
Hasper, hasperapen, v. *ats*, 1.
Hastamu, v. *atz*.
Hastan, v. *azkendu*, s. v. *atze*.
Hastangarri, rebutant, de *hastan-garri*. *Urgoi gaiza hastangarri*, prov. d'O. 461. un fâcheux reproche est capable de rebuter. P. cite une variante de ce prov. où se trouve *harzaragarri*, au lieu de *hastangarri*. *Hastan* et *hastangarri* nous semblent être des formes corrompues de *atzen*.
Hastantze, v. *azkendu*, s. v. *atze*.
Hastapen, v. *asi*, s. v. *as*.
Hastasta, hastatcha, l. papillon; syn. de *chichitera*.
Hastatu, v. *atz*.
Haste, v. *asi*, s. v. *as*.
Hastepen, v. *asi*, s. v. *as*.
Hastiadura, v. *hastio*.
Hastiagarri, v. *hastio*.
Hastiatu, v. *hastio*.
Hastio, l. bn. dégoût, haine, dédain; de l'esp. *fastidio*.
Hastiatu, hastiatzen, l. bn. haïr.

Hastiadura, bn. aversion; de *hastia-dura*.
✗ *Hastiagarri*, bn. détestable; de *hastia-garri*.
Hastu, v. *hats*, 2.
Hastura, 1. bn. jeune cochon de trois à douze mois.
Hasuin, l. ortie; v. *asun*.
Hattikonko, l. bn. terme d'enfant; sautant en se tenant accroupi.
Hats, 1. v. *ats*, 1.
Hats, 2. l. *has*, bn. en chemise. A Guéthary on dit plutôt; *atorra has*.
Hastu, bn. ôter ses habits, se mettre en chemise. Ne serait-ce pas de *ats*, souffle, haleine; qui a donné *atseden*, souffler, se reposer. Ici alors „se mettre à l'aise." Dans ce cas la locution adverbiale *has*, en chemise, vient du nom verbal.
Hatsapatsaka, v. *haxapaxaka*.
Hatsapen, v. *asi*, s. v. *as*.
Hatsbeherapen, v. *ats*, 1.
Hatshartu, v. *ats*, 1.
Hatsti, v. *ats*, 2.
Hatu, bn. hardes, bagages.
Hatz, v. *atz* et *ats*, 1.
Hatzaman, v. *atz*.
Hatzegin, v. *atz*.
Hatzeman, hatzemaite, v. *atz*.
Hau, hauk, v. *au*. 2.
Haugi, bn. 2. pers. sing. de l'impér. du verbe —? venir. *Haugi bihar*, viens demain. M. Salaberry ne dit pas de quel verbe.
Haur, v. *au*, 2. et *aur*.
Haur egotstea, l. avortement.
Hauride, v. *aur*.

Haurrukhaite, v. *aur*.
Haurrukhaizte, v. *aur*.
Haurtasun, v. *aur*.
Hause, couteau à deux tranchants. Prov. d'O. 224.
Hausko, hauskoak, v. *ats*, l.
Hauste, v. *auts*.
Hausterria, v. *auts*.
Hauta, bn. *hautu*, l. choix.

Hauta, hautatu, hautatzen, l. bn. choisir. Lardizabal écrit *autu*, choisi; le radical serait alors *au* et *tu* la terminaison, comme *ar* et *artu*. *Orduak Jainkoak bere erri berezi eta serbitzaritzat Abraham eta onen ondorea autu zituen*. Alors Dieu partagea son pays et choisit pour serviteur Abraham et sa (de celui-ci) postérité.

Aukera, g. choix.
Autetsi, g. choisir; de *auta-etsi*; syn. de *hautatu*.
Hauteman, auteman, l. remarquer, observer, examiner: de *hauta-eman*.

Hautatu, hautatze, v. *hauta*.
Hauteman, v. *hauta*.
Hauts, v. *auts*.
Hautserri, v. *auts*.
Hautsi, v. *auts*.
Hautskor, v. *auts*.
Hautu, v. *hauta*.
Haux, v. *auts*.
Hauxi, v. *auts*.
Hauxkor, v. *auts*.
Hauxte, v. *auts*.
Hauzi, l. procès. *Eta hala baldin haserre direnen eta hauzitan dabiltzanen hartean, ongunderik egin nahi baduzu*. Axular, p. 302. a. éd. Et ainsi si vous voulez faire paix entre ceux qui sont en colère et en procès.

Hauzo, v. *auzo* et *hauzu*.
Hauzu, l. *hauzo*, bn. libre, permis; syn. de *zilhegi*. *Enaiz hauzu*, je ne suis pas libre. *Hauzu baniuz erraitera*, s'il m'était permis de dire. P. écrit aussi *haiçu*.
Hayek, v. *hura*.
Hayen, v. *hura*.
Hax, v. *ats*, l.
Haxapaxaka, bn. *hatsapatsaka*, l. avec précipitation.
Haxarre, bn. commencement; syn. de *haste, hastepen*. *Hax* sera probablement pour *haste*, mais la terminaison est obscure.
Hazal, v. *azal*.
Hazaro, v. *azi*, s. v. *as*.
Hazi, v. *azi*, s. v. *as*.
Hazilla, v. *azi*, s. v. *as*.
Hazitze, v. *azi*, s. v. *as*.
Hazkara, l. *azkara*, bn. en chaleur, parlant de la chèvre.
Hazkurri, v. *azi*, s. v. *as*.
Haznaur egitea, l. ruminer.
Hazte, v. *azi*, s. v. *as*.
Hazteri, v. *atz*.
Hea, v. *ea*.
Hebain, l. impotent, perclus; — bn. exténué.

Hebaindu, hebaintzen, l. s'estropier; — bn. s'exténuer.
Hebaindura, l. paralysie.

Hebaindu, v. *hebain*.
Hebaindura, v. *hebain*.
Hebaintze, v. *hebain*.
Hedadura, v. *ede*.
Hedatu, hedatze, v. *ede*.
Hede, v. *ede*.

Hedoi, v. *odei*.
Hegal, v. *ego*, 1.
Hegaldatu, hegaldatze, v. *ego*, 1.
Hegatstin, v. *ego*, 1.
Hegatz, bn. toiture.
Hegax, v. *ego*, 1.
Hegi, v. *ig*.
Hego, v. *ego*, 2.
Hei, l. *hura* et *ei*, 2.
Hei! nit, bn. interj. syn. de *hela;* mot par lequel on annonce sa présence. Est-ce que *nit* fait partie de l'interjection, ou est-ce que *nit* est ici pour *ni, nik ?*
Heiagora, v. *heyagora*.
Heien, v. *hura*.
Hein, l. bn. M. Salaberry explique ce mot par: mesure de modération et de comparaison. *Ezeman sobera hein bat aski dut*, n'en donnez pas trop, une certaine mesure suffit. *Zure eta ene semeak hein berekoak dire*, votre fils et le mien sont de la même taille. — Ce mot nous paraît être une corruption de *hain, ain,* tant. On dit encore en italien un tantino, en esp. algun tanto et en fr. aussi tantinet.
Hek, v. *hura*.
Hekin, v. *hura*.
Hel, heldu, v. *el*.
Hela, v. *hei nit*.
Helantza, l. maladie invétérée; succès, rencontre. Comp. *helgaitz*.
Helarantza, l. syn. de *helantza*. Comp. *helgaitz*.
Helbide, v. *el*.
Heldiak, maladies populaires(?); mot d'O. selon P. Le sing. doit être *helde* ou *heldi*. Comp. *helgaitz*.
Heldor, l. bave; v. *elder*.
Heldura, v. *el*.
Helgaitz, l. fièvre. La terminaison est claire: *gaitz*, mal; *hel* se retrouve dans beaucoup de mots qui indiquent „maladie". Comp. *heldiak, helantza, helarantza, gelberia, elgorri*.
Helmen, v. *el*.
Heltze, v. *el*.
Hemen, hemendik, hementik, v. *emen*.
Hemeretzi, v. *amar*.
Hemezortzi, v. *amar*.
Hendello, bn. insouciant; négligé.
Hera, bn. gésier.
Herabe, l. bn. répugnance; paresse.
Herabez, l. à contre-coeur; de *herabe-z*.
Herabezti, bn. paresseux.
Herabez, herabezti, v. *herabe*.
Herausi, l. truie en chaleur.
Herautch, v. *herauts*.
Herauts, l. *herautch*, bn. verrat.
Herbail, v. *erbal*.
Herbi, v. *erbi*.
Herchatze, v. *herchatu*.
Herdi, bn. incomplet. Salaberry. Il nous semble que c'est le même mot que *erdi*, moitié.
Herditu, hertu, hertzen, l. bn. diminuer.
Herditu, v. *herdi*.
Herdoil, v. *erdoi*.
Herdoildu, *herdoiltze*, v. *erdoi*.
Herecha, bn. *herresta*, l. bn. *herexa*, l. P. trace, traînée, p. ex.

d'un limaçon, la trace qu'il laisse derrière lui ; syn. de *hatz* et *oinhatz*. Il nous semble que *herresta* vient de *herstu* (v. *es*), serrer.

Herrestatu, herrestatzen, l. bn. *irristatu*, g. glisser.

Herrestaka, bn. en glissant; de *herresta-ka*.

Heren, v. *iru*.
Herenegun, v. *iru*.
Herenzi, v. *iru*.
Herexa, v. *herrecha*.
Hergaitz, l. effarouché, sauvage, (d'un animal) i. a.
Herio, v. *erio*.
Heriotarako, v. *erio*.
Heriotze, v. *erio*.
Heriotzegilla, v. *erio*.
Her-jaun, v. *erri*.
Herketz, droit; syn. de *chuchen*; i. a. Mot d'O. selon P.
Herori, v. *hi*.
Herorrek, v. *hi*.
Herots, mot d'O. selon P. *harrauts*, l. bruit, renommée. Pour *harrabots?* v. *abar*.
Herra, v. *erra*, s. v. *erre*.
Herratsu, v. *erra*, s. v. *erre*.
Herrauts, v. *auts*.
Herrebez, bn. *errebez*, l. En lab. revêche; en bn. maladroit; de l'esp. *rebes*.
Herreka, v. *errunka*.
Herrementa, l. bn. guenille.
Herrena, l. estropié, malade, i. a.
Herresta. v. *herecha*.
Herrestaka, v. *herecha*.
Herrestatu, herrestatze, v. *herrecha*.
Herreta, l. seau garni en fer. P.

Herri, v. *erri*.
Herritar, v. *erri*.
Herroka, v. *errunka*.
Herronka, v. *errunka*. Ce mot se trouve dans l'évangile de St. Luc. dial. guip. publié à Londres, par la société biblique. C'est un exemple assez remarquable de la facilité avec laquelle les mots se corrompent. Le *h* est très rare en guip. et *nk* est contraire aux lois de la phonétique. Le bn. *herreka* est parfaitement correct.

Hersi, v. *esi*, s. v. *es*.
Herskailu, v. *hertsi*, s. v. *es*.
Herstu, v. *es*.
Hertar, v. *erri*.
Hertchatu, herchatzen, l. pousser à, exciter. Il nous semble de *herstu* (v. *estu*, s. v. *es*) serrer. En ital. p. ex. *premere* pour *spignere* s'emploie dans le même sens. — *Jesusen amudioa generosa da hertchatzen gaitu gauzarik handienetarat*, Chourio, p. 152. L'amour de Jésus est généreux et nous pousse à de grandes choses.

Hertsi, v. *es*.
Hertskaillu, v. *hertsi*, s. v. *es*.
Hertste, v. *estu*, s. v. *es*.
Hertstegi, v. *hertsi*, s. v. *es*.
Hertstu, v. *estu*, s. v. *es*.
Hertstura, v. *estu*, s. v. *es*.
Hertu, v. *herdi*.
Hertze, v. *herdi*.
Hertzeak, v. *estek*, s. v. *es*.
Herxatu, v. *hertsi*, s. v. *es*.
Herxi, v. *hertsi*, s. v. *es*.
Herzdura, v. *eztu*, s. v. *es*.
Herzeak, v. *estek*, s. v. *es*.

Hesaula, *hezaula, hesioa,* l. pieu. P. i. a. De *hesi-ola?* bois pour haie, clôture.
Hesi, v. *es.*
Hesioa, v. *hesaula.*
Heskualdun, v. *euskara.*
Heskualherri, v. *euskara.*
Heskuara, v. *euskara.*
Hestango, bn. échalas.
Heste, v. *esi,* s. v. *es.*
Hestia, v. *es.*
Hetan, v. *ta.*
Hetarik, v. *ta.*
Hetemete, bn. effort.
Heure, v. *eu.*
Heuregi, content; abondance, foison; mot d'O. selon P.
Heuregoi, beaucoup; mot d'O. selon P.
Heuskaldun, v. *euskara.*
Heuskar, v. *euskara.*
Heuskarazko, v. *euskara.*
Heyagora, l. bn. cri de douleur, clameur. *Eta hayen heyagorac eta sacrificadore principalenac renforzatzen ciraden,* Luc. XXIII, 23. Test. Rochelle. Et leurs cris et ceux des principaux sacrificateurs se renforçaient. M. Salabarry écrit *heiagora.*
Heyen, v. *hura.*
Hez, hezi, v. *ezi,* 2.
Heza, hezatu, v. *eze,* 1.
Hezaula, v. *hesaula.*
Hezgaitz, v. *ezi,* 2.
Hezi, v. *ezi,* 2.
Heze, v. *eze,* 1.
Hezetasun, v. *eze,* 1.
Hezte, v. *ezi,* 2.
Hezur, v. *ezur.*

Hi, hik, g. l. bn. *i, ik,* b. tu. *Hi* est le pron. pers. de la 2de pers. du singulier; il a été généralement remplacé par le pron. du plur. *zu,* qui est considéré de nos jours comme un sing. Le Testament de Liçarrague est un des rares livres, que nous sachions, où il se retrouve. L'abandon du pronom a entraîné l'abandon des formes verbales qui y correspondent, et la langue, si elle y a gagné en politesse, y a certainement beaucoup perdu en richesse. — *Hic badaquic ecen on dariçadala,* Jean XXI. 15 Test. Roch. Tu sais, que je t'aime.
Hiri, datif, à toi. *Nescatcha, hiri diosnat, iaiqui adi,* Marc, V. 41. Test. Rochelle. Jeune fille je te dis lève-toi.
Hire, g. l. bn. *ire,* b. pron. poss. ton; génitif de *hi,* comme *zure* de *zu; nere, nire* de *ni. Eçar ditzaquedano hire etsayac, hire oinen scabella,* Act. II. 35. Test. Rochelle. Jusqu'à ce que j'aie mis tes ennemis pour le marchepied de tes pieds.
Herori, herorrek, g. *hi haur,* toi-même. De *hi-ori,* avec *r* euph. ou bien du génitif *hire-ori. Hihaurk lan egin ahala,* prov. 234 d'O. Le travail que tu peux faire toi-même.
Hide, v. *kide.*
Hidoi, l. bourbe.
Hidoiztatu, hidoiztatzen, l. s'embourber.
Higa, higatu, higatzen, l. bn. user.

Higadura, l. usure.
Higatu, higatze, v. *higa*.
Higi, higitu, higitzen, l. bn. mouvoir, remuer, ébranler; de *ig?*
Higitu, higitze, v. *higi*.
Higoa, l. biche.
Higoin, v. *iguin*.
Higoindu, higointze, v. *iguin*.
Higoingarri, v. *iguin*.
Higun, bn. sevrer.
Hik, v. *hi*.
Hil, v. *il*, et *ille*.
Hilbeharki, v. *il*.
Hildo, l. *ildo*, bn. tranche de terre que la charrue a tournée en traçant le sillon.
Hildo lerroa, hildo aska, l. le creux du sillon.
Ilderreka, l. bn. sillon; de *ildo-erreka*. *Erreka* se trouve par erreur seul et imprimé en gros caractères; c'est le même mot que *herreka*, v. *errunka*.
Ildaux, ildauxi, bn. rompre avec la herse la terre tournée avec la charrue; de *ildo-autsi*.
Hildumatu, hildumatze, v. *il*.
Hilhots, hilhotz, v. *il*.
Hilhutcha, v. *il*.
Hilkor, v. *il*.
Hilla, hillabete, v. *il*.
Hillareak, l. bruyères.
Hilohore, v. *il*.
Hiltzaille, v. *il*.
Hiltze, v. *il*.
Hipa, bn. sanglot.
Hipar, v. *ipar*.
Hira, l. dépit; du lat. ira. *Gizon hirua, irua*, homme fâcheux, P.
Hiratu, l. se dépiter; — bn. périr, Salaberry.
Hiraka, l. ivraie.
Hire, v. *hi*.
Hiri, v. *hi*, et *iri*.
Hirizka, v. *iri*.
Hirmiarma, l. arraignée; comp. *armiarma*.
Hirri, v. *irri*.
Hirritu, hirritze, v. *irritu*.
Hirun, v. *irun*.
Hirur, hirurgarren, v. *iru*.
Hirute, v. *irun*.
Hisi, dépit, opiniâtreté. O. écrit *issi*, prov. 283. *Issis fraide sar nendin*. Je me fis moine par dépit. P. qui le cite écrit *hissi*, avec *h*. Le *s* final de *issis* est une erreur; c'est le suffixe *z* qu'il faut; *issiz*, et mieux alors *isiz* ou *hisiz*. Il nous semble que *hisi* est une corruption de *hesi;* v. *es*.
Hisiti, opiniâtre.
Hisiti, v. *hisi*.
Histe, v. *histu*.
Histu, histen, l. *hix*, bn. effacer, passer (de la beauté). Selon P. accomplir. *Zeren here desiren hisleagalik prometalzen dute anhitz*, Axular, p. 351. a. éd. 172. n. éd. Car pour accomplir, remplir, ses désirs, ils promettent beaucoup.
Hitz, v. *itz*.
Hitzartu, v. *itz*.
Hitzkatu, v. *itz*.
Hitzkuntza, v. *itz*.
Hitzmitztia, v. *itz*.
Hitzontzia, v. *itz*.
Hitztegi, v. *itz*.

Hix, hixtu, v. *histu.*
Hizkuntza, v. *itz.*
Hobe, v. *obe.*
Hobeago, v. *obe.*
Hobeki, v. *obe.*
Hoben, 1. v. *obe.*
Hoben, 2. l. faute, péché; — bn. tort, préjudice.
Hobendun, l. bn. coupable, fautif; de *hoben-dun.*
Hobendun, v. *hoben*, 2.
Hoberen, v. *obe.*
Hobi, v. *obi.*
Hobiel, v. *odei.*
Hodei, v. *odei.*
Hogaza, ogaza, l. fouace, gâteau; de l'esp. hogasa, v. L. R.
Hogoi, v. *ogei.*
Hoilatzea, l. se glorifier; P.
Hola, 1. holatan, v. *ala.*
Hola, 2. l. flot; de l'esp. *ola.*
Holtza, l. paroi faite de planches; de *ola* —?
Holtzadar, v. *orz.*
Honda, hondatu, v. *ondo.*
Hondalea, v. *ondo.*
Hondar, v. *ondar.*
Hondartze, v. *ondo.*
Hondatu, v. *ondo.*
Hondu, v. *on.*
Honi, bn. complet.
Honitu, bn. compléter.
Honigallu, bn. complément.
Honigallu, v. *honi.*
Honitu, v. *honi.*
Hontz, l. *huntz*, bn. hibou.
Hor, *or*, 1 et 2.
Hordi, hordikeria, v. *ordi.*
Horditu, horditze, v. *ordi.*
Hori, v. *or*, 1.

Horma, v. *orma.*
Horra, v. *or*, 1.
Horrek, v. *or*, 1.
Horrendi, v. *harendi.*
Horria, l. lambeau de drap.
Hortakotzat, v. *or*, 1.
Hortz, v. *ortz* et *orz.*
Hortzadar, v. *orz.*
Hortzkitzea, v. *ortz.*
Hortztoki, v. *ortz.*
Hosina, l. grande eau; eau profonde. P. *Oraibaino bekatu gehiago duzunean, hosinean barrenago zaudenean*, Axular, p. 86. a. éd. 260. n. éd. Quand vous aurez péché plus que maintenant, quand vous serez plus profondément dans l'abîme (?).
Hozto, v. *osto.*
Hots, v. *ots.*
Hotz, v. *otz.*
Hotzailla, l. serrurier. La terminaison est *illa* pour *egilla;* mais d'où vient *hotz?*
Hotzki, v. *otz.*
Hotzpera, v. *otz.*
Hox, bn. interjection pour exciter les boeufs à avancer.
Hoxeman, bn. conduire la charrue.
Hoyek, v. *au.*
Hozidura, v. *ozi.*
Hozitu hozitze, v. *ozi.*
Hozpatu, v. *ots.*
Hozpatze, v. *ots.*
Huchtu, bn. sifflet; comp. *istu.*
Huchu, bn. interjection, pour chasser les volailles. Salaberry.
Hudi, l. *udi*, bn. étret du joug;

le trou du joug par lequel passe le timon de la charrette.

Hudigo, l. aversion.

Hugun, l. manche de couteau, de serpe. Syn. de *gider.*

Huin, v. *oñ.*

Huinez, v. *oñ.*

Huinka, v. *oñ.*

Huinthux, v. *oñ.*

Hula, v. *ona.*

Hume, g. *ume,* g. b. l. bn. enfant. Il est curieux que les dial. basq. fr. qui sont si prodigues de l'*h*, l'omettent ici où il le faudrait, comme les dérivés le prouvent: *arkume, zarkume, emakume, sasikume,* de *ari, zar, eman, sasi-kume,* pour *hume,* v. Essai, Ch. II, et le paragraphe dans l'introduction, sur la mutation de *h* en *k.*

Umetasun, g. le propre de l'enfance; de *ume-tasun.* L'adj. all. qui y correspond est kindlich.

Umekeria, g. puérilité, enfantillage; de *ume-keria.* L'adj. all. qui y correspond est kindisch.

Ume orde hartzea, l. adopter. P. Exactement l'all. an kindes statt annehmen.

Umezurtz, bn. orphelin; de *umezurtz.*

Umerri, l. agneau; — bn. le petit de la vache, de la chèvre, de la brebis, etc.

Ichil umea, l. le bâtard.

Hun, v. *mun* et *on.*

Huna, v. *ona.*

Hunek, v. *ona* et *au,* 2.

Hunela, hunelako, v. *ona.*

Hunen, v. *ona* et *au,* 2.

Hunendi, v. *harendi.*

Huneraino, v. *ona.*

Hungaillu, v. *on.*

Hungarri, v. *on.*

Hunki, hunkitu, v. *ukitu.*

Huntz, 1. bn. v. *hontz,* 1.

Huntz, 2. v. *untz.*

Hur, v. *ur,* 1.

Hur, hurren, v. *ur,* 2.

Hura, g. l. bn. Pron. dém. celui-là. En bisc. le pron. *a* correspond à *hura.* Le nominatif agent est: *ark,* g. *hark,* l. bn. *arek, ak,* b. Génitif: *aren,* g. b. *haren,* l. bn. Datif: *ari,* g. b. *hari,* l. bn. Au pluriel, nominatif: *ayek,* g. *hayek, haiek, hek,* l. bn. *aek, areek,* b. Génitif: *ayen,* g. *aen,* b. *hayen,* bn. *heyen, heien,* l. Datif: *ayei,* g. haei, bn. *hei,* l. bn.

Hura sert aussi comme pron. personnel de la 3me personne; v. Essai, p. 26. M. le capitaine Duvoisin, dans sa critique de notre Essai, nous reproche d'avoir dit que le pron. démonstr. *hura* est un pron. pers. Il ne s'agit pas cette fois-ci de savoir le basque; il s'agit de savoir lire, et alors la page 26 de notre Essai lui prouvera qu'il s'est de nouveau trompé. — *Eta hark erran ziezon,* bn. et celui-là lui dit. *Eta hura oraino urrun zela,* bn. Et comme il était encore loin. *Areek esan daue,* b. Ceux-là ont dit. *Eta hayen heyagorak,* bn. et leurs cris; litt. les cris de eux; le génitif est employé comme pron. poss. *Jesus bada joan hequin.* Luc. VII. 6. Test. Roch. Jésus s'en alla avec eux. On trouve dans l'évangile selon St. Luc. II. 51, publié à Londres, par la société biblique: *Orduan yautsi cen heyequin*, alors il descendit avec eux; il aurait fallu *hequin*; *quin (kin)* est suffixé au nominatif pluriel, v. Essai, p. 45. — *Hei salbatzeko jakin behar dituzten gauzak irakhastea*. Introd. la Vieuxville. Leur enseigner les choses qu'il faut savoir pour être sauvé.

En dépouillant *ark, hark* de la caractéristique de l'agent (*k*), il reste *ar, har*, peut-être la forme primitive et remplacée par *hura*. En tout cas *ar, har* se retrouve dans un grand nombre de composés, dont quelques uns suivent. Voyez aussi *ara*, 2.

Argatik, g. *hargatik*, 1. pour, à cause de cela; de *ar-gatik*; v. ci-dessus.

Hartara, 1. syn. de *hargatik*; de *har-tara*; v. ci-dessus.

Hartakotz, 1. syn. de *hargatik*; de *har-takotz*; v. ci-dessus.

Hartarakotz, 1. syn. de *hargatik*; de *har-tarakotz*; v. ci-dessus.

Hartaraino, 1. jusqu'à. *Dembora hartaraino igurikitzen zaizala, eta ez gehiago*. Ax. 125. a. éd. 296. n. éd. Jusqu'à ce moment il a attendu et pas plus. De *har-eta-raino*.

Hartzaz, 1. de cela; de *har-tzaz*, v. ci-dessus. *Zeren hartzaz kontentatzen da Jainkoa*. Axular, p. 229. Car Dieu se contente de cela.

Huragana, ou *argana* (plus usité), g. vers lui.

Huragatik, g. pour lui, à cause de lui.

Haraitzin, bn. depuis longtemps, de *har-aitzin*; comp. *araitzin*; ce mot aurait dû se trouver ici. *Guiçon anayeac çuec badaquiçue ecen haraitzina danic Jaincoac gure artean elegitu ukan nauela*, Act. XV. 7. Test. Roch. Hommes frères, vous savez que depuis longtemps Dieu m'a choisi entre nous.

Huraśe, g. celui-là même; esp. aquel mismo Comp. *auśe*.

Huragana, v. *hura*.
Huragatik, v. *hura*.
Huraśe, v. *hura*.
Hurbil, hurbildu, v. *ur*, 2.
Hurkari, v. *ur*, 3.
Hurolde, v. *ur*, 3.
Hurren, v. *ur*, 2.
Hurreneko, v. *ur*, 2.
Hurrentsu, v. *ur*, 2.
Hurrentzea, v. *ur*, 2.
Hurrun, v. *urruti*.
Hurrupa, bn. gorgée.
Hurrupatu, bn. aspirer un liquide.
Hurtatu, v. *ur*, 3.
Hurtu, v. *ur*, 3.
Huste, v. *uts*.
Hustu, v. *uts*.
Hutcha, kutcha, bn. coffre, bahut; de l'esp. hucha.
Huts, hutsegin, v. *uts*.
Hutsik, v. *uts*.
Hux, 1. v. *uts*.
Hux, 2. bn. planche servant à abriter les cabanes de berger.
Huxegin, v. *uts*.
Huxtio, v. *uts*.

I.

I. Cette lettre est l'élément formatif d'un grand nombre d'adjectifs verbaux. Les racines *as, es, ich, utz, ebil,* etc. ont donné les adj. verb. *asi, esi, ichi, utzi, ebilli,* etc.

I, ik, v. *hi.*

Ibai, g. l. rivière.

Ibar, g. vallée; aura une origine commune avec *ibai.*

Ibeni, v. *ipiñi.*

Ibente, v. *ipiñi.*

Ibentze, v. *ipiñi.*

Ibia, v. *ibiria.*

Ibil, v. *ibilli.*

Ibilgune, v. *ibilli.*

Ibili, v. *ibilli.*

Ibilkera, v. *ibilli.*

Ibilketak, v. *ibilli.*

Ibilli, ibiltzen, g. b. *ibil, ibili, ibiltzen,* l. *ebil, ebilli, ebiltzen,* bn. marcher, mouvoir. Ce nom verb. se conjugue des deux manières; *nabil, abil, dabil,* etc. ou *ibiltzen naiz.* M. Salaberry se trompe quand il dit que *habil* est la 2ᵈᵉ pers. de l'impératif de *joan;* c'est la 2ᵈᵉ pers. de l'imp. de *ebilli. Habil etcherat,* va-t-en à la maison. *Eta ebil çaitezte charitatean Christec-ere onhetsi ukan gaituen beçala.* Eph. V. 2. Test. Roch. Et marchez dans la charité, ainsi que Christ aussi nous a aimés. *Eta ezpere beha iazozu haserretua dabillan bati,* Axular p. 106 n. éd. 280. a. éd. Et sinon considérez celui qui s'est mis en colère.

Erabilli, g. b. l. remuer; — manier, traiter. *Erabil bedi sainduki zure izena,* la Vieuxville. Votre nom soit sanctifié; litt. soit traité saintement.

Ibillera, ibilkera, ibilgune, l. démarche; de *ibil-era* et *gune. Emaztearen ibilguneari beha egoitea.* Ax. 392, a. éd. Regarder la démarche d'une femme.

Ibilketak, l. promenades, allées et venues; P. i. a.

Ibiltze, v. *ibilli.*

Ibiria, ibia, ipidia, l. gué. Pour la mutation de *r* en *d,* v. *egundaño.* Est-ce que *ibia* et *ibai* seraient le même mot avec méthathèse de *i?*

Ich, ichi, fermé. *Choroen hitz, belarriak ich,* à paroles insensées, bouche fermée. Nous ignorons si *ich* et *es* ne sont que des variantes du même mot; la signification est à peu-près la même: fermer. Aussi longtemps que nous n'aurons pas la certitude du contraire nous les considérerons comme deux mots distincts. *Ich* pourrait être comparé peut-être à la préposition all. zu, dans zumachen, fermer. En all. et en holl. ces verbes composés sont d'un usage fréquent, p. ex. aufmachen, ouvrir, festhalten, tenir, zuschliessen, enfermer; ces deux derniers verbes sont au fond des pléonasmes, halten est déjà tenir et schliessen fermer; nous les citons puisque nous croyons trouver quelque chose d'analogue en basque; v. ci-dessous *itsatsi*.

Ichi, isten, (*ichitzen* n'est guère employé) g. fermer. *Gizonaren gaiztakeriari ateak isteko,* pour fermer les portes à la méchanceté des hommes.

Ichi en bisc. est synonyme de *utzi,* g. l. bn. laisser. On serait tenté de considérer *ichi* et *utzi,* comme les variantes d'un même mot; *i* et *u* permutent entre eux: *iltze, ultze; irten, urten; ille, ulle; ch* se trouve pour *tz,* ou *ts: itchuli, itzuli; ichaso, itsaso; ichter, ister.* Les deux significations, en apparence très éloignées l'une de l'autre, se rapprochent par les intermédiaires, arrêter, cesser. C'est Pouvreau encore qui vient à notre aide en citant, „*ixtitzea*, arrêter, faire arrêter; *bekatutik ixtitzea,* cesser de pécher." Les dial. basq. français, autant que nous sachions, ne possèdent pas le nom verbal *ich* ou *ichi;* il se retrouve cependant dans le dérivé *itchain*; le nom verb. ne se trouve ni chez Pouvreau, ni chez M. Salaberry; mais *ichti, ixti* existe, comme l'on vient de voir, et c'est très probablement le même mot. Que le verbe fermer puisse arriver à signifier arrêter, est déjà prouvé par le latin firmare, fermer, dont le sens propre était arrêter; v. Littré, D. En italien on dit „firmarse" pour: s'arrêter et en fr. clore signifie fermer et finir. La distance de cesser, de finir, à laisser est bientôt franchie.

Aucun de ces rapprochements ne donne prise, croyons nous, à de sérieuses objections et cependant il serait prématuré de conclure définitivement à l'identité de ces deux mots; *utzi* se rapproche trop de *uts* à ce qu'il nous semble, pour ne pas laisser des doutes à cet égard; v. *utzi*.

Izai, izañ, g. *itchain,* l. bn. sangsue; de *ich-zain;* pour la chute de *n,* v. *arrai,* 2.

Icheki, g. *itcheki, itchekitzen,* l. *etcheki,* bn? tenir; de *ich-egin?* Il paraît que de nos jours on se sert plutôt de *atchiki. Bañan itchekatzu (itcheki-ezazu) zure zenzuak goardia hertsiaren azpian.* Chourio, Im. de J. C. p. 73. Mais tenez vos sens sous la garde (discipline) étroite, sévère.

Etchekidura, bn. *itchekidura,* l. lien; de *etcheki-dura.*

Eta lacha cedin haren mihico etchequidura. Marc. VII. 35. Test.

Roch. Et le lien de sa langue se délia.

Itchekin, l. tenace; de *ich-egin*.

Eracheki, g. *eratchiki*, bn. *iratcheki*, l. attacher, joindre; de *erazo-itcheki*. En lab. au figuré: en vouloir à quelqu'un. *Iratchekitzen nau*, il m'en veut.

Halaber nehorc eztrauca eratchequiten oihal pedaçu latz bat abillamendu "çar bati. Matt. IX. 16. Test. Roch. Ainsi personne ne met une pièce de drap neuf à un vieux vêtement.

Itsatsi, itsasten, g. saisir, prendre (p. ex. racine); il nous paraît de *ich-atzi* pour *atzitu; atzitu* s'écrit avec *s*, mais il est plus que probable que c'est de *atz* que vient *atzitu*. *Ich* aurait ici le sens que nous lui avons donné ci-dessus, v. *ich*, et pourrait être comparé au fr. ferme, dans tenir ferme ou à l'all. fest, dans festhalten, festgreifen.

Itsaskor, g. gluant, contagieux, de *itsaste-kor*.

Ichu.

Itsu, ichu g. *itsu*, b. l. bn. *ixu*, bn. aveugle. Il nous semble de *ich-tsu*. *Guidari itsuac, eltzoa irasten duçue*. Matt. XXIII. 24. Test. Roch. Conducteurs aveugles vous coulez le moucheron.

Itsuka, g. b. aveuglément, à yeux fermés; de *itsu-ka*.

Itsumustu, g. *itsu itsuban*, b. inopinément. *Niniven itzumustuan sartu zan*. Il entra inopinément dans Ninive.

Itsutu, itsutzen, g. b. l. *ixutu*, bn.

s'aveugler, aveugler. *Baña itsutu zan eta ondorengoen galmena ekarri zuen*, g. mais il était aveuglé et amena la perdition de ses descendants.

Itsutasun, g. l. *ichutasun*, b. (l'adj. *itsu!*), *ixutasun*, bn. cécité; et aussi aveuglement. Les auteurs n'ont pas tous observé la différence entre *tasun* et *keria*.

Itsumena, g. *ixukeria*, bn. aveuglement; de *itsu-men* et *keria*.

Icheden, Ichedon.

Icheden, echeden, ichedon, ichoron, ichedeten, ichedoten; g. b. *ichadon, echaon, echan*, b. espérer, attendre. L'impératif a quelques formes régulières: *ichok* ou *echoik*, (masc.) *ichon, echoin*, (fém.) espère. Il nous semble que ce nom verb. est composé de *ich-egin, ich-egon;* pour la permutation de *g* en *d*, comp. *chindurri;* pour celle de *r* en *d*, v.

egundaño; pour la chute du *d* (*echaon = echadon*), comp. *atseen = atseden.* Le sens véritable serait „rester ferme"; v. plus haut ce que nous avons dit de la signification de *ich.* Le verbe esperar en esp. signifie aussi espérer et attendre; les significations d'attendre, arrêter, rester ferme se touchent de très-près, et semblent avoir influencé le choix du nom verbal basque tout autant que du verbe espagnol. — *Baña, zein patu gaiztoak ichedoten zion!* g. mais quel sort malheureux l'attendait! *Eta ichadoten dot zeure misericordia andian,* Olaechea, p. 26. Et j'espérais en votre grande miséricorde.

Ichadon, v. *icheden,* s. v. *ich.*

Ichaka, *ixeka,* l. sillon; syn. de *hildo.*

Ichaso, v. *itsaso.*

Ichedarratzea, émonder, élaguer. Mot d'O. selon P.

Icheden, ichedete, v. *ich.*

Ichedon, ichedote, v. *ich.*

Icheki, v. *ich.*

Ichenduz, l. par feinte.

Ichi, v. *ich* et *utzi.*

Ichil, v. *isil.*

Ichildu, ichildute, v. *isil.*

Ichillik, v. *isil.*

Ichilka, v. *isil.*

Ichilte, v. *isil.*

Ichiri, ichiritzen, l. digérer.

Ichitze, v. *ich.*

Ichkilimba, *iskilimba,* bn. épingle.

Ichkilina, bn. petit coffret dans les vieux bahuts. Salaberry.

Ichkina, bn. angle, bord; de l'esp. esquina.

Ichkurduka, bn. contestation.

Icho, v. *isil.*

Ichok, v. *icheden,* s. v. *ich.*

Ichon, v. *icheden,* s. v. *ich.*

Ichoron, v. *icheden,* s. v. *ich.*

Ichpi, bn. petit morceau d'un corps dur.

Ichpicho, bn. pari, gageure.

Ichtape, ichtapeka, v. *ister.*

Ichter, v. *ister.*

Ichterbegi, bn. *isterbegi,* l. ennemi.

Ichti, ichtitu, ichtitzen, bn. *ixti, ixtitzen,* l. faire arrêter, s'arrêter; P. Selon M. Salaberry: faire reculer un attelage en frappant au museau les animaux qui traînent la voiture. Pouvreau donne le sens primitif de ce nom verbal, qui sera une variante, la forme lab. et bn. de *ichi.* V. *ichi* s. v. *ich.*

Ichtika, ichtikatu, bn. pétrir (le pain), écraser les raisins.

Ichtil, bn. petite mare.

Ichtitu, ichtitze, v. *ichti.*

Ichu, v. *ich.*

Ichukatu, v. *chukhu.*

Ichuli, v. *itzuli.*

Ichur, 1. l. bn. *izur,* b. bn. froncé, ridé, frisé. Comp. *itzuli.*

Ichurta, ichurtzen, l. *izurtu,* b. bn. froncer, friser.

Ichur, 2. v. *isuri.*

Ichura, g. b. *itchura,* l. bn. apparence; — bn. teint (du visage). *Gure Jainkoaren gorphutza, odola, arima, eta Jainkotasuna ogiaren eta mehats arnoaren idurien edo itchu-*

ren azpian. la Vieuxville, p. 24. Le corps, le sang, l'âme et la divinité de notre Seigneur sous l'apparence de pain et de vin.

Ichurapen, g. *itchurapen,* l. bn. apparition, vision; de *ichura-pen*. *Eta eçagutu çuten ikhusi çuela cembait itchurapen templuan.* Luc. 1. 22. Soc. bib. L. Et ils connurent qu'il avait vu quelque vision dans le temple. *Ez aditu itchurapen egitea,* faire semblant de ne pas comprendre. P.

Itchuraz, l. par feinte; de *itchura-z.*

Itchurazko, l. dissimuler; de *itchuraz-ko.*

Ichurapen, v. *ichura.*

Ichurba, l. délire. Du nom verb. *ichurbatu?* comme *ahar* de *ahartu.*

Ichurbatu, ichurbatzen, l. se troubler (de l'esprit), s'égarer, se fourvoyer. P. écrit aussi *ixurbatu*. *Adimendua ixurbatzen zayo,* l'esprit lui trouble (sic). Le *x* est ici pour *ch,* mais généralement il remplace *tz.* *Ichurba* se rattache donc peut-être à *itzur (itzurri)* tourner; la terminaison *ba* reste obscure. Notre expression „la tête lui tourne" offre quelque analogie. Il est cependant possible que *ichurba* dérive de *ichuri,* répandre, verser (qui est peut-être le même mot que *itzurri,* tourner). Les deux acceptions de répandre (*ichuri*) et s'égarer (*ichurba*) se touchent de près; elles impliquent, toutes les deux, l'idée de se perdre.

Ichurbatu, ichurbatze, v. *ichurba.*

Ichuri, v. *isuri.*
Ichurtu, ichurtze, v. *ichur* 1.
Ichutasun, v. *ichu,* s. v. *ich.*
Idarokitea, faire sortir, selon O. v. *idiki.*
Ide, v. *kide.*
Ideki, idekitze, v. *idiki.*
Ideren, bn. variante de *eriden.*
Idi, g. b. l. bn. boeuf.
Idizko, g. b. bouvillon. *Idizko* paraît être composé de *idi-z-ko,* et avoir la forme d'un adjectif „de boeuf," comme *zillarezko,* (de *zillar*) signifie d'argent; mais le sens n'en est pas clair. L'étymologie proposée par M. de Charencey (Recherches sur les noms d'animaux) n'est pas admissible; il y voit *ide-ko,* boeuf futur, et le *z* est une lettre euph. *Ko* est tout aussi peu „futur" que „ai" (j'aimer-ai) en fr. *Ko* indique le futur, voilà tout; v. *go.*

Idizain, l. nerf de boeuf.

Itzain, b. l. bn. bouvier; de *idi-zain,* 2.

Itzaingoa, bn. le métier de bouvier; de *itzain-go.*

Ithandi, bn. arpent de terre; ce que le cultivateur peut labourer en une journée, avec de grands boeufs.

Ithegun, syn. de *ithandi,* et du dial. soul. selon M. Salaberry.

Itzar, l. vieux boeuf; de *idi-zar.*

Itzarkinak, l. instruments de labourage.

Idiki, idikitzen, g. *ireki, iriki,* (prov. d'O.) *ideki, idekitzen,* g. l. bn. *idoki, idokitzen,* l. bn. Tous ces noms verb. ne sont que des variantes du même mot. En g. *ideki,* est ôter;

idiki, ouvrir. En l. *ideki* est ouvrir. *Idoki* en l. et bn. est ôter, tirer hors, arracher. M. Salaberry ne donne que *ideki* pour toutes ces différentes acceptions. Pour la mutation de *r* en *d*, v. *egundaño*. — *Urte guzian gerta ezedina bethirekian (begi-irekian)*. Prov. 471 d'O. Ce qui n'arrive pas durant toute l'année, arrive parfois en un clin d'oeil. *Begi ireki batez*. En un clin d'oeil. *Baina berec ethorriric idoqui gaitzate*. Act. XVI. 37. Test. Roch. Mais que venant eux-mêmes ils nous mettent dehors. *Arrain hau doi doia huretik idekia da*, bn. Ce poisson vient d'être tiré de l'eau.

Idikitze, v. *idiki*.

Idizain, v. *idi*.

Idizko, v. *idi*.

Idoki, idokitze, v. *idiki*.

Idor, l. bn. sec.

Idortu, idortzen, l. bn. sécher.

Idorte, l. bn. sécheresse.

Idortasun, l. constipation.

Idortasun, idorte, v. *idor*.

Idortu, idortze, v. *idor*.

Iduki, v. *euki*.

Idun, b. cou.

Iduri, iduritu, v. *irudi*.

Idurikoz, v. *irudi*.

Iduripena, v. *irudi*.

Ifernu, v. *infernu*.

Ifini, v. *ipini*.

Ifintza, ifintze, v. *ipiñi*.

Ig, ik. Cette racine signifie „haut" „hauteur" et se retrouve dans un grand nombre de dérivés.

Ike, l. b. montée, colline; P.

Ike, ige, côte. Supplém. du dict. de Larr.

Hegi, l. montagne, colline; P. Métathèse de *ige*; — l. bn. bord, côte; peut-être à cause de la double signification de côte, penchant d'une montagne, et bord de la mer. *Hur hegira heldu zen eta han itho*, bn. il arriva au bord de l'eau, et il s'y noya. Il nous semble que *hegi* a donné le suffixe *egi*, trop; *handiegi*, trop grand. *Geitu* et tous les composés de *gei* paraissent aussi devoir s'y rapporter. Pour la chute de *e* initial, comp. *bagilla* de *ebakiilla*; *chaola* de *echeola*; et même la double forme *hegi, ike* montrerait déjà que le *e* ne tient pas bien en place.

Ikesu, âpre; de *ike-su* pour *tsu*.

Igo, igotzen, g. b. *igon*, b. *igan, igaiten*, l. *ikan, ikaiten*, bn. monter.

Iautsi içan den hura bera da igan ere dena ceru gucien garaira. Eph. IV. 10. Test. Roch. Celui qui est descendu, c'est le même qui est monté au dessus (vers le haut) de tous les cieux. *Vanitate da bertzeak baino gorago igan nahi izatea*. Chourio, p. 27. C'est de la vanité de vouloir monter plus haut que les autres.

Le guip. *igo* a sans doute perdu le *n* final, ce qui n'est pas rare dans ce dialecte, comp. *arrai*, 2. Pour ce qui concerne la voyelle finale il nous semble qu'il faut donner la préférence aux dial. basq. fr.; *igan, ikan*, a pu vouloir dire *ig-han*, haut-là. — Larramendi écrit encore, *io, iyo*; ce sont des formes vicieuses et inconnues dans le guip.

Igaro, igarotzen, g. *irago, iragoiten,* b. *iragan, iragaiten,* l. bn. *igaran, igaraiten,* bn. passer; — bn. monter; de *erazo-igo.* La signification de passer et monter, (verbes neutres) ne s'accorde pas bien avec la forme de *igaran,* qui est celle d'un verbe causatif. Nous avons vu plus haut que „monter" dans le Test. Roch. est rendu par *igan* et non *igaran. Phiztu zenetik hirurgarren egunian Jesus igaran zen zerurat.* Jésus monta au ciel le troisième jour de sa résurrection. Salaberry. *Eta sei urte igaro ziran,* g. et six ans s'étaient passés. *Dembora iragana,* l. Le temps passé. *Igaran igandean,* bn. dimanche passé. *Iragan ganean,* la nuit passée.

Iragazi, g. *irazi, irazten, irasten* b. l. bn. tamiser, passer, litt. faire passer; l. crever, de *irago-erazi;* c'est le causatif d'un causatif. Pour la chute du *g*, comp. *ein = egin. Guidari itsuac eltzoa irasten duçu.* Matt. XXIII. 24. Test. Roch. conducteurs aveugles, vous coulez le moucheron. *Eta handitsua irasten denean.* Axular p. 532. a. éd 518. n. éd. Et quand le furoncle s'est crevé. *Norbait begiak irastea,* P. crever les yeux à quelqu'un.

Higitu, higitzen, l. *igitu,* bn. remuer, ébranler.

Eihar, l. bn. moulin. Peut-être faudra-t-il placer ce mot ici. Larramendi donne *igar,* ce qui explique *eihar; h* pour *g* est fréquent, v. *chingar,* l.

Igaite, v. *igo,* s. v. *ig.*
Igan, v. *igo,* s. v. *ig.*

Igande, g. b. l. bn. dimanche.
Igar, 1. v. *eihar,* s. v. *ig.*
Igar, 2. g. *iger, eyar,* l. *eyhar,* bn. *ihar,* l. bn. sec, aride. Pour la mutation de *g, h, y,* v. *chingar,* l. *Eta huna cen han guiçombat escua eyhar çuenic.* Matt. XII. 10. Test. Roch. Et voilà, il y avait là un homme qui avait une main sèche. *Egur iharra,* le bois sec. Comp. *gar,* flamme; *ihar,* étincelle; *idor,* sec.

Igartu, igartzen, g. *igertu, igertuten,* b. *Ihartu, ihartzen, eyhartu, eyartu, eyhartzen,* l. sécher.

Igaraite, v. *igo,* s. v. *ig.*
Igaran, v. *igo,* s. v. *ig.*
Igaro, v. *igo,* s. v. *ig.*
Igarotze, v. *igo,* s. v. *ig.*
Igarri, v. *igeri.*
Igartu, igartze, v. *igar.*
Igaz, g. b. *igez, iyez,* b. *jaz,* l. bn. *chaz,* bn. l'année passée. Cette expression sera elliptique; *urte,* année, sera sous-entendu; comme „courant" en français; le vingt courant, pour le vingt du mois courant. Il nous semble que *igaz* vient de *ig* et signifie „passé" ou une idée analogue, et se rattache, par la forme bisc. à *ihes* fuite.

Ige, v. *ig.*
Igel, g. l. bn. *ihel,* l. grenouille. Pour la mutation de *h* en *g,* v. *chingar,* l. *Igel* aura probablement une origine commune avec *igeri;* pour la mutation de *r* en *l,* v. *arilla,* s. v. *ari* 3.
Igele, v. *iyela.*
Iger, v. *igar* 2.
Igeri, bn. en trempe, en nage; de

igerikatu? Comme *ahar* de *ahartu.*

Igerikatu, igerikatzen, g. l. bn. *igarri,* b. A Guéthary *ireika, ireikatzen,* nager. La signification primitive de *igeri* ne sera probablement pas „en trempe." Il faut supposer que cette locution adverbiale est prise du verbe; ou bien *igeri* sera plutôt verbal un adjectif p. ex. flottant, surnageant; et employé plus tard dans le sens figuré de „en nage." Cette acception de „en nage" sera prise du français. Nous croyons donc plutôt que *igeri* est un adjectif, dont la forme bisc. est la mieux conservée, *igarri,* de *ig-garri,* porté, enclin, à monter, c. a. d. à rester à la surface.

Igerikatu, igerikatze, v. *igeri.*

Igerri, igertzen, g. b. deviner.
Igertu, igertute, v. *igar.*
Iragarri, g. donner à deviner; de *erazo-igerri.*

Iges, g. b. *iñes,* b. *ihes,* l. bn. fuite. Pour les mutations de *g, h* et *ñ,* v. *chingar,* l. Ne faudrait-il pas rattacher *iges* à *ig?* Il serait, alors plus correct d'écrire *igez,* de *ig-e-z,* c'est à dire en passant, en montant. — *Igesari eman zion,* g. *Ihesari eman dio,* l. il a pris la fuite.

Ihesi, l. bn. *iges* ou *ihes egin,* g. b. l. fuir. Le l. et bn. ont formé l'adj. verbal avec *i;* comp. *esi* de *es; asi* de *as,* etc. *Joan da ihesi,* il est allé fuir.

Ihestoki, bn. asile, refuge; de *ihes-toki.*

Igez, v. *igaz.*
Igitai, v. *iritai.*
Igitu, v. *ig.*
Igo, v. *ig.*
Igon, v. *igo,* s. v. *ig.*
Igor, igorri, igortzen, l. bn. *egorri* (Larramendi), envoyer. *Centenerac igor citzan adisquideac harengana.* Luc. VII. 6. Test. Roch. Le centenier envoya au devant de lui (litt. vers lui).

Igorle, bn. expéditeur; de *igor-le.*
Igorle, v. *igor.*
Igorri, igortze, v. *igor.*
Igortzi, g. b. enduire, frotter; donner une maladie. *Onetarako agindu zion, cucha zurezko, kampotik eta barrutik betunez igortzia egin zezala.* Lardizabal. Pour cela il lui ordonna de faire (qu'il fit) une arche, enduite de bitume au dehors et en dedans.

Igorzuri, *ihorziri,* l. tonnerre. Peut-être de *igortze-uri.*

Igotze, v. *igo,* s. v. *ig.*
Iguin, g. (le *u* se prononce), *higoin,* l. En g. haine, rancune; mala intencion, esp. En lab. à contre coeur. Ce mot est très peu usité en g. — *Gertakari onek Kaini bere anaya Abelganako gorroto eta iguin bizia sortu zion.* Lardizabal. Cet événement produisit chez Caïn pour son frère une haine, une rancune vivace.

Higoindu, higointzen, l. ennuyer, haïr. Larramendi donne *iguitu, hartar,* ennuyer; mais ce mot est inconnu; il embrouille, à cause de l'orthographe, *igitu (iguitu)* et *iguindu;* dans le dict. ces noms verbaux sont s. v. mover; dans le suppl. s. v. aborrecer. Larr. a cru qu'il y avait un *n* d'élidé; que *iguitu* était pour *iguindu*, comme *izatu* pour *izandu;* mais *iguitu* (*higitu*) vient de *ig* et *higoindu* de *higoin* (*iguin*).

Higoingarri, l. qui fait mal au coeur; de *higoin-garri.*

Iguk, igun, iguzu, bn. 2ᵈᵉ pers. de l'impératif du verbe — ? donne-le-moi. *Gure eguneco oguia iguc egunecotzat,* Luc. XI. 3. Test. Roch. Donne nous (pour) aujourd'hui notre pain quotidien.

Igun, v. *iguk.*

Iguriki, igurikitzen, l. bn. attendre. *Iguriki diot,* l. je l'ai attendu.

Iguzki, v. *eguzki.*

Iguzkitatu, iguzkitatze, v. *eguzki.*

Iguzu, v. *iguk.*

Ihabalia, v. *ihiabalia.*

Ihalli, bn. maltraiter, donner des coups.

Ihalozka, *inhalozka,* bn. se vautrer, rouler par terre.

Ihar, 1. inhar, l. étincelle. *Ihar* n'est plus connu aujourd'hui. Comp. *chingar,* l. *Begietarik iharrak jausten zaitzan,* Axular, p. 280. Les étincelles lui sautent des yeux.

Ihar, 2. v. *igar 2.*

Ihardesten, v. *ihardetsi.*

Ihardetsi, ihardetsten, l. *ihardex, ihardexi,* bn. répondre, résonner; de *ihar-etsi;* comme *onetsi* etc. Nous avons écrit *ihardetsten,* d'après Pouvreau; mais *ihardesten* serait mieux, (v. *etsi*), et c'est ainsi que l'écrit Liçarrague. *Eta barnetic ihardesten duela erran deçan.* Luc. XI. 7. Test. Roch. Et que celui qui est dedans réponde, et dise. — *Ihardetsi* paraît être composé de *ihar-etsi,* bien que la signification de *ihar* ne soit pas claire ici. Peut-être que *iharduki,* (v. plus bas) nous en donne la clef. *Iharduki,* est quereller, contester; *ihar* est étincelle et *iharduki,* sera pour prendre feu, se quereller, contester. Or contestar en esp. est contester, mais aussi répondre et de là peut-être *ihardetsi.*

Iharduki, ihardukitzen, l. *ihardoki,* bn. En l. se quereller, contester. En bn. conférer, traiter d'une affaire, tenir tête à. Peut-être de *ihar-iduki,* tenir étincelle, comme on dit en français, prendre feu; v. *ihardetsi.*

Ihardukitza, l. querelle. Comp. *aditza,* pour la forme.

Ihardex, ihardexi, v. *ihardetsi.*

Ihardoki, v. *ihardetsi.*

Iharduki, ihardukitze, v. *ihardetsi.*

Ihardukitza, v. *ihardetsi.*

Iharrosi, iharroste, v. *irausi.*

Ihaurki, v. *ihaurri.*

Ihaurri, bn. couvert. *Ihaurri dago bide guzia ostoz,* tout le chemin est couvert de feuilles.

Ihaurki, *inhaurki,* l. litière à faire du fumier.

Inhaurtu, l étendre la litière.

Ihaurteri, v. *iñoteri*.

Ihausi, bn. en chaleur, parlant de la truie.

Ihausika, bn. aboiement. *Ihausika ari da*, il aboie. Comp. *ausi*.

Ihaute, v. *iñoteri*.

Ihautiri, v. *iñoteri*.

Iheadarratzea, l. raccourcir, P.

Ihel, v. *igel*.

Ihes, v. *iges*.

Ihesi, v. *iges*.

Ihestoki, v. *iges*.

Ihetzetze, v. *ihetzi*.

Ihetzitu, v. *ihetzi*.

Ihetzi, 1. bn. usé. Il nous semble que *hix*, (*hitz*) bn. usé est pour *ihetzi*, avec chute de *i* initial. *Ihetzi* est l'adj. verbal *ihetz-i*.

Ihetzitu, *ihetzitzen*, l. bn. user. P. écrit *ihetzetzen*.

Ihiabalia. O. écrit (prov. 274) *ihabalia*. P. l'écrit des deux façons. *Ihabaliaren espatak punta moz*. L'épée de l'homme sans coeur a la pointe émoussée. Le mot est probablement composé de *iha* ou *ihia-balia*; *balia*, valeur, de l'esp. valia; mais qu'est-ce que *iha* ?

Ihi, v. *iya*, 1.

Ihintz, v. *intz*.

Ihintztatu, ihintztatze, v. *intz*.

Ihipe, v. *iya*, l.

Ihitz, v. *intz*.

Ihitztatu, v. *intz*.

Ihizi, v. *eiz*.

Ihiztari, v. *eiz*.

Ihiztatu, ihiztatze, v. *eiz*.

Ihortz, ihortzi, v. *ehortsi*.

Ihorziri, v. *igorzuri*.

Ijela, b. *igele*, g.

Ik. Ce suffixe est d'un usage varié; uni aux noms il correspond à : de, quelque. *Ez dago gloriarik Jaungoikoaren aginduak gordebage*. Il n'y a pas de gloire sans l'observance des commandements de Dieu. *Duda bagarik* (*baga-ik* et *r* euphonique), sans doute. *Eskerrik asko*, merci, beaucoup de remercîments. Uni aux adjectifs verb. il leur donne la valeur d'un ablatif absolu. *Janik*, ayant mangé. *Ikusirik*, ayant vu. Quand *ik* est précédé d'une voyelle, il faut intercaler *r* euphonique. La signification de *ik* n'est pas toujours également claire, cependant il est évident que ce suffixe doit servir à donner un sens indéfini au mot auquel il se trouve uni. *Halarikere*, toutefois, non obstant. *Baizik*, sinon.

Ik est régi par le superlatif. *Españako Eskaldunik geyenak*, la plupart des Basques espagnols. De là les locutions comme: *alik gichiena*, le moins possible; de *al-ik*.

Ikaite, v. *igo*, s. v. *ig*.

Ikan, v. *igo*, s. v. *ig*.

Ikara, g. b. l. tremblement; — g. terreur. *Ikhara*, bn. tremblant.

Ikaratu, ikaratzen, g. b. l. *ikhara, ikharatu*, bn. trembler.

Ikaragarri, g. b. l. *ikhara-garri*, bn. terrible; de *ikaragarri*.

Ikaragarri, v. *ikara*.

Ikaratu, ikaratze, v. *ikara*.

Ikartu, ikartzen, l. bn. regarder. *Eta cen haren ikartzea chistmista beçala*. Matt. XXVIII. 3.

Test. Roch. Et son regard était comme l'éclair.

Ikasarazi, v. *ikasi*.
Ikasbide, v. *ikasi*.
Ikasgasa, v. *ikasi*.
Ikasi, ikasten, g. b. l. *ikhas, ikhasi*, l. bn. apprendre.

Erakasi, g. *irakasi, ikasarazi*, l. *erakaxi*, bn. enseigner; de *erazo-ikasi*. Nous avons suivi l'orthographe de M. Salaberry qui écrit *erakaxi* avec *x* et *ikhasi* avec *s* et *h!*

Ikasola, g. école; de *ikas-ola*.
Ikasbide, g. b. doctrine; de *ikas-bide*.
Ikastun, l. apprenti.
Ikasgasa, l. apprentissage.
Ikasnai, g. b. désireux d'apprendre; de *ikas-nai*.
Ikhaskari, l. enseignement. *Ikhaskaririk gorena da gure buruen ezagutzea*. Chourio, p. 30. Le plus haut enseignement est de nous connaître nous mêmes. Ce mot paraît être composé de *ikhas-kari* pour *hari*, v. *ari* 4. ce qui signifierait plutôt „professeur" que „enseignement".
Irakastun, g. docteur.

Ikasnai, v. *ikasi*.
Ikasola, v. *ikasi*.
Ikastun, v. *ikasi*.
Ikatz, g. l. *iketz*, b. *ikhatz*, bn. charbon.

Ikatztu, g. *ikhatztu*, bn. carboniser.
Ikhatzgin, bn. charbonnier; de *ikhatz-egin*.
Ikhatztegi, bn. l'endroit où l'on garde le charbon; de *ikhatz-tegi*.
Ikatztoki, l. fournaise, P. En b. l'endroit où l'on garde le charbon.
Ikatz kamborra, l. le brasier allumé.

Ikatztoki, v. *ikatz*.
Ikatztu, v. *ikatz*.
Ike, v. *ig*.
Iker, ikertu, ikertzen, l. *ikher, ikhertu*, bn. visiter; — l. traiter un malade.
Ikertu, ikertzen, v. *iker*.
Ikesu, v. *ig*.
Iketz, v. *ikatz*.
Ikhara, v. *ikara*.
Ikharagarri, v. *ikara*.
Ikharatu, v. *ikara*.
Ikhas, ikhasi, v. *ikasi*.
Ikhaskari, v. *ikasi*.
Ikhatz, v. *ikatz*.
Ikhatzgin, v. *ikatz*.
Ikhatztegi, v. *ikatz*.
Ikhatztu, v. *ikatz*.
Ikhel, bn. boeuf qui n'est plus propre à être attelé et qui est destiné à la boucherie.
Ikher, ikhertu, v. *iker*.
Ikherreste, bn. reconnaissance. Ce mot paraît être formé de *ikhereste*, de *etsi*, comme *onetsi*, etc. mais le sens n'est pas clair.
Ikhus, ikhusi, v. *ikusi*.
Ikhusgarri, v. *ikusi*.
Ikhustate, v. *ikusi*.
Ikhuz, ikhuzi, v. *ikuzi*.
Ikinoa, P. n'en donne pas la signification; il ajoute comme synonyme „*ezdeuzetakoa*, propre à rien."
Ikorizirinak, humeurs qui viennent à la main pour avoir travaillé. Mot d'O. selon P.

Ikutil, b. coup de poing.

Ikukatzea, achever. Mot d'O. selon P.

Ikusi, ikusten, g. b. l. *ikhus, ikhusi*, bn. voir Ce nom verb. se conjugue aussi régulièrement. *Dakust* ou *ikusten det*, g. je vois. *Erautsi ukan da çuec orain dacussaçuen eta dançucuen haur.* Act. II. 33. Test. Roch. Il a répandu ce que maintenant vous voyez et entendez.

Erakusi, g. l. *erakutsi, erakusten*, b. faire voir, montrer; de *erazo-ikusi*.

Erakutsi, g. b. enseignement, leçon.

Erakusaldi, g. b leçon; de *erakus-aldi*.

Erakusle, g. b. docteur; de *erakus-le*.

Ikuskera, g. vision; de

Ikhusgarri, bn. cadeau que les accouchées reçoivent.

Ikhustate, bn. égard, considération.

Ikuskizuna, l. ce qui est bon à voir; P. *Kizuna* indique généralement un temps futur, comme *hilkizuna*, mortel = qui mourra; *etorkizun*, avenir = ce qui viendra.

Ikuskera, v. *ikusi*.

Ikuskizun, v. *ikusi*.

Ikuste, v. *ikusi*.

Ikutu, g. b. toucher.

Ikuzi, ikuzten, l. bn. *ikhuz, ikhuzi*, bn. laver, nettoyer. *Eta hetaric ilkiric arrançalec sareac ikutzen cituzten,* Luc. V. 2. Test. Roch. Et les pêcheurs en (nacelle) étant sortis lavèrent leurs filets.

Ikuzte, v. *ikuzi*.

Il, g. b. *hil*, g. l. bn. mort. Les dial. basq. esp. doublent le *l* quand suit l'article : *illa* ou *hilla*; les dial. basq. fr. écrivent *hila*. M. Salaberry donne les deux exemples suivants: *Emazte hori hila da,* cette femme est morte (adjectif). *Gure izeba hil da,* notre tante est morte (participe). Cette différence correspond donc à l'all. „tod", adj. et „gestorben," participe ; bien que ce soit toujours le même mot. Si cette distinction était faite régulièrement, il s'en suivrait que l'attribut est variable, si c'est un adjectif et qu'il est invariable si c'est un participe. Ceci n'est cependant pas généralement observé et la règle ne paraît pas bien fixée pour les dial. basq. fr. L'attribut en g. et b. est toujours défini et s'accorde en nombre avec le sujet. *Gizonak ilkorrak dira,* les hommes sont mortels. *Ez olgeeta guziak dira onak,* b. Tous les amusements ne sont pas bons. Selon M. Inchauspe le dial. soul. serait le seul dans lequel l'attribut reste indéfini. Darrigol cependant écrit (Diss. apol. p. 144.) *Emazteak izikor dire,* les femmes sont pusillanimes. Ou lui ou M. l'abbé se trompe. De nos jours cependant on fait accorder en lab. l'attribut avec le sujet et on dit, du moins à Guéthary, *emazteak izikorrak dire.*

Il, iltzen, g. *il, ilten,* b. *hil, hiltzen,* l. bn. mourir, tuer ; — l. effacer, biffer ; — bn. éteindre.

Ilte, b. avec l'art. *iltia,* le mourir, tuer; — l. effacer, biffer; — bn. éteindre.

Ilte, b. avec l'art. *iltia*, le mourir, la mort. *Iltia zerda?* Olaechea, p. 58. Qu'est-ce que mourir?

Illotz, g. cadavre; de *il-otz*. Comp. *hilhotz*.

Ilko, ilkor, g. mortel; de *il-ko* et *kor*.

Illezkor, g. immortel; de *il-ez-kor*.

Illobi, g. b. *illoi*, g. cercueil; de *ill-obi*. *Jacsi zaitezee orain ikustera sepultura edo illobijak*. Moguel. Descendez maintenant pour voir les sépulcres.

Ilkintz, g. massacre.

Hilhutcha, bn. cercueil; de *hil-hutcha*.

Ilherri, bn. cimetière; de *hil-herri*.

Hilhots, complainte sur la mort; de *hil-hots*. Mot d'O. selon P.

Hilhotz, bn. raide mort. Comp. *illotz*.

Hiltzaille, l. qui tue. *Gizon hiltzaillea*, le meurtrier; de *hiltza*, (pour *hiltzea*, comp. *aditza*) et *ille* pour *egille*.

Hilbeharki, honneurs funèbres. Mot d'O. selon P.

Hilohore, bn. syn. de *hilbeharki*; de *hil-ohore*.

Hildumatu, hildumatzen, l. mortifier.

Illun, g. b. *ilhun*, l. bn. sombre. Peut-être de *il-un* qui est *gune* en bn.

Illundu, illuntzen, g. b. *ilhundu, ilhuntzen*, l. bn. obscurcir, devenir obscur.

Illuntasun, g. b. *ilhuntasun*, l. bn. obscurité; de *illun-tasun*.

Ilhumbe, l. *ilhumpe*, bn. ténèbres; de *ilhun-be?*

Ila, illa, illargi.

Illa, g. b. l. *hilla*, bn. v. *illabete*.

Illargi, l. lune. Probablement de *il-argi*, lumière de mort; Todtenlicht, all.; et non lumière morte, todtes Licht, all. Dans ce dernier cas *argi* aurait dû précéder; v. Essai, p. 120.

Illargibete, g. b. *illargibethe*, l. pleine lune; de *illargi-bete*.

Illabete, g. b. l. *hillabethe*, bn. mois; c'est-à-dire, une lunaison complète, un mois lunaire. Probablement contraction de *illargibete*.

Illabethetik illabethera, l. d'un mois à l'autre. La contraction de ce mot ne s'est pas arrêtée à *illabete*; il est plus que probable que *illabete* a perdu ses deux dernières syllabes et que *illa*, mois, est tout ce qu'il en reste. Cette forme *illa* a été réduite jusqu'à *il* dans plusieurs dérivés. — *Illaren lehena*, le premier du mois.

Illabete, v. *illargibete*.

Hillabete, v. *illargibete*.

Ilgora, g. *illargiaren gorapena*, l. lune croissante. Le g. de *il-gora*.

Ilbera, g. b. *illargiaren beherapena*, l. lune décroissante. Le g. de *il-bera*.

Ilzar, g. vieille lune; de *il-zar*.
Ilberri, g. b. *illargi berri*, l. nouvelle lune; de *il-berri*.
Ilbeltz, g. Janvier; de *il-beltz*, mois noir.
Ilain, v. *ille* 1.
Ilbeltz, v. *illa*, s. v. *il*.
Ilbera, v. *illa*, s. v. *il*.
Ilberri, v. *illa*, s. v. *il*.
Ildaux, ildauxi, v. *hildo*.
Ilderreka, v. *hildo*.
Ildo, v. *hildo*.
Ile, v. *ille* 1.
Ilgora, v. *illa*, s. v. *il*.
Ilhantza, l. le milan; P.
Ilhar, l. bn. haricot.
Ilhar biribil, bn. petit pois.
Mairu ilhar, l. pois chiche.
Ilhar nabarra, l. pois chiche, pois barré. P.
Ilhaun, bn. cendres de fougère, paille, etc. bale de blé. Selon P. flamèche qui sort du bois éteint; et puis: *ogi ilhauna*, blé chamois. Nous n'avons pas pu trouver ce que chamois signifie.
Ilhaundu, ilhauntzen, l. (Guéthary), s'affaiblir; de *ilhaun*, faible.
Ilhendi, v. *illeti*.
Ilherri, v. *il*.
Ilheti, v. *illeti*.
Ilhumbe, ilhumpe, v. *il*.
Ilhun, v. *il*.
Ilhundu, v. *il*.
Ilhuntasun, v. *il*.
Ilhuntze, v. *il*.
Ilincha, g. bois carbonisé, noir, à moitié brûlé. Comp. *ilhendi*.
Ilkhi, v. *ilki*.

Ilki, ilkitzen, l. bn. *ilkhi*, bn. sortir. En bn. syn. de *atera* et de *jalgi* (*yalgi*). *Eta hetaric ilkiric arrançalec sareac ikutzen cituzten*. Luc. V. 2. Test. Roch. Et en étant sortis (de la nacelle), les pêcheurs lavèrent les filets.
Ilkintz, v. *il*.
Ilkitze, v. *ilki*.
Ilko, v. *il*.
Ilkor, v. *il*.
Illabete, v. *illa*, s. v. *il*.
Illargi, v. *illa*, s. v. *il*.
Illargibete, v. *illa*, s. v. *il*.
Illargibethe, v. *illa*, s. v. *il*.
Illaztu, P. donne *illeak illaztua*, carder la laine; de *ille*?
Ille 1. g. l. *ulle*, b. *ile*, bn. cheveu, laine. M. Salaberry dit que dans beaucoup d'endroits on se sert de *bilo*, mais toujours pour cheveu, et *ile* toujours pour laine. En bisc. *ulle* n'est jamais employé pour laine. P. écrit s. v. *biloa*, *hil biloac*, (avec *h*) poil follet.
Illetsu, g. l. *ulletsu*, bn. chevelu; de *ille-tsu*.
Ilain, bn. ouvrier, marchand, en laine; de *ile-egin*.
Ille 2. v. *egin*.
Illeti, g. *ilheti, itchendi, ilhendi*, b. l. tison.
Illetsu, v. *ille*, 1.
Illezkor, v. *il*.
Illoba, g. l. bn. *llobia*, b. (orthographe esp. ll = gl. ital.; l mouillé initial), neveu ou nièce. A Guéthary petit fils, petite fille. *Abran bere emazte Sarai eta illoba Lot berekin zituela echetik irten zan*, Lardiz.

Abraham, qui avait avec lui sa femme Sarah et son neveu Lot, sortit de la maison.

Billoiba, g. *bigarren llobia*, b. arrière-neveu, petit-fils. Imité de l'esp. sobrino segundo. *Abran Noeren billoba amaikagarren belaunekoa*, Lardiz. Abraham petit fils de Noé de la onzième génération.

Illoi, v. *il*.
Illotz, v. *il*.
Illundu, v. *il*.
Illun, illuntasun, v. *il*.
Illuntze, v. *il*.
Ilte, v. *il*.
Iltzatu, v. *iltze*, 2.
Iltzatze, v. *iltze*, 2.
Iltze, 1. v. *il*.
Iltze, 2. g. *ultze, untze*, b. *itze*, l. bn. clou. Probablement de *ich*, qui a donné *itsatsi*, saisir, prendre. Les dial. basq. fr. paraissent avoir conservé la forme la moins corrompue; nous ne savons pas, pour le moment, d'exemple de l'introduction de *l*; *u* bisc pour *i* se retrouve dans *ille, ulle*; *irten, urten*; *ukitu, ukutu*. La forme bisc. *untze*, rattache *iltze* à *untz*, g. b. *huntz*, l. bn. lierre. Pour la signification il n'y aurait aucune objection à faire; cependant la corruption de *ich* en *untz* est forte; il faudrait pouvoir rendre compte ici de l'introduction de *n* dans le bisc. ou de la chute de *n* dans les autres dialectes, ce qui serait possible; comp. *ihitz*, s. v. *intz*, et *iretzi*.

Iltzatu, iltzatzen, g. *itzatu, itzatzen*, l. bn. clouer.

Ilzar, v. *illa*, s. v. *il*.
Itzatu, itzatze, v. *iltze*, 2.
IMACHINA, v. *imagina*.
IMAGINA, l. *imachina*, bn. image.
Imasimanu, bn. avec parfaite ressemblance. Sal.
Imbide, imbidezu, v. *egin*.
Imin, imini, v. *ipiñi*.
Imito, l. entonnoir.
IMPAMIA, b. infamie.
Imphiztu, bn. provocation.
Inauteri, v. *iñoteri*.
Incha, bn. haine cachée, rancune.
Inchaur, g. b. *inzaur*, l. bn. noix. Comp. *elzaur*.
Inzaurtze, bn. noyer.
Inchezka, bn. mouvement de tiraillement du corps, provoqué par l'inertie. Salaberry. Explication peu claire.
Inda, bn. sentier.
Indaitzu, v. *indak*.
Indak, indan, indazu, g. b. l. 2de pers. de l'impér. (forme mas., fém. et polie) du verbe — ? donne-le moi. *Indaitzu*, donne-les moi. Cet impératif paraît être isolé comme *iguk*. *Ene Jainkoa, indazu, othoi, atzo arraxa geroz egin ditudan hutsen eta bekhatuen barkhamendua*, la Vieuxville, p. 9. Mon Dieu donnez-moi, je vous prie, pardon des fautes et péchés que j'ai faits depuis hier au soir.
Indan, v. *indak*.
Indar, g. b. l. bn. force; — g. b. effort. *Indarra egin biar da zeruba irabazteko*, b. Il faut faire (un) effort pour gagner le ciel.

Indartsu, g. 1. *indarzu*, bn. fort, puissant, valeureux; de *indartsu*.

Indartu, indartzen, g. se fortifier.
Indarka, indarrez, bn. par force; de *indar-ka* et *z*.

Indartsu, v. *indar*.
Indartu, indartze, v. *indar*.
Indarzu, v. *indar*.
Indazu, v. *indak*.

Infernu, g. *inpernu*, b. *ifernu*, l. enfer.

Infernutarra, b. infernal.

Inguda, g. *yungura*, b. *ingura, iguxa*, l. enclume. Le bisc. paraît dériver de l'esp. yunque. Les autres dial. se rapprochent plutôt de l'ital. ou du port. incude. Pour la mutation de *d* en *r*, v. *egundaño*. *Inguxa* est donné par P.

Ingume, g. papillon; — l. fantôme qui charge les corps des dormants. P. De l'esp. incubo et du fr. incube; *m* pour *b*, comme Biarritz = Miarritz; *maino*, de *baño*, bain, etc.

Ingura, v. *inguda*.

Inguru, l. bn. environ, contour: Paraît être composé de l'esp. giro, contour, cercle, et de la prép. en, in.

Inguxa, v. *inguda*.

Inhakin, l. gestes par lesquels on contrefait quelqu'un. P. *Haren inhakina egiten du*, il le contrefait.

Inhalozka, v. *ihalozka*.
Inhar, v. *ihar*.
Inhara, v. *enada*.
Inharki, l. P. ne traduit pas ce mot mais donne l'exemple suivant: *Inharkitik nai dut, ez gizenetik*, je veux du maigre et non du gras. *Inharki* est évidemment composé de *inhar-ki*; la terminaison *ki* pour *gai*. *Inhar* est une variante de *ihar* (v. *ihar*) qui, à son tour, est une variante de *igar*, sec. Il nous semble que *igar* rendrait très bien l'idée de „maigre" et nous croyons avoir ici en même temps l'explication de *gihar*, chair vive, que Larramendi traduit par „chair sans graisse". Le *g* a changé de place comme dans *irago* pour *igaro*.

Inharros, inharrosi, v. *irausi*.
Inharte, v. *iñoteri*.
Inhaurki, v. *ihaurri*.
Inhaurteri, v. *iñoteri*.
Inhaurtu, v. *ihaurri*.
Inhurri, v. *chindurri*.
Inhurridura, v. *inhurritu*.
Inhurritu, bn. s'engourdir.

Inhurridura, bn. engourdissement.

Inontz, v. *intz*.
Inos, v. *noiz*.

Inpernu, v. *infernu*.

Intz. g. *iruntz, inuntz, inontz*, b *ihintz*. l. *ihitz*, l. bn. rosée. Pour la chute de *n* comp. *iltze*.

Ihintztatu, ihintztatzen, l. *ihitztatu*, bn. se couvrir de rosée.

Izotz, g. l. gelée; — bn. petite gelée, moins forte que *kharroin* ou *horma*. De *ihitz-otz*.

Izotztu, izozten, g. *izotz egin*, l. geler.

Intzire, g. hurlement; — bn. plainte, vagissement. Paraît être le même mot que *irrinzi*, avec transposition de *irr* initial.

Inual, bn. imbécile.

Inuntz, v. *intz.*

Inxea, *inxeatu*, bn. essayer; de l'esp. ensayar.

Inyubi, inyubitu, bn. avoir un vif désir d'une chose. *Gathua inyubitua da bethi arrainari*, le chat est toujours friand de poisson.

Inzaur, v. *inchaur.*

Inzaurtze, v. *inchaur.*

Iñardun, v. *jardun.*

Iñarrusi, v. *irausi*

Iñaz latsa. b. balai. Comp. *iñaztor.*

Iñaztor, g. fougère. Ce mot n'est pas connu à Zarauz, mais bien à Hernani et Andoain, à ce qu'on nous a dit. *Iraztor* est en lab. fumier de fougère, de *iraze*, dont la forme basq. esp. sera *iñaze* ou *iñaz*. *Iñaztor* ne peut donc signifier fougère, et doit être composé de *iñaz-tor*. Nous ne connaissons aucun exemple de permutation de *r* en *ñ*.

Iñez, v. *iges.*

Iñoiz, v. *noiz.*

Iñok, v. *nor.*

Iñor, iñork, v. *nor.*

Iños, v. *noiz.*

Iñotazi, b. grêlon; syn. de *chingor.*

Iñoteri, inauteri, ioteri, g. *ihaurteri, inhaurteri, inharte*, l. *ihaurtiria*, bn. carnaval. De *ihaute*, mardi gras; mais qu'est-ce que *ihaute?* Pour la mutation de *h* en *nh* et *ñ*, v. *chingar* l. *Ihaute*, l. bn. mardi gras. *Ihaute motza*, mardi gras, P. *Astelehen ihaute*, lundi gras. P.

Zaldun ihaute, dimanche gras. P.

Iñotsi, b. couler; syn. de *eraunsi.* V. Larramendi s. v. llover.

Io, v. *igo* s. v. *ig.*

Ioteri, v. *iñoteri.*

Ipar, g. b. *hipar*, l. *iphar*, bn. vent du nord, nord.

Iphar, v. *ipar.*

Iphete, bn. plein de graisse. *Gizon hori iphete egin da*, cet homme est devenu très gros et gras. Sal. Peut-être de *bethe*, plein, comme on dit en fr. un visage plein. Le *i* paraît être prosthétique comme dans *iphitta*.

Iphitta, bn. très petit; du fr. petit avec *i* prosthétique?

Iphurdi, v. *epurdi.*

Iphuru, bn. terme de laboureur; point où l'on s'arrête avec la charrue, etc. pour retourner, revenir au point de départ.

Iphuruko, bn. cheville attachant le timon au joug.

Ipidia, v. *ibiria.*

Ipintze, v. *ipiñi.*

Ipiñi, ipintzen, g. *ifini, ifintze*, l. *ibeni, ibentzen* l. ou *ibenten*, b. *imin, imini*, bn. placer, mettre. Toutes les labiales permutent ici entre elles, b, p, m, f. — Labort euskaran *ipinia*, g. traduit en basque labourdin. *Arbola bide gainean ifinia*, l'arbre placé, planté, sur le chemin. P. *Ela othoitz hunekin batean, Ama Virginaren, kastitearen patroin bezala ararteko ibentzea*, Ax. 365. a. éd. 182. n. éd. Et avec cette prière subitement, le placer de la Vierge en médiatrice, comme patronne des chastes.

Ifintza, l. plantation. P.
Ipizpikua, *apezpikoa*, l. évêque. P.
Ipui, g. b. fable, conte.
Ipurmamia, v. *epurdi*.
Irabarkhi, bn. forêt, vilebrequin.
Irabazi, irabazten, g. b. l. bn. gagner.
Irabiatu, irabiatzen, g. bouleverser.
Iradullu, bn. faux avec laquelle on coupe la fougère, l'ajonc, etc.
Iragaite, v. *igo*, s. v. *ig*.
Iragan, v. *igo*, s. v. *ig*.
Iragarri, v. *igerri*.
Iragazi, v. *igaro*, s v. *ig*.
Irago, v. *igo*, s. v. *ig*.
Iragoite, v. *igo*, s. v. *ig*.
Iraikitze. v. *jaiki*.
Irailla, b. le mois de Septembre; de *ira-illa*; mais *ira* nous est inconnu.
Iraitsi, iraitste, l. *iraitsi, iraizten*, bn. jeter, rejeter. *Eta çuec iraizten çaituztenac, ni iraizten nau*. Luc. X. 16. Test Roch. Et celui qui vous rejette, me rejette.
Iraitste, v. *iraitsi*.
Iraizte, v. *iraitsi*.
Irakasi, v. *ikasi*.
Irakastun, v. *ikasi*.
Irakin, irakiten, g. b. l. *erakit, erakitu, erakiten*, bn. bouillir. Ce nom verbal se conjugue des deux manières et sa conjugaison régulière est celle des verbes transitifs: *dirakit, dirakizu, diraki*, etc. je bous, etc. ce qui s'explique peut-être par sa forme causative. *Irakin* est formé, peut-être de *erazo-ekin* faire avancer (lever?) = bouillir. Par erreur s. v.

ekin, nous avons dit que P. traduisait *eraikitzi* par: faire monter; il faut „faire lever"; de *erazo-jeiki*, et non de *erazo-ekin*, comme nous l'avons dit. Mais la possibilité reste que *ekin* se rattache à *ig, ik*.
Irakite, v. *irakin*.
Irakurri, irakurten, irakurtzen, g. b. l. bn. lire.
Irakurgai, g. chapitre; de *irakurgai*.
Irakurle, g. lecteur; de *irakur-le* pour *egille*.
Irakurgai, v. *irakurri*.
Irakurle, v. *irakurri*.
Irakurte, irakurtze, v. *irakurri*.
Irasagar, g. l. coing (fruit). Evidemment de *ira-sagar*, mais nous ignorons ce que *ira* signifie.
Irasagarondo, coignier.
Irasail, v. *iraze*.
Iraski, iraskitzen, g. l. *irazki*, bn. ourdir.
Irazki, bn. chaîne; terme de tisserand.
Iraste, v. *iragazi*, s. v. *ig*.
Irastor, v. *iraze*.
Iratcheki, v. *icheki*, s. v. *ich*.
Iratiotze,—? *Baiña orduan diren gaixtoenac ere hasten dira, beren contcientcien iratiotzen eta iraultzen*. Ax. p. 204. a. éd. 64. n. éd.
Iratzartu, iratzartuten, b. bn. se réveiller; de *erazo-atzarri*. *Iratzartu, ta bertati Christinaubak zer egin biar dau?* Olaechea. Que doit faire le Chrétien dès qu'il est éveillé?
Iratze, v. *iraze*.

Iratztoi, v. *iraze*.

Iraugai, l. *iraurgi*, bn. chaume, fougère, ajonc, tout ce qui est propre à servir de litière ou à faire du fumier. De *irau-gai*; mais qu'est-ce que *irau?*

Iraurtu, bn. étendre la litière.

Iraul, v. *irauli*.

Iraulaya, espèce de gâteau, selon O. De *irauli?*

Irauldu, v. *irauli*.

Irauli, iraultzen, g. l. *iruli*, b. *iraul, irauldu*, bn. En g. et b. renverser. En l. bn. labourer, tourner la terre avec la charrue; renverser.

Iraulkatu, iraulkatzen, l. bn. se tourner.

Eria iraulkatzen da ohean, P. Le malade se tourne dans le lit.

Iraulkatu, iraulkatze, v. *irauli*.

Iraultze, v. *irauli*.

Iraun, irauten, g. l. bn. *iraun, iraunten*, b. durer, persévérer. Ce nom verb. se conjugue des deux manières, v. Essai, Ch. X. *Bakarrik au salvauko dala azken giño ondo irauten dabena*. Añibarro. Seulement celui-là sera sauvé qui aura persévéré jusqu'à la fin.

Iraun, iraupen, g. b. l. bn. *iraute*, l. durée. *Iraute gutitakoa*, de peu de durée.

Irautez, iraupez, l. largement. P. *Iraupez* est peut-être en usage, mais ce mot n'est pas correct; la terminaison n'est pas *pe* mais *pen*; il aurait fallu *iraupenez*.

Iraungi, iraungitzen, l. éteindre, mortifier.

Iraunsi, v. *erausi*.

Iraunte, v. *iraun*.

Irauntsi, Moguel se sert de ce mot pour „encouragement" Aufmunterung; v. Berichtigungen etc. de W. v. Humboldt.

Iraupen, v. *iraun*.

Iraupez, v. *iraun*.

Iraurgi, v. *iraugai*.

Iraurtu, v. *iraugai*.

Irausi, irausten, g. crever (d'un ulcère); — l. forcer. *Iharrosi, iharrosten; inharrosi, inharrosten*, l. bn. *iñarrusi, jardausi, iardausi*, g. secouer, ébranler. Tous ces noms verb. sont formés de *erazo-autsi*, faire rompre, et devraient se trouver s. v. *auts*. Pour la mutation de *h, nh, ñ*, v. *chingar* 1, et *gihar*. *Atheak irausi zituen*, l. il avait forcé les portes.

Irauste, v. *irausi*.

Iraute, v. *iraun*.

Irautez, v. *iraun*.

Iraze, l. *iratze*, bn. fougère.

Irastor, l. fumier de fougère. P. *Iraztor, iratztoi, irasail*, bn. fougeraie. Comp. *iñaztor*.

Irazeki, erazekitze, l. *erazeki, erazekitzen*, g. *iresegi*, b. (Lardizabal) allumer; de *erazo-izeki*, v. *izio*.

Irazi, v. *iragazi*, s. v. *ig*.

Irazte, v. *iragazi*, s. v. *ig*.

Iraztor, v. *iraze*.

Ireika, ireikatze, v. *igeri*.

Ireiz, ireizi, bn. nettoyer le froment en le jetant en l'air, avec une pelle; clarifier, filtrer.

Ireiz-phala, la pelle pour nettoyer le froment.

Ireki, v. *idiki.*
Irendu, g. b. châtrer.
Irentsi, v. *iretsi.*
Ires, iresi, bn. peigner. Sal. Même mot que *ireiz?*
Iresegi, v. *irazeki.*
Ireste, v. *iretsi.*
Iretsi, iresten, g. l. bn. *irex, irexi,* bn. *iruntzi,* b. avaler. Selon P. le sub. verb. *iretste.* En g. *irutsi* (selon M. Arrue, maître d'école à Zarauz), ce que la forme bisc. rend probable. Peut-être que le *n* s'est perdu (comp. *iltze* 2. et *ihitz*), et que *iruntzi, irentsi,* est une variante de *eraunsi,* couler, verser. — *Baina hire seme haur ceinek iretsi ukan baitu hire onhassun gucia putequin.* Luc. XV. 30. Test. 'Roch. Mais celui-ci ton fils qui a mangé tout son bien avec des putains.
Iretste, v. *iretsi.*
Irex, irexi, v. *iretsi.*
Irhazain, l. garde forêt; syn. de *oihanzain.* La terminaison est *zain.* mais *irha* ne se trouve pas.
Irhinziri, v. *irrinzi.*
Iri, 1. b. fougère. Comp. *iraze.*
Iri, 2. g. *uri,* b. *hiri,* l. bn. ville. Les dial. l. et bn. ont *iri,* avec la signification de: endroit, environ, et de là la préposition *irian,* bn. vers ou environ. C'est probablement le même mot, bien que le *h* puisse servir à distinguer les deux acceptions. *Bazko irian jinen da,* il viendra vers Pâques. *Eta gauaren laurgarren veilla irian ethor cedin hetara itsas gainez çabilala.* Marc. VI. 48. Test. Roch.

Et environ la quatrième veille de la nuit, il alla vers eux, marchant sur la mer.
Ibirizka, l. village.
Irian, v. *iri.*
Irichi, 1. v. *iretsi.*
Irichi, 2. **iristen,** g. atteindre, réussir. *Diru asko izatera irichi da,* il a réussi a avoir beaucoup d'argent.
Iriki, v. *idiki.*
Irinteia, v. *iriñ.*
Iriñ, g. *urun,* b. *irin,* l. bn. farine. Du fr. ou de l'espagnol harina? La chute de f ou h initial n'est pas rare; mais nous ne connaissons pas d'autre exemple de mutation de a fr. ou esp. en *e* ou *u* basque.
Irinteia, bn. pièce où l'on pétrit le pain; de *irin-tegia.*
Irioite, v. *irion.*
Irion, irioiten, l. envoyer. *Urari bertzetara erioitea eta eragitea,* faire prendre chemin à l'eau par autre part. P. *Ontasunak irioitea,* prodiguer, dissiper son bien. P. Serait-ce une corruption de *irago* (*erazo-igo*)? Larramendi donne pour *igo* les formes *io, iyo.*
Iriste, v. *irichi.*
Iritai, g. *igitai,* b. Serpe. Pour la mutation de *g* en *r,* v. *argizagi.*
Iritzi, v. *eritzi.*
Irozerazo, g. appuyer, soutenir. Nous ignorons si ce mot est en usage; il est composé de *irozerazo,* verbe causatif, faire — ? *iroz* ne se trouve pas.
Irri, g. l. bn. *hirri,* l. rire, subst. Comp. *farra.*

Irri egin, irriz egon, l. rire, verbe. *Irriz dago*, il rit. *Irriz vrratzen dira*, l. ils crèvent de rire.

Irriz, bn. en riant; de *irri-z*.

Irrizkina, l. écornifleur. P. De *irriz-egina?*

Irrikor, l. rieur, adj.; de *irri-kor*.

Irri barre, b. sourire.

Irrikatu, g. désirer vivement.

Irrikor, v. *irri*.

Irrinzi, g. *irrinzin*, l. bn. *irhinziri*, bn. syn. de *zinkha*. Sal. Cri particulier des Basques, de défi, de joie, de ralliement. — g. b. bn. hennissement. Le guip. a perdu le *n* final, comp. *arrai*, 2.

Irrinziri, irrinzirina, l. hennissement; syn. de *zamarikina*.

Irrinzin, v. *irrinzi*.

Irrinziri, v. *irrinzi*.

Irrinzirina, v. *irrinzi*.

Irriñarte, g. fente, ouverture; p. ex. d'une porte entre bâillée. Ce mot paraît être composé de *irrin-arte*; *arte*, espace, en bn. fente. Comp. l'all. zwischenraum. *Irriñ* dérive peut-être du lat. rima, avec *ir* prosthétique et *n* au lieu de *m* final qui n'est pas toléré en basque. Dans ce cas le verbe *irritu* aurait perdu la nasale. Il est cependant possible que *irri* existe, d'où le verbe *irritu* et puis *irriñarte*; le *ñ* sera alors pour l'euphonie. Comp. *iriki (*pour *iri-egin?)* et *zirritu*.

Irritu, irritzen, hirritu, hirritzen, l. s'entrouvrir, se fendre. *Irritzen da lurra*, la terre s'entrouvre de sécheresse. P. *Hotzez irriturik*, transi de froid P. i. a. *Goseak irriturik dago*, il est accablé par une grande faim. P. i. a. Les deux dernières acceptions ne sont pas claires.

Irristatu, irristatzen, g. glisser. Peut-être faudra-t-il rattacher ce nom verb. à *irri*, forme hypothétique, v. *irriñarte* et *ziri*.

Irritu, v. *irriñarte*.

Irritze, v. *irriñarte*.

Irrizkina, v, *irri*.

Irten, irteten, g. *urten, urteten*, b. sortir, se lever (du vent), provenir, naître. *Bigarren aldiz urteten dau argitara liburuchu onek*, b. Pour la seconde fois ce petit livre paraît à la lumière (au jour). *Urten lei seme onak guraso ardura bagakuetatik*, b. Le bon fils pourra provenir, naître, de parents insouciants.

Irtete, v. *irten*.

Iru, g. *hirur*, l. bn. trois.

Irugarren, g. b. *hirurgarren*, l. bn. troisième.

Heren, l. bn. tiers. *Heren* comme *atzen* et *garren*, sera un superlatif, c. a. d. un génitif. Les adject. numéraux (premier, dernier, etc.) sont rendus dans plusieurs langues par un superlatif: first, angl. erste, all. achtste, holl. V. Pott, Zählmethode, p. 215—224. La mutation de *i* (*hirur*) en *e* se retrouve dans *nere*, gén. de *ni*.

Erenegun, g. *areñegun*, b. *herenegun*, l. bn. avant hier; de *erenegun*.

Herenzi, bn. pour la troisième fois. La terminaison est obscure. *Huna herenzi prest naiz çuetara*

14

ethortera. 2 Cor. XII. 14. Test. Roch. Voici pour la troisième fois que je suis prêt pour aller vers vous.

Irudi, g. b. *iduri,* l. bn. (transposition de *d* et *r*) semblable, adj. Apparence, ressemblance, figure, exemple. — g. poussier. Larr. dit que *iduri* est le plus en usage, bien que les formes fléchies soient prises de *irudi.* Le prés. de l'ind. fait *dirudit, dirudizu, dirudi,* etc. Il nous semble que *iduri* est un adjectif verbal formé, comme tant d'autres (*asi* de *as*; *esi* de *es*), de *idur-i.* *Idur,* pourrait être composé de *ide,* pareil, semblable et *ur,* près. *Bi ahizpak elgar iduri dire,* bn. Les deux soeurs sont semblables (se ressemblent). *Ogiaren eta mahats arnoaren idurien edo itchuren azpian,* l. sous l'apparence de pain et de vin. *Bere iduriz, ona da,* selon qu'il semble, il est bon. P.

Idurikoz, l. par conjecture, P. i. a.

Iduripen, l. soupçon; de *iduri-pen.*

Irudi, iruditzen, g. *iduri, iduritzen,* l. bn. *iduri, iduritu,* bn. sembler, paraître, ressembler. Ce nom verb. a le présent et l'imparfait de l'ind. réguliers. *Dirudit, dirudizu, dirudi,* etc. il me semble, etc. dans la double acception, de „sembler" et „ressembler". *Hura dirudi,* il lui ressemble. P. *Badirudizu hilla,* vous semblez un mort. P.

Dirudienez, g. apparemment. *Dirudi,* 3. pers. du prés. de l'ind. il lui paraît; *n* relatif avec *e* de liaison, *dirudien;* puis le suf. *z;* de ce qu'il lui paraît = apparemment.

Iruditze, v. *irudi.*

Irugarren, v. *iru.*

Irulaga, v. *irun.*

Irule, v. *irun.*

Iruli, v. *irauli.*

Irun, iruten, g. b. l. bn. *hirun, hiruten,* l. filer. *Eztugu irungaik* (de *gai*). Nous n'avons de quoi (de matière) à filer.

Irule, l. bn. fileur; de *iru-le,* avec élision de *n* devant *l,* v. Essai, Ch. II.

Irulaga, l. quenouille. P. i. a.

Iruntsi, v. *iretsi.*

Iruntz, v. *intz.*

Iruntzi, v. *iretsi.*

Irur, g. vallée.

Irute, v. *irun.*

Iruzki, v. *eguzki.*

Isats, g. 1°, petit balai sans manche. 2°. nageoire; probablement à cause de la ressemblance.

Iseka, g. moquerie.

Isekatu, isekatzen, se moquer.

Isi, v. *hisi.*

Isil, isiltzen, g. *ichildu, ichilduten.* b. *ichil, ichildu, ichilten,* l. bn. se taire. Les basques esp. écrivent encore *isil, ixildu, issildu,* puisqu'on prononce un *s* gras. *Isil* dérive probablement de la racine *ich;* pour le moment *il* reste sans explication. Nous avions d'abord pensé à décomposer *ichildu* en *itz-il-du,* éteindre la parole, ce qui paraît peu naturel. L'interjection bn. *icho!* silence! semble plutôt une forme impérative de *ich,* et ainsi *ichildu* en dérivera aussi. P. emploie *ichil* comme adjectif : *gizon ichilla*, un homme posé, de peu de paroles.

Isiltasun, g. silence ; de *isil-tasun*.

Ichillik, b. l. bn. en silence, en cachette ; de *ichil-ik*.

Ichilka, bn. en cachette ; de *ichil-ka*.

Ichillik egon, b. l. rester sans parler.

Ixilume, b. enfant illégitime ; de *ichil-ume*.

Isiltasun, v. *isil*.

Isiltze, v. *isil*.

Iskambil, g. grand bruit de paroles.

Iskinnaso, bn. geai. (*nn* = *ñ*).

Ispillu, 1. l. malotru, gueux. Probablement d'espiègle qui vient de spiegel, miroir v. *ispillu* 2.

Ispillu, 2. g. b. miroir. Probablement du prov. espelh.

Istape, v. *ister*.

Istar, v. *ister*.

Istarpe, v. *ister*.

Iste, *ich* et *utsi*.

Ister, g. b. l. *istar*, g. *ichter*, bn. cuisse.

Istarpe, b. *istape*, l. *ichtape*, bn. enjambée ; de *istar-pe*.

Istapeko. *Istapeko andrea*, la déesse Vénus. P.

Ister odea, l. le gras de la jambe.

Isterbegi, v. *ichterbegi*.

Istil, l. lac, fange.

Istilleroa, l. chantier

Istinga, istingia, g. marais.

Istingor, g. bécassine. Il nous semble de *instin-gor*, la sourde du marais. *Ollagor* est bécasse ; de *ollo-gor*, poule sourde, selon le préjugé (?) que la bécasse est sourde.

Istingia, v. *istinga*.

Istingor, v. *istinga*.

Istu, chistu, g. *chu*, b. salive.

Istu bota, g cracher.

Istu, g. *chistú*, b. flûte basque.

Ixtu, l. sifflet pour appeler quelqu'un. P. *Ixtuz dago*, il vous siffle. P.

Isun, l. amende pécuniaire.

Isuraldi, v. *isuri*.

Isuri, isurtzen, g. l. *ichur, ichuri*, bn. verser, répandre.

Isuralde, g. versant de la montagne, d'où coule l'eau ; de *isur-alde*.

Isurle, celui qui répand ; de *isur-le*. Ce mot se trouve chez Axular, p. 164. a éd. dans le composé *odol-isurle*, sanguinaire.

Isurle, v. *isuri*.

Isurtze, v. *isuri*.

Isuski, b. *izuzki*, bn. petit balai pour nettoyer les chambres ; de *itsus-ki?* propre à, destiné à, la saleté. Comp. *isatz*.

Itai, g. faux.

Itaitu, faucher.

Itan, itaun, b. demande.

Itandu, b. *ithaun, ithauntzen*, mot d'O. selon P. demander, interroger.

Itandu, v. *itan*.

Itaun, v. *itan*.

Itaxura, v. *itoi*.

Itchain, v. *ich*.

Itcheki, itchekitzen, v. *ich*.

Itchendi, v. *illeti*.

Itchura, v. *ichura.*
Itchurapen, v. *ichura.*
Itchuraz, ichurazko, v *ichura.*
Iten, b. manque, pénurie.
Ithachur, v. *itoi.*
Ithainçura, v. *itoi.*
Ithaizur, v. *itoi.*
Ithandi, v. *idi.*
Ithaun, v. *itan.*
Ithauntze, v. *itan.*
Ithegun, v. *idi.*
Itho, v. *ito.*
Ithokoin, bn. nom vulgaire des étoiles qui forment la grande ourse.
Ithoitz, v. *itoi.*
Ithotze, v. *ito.*
Ithurri, v. *iturri.*
Ito, itotzen, g. b. *itho, ithotzen,* l. bn. noyer; — l. étouffer, étrangler. P. *Itho da,* il s'est noyé.
Itogin, v. *itoi.*
Itoi, g. goutte.

Itoiti, g. *ithoitz,* l. gouttière. La terminaison des deux mots est obscure.

Ithaizur, l. *ithachur,* bn. gouttière; de *itho-isur*. Il serait donc mieux d'écrire *ithaisur* en lab. O. écrit prov. 284: *itaxura,* et P. *ithainçura.*

Itogin, itokin, itozin, b. gouttière; de *ito-egin.* Le n prend le tilde si l'article suit, *itogiña.* Pour la permutation de la gutturale et de la sibilante, comp. *girtoin = zirtoin; gapar = zapar; gale = zale.* V. aussi *karraka.*

Itokin, v. *itoi.*
Itoitea, P. cite ce nom verb. comme souletin. Tirer de quelque lieu. Ce sera apparemment une corruption de *idokite.*
Itoiti, v. *itoi.*
Itotze, v. *ito.*
Itozin, v. *itoi.*
Itsaso, g. l. bn. *ichaso,* g. b. *ixaso,* bn. mer. *Ethor cedin hetara itsas gainez çabilala,* Marc. VI. 48. Test. Roch. Il alla vers eux, en marchant (litt. qu'il marchait) sur la mer.

Itsastar, g. marin (subst.); de *itsas-tar.*

Ichasgizon, b. *itsasgizon,* l. syn. de *itsastar.*

Itsasturu, l. syn. de *itsastar.* Ce mot se trouve chez O. prov. 286. Est-ce un corruption de *itsastarra?*

Ixasadar, bn. embouchure d'une rivière dans la mer: de *ixas-adar.*

Itsasgizon, v. *itsaso.*
Itsaskor, v. *itsatsi,* s. v. *ich.*
Itsastar, v. *itsaso.*
Itsaste, v. *ich.*
Itsasturu, v. *itsaso.*
Itsatsi, v. *ich.*
Itsu, v. *ichu,* s. v. *ich.*
Itsu itsuban, v. *ichu,* s. v. *ich.*
Itsuka, v. *ichu,* s. v. *ich.*
Itsukeria, v. *ichu,* s. v. *ich.*
Itsumen, v. *ichu,* s. v. *ich.*
Itsùmustu, v. *ichu,* s. v. *ich.*
Itsusi, ichusi, g. *itsusi,* l. *ixusi,* bn. sale, laid. Nous avions cru pouvoir rattacher *itsusi* à *itsu,* aveugle, et de là laideur et puis saleté. L'idée abstraite de laideur aurait pû être exprimée de cette

façon; mais la terminaison *si* nous embarasse. *Gizon itsusia*, homme laid. *Hitz itsusia*, parole sale.

Itsustasun, g. 1. laideur, saleté, de *itsus-tasun*.

Ixuskeria, bn. vilenie; de *ixuseria*.

Itsuski, l. salement.

Itsustu, itsusten, l. salir; *ixus, ixustu*, bn. enlaidir.

Itsuski, v. *itsusi*.
Itsustasun, v. *itsusi*.
Itsuste, v. *itsusi*.
Itsustu, v. *itsusi*.
Itsutasun, v. *ichu*, s. v. *ich*.
Itsutu, itsutze, v. *ichu*, s. v. *ich*.

Iturri, g. b. *ithurri*, l. bn. source, fontaine. *Zorion guzien iturri*, g. Source de tout bonheur.

Iturburu, g. source principale; de *itur-buru*.

Itz, g. *hitz*, g. l. bn. mot, parole. *Hitzetatik agiri dezu, nola dizekan zure biotzari*. Larr. Vous avez le témoignage des paroles comme elles brûlent votre coeur c. a. d. vos paroles témoignent combien votre coeur est brûlant.

Hitzez-hitz, l. mot à mot.

Itzegin, g. parler; de *itz-egin*.

Itzaurreko, g. préface; de *itzaurreko*; l'all. Vorwort.

Hizkuntza, g. l. *izkuntza*, g. langage. *Bestenaz banagoka zure hitzkuntzari*. D'un autre côté c'est à votre langage.

Hitzontzi, bavard, subst. Très probablement de *hitz-ontzi*. Comp. le holl. praatzak, de praten, parler et zak, sac; l'all. plaudertasche, formé de la même façon.

Itzketa, g. propos, discours. Il nous semble de *hitz-hetan*, après avoir changé *h* en *k* (v. Essai, Ch. II.) et avec chute de *n* final. Comp. *arrai* 2. *Itzketan*, d'après sa forme est un subst. verb. (V. *hetan*, s. v. *ta*,) ou un nom au locatif ce qui revient au même.

Itzaldi, g. discours.

Hitzlanoak, l. prose. P.

Hitz neurtuak, neurthitzak, l. poésie.

Itza, itzatu, v. *iltze* 2.

Itzain, itzaingoa, v. *idi*.

Itzal, g. l. bn. ombre.

Itzali, itzaltzen, g. éteindre. *Itzal, itzaldu, itzaltzen*, l. ombrager. P. — bn. se cacher. De *ich-ari* 4? Comp. *estali*.

Itzaldi, v. *itz*.
Itzaldu, v. *itzal*.
Itzali, v. *itzal*.
Itzaltze, v. *itzal*.
Itzar, v. *idi*.
Itzarkinak, v. *idi*.
Itzaurreko, v. *itz*.
Itze, v. *iltze*, 2.
Itzegin, v. *itz*.
Itziki, bn. gorgée. *Itzikika*, par gorgées.
Itzketa, v. *itz*.
Itzul, v. *itzuli*.
Itzulbide, v. *itzuli*.
Itzul, ichuli, itzultzen, g. *itzuli, itzultzen*, h. l. *itzurri, itzutzen*, l. *itzul, itzuli*, bn. tourner, retourner, rendre. *Beren errira itzultzeko*, g. Pour retourner dans leur pays.

Aldagarri itzulia, habit tourné. P.
Itzuli natzayo, je me suis échappé de lui. P.

Itzulbide, itzurpide, l. refuge, échappatoire; de *itzul* et *itzur-bide*.

Itzulipurdi, g. *itzuliphurdi*, l. bn. culbute; de *itzul-ipurdi*. En g. aussi contracté en *zilipurdi*.

Itzuliphurdi, itzulipurdi, v. *itzuli*.

Itzultze, v. *itzuli*.
Itzurbide, v. *itzuli*.
Itzurri, v. *itzuli*.
Itzutze, v. *itzuli*.
Ixasadar, v. *itsaso*.
Ixaso, v. *itsaso*.
Ixeka, v. *ichaka*.
Ixildu, v. *isil*.
Ixilume, v. *isil*.
Ixio, v. *izio*.
Ixti, v. *ich* et *ichti*.
Ixititze, v. *ichti*.
Ixtu, v. *istu*.
Ixu, v. *ichu*, s. v. *ich*.
Ixukeria, v. *ichu*, s. v. *ich*.
Ixusi, v. *itsusi*.
Ixuskeria, v. *itsusi*.
Ixustarzun, v. *ichu*, s. v. *ich*.
Ixustu, v. *itsusi*.

Iya, 1. g. *ihi*, l. bn. jonc. Nous écrivons le guip. *iya* ignorant comment on l'écrit sans l'article.

Ihipe, l. jonchère.

Iya, 2. bn. nom enfantin qu'on donne aux petits objets pour les faire admirer par les enfants. Sal.

Iyez, v. *igaz*.

Izai, 1. v. *ich*.

Izai, 2. bn. peuplier. Sal. *izei*, l. sapin. P.

Izaite, v. *izan*.

Izan, izandu, izatu, g. *izan*, b. l. bn. été. La terminaison de l'adj. verbal étant *du* ou *tu*, il a fallu élider le *n* devant *t*, v. Essai, Ch. II. Le subst. verb. est *izaten*. *Izaten naiz*, je suis; forme fréquentative, j'ai l'habitude d'être.

Izatea, g. *izaitia*, l. subst. verb. défini.

Les terminaisons auxiliaires de *izan* sont employées en g. et b. pour rendre le verbe importer. *Niri zer zat?* que m'importe à moi? *Zuri zer zatzu?* que t'importe à toi? etc. *Niri zer zitzadan?* que m'importait à moi? etc.

Nous avons parlé dans notre essai de gr. p. 57 de la confusion qui règne dans l'emploi de *izan*, être, pour exprimer „avoir"; p. ex. *Diru asko izatera irichi da*, g. il a réussi à avoir beaucoup d'argent. *Eta aurrak izateko urteetan igaro zan*, Lardizabal. Et elle avait passé (dans) l'âge d'avoir des enfants. Nous n'avons malheureusement rien découvert depuis ce temps qui puisse jeter quelque lumière sur cette apparente bizarrerie de la langue basque. Alors déjà nous avons fait remarquer que les explications de MM. Archu, Inchauspe, etc. n'expliquaient rien du tout. Si le grand nombre de terminaisons est déjà une véritable difficulté, l'embarras en est encore considérablement augmenté par l'emploi particulier qu'on en fait dans quelques dialectes. La manière d'exprimer la 2ᵈᵉ pers.

du pron. personnel se retrouve, il est vrai, dans d'autres langues, dans le style très familier. Nous disons en holl. Ik heb (je) hem een pak gegeven! je (vous) lui ai donné une râclée! Aussi en fr. „Il vous a débité là des bêtises!" Ainsi on dit en basque: *zuk egin didazu*, me l'as-tu fait, au lieu de *zuk egin dezu*, l'as-tu fait. *Ni askotan etorri natzazu erri onetara*. Je te suis venu plusieurs fois vers ce peuple, au lieu de, *etorri naiz*, je suis venu. Mais ce qui est plus extraordinaire, c'est que l'on emploie les terminaisons d'avoir pour être. Dans la traduction de l'anc. Testament, Larregui écrit, p. 72 (élégamment, selon Zabala): *Nor zaitut ene semea?* qui es-tu mon fils. *Zaitut* avec le subst. verb. correspond sans cela à „je te" p. ex. *ikusten zaitut*, je te vois. Au lieu de *naz* (dit Zabala) on dit *nozu*; c'est-à-dire au lieu de „je suis" on dit „tu m'as." Nous ne faisons qu'indiquer ces bizarreries apparentes, qui devront être examinées dans un travail spécial sur le verbe.

La racine de *izan* est probablement *iz*, que nous retrouvons dans l'impératif *biz*, qu'il soit, de *b-iz*. Pour l'explication de *b* v. *bere*. Est-ce que *biz* aurait donné l'adj. verb. *bizi*, vivant, (comp. *asi* de *as*, *esi* de *es*, etc.); d'où le substantif *bizia*, la vie et puis le nom verb. *bizitu, bizitzen*, vivre.

Izandu, v. *izan*.

Izañ, v. *ich*.

Izar, 1. g. b. l. bn. étoile.

Artizar, g. b. l. *arthizar*, bn. l'étoile du matin.

Ozar izarra, l. la canicule. P.

Izartegi, l. ciel étoilé; de *izar-tegi*.

Izarratu, izarski, bn. étoilé.

Izarrihitz, bn. rosée; de *izar-ihitz*.

Izar, 2. v. *izari*.

Izari, l. bn. mesure.

Izar, izartu, izartzen, l. bn. mesurer.

Izark, izarki, bn. couvrir le feu.

Izarratu, v. *izar*, 1.

Izarrihitz, v. *izar*, 1.

Izarski, v. *izar*, 1.

Izartegi, v. *izar*, 1.

Izartu, izartze, v. *izari*.

Izate, v. *izan*.

Izatekotz, l. tout au plus; de *izate-ko-tzat*.

Izatu, v. *izan*.

Izaba, v. *izeba*.

Izeba, g. bn. *izeko*, g. b. *izeka*, l. bn.? Selon M. Fabre (Guide de la convers. basq. fr.) *izoba*. Selon le Manuel de la convers. fr. basq. *izaba*, tante. *Oha eure izebaren etchera, bana ez maiz sobera*, prov. 349. d'O. Va-t-en chez ta tante, mais pas trop souvent.

Izei, v. *izai*, 2.

Izeka, v. *izeba*.

Izeki, izekitzen, g. brûler. Il nous semble de *izio-egin*, avec chute de *n* final. Ce nom verbal se conjugue des deux manières et n'a, comme verbe régulier, que le présent et l'imparf. de l'indicatif, généralement précédé du préfixe *ba*. *Badizekat, badizekazu, badizeka*, etc. *Izeki* régit le datif. *Hitzetatik agiri dezu nola dizekan (dizeka* avec *n* à cause de *nola) zure biotzari.* Lettre de Larr. à Mendiburu. Vous manifestez par vos paroles combien votre coeur est brûlant.

Izeko, v. *izeba.*

Izen, g. b. l. bn. nom.

Izendatu, izendatzen, g. l. bn. nommer. *Izendau,* b. désigner, assigner.

Izengoiti, l. *izengoithi,* bn. surnom ; de *izen-goiti.*

Izendatu, izendatze, v. *izen.*
Izendau, v. *izen.*
Izengoiti, izengoithi, v. *izen.*
Izerdi, g. b. l. bn. sueur. Faudra-t-il rattacher *izerdi* à *izio?* de *iz-erdi* moitié brûlant?

Izerdi, izertzen, ou *izerditzen,* g. l. *izerditu,* b. *izert, izertu, izertzen,* bn. suer. *Izerdi naiz,* je sue. P.

Izerlika, l. grosse sueur qui engendre crasse. P. De *izer-lika.*

Izerditze, v. *izerdi.*
Izerlika, v. *izerdi.*
Izertu, izertze, v. *izerdi.*
Izi, v, *izu.*
Izialdura, v. *izu.*
Iziapen, v. *izu.*
Izidura, v. *izu.*
Izigarri, v. *izu.*
Izigarrikeria, v. *izu.*
Izikor, v. *izu.*

Izio, g. *ixio, ichatu,* b. allumer. Larramendi écrit *ezio,* s. v. encender, où il cite comme synonyme *irazeki.* Il est possible que ces deux noms verb. soient employés l'un pour l'autre, mais il nous semble que la forme d'*irazeki* indique que c'est un verbe causatif. *Irazeki* est composé, croyons nous, de *erazo-izeki,* et *izeki* de *izio-egin.* Il est probable que *izio* n'est pas un adjectif verbal; pour le devenir il fallait le suffixe *i* ou *du* ou *tu;* de là la forme bisc. *ichatu (x* de *ixio = ch). Izio* sera le thème, (comme c'est souvent le cas en bn.) ayant la signification de „chaud", „chaleur".

Izipera, v. *izu.*
Izitu, izitze, v. *izu.*

IZKIRA, g. lettre. Il nous paraît que *izkira* vient du verbe *izkiribatu,* qui est pris de l'esp. escribir.

Izkiribu, bn. écriture.

Izkirarra, g. littéral; de *izkira-ara.* Mieux un *r.*

Izkirotallu, g. inscriptions. Se trouve dans St. Luc. publié par la soc. bibl. de Londres.

IZKIRRIBU, v. *izkira.*
IZKIRAREA. v. *izkira.*
IZKIROTALLU, v. *izkira.*
Izkuntza, v. *itz.*
Izoba. v. *izeba.*
Izoki, l. saumon.
Izor, g. l. bn. enceinte, grosse. *Huna virginabat içorra içanen da.* Matt. 1. 23 Test. Roch. Voici une vierge sera enceinte.

Izotz, v. *intz.*
Izoztu, izozte, v. *intz.*
Izpi, g. l. fil, brin, — l. *Argiaren izpiak,* les rayons de lumière.

Izpika, l. brin-à-brin; de *izpi-ka.*

Izu, izi, g. terreur.

Izugarri, g. *izigarri,* l. bn. terrible; de *izu-garri. Ugolde izugarri* *baten bitartez ondumen au egin zaneraño*, jusqu'à ce que fut faite cette destruction au moyen d'un déluge terrible.

Iziapen, l. bn. frayeur; de *izia-pen*. *Eta bertan partituric monumentetik iciapen eta bozcario handirequin.* Matt. XXVIII. 8. Et dans ce moment étant sortis du sépulcre avec crainte et grande joie.

Izialdura, izidirra, l. P. peur; de *izi-dura*. Nous ignorons d'où vient *al*.

Izikor, l. bn. peureux; de *izi-kor*.

Izipera, l. peureux; P.

Izigarrikeria, l. l'horreur (Manuel de la convers. fr. basque,) De *izigarri-keria*.

Izuikara, g. terreur; de *izu-ikara*. *Eta guziak izuikara andiak artuen zituen.* Et une grande terreur les prit tous (ils furent pris d'une etc.).

Izutu, izutzen, g. *izitu, izitzen*, l. bn. épouvanter, s'effrayer,

Izugarri, v. *izu*.

Izuikara, v. *izu*.

Izurde, g. espèce de grand poisson de mer qui fait la chasse aux sardines. En esp. cerdo de mar. De *itsaso-urde?*

Izutu, izutze, v. *izu*.

Izur, izurtu, v. *ichur*.

Izurri, g. *izurrite*, l. peste; de *izu-eri?*

Izuzki, v. *isuski*.

J.

Les Basques espagnols prononcent cette lettre à l'espagnole, c'est-à-dire comme la jota, à peu près le ch allemand, exactement le g hollandais; les Basques français comme y dans „ayant", ce qui est cause de l'orthographe flottante entre *j* et *y*. M. Archu, dans sa traduction des fables de Lafontaine, se sert de *j*; et dans sa grammaire française à l'usage des Basques, de *y*. Ni Axular (*Gueroco guero*), ni Oienhart, ni Larregui (Traduction du N. Testament de Royaumont), ne font usage de *y*. Decheparre, au contraire, écrit toujours *y* même pour *i*. La Vieuxville préfère généralement *j* initial, cependant il écrit *yoan, yarriric, yaun* et *jaun* etc. C'est donc uniquement la fantaisie de l'auteur qui en décide, et la prononciation n'en est pas altérée. Il y a cependant une manière de rendre, le son *i* et *j* (*j* = y dans „ayant") qui devrait être abandonnée; c'est d'employer *i* pour *j*, *ioan* pour *joan*, ce qui ne représente pas du tout le même son. En suite d'écrire *y* pour *i*, quand on a une fois adopté pour *y* le son de y dans „ayant." M. Salaberry, comme beaucoup d'autres auteurs a conservé le *y* initial comme consonne; mais s. v. *ya* il cite le mot *ycho*; écrit de cette façon il est impossible de prononcer ce mot.

Comme la majorité des Basques français a adopté *j*, nous avons préféré conserver ce caractère, à l'exclusion de *y*, comme lettre initiale. J présente cet avantage, que chaque dialecte peut le prononcer à sa façon; les Basques esp. comme jota; les Labourdins et Bas-navarrais comme *j* = y dans „ayant;" même le Souletin s'en arrangera puisqu'il prononce le *j* à la française, comme dans le mot jamais. Cette orthographe convient aussi aux Biscaiens, qui ont une façon particulière de prononcer le *j* dans le corps du mot et précédé de *i* et qui se rapproche un peu du g italien devant e et i. Dans ce cas les Guipuzcoans écrivent *y*, (*geijago*, b. *geyago*, g.) et donnent à cet *y* exactement le son mouillé du dj hongrois, à peu près comme dia dans diable. Ce son mouillé de l'*y* se retrouve même comme son initial dans quelques mots lab. et bn., mais ils sont si rares que pour le moment il nous a paru suffisant de faire remarquer cette prononciation plutôt exceptionnelle, au mot même. Cette tendance de j à s'allier au d n'a rien d'extraordinaire et se retrouve dans d'autres langues; p. ex. giorno it. de diurnus qui se prononçait djurnus; diacere, it. de jacere. V. Diez, Gr. vol. 1. p. 254. Brachet, D. E. s. v. abréger. Larramendi et après lui Lardizabal et d'autres ont prétendu que la prononciation du j comme jota n'est pas primitive; que les Basques ont dû la prendre des Espagnols. Comme cette opinion ne s'appuie chez Larramendi, sur aucun argument quelconque, il sera nécessaire d'examiner si elle a quelque valeur. Peut être dans l'état où sont nos connaissances de la langue basque, sera-t-il tout aussi difficile de rendre compte de cette prononciation pour le basque que pour l'espagnol. M. Diez, dans sa gram. vol. 1. 367, admet l'assertion de Larramendi, qui, dans l'introduction de son dictionnaire p. XXX dit. „En este dialecto de Guipuzcoa se ha introducido la pronunciacion castellana." Ne faudrait-il pas exiger un peu plus qu'une assertion pure et simple? M. Diez, qui cite Larramendi, ajoute que la jota esp. est souvent remplacée par *ch* palatal; ainsi *bachera* de l'esp. baxel; *alporcha* de l'esp. alforja; *chucatzea* de l'esp. enxugar.

Il pourrait sembler téméraire d'avoir une autre opinion que l'éminent professeur de Bonn, et nous allons au devant de ce reproche en demandant avec toute la réserve possible, si les trois exemples que citent M. Diez suffisent pour ne laisser aucun doute sur cette question. Nous n'oserions répondre négativement, mais nous aimerions répéter ici l'exemple (v. l'introduction) du mot fr. „personne," qui est devenu *presuna* en lab. Ici nous n'avons donc pas seulement un groupe (*pre*) qui est inconnu au basque, mais bien plus, *pr* remplace une combinaison (per) parfaitement basque. A peu-près la même chose est arrivée avec „prouver" dont le dial. lab. a fait *frogatu*; or *f* n'existe pas en basque. Le seul fait qu'un mot est étranger à une langue paraît singulièrement influencer la prononciation, même quand les sons ne diffèrent pas. Les Anglais ont dans les mots „knew" (je connaissais), „new" (nouveau) exactement le son de gn dans „agneau" et cependant ils éprouvent une grande difficulté à prononcer Cologne, Bourgogne. Nous aimerions encore faire remarquer que notre g holl. est exactement la jota esp. et qu'aucune des autres langues germaniques ne possède ce son, du moins initial, si ce n'est l'allemand bernois. — Le troisième exemple (*chucatzea*), cité par M. Diez nous semble plutôt dériver du prov. echucar (v. L. R.) que du l'esp. enxugar. Ceci ne diminue en rien l'observation très juste de M. Diez que la jota est souvent rendue par *ch*. Nous pouvons ajouter aux exemples donnés: *kechu*, plainte, de *queja*, plainte. Mais est-ce que ces quelques exemples suffisent? nous ne voudrions par l'affirmer. Dans l'introduction on trouvera p. 8 et 11 quelques remarques sur la prononciation de mots étrangers.

Ja, 1. bn. interj. pour faire arrêter une action quelconque. M. Salaberry ajoute. „On dit *ycho* au lieu de *ja* pour faire cesser quelqu'un de pleurer, de chanter, etc." *Ycho* est évidemment *icho!* silence.

JA, 2. l. déjà; de l'esp. *ya*.

Jadanik, l. bn. syn. de *ja*. De *ja-danik*.

Jagoiti, jagoitik, l. désormais; de *ja-goiti*.

Jabaldu, jabaltzen, l. s'apaiser, s'adoucir, se calmer, très probablement de *jabe-ari-du*, faire le maître, maîtriser. Pour la mutation de *r* en *l*, v. *arilla*. — *Haren haseria jabaltzen da*, sa colère s'apaise. *Emozu ur, mintza zakitza emeki eta emero, sua iraungiko da, gaitzerizkoa jabalduko da*. Ax. 293—94. a. éd. 118. n. éd. Donnez lui de l'eau, parlez-lui doucement, la colère passera, la haine s'apaisera.

Jabaltze, v. *jabaldu*.

Jabe, g. b. l. bn. *jaube*, b. maître.

Jabetu, jabetzen, l. *jabe egin*, b. posséder, se rendre maître. — bn. s'approprier. *Jabetu natzayo*, je me suis rendu maître de lui.

Jabetu, jabetze, v. *jabe*.

Jachi, jachitzen, g. *jatzi*, b. (Zabala); *jacsi*, b. (Moguel); *jautsi, jausten*, l. bn. M. Salaberry écrit *yeux, yeuxi*; descendre. Une variante de ce nom verbal est: *jausi*, l. *jauzi*, bn. *jausi* ou *jautsi*, b. avec la signification de „sauter" dans les dial. basq. fr. et de „tomber," dans le dial. bisc. *Jauzi*, en bn. ne signifie pas seulement sauter mais encore: faire sortir ou faire éclater, extraire; et de là „traire", *jetzi*, g. qui est devenu en l. et bn. *deitzi*, à cause de la prononciation du *y*; v. la lettre *J*. — *Ta menditic iautsi cenean*. Matt. VIII. 1. Test. Roch. Et quand il fut descendu de la montagne. *Jacsi zaitezee orain ikustera sepultura edo illobijak*. Moguel, p. 83. Descendez maintenant pour voir les sépulcres.

Jautsapen, l. descente, chute; de *jautsa-pen*. Comp. *aditza* pour la forme du subst verb. P. écrit *jautste*. *Ike eta jautstegiak*, montées et descentes. — *Halako suertez non Esaiaz Prophetak hain jautsapen handiaz miretsirik, galdegiten baitio*, Ax. 140. a. éd. 394. n. éd. C'est ainsi que le prophète Esaie, s'étonnant d'une si grande chute, lui demanda.

Erachi, erachitzen, g. *eraatsi, eraasten*, b. *erautsi, erautsten* ou *erausten*, l bn. *erauxi*, bn. (Sal.) faire descendre; de *erazo-jachi*. V. *erautsi* où nous avons parlé en détail de ce nom verbal.

Jausi, jausten, b. l. *jauzi*, bn. *jautsi*, b. En b. tomber; en l. et bn. sauter; en bn. faire sortir, faire éclater, extraire. V. *jachi*. *Iauz baitzedin haourra haren sabelean*. Luc. I. 41. Test. Roch. L'enfant sauta dans son ventre. *Norutz jausten garian*, b. Moguel. Où que nous tombions. *Indazu sendotasuna jausi ez nadin pekatuan*. Zabala. Donnez-moi la force pour que je ne tombe pas dans le péché. *Krutziaen kargijagaz lurrera jautsi zan*, b. Olaechea, p. 148. Il était tombé par terre avec la charge de la croix. *Burutik jauzi da* g. b. l. Il est devenu fou. *Adimendutik jausia*. Demonté de cervelle. P.

Jauztekari, bn. sauteur; de *jauste-hari* (v. ari 4.) *Jauskari ona kapazar* (O. écrit *capaxar*) *duna*. Prov. 265 d'O. Sous une méchante (vieille) cape se trouve souvent le bon sauteur.

Jautskor, 1. facile à s'emporter; — bn. élastique, qui saute; de *jauts-kor*.

Jauztiri bn. petite échelle pour franchir un mur, une haie. La terminaison est obscure.

Jetzi, jetzitzen, jatzi, jaitste, l. g. *deitzi*, bn. traire. — l. tirer, pressurer. P. La prononciation du *y* que nous écrivons *j* est légérement nuancée du *d* et de là la différence d'orthogrape. V. la lettre J.

Jacsi, v. *jachi*.
Jadanik, v. *ja*, 2.
Jagi, v. *jaiki*.
Jagitu, v. *jaiki*.

Jagoiti, jagoitik, v. *ja*, 2.
Jai, g. b. l. *jei*, l. fête. *Jayegun*, jour de fête. Probablement du prov, jai, gai, v. L. R.

Jaigura, envie de sortir ou de s'assembler. Mot d'O. selon. P. La terminaison est *gura*, envie; mais *jai*? V. *jayertua*.

Jaiguratu, v. *jayertua*.

Jaiki, jaikitzen, g. l. bn. *jagi*, b. *jeik, jeiki*, bn. (Sal.) se lever. *Ezin iaiqui niaitec hiri emaitera*. Luc. XI. 7. Test. Roch. Je ne puis me lever pour t'en donner. *Jaiki berria naiz*, je viens de me lever, P. *Nescatcha hiri diosnat iaiqui adi*. Marc. V. 41. Test. Roch. Jeune fille, je te dis lève-toi. La 2de pers. de l'impératif est *haik* lève-toi (v. l'exemple s. v. *haik*). M. Salaberry cite aussi cette forme régulière (bien qu'il écrive *yeiki* avec *e*), mais il donne „*haika*"; le *a* final doit être une erreur. La seconde pers. finit toujours en *k*, masc. *n*, fém. P. cite *kaïk*. Pour la chute de *j* initial, comp. *arreit*, de *jarraitu*.

Eraikitze, iraikitze, l. faire lever. P. De *erazo-jaiki*, comme *irakasi* de *erazo-ikasi*. Le *j* est toujours élidé; comp. *erachi*, de *erazo-jachi*; *eroan* de *erazo-joan*. P. ne cite pas l'adj. verb. qui doit être *eraiki* ou *iraiki*.

Jaikitze, v. *jaiki*.
Jainko, v. *jaun*.
Jainkoaizun, v. *jaun*.
Jainkotasun, tarzun, v. *jaun*.
Jainkozko, v. *jaun*.

Jaitste, v. *jetzi,* s. v. *jachi.*

Jaka, 1. bn. habit, pourpoint; du fr. jaque (habillement court et serré), dont l'origine est incertaine, selon M. Littré. Du Cange croit que ce mot provient des Jacques, les paysans révoltés; M. Brachet (Dict. Etym.) se range à cette opinion.

Jaki, g. l. bn. Toute sorte de mets qui se mangent avec le pain, tels que viande, fruits, oeufs etc. Peut-être du nom verbal *jakitu,* comme *ahar* de *ahartu.*

Jakitu, jakitzen, 1. bn. Selon P. faire durer sa viande autant que le pain. Selon M. Salaberry, manger avec ordre en proportionnant le pain avec le *jaki.* Probablement de *jan-hide,* qui est devenu *jan-kide,* (*k* pour *h,* v. Essai, Ch. II) et puis *jakide,* puisque *n* ne peut précéder *k.* *Jan-kide-tu,* manger avec.

Jakile, jakille, v. *jakin.*

Jakimbide, v. *jakin.*

Jakin, jakiten, g. b. l. bn. savoir. En g. le *n* a généralement le tilde *jakiñ.* Le présent et l'imparfait de l'ind. se conjuguent aussi régulièrement, *dakit, dakik, daki,* etc. je sais, tu sais, etc. On ne s'en sert généralement qu'avec le préfixe *ba, badakit,* etc.

Jakintasun, g. b. l. science; de *jakin-tasun.*

Jakinde, g. connaissance, savoir.

Jakinduri, g. l. *jakituri,* b. connaissance, science. La terminaison *duri* paraît être une imitation de l'esp. sabiduria. *Jakinduriako arbola,* l'arbre de la science.

Jakintsu, g. b. *jakitun,* b. *jakinsun,* l. bn. *jakinsun, jakinsu,* bn. savant; de *jakin-tsu.* Les formes en *n* comme *jakitun* paraissent être pour *jakin-dun,* qui a savoir = savant; et de là la forme corrompue *jakisun* où les deux terminaison *tsu* et *dun* ont été réunies?

Jakiunde, g. intelligence, connaissance. Terminaison obscure. *Irakurleen jakiunderako,* pour l'intelligence du lecteur.

Jakimbide, g. connaissance; de *jakin-bide.* *Eztarasate surmurrez ta deadarrez zeruko jakimbidea?* Lettre de Larramendi à Mendiburu. Ne parlent-ils pas avec murmure et cris de la connaissance du ciel?

Jakile, bn. *jakille,* mot d'O. selon P. Témoin; de *jakin-le,* avec élision de *n* devant *l,* v. Essai, Ch. II.

Dakiregi, g. collége; de *daki,* il sait, et *egi* pour *tegi,* avec *r* euphonique? V. *jauregi.*

Ezjakin, g. l. ignorant, ignorance; de *ez-jakin.* *Nere ezjakinari gogor eginik,* g. le faisant malgré mon ignorance.

Jakingabe, jakingabetasun, l. ignorant, ignorance.

Jakinde, v. *jakin.*

Jakinduri, v. *jakin.*

Jakingabe, jakingabetasun, v. *jakin.*

Jakinsu, v. *jakin.*

Jakinsun, v. *jakin.*

Jakintasun, v. *jakin*.
Jakintsu, v. *jakin*.
Jakinsun, v. *jakin*.
Jakite, v. *jakin*.
Jakitu, v. *jakin*.
Jakitun, v. *jakin*.
Jakituri, v. *jakin*.
Jakiunde, v. *jakin*.
Jako, jakoz, b. il à lui, ils à lui; prés. de l'ind. v. *izan*.
Jakon, jakozan, b. il a lui, ils à lui; imparf. de l'ind. v. *izan*.
Jaku, jakuz, b. il à nous, ils à nous, v. *izan*.
Jakun, jakuzan, b. il à nous, ils à nous; imparf. de l'ind. v. *izan*.
Jale, v. *jan*.
Jalgi, l. bn. sortir, mettre dehors; syn. de *ilki*. En g. c'est *jalki*, s'égrener, et ne se dit que du grain qui tombe de l'épi soit par le vent, soit parce qu'il est mûr.
Jalgite, bn. diarrhée.
Jalgite, v. *jalgi*.
Jalki, v. *jalgi*.
Jan, jaten, g. b. l. bn. manger. *Bere hitz jaten du*, il se dédit. P. *Jan zaharra*, qui n'a pas mangé depuis longtemps. P.
Janari, g. b. *janhari*, l. bn. aliment.
Janthurunz, mot d'O selon P. Repas; de *jan-othurunz*.
Janiza, bn. faim canine.
Jale, l. bn. mangeur; de *janle*, avec élision de *n* devant *l*, v. Essai, Ch. II. — *Gibel jalea*, détracteur, qui médit derrière le dos. P.

Janari, v. *jan*.
Jangoiko, v. *jaun*.
Janhari, v. *jan*.
Janiza, v. *jan*.
Janthurunz, v. *jan*.
Jantzi, v. *janzi*.
Janzari, bn. toupie.
Janzi, janzitzen et plus usité *jazten*, g. *jantzi*, b. *jauntzi, jaunsten*, l. *jaunz, jaunzi*, bn. vêtir, se vêtir. A Guéthary ou prononce *j* comme *dj*. v. la lettre *J*. — *Egijaren koloriagaz bere guzurrak janzita*, b. ayant revêtu ses mensonges des couleurs de la vérité.
Janzkai, jazkai, g. vêtement; du thème *janz* et *jaz-gai*.
Jazteko, b. vêtement; de *jazte-ko*.
Eraantzi, b. faire habiller; faire prendre, donner, p. ex. une maladie, des habitudes, etc. Zabala, Verbo viscaino p. 162.
Janzitze, v. *janzi*.
Janzkai, v. *janzi*.
Jar, v. *jarri*.
Jaramon, g. b. faire cas de, faire attention. Ce nom verb. paraît être composé de *jar-emon*; mais nous ignorons la signification de *jar*. *Baña Agustinek jaramon baga*. Moguel. Mais Augustin, sans en faire cas (des prières de sa mère). *Zeren chakurrak ez jaramon egiten dionari*, g. parce que le chien auquel on ne fait pas attention.
Jardirex, jardirexi, bn. obtenir. Probablement de *jardietsi*, quoique *jardi* ne se trouve pas.
Jardun ou **ari, jarduten**, g.

yardun, iñardun, b. être occupé à. C'est ainsi que Larramendi et Lardizal citent ces noms verbaux, dont le premier (*jardun*) est connu en g. et b. et le second (*ari*) en g. l. bn. Ils sont synonymes et ont, d'après ces auteurs, la même conjugaison. La confusion saute aux yeux et voici comment elle a pu se produire. Rappelons d'abord que *y* ou *j* (v. la lettre *J*), se prononce quelquefois avec une nuance du *d*, à peu près comme dia dans diable; cette prononciation est si vague qu'on croit encore y distinguer le ñ espagnol (gn fr. dans agneau); nous avons dû faire redire à reprise les mots où ce son se trouve (p. ex. *jostatu*), avant d'en saisir la prononciation. Lardizabal paraît avoir éprouvé le même embarras et c'est pour cela qu'il écrit *yardun* et *iñardun*, et Larramendi s. v. sacudir, *iardausi* (*jardausi*), *iñarrusi*. En bisc. *baña* est devenu *baya*. — Si nous considérons maintenant la conjugaison de *jardun*, nous trouverons qu'elle est composée du nom verbal et des terminaisons auxiliaires *dut, duzu, du.* Ainsi *diardut, diarduzu, diardu*, etc. je suis occupé à, etc. auraient pu (ou dû ?) s'écrire, *yardut, yarduzu yardu*, et se décomposent en: *yar-dut, yar-duzu, yar-du*, etc. *Yar* ou *ar* est la racine qui a produit *jarri* (*jar + i*, l'élément formatif des adj. verbaux; le *r* final est redoublé puisqu'il est dur ?) se mettre à (travailler). *Irakurten jardun naiz*, g.

je suis occupé à lire. *Lanean diardut*, g. je suis occupé à travailler (litt. dans le travail). On voit par ces exemples que *jardun* se conjugue, pour ainsi dire, régulièrement (*diardut*) et aussi d'après le mode périphrastique (*jardun naiz*). Il est probable que la conjugaison *diardut*, etc. c'est-à-dire *yar dut*, puisqu'elle est simple et complète, a été la conjugaison primitive; plus tard, quand sa véritable signification s'est perdue, par suite de l'orthographe, ou plutôt parce que l'écriture n'en avait peut-être pas fixé les formes, on y a accolé un second auxiliaire: *jarduten naiz*.

Depuis que nous avons écrit l'article *ari* 4, nous avons découvert, croyons nous, comment *jardun* dérive de *ari*. *Ari* est l'adj. verb. formé de la racine *ar*, au moyen de la voyelle *i* (comme *asi* de *as; esi* de *es; ichi* de *ich*, etc.). *Ari* dans les dial. basq. fr. est *hari*; or *h* permute avec *y*, ainsi: *sahetz = sayetz; bohatu = buyatu; gihar = giyarre.* Le *y* qui provient de *h* devient *ñ*, et c'est ainsi que *giyar* est devenu *giñar*. Ce dernier exemple nous montre clairement comme *har* est devenu *yar* et puis *iñar*, et avec la terminaison *yardun* ou *iñardun*. La forme primitive a donc été: *har dut*, puis *yar dut*; et le *y* prononcé comme *dj* a donné *diar dut* et finalement *diardut*. V. *chingar* 1. pour ces différentes permutations. Il semblerait que ñ procède de *y* et non pas *y* de *ñ*, comme nous l'avons dit à la fin de l'article *chingar*; c'est-à-dire que la filiation est *h-y-ñ* et non *h-ñ-y*. La filiation complète est donc *g-d-h-y-ñ*; par erreur *g-h-d-ñ*, à l'article *chingar* 1. Le son mouillé de l'*y* (dj ou dia, diable) peut avoir produit *ñ*. *Igar* a donné *eyhar*, *eyar*; mais *iñar* n'existe pas, *eyar* a donc précédé *iñar?*

Jardute, v. *jardun*.

Jargi, v. *jarri*.

Jariete, v. *jario*.

Jarietze, v. *jario*.

Jario, jariotzen, g. l. *jarion, erion*, b. (Lardizabal) couler. P. cite *jarietzea, jarieten*, diffluere. *Odol jarietea*, flux de sang, dissenterie. Aujourd'hui l'adj. et le subst. verb. ne sont plus connus en labourdin; cependant les formes fléchies sont restées en usage: *dariot, dariozu, dario*. Ce nom verb. a le prés. et l'imparf. de l'ind. réguliers. *Ta alderdi guzietatik eztia dario*. Lettre de Lar. à Mend. Et de tous côtés coule le miel. — *Jario* correspond à „faire" dans la phrase suivante: *kea dario*, g. b. l. il fume. Il est curieux que *eraunxi* qui est synonyme de *jario* (v. *eraunsi*), soit employé en souletin pour „faire" dans toutes sortes d'acceptions.

Jarion, jariotze, v. *jario*.

Jarki, g. inclination.

Jarkitu, jarkitzen, g. incliner, pencher. *Bana Augustinek aita mundutarragana jarkitu*. Moguel. Mais St. Augustin penchant vers un père mondain.

Jarkitu, jarkitze, v. *jarki*.

Jarmota, l. bonite; esp. bonito; espèce de truite; aussi connue sous le nom de: petit thon, bien que ce soit un poisson différent.

Jarraik, jarraiki, v. *jarraitu*.

Jarraitu, jarraitzen, g. b. *jarraik, jarraiki, jarraitzen*, l. bn. *garreitu, jarreiki*, bn. suivre. Ce nom verb. se conjugue des deux manières, et perd le *j* dans la conjugaison; il régit le datif. *Ta animo geyagogaz bere egikizunari jarraituteko*, b. Et pour poursuivre ses occupations avec plus de zèle. *Niri darraitana ez dabilla illumbean*, l. Jean VIII. 12. Chourio. *Niri jarraitzen dirana ez dabil illumbetan*, g. Echeverria. Celui qui me suit ne marchera pas dans l'obscurité. *Eta gendetze handi iarreiqui cequion*. Matt. IV. 25. Test. Roch. Et de grandes troupes de peuple le suivaient. *Baina eguiari garreitzalaric charitaterequin*. Eph. IV. 15. Test. Roch. Mais suivant la vérité avec la charité.

Jarraiki, bn. diligent, qui suit de près ses intérêts. Sal.

Jarraitze, v. *jarraitu*.

Jarri, jartzen, g. l. *jarri, jasarri*, b. *jar, jarri, jartzen*, bn. se mettre, se mettre à (p. ex. travailler), s'asseoir. *Abran auzpez jarri*. g. Abraham se mit la face en terre. *Urdain jaritzea*, se faire porcher. P. Comp. *jardun*. *Eta miraz iarriric haren repostaren gainean ichil citecen*. Luc. XX. 26. Test. Roch. Et étant étonnés de sa réponse il

15

se turent. *Jesus itchetik ilkiric, iar cedin itsas costa.* Matt. XIII. 1. Test. Roch. Et Jésus étant sorti de la maison, s'assit près de la mer.

Jargi, bn. siége; de *jar-gai.*

Jartoki, l. place, lieu où s'asseoir: de *jar-toki.*

Jartoki, v. *jarri.*

Jartze, v. *jarri.*

Jasa, g. b. (*yasa*, b.) Ce mot se trouve dans le composé *euri-jasa;* mais nous ignorons ce qu'il signifie.

Jasan, jasaten, ou **jasaiten**, l. bn. porter, supporter. Comp. *jaso.*

Jasarri, 1. v. *jarri.*

Jasarri, 2. jasartzen, l. frapper, battre; s'en prendre à quelqu'un. *Jasarri dio*, il l'a battu. *Uriari jasarri dio* ou *erautsi dio*, il a plu à flabe, P. On pourrait comparer à cette façon de parler l'expression „pluie battante." — *Jasarka erabiltea*, traiter de coups. P.

Erazar, erazarri, bn. adresser des reproches vifs; de *erazo-jasarri? Erazarri*, bn. ondée.

Jasartze, v. *jasarri.*

Jaso, g. b. lever, monter. *Jasan*, l. porter; — bn. porter, supporter. Larramendi donne les deux formes s. v. levantar, et il est probable que ce sont des variantes du même mot. C'est le seul exemple que nous sachions, où *an* est pour *o*, ou *o* pour *an.*

Jastatu, bn. goûter; du prov. gostar. *Jastatu* se prononce généralement *djastatu.* V. la lettre *J.*

Jate, v. *jan.*

Jatorri, g. b. origine. Ce mot est obscur. La terminaison paraît être *etorri*, venu. Il est possible que ce soit une expression pléonastique, *jai-etorri*, v. *jayeratu.*

Jatorrizko, originaire; de *jatorri-z-ko.*

Jatorrizko, v. *jatorri.*

Jatzi, v. *jetzi*, s. v. *jachi.*

Jaube, v. *jabe.*

Jaugitea, l. venir; syn. de *ethortzea. Biaugi*, qu'il vienne. P ne cite que le subst. verb. qui est évidemment composé de *jau-egitea;* ainsi l'adj. verb. sera *jaugin* pour *jau-egin*. Nous ignorons ce que *jau* signifie. V. *jayeratu.*

Jauki, jaukiten, soul. O. attaquer; — bn. reprocher. *Eta senharrac utzen duenarequin ezconcen denac adulterio iauquiten du.* Luc. XVI. 18. Test. Roch. Et quiconque prend celle qui a été répudiée par son mari, commet adultère.

Jaukimendu, attaque, assaut. *Dialruaren jaukimenduak*, les assauts du diable.

Jaukimendu, v. *jauki.*

Jaun, g. b. l. bn. seigneur, maître, monsieur. *Echeko jauna*, le maitre de la maison.

Jaungoiko, g. l. *jangoiko*, b. contracté en *jainko*, g. l. *jinko* (*yinko*) bn. Dieu; probablement de *jaungoi-ko*, le seigneur d'en haut.

Jainkotasun, g. l. *jainkotarzun*, bn. divinité; de *jainko-tasun.*

Jainkoaizun, idole. O.

Jainkozko, l. *jaungoikozko.* b. divin; de *jaungoiko-z-ko*, et de *jainkoz-ko.*

Jainkotiar, bn. qui aime Dieu. Sal.
Jainkoaren ollo, bn. papillon.
Jaungoiko, v. *jaun*.
Jaungoikozko, v. *jaun*.
Jaunste, v. *janzi*.
Jauntzi, v. *janzi*.
Jaunz, jaunzi, v. *janzi*.
Jauregi, g. l. palais. Selon P. pour *jaundegi*; v. *tegi*. La mutation de *n* en *r* est rare; cependant le nom verbal *jauretsi* donne raison à P. Dans les proverbes d'O. on trouve *jauregi* comme nom propre et aussi pour: gentilhomme.

Jaureste, v. *jauretsi*.
Jauretsi, jauresten, soul. mér. O. reconnaître quelqu'un pour seigneur; de *jaun-etsi*; v. *jauregi*. — *Jainkotan bat huts jauretsak*. Ne reconnais qu'un seul Dieu.
Jausi, v. *jachi*.
Jauste, v. *jausi*, s. v. *jachi*.
Jautsapen, v. *jachi*.
Jautsi, v. *jachi*.
Jautskor, v. *jausi*, s. v. *jachi*.
Jauzi, 1. v. *jausi*, s. v. *jachi*.
Jauzi, 2, g. terme de jeu, dépasser, excéder, avoir plus de points qu'il n'en faut.
Jauztekari, v. *jausi*, s. v. *jachi*.
Jauztiri, v. *jausi*, s. v. *jachi*.
Jax, bn. genêt; balai.
Jayegun, v. *jaigura*.
Jayera, g. inclination; de *jayra*; v. *jayeratu*. *Jainkoak eman ezpazizun Jesusen biotzarekiko dezun jayera hori*. Lettre de Larr. à Mendib. Si Dieu ne vous avait pas donné pour le coeur de Jésus cette inclination.

Jayeratu, jaiguratu, g. incliner. Larramendi cite encore *ayertu*. O. se sert de *jaigura*, envie de sortir ou de s'assembler; *jai-gura*. *Jai* est donc sortir, s'assembler et peut avoir donné le nom verb. *jaiguratu*, incliner, qui est „être porté à" et indique l'inclinaison morale (inclination). La signification primitive peut cependant être „sortir", (et se retrouve peut-être dans *jaugitea* (*jau-egitea*) que cite P. pour „venir") et nous explique le nom verb. *jayo*, naître. *Jayeratu* peut être formé comme beaucoup de noms verb., avec le suf *ra*, vers; sortir ou aller vers = incliner.

Jayo, jayotzen, g. b. l. bn. naître. *Jayo da*, il est né. V. *jayeratu*. *Hura dençat lehen iayoa anhitz anayeren artean*. Rom. VIII. 28. Test. Roch. Afin qu'il soit le premier-né entre plusieurs frères.

Jayotza, g. b. *jayo*, l. naissance. Comp. *aditza* pour la forme de *jayotze*. *Jayoz geroztik*, depuis la naissance.

Jayotzako, jayotzazko, g. natif; de *jayotza-ko*.
Jayoperri, g. nouveau-né; de *jayo-berri*. *Ikusi dituzute iñoz bildots jayoperriac*? Avez vous jamais vu des agneaux nouveau-nés?

Jayoperri, v. *jayo*.
Jayotza, jayotzako, v. *jayo*.
Jayotzazko, v. *jayo*.
Jayotze, v. *jayo*.
Jaz, v. *igaz*.
Jazkai, v. *janzi*.

Jazo, jazoten, b. arriver. *Baita bere jazoten da,* même aussi arrive-t-il... *Au berau jazoten da chakur ta animalija guztiakin,* Moguel. Ceci arrive avec le chien et avec tous les animaux. *Esan ta jazo.* Moguel. Aussitôt dit que fait.

Jazote, v. *jazo.*

Jazte, v. *janzi.*

Jazteko, v. *janzi.*

Jei, v. *jai.*

Jeik, jeiki, v. *jaiki.*

Jeinha, jeinhatu, bn. soigner. Du fr. génie, dont le lab. a fait *jeinu* et le bn. *jeinhu, deinhu,* adresse.

Jeiniiu, jeinu, v. *jeinha.*

Jende, bn. v. *gende.*

Jestu, bn. geste, aptitude.

Jetzi, jetzitze, v. *jachi.*

Jeux, v. *jausi,* s. v. *jachi.*

Jile, v. *jin.*

Jin, jiten, bn. venir.

Jile, bn. celui qui arrive; de *jin-le,* avec élision de *n* devant *l,* v. Essai, Ch. II.

Jinko, v. *jaun.*

Jite, v. *jin.*

Jo, jotzen, g. b. *jo, joiten,* l. bn. battre, frapper. *Joz eta joz,* en frappant et refrappant. P. *Oillarrak jo du,* bn. le coq a chanté. Le même auteur cite: *Jozazu barrika,* percez la barrique; nous croyons qu'il se trompe; percé est *josi; jozazu* pour *josi-ezazu. Burutik joa,* qui a chambres à louer, P. Ce sera, comme en fr., avoir l'esprit frappé.

Joka, l. en se battant; de *jo-ka.*

Joaille, joaile, v. *joan.*

Joaite, v. *joan.*

Joan, joaten, g. b. *juan, juaten,* b. bn. *joan, joaiten,* l. *goan,* ou *gan, gaten,* l. aller. Ce nom verb. se conjugue des deux manières: *noa, oa, doa* etc. ou *joaten naiz.* Je vais, tu vas, il va, etc. En bisc. *joan* donne au verbe qu'il accompagne la signification d'un verbe fréquentatif; si ce verbe est neutre on emploie *joan,* s'il est actif *eroan. Etortzen noa,* j'ai l'habitude de venir. Lardizabal se trompe donc quand il donne *oi,* comme infinitif des formes verbales *noa, oa,* etc. *Oi* n'a rien à faire avec *joan.* Le verbe aller est employé comme une espèce d'auxiliaire aussi en italien; on dit, „se va dicendo", pour „on dit". — *Ene semea estuzu gibela goan behar,* Chourio. Mon fils il ne faut pas aller en arrière.

Joan-jin, bn. voyage court et prompt. M. Salaberry écrit ici *yoan* et pour le nom verb. *yuan.*

Joaille, l. *joaile,* bn. *gaille,* l. celui qui part; de *joan* et *gan-ille,* avec élision de *n* devant *l,* v. Essai, Ch. II.

Eroan, eruan, b. emporter, emmener; syn. du g. *eraman;* de *erazo-joan, juan Eroan* sert comme auxiliaire des verbes actifs pour leur donner la signification d'un verbe fréquentatif.

Joate, v. *joan.*

Jobalta, bn. merrain.

Joite, v. *jo.*

Joka, v. *jo.*

Jokha, jokhatu, bn. s'accoupler (des oiseaux). Du prov. jogar, jouer?

Jokari, bn. joueur, de *joko-ari*, 4.
Joko, b. bn. jeu, du prov. joc.
Jolas, g. b. *solhas*, l. *zolas*, bn. Conversation, amusement; de l'esp. solaz. Le mutation de *s* en *j* est extrêmement rare; c'en est peut-être le seul exemple.
Solastatu, solastatzen, l. bn. converser, discourir.
Solastiar, l. discoureur.

Jondone, l. saint; p. ex. *Jondone Laurendi*, St. Laurent. Probablement de *Jaun-don*, imité de l'esp. señor don.

Jopo, l. cerf.

Jori, l. potelé, grassouillet. *Neskato joria*, fille potelée. *Molza joria*, bourse pleine. P. Cette dernière acception nous donne probablement la signification primitive, d'où le verbe :
Joritu, jorutitzen, g. abonder; v. *jori*.
Joritasun, g. abondance; de *joritasun*.

Joritasun, v. *jori*.
Joritu, joritutze, v. *jori*.
Jorra, (*jor?*) g. b. l. sarclure.
Jorrailla, b. le mois d'avril; de *jorra-illa*. Selon P. le mois de mars.
Jorrai, g. b. l. sarcloir.
Jorratu, jorratzen, g. b. l. bn. sarcler.

Jorrai, v. *jorra*.
Jorrailla, v. *jorra*.
Jorratu, jorratzen, v. *jorra*.
Josdura, v. *josi*.

Josi, jositzen, josten, g. b. l. bn. coudre; — g. b. percer. — l. attacher. *Bere bi semek ganibitaz josila*, g. Ses deux fils l'ayant tué avec le couteau.

Josdura, l. bn. couture; de *josdura*.

Jostalhari, l. fil à coudre. P. *Lino jostalhari gaya*. Lin bon à faire du fil à coudre. P. Ce mot est obscur. P. l'a peut-être composé et ne s'est pas aperçu que *halgai* est pour *harri-gai*; v. *ari* 3.

Jositze, v. *josi*.
Jostaketan, v. *gozo*.
Jostalhari, v. *josi*.
Jostatu, jostatze, v. *gozo*.
Joste, v. *josi*.
Jotze, v. *jo*.

Joyak, l. bn. joyaux; habits de noces et tout ce qu'il faut pour les noces.

Juale, g. *juare*, b. sonnette. Pour la permutation de *l* et *r*, v. *itzul* et *itzurbide*, *nabala*, *nabura*. *Haliko de ari*. *Galeper de gari*. De *juan-le*?

Juan, v. *joan*.
Juare, v. *juale*.
Juate, v. *joan*.
Jube, bn. en silence. Peu usité.
Jumpa, l. *jumpha*, bn. balançoire faite de branches d'arbre. Comp. l'angl. to jump, sauter.
Juntertu, bn. joindre.
Justakus, bn. habit. Ce sera la corruption de justaucorps.
Juzkata, bn. ridiculiser quelqu'un. Comp. l'all. juchs, farce, plaisanterie. Peut-être du prov. jausir, se réjouir; v. L. R.

K.

La lettre *k* remplace le groupe *qu* et le *c* devant *a, o, u*, de l'ancienne orthographe. — Elle est la caractéristique du pluriel, et du nominatif agent.

Ka. Ce suffixe correspond à : à, par. Il est plus en usage dans les dial. basq. fr. qu'en g. ou b. En g. on dit plutôt *zaldiz* que *zaldika*, à cheval. *Soka*, par des regards. *Chingilka jausten da*, il saute à cloche-pied. *Ehunka*, par centaines. *Bakharka*, un à un.

Kabale, bn. Nom s'appliquant à tout animal domestique quadrupède. Sal.

Kabi, kafi, l. cage. Pour la mutation de *b* en *f* comp. *ibeni* = *ifiñi*. Nous devons rectifier ici ce que nous avons dit à l'article *abi*. *Kabi* n'est pas basque et dérive du prov. *gavi* ou de l'esp. *gavia*, cage.

Kabra, g. espèce de petite dorade. En lab. *graba*.

Kacheta, bn. petite chaise d'enfants en usage chez les paysans.

Kaderi, g. le bas de la jambe.
Kadera, bn. chaise.
Kafi, v. *kabi*.
Kai 1. v. *gai*.

Kai 2. g. quai, môle;
Kaik, v. *jaiki*.
Kaiku, g. b. *khotchu*, bn. vase dans lequel on trait les vaches.
Kaizu, bn. selon O. taille du corps. *Kaizuz doia*, proportionné de taille.
Kaka, bn. merde. *Kakein*, chier; de *kaka-egin*.
Kakamarto, l. bn. hanneton avec des cornes.
Kakaraz, g. gloussement de la poule: esp *cacarear*, v. *karraka*.
Kako, bn. *krako*, l. crochet. Comp. *mako*.
Kalaka, l. bn. traquet ou cliquet de moulin.
Kalamo, l. chanvre; de l'esp. *cañamo*. Pour la mutation de *n* en *l*, v. *lar*.
Kalapio, bn. force réduite à la faiblesse (?!) Sal. Syn. de *gemen*.
Kalapita gorrian, l. en grande fureur; p. ex. des marchandes de poisson qui se disputent: *kalapita gorrian hari ziren*.
Kalbar, v. *kalpar*.
Kalerna, galerna, l. tempête. C'est le prov. *galerna*, vent du nordouest. Gal paraît être celtique;

comp. gale, angl.; erna, suffixe provencal; comp. bolerna, buerna, suberna; v. Diez, E. W. s. v. galerno.

Kali, kalitu, bn. tuer, (un reptile). Sal.

Kalitcha, v. *garichu.*

Kalpar, g. *kalbar,* b. sommet de la tête. Comp. *galyur* et *garrondo. Kalpar = garbal* avec hyperthèse de *l* et *r.*

Kaltarkitsu, v. *kalte.*

Kalte, g. b. l. bn. dommage, tort, perte. Probablement de *gal.*

Kalteztu, kalteztutzen, g. *kalletu,* b. nuire.

Kaltegarri, g. b. *kaltarkitsu,* g. nuisible; de *kalte-garri.*

Kaltekor, bn. dangereux; de *kalte-kor.*

Kaltegarri, v. *kalte.*

Kaltekor, v. *kalte.*

Kaltetu, v. *kalte.*

Kalteztu, kalteztutze, v. *kalte.*

Kamara, v. *gambara.*

Kambor, l. braise. *Ikatz kamborra,* brasier allumé.

Kampa, v. *kampo.*

Kampo, g. champ. *Kampa,* bn. camp; de l'esp. campo.

Kampoan, g. b. *kampo,* bn. dehors. Le g. et b. de *kampo-an,* comme *aurre-an,* etc.

Kampoan, v. *kampo.*

Kamustu, g. émousser.

Kan, syn. de *tik.* V. Larramendi s. v. desde. Dans quel dialecte?

Kanabera, g. l jonc; syn. de *seska.* De l'esp. caña? Qu'est-ce que *bera* ?

Kaneta, bn. godet en métal avec anse. Du fr. canette?

Kanibet, v. *ganibet.*

Kanti, l. lieu proche. P. Apparemment du vieux fr. cant, coin, angle. Ce mot se retrouve dans un grand nombre de langues, dans plusieurs acceptions différentes v. Diez, E. W. 1. p. 109 et Dieffenbach, Orig. europ. p. 278.

Kanti, kantitu, kantitzen, l. bn. se mouvoir, sortir de la place où l'on était. Rappelle décamper.

Kantoi, g. *kantoin,* l. canton, quartier; — g. angle; du fr. et de l'esp. canton qui dérive de cant, vieux fr. Pour la chute de l'*n* final, v. *arrai* 2.

Kantitu, v. *kanti.*

Kantitze, v. *kanti.*

Kantoi, v. *kanti.*

Kantoin, v. *kanti.*

Kapera, bn. chapelle; du prov. capella; *r* pour *l,* comp. *borondate* de voluntad; *charamella* de chalumeau.

Kapete, bn. bourrelet; du prov. cap, tête.

Kapezkap, bn. tête-à-tête; du prov. cap, tête, avec le suff. *z, kapez-kap.*

Kara, l. bn. aspect, allure; de l'esp. cara, visage?

Karakoil, l. bn. escargot; esp. caracol.

Karamitcha, v. *karraka.*

Karats, v. *garratz.*

Karatstu, v. *garratz.*

Karatze, v. *garratz.*

Karazko, bn. opportun, capable, propre à. *Bada egun carazcoa ethorri cenean.* Marc. VI. 21. Test. Roch. Mais un jour opportun étant venu.

Kario, l. *khario,* bn. cher; de l'esp. caro, cher.

Karkabu, b. disposition. *Burruka ta makillakaak erakusten dabee tontokeria, ta biotzeko karkabu zitala, baña ez prestutasun ta valorerik.* Moguel p. 175. Les rixes et les coups de bâton montrent la folie et les dispositions du coeur et non pas l'honnêteté et la valeur.

Karkalla, v. *karraka.*

Karkallaz, v. *karraka.*

Karlo, l. *khardo,* bn. chardon; de l'esp. cardo. Pour la permutation de *d* et *l,* comp. *edur = elur; belar = bedar; madarikatu* de maledictus. Comme le chardon pique, brûle, quand on le touche, nous avions cru pouvoir rattacher *karlo* à *gar,* ce qui est une erreur.

Karlo, s. v. *gar* est traduit par charbon au lieu de chardon.

Khardabera, bn. plante qui ressemble au chardon, mais qui pique moins.

Karraka, bn. râclure. La racine, qui est probablement *karrak (kark),* se retrouve dans plusieurs mots, qui tous expriment un bruit quelconque. Nous ne pouvons les rattacher les uns aux autres, et cependant il paraît certain qu'ils sont tous de la même souche. Par exception nous voudrions donc indiquer la racine aryaque (indogerm. Ursprache) kark, krak, résonner, rire, grincer (tönen, lachen, krächzen) v. Fick, Indog. Wb. 2 éd. p. 48. Dans l'état où en sont nos connaissances de la langue basque, il serait peut-être prématuré de conclure à un emprunt fait par le basque à l'aryaque, mais l'analogie est trop frappante ici comme forme et comme signification, pour pouvoir être attribuée purement au hasard. — *Eta gucien karracaquin eguin içan gara beçala oraindrano.* 1. Cor. IV. 13. Test. Roch. Et nous sommes faits comme la râclure de tous, jusqu'à maintenant. Litt. comme avec la râclure, etc.

Karrakatu, karrakatzen, bn. râcler, grincer. *Hortz karrakatzea.* P. Le grincement des dents. M. Sal. écrit *kharrakatu.*

Kakaraz, kukudatz, l. *kokoratz,* bn. gloussement de la poule. Cette fois-ci, par exception, l'orthographe guip. nous semble la plus correcte, quant à la finale. *Kakaraz,* viendra du verbe *kakaraztu,* comme *ahar* de *ahartu.* Le *z* est le suffixe *z,* qui a formé quelques noms verbaux et qui se trouve souvent écrit par *s;* p. ex. *aizeztatu,* de *aize, keztatu* de *ke. Kakara* sera la transposition de *karaka;* comp. le sc. karka, chant du coq. Le lab. *kukudatz* (mieux *kukudaz,* si notre observation est juste) aura pour racine l'aryaque kuk ou kuku, la première, avec la signification de crier, gémir, se plaindre; la seconde ayant formé les noms pour les cris d'animaux, comme le faisan et peut-être le hibou; v. Fick, Indog. Wb. p. 44. Pour la permutation de *r* et *d*, (*kokoratz, kukudatz,*) v. *egundaño.*

Khurruka, bn. râle. L'aryaque kruk, crier, grincer. v. Fick, Indog. Wb. 50.

Khurrulla, bn. rouflement, v. *kurruka.*

Karrazka, karraska, bn. bruit violent; p. ex. du tonnerre, d'un arbre qui tombe, etc. Ce mot paraît être la transposition de *kakaraz.*

Karranka, l. bn, grincement d'un charette mal graissée, ou tout autre bruit de ce genre; comp. *garranga.*

Garranga, l. chant de la poule; comp. *karranka.* Nous ignorons d'où vient le *n.* Il y a l'aryaque krand ou kradati, résonner, ce qui expliquerait le *n;* mais alors d'où vient le *k.* L'introduction de l'*n* est peut-être d'origine basque, et a causé dans le dial. lab. l'adoucissement de la gutturale *k* en *g* (*garranga* pour *karranka*), *k* ne pouvant suivre *n,* v. Essai, Ch. II Le *g* n'est pas primitif, (la racine étant kark) et n'est là que pour empêcher la rencontre de *n* et *k.* Comp. le mot *koainta*; là le *n* est introduit.

Karkalla, bn. éclat de rire. La terminaison *la* est obscure. *Karkallaz,* bn. riant aux éclats; de *karkalla-z.*

Karamitcha, l. égratignure. La terminaison est obscure. Est ce un diminutif de *min,* mal? *ch* paraît être le diminutif; le nom verb. est *karamikatu.* Ce mot est généralement écrit avec un *r,* mais les variantes en ont deux. Ce mot est très remarquable; le bn. en a la variante *zaramika*; et P. cite: *çaramicoa, çaramitcha, çarrapoa,* et les noms verb. *çarrapocatzea* et *çaramicatzea.* La permutation des gutturales *k, g* et de *z* est rare et nous n'en trouvons que quelques exemples: *zapar = gapar; itozin = itogin; zirtoin = girtoin.* Cette permutation nous permet donc de réunir ici les mots qui semblent avoir changé la gutturale primitive en sibilante.

Zarrapo, l. égratignure; écume. P. Syn. de *karamitcha.* Z paraît être pour *k*; le terminaison est obscure, ainsi que l'analogie entre égratignure et écume. Comp. cependant l'aryaque krap, faire du bruit, se plaindre et être mouillé. Fick, Indog. Wb. p. 49.

Zarrasta, l. bn. bruit que fait la toile quand on la déchire. Z pour *k,* v. ci-dessus. Comp. *karraska.*

Zarrakatu, zarrakatzen, g. se fendre. Z pour *k;* v. ci-dessus.

Zartatu, zartatzen, zartagin, g. *zarthatu, zarthatzen,* l. se briser, éclater, déchirer. Z pour *k?* v. ci-dessus.

Zarzo, mot d'O. selon P. Pétillement de la flamme; murmure quand on parle à voix basse. Au plur. *zarzoak,* babil. caquet.

Karrakatu, karrakatze, v. *karraka.*

Karranka, v. *karraka.*

Karraska, karraskatu, v. *karraka.*

Karraskatze, v. *karraka,*

Karreatze, l. puiser. P.

Karri, garri, terminaison des adjectifs; v. *ekarri.*

Karroin, *kharroin,* bn. glace.

Karsoil, v. *garsoil.*

Kartsu, kartsuki v. *gar.*

Kartu, kartze, v. *gar.*

Karxu, karxuki, v. *gar.*

Karzu, v, *gar.*

Kaska, kakastu, l. bn. détériorer, casser; de l'esp. cascar.

Kaskarabar, g. grêle, grêlon; syn. de *chingor,* Comp. *harrabar.*

Katabu, g. *gathabuta,* l. cercueil; esp. ataud, qui vient de l'arabe; v. Dozy, Gloss. p. 214. *Gathabuta,* de l'esp. ataud, avec prosthèse de la gutturale?

Katalo, bn. pendant, adj.

Katamore, l. bn. tambour de basque; le tambourin.

Katamotz, g. tigre; de *gata;* mais nous ignorons ce que *motz* peut signifier ici.

Katatzea, mot d'O. selon P. Demeurer arrêté et pensif.

Katcho, bn. cor au pied.

Katibu, g. *gathibu,* l. captif; de l'esp. cautivo.

Katu, g. *gathu,* l. chat.

Kaudela, bn. plainte, murmure.

Kausera, bn. beignet.

Kausitu, kausitzen, l. *khausitu,* bn. trouver. — bn. atteindre. *Gaitz da hobeagorik kausitzea.* Il est difficile d'en trouver de meilleur. P. *Thiratu zuan tiroa bina ez ninduen khausitu.* Il m'avait tiré un coup de feu, mais il ne m'atteignit point. Sal. La dernière acception sera prise du français.

Kaz, v. *gaz.*

Ke, g. b. l. fumée. *Kea dario,* g. b. l. il fume. P. cite : *kea saltzea,* vendre de la fumée. Nous ignorons si cette expression est basque ou française.

Ketsu, b. l. enfumé, fumeux; de *ke-tsu.*

Keztatu, keztatzen, l. *khestatu.* bn. enfumer. M. Sal. écrit *kestatu* avec *s;* il serait mieux *z;* c'est le suffixe *z.*

Kechadura, v. *keja.*

Kechatu, kechatze, v. *keja.*

Kecheria, v. *keja.*

Kechu, v. *keja.*

Kedar, g. b. *khedarre,* bn. *kelder,* l. suie. M. Fabre (Guide de la convers.) écrit *kheldar.*

Keinu, v. *keñu.*

Keisa, v. *keja.*

Keja, kejura, g. *keisa,* b. *kechu,* l. plainte; esp. queja, plainte. *Eta senarrari beti espa eta kejuraka zegokion.* Lard. Et elle était toujours à se plaindre à son mari.

Kecheria, l. *khechadura,* bn. chagrin, inquiètude; — l. empressement; de *kechu-eria* et *khechu-dura. Hil kechua,* l. complainte sur la mort de quelqu'un.

Kechu, l. empressé, hâté. *Khe-*

chu, bn. inquiet. *Kechua zare*, vous êtes bien pressé. P.

Kechatu, kechatzen, l. s'empresser; *khechatu*, bn. s'inquièter.

Kejuka, v. *keja*.

Kelder, v. *kedar*.

Kemegin, v. *kemen*.

Kemen, g. effort.

Kemendu, kementzen ; kemegin, s'efforcer.

Kemendu, kementze, v. *kemen*.

Kendu, kentzen, g. b. l. bn. *khen, khendu*, bn. ôter. *Besteen pekatuak ez du kenduko gurea*, g. Le péché des autres n'ôtera pas le nôtre. *Sugeac kenduren dituzte*. Marc. XVI, 18. Test. Roch. Ils chasseront les serpents. La version anglaise dit „take up" ramasser.

Keñada, g. menace.

Keñu, g. b. *keinu*, l. bn. *kennu*, bn. Sal. (nn = ñ); signe, geste ; de l'esp. signo. Pour la permutation de *s* ou *z* et *k* v. *karamitcha*, s. v. *karraka*. *Ecen keinuz aditzera emaiten cerauen*. Luc. I. 22. Test. Roch. Car il le leur donnait à entendre par signes.

Keria, terminaison qui forme un grand nombre de substantifs, v. *eri*.

Kereiz, v. *gereiz*.

Kesta, bn. poursuite; du pr. questa.

Kestatu, rechercher.

Ketu, bn. quantité. *Bihi keta handi bat*. Une grande quantité de grain.

Ketsu, g. *ke*.

Kezka, g. soin, solicitude, souci

Keztatu, keztatze, v. *ke*.

Khadinna, bn. chaine; de l'esp. cadena.

Khaduri, bn. pollen.

Khallu, bn. peau de porctué. Sal.

Khana, v. *kana*.

Khanabera, v. *kana*.

Khar, v. *gar*.

Kharats, v. *garratz*.

Kharax, kharaxtu, v. *garratz*.

Kharaxtarzun, v. *garratz*.

Kharba kharbatu, v. *garba*.

Kharbe, bn. antre, grotte.

Khardabera, v. *karlo*.

Khardo, v. *karlo*.

Khario, v. *kario*.

Kharmin, bn. M. Salaberry traduit ce mot par: gout aigre; adj. C'est subst. qu'il veut dire? Il est probable que c'est un adj. et qu'il faut le traduire par; aigre. Ce sera une locution pléonastique, de *gar-min*. *Min* est aigre, au figuré. *Gar* se rattachera à *gar* flamme; alors; brûlant, âpre. Comp. *garratz*.

Kharrakatu, v. *karraka*.

Kharrika, bn. rue; chemin bordé de clôtures.

Kharroin, v. *karroin*.

Kharxu, kharxuki, v. *gar*.

Kharzu, v. *gar*.

Khasu, bn. cas, circonstance ; attention, soin.

Khasitu, v. *kausitu*.

Khe, v. *ke*.

Khecha, v. *keja*.

Khechadura, v. *keja*.

Khechu, v. *keja*.

Khedarre, v. *kedar*.

Kheeta, bn. espèce de barrière faite de branches d'arbre.

Khen, khendu, v. *ken*.

Khennu, v. *keñu*.

Kherementa, bn. gémissement. Comp. *karranka, garranga*, s. v. *karraka*.

Khestatu, v. *ke*.

Khinno, v. *kino*.

Khodoin, bn. licou des bêtes à cornes.

Khoi, v. *koi*.

Khondu, bn. compte.

Khorbe, bn. crèche, mangeoire des boeufs.

Khoroa, v. *koroa*.

Khorotz, v. *gorotz*.

Khotcho, v. *kotzo*.

Khotchu, v. *kaiku*.

Khoxa, khoxatu, v. *khoxu*, 1.

Khoxu 1, bn. communication d'une maladie.

Khoxatu, communiquer une maladie.

Khoxu, 2. bn. un peu.

Khulu, v. *killo*.

Khuma, bn. chevelure; crin qui descend sur le front du cheval; du prov. *coma*, chevelure.

Khunda, v. *khonda*.

Khundu, bn. presque. *Khunduhil*, presque mort.

Khurruka, bn. râle. V. *karraka*.

Khurulla, bn. ronflement. Ce mot devra se rattacher, comme *khurruka*, à *karraka*.

Khurubilatu, bn. vanner. Peut-être formé de *kurpil*, roue, à cause du mouvement circulaire.

Khurutza, khurutze, v. *kurutze*.

Khurtu, v. *gur*.

Khutcha, v. *hutcha*.

Khuya, v. *kuya*.

Ki, 1. terminaison des adverbes; très probablement pour *kin*, avec. Pour la chute de *n* final, v. *arrai* 2. Ainsi *aski*, assez, est pour *as-kin*, avec rassasiement; *emeki*, doucement, pour *eme-kin*, avec douceur.

Ki, 2. v. *gai*

Kichkil, v. *kiskila*.

Kide, I bn. *ide*, b. pareil, semblable, égal. Le dial. g. ne possède plus ce mot; il ne s'y retrouve que dans les composés. — *Ez bakarrik gazte idiak baita bere zaarak*. Moguel. Non seulement l'égal des jeunes, mais aussi des vieux. M. Arrue, maître d'école à Zarauz (Guipuzcoa) rend cette phrase ainsi: *bere quideco gazteac ezecie, zarrac ere*. En bn. on retrouve *kide*, sous la forme *hide*: *aurhide*, consanguin; mais généralement c'est *kide*: *aitakide, bakid*, etc. *Aurhide* est même le seul mot, que nous sachions, où se trouve le *h*. *Kide* est donc une exception, sous ce rapport, que le *k* y paraît être primitif, puisque le mot, pour lui-même, est *hide*. Cependant, bien qu'une exception soit admissible, il nous paraît qu'un grand nombre de composés nous prouvent que le *k*, dans les mots composés, provient toujours d'un *h* initial. *Aurhide* montre que *hide* est connu; il paraît en outre plus probable que le bisc. ait perdu *h* initial que *k* initial. *Kide* en basque, remplace le cum lat. et con fr. dans les composés et n'en est peut-être que l'imitation. On serait tenté de rattacher *kide* à *kin*, avec. Dans l'introduction on trouvera un paragraphe spécial sur la mutation de *h* en *k*.

Kiko, v. *kin*.

Kilikatu, kilikatzen, g. l. bn. *kitzikatu*, bn. chatouiller — bn. remuer le feu, provoquer à des actes d'hostilités. Sal. Ce nom verb. paraît être d'origine étrangère. Comp. kitzeln, all. Il y avait dans l'ancien français (V. Littré, D.) chatillier ou catillier, signifiant harceler. Cette même confusion paraît règner en bn.

Kilikor, bn. *kilikatsu*, l. chatouilleux; de *kilik-kor* et *kilika tsu*. La forme bn. ne nous semble pas correcte; *kor* forme des adj. actifs et non passifs.

Kilizadura, l. chatouillement; de *kilika-dura*; avec mutation de *k* en *z*, v. *karraka*.

Kilikatsu, v. *kilikatu*.
Kilikatze, v. *kilikatu*.
Kilikor, v. *kilikatu*.
Kilizadura, v. *kilikatu*.

Killo, l. *murkilla*, l. (i. a.), *khulu*, bn. quenouille; de l'esp. quilla.

Kin, g. b. l. bn. *ki*, bn. avec. Ce suffixe régit le gén. sing. et le nom. plur; v. Essai, p. 44, 45. *Gizonarekin*, avec l'homme. *Gizonakin* (pour *gizonak-kin*) avec les hommes. *Hobe da bakeareki arraulsia eziez aharrareki bilarrausia.* Prov. 243. d'O. Mieux vaut un oeuf avec paix qu'un veau avec guerre.

Kiko, g. pour, à l'égard; de *kinko* avec élision de *n* devant *k*; v. Essai, Ch. II. C'est la traduction de l'esp. para con. *Jainkoak eman ezpazizun Jesusen biotzarekiko dezun jayera hori.* Lett. de Larr. à Mendiburu. Si Dieu ne vous avait donné pour le coeur de Jésus cette inclination.

Kinka, bn. point tout près de l'equilibre; disposition de doute pour agir dans un sens ou dans un autre. Sal.

Kino, l. *khinno* (nn = ñ) bn. Senteur (bonne ou mauvaise?) P. Mauvaise odeur de la viande. Sal.

Kinze, g. b. bn. point, au jeu de paume. Au figuré: *kinze bat eskas du*, il lui manque un point, c. a. d. il est fou.

Kirats, v. *garratz*. A l'article *garratz* nous avons dit qu'il restait encore à trouver ce que *gar, kar, kir* pouvaient signifier. Nous n'avons presque jamais comparé le basque au sanscrit; cela aurait été au dessus de nos forces et puis la publication de notre dictionnaire en aurait encore été retardée; cependant nous voudrions seulement indiquer ici l'aryaque (Indog. Ursprache) kar, brûler (*gar*, basq. flamme); v. Fick, Indog. Wb. p. 33. Brûlant peut exprimer „âpre" au goût; nous le disons en holl. branderig; de là amer et aigre, la signification n'est pas bien fixée.

Kiratste, v. *garratz*.
Kireste, v. *garratz*.

Kirestu, v. *garratz.*

Kiritu, kiritzen, ébranler une chose qui tenait ferme. Mot d'O. Selon P.

Kirten, g. b. *girtain, girtoin, zirtoin,* 1. manche de couteau — g. anse d'un pot. Pour la permutation de *z* et *k*, v. *karamitcha*, s. v. *karraka*.

Kiritze, v. *kiritu.*

Kiskaldu, kiskali, kiskaltzen, g. *kiskildu, kiskiltzen,* b. *chichkaldu, chichkaildu,* bn. brûler les mêts au lieu de les rôtir. — g. au figuré: griller au soleil. *Chispildu,* 1. griller. P. La terminaison de *kiskaldu* sera pour *ari-du*, ce que la variante *kiskali* parait indiquer plus clairement. Pour la permutation de *r* et *l*, v. *arilla*, s. v. *ari 3.* Comp. aussi *afaldu, bazkaldu, gosaldu.*

Kiskali, v. *kiskaldu.*

Kiskaltze, v. *kiskaldu.*

Kiskila, selon O. chétif. P. le traduit par : chiche, pauvre. Seraitce une corruption de chiche? *Neskatoa ez motila, ez aberatsa, ez kiskila.* Il ne faut point prendre de serviteur ni de servante, qui soient ou riches ou trop chétifs. Prov. 333 d'O.

Kichkil, bn. terme de mépris pour quelqu'un qui est très maigre et chétif.

Kiskildu, v. *kiskaldu.*

Kiskiltze, v. *kiskaldu.*

Kisu, kisulabe, v. *gisu.*

Kisustatu, v. *gisu.*

Kitzika, kitzikatu, v. *kilikatu.*

Kizun. Cette terminaison dont la forme est très obscure, se joint au nom verb. et correspond à: après avoir, après être. *Etorkizun,* après être venu. *Ikuskizun,* après avoir vu.

Klask, bn. adv. en avalant d'un seul coup; se dit des animaux.

Klaska, bn. clochette que l'on pend au cou des moutons. Comp. le prov. clos et cloca, cloche. Le groupe *kl* n'est pas basque.

Ko, v. *go.*

Koainta, bn. affaire désagréable, engageant à la plainte. Sal. Selon P. *coeita, cuita, coaita,* soin, anxièté. Il suivait encore une autre acception, mais nous avons seulement pu lire le premier mot „affaire". De l'esp. cuita, peine, chagrin.

Koba, b. *kuba,* 1. *kopa,* 1. bn. de l'esp. cuba et du prov. copa. En b. et l. cuve. *Kopa* en bn. est la boîte dans laquelle les faucheurs gardent la pierre à aiguiser; en vieux fr. coffin. En lab. boîte en général; puis ventouse. Coffin dérive du lat. cophinus, v. Littré, D.; mais il nous semble que *kopa* vient de l'esp. cuba et non de coffin.

Kobla, bn. 1° morceau de bois en forme de joug auquel on accouple les bêtes à cornes. 2° strophe; du prov. cobla.

Koburatu, bn. recouvrer; du prov. cobrar.

Koburu, bn. bon-sens, action prompte et sensée.

Kodrilla, bn. groupe; du fr. quadrille?

Kofa, bn. vermoulu, creux, d'un

arbre. Ne serait-ce pas une variante de *koba*, cuve, désignant arbre creux et puis en général comme adjectif creux? *f* pour *b*, comp. *ibeni = ifini*.

Koi, 1. *khoi*, bn. désireux.

Koipe, g. b. graisse.

Koipetsu, g. b. gras; de *koipetsu*. Se dit au figuré de quelqu'un qui dit des choses flatteuses.

Kofoin, bn. ruche d'abeilles du prov. cofin, panier; v. L. R.

Koka, kokatu, 1. bn. s'accrocher. *Kokaturik han dago*, il demeure là caché, il fait le renard. P.

Koko, bn. oeuf, dans le language des enfants; v. *kokoratz*, s. v. *karraka*.

Kokoma, bn. champignon blanc. Sal. Selon P. potiron.

Kokoratz, v. *kakaraz*, s. v. *karraka*.

Kokoriko, g. l. bn. accroupi.

Kokote, g. nuque.

Kokotz, g. b. *okotz*, b. menton. *Kokotz larritzea*, se morguer. P. Litt. se faire un gros menton. Le seul exemple, que nous sachions, de la chute du *k* initial; peut-être aussi *ide* de *kide*.

Kolka, g. *koloka*, 1. *koroka*, bn. gloussement de la poule. Pour la permutation de *r* et *l*, v. *lar*. L'esp. clueca du basque; v. *kakaraz*, s. v. *karraka*.

Kolko, golko, g. b. l. *golkho*, sein. En lab. surtout dans l'acception suivante : *Golkoan sartu ditu*, il les (p.ex.papiers) a mis dans son sein.

Kolpatu, bn. blesser; de l'esp. golpear.

Komai, bn. marraine; du prov. comaire; v. L. R.

Kompai, bn. parrain; du prov. compaire, compère; v. L. R.

Kondaira, g. histoire, conte; *kondera*, bn. discours long et ennuyeux. De l'infinitif prov. ou esp. contar.

Kondera, v. *kondaira*.

Koner, bn. diagonal.

Konkor, 1. *kunkur*, bn. *zunkur*, P. (i. a.) bossu. Pour la permutation de *z* et *k*, v. *karamitcha*. La terminaison sera *kur, gur*, courbé. *Kun* pour *kur?* réduplication de *kur* = très courbé, bossu. *N* pour *r*, v. *belhaun, inuntz*. Selon M. de Charencey *kunkur*, dériverait de l'esp. corcova, ce qui nous paraît être inadmissible.

Konnat, bn. (nn = ñ) beau-frère. C'est le prov. cognat. M. Salaberry cite même *konnata*, belle-soeur.

Kontu, b. syn. de *ardura*. Paraît venir de l'esp. cuenta.

Kopa, v. *koba*.

Kopeta, g. l. bn. front, bn. visage; au fig. hardiesse. — b. les longues tresses des femmes qui leur pendent sur le dos.

Kor, v. *gure*, s. v. *gur*.

Koraña, b, faux; esp. guadaña. Le basque pourrait dériver de l'esp. Pour la mutation de *d* en *r*, v. *egundaño*. Mais nous ignorons d'où vient l'esp. Selon Covarruvias, cité dans le Dict. de l'ac. esp., guadaña viendrait de l'it. guadagno, gain; ce qui est peu probable.

Korapilla, g. b. *korapillo, korropilo*, bn. (Sal.) noeud.

Korapillatu, korapillatzen, g. b. l. bn. nouer.

Korapillo, v. *korapilla*.

Korde, g. b. signification, sens.

Kordoka, bn. branlant.

Kordokatu, kordokatzen, l. bn. ébranler.

Koroka, v. *kolka*.

Korduan, maroquin. P. Du nom de la ville de Cordoue.

Korkoi, g. *korokoin*, l. muble (poisson); esp. corocon. Ce mot ne se trouve ni dans le D. A. E. ni dans le Dicc. Nation. de Dominguez. L'esp. du basque? Pour la chute de *n* final, v. *arrai* 2.

Koroa, l. *khoroa*, bn. couronne; de l'esp. ou du prov. corona.

Koroka, v. *kolka*.

Korokoin, korokoñ, v. *korkoi*.

Korotz, v. *gorotz*.

Korpiera, bn. croupière. Metathèse de *r*.

Korrale, bn. basse-cour. C'est l'esp. corral; même signification.

Korropilo, v. *korapilla*.

Koska, g. l. entaille, coche. L'origine de coche est inconnue; v. Littré. D.

Koskatu, koskatzen, entailler.

Koskolla, l. bn. scrotum; syn. de *barıabilla*. P. cite, sans les traduire, ces deux mots au pluriel; alors ce ne serait pas „scrotum"; mais les testicules. La terminaison de *koskolla*, sera le fr. couille; mais *kos* nous est inconnu. Comp. sc. kûlya, scrotum; v. Fick, Indog. Wb. p. 351. En fr. couille est toujours employé pour testicule, mais il paraît que le véritable sens de couille est bourse, scrotum.

Kota, g. perche sur laquelle dorment les poules.

Kotchea, bn. espèce de croix de quarante cinq centimètres de long, sur laquelle on place le fil tiré du fuseau pour en former des écheveaux.

Kotzat, v. *tzat*.

Kotzo, kotcho, bn. mâle, en parlant des quadrupèdes, selon Sal.; des bêtes de charges, selon. P.

Krinkiltzea, écosser des pois.

Kotor, bn. terrain en pente.

Kuarenta, bn. nombre de trois points; terme de jeu de paume.

Kuku, kukutu, bn. couvrir; syn. de *estali*.

Kukudatz, v. *kakaraz*, s. v. *karraka*.

Kukula, bn. le sommet, d'un arbre, d'une plante.

Kukumarua, bn. On nomme ainsi le *tato* (la galette) dans lequel est pétri un morceau de fromage en forme de boule.

Kukuso, g. l. puce. En g. plus généralement *arkakuso*.

Kukutu, v. *kuku*.

Kunkur, v. *konkor*.

Kupitu, kupitzen, g. s'apitoyer.

Kupida, g. compassion.

Kupidagarri, g. digne de compassion ; de *kupida-garri*.

Kur, v. *gur*.

Kuritxa, l. bouillie sans lait. P.

Kurka, bn. grognement du porc, quand il est content; v. *khurruka*,

s. v. *karraka*.

Kurpil, g. roue; de *gur?*

Kurrinka, b. bn. cri plaintif du porc; v. *karranka*, s. v. *karraka*.

Kurruchka, bn. espèce de raisin blanc sucré.

Kurruska, bn. gargouillement; v. *khurruka*, s. v. *karraka*.

Kurtu, kurtze, v. *gur*.

Kurua, l. terme de mépris. *Kuruchoa da*, c'est un cancre. P.

Kurutze, g. b. *gurutze*, l. *khurutze*, bn. croix; de l'esp. cruz.

Kusku, bn. coque d'un oeuf. Sal. Apparemment du prov. coscolha. *Kusku*, prononcé avec l'article *kuskua* se rapproche encore plus de coscolha, coquille, v. L. R. Il semblerait plus correct d'écrire, *kuskua* même sans l'article.

Kuzkatu, kuzkatzen, l. chapeler le pain. Mieux *kuskatu*.

Kuskula, bn. 1°. cuscute, herbe des prairies sèches, portant certains fruits jaunâtres. Sal. Du fr. ou de l'esp. cuscuta. 2°. Clonnette (?) ronde à bouche rétrécie. Sal.

Kutcha, v. *hutcha*.

Kutsatu, v. *kutsu*.

Kutsu l. tache. *Ethorrizko kutsua*, tache d'origine. P. A en juger par la forme *kutsu* serait un adjectif; de *ku* ou *kut-tsu*. Larramendi dans le supp. cite *ukuz*, saleté et *ukuzkatu*, sali.

Kutsuzko, l. contagieux, épidémique? *Kutsuzko eritasuna*, maladie qui se prend P.

Kutsutu, kutsatu, kutsutzen, g. souiller. *Iñoren emaztearekin kutsutzea zein itsusi dan*. Lardizabal. Combien il était laid de se souiller avec la femme d'autrui.

Kuya, l. *khuya*. bn. citrouille. Apparemment du fr. couille, mot trivial pour testicule.

L.

La, g. b. l. bn. Suffixe qui correspond à la conjonction „que." *Aditzen dut seguratua naizela (naizla,* avec *e* de liaison) *badela (ba-dala) Jainko bat, eta ezin izan deitezkela (deitezke-la) hainitz Jainko.* La Vieuxville. J'entends (par là) que je suis certain qu'il est un Dieu et qu'il ne peut y en avoir plusieurs. *Badakit nere lanak uts andiak izango dituela.* Lardizabal. Je sais que mon travail aura de grands défauts.

Lako, g. parceque, puisque, de ce que; de *la-ko. Zuen artean chit urria dalako.* Lard. Puisqu'il (livre) est très rare parmi vous.

Larik, g. l. Ce suffixe est composé de *la-ik* avec *r* euphonique. *Ik* est uni aux adj. et subst. verbaux. *Larik* paraît être suffixé aux formes fléchies du verbe, sans ajouter à la signification de *ik. Apaiz Larreguik ere, orain irurogeita amar urte diralarik.* Lard. L'abbé Larregui ayant maintenant soixante dix ans. *Predikazozue Ebanyelioa mundu guziari, irakhasten diozuelarik.* La Vieuxville (Matt. XXVIII. 19.) Préchez l'évangile à tout le monde, leur enseiguant.

Laarregi, v. *larri.*

Labain, g. *laban,* b. glissade; du verbe *labaindu,* comme *ahar* de *ahartu?* Si *laban* venait du prov. labans, chute (v. L. R.), le *s* ne se serait probablement pas perdu.

Labandu, b. La forme g. serait *labaindu,* mais ce nom verb. ne paraît pas en usage dans ce dialecte.

Labaindu, vient, croyons nous, de *lab-egin-du.* Comp. l'aryaque rab, ramb, (Fick, Indog. Wb. 165) d'où le lat. lâbi, labe-facio, etc.

Labainkeria, g. *labankeria,* b. séduction. *Eta munduaren labainkerien gorrotoa.* Et la haine des séductions du monde.

Labainkeria, v. *labain.*

Labaki, bn. pièce de terre, aride ou nouvellement défrichée.

Labalde, v. *labe.*

Laban, v. *labain.*

Labana, g. b. *nabala,* l. *nabela,* bn. En g. b. l. rasoir. En bn. couteau. Le g. et b. *labana,* par hyperthèse du lab. *nabala* qui vient de l'esp. nabaja, corruption du lat. novacula. v. Diez. E. W. II. p. 156.

Labandu, v. *labain*.
Labankeria, v. *labain*.
Labarri, v. *labe*.
Labazai, labazain, v. *labe*.
Labe, g. b. l. bn. four.
Labekarri, l. *labarri*, b. fournier; de *labe-hari*, et *ari* 4. Le *h* devenu *k*, v. Essai, Ch. II, et le § sur la permutation de *h* en *k*, dans l'introd. Il serait plus correct d'écrire ce mot avec un seul *r*. Larramendi ne donne que *labazai, labazain* (de *labe-zain*) qui sont peut-être du dial. guip.
Labalde, g. b. l. bn. fournée; de *labe-alde*.
Labetegi, bn. fournil; de *labe-tegi*.
Labekarri, v. *labe*.
Labetegi, v. *labe*.
Labo, bn. myope. Comp. *lauso*.
Laboranza, v. *laboratu*.
Laboratu, laboratzen, l. bn. labourer; du prov. laborar.
Laborari, l. bn. laboureur; de *labor-ari* 4.
Laboranza, l. bn. labourage, agriculture; de l'esp. labranza, même signification.
Labore, l. bn. comestible.
Laborari, v. *laboratu*.
Labore, v. *laboratu*.
Laborri, g. tremblement.
Labur, g. b. l. bn. court. *Bizitza labur onetan*, g. dans cette courte vie. Au fig. en lab. emporté, prompt. *Gizon laburra*, homme colère.
Laburtu, laburtzen, g. b. l. bn. abréger, raccourcir.
Laburtasun, l. brièveté; de *laburtasun*.

Laburski, l. brièvement; — bn. bientôt, sous peu.
Laburski, v. *labur*.
Laburtasun, v. *labur*.
Laburtu, laburtze, v. *labur*.
Lach, v. *latz*.
Lacho, lachokeria, v. *lasai*.
Lachotu, v. *lasai*.
Lachosko, v. *lasai*.
Lagun, g. b. l. bn. compagnon. Syn. de *elkargun*; *gun* paraît donc être la terminaison et le mot sera composé de *la-gun*. M. Mahn, E. U. p. 10. propose de faire dériver ce mot de *laya-dun*, puisque le travail avec le *laya* est fait par plusieurs hommes à la fois.
Laguntasun, g. b. aide; de *laguntasun*.
Laguntza, l. *lagunza*, bn. compagnie; aide, secours. Subst. verbal; v. *aditza*.
Laguntzalle, g. compagnon; de *lagun-tzalle. Eta laguntzalleak emanik, bere gauza guziakin bialdu zuen*. Lardiz. Et lui ayant donné (à Abraham) des compagnons, il se mit en route avec tous ses effets.
Laguntzaka, g. *Eta Jaunari sakrifizioan eskentzen zitzayozkan abere garbietatik, iru pareatu aldi, eta bat bakarra edo laguntzaka*. Lard. Et il offrit en sacrifice au Seigneur, d'entre les bêtes pures, trois fois une paire, et un à un. (?)
Lagundu, laguntzen, g. b. l. accompagner, aider.
Lagun egin, g. b. l. syn. de *lagundu*.
Lagundu, laguntze, v. *lagun*.

Laguntasun, v. *lagun.*
Laguntza, laguntzaka, v. *lagun.*
Laguntzalle, v. *lagun.*
Lagunza, v. *lagun.*
Lahar, v. *lar.*
Laido, 1. bn. déshonneur; ignominie, outrage; du prov. laid, ou plutôt de l'anc. esp. laido; fr. laid.
Lainotsu, b. —?
Laka, 1, *lakha*, bn. picotin. Selon M. Salaberry une mesure qui correspond au quart d'un décalitre.
Laket, laketu, laketzen, l. bn. se plaire. *Laketzen zait hemen*, je me plais ici, l. *Laket dut*, j'en suis content; syn. de *atsegin dut.* P. *Laket leku*, l. lieu de plaisir. P. *Laket* paraît être un nom, soit subst. soit adj. M. Salaberry dit „se plaisant dans tel ou tel endroit;" ainsi un adjectif: content, comme dans l'exemple de P. Mais la forme de *laket* est très inusitée. Bien que P. ne coupe jamais les adj. verbaux aussi arbitrairement que M. Salaberry (c'est peut-être un usage admis) il est probable que *laket, laketu*, est un adj. verb. comme *hant, hantu,* (syncope de *handitu, handi-tu*), *lanth, lanthu*, auquel le *t* de la terminaison se trouve collé et fait croire qu'il appartient au thème. *Laket* est donc pour *laketu* qui sera *lake-tu*, bien que *lake* ne se trouve pas pour le moment.
Laketu, 2. b. laisser; syn. de *utzi*, g. De l'esp. laxar, laisser; ou encore de l'an. esp. lexar avec transposition des voyelles. *Jangoikuak laketu deutsa*. Moguel. Dieu le laissa.
Lakha, lakhatu, bn. action du meunier qui prend en nature son droit pour la mouture. Salaberry. V. aussi *laka.*
Lakhanna, bn. (nn = ñ). Selon M. Salaberry: „morceau; ne se dit que des morceaux extraits du lin, de la laine, des cheveux, du crin." Alors plutôt „touffe." *Liho lakhaña*, touffe de lin. *Bilo lakhaña*, touffe, mèche, de cheveu.
Lakio, sac à mettre la pitance du berger. Mot d'O. selon P.
Lakrio, bn. noeud coulant. Le groupe *kr* n'est pas basque.
Lambide, v. *lan.*
Lambro, g. b. l. *lambo, lanho.* P. En g. et b. brouillard, brouée. En l. obscurité, nuage. Peut être le mot brouée accompagné de l'article: la brouée. L'introduction de *m* reste sans explication pour le moment. L'origine de brouée est inconnue, v. Littré D. Comp. *lano,* l.
Lamitia, l. friand. P.
Lamparoinak, Selon P. dans les dialectes basq. fr. farcin, et en Espagne: écrouelles.
Lamphux, bn. emoussé.
Lan, g. b. l. bn. travail.
Lan egin, g. l. travailler.
Landu, landutzen, g. b. *landu, lantzen,* l. *lanth, lanthu, lantzen,* bn. cultiver, travailler la terre. Dégros-

sir, équarrir, du bois, de la pierre.

Langai, g. travail ; de *lan-gai*. *Estura larri onetan, bada, langai onetara bildu ziran Principe guziak.* Lardiz. p. 135. Dans cette grande détresse, donc, tous les princes qui étaient réunis pour ce travail.

Langille, l. *langile*, bn. travailleur, ouvrier ; de *lan-egille*.

Lankide, l. compagnon ; de *lan-kide*.

Lankhia (mieux *langia*), *lanthei*, bn. l'atelier ; de *lan-tegi*.

Lanthei, v. ci-dessus.

Lambide, g. travail, action ; de *lan-bide*. *Adanek lambide gaizto artatik garbitu nayez.* Lardiz. Adam voulant se justifier de cette mauvaise action. *Lambide onetan ogeita amar urte igaro cituzten.* Lardiz. Trente années se passèrent dans ce travail.

Lanchurda, bn. v. *lano* 1.

Landa, l. bn. terre labourable ; syn. de *alhor*, selon Sal. et de *elge*, soul. selon P. Si le mot français lande n'indiquait pas un terrain très aride, on pourrait croire que lande vint de *landa*. Lande, selon M. Littré, est d'origine allemande ; selon M. Diez, d'origine bretonne ; ce qui revient à dire qu'elle est incertaine.

Landatu, landatzen, l. bn. planter. On serait tenté de croire que *landatu* vient de planter, après la chute de p pour éviter le groupe pl. Mais nous avons vu autre part (v. l'introd. et la lettre J) que la langue admet ces groupes dans les mots étrangers.

Landara, b. *landare*, l. bn. jeune plante ; sauvageon ; bouture.

Landelge, bn. terre labourable possédée en commun.

Lanhabeza, outil pour travailler. P.

Landan, l. excepté. *Hartaz landan.* Excepté lui.

Landara, landare, v. *landa.*
Landatu, v. *landa.*
Landelge, v. *landa.*
Lander, l. pauvre.
Landu, landutze, v. *lan.*
Langai, v. *lan.*
Langile, langille, v. *lan.*
Lanhabeza, v. *lan.*
Lanho, lanhostatu, v. *lano.*
Lankhia, v. *lan*
Lankide, v. *lan.*

Lano, 1. g. *lanho*, l. bn. brouillard, vapeur, nuage. P. traduit *lambroa* et *lanhoa* par brouée ; et pour *lambroa* il donne la variante *lamboa*. Est-ce que *lambro* serait le même mot que *lanho* ?

Lanchurda, l. verglas, gelée blanche. En bn. bourrasque mêlée de neige et de pluie. De *lano-churi-da?* le brouillard est blanc.

Lanhostatu, bn terme de blanchisseur ; se dit de l'humidité qui fait des taches sur la toile que l'on blanchit ; de *lanho-z-tatu*.

Lano 2. g. l. *lanno*, (nn = ñ) bn. En g. paisible. *Gizon lanua*, homme paisible. En l. uni, planier, comme dit P. *Bide lanoa*, chemin planier. En bn. franc, sincère. De l'esp. llano. Le son mouillé des ll esp. a passé en bn. sur l'n.

Lanoki, l. bn. rondement, franchement.

Lanoki, v. *lano 2.*

Lantesa, andeja, g. Ces deux noms sont en usage à Zarauz pour un poisson qu'on nomme en esp. reche.

Lanth, lanthu, v. *lan.*

Lanthei, v. *lan.*

Lantzadera, bn. navette.

Lantze, v. *lan.*

Lanyer, bn. danger.

Lapa, g. b. l. coquillage. Espèce d'huitre. — l. lie, marc de pomme ou de raisin.

Lapasta, l. tourné, [en parlant du lait.

Laphitz, v. *lapitz.*

Lapiko, g. b. pot dans lequel on fait le potage; syn. du *tupin* ou *eltze*, lab.

Lapitz, l. *laphitz*, bn. lieu pierreux. P. Roc au niveau de la terre, de la rivière. Sal.

Lapur, g. b. voleur.

Lapurtu, lapurtzen, g. b. voler.

Lapurreta, g. b. vol. La terminaison est obscure.

Lapurreria, g. *lapurrerijachu*, b. vol, volerie; de *lapur-eria.*

Lapurreta, v. *lapur.*

Lapurreria, lapurrerijachu, v. *lapur.*

Lapurta. Le Labourd. *Lapurtarra*, labourdin; de *lapurt-tarra.*

Lapurtu, lapurtze, v. *lapur.*

Lar, 1. g. *lahar*, l. bn. *nahar*, bn. ronce, rosier sauvage. Pour la permutation de *l* et *n*, comp. *narru = larru; untze = ultze; lenengo = lelengo.*

Lar, 2. Dans les mots composés *lar* est la contraction de *larre.*

Laranja, l. orange; de l'esp. naranja La mutation de *n* en *l* s'était déjà faite dans les langues romanes; le port. a laranja. L'esp. dérive de l'arabe narandj; v. Dozy, Gloss. Comp. cependant *lar* pour la permutation de *l* et *n.*

Laratza, crémaillère.

Lar-azken, automne, P. i. a.

Lardai, bn. timon de voiture.

Larde, l. craintif. *Larde naiz*, j'ai peur.

Larderia, l. appréhension; de *larde-eria.*

Larderiatu, bn. menacer, inspirer de la crainte.

Larderia, larderiatu, v. *larde.*

Larga, largatu, largatzen, g. l. bn. laisser, laisser libre, de l'esp. ou du prov. largar, lâcher, v. L. R.

Larme, v. *larru.*

Laroloa, v. *larre.*

Larrain, l. plaine, vallée. *Larrañ*, b. l'endroit où l'on bat le blé.

Larrañ, v. *larrain.*

Larre, g. b. pâturage dans la montagne. — l. bn. pâturage non cultivé.

Lar-aranza churia, l. aubépine. P. Ce sera l'aubépine blanche.

Lar-oloa, l. aubépine. P.

Larre choria, l. alouette. P. En bisc. scarabée.

Larregizon, l. homme champêtre.

Larrepothe, l. chèvre des champs; cigale, sauterelle. Nous ignorons comment ce mot est composé. La terminaison est peut être pour *apote*. *Apo, apote* est employé dans des acceptions très-différentes. *Apo* chez P. signifie: crapaud, verrat; *apo belatza*, butor (oiseau); litt. crapaud noir.

Larresu, l. feu follet. P. *Larre-su*.

Larrirakastun, l. pédant de village; de *larre-irakastun*.

Larregizon, v. *larre*.

Larrepothe, v. *larre*.

Larresu, v. *larre*.

Larri, g. b. l. bn. grand, gros, épais. *Euskaldun erri larrietan*. Lettre de Larr. à Mendiburu. Dans le grand pays basque. *Diru larria*, grosse pièce de monnaie. — g. l. effrayé, angoissé. *Larririk nago nola eginen dudan*. Je suis effrayé comment je ferai. P.

Laaregi, b. trop; syn. de *geyegi*. *Au guztijau dator lurreko ta gorputzeko gauzei laarregi begiratu*. Moguel. Tout ceci vient de trop considérer les choses de la terre et du corps. De *larri-egi*.

Larritu, larritzen, g. l. s'affliger; s'effrayer.

Larritu, larritze, v. *larri*.

Larru, g. l. bn. *narru*, b. peau, cuir. Pour la permutation de *l* et *n*, v. *lar*. *Esku larruak*, gants. P.

Larme, g. peau, épiderme; de *larru-me*.

Larru ou *narru-gorri*, g. b. nu. Comp. *billusgorri*.

Larrutu, larrutzen, l. bn. écorcher.

Larru apaintzaille, l. corroyeur. *Apaintzaille*, de *apain-tzalle*.

Larrutu, larrutze, v. *larru*.

Larumbata, g. l. bn. samedi. Selon Astarloa (Apol. p. 327) *larumbata* est pour *lauren bata*, „une des quatre," époques lunaires. Il est vrai qu'on ne fait pas encore trop violence au mot en l'écrivant de la sorte; mais on ne peut jamais se fier aux étymologies de ces auteurs qui arraugent parfois les mots pour leur faire dire ce qu'ils veulent.

Lasa, l. poutre.

Lasai, g. *lacho*, l. mou, lâche; de l'esp. laso. *Baña bere astura lasai gaistoakgatik*. Mais à cause de ses moeurs relâchées.

Laze, bn. lâche, qui ne serre point.

Lazo, lacho, bn. négligent.

Lachokeria, bn. négligence; de *lacho-keria*.

Lazoki, bn. adv. *lachosko*, adv. diminutif.

Lazatu, lachotu, bn. négliger.

Lasaroa, g. b. l. le dimanche de la passion.

Lastan, l. maitresse ou serviteur (amant?) en fait d'amour. P. En g. *lastan* ou *laztan*, baiser, subst.

Laste, v. *latz*.

Laster, l. bn. course; — g. b. l. bn. vite, promptement. *Ahalik lasterrena*, le plus vite possible.

Lasterka, g. b. l. bn. à la hâte; de *laster-ka*.

Lasterkari, bn. coureur; de *laster-*

kari pour *hari*, v. *ari* 4. *K* pour *h*, v. Essai, Ch. II. et l'introduction, p. 8.

Lasterka, v. *laster.*

Lasterkari, v. *laster.*

Lastima, g. b. bn. douleur, regret. En g. et b *lastima* est employé comme l'esp. lastima. *Lastima da,* g. b. c'est dommage; esp. lastima es.

Lasto, g. l. bn. paille.

Latch, 1. v. *latz.*

Latch, 2. bn. plante toujours verte, à épines, qui croit au milieu des rochers. De *latz?*

Latste, latstu, v. *latz.*

Latz, g. b. l. bn. âpre, aigre, acerbe, rude (pas lisse).

Latch, bn. diminutif de *latz.*

Latztasun, b. apreté; de *latztasuna.*

Latzdura, bn. apreté au toucher, peur légère; de *latz-dura.*

Latztatu, bn. *latstu, latsten* ou *lasten,* l. s'effrayer, se hérisser. P. *Buruko illeak latsten zait.* Les cheveux de la tête (me) se hérissent. P. Peut-être avons nous ici la signification primitive de *latz,* c. a. d. droit, debout, et au figuré: rude, âpre, etc. — *Burhoak lasten du buruko illeak.* Le blasphème fait hérisser les cheveux. *Lastu naiz.* Je me suis effrayé.

Latzgarri, bn. effrayant; de *latzgarri.*

Latzdura, v. *latz.*

Latzgarri, v. *latz.*

Latztasun, v. *latz.*

Latztatu, v. *latz.*

Lau, g. b. *laur,* l. bn. quatre.

Lau ou *laurgarren,* quatrième.

Laurden, g. l. bn. *laurren,* b. quart. Probablement le génitif de *laur,* et le *d* pour *r,* comp. *egundaño.* Ce génitif exprime ici un superlatif; les nombres ordinaux dans plusieurs langues, sont rendus par un superlatif (v. *atzen, lehen, garren*). Le mot qui indique la fraction d'un nombre n'est pas toujours distinct du nombre ordinal; ainsi „cinquième" exprime les deux; la forme d'un superlatif peut donc avoir servi à exprimer l'un et l'autre.

Laurdeneko mina, fièvre quarte. P.
Laur mugak, les quatre temps.

Laugarren, v. *lau.*

Laur, laurden, v. *lau.*

Laurgarren, v. *lau.*

Lausengatu, l. bn. flatter; du prov. lauzengar, flatter; v. L. R.

Lauso, g. bn. myope—l. louche; de l'anc. esp. lusco? P. fait suivre comme syn. *okilla,* nord-est. Comme le nord est indiqué par gauche et non pas par louche (v. *ezker* et *eskela*), il faut que les idées de louche et de gauche se soient tellement identifiées que *lauso,* louche, qui n'a jamais signifié gauche, ait été employé pour indiquer nord-est. Larr. s'en sert au figuré pour aveuglement; v. l'ex. s. v. *lilluramendu.*

Lautu, lautzen, g. aplanir.

Lauza, leuza, bn. lavasse, pierre platte. Du prov. lausa, roche.

Laya, 1. g. b. instrument aratoire, espèce de bêche à deux dents;

de là le verbe *layatu*, et le subst. *layari* (*laya-ari* 4), celui qui fait ce travail.

Laya, 2. l. bn. branche de vigne.

Laxa, laxatu, bn. frapper le linge contre une planche ou une pierre pour le blanchir.

Laxaharri, bn. pierre ou planche destinée à cet usage, v. *laxa.* De *laxa-harri.*

Laxari, bn. laveuse ; de *laxa-ari* 4.

Laxaharri, v. *laxa.*

Laxari, v. *laxa.*

Laxun, bn. chaux.

Laza, lazatu, v. *lasai.*

Lazakeria, v. *lasai.*

Lazo, 1. g. b. piège; esp. lazo.

Lazo, 2. v. *lasai.*

Laztan, v. *lastan.*

Lazun, g. muble. A St. Sébastien on dit *korkoi.*

Le. Suffixe, syncope de *zale* ou *gale.*

Lebrosta, bn. levraut. Du fr. levraut avec mutation de *v* en *b*; v. *legami.*

Legami, g. *lemami,* l. levain; du prov. levam. Pour la mutation de v en *m*, comp *mendekatu* de vindicare, *mentura* de ventura, *magina* de vagina, etc. Pour celle de v en g : *maillegatu.* Comme b est v, on pourrait citer les exemples de permutation de *b* et *g* : nabusi = nagusi; barbantzu = garbantzu, etc.

Legar, g. l. bn. gravier.

Legatz, g. b. l. merlus, merluche; esp. merluza.

Lege, g. l. bn. loi. De l'esp. ley. G pour y, comp. *bago* de haya.

Legez, b. comme; de *lege-z* ; comme *arauz,* selon, de *arau-z. Legez* est quelquefois contracté en *lez.*

Legez, v. *lege.*

Legor, v. *leor.*

Legun, v. *leun.*

Legundu, leguntze, v. *leun.*

Lehembizi, v. *len.*

Lehen, v. *len.*

Lehenago, v. *len.*

Lehenbizi, lehenbiziko, v. *len.*

Lehenbizian, v. *len.*

Lehenbizirik, lehenbizikorik, v. *len.*

Lehendanik, v. *len.*

Lehenik, v. *len.*

Lehenkusiña, v. *gusu.*

Leher, l. pin. V. aussi *ler.*

Lehergarri, v. *ler.*

Lehertu, lehertze, v. *ler.*

Lehia, v. *leya.*

Lehiatuki, v. *leya.*

Lehoin, l. bn. lion.

Leiho, v. *leyo.*

Leihor, v. *leor.*

Leihotcho, v. *leyo.*

Leinhuru, l. rayon. De *leñu,* ligne?

Leinu, v. *leñu.*

Lei, leitu, leitzen, l. bn. lire. Du prov. legir. Pour la chute de g, comp. ein = egin ; leun = legun; irazi = iragazi.

Leize, g. *leze,* l. *leiz,* b. abîme, antre, caverne. *Hortakotzat hasitzen egitetik molderik gabeko leze ilhun bat bezala.* Larregui. Pour cela ayant commencé sans aucune forme, comme un abîme obscur.

Leka, g. b. bourgeon. — bn. gousse, de fève, etc.

Lekariyaa, g. syn. de *irrinzi*.

Lekat, l. sauf, hormis; syn. de *landan*. Le *t* final de *lekat*, appartiendra comme le *t* dans *laket*, à la terminaison. *Lekatu, lekatzen,* excepter. *Nihor lekatu gabe,* sans en excepter aucun. Le nom verb. est donc *leka;* mais jusqu'à présent nous ne l'avons pas trouvé. Il paraîtrait que *lek* ou *leka* signifie „hors" ou „dehors," ce mot se retrouve dans *lekora,* que P. traduit par: hors, excepté, hormis. *Lekat, lekora, landan* sont synonymes. *Handik lekora,* hors de là, après cela. *Jainkoaz lekora eztut zu bezain maiterik.* Après Dieu je n'aime personne autant que vous. *Zutaz lekorean.* Hormis chez vous. *Lekorean etzatea.* Coucher dehors.

Lekua, l. lieue; du prov. legua; v. L. R.

Leku, g. b. bn. *lekhu,* bn. lieu, endroit; comp. prov. loc, luec; et l'esp. luego. La ressemblance avec le lat. locus est plus grande, mais en général il est bien rare que le basque emprunte directement au latin; et puis ce qui semble décider la question c'est le s final de locus, qui se serait conservé. — *Bera ethorteco cen hiri eta leku gucietara.* Luc. X. 1. Test. Roch. Dans toutes les villes et tous les lieux où il devait aller.

Lekora, v. *lekat.*

Lela, loloa, g. insipide, stupide. *Lelo,* l. refrain, esp. lelo, qui vient du basque. M. Mahn (Etym. Unt. p. 58) trouve l'explication de ce mot dans une ancienne poésie, (publiée par Humboldt, Bericht. und Zuzätze, p. 86) dans laquelle un certain Lelo (le mari), est tué par Tota (la femme) et son amant Zara. Les meurtriers furent bannis et le peuple ordonna qu'au commencement de chaque poésie ou de chaque chanson, le nom de Lelo serait mentionné. De là le lab. „refrain;" mais aussi, puisque ce nom a été répété si souvent, l'acception de: insipide, stupide. Humboldt cite un dicton basque: *beliko leloa,* éternel lelo. *Geroa alferraren leloa.* A demain est du fainéant le refrain. Prov. 189. O.

Lelikota, lerikota, l. pois chiche.

Lelo, v. *lela.*

Lema, g. l. gouvernail. *Lemari, lemazain,* g. *lemako,* l. timonier; de *lema-ari* 4; *lema-zain* et *ko.*

Lemako, v. *lema.*

Lemami, v. *legami.*

Lemari, v. *lema.*

Lemazain, v. *lema.*

Lembaitlen, v. *len.*

Lembizi, lembiziko, v. *len.*

Len, g. b. *lehen,* l. bn. En g. et b. avant. En l. et bn. avant, premier. La forme de ce mot nous avait induit à dire (s. v. *garren*) que c'est un superlatif. Nous croyons cependant plutôt que *len* est le thème, avec la signification de „avant" ou peut-être plus correctement, de „tôt," puisque avant exprime déjà un comparatif. Le comparatif de *len* est *lenago*, plus tôt = avant; le superlatif (c. à. d. le génitif) est *lenen*, que l'on ne retrouve qu'avec le suffixe *go*, qui en fait un adjectif *lenengo*, le premier = le plus tôt. Il est encore possible que ce *lenen*, soit une variante de *lehen*, à cause de la permutation de *h* et *n*, v. *liho*, et dans ce cas *lehen* serait un superlatif; mais il ne serait pas prudent d'en tirer une conclusion définitive, puisqu'à en juger par quelques dérivés, *len* indiquerait déjà par lui-même, un comparatif, p. ex *lengo*, *lehengo*, d'autrefois; litt. de avant; ou faudrait-il voir dans *lengo* la forme syncopée de *lenago*, *lehenago*? *Hura deuçat lehen iayoa anhitz anayeren artean.* Rom. VIII. 28. Test. Roch. Afin qu'il soit le premier-né entre plusieurs frères. *Baño len* ou *lenago*, g. *baino lehen*, l. avant que, plutôt que.

Lengo, g. *leengo*, b. *lehengo*, *leheneko*, l. (*ko* pour *go* avec *e* de liaison puisque *k* ne peut suivre *n*; v. Essai, Ch. II.). D'auparavant, d'autrefois; de *len-go*, de avant. V. *len*. *Agar itzuli zan eta lengo arrokeriak utzita.* Lardiz. Agar revint ayant laissé son orgueil d'autrefois. *Etzara lehenekoa.* Vous n'êtes pas celui d'autrefois.

Lenago, g. *leenago*, b. *lehenago*, l. bn. auparavant, avant, plus tôt; de *lena-go*, comparatif de *len*. Chez Larramendi *len* et *lenago* sont synonymes; alors comme en all. vordere, qui est un comparatif et qui signifie le premier, celui de devant.

Lenagoko, g. *lehenagoko*, l. bn. d'auparavant; de *lenago-ko*. *Lenagoko aldarean Jaunari ofendra berriak egin ziozkan.* Lardiz. Il fit de nouvelles offrandes à Dieu sur l'autel d'autrefois. *Lehenagoko philosopho batzuek erran zuten.* Ax. p. 33. a. éd. Plusieurs philosophes d'autrefois ont dit.

Lenengo, g. *lelengo*, *leleengo*, b. premier. *Lenengo irakurkaya*, le premier chapitre. De *lenen-go*. *Lenen*, gén. de *len*; v. *len*. Pour la mutation de *n* en *l*, v. *narru* = *larru*; *nahar* = *lahar*; *untze* = *ultze*. *Argatik Abrani aimbeste espa agertu ziozkan, Sarai emaztea zuela, lenengotik esan etziolako.* Lardiz. Pour cela la plainte parut claire à Abraham d'autant que Sara était sa femme, ce qu'il n'avait pas dit auparavant. En all. zuvor; holl. van te voren.

Lembizi, *lembiziko*, *lendabizi*, *lendabiziko*, g. *lehenbizi*, *lehenbiziko*, l. bn. premier. Pour expliquer ce mot composé nous n'avons rien à offrir qu'une hypothèse peut-être risquée. *Lembizi* pourrait être pour *len-biz* (qu'il) soit devant; auquel est suffixé le *i* qui forme les adj. verbaux, *lembizi*, qui a formé plus tard la phrase *lembizi da*, il est celui de devant; cette locution peut avoir été intervertie et avoir donné *lendabizi*. — Toutes ces formes différentes pour exprimer „premier" semblent indiquer que le besoin s'est fait sentir de renforcer la signification primitive. *Lehen(=len), lenengo, lembizi, lembiziko*, premier, paraissent être parfaitement synonymes. — *Lembiziko odol-isurtze au egin.* Lard. La première effusion de sang (meurtre) étant faite. *Lembiziko gizonak.* Les premiers hommes.

Lehenbizian, l. au commencement; de *lehenbizia-n.*

Lehenik, l. bn. premièrement; de *lehen-ik. Eta hain da zuhur lehenik hozitu behar duen burutik hasten baitzaika bihiari.* Ax. p. 36. a. éd. 16. n. éd. Et elle (fourmi) est si économe qu'elle commence à entamer le grain par le bout qui doit germer le premier.

Lehenbizirik, lehenbizikorik, l. syn. de *lehenik.* La terminaison est *ik* avec *r* euph.

Lendanik, g. *lehendanik*, bn. antérieurement; de *len danik.*

Lembaitlen. aussi séparé *len-baitlen*, g. d'autant plus vite. La construction de la phrase est peut-être imitée de l'espagnol: antes con antes. *Dirudienez munduaa berriro gendez lembaitlen betetzeagatik.* Lard. Apparemment pour remplir d'autant plus vite le monde d'hommes.

Lehen bai lehen, lehen baino lehen, l. tout au plustôt. P.

Lenendu, lenentzen, g. précéder.

Lengusu, v. *gusu.*

Leñargi, g. noblesse.

Lenago, v. *len.*

Leñargi, v. *len.*

Lenbaitlen, v. *len.*

Lendabizi, lendabiziko, v. *len.*

Lendanik, v. *len.*

Lenen, v. *len.*

Lenendu, v. *len.*

Lenengo, v. *len.*

Lenenkiro, v. *len.*

Lenentze, v. *len.*

Lengusu, v. *gusu.*

Leñargi, v. *len.*

Leñu, g. *leinu*, l. lignage.

Leor, g *lior*, b. *leihor*, l. bn. Dans les dialogues publiés par le P^ce Bonaparte se trouve *legor*, g. En g. et b. sec. En l. et bn. terre, terre ferme, par opposition à mer. Il semblerait que *leor* a dû d'abord signifier sec et puis terre = le sec, *leihorra. Gor* ou *kor*, dans le sens de sec se retrouve dans *elkor, agor, idor;* cette ressemblance ne sera pas fortuite. Il est probable que *legor* est le même mot que *elkor* avec méthathèse de *e.* Le *d* de *idor* peut être pour *g*; comp. *bida = biga; dupela = gupela*, etc. — *Itsasoz edo leihorrez*, l. par mer ou par terre.

Leortu, leortzen, g. sécher.

Leorpe, g. cabane pour le bétail; de *leor-pe.*

Leorpe, v. *leor.*

Leortu, leortze, v. *leor.*

Lepazur, v. *lepo.*

Lepho, v. *lepo.*

Lepo, g. l. *lepho*, bn. cou. *Ibañetaren lephoan harrabots bat agertzen du.* Chant d'Altabiscar. Au col d'Ibagueta un bruit se fait entendre.

Lepazur, b. nuque du cou; de *lepo-azur.*

Lepa chertoa, l. syn. de *lepazur*.

Ler, g. *leher*, l. bn. Ce radical ne se retrouve que dans les noms verbaux : *lerregin* ou *lertu, lertzen,* g. *leher, lehertu, lehertzen,* l. bn. crever, écraser. *Emakumeak burua lertuko ziola,* g. Que la femme lui (au serpent) écrasera la tête. *Isiz leher egitea.* Crever de dépit. P. *Leher dezagizula.* Qu'il te fasse crever, puisses tu crever. P.

Lehergarri, bn. capable de faire crever (de rire); de *leher garri*.

Lerde, g. bave.

Lerden, l. bn. droit de corps; élancé, svelte; syn. selon P. de *lindo, lirain. Gizon ederra, lindoa, chuta.* P.

Lerdo, l. vers de terre, achée; vieux mot pour appât pour la pêche à la ligne.

Lerin, bn. très-mûr.

Lerindu, mûrir.

Lerra, lerratu, lerratzen, l. bn. glisser; syn. de *legundu*.

Lerzo, l. bn. trace de malpropreté, d'un liquide sur un vase, etc.

Lerratze, v. *lerra*.

Lerro, g. l. bn. rang, rangée, ligne; syn. en bn. de *herroka. Lerroan doaz.* Ils vont en rang. P.

Lerroka, l. par ligne; de *lerro-ka*.

Lersun, l. *lexon,* bn. grue.

Lertsun, g. aulne.

Lertu, lertze, v. *ler*.

Lerzo, v. *lerra*.

Lesuin, v. *pesuin*.

Letagin, g. *lethagin,* l. *letain,* bn. dent canine; de *let-agin,* 2. mais qu'est-ce que *let ?*

Letain, v. *letagin*.

Lethagin, v. *letagin*.

Leun, g. l. *legun,* l. bn. glissant, doux. *Esku legunak,* mains douces. P. *Bide leguna.* Chemin glissant.

Legundu, leguntzen, l. glisser; — bn. rendre lisse, polir.

Leuza, v. *lauza*.

Lexon, v. *lersun*.

Leya, g. *lia,* b. *lehia,* l. bn. En g. et b. émulation, ardeur. En l. et bn. hâte, empressement. *Lia ez dauka.* Il n'a pas de zèle, d'ardeur. *Leya* du nom verb *leyatu,* comme *ahar* de *ahartu?* et *leyatu* peut-être de *len,* premier. Le *n* de *len* paraît se perdre dans quelques composés. Nous ignorons si les mots suivants sont en usage, mais Larramendi cite : *lekin,* premier-né; *leizatia,* primitif. Dans *lekin,* il est vrai, le *n* devait tomber à cause du *k,* v. Essai, Ch. II. (cependant il y a des exceptions comme à toutes règles, p. ex *jainko*). Mais dans *leizatia,* le *n* aurait pu rester ; il a donc été élidé sans nécessité, ce qui peut avoir été le cas pour *leiatu, leyatu* qui serait alors pour *lenatu,* (qui n'existe pas) et qui rendrait bien l'idée de s'efforcer, se hâter; c. a. d. être le premier. — *Lehia handiak hainitzetan kalte dakarke.* La trop grande diligence est souvent nuisible. P.

Leyatu, leyatzen, g. s'efforcer. *Lehiatu, lehiatzen,* l. bn. se hâter, s'empresser. *Argatik elizako guraso santuak beti leyatu izan dira.* Pour cela les saints pères de l'église se sont toujours efforcés. *Alferrik lehiatzen zara.* Vous vous hâtez en vain.

Lehiatuki, l. bn. promptement. *Zaccheo haitsa lehiatuki.* Luc, XIX. 5. Test. Roch. Zacchée descends promptement.

Leyal, g. l. fidèle, loyal.

Leyatu, v. *leya.*

Leyatze, v. *leya.*

Leyo, g. *leiho,* l. bn. fenêtre. *Leihotcho,* l. petite fenêtre; *tch = che* diminutif.

Lez, v. *legez.*

Leze, v. *leize.*

Libratu, libratzen, g. l. bn. délivrer; de l'esp. librar.

Liburu, g. b. l. bn. livre; de l'esp. libro.

Liburugille, g. l. *liburu saltzalle,* g. libraire. La terminaison lab. *gille* de *egin-le.*

Lichter, bn. un peu de; syn. de *pilika.*

Liga, l. bn. lie. Probablement du fr. lie, dont l'origine est cependant inconnue. Scheler indique le lat. lix, cendre d'où une forme rustique liqua, lica et de là le fr. lie; v. Littré, D. — *Arno ligatu da,* le vin est à la lie. P.

Liho, l. bn. *lino,* l. lin; de l'esp. lino. Pour la mutation de n en *h,* comp. *ohor* de honor; *ahate* de anade; *dohan,* de donum.

Lika, g. glu; de l'esp. liga.

Likhitz, v. *likitz.*

Likitz, g. l. *likhitz,* bn. sale. *Likitzkeria,* g. l. saleté; de *likitzkeria.*

Likitzkeria, v. *likitz.*

Lili, l. bn. fleur de lis; prov. lili.

Lilluratu, lilluratzen, g. l. Larramendi écrit *llilluratu.* Les ll esp. =l mouillé ou gl ital. Eblouir, enjôler. L'orthographe de Larr., avec le *l* mouillé initial, indique peut-être qu'il y a ici métathèse de *i, illuratu;* comme *llobia = il loba. Illuratu* pourrait être pour *illun-ra-tu,* puis que *r* ne peut suivre *n;* v. Essai, Ch. II. Ou faudrait-il rattacher *lilluratu* à *lili.* En holl. nous avons verbloemen, déguiser, pallier; de bloem, fleur.

Lilluramendu, g. illusion, séduction. *Ta ayenatzen dituzula guzien lausoak ta llilluramenduak.* Lettre de Larr. à Mendiburu. Et que vous fassiez disparaître l'aveuglement et les illusions, les erreurs, de tous.

Limar, lipar, limber, l. échantillon.

Limber, v. *limar.*

Limburdika, l. écorniflerie. P. Comp. *limuri.*

Limburdikaria, l. écornifleur. P. De *limburdika-ari* 4.

Limburdikatu, l. P. écornifler.

Limburdikeria, limburdikatu, v. *limburdika.*

Limburi, v. *limuri.*

Limburtu, limburtze, v. *limuri.*

Limikari, v. *milliskatu.*

Limikatu, v. *milliskatu.*

Limosna, l. bn. aumône; de l'esp. limosna.

Limuri, g. *limburi,* l. glissant, lubrique; syn. de *leun.* Le *b* paraît être épenthétique.

Limurtu, g. *limburtu, limburtzen*, l. glisser, pencher.

LINAI, g. quenouille. Probablement de l'esp. lino et de *gai*, dans le sens de „chose destinée à."

Linai estalkia, g. le petit chapeau qui tient le lin sur la quenouille.

LINDO, l. bn. En l. syn. de *lerden*. En bn. propre, sans tache; de l'esp. lindo, beau, joli.

LINO, v. *liho*.

Linna, bn. traineau. M. Sal. écrit deux *n* pour *ñ*; ainsi *liña*. Est-ce de ligne que dérive *linna*? Comp. trainée pour lignée, rangée.

Lipia, espèce de poisson; arraignée. Mot d'O. selon P.

Lipu, bn. arraignée. Comp. *lipia*.

Lirain, v. *lirañ*.

Lirañ, g. *lirain*, l. droit. Selon P. syn. de *lerden*. Peut-être une variante de *lerden*; pour la chute du *d*, comp. *baut = badut, beratzi = bederatzi, ausi = adausi*; etc.

Liska, bn. petite mare, marécage.

Liskar, l. querelle. *Liskarrean ahoari brida*. En débats mets-toi un frein. P.

Liskartu, liskartzen, l. se quereller.

Liskargille, l. querelleur, subst. De *liskar-egille*.

Liskardura, liskartia, l. querelleur, selon P. Il semble que c'est une erreur; ce sont des substantifs. *Liskar-dura*; et *liskarte*, subst. verb.; avec l'article *liskartia*; (le) quereller = querelle.

Liskardura, v. *liskar*.

Liskargille, v. *liskar*.
Liskartia, v. *liskar*.
Liskartu, liskartze, v. *liskar*.
Listafin, v. *listor*.
Listertasun, v. *lixturtzea*.
Listor, g. *lixtor*, l. *listafin*, l. guêpe. *Lixtor*, l. frelon, bourdon.

LITCHERRERA, l. lèche-frite.

LITCHUA, l. laitue.

Litz, l. *lix*, bn. En l. frange. En bn. éraillure, effilure.

Lix, lixtu, bn. s'érailler.

Lix, v. *litz*.

LIXA, LIZA, l. squale, chien de mer; de l'esp. lija, anc. orth. lixa.

Lixlarru, l. la peau du chien de mer, qui sert à polir le bois.

Lixlarru, v. *lixa*.

Lixter, v. *lixturtzea*.

Lixtur, v. *lixturtzea*.

Lixturtzea, l. *lixtertzea*. O. selon P. incliner, pencher. Du subst. *lixtur*, penchant, que P. cite, mais ne traduit pas? *Lixturtzea norbaitgana*. Avoir inclination pour quelqu'un. P.

Lixtertasun, ou *listertasun*, comme O. corrige ce mot dans le Ms. de P. Appétit de quelque friandise. — Est-ce que *litz, listor* et *listertzea* aurait une même origine? En all. anhänglich, de anhangen, „pendre à," est employé au figuré pour „aimant enclin à se suspendre à," L'idée de „pendre à" se retrouve dans frange, *litz*. L'all. a: anhangsel, „supplément." Enfin *listor*, abeille, peut-être à cause du miel qui est gluant.

LIZA, v. *lixa*.

Lizar, g. l. frêne. L'arbre vénéré des Basques.

Lizun, g. moisi.

Llilluramendu, v. *lilluratu*.

Llilluratu, v. *lilluratu*.

Llobia, v. *illoba*.

Lo, g. b. l. bn. sommeil. Au plur. *loak*, g. l. les tempes; comme en all. et en holl.

Lo egin, g. l. dormir. *Lo egiten du*, il dort. P. construit *lo* avec *etzan*. *Lo bethean datza*, il est en profond sommeil; litt. il est couché en plein sommeil. On dit de nos jours: *lo bethia dago* (de *egon*). P. par contre écrit: *lotan dago*. Nous disons la même chose en holl. Het kind is in slaap, l'enfant est en sommeil.

Lozorro, g. cauchemar; de *lo-zorro*.

Logale, g. l. bn. envie de dormir; de *lo-gale*.

Logure, g. syn. de *logale*; de *lo-gure*.

Lotia, g. l. dormeur.

Lokuma, l. assoupissement. P. De *lo-hume?*

Lohilla, l. le mois de Janvier; de *lo-hilla*, mois de sommeil (hiver).

Lokartu, lokartzen, l. *lokhartu*, bn. s'endormir; de *lo-hartu*; *k* pour *h*, v. Essai, Ch. II. Le *h* dans le bn. est de trop, le *k* ayant pris sa place. *Concientcia da behin ere lohakartzen ezten zerbitzari*. Ax. 426. a. éd. 324 n. éd. La conscience est un serviteur qui ne s'endort jamais. — Les verbes composés, sont toujours formés du thème (ici *lo*), et non pas du nom avec l'article (*loha*).

Lobio, l. parc pour le bétail; devant de maison où l'on étend la litière pour faire du fumier.

Lodi, g. b. l. épais.

Loditasun, b. embonpoint; de *lodi-tasun*.

Loditu, loditzen, l. grossir.

Loditasun, v. *lodi*.

Loditu, loditze, v. *lodi*.

Logale, v. *lo*.

Logure, v. *lo*.

Loharda, l. membre.

Lohi, v. *loi*.

Lohia, soul. selon P. Corps. *Lohia saindua*. Le saint corps.

Lohikeria, v. *loi*.

Lohilla, v. *lo*.

Loi, g. b. *lohi*, l. bn. boue.

Loikeria, g. b. *lohikeria*, l. bn. souillure; de *loi-keria*.

Lohitsu, l. boueux; de *lohi-tsu*.

Loitu, loitzen, g. *lohitu, lohitzen*, l. souiller.

Loikeria, v. *loi*.

Loitu, loitze, v. *loi*.

Lokartu, lokartze, v. *lo*.

Lokatsa, b. fange. Probablement de *loi-atsa* pour *hatsa*, dont le *h* est devenu *k*, v. Essai, Ch. II et l'introd. p. 8.

Lokharri, v. *lot*.

Lokhartu, v. *lo*.

Lokume, v. *lo*.

Lollo, g. ivraie.

Lolo. Ce mot se trouve chez Axular, p. 275. a. éd. 101. n. éd. P. n'en donne pas la traduction. V. l'exemple s. v. *malba*.

Lor, g. grosse poutre; tronc d'arbre coupé.

Lora, v. *lore*.
Lorategi, v. *lore*.
Lora, g. l. bn. *lora*, b. fleur; de l'esp. et prov. flor.
Lorategi, g. b. jardin; de *lorategi*.

Lore, 2. bn. doux, tranquille.
Loria, l. gloire. — bn. délice, jouissance; du prov. gloria, avec chute du g pour éviter la rencontre de g et l.
Loriatu, l. *lorifikatu*, bn. glorifier; le lab. de *loria*; le bn. du prov. glorificar.
Loriatu, v. *loria*.
Lorifikatu, v. *loria*.

Lot, lotu, lotzen, g. b. l. *loth*, *lothu*, bn. lier. — l. bn. saisir, prendre (d'une plante, d'une greffe). — bn. panser une plaie. *Lanari lotzea*, se mettre au travail. P. *Zerbaiti lotzea*, s'attacher à quelqu'un. P. *Eguiaz erraiten drauçuet, cer-ere lothuren baituçue lurrean, lothua içanen da ceruan*. Matt. XVIII. 18. Test. Roch. En vérité je vous dis que tout ce que vous aurez lié sur la terre, sera lié dans le ciel.
Lotgarri, lokarri, l. bn. emplâtre. Sal. Jarretière. P. De *lot-karri*, et pour éviter la rencontre de *t* et *k*, le *t* a été élidé dans l'un, et le *k* adouci dans l'autre mot. (V. Essai, Ch. II. *bakid* pour *bat-kid*; *tzako* pour *tzat-ko*, etc.). M. Salaberry écrit *lokharri* avec *h*. Plus d'une fois déjà nous avons fait remarquer cette tendance à mettre des *h* dans des mots où cette lettre ne devrait pas se trouver. (Comp. le Test. de la Rochelle en dial. bn.). Bien que le suffixe *karri, garri* se trouve généralement sans *h*, M. Salaberry a eu raison d'écrire *kharri*, puisqu'il écrit *ekharri*. L'orthographe de M. Sal. a induit en erreur M. Vinson, qui croit voir dans le *h* une lettre produite par la rencontre de *t* et *k*. (v. Revue ling. III, p. 444. note, 1).
Lotgaillu, bn. bandage. *Gaillu* nous est inconnu. Comp. *estekaillu*.
Lotura, l. ligature. Le suffixe *ra* n'est pas clair.

Lotazilla, b. le mois de décembre. Comp. *azilla*, novembre.
Lotzekume, v. *lotsa*.
Lotgaillu, v. *lot*.
Lotgarri, v. *lot*.
Loth, lothu, v. *lot*.
Lotia, v. *lo*.
Lotsa, g. *lotse*, b. *lotza*, l. Selon O. avec *s*, *lotsa*. En g. et b. honte. En l. peur, effroi. *Lotza naiz*, j'ai peur.
Loxeria, bn. frayeur; de *lox-eria*. *Lox* se retrouve dans le nom verb.
Lotsatu, lotsatzen, g. b. faire et avoir honte. *Sara lotsatu naiz*. Sara eut honte.
Loxa, loxatu, bn. intimider.
Lotzkor, l. peureux, craintif; de *lotz-kor*.
Lotsagabe, g. effronté; de *lotsagabe*.
Lotsagabekeria, g. effronterie; de *lotsagabe-keria*.
Lotsagarri, g. honteux; de *lotsagarri*.
Loxagarri, bn. capable d'intimidation. Sal. Alors: effrayant?

17

Lotezkume, g. enfant naturel; de *lotez* pour *lotsez-hume*. *K* pour *h*, v. Essai, Ch. II et l'introd. p. 8.

Lotsagabe, v. *lotsa*.
Lotsagabekeria, v. *lotsa*.
Lotsagarri, v. *lotsa*.
Lotsatu, lotsatze, v. *lotsa*.
Lotse, v. *lotsa*.
Lotskor, v. *lotsa*.
Lotu, lotura, v. *lot*.
Lotza, v. *lotsa*.
Lotze, v. *lot*.
Loxa, loxagarri, v. *lotsa*.
Loxeria, v. *lotsa*.
Lozorro, v. *lo*.
Luarraztea, v. *lur*.
Lufa, g. demoiselle.
Luhartza, v. *lur*.
Luhunz, bn. lierre. Comp. *antz*.
Luharbil, l. motte de terre. De *lur-bila?* Le b. *luur* indique peut-être une forme primitive *luhur?*

LUKAINKA, g. l. saucisse. Corruption de l'esp. longaniza?

LUKURARI, v. *lukuru*.

LUKURU, l. gain, usure; du lat. lucrum; avec chute de la nasale, v. *arrai*, 2.

Lukurari. l. usurier; — bn. avare; de *lukuru-ari* 4. L'emploi de ce mot comme adj. nous semble vicieux. M. Salaberry cependant ajoute: syn. de *abarizioz*.

LUMA, g. l. bn. plume; de l'esp. pluma, avec chute du p pour éviter le groupe pl, qui n'est pas admis en basque.

Luma zakar, l. duvet. P.

Lumatu, venir en plumes (des oiseaux). P.

Lumatza, l. oreiller.
LUMATZA, v. *luma*.

Lumera, g. graisse de baleine.
Lupia, g. espèce de poisson de rivière qu'on nomme à Orio, en espagnol, lubina. Comp. *lipia*.

Lupua, g. l. espèce de maladie du bétail qui les tue de suite.

Lur, g. l. bn. *luur* b. terre. *Lenengoan zerua, lurra, urak, sua eta argia egin zituen.* Dans le premier (jour) il fit le ciel, la terre, les eaux, le feu et la lumière.

Lurreko, g. l. *luurrezko*, b. terrestre; de *lur-ko*, avec *e* de liaison puisque *k* ne peut suivre *r* (v. Essai, Ch. II), et le *r*, puisqu'il est dur, redoublé devant la voyelle. *Lurreko abereak.* Les animaux terrestres ou de la terre. V. *Lurrezko*.

Lurrezko, l. de terre (comme *zillarezko*, d'argent); de *lurrez-ko*. *Lurrez* de *lur-z*. *Lurrezko eltzea*, pot de terre. P. *Lurreko* et *lurrezko* sont considérés, comme l'on voit, comme des génitifs du nom plutôt que comme des adjectifs; l'adj. suit; le génitif précède. Nous avons donc ici un exemple remarquable d'un mot qui par sa forme est un adjectif, mais qui, par son emploi, indique n'avoir pas encore perdu son individualité comme nom au génitif. Ce n'est un mystère dans aucune langue que beaucoup d'adjectifs sont des noms au génitif; mais de tels mots démontrent clairement comment il se sont formés.

Lurka, lurkatu, bn. terrer.

Lurpetu, lurpetzen, g. enterrer; de *lur-pe-tu*.

Lurberatu, bn. terre labourable. Sal.

Lurtupin, l. pot de terre; de *lur-tupin*.

Lurtupingille, l. potier; de *lur-tupin-gille* pour *egille*.

Lurmin, l. épilepsie; de *lur-min*.

Lurmin, bn. terme de berger; terrain nouvellement dégagé de neige et où le troupeau peut paître.

Lursagar, bn. pomme de terre; le *lur-sagar*.

Luhartza, ver qui ronge les arbres au pied. P. De *lur-har*. Pour l'élision de *r*, comp. plusieurs dérivés de *ur*, eau. La terminaison *tza* est obscure.

Luarraztea, se prosterner. Mot d'O. selon P. De *lur-arraztea*. Pour la chute de *r*, comp. *luhartzo*.

Lusuil, g. seau à eau; de *lur-suil*. Ce seau paraît donc avoir été fait en terre, bien qu'aujourd'hui il soit en bois cerclé de fer. Comp. *usul*. Pour la chute de *r*, comp. les deux mots précédents.

Lurberatu, v. *lur*.

Lurka, lurkatu, v. *lur*.

Lurmin, v. *lur*.

Lurpetu, lurpetze, v. *lur*.

Lurriñ, v. *urrin*.

Lursagar, v. *lur*.

Lurtupin, v. *lur*.

Lurtupingille, v. *lur*.

Lusuil, v. *lur*.

Lutchu, l. brochet.

Luya, l. vent contraire. *Untzia luyetan da*, quand le vaisseaux ne peut pas avancer à cause du vent contraire. P. Il nous semble que l'exemple explique le mot *luya;* ce n'est pas vent contraire; mais „louvoyer" ou lofer, être au lof. Le navire est au lof. Ignorant les termes de marine nous avons laissé *alof* comme basque, qui vient évidemment de au lof.

Luza, v. *luze*.

Luzabide, v. *luze*.

Luzakeria, v. *luze*.

Luzamendu, v. *luze*.

Luzapenbide, v. *luze*.

Luzaran, v. *luze*.

Luzaraz, v. *luze*.

Luzaro, v. *luze*.

Luzatu, v. *luze*.

Luzatze, v. *luze*.

Luze, g. b. l. bn. En g. et b. ample, large. En l. et bn. long; lent, tard.

Luzatu, luzatzen, g. b. élargir, étendre. — l. bn. prolonger, tarder, retarder, renvoyer à une autre époque. *Anhitz luzatu du, baina gerokotz heldu da*. Il a longtemps tardé, mais enfin il est arrivé.

Luzetasun, l. *luzetarzun*, bn. longueur; de *luze-tasun* et *tarzun*.

Luzakeria, bn. longueur, lenteur; de *luza-keria*.

Luzapenbide, g. *luzabide*, b. *luzamendu*, l. retard, prolongation; de *luza-bide*, et *pen-bide;* et de *luzamen-du*. Le suffixe *du* semble faire de *luzamendu* un adj. verb. pris substantivement.

Luzaro, l. syn. de *luzaran*.
Luzaro, g. bn. amplement.
Luzaraz, bn. longuement, avec lenteur. La terminaison n'est pas claire, tout aussi peu que celle de *luzaran*. Peut-être pour *luzarauz*, selon la longueur?
Luzaran, bn. à la longue.
Luzetarzun, v. *luze*.
Luzetasun, v. *luze*.

M.

Machikunka, à coups de poing. Mot d'O. selon P. De *machikun-ka*. Qu'est-ce-que *machikun?* Comp. machacar, esp. frapper.

Madari, b. l. bn. poire. — l. cormier. Comp. *udare*.

MADARIKATU, MADARIKATZEN, g. l. bn. *madadikatu*, b. maudire. *Madarikatu*, maudit, du lat. maledictus. Le premier *d* est pour l, comp. *elur = edur; belar = bedar*. Pour la permutation de *r* et *d*, v. *egundaño*.

Madarikazio, g. malédiction. La terminaison sera l'esp. cion (maldicion) avec chute de n; comp. *arrai* 2.

MAFRONDI MARFONDI, l. enrhumé. Ce mot ne peut guère être basque.

Magala, g. giron, l'espace de la ceinture aux genoux; l'ang. lap; l'all. schoos; p. ex. tenir un enfant sur les genoux (giron).

MAGNUA, v. *maino*.

MAGINA, l. gaine; du lat. vagina. Pour la mutation de *v* ou *b* en *m*, comp. *maino*, de l'esp. baño; *mentura*, de ventura; *manak*, de bans (du mariage); *mendekatu*, de vendicare. Miarritze = Biarritz.

Magincha, bn. gousse. Diminutif (ch) de *magina*. *Eta desir çuen urdec iaten çuten maguinchetaric bere sabelaren bethatzera*. Luc. XV, 16. Test. Roch. Et il désirait remplir son ventre des gousses que les pourceaux mangeaient.

Mahain, v. *mai*.
Mahaindar, v. *mai*.
Mahats, v. *mats*.
Mahatsti, v. *mats*.
Mahatstizain, v. *mats*.
Mahax, mahaxtei, v. *mats*.

✠ MAHAXTEKATU, bn. mâcher; du lat. masticare, ou plutôt du prov. mastegar.

Mahel, bn. de travers.
Mahuka, l. manche, d'une robe.
Mahuri, v. *marrubi*.
Mai, g. *mahain*, l. bn. table. Pour la chute de *n*, v. *arrai* 2.

Mahaindar, bn. convive; de *mahain-tar; d* pour *t* après *n;* v. Essai, Ch. II.

MAIATZ, v. *mayatz*.
MAILLA, v. *malla*.
MAILLEGATU, l. emprunter; du prov. malevar. Pour la permutation de *g* et *v* ou *b*, voy. *gurasoak*.

MAILLU, l. *mallu*, bn. maillet; de l'esp. mallo.

Mainada, l. famille.

MAINATERA, v. *manjatera*.

Mainatia, l. douillet, nourri trop délicatement; syn. de *mirigosa*, *merda*, P.

Maindirea, g. drap de lit.

MAINGU, g. tordu, de travers, d'une partie quelconque du corps; de l'esp. manco. — l. bn. boiteux.

Maingueria, bn. maladie du sabot des bêtes à laine; de *maingu-eria*.

Maingutu, g. boiter. — bn. devenir boiteux.

Mainguka, bn. en boitant; de *maingu-ka*.

MAINHATU, v. *maino*.

MAINHO, MAINHOAR, v. *maino*.

MAINO, (avec l'art. *mainua.* P.) l. *magnu* (gn = ñ) P. *mainho*, bn. bain; de l'esp. baño. Pour la mutation de *b* en *m*, v. *magina*.

Mainatu, mainatzen, l. *mainhatu,* bn. baigner.

Mainhoar, bn. baignoire. La terminaison sera une imitation du français baignoire.

Maira, g. l. pétrin, maie ou mée comme écrit P. Syn. de *arska*. *Maira* ne peut guère être la transposition de *oramai*, pétrin. *Maira* ne s'explique pas bien par le basque; il est probable que c'est par hasard que *mai* se trouve dans les deux mots. Maie est en prov. mag, en lat. mactra; mais il faudrait la chute de la gutturale. Comp. l'aryaque mar, pétrir; v. Fick, Indog. Wb. p. 148.

Mairauze, mairause, l. râcloir de maie.

Mairan, l. bn. bois de construction.

Mairause, mairauze, v. *maira*.

MAIRU, 1. l. bn. more ou maure; au figuré, personne dure sans pitié *Mairu ilhar,* l. pois chiche.

Mairu, 2. l. plante dont on fait les balais.

MAISU, g. maître. *Eskola maisu,* maître d'école. De l'esp. maestro.

Maitagarri, v. *maite*.

Maitarasun, v. *maite*.

Maitaria, v. *maite*.

Maitatu, v. *maite*.

Maitatze, v. *maite*.

Maitatzeko, maitatzekotasun, v. *maite*.

Maite, g. b. l. bn. cher, aimé. *Nere Euskaldun maiteak*. Mes chers Basques. *Maite dut,* l. je l'aime. Exactement l'all. ich habe ihn lieb; litt. je l'ai cher. En basque comme en all. on a formé cependant les noms verb. *maitatu, maitatzen,* lieben, aimer.

Maitatu, maitatzen, g. l. *maitha, maithatu,* bn. aimer. *Maitatzen det,* g. je l'aime.

Maitagarri, g. *maithagarri,* bn. aimable; de *maite-garri*.

Maitatzeko, l. aimable; de *maitatze-ko*.

Maitatzekotasun, l. amabilité; de *maitatzeko-tasun*.

Maitaria, l. amant; de *maite-ari* 4.

Maitarasun, l. amitié. P. De *maite-tarzun?*

Maiteki, l. aimablement; de *maite-ki*.

Maiteki, v. *maite*.

Maitha, maithatu, v. *maite.*
Maithagarri, v. *maite.*
Maiz, g. l. bn. souvent.
Majadera, g. crèche des chevaux.
Maka, bn. bosse, par suite de coups ou d'une chute, en parlant des objets de métal. — Il est probable que la signification primitive n'était pas limitée au métal seulement; le bn. aura pris cette acception du fr. En holl il y a le mot „deuk" avec la signification d'enfoncement, de creux, ce qui paraît être plus logique.
Maka, makatu, makatzen, l. bn. Selon P. hocher, se préparer à frapper. Selon Sal. faire des bosses. *Hik maka, nik saka.* Tu hoches, je frappe. Tu fais semblant de frapper et moi je frappe effectivement. P.
Makala, g. aulne.
Makatu, v. *maka.*
Makatze, v. *maka.*
Makilla, g. b. l. *makhila,* bn. bâton. On a proposé de faire dériver *makilla* du lat. baculum, et cette étymologie paraît par hasard être juste. Pour la permutation de *m* et *b*, comp. *bilgor = milgor; biga = miga; ibeni = imeni.* Nous disons par hasard, puisque la ressemblance des deux mots y a contribué sans doute pour une bonne part, et puis la mutation de *m* et *b*, connue dans toutes les langues. Mais de la terminaison um qui devient *a;* de l'u médial qui devient *i,* et de *l* qui devient *ll,* on n'en dit rien. Nous pouvons citer le mot *ispillu,* qui explique en partie *makilla;* mais *ispillu* vient du latin en passant par le prov. Il faudrait donc trouver une forme prov. ou port. makelh. En général il nous semble que le basque a fort peu emprunté directement au latin. Bien qu'il n'y ait pas d'objection sérieuse à l'étymologie proposée, il serait possible que *makilla* dérive de *maka* d'où *makatu* frapper. Il peut paraître surprenant, en outre, que les Basques n'aient pas eu un mot basque pour un objet si primitif.
Makina, l. *makhinna,* bn. (*nn = ñ*) auge pour les porcs. Sal. Selon P. tine (tonneau) de bois. Pourrait-on rattacher ce mot au prov. machar mâcher, manger; la terminaison pourrait être pour *egiña.*
Makhila, v. *makila.*
Makhur, v. *gur.*
Mako, g. b. l. crochet. Comp. *makur,* s. v. *gur.*
Makor, l. durillon.
Makur, v. *gur.*
Makurtu, makurtze, v. *gur.*
Malba, l. l. faible. Même origine que *malgu?* Pour la permutation de *g* et *b*, v. *gurasoak. Haserretu behar denean ez haserretzea, sentikortu behar denean ez sentikortzea, bethi bat, bethi uli, lolo, malba eta bare izaitea, eztheustasuna da eta ez gizontasuna.* Ax. p. 275. a. éd. 101. n. éd. Ne pas se mettre en colère quand il faut se mettre en colère, ne pas se modérer quand il faut se modérer, être toujours un, toujours (*uli*), (*lolo*), faible et *bare,* n'est pas

une bagatelle, n'est pas humain (de la nature de l'homme). O. corrige *bare* dans le Ms. de P. et dit *malba eta bera izaitea*, être faible et malsain. Il nous semble que le sens n'est pas très satisfaisant. Dans l'éd. corrigée *bare* est resté, mais nous avons déjà fait remarquer plus d'une fois comment ces corrections sont faites; v. *ekin*, *morkoxta*. Nous ignorons la signification de *uli* et *lolo*. Est-ce que *lolo* serait une variante de *lela* insipide? au figuré indifférent?

MALBA, 2. 1. bn. mauve; de l'esp. malva.

Malda, 1. l. rogne, gale, croûte de gale.

Malda, 2. l. bn. colline, coteau, terrain en pente. Comp. *malkar*.

MALESTRUK, bn. maladroit. Sal. Le prov. *estru*, rapidité, vivacité, (v. L. R.) se retrouve peut-être dans la terminaison; mais d'où vient le *k*?

MALEXI, bn. malice; du fr. avec métathèse de l'*e*.

Malgu, l. souple, mou, efféminé. Comp. *malba* et *malso*.

Malgutasun, l. souplesse, mollesse, de *malgu-tasun*.

Malguki, l. mollement; de *malgu-ki*.

Malguki, v. *malgu*.

Malgutasun, v. *malgu*.

Malkar, g. l. coteau; — l. lieu pierreux. *Bide malkarra*, chemin pierreux. P. Comp. *malda*.

Malko, g. b. larme.

MALLA, g. *mailla*, l. bn. En g. degré, grade. En l. et bn. degré, boucle; de l'esp. malla et du prov. maille.

MALLU, v *maillu*.

Malluki, v. *marrubi*.

Malo, malot, g. flocon de neige, boule de neige.

Malso, g. *malxo*, bn. En g. lent. En bn. doux, docile, mou, sans énergie. Il est probable que *malso* est une variante de *malgu*. Pour la permutation de la sibilante *s* ou *z* et de la gutturale *k* ou *g* v. *karamitcha*. Comme *o* final devient *u* (en bisc. et quelquefois en lab.) quand suit l'article, P. a pu écrire *malgua* pour *malgo + a*.

Malxo, v. *malso*.

Mama, bn. boisson, dans le langage des enfants.

Mamar, g. espèce de poisson de mer.

Mamia, g. l. bn. mie. *Ogi mamia*, mie de pain. — g. crème. En général ce mot est appliqué à tout ce qui est mou; p. ex. de la viande sans os; (et pour cela aussi se retrouve dans: *ipurmamia*, fesse); la chair d'un fruit, etc. P. cite: *elzaur mamia*, noyau de noix; ce qui ferait croire qu'en lab. on attache plutôt à ce mot le sens de „dedans," ce qui s'applique très bien à „mie"; de là au figuré *adiskide momi bat*, un ami intime. P.

Mamitu, mamitzen, l. se cailler De *mamia* crême?

Mamor, 1. bn. braise ardente.

Mamor, 2. l. tendre, fragile. *Lur mamorra*, terre aisée à labourer.

Mamu, bn. être idéal, fantôme dont on fait peur aux enfants.

Mamutu, bn. se masquer d'un manière hideuse.

MAN, l. ban, publication de mariage. Pour la permutation de m et b, v. *magina.*

MANA, MANATU, l. bn. commander; du prov. man, commandement.

Manu, l. commandement, ordre. *Bayonako jaun Aphezpikuaren manuz imprimatua.* Imprimé par ordre de M. l'abbé de Bayonne.

Manamendu, l. bn. commandement; du prov. mandamen; avec hyperthèse de d?

MANAMENDU, v. *man.*
MANAYATZE, v. *maneatu.*
MANAYU. v. *maneatu.*
MANAYUKOR, v. *maneatu.*

Mancha, bn. gousse, quand la fève, le haricot, etc. sont formés; quand ils commencent à se former on dit *leka.*

Mancho, bn. étable couverte de chaume.

Mando, g. l. bn. mulet. — bn. stérile, des animaux; comme injure, d'une femme stérile.

Mando emea, g. mule.
Mandozain, l. bn. muletier; de *mando-zain.*

MANDULI, l. mouche anière P. De *mando-uli.*

Mandozain, v. *mando.*

MANEATU, MANEATZEN, g. préparer (le manger). *Manayu, manayatzen,* l. remuer, manier. Du prov. maneiar, manier; esp. manejar.

Manayu, l. maniement.

Manayukor, l. facile à manier; de *manayu-kor.*

MANJATERA, MANYATERA, l. *mainatera,* bn. mangeoire, crêche; du prov. manjar, avec la terminaison basque *tera;* comme *ikustera* de *ikusi,* etc.

Manthar, bn. chemise de femme.
MANU, v. *mana.*
Marabio, v. *marrubi.*
Maratilla, l. loquet.
Maraza, l. couperet, petite hache

Marbalo, l. cosson.
MARBOLA, l. marbre.
Marchoi, marsoi, g. tranche. Comme le holl. moot, ne se dit que du poisson.

MARDEI! bn. interj. par Dieu! Du français avec mutation de p en m.

MARCHOA, l. mars.
Mardo, bn. flexible, mou. Comp. l'aryaque mardh, mou, faible (weich, schlaff); v. Fick, Indog. Wb. p. 150.

Mardula, g. gros, gras.
MARFONDI, v. *mafrondi.*
MARGO, v. *marra.*

Marhanta, marhantatu, v. *marranga.*

Marhauze. Mot d'O. selon P. V. *maira.*

Marhega, bn. couverture grossière en toile, ou en laine pour couvrir le bétail.

Marhubi, l. hurlement de loup; v. *marraka.*

Marikola, l. pois chiche.
Mariskira, l. crevette.
MARKA, g. ligne. — bn. signe, marque. Rayonneur, instrument ara-

toire pour tracer les sillons où l'on sème le maïs. Sal. De l'esp. ou du prov. marca.

Marketz, l. laid; *markhitz*, bn. incomplet.

Markhitztu, bn. rendre défectueux, incomplet.

Markhitz, markhitztu, v. *marketz*.

Marmara, l. arraignée; syn. de *armierma, ainharba*.

MAROLA, v. *marra*.

Marsoi, v. *marchoi*.

Marra, l. limite, règle; — bn. ligne, trait. P. cite: *Marra edo parra iragaitea*, franchir la barrière. Il y a donc permutation de *m* et *p*, ce qui nous mène au prov. esp. et it. barra, fr. barre; même signification. L'origine de ce mot est celtique; c'est du kymri bar, branche, qu'il dérive; v. Littré, D. et Brachet, D. E. Si ce n'était l'autorité de ces deux auteurs, on pourrait croire que *marra* est basque; le thème est *mar* et se retrouve dans les composés *margo*, droit et *marola (mar-ola)*, règle. Ou est-ce que *mar*, basque, vient du celtique bar?

Marraka, l. bn. miaulement; — bn. bêlement. Le bn. indique donc que ce n'est pas seulement le cri du chat; mais que *marraka* a un sens plus large. Comp. *marranga* (*n* paraît être introduit, comp. *karranka*), *marraska, marru, marhubi, marruma*; tous ces mots indiquent un bruit quelconque. Il faut donc que *mar* ou *marra* soit la racine avec une signification analogue. Jusqu'à présent nous n'avons pas découvert un seul exemple de permutation de *m* et *k;* sans cela *marraka*, pourrait être pour *karraka*.

Marraska, l. bn. cri violent, de détresse. *Marraskaz hasi da*, il s'est mis à crier.

Marru, marhubi, l. hurlement de loup.

Marruma, l. bn. rugissement, en général des grands animaux.

Marranga, g. *marhanta*, l. bn. enroué, enrhumé. *Marhanta da*, il est enrhumé. Comp. *marraka*. La nasale se retrouve ici, comme dans *karranka*. *Marranga* pourrait donc être une autre forme de *marraka*, et indiquer surtout le son rauque de la voix.

Marrantatu, marrantatzen, l. *marhanta, marhantatu*, bn. s'enrhumer.

Marrantatu, marrantatze, v. *marranga*.

Marraska, v. *marraka*.

Marro, bn. bélier.

Marroka, l. verrue; syn. de *kalitcha*.

Marru, v. *marraka*.

Marrubi, g. l. *marabio*, l. *mahuri*, bn. *malluki*, b. fraise. La terminaison *rubi* sera l'ésp. rubio, rouge. Le bn. est peut-être la syncope de *mariguria* que cite Larramendi; probablement de *marigorria*, rouge. Comp. *gori*, chaud qui a aussi perdu un *r*. Mais qu'est-ce que *mar?* De mora, esp. mûre? Alors mûre rouge; mais comment faire accorder le bisc. avec les autres dialectes?

Marruma, v. *marraka*.

Marruskatu, murruskatu, marruskatzen, 1. frotter entre les mains; se frotter les mains. Ce nom verb. paraît être formé du lat. manus. Pour la permutation de *n* et *r* comp. *belhaun = belhaur*. Le mot bn. *marruchketa*, petit rabot qu'on manie avec une seule main, semble venir à l'appui de notre supposition.

Marruchketa, v. *marruskatu*.

Marsoka, masorka, 1. navette de tisserand.

Marchite, bn. *matchite*, 1. serpe.

Martesena, b. mardi; litt. celui (le jour) de mardi.

Martimullo, 1. (Guéthary) rouleau.

Martutza, v. *mazuzta*.

Martzuka, v. *mazuzta*.

MASALLA, g. *matrailla*, g. b. *mazela*, *matela*, l. *mathela*, bn. joue; de l'esp. mejilla, joue. La forme *matrailla* est extraordinaire.

Mazelaco, l. *mathelako*, bn. soufflet; de *mazela-ko*.

Maseta, l. mailloche. Comp. massola, prov.; maza, esp. massue.

Maskar, g. petit, sans valeur, vil.

Maskor, g. *maxkor*, l. coquille.

Maskurtu, maskurtzen, l. s'endurcir. *Eskuak maskurtzen zaitza*, quand on ne peut les plier. P.

Masmordi, v. *mats*.

Masoka, l. instrument de ferrerie. P.

Maspats, v. *mats*.

Maspreza, selon O. antenne, terme de navire.

MASTI, l. mâtin. P. i. a. Chute de *n*, v. *arrai* 2.

Masusta, v. *mazuza*.

Matcharde, bn. fourchu.

Matcharra, matcharratu, v. *matcharro*.

Matcharro, bn. gril à manche sans pied pour faire griller les galettes de maïs.

Macharra, matcharratu, griller les galettes de maïs.

Matchite, v. *marchite*.

MATELA, v. *masalla*.

MATERIA, l. bn. matière, pus; — l. exemple d'écriture.

MATHELA, MATHELAKO, v. *masalla*.

Mathuin, v. *matoin*.

Matoin, l. *mathuin*, bn. espèce de fromage gras.

MATRAILLA, v. *masalla*.

Mats, g. b. *mahats*, l. *mahax*, bn. raisin.

Matsti, g. *mahatsti*, l. *mahaxtei*, bn.; vigne; de *mats-tegi*.

Mahats mulko ou *murio* (i. a.) ou *burko* (i. a.) ou *gokho* (i. a.), l. grappe de raisin. Comme nous l'avons dit, s. v. *gokho*, P. écrit *gok-hoa* et donne pour syn. *mulkoa*. Ne serait-ce pas un erreur de couper le mot de cette façon? Il se pourrait que nous eussions ici un cas analogue au guip. *ezkero*, dont *ez* appartient au mot précédent; *mahats gokhoa* devrait peut-être s'écrire *mahatsgo* ou plutôt, à cause des *s* final, *mahatsko-ahoa*, bouchée de raisins? *Ahoa* n'est pas bouchée, mais bouche; serait-ce une objection? V. *muru.*

Masmordi, b. grappe de raisin; de *mats-mordi* ou *mordo; v. muru.*

Mahats ondo, l. cep de vigne.

Mahats adar, l. sarment.

Maspats, marc de raisin; de *mats-pats.*

Mahatstizain, l. vigneron; de *mahatsti-zain.*

Mahatsarno, vin. V. Prov. 307 d'O.

Matzuzta, l. feu volage, espèce de maladie. P. Comp. *mazuzta.*

Maxkor, v. *maskor.*

Mayatz, l. *maiatz,* bn. le moi de mai.

Maze, bn. tamis.

Mazela, mazelako, v. *masalla.*

Mazkaro, bn. se dit des bêtes à laine qui ont le museau bigarré.

Mazkuri, g. vessie.

Mazuza, v. *mazuzta.*

Mazuzta, masusta, g. b. *mazuza,* l. bn. *martutza, martzuka,* l. (Guéthary) mûre sauvage.

Me, g. *mee,* b. *mehe,* l. bn. mince, maigre, menu.

Meatu, meatzen, g. *mehatu, mehatzen,* l. bn. M. Sal. donne encore *mehartu, mehetu, mehaxtu.* Tous ces noms verb. signifient maigrir, à l'exception de *mehartu,* rétrécir, qui correspond à un adj. *mehar,* étroit, auquel P. donne cependant la signification de : menu, délié, mince. L'adj. est donc probablement pris du nom verb. *mehartu* qui lui-même, sera composé de *mehe-artu.* *Mehar,* bn. élancé, un peu maigre, paraît être un di-minutif (*x* pour *ch*) de *meha.*

Mea, g. l. *mia,* bn. mine.

Meatz, g. mine.

Meatzari, g. mineur; de *meatzari* 4.

Meatu, v. *me.*

Meatz, v. *mea.*

Meatzari, v. *mea.*

Meatze, v. *me.*

Mederatzea, l. profiter, amender. P.

Mee, v. *me.*

Mehaka, l. chemin étroit. P. ajoute : aucuns disent qu'il signifie éminence. Comp. *mehar* s. v. *me.*

Mehar, v. *me.*

Mehartu, mehartze, v. *me.*

Mehatchu, l. bn. menace. Pour la mutation de *n* en *h,* v. *doai.*

Mehatu, mehatze, v. *me.*

Mehax, mehaxtu, v. *me.*

Mehe, mehetu, v. *me.*

Melino, bn. faible, sans fermeté morale.

Meloina, l. *meloya,* g. melon.

Mempe, v. *men.*

Mempeko, v. *men.*

Mempetari, v. *men.*

Men, l. puissance, pouvoir. — bn. portée. — l. instant. *Jainkoaren menean,* l. Au (dans le) pouvoir de Dieu. *Bere menera etorriko da,* l. Il l'amènera en sa puissance.

Men se trouve encore comme terminaison de quelques substantifs, et paraît indiquer en général „capacité „puissance", au propre et au figuré. *Almen,* pouvoir de *al-men.* Au fond un pléonasme. *Eskumen,* poignée; ce que la main peut contenir, sa capacité; ainsi que *ahamen,* bouchée, ce que la bouche peut contenir. En holl. nous rendons ceci par : vol, rempli; de mond, bouche : mondvol; de hand, main : handvol. *Nasmen, baimen* etc.

Men menean, l. au même moment; au moment même, juste à point. *Men menean etorri da,* il est arrivé juste à point.

Men menera, au dernier moment. *Miserikordios da Jainkoa, maite gaitu, onderizku, bereak bere odolaz erosiak gaitu, men menera gaitezinean, eztiazaigu falta.* Ax. p. 136. a. éd. 391. n. éd. Le Seigneur est miséricordieux, il nous aime, il nous chérit, il nous a racheté lui-même avec son sang pour que n'ayons pas de péché, quand nous serons au dernier moment.

Meneratu, meneratzen, l. P. ne traduit pas ce nom verbal, mais ailleurs se trouve l'exemple : *erditzeko meneratzen denean,* venant au point d'accoucher. De *men-ra-tu.*

Mempe, g. b. possession, empire; de *men-pe.*

Mempetu, mempetzen, g. posséder; de *mempe.*

Mempeko, g. esclave; de *mempe-ko.*

Mempetari, g. propriétaire; de *mempe-ari* 4. Le *t* paraît euphonique comme dans *eiztari.*

Mendeko, g. sujet, esclave. *Gizonaren mendeko izango zera.* Lardiz. Tu seras l'esclave de l'homme. *Eta serbitzari eta mendeko zala azturik.* Lardiz. Et oubliant qu'elle était servante et sujette. Le dial. g.

ne connaît pas *men,* mais paraît avoir *mende* d'où *mende-ko.* Larr. cite *mendea, mendera,* sujecion et se sert lui-même du nom verb. *menderatu.*

Menderatu, mendaratzen, g. subjuguer. *Ta orregatikan, ayek ezbezala, garaitzen dezu, lautzen ta menderatzen.* Et pour cela, pas comme eux, vous les surpassez vous les écrasez (?) vous les subjuguez. Lettre de Larr. à Mendiburu. Larr. dans son Dict. ne cite que *meneratu, apoderar;* mais par contre il cite *menea, mendea,* poder, pouvoir (subst.)

Mende, l. bn. siècle. La terminaison est obscure, mais il nous semble que *mende* dérive de *men,* (syn. selon Larr.) pouvoir, en bn. portée, distance, (distance dans l'espace), et en lab. instant, moment, (distance dans le temps).

Mendez mende, de siècle en siècle. *Eta haren adiskidetasunak irauten du mende guzietan.* Chourio. Et son amitié dure dans tous les siècles. *Bere mende guzian.* Durant toute sa vie. P. *Menderen mendetan,* toujours; litt. dans les siècles des siècles.

Menast, g. métal. Ce mot est obscur. A-t-il une origine commune avec *meatz,* mine ?

Mende, v. *men.*

MENDEKATU, MENDEKATZEN, l. bn. venger, se venger; du lat. vindicare. — bn. mériter par son travail; du prov. vendicar, v. fr. vendiquer pour revendiquer. Pour la mutation de v en *m,* v. *magina.*

Mendeku, mendekio, l. vengeance.

MENDEKIO, MENDEKU, v. *mendekatu*.

Mendeko. v. *men.*

MENDEKOSTE, l. bn. pentecôte. *Eta etorri cenean mendecoste eguna.* Act. II. 1. Test. Roch. Et comme le jour de Pentecôte arrivait.

MENDEMATZEA, bn. (faire les) vendanges; du prov. vendemia; *m* pour *v*, v. *magina*.

Menderatu, menderatzen, v. *men.*

Menderenmendetan, v. *men.*
Mendi, g. b. l. bn. montagne.
Mendizka, l. petite montagne; *z* pour *ch* diminutif.

Mendiala, l. (Guéthary) l'ouest.
Mendizka, v. *mendi.*
Meneratu, meneratze, v. *men.*

MENGOA, l. *mengua*, bn. manque.
MENS, bn. faible d'esprit, imbécile; v. *menx*.

Mentanak, l. tripes de morue.
MENTURA, bn. hasard; de l'esp. ventura. Pour la mutation de *v* en *m*, v. *magina*.

Menturaz, b. peut-être; de *mentura-z.*

MENX, bn. déficit, incomplet; du prov. mens, menz, moins, v. L. R. Et sous un autre forme, *mens,* imbécile. *Menx, menxtu,* bn. manquer, faire défaut.

MERCHIKA, l. pêche; de l'esp. persica, pêche. Pour la permutation de *p* et *m*, comp. *imini = ipiñi; mendekoste* de pentecôte; etc. M. de Charencey (Recherches sur les noms d'animaux domestiques, etc. p. 24) fait venir *merchika* du lat. persicum. Nous ne croyons pas que ce soit exact. En général, autant que nous avons pu observer, le basque emprunte très-rarement au latin. M. de C. dit, sur la même page, que *mezpirua*, nèfle, vient du lat. mespilus; nous croyons de l'anc. esp. mespero; *o* devient souvent (toujours en bisc.) *u* quand l'article *a* suit.

Puisque nous voici encore amené à parler de la brochure de M. de C., nous voudrions relever, en passant, quelques étymologies, d'autant plus que nous avons été obligé, à l'article *konkor*, d'être aussi bref que possible. — Pour faire dériver *khunkur*, de l'esp. corcova, bosse, comme le veut M. d. C., il faudrait admettre une mutation de *r* en *n*, inconnue jusqu'à présent; et de *v* en *r*, également inconnue. On a vu, s. v. *konkor*, que nous ne savons pas exactement d'où vient ce mot, mais nous croyons savoir d'où il ne vient pas. Comme l'esp. corcova vient du lat. con-curvare (v. Diez, E. W. II. p. 116), on pourrait supposer une forme intermédiaire qui reliât con-curvare à *konkor;* mais pour le moment cette forme est inconnue et ne ferait jamais dériver *konkor* de l'esp. corcova. Cette étymologie est donnée chez M. d. C. en passant, entre parenthèse, comme si l'exactitude en était parfaitement établie. Page 22 l'auteur dit. „Les Basques appellent encore le blé *okhaya* pour *ogi-gheia*, littéralement qui panis faciendus est." Etait-ce bien nécessaire d'avoir recours au latin? *Ogi-gheia* veut dire en bon français „matière à pain." Ce mot „littéralement" revient assez souvent dans la brochure de M. de C., même quand la traduction est rien moins que littérale, comme on vient de le voir. C'est ainsi que M. de C. cite *baratchuria*, litt. le gland blanc. Dans quel dialecte est-ce que *bara* est gland? Page 23 „*Baberruma*, litt. la fève de peu de prix." Nous croyons: fève romaine ou de Rome, v. *baba*. Page 15. „*Zakhurtzarra*, litt. vetus canis ou canis magnus." Si la traduction est littérale il n'en faudrait qu'une. Et pourquoi est-elle en latin? Il nous semble que vieux chien (car *zakhur zarra* veut dire: le vieux chien) est parfaitement clair; le latin n'y ajoute rien. Maintenant quelques détails qui ont cependant leur valeur dans un travail de ce genre. M. de C. dit (p. 25) que *khunkur* signifie bossu; c'est bosse qu'il aurait fallu dire. „*Mullugidia marrubidia*, (p. 25) le framboisier, est formé du lat. morus et de l'adj. *kide* semblable." Nous laissons de côté l'étymologie; mais *marrubi* ne signifie pas framboisier, ni framboise; mais fraise. *Mertchika* (p. 24) n'est pas pêcher, mais pêche. „Le n initial (p. 24) du castillan (naranja) est sans doute pour un article incorporé au nom." — C'est une erreur; l'esp. naranja vient de l'arabe narandj; v. Dozy, Gloss. En parlant de l'abricot M. d. C. dit (p. 23) que les Maures ont pris leur nom albirkouk au latin. Or ce n'est qu'en passant par le grec que ce mot latin est devenu: al barcoc; v. Dozy, Gloss. Page 20 M. d. C. fait dériver *eusi, ausi, usi*, faire du bruit (selon l'auteur), de *aoa*, la bouche, et ailleurs de *es!* Pour expliquer *erlea*, abeille, M. de C. dit que le radical *er* a donné *ara*, langage. Nous aimerions savoir dans quel dialecte.

Merda, potelé. Mot d'O. selon P. Comp. *mardo*. *Haur merda*, enfant potelé, douillet, nourri délicatement.

MERCHEDE, v. *merezi*.

MERECHI, v. *merezi*.

MEREZI, 1. *merechi, merechimendu*, bn. mérite; du prov. merce, mercey, grâce, faveur; en esp. merced, qui a donné le lab. *merchede*, grâce, faveur. *Merchede eginen derautazu*, vous me ferez plaisir.

Merezi, merezitzen, l. *merechi, merechitu*, bn. mériter.

MEREZITZE, v. *merezi*.

MERKE, 1. bn. bon marché; du prov. mercat? Il faut que „bon" soit sous-entendu. En ital. on dit: buon mercato; mais en esp. barato.

Merla, l. terre noire et grasse pour fertiliser les champs. P.

Merzil, bn. mou, flasque.

Merzildu, devenir flasque.

MESEDE, g. b. grâce, faveur, de l'esp. merced.

Meskabu, bn. mal accidentel; du prov. mescap; v. L. R.

Mesperetchu, bn. mépris; du prov. mesprezo.

Mestura, l. bn. méture, pain de maïs cuit au four dans des vases grossiers ou dans des cercles de fer. Du prov. mixtura, mélange? P. dit: blé moitié un moitié autre.

Meta, g. l. bn. tas, monceau. *Belhar meta*, meule de foin. En g. *meta* est généralement employé pour le blé et signifie alors gerbe.

Metola, g. tas de bois; de *meta-ola*.

Metarri, g. tas de pierre; de *meta-arri*.

Meta, metatu, metatzen, l. bn. mettre en tas.

Metarri, v. *meta*.

Metatu, metatze, v. *meta*.

Meza, l. bn. messe.

Mezana, l. bandeau de toile fine que les femmes mettent par dessus la coiffure quand elles vont dans la rue. P.

Mezu, l. bn. message, comission; du prov. messio.

Mezutu, mezutzen, l. bn. envoyer, recevoir, une comission.

Mi, v. *mingaña*.

Mia, v. *mea*.

Miaurtzea, l. écosser.

Michika, bn. petit bouton sur la peau.

Michkaudi, soul. selon M. Salaberry. Domestique; syn. de *sehi*, *nehabe*.

Michkurteria, bn. affront peu important. Sal. Ce mot n'est probablement pas basque, à l'exception de la terminaison *eria*.

Mich sera pour mes, prov. (mescap, mesprezo). Qu est-ce-que *kurt?* de cortes, courtois?

Miga, v. *bi*.

Mihi, v. *mingaña*.

Mihimen, bn. osier; du lat. vimen. Pour la mutation de v en *m*, v. *magina*.

Mihise, l. bn. drap de lit. Linceul. P.

Mihiskandoa, petit linceul. Mot d'O. selon P. Comp. *alkandora*.

Mihiskandoa, v. *mihise*.

Mihula, l. bn. *millura, mihura*, l. gui.

Mihura, v. *mihula*.

Mihuri, bn. grain de fruits. Selon P. *mohuri*.

Mikitta, v. *miko*.

Miko, bn. petit morceau; du lat. mica?

Mikitta, bn. diminutif de *miko*.

Milika, milikatu, v. *milliskatu*.

Milliskatu, g. *milikatu*, bn. *limikatu*, l. lécher.

Limikari, l. écornifleur; de *limika-ari* 4, ou de *limi-hari*, avec *k* pour *h*, v. Essai, Ch. II, et l'introd. p. 8.

Millura, v. *mihula*.

Mimicha, l. belette.

Min, g. l. bn. douleur, mal. *Min det buruan*, g. j'ai mal à la tête. *Buruko mina*, g. mal de tête. *Hezurretako mina*, la goutte. — *Min* se trouve comme terminaison de quelques mots avec la signification de „tendance à" de „désir." Comp. *eri*. *Ikusmin*, l. désir ardent de voir.

Sumin, furieux. *Min* correspond alors exactement au holl. zucht et à l'all. sucht, maladie. P. ex all. Sehnsucht, désir violent, de sehnen, désirer ardemment. Dans cette acception-ci *min* a perdu sa signification propre et indique plutôt un degré excessif; c'est ainsi qu'il faudra expliquer le lab *adiskide mina*, ami fidèle. P. — Comme adj. *min* signifie sans cela, aigre, âpre, piquant, g. l. moisi, bn.

Mindu, mindutzen, g. *mindu, mintzen* l. aigrir, (le lait, le bouillon). — l. se mettre en colère. — l. bn. moisir.

Minkor, l. *minkhor*. En l. amer; en bn. aigre, inquiet; de *min-kor*. La même confusion que pour *garratz*. *Kelderra baino minkorragoa*, plus amer que la suie. P. *Gichon minkhor char bat da*. C'est un petit homme inquiet.

Mingarri, g. douloureux; de *mingarri*.

Mingar, bn. aigre. Sera pour *mingor = minkor*. *Gor* est plus correct que *kor*, v. Essai, Ch. II.

Mingortu, mingortzen, l. rendre ou devenir aigre.

Mintasun, l. aigreur, âpreté; de *min-tasun*.

Minki, l. amèrement; de *min-ki*.

Minhar, minhartu, bn. se faire mal; de *min-hartu*.

Minbera, l. douillet, qui supporte mal la douleur; de *min-bera*.

Miñeta, l. *mingotch*, bn. oseille; de *min-gozo?*

Minbera, v. *min*.

Mindegi, l. pépinière; — bn. échalassière. De *mihimen tegi?*

Mindu, mindutze, v. *min*.

Minduria, P. traduit ce mot par: qu'on aime tendrement. *Mindurírik eztu*, il n'y a personne qui ait pitié de lui.

Miña, v. *mingaña*.

Miñeta, v. *min*.

Mingaña, g. *miña* (pas g. mais cité par Larr.) *mi*, g. *mihi*, l. bn. langue. *Mihiaren mokoa zait*, il me vient sur le bout de la langue. P.

Mingar, v. *min*.

Mingarri, v. *min*.

Minginota, l. espèce de chapeau de femme. P.

Mingortu, mingortze, v. *min*.

Mingotch, v. *min*.

Minhartu, v. *min*.

Minkhor, v. *min*.

Minki, v. *min*.

Minkor, v. *min*.

Mintasun, v. *min*.

Mintza, v. *mintzo*.

Mintzatu, v. *mintzo*.

Mintzatze, v. *mintzo*.

Mintzaye, v. *mintzo*.

Mintzo, minzo, g. l. bn. *minso*, O. Adj. qui signifie le contraire de muet. *Minzo naiz*, je parle, je suis parlant. *Bat bedera bere gizara minzo da*. Ax. Chacun parle selon sa guise.

Minzo est aussi employé substantivement pour langage; façon de parler. v. Prov. 318 d'O. *Minso emeak, bihotz gogorra bera diro*. Un parler doux est capable d'amollir un coeur dur. Comme *mintzo* est un adj., il est probable que la terminaison *tzo* est pour *tsu*; jusqu'à présent nous n'avons pas encore trouvé ailleurs cette variante, mais comme *o* devient *u* quand suit l'article, il peut y avoir eu la variante *mintzoa* et *mintsua*, de *min* (*miña*) et *tsu*. On pourrait comparer à *minzo* le vieux fr. linguard.

Mintza, mintzatu, mintzatzen, l. bn. parler. *Mintzatzen naiz*, je parle.

Mintzaye, l. bn. langage. *Zure mintzayan ezagun zare*. On vous connait à votre parler.

Minzo, v. *mintzo*.

Miña, v. *mingaña*.

Mira, v. *miratu*.

Miragarri, v. *miratu*.

Mirail, miraildatu, v. *miratu*.

Miratu, miratzen, g. bn. regarder, examiner, de l'esp. mirar, regarder.

Mira, bn. étonnement; formé du nom verb. *Eta miraz iarriric hâren repostaren gainean, ichil citecen*. Luc. XX. 26. Test. Roch. Et étant étonnés de sa réponse, ils se turent.

Miretsi, miresten, g. l. *mirets, miretsi*, bn. admirer, s'étonner; de *mira-etsi*; comp. *onetsi, autetsi*, etc. *Miresten naiz*, je suis étonné. *Eta mirets ceçaten circoncisioneco fidel Pierrisequin ethorriec*. Act. X. 45. Test. Roch. Et les fidèles de la circoncision, qui étaient venus avec Pierre, s'étonnèrent.

Miragarri, l. bn. admirable; de *mira-garri*.

Miretsteko, miretsgarri, l. syn. de *miragarri*; de *miretste* (*mireste*)-*ko*, et *mirets-garri*.

Mirail, l. bn. miroir; de *miraille* pour *egille*; celui qui fait voir.

Miraildatu, bn. se mirer.

Mireste, v. *miratu*.

Miretsgarri, v. *miratu*.

Miretsi, v. *miratu*.

Miretsteko, v. *miratu*.

Mirigosa, l. nourri trop délicatement, douillet. P. Syn. de *mainatia*.

Mirotza, g. épervier. Comp. *miru*.

Miru, g. l. bn. milan. Le fr. milan vient du lat. milvus, par l'intermédiaire d'une forme dérivée miluanus; v. Littré, D. Pour le basque il faudra aussi cette forme intermédiaire pour expliquer la chute du v. Pour la mutation de l en r, v. *kapera*.

Mispira, g. l. bn. nèfle; de l'anc. esp. mespero. Il n'est pas nécessaire de recourir au lat. mespilum pour expliquer le basque. La mutation des lettres s'étaient déjà faite en esp.

Mispirondo, g. l. *mispiratze*, bn. néflier; de *mispir-ondo*.

Misto, g. aiguillon, de l'abeille, du serpent.

Mitcha, l. mèche; — bn. charpie.

Mithi, bn. hardi, impertinent.

Mochalle, v. *motz*.

Mocholon, bn. mousseron. Du fr. avec mutation de r en *l*.

Mohuri, v. *mihuri*.

Mokadu, v. *moko*.

Mokhor, bn. motte de terre. Comp. *mokor*. Comme adj. taciturne, maussade, sévère ; mais ce sera plutôt un autre mot, et composé, de *mo-kor*, quoique *mo* nous soit inconnu.

Moko, g. l. bn. *mosko*, bn. bec d'oiseau, pointe. *Eta olivo adar osto berdeduna mokoan zuela, itzuli zan.* Lardiz. Et il revint ayant dans le bec une branche d'olive verte. *Dithiaren mokoa*, l. le bout du sein. *Iskilimba mokoa*, la pointe d'épingle.

Mokadu, g. bouchée.

Moskoka, bn. à coups de bec ; de *mosko-ka*.

Moskokari, bn. querelleur ; de *mosko-kari* (v. *ari* 4). Pour la mutation de *h* en *k*, v. Essai, Ch. II et l'introd. du dict. p. 8.

Mokor, P. cite seulement l'exemple suivant : *ogi mokorra*, grine (si nous avons bien lu) de pain. Nous ne trouvons nulle part grine. Il y a le verbe grignoter (grignoter des bonbons) que nous ne trouvons pas non plus, même dans le dict. de M. Littré, mais qui nous explique peut-être grine, qui signifiera : petit morceau ; d'autant plus que P. renvoie à *muscurra*, croûte de pain, mot d'O. selon P. Comp. le bn. *mokhor*.

Mokordo, l. fiente, excrément. P.

Moldatu, v. *molde*.

Molde, l. bn. moule, façon. — bn. aptitude.

Moldatu, moldatzen, g. dresser, façonner, préparer. *Oberen bat ager dedin artean, alik ongiena = moldatu duthan.* Menḋiburu. En attendant qu'il s'en publie un (de) meilleur, j'ai fait celui-ci le mieux possible.

Moldehun, bn. bonne mine ; de *molde-hun*.

Moldegaitz, bn. maladroit, grossier ; de *molde-gaitz*.

Moldegaitz, v. *molde*.

Moldehun, v. *molde*.

Moltso, g. parties sexuelles de la femme ; de *molza* ?

Molza, l. bourse ; de l'esp. bolza. Pour la permutation de *m* et *b* ou *v*, v. *magina*.

Mondoin, l. timon.

Monho, v. *muno*.

Mora, v. *muru*.

Morde, bn. qualification honorifique correspondant à : monsieur. Selon M. Sal. une corruption du fr.

Mordo, mordi, b. grappe (de raisin). Comp. *muru*.

Morkoxta, v. *muru*.

Morrode, g. démon familier.

Morrodo, bn. pain et oeufs, qu'une marraine donne à son filleul, pendant son enfance, à chaque fête de Pâques.

Morroi, g. *morroin*, l. bn. jeune garçon. Pour la chute de *n*, v. *arrai* 2.

Morrointasun, l. adolescence ; de *morroin-tasun*.

Morroil, murroil, l. verrou ; du vieux fr. verrouil, avec mutation de v en m ; comp. *magina*.

Morroin, v. *morroi* et *murrion*.

Morroko, v. *muru*.

Mortu, g. désert, subst.

Mosko, moskoka, v. *moko.*
Moskokari, v. *moko.*
Moskor 1, g. *muskur*, l. *mozkor,* bn. ivrogne. Comme on prononce le *s* gras, il serait mieux de ne pas écrire *mozkor.* La terminaison paraît être *kor, kur,* enclin à ; mais qu'est-ce que *mos.* Nous trouvons chez Pictet (Orig. Indo Europ. 1 p. 255), que plusieurs langues ont un nom commun pour le vin nouveau ou moût ; lat. mustum ; anc. all. most ; etc. En pers. mast est ivre.
Moskor 2, g. *mukur,* b. cime d'arbre.
Mota, g. l. bn. *mueta,* b. espèce, sorte. — g. bouton, bourgeon. *Abere mota guziak,* toutes sortes d'animaux. *Sagar motarik hoLenak,* les meilleures espèces de pommes.
Motchota, l. *motho.* bn. Espèce de coiffure de femmes. — l. tutron (?) de bouteille. P.
Motel, g. *mothel,* l. bn. bègue ; — g. lourd, stupide, indisposé. Le *l* n'est pas redoublé quand suit l'article. *Motel nago,* je suis indisposé.
Moteldu, moteltzen, g. l. bn. (En l. et bn. avec *h*), bégayer. — l. engourdir. *Eskua hotzez motheldu zait,* le main m'est engourdie de froid. P.
Motkelduz, bn. en bégayant ; de *motheldu-z.*
Moteldu, v. *motel.*
Moteltze, v. *motel.*
Mothel, motheldu, v. *motel.*
Motho, v. *motchota.*
Motz, g. l. bn. court. — l. émoussé.

Au figuré en g. stupide ; de l'esp. mocha. *Buru motz,* est traduit par Humboldt. (Bericht. und Zuzätze etc. p. 28) tête chauve (Kahlkopf), ce qui paraît ne pas être exact. *Motz* indique ici des cheveux coupés court. *Sudur motz,* nez camus. P.
Moztu, moztutzen, g. ou *motzten,* l. *motz, motztu,* bn. couper, tondre.
Motzkina, l. le barbier ; de *motz-egin.*
Motz urdin, mutz urdin, l. *mutchurdin,* bn. grisonnant, d'une fille qui vieillit, ou grisonne sans se marier.
Mochalle, g. tondeur ; de *motzle* pour *egille. Mocha* paraît être un diminutif (*ch*) de *motz.*
Mozkor, bn. très-court. Cet adj. nous semble mal composé, du moins si l'orthographe en est bonne ; *kor* signifie enclin à ; v. *gur.*
Motzkina, v. *motz.*
Mozkor, v. *moskor* et *motz.*
Moztu, v. *motz.*
Muchiña, g. vil, méchant, avare ; esp. ruin.
Muchindu, s'ennuyer ; esp. enfadarse.
Muga, g. l. bn. limite, terme ; occasion, moment. *Jainkoak gizonen gaiztakeria ezin eraman alako, muga gabea, ikusirik.* Lardiz. Dieu ayant vu que la méchanceté des hommes était insupportable, sans bornes. *Zer mugaz?* à quelle heure? P. *Barazkal muga,* l'heure du dîner.
Mugon, g. bonne occasion.
Mugaitz g. mauvaise occasion.

Mugarri, g. l. bn. borne; de *muga-arri* 1.

Mugaristatu, bn. (mieux avec *z*) faire une ligne de démarcation avec des pierres, des planches, etc.; de *mugarri-z-tatu*.

Mugaitz, v. *muga*.

Mugarri, v. *muga*.

Mugarristatu, v. *muga*.

Mugida, v. *mugitu*.

Mugitu, mugitzen, g. mouvoir, pousser à. De *muga-igitu?* *Nere amorio nobleak gauza andiyak, ta perfeccio geyagoak egitera beti mugitzen du*. Echeverria, p. 180. Mon noble amour pousse toujours à faire de grandes choses et les plus parfaites.

Mugida, l. mouvement. *Haragiaren mugidak*, chatouillement. P.

Mugitze, v. *mugitu*.

Mugon, v. *muga*.

Muin, v. *muñ*.

Muka, bn. *muki*, l. En bn. mèche. Eu l. morve et mèche. Pour morve (mucosités qui sortent du nez) le bn. a *muku, mukus*. Du lat. myxa, mèche et mucus, morve dont l'origine commune est l'aryaque muc (muk) v. Littré, D. et Fick, Indog. Wb. p. 155.

Mukatu, bn. *mukadatu, mukadatzen*, l. moucher la chandelle; de *muka-tu*. M. Brachet cite cependant: muccare. Si nasum excusserit ut muccare non possit. Loi des Ripuaires, 5. 2. Le nom verb. peut avoir été formé également bien de l'une et de l'autre manière.

Mukitsu, l. morveux; de *muki-tsu*.

Muketa, bn. mouchettes. Une corruption du français? *k* pour ch.

Mukadatu, mukadatze, v. *muka*.

Mukatze, v. *muka*.

Muker, g. dur, irascible; — l. superbe, fastueux.

Muketa, v. *muki*.

Muki, v. *muka*.

Mukitsu, v. *muka*.

Muku, v. *muka*.

Mukur, v. *moskor*.

Mukuru, l. bn. comble. Larr. et P. écrivent ce mot avec un *r*. M. Sal. avec deux *r*. Comp. le bisc. *mukur* (avec l'art. *mukurra*) tête, cîme d'un arbre, ce qui expliquerait la signification de comble. Ou bien faudra-t-il rattacher *mukuru* à *muru*, monceau; comme comble du lat. cumulus. *Neurria mukuru emaitea*, donner la mesure comble. P.

Mukurutu, mukurutzen, l. combler.

Mukuruka, bn. loc. adv. de *mukuru-ka*.

Mukuruka, v. *mukuru*.

Mukurutu, mukurutze, v. *mukuru*.

Mulcho, v. *muru*.

Mulho, v. *muru*.

Mulko, v. *muru*.

Mulo, mullo, v. *muru*.

Mulzo, v. *muru*.

Mulzoka, v. *muru*.

Mulzu, v. *muru*.

Muñ, g. *muin, fuin, hun*, l. moelle. — g. suc des plantes. Au plur. *muñak* ou *burumuñak*, g. les cervelles. Pour la permutation de *m* et *f*, comp. *imini* = *ifiñi*. La mutation de *m* en *h* est, autant

que nous sachions, une exception.
Mundu, g. l. bn. monde.

Munho, v. *muno.*

Munhux, v. *muno.*

Munnho, bn. (*nn* = *ñ*) infirme du pied ou de la main. Selon Diez, E. W. 1 p. 286 moñ, mouñ, est du breton, et inconnu aux autres langues celtiques. Ne serait-ce pas alors plutôt du basque? M. Diez ne cite pas le mot bn. qui correspond exactement au breton. Il identifie mouñ, avec *muñ*, moelle, d'où dériverait l'esp. muñon, grand muscle du bras, et le fr. moignon. Selon MM. Littré et Brachet, l'origine de moignon est inconnue.

Muno, g. *munho,* l. bn. petite colline.

Munhux, bn. motte de terre dans de mauvaises prairies, ordinairement l'oeuvre des fourmis. Sal.

Murdukatu, bn. mettre en désordre des étoffes en dérangeant les plis.

Murkilla, v. *killo.*

Murrion, l. *morroin,* bn. bourrache; du gén. lat. borraginis? Pour la mutation de b en *m,* comp. *molza* de *bolza; Miarritze* = Biarritz.

Murritz, bn. court.

Murritztu, l. bn. raccourcir; rogner, ronger.

Murroil, v. *moroil.*

Murru, v. *muru.*

Murruchori, bn. moineau; de *murru* (mur)-*chori?*

Murruka, bn. rocher.

Murruskatu, v. *marruskatu.*

Muru, g. *murru, mora* (i. a.), P. *murko, burko,* P. *morkoxta,* l. *morroko,* bn. *mulko, mulho, muillo, mulza,* l. *mulzo, mulcho* (diminutif), bn. Tous ces mots ont à peu près la même signification : monceau, tas, grappe, botte, et probablement la même origine. La racine paraît être *mur* ou *mul,* avec *l* mouillé ; de là *muillo,* et *mulho.* Peut-être pourra-t-on ajouter encore ici *muno* ou *munho* colline. La permutation de *l* et *r* (v. *kapera* et *ari* 3.) explique la double orthographe *muru* et *mulho.* La permutation de *k* et *z* (v. *karamitcha*) celle de *mulko* et *mulzo.*

Murko, mulko, mulzu, P. amas, monceau. *Mahatz murkoa* ou *burkoa,* la grappe de raisins. P. Syn. de *gokho.* Pour la permutation de *b* et *m,* comp. *bilgor = milgor; ibeni = imini; biga = miga.*

Mulko, tas, amas, monceau, P.

Mulzo, bn. groupe.

Mulcho, bn. petit groupe. *Ch,* diminutif.

Mulzoka, bn. par groupe; de *mulzo-ka. Mulzoka juan dire,* ils sont allés par groupes.

Muillo, houppe. P. *Neskaren muilloko,* gros sein. P.

Mulho, l. petite colline ; syn. de *monho, munho.* Pour la permutation de *l* et *n,* v. *lar.*

Morkoxta, l. grappe (de raisin). Comp. *murko,* grappe; le *x* sera peut-être pour *ch* ou *tch* diminutif, comme cela se trouve quelquefois. Par ex. P. écrit *buruxca* = pour *buruchka, maxcor* pour *maskor*. *Mehax* (Sal.) paraît être un diminutif de *meha*. *Ezterautate morkoxta bat ere eta ez bikor bat, ahoan eman ahal ditekeyenik utzi.* Ax. p. 173. a. éd. 36. n. éd. Il n'est pas même laissé une grappe ni un morceau, pouvant être offert à la bouche. M. l'abbé Inchauspe corrige (?) *morkoxta* et écrit *morcokhta;* ce qui change entièrement le mot; d'où vient ce *k?* nous ne trouvons nulle part *morkok*.

Morroko, bn. botte, (de paille). Ce mot paraît être le même que *murko* et *morkoxta* (v. plus haut), et corrobore notre opinion que la correction de M. l'abbé Inchauspe, *morcokhta* pour *morkoxta*, est une erreur. *Morroko* se dit encore pour *ophil* en bn.

Murulu, bn. moyeu. Peut-être du lat. modiolus? Pour la permutation de *r* et *d*, v. *egundaño* et *madarikatu* = *madadikatu*.

Musika, g. alberge, pêche; l'arbre et le fruit. Ce mot a fortement souffert; il semble certain qu'il dérive de persica, esp. Aujourd'hui il désigne une espèce particulière, le melocotone. Comp. *merchika*.

Musketila, bn. raisin cultivé dans les jardins; du prov. muscadel, adj. muscat, v. L. R.

Muskur, croute de pain, mot d'O. selon P.

Mustza, l. bn. apparence, échantillon; du prov. mostra, montre, apparence.

Mustuka, bn. poignée de vieux linge pour nettoyer. De *mustu* poing, qui ne se trouve pas? Comp. *mustupilla*.

Mustupilla, l. coup de poing. *Mustupilka haritzea*, se battre à coups de poing.

Musu, g. l. bn. museau, baiser; de l'anc. esp. muso, ou du prov. mus; même signification. *Musu eman*, donner un baiser.

Musurkatu, l. bn. fouiller, se dit des porcs; remuer la terre avec le groin.

Musurkatu, musurkatze, v. *musu*.

Mutchitu, l. moisi. Est-ce une corruption du fr. moisi; *tu* est la term. de l'adj. verb.

Muthil, v. *mutil*.

Muthiri, bn. importun.

Muthiritasun, bn. importunité; de *muthiri-tasun*. Jusqu'à présent nous n'avons pas trouvé *muthiri* que P. cite, sans en donner la traduction. *Halere haren muthiratassunagatic iaquiric.* Luc. XI. 8. Test. Roch. Il se lèvera pourtant à cause de son importunité.

Muthur, v. *mutur*.

Mutkiko, v. *mutil*.

Mutil, g. l. *mutilla*, b. *muthil*, bn. garçon. Diez se demande (E. W. 1. p. 284.) si l'esp. mocho, émoussé, dériverait du lat. mutilus, comme cachorro de catulus, et si le basque *mutil* garçon ne viendrait pas appuyer cette supposition? Nous demandons à notre tour si le seul mot que les Basques ont pour „garçon" serait emprunté au latin?

Baserijan jayo ta aziriko mutilla. Moguel. Garçon né et élevé dans la ferme.

Mutkiko, bn. *mithilko,* soul. selon Sal. syn. de *mutil.* On dirait une forme dérivée de *mutil;* une espèce d'adjectif (*mutil-ko*) employé substantivement.

Mutino, v. *mutu.*

Mutu, l. bn. muet; de l'esp. mudo.

Mututu, bn. devenir muet.

Mutino, bn. silencieux, taciturne.

Mutur, g. l. *muthur,* bn. museau, bec; l. poignet, manchette. Au fig. moue, boudeur. *Mutur dago,* il fait la moue; il est boudeur. *Esku mutur ona da,* il a bon poignet. P.

Muzika, l. moquerie.

Muzikaria, l. moqueur; de *muzika-ari* 4.

Muzikatu, muzikatzen, l. se moquer.

Muzu, v. *musu.*

N.

N. Suffixe qui correspond 1º. à: en, dans. *Echea*, la maison; *echean*, dans la maison. *Bilbaon*, dans Bilbao. *An*, là, de *a-n*. Le suf. *n* quand il signifie en, dans, ne s'unit qu'au nom défini, c. a. d. accompagné de l'article. Quand les noms finissent par *r* ou *n*, comme *lur*, *gizon*, le suffixe *n* devient *ean*, sans que nous ayons pù en découvrir la cause jusqu'à présent. Ainsi *ginonean*, *lurrean*. Quand il faut exprimer cette relation du locatif d'une façon indéfinie ou, plurielle *n* devient *etan*, de *eta-n*. Ceci a toujours lieu avec les pronoms qui, cela va sans dire, ne peuvent être accompagnés de l'article. P. ex. *liburu onetan*, dans ce livre. V. *eta*, s. v. *ta*.

2º. à: de. *Pedroren*, de Pierre; de *Pedro-n*. Le *e* est lettre de liaison et caractéristique de l'indéfini, et se trouve toujours dans les cas semblables, où il faut distinguer le défini de l'indéfini. Le *r* est une lettre euphonique dont le bisc. ne se sert souvent pas. C'est ainsi qu'Olaechea dit, p. 155. *Jangoikoaen semiari*; p. 174. *Jaunaen graziaz*; p. 179. *ezpada zeure semiaen arpegi*. Dans tous les autres dialectes on dirait: *Jangoikoaren, Jaunaren, semiaren*.

3º. au pron. relatif; c'est à dire que suffixé à la terminaison verbale, il donne à la phrase une forme participiale, que nous exprimons par un pron. relatif. On se sert en basque (comme dans beaucoup d'autres langues) du pron. interrogatif pour pron. relatif; mais c'est très-rare. — *Ikusten naun aurra*, l'enfant qui me voit; de *ikusten nau*, il me voit. La traduction all. *das mich sehende kind* (le me voyant enfant) s'en rapproche un peu plus, bien que *ikusten* ne soit pas un participe, mais un nom au locatif.

Un seul suffixe a pu exprimer le génitif et le locatif (*echean, Jaunaen*); ce fait se retrouve en latin, v. Bréal, gram. comp. 1. p. 434. Mais nous n'aimerions pas décider si le pron. relatif est exprimé par le même suffixe. Dans l'état où nous le connaissons, il a la même forme et c'est tout ce que nous pouvons en dire.

4º. Ce suffixe est encore en

usage, du moins en guip. là, où nous nous servons de la conjonction que. *Pozik nago zeren ekarri didazun (didazu-n) berri on bat.* Je suis content de ce que vous m'avez apporté une bonne nouvelle. — Faudrait-il y voir l'influence de l'espagnol? dans cette langue comme en français, le pron. relatif (accusatif) et la conjonction ont la même forme. Il paraît plutôt que *n* dépend ici de *zeren;* et c'est ainsi que *n* est, pour ainsi dire, régi par les mots suivants; *non, bezala, artean, zein, ea, noruntz. Non dan (da-n) bagea an da zelea.* Où est manque, là est désir. *Esan dan bezala.* Ainsi qu'il est dit. *Mundu mundua dan artean.* Aussi longtemps que le monde est monde. *Noruntz erorten geran.* Où que nous tombions. *Galdetu dit ea etorriko zeran.* Il m'a demandé si tu viendras.

Naasi, v. *nas.*
Naastu, v. *nas.*
Nabala, v. *labana.*
Nabar, 1. bn. coutre.
Nabar, g. l. bn. bigarré. *Ilhar nabar,* l. pois chiche, pois barré. *Nabardura,* l. bigarure; de *nabardura. Mahiru herriko mairu beltzak bere larru beltza, eta tigre arrak ere, bere nabardurak alda, utz, eta mudadizanean.* Ax. 93. a. éd. 267 n. éd. Quand le maure du pays maure aura changé, laissé sa peau noire, et le tigre aussi sa bigarure.... Axular écrit la premiere fois *mahiru,* avec *h,* la seconde fois sans *h;* l'édition corrigée (?) aussi.

Nabarben, g. glouton, selon le petit vocabulaire à la fin des Fabulas en verso vascongado, etc. St. Sébastien 1842.— l. opiniâtre, têtu, acariâtre, P.
Nabarbentasun, l. opiniâtreté; de *nabarben-tasun.*
Nabarbentu, nabarbentzen. P. n'en donne pas la traduction, ce qui importerait peu si nous ne trouvions ce nom verb. employé dans une tout autre acception par l'abbé Inchauspe, dans l'introduction du *Gueroco guero* de Axular. Nous y lisons: *Horrek nabarbentzen du nola edizione hartan hainbertze huts ete narrio aurkhitzen den.* Ceci (explique?) comment il y a tant de fautes et de —? dans cette édition. *Narrio* que nous ne traduisons pas est employé par Axular et Pouvreau pour scrupule, remords.

Nabarbentasun, v. *nabarben.*
Nabarbentu, nabarbentze, v. *nabarben.*
Nabari, nabaritu, nabaritzen, l. reconnaître, apercevoir, découvrir de loin.
Nabe, l. grande plaine près des montagnes. Syn. de *zelhai* et du guip. (?) *hordeki,* P. C'est de ce mot que W. v. Humboldt fait dériver *navarra, nabarra;* v. Prüf. der Unters. etc. p. 15. L'auteur dit: de *nava* (bien que P. écrive *nabea, nauea,* et c'est de lui que Humboldt prend le mot) et de *arra,* suffixe qui est très-usité en

basque; et ainsi l'étymologie de Navarra ne laisse aucun doute. Il nous semble que c'est trancher la question à la légère; *arra* ou plutôt *ar* est, il est vrai, un suffixe qui se trouve assez fréquemment, mais indiquant toujours l'habitant d'un lieu: *Burgostarra, Erromarra, Españarra, erritarra*, etc. *Nabarra* signifierait donc l'habitant de la plaine.

Nabegatu, nabegatzen, P. donne pour synonyme *gobernatzea*, et écrit *navegatzen*. *Ongi nabegatzen da*, il conduit bien ses affaires. De naviguer?

Nabela, v. *labana*.

Nabusi, v. *nagusi*.

Nagatu, nazkatu, nazkatzen, g. détester. Selon Larramendi on ne dit pas: *nazkatzen det pekatua* je déteste le péché; mais *nazkatzen nau pekatua*; ce qui pourrait se traduire par: le péché m'a (m'est) en abomination. *Nau* est „m'a" et non „m'est" mais on emploie peut-être l'un pour l'autre, v. *izan*. On peut encore rendre la phrase au passif: *nazkatzen naiz pekatuaz*, me ofendo mucho de el pecado, je suis très offensé par le péché. Ce nom verb. doit dériver de *naga* ou *nazka*, qui ne se trouvent pas; peut-être est-il d'origine étrangère.

Nagi, g. l. bn. paresseux; syn. de *alfer*. *Zoaz, nagia, chinhaurriagana*. Ax. p. 36. a. éd. Allez, paresseux, à la fourmi. Est-ce que *nagi*, viendrait du lat. ignavia?

Nagitasun, l. paresse.

Nagitasun, v. *nagi*.

Nagusi, g. *nausi* b. l. *nabusi*, bn. -maître. Pour la permutation de *g* et *b*, v. *gurasoak*. *Nehorc bi nabussi ecin cerbitza ditzaque*. Matt. VI. 24. Test. Roch. Personne ne peut servir deux maîtres. *Gizonik elduenak eta nagusienak*, g. Les plus mûrs et les plus élevés (supérieurs) des hommes. *Mutil nausijei berekautan legez oi jatorkeez kasa, peska, palanka*. Moguel, p. 154. Comme aux grands garçons, il leur vient la coutume de chasser, pécher.

Nahar, v. *lar* 1.

Naharo, l. souvent.

Nahas, v. *nas*.

Nahasgarri, v. *nas*.

Nahasi, v. *nas*.

Nahaskeria, v. *nas*.

Nahasmendu, v. *nas*.

Nahastaria, v. *nas*.

Nahastakeria, v. *nas*.

Nahastapen, v. *nas*.

Nahastatu, v. *nas*.

Nahastatze, v. *nas*.

Nahaste, v. *nas*.

Nahasteka, v. *nas*.

Nahastekatu, nahastekatze, v. *nas*.

Nahaszaille, v. *nas*.

Nahatsale, v. *nas*.

Nahi, v. *nai*.

Nahigabe, v. *nai*.

Nahikaria, v. *nai*.

Nahikide, v. *nai*.

Nahikunde, v. *nai*.

Nahitu, v. *nai*.

Nahitze, v *nai.*
Nahiz-nahiz, v. *nai.*
Nai, g. b. *nahi,* l. bn. volonté. *Nai,* accompagné des terminaisons auxil. *det, dezu,* etc. correspond à : vouloir. *Nai det,* g. *nahi dut,* l. bn. je veux. *Nai* accompagné des terminaisons de *izan,* correspond à : plaire à. *Jainkoak naita (nai-da),* plaise à Dieu, Dieu veuille. *Jaingoikoari nai dakiola,* qu'il plaise à Dieu. Comme le degré de comparaison est exprimé par le nom verbal même, on trouve *nayago* (comp.) et *nayen, nahien* (superl.) avec les term. auxil. *Eta debeku hura autsi nayago izan zuen,* g. Et il voulait plutôt enfreindre ce commandement. *Nahien dudana,* l. ce que je veux le plus ; *dut + n* relatif devient *dudan ;* avec l'article *dudana.* — *Nere nekearen saririk nayena izango dana,* g... qui sera la plus voulue (désirée) récompense de mes peines. *Nahi bezain gaixto.* Si méchant que vous voudrez. P. — *Nai* est employé en bisc. pour *edo. Gentia batuten danian solo nai baso.* Moguel, p. 115. Quand les cultivateurs de forêts ou de champs sont réunis.
Naiz naiz, g. *nai nai,* b. *nahiz nahiz,* l. soit soit ; de *nai-z. Nahiz aitzinean, nahiz gibelean,* soit devant, soit derrière.
Nahiz nahira, l. de volonté délibérée.
Naikunde, g. *nahikunde,* l. envie, désir, velléité. La terminaison est obscure. *Nahikunde baita eta ez nahia.* Ax. p. 47. a. éd. La velléité y est, mais non pas la volonté. *Ona, bada, naikunde eta atsegin guzien leku artatik nola irten ziran.* Lardiz. Voici donc comment ils sortirent de ce lieu de délices et de plaisirs.
Nahikaria, désir, convoitise. O. De *nahi-keria.*
Naigabe, g. *nahigabe,* bn. contrariété ; de *nai-gabe.*
Nahitu, nahitzen, l. bn. vouloir, prendre envie.
Naikera, g. commodité.
Nahikide, l. émule ; de *nahi-kide.*
Naigabe, v. *nai.*
Naikera, v. *nai.*
Naikunde, v. *nai.*
Naiz, g. l. je suis.
Naiz naiz, v. *nai.*
Napur, l. *nnaphur,* bn. friand ; syn. de *ahazuri.* — *Zuri* est resté sans explication s. v. *ahazuri. Zuri* blanc, indiquera peut-être sucre. En holl. *zuikermondje,* bouche à sucre, de quelqu'un qui est friand, qui aime le sucre ; de *mond,* bouche et *zuiker,* sucre.
Nar, g. traineau, esp. narria. Le basque de l'esp. ou l'esp. du basque ?
Nardabera, v. *nardatu,*
Nardagarri, v. *nardatu.*
Nardatu, nardatzen, l. se dégouter. *Horrek nardatzen nau.* Cela me dégoute. De *narda,* qui ne se trouve pas.
Nardabera, l. qui se dégoute aisément. P. cite encore : *narda-*

bertasun, (dégout) *nardaberatzea*, (se dégouter), *nardaberaki*, (adv. avec dégout), sans les traduire.

Nardagarri, l. dégoutant; de *nardagarri*.

Nare, bn. tranquille, en repos (d'un liquide); amorti (?) *Haurrek zuaza oherat, begiak naretuak dituzu.* Enfants allez au lit, vous avez les yeux amortis. Sal.

NARGATU, bn. narguer.

Narriatu, narriatzen, l. P. n'en donne pas la traduction. *Osasuna narriatzea jan edan suberaz.* Perdre, abimer (?) la santé par excès de boire et de manger. *Nola gure lehenbeziko aita hark gure naturaleza haur, bere bekatuz nariatu baitzuen.* Ax. p. 250. a. éd. 78. n. éd. Comment notre premier père a perdu notre nature par ses péchés.

Narriatze, v. *narriatu*.

Narrio, 1. scrupule, remords. *Narrio zahartua nekez kentzen da.* Il s'est défait avec peine de (son) vieux scrupule. P. *Arrazadura urthatua, narrio zahartua ezta pontu batetako midikuntzaz sendatzen.* Ax. p. 93. a éd. 266. n. éd. L'ancienne passion, le vieux remords ne se guérit pas par une médication d'un moment. M. Inchauspe se sert de *narrio* dans un tout autre sens; v. l'ex. s. v. *nabarben*.

Narritamendu, v. *narritatu*.

Narritatu, narritatzen, l. inciter, pousser, irriter.

Narritamendu, l. incitation, assaut. *Koleraren lehenbiziko narritumendua.* Le premier assaut de la colère. P.

Narru, v. *larru*.

Nas, 1. b. je suis.

Nas, 2. nahas. Le dial. bn. paraît seul faire usage du radical *nahas*, ensemble; syn. de *elgarrekin*. Les autres dialectes n'ont que les dérivés.

Naasi, g. mélangé; adj. verbal de *naas* (pour *nahas*)-*i*. *Badarasate pulpituan hitzera naasi bat, bein Euskera, bein Erdera, bein Latinera.* Lettre de Larr. à Mend. Ils parlent dans la chaire un langage mêlé, une fois en basque, une fois en espagnol, une fois en latin. Larramendi, dans la même lettre, se sert de *naasi* comme substantif. *Zeñean hizkuntzaren naasiaz ta aditu bageaz ozta jakin oi da bear dana.* Dans lequel (pays basque) on sait ordinairement à peine ce qu'il faut, par (à cause du) le mélange du langage et par ce qu'on ne se comprend pas.

Nahasi, bn. tracassier, qui aime à brouiller les gens. Il se peut que *nahasi* soit employé dans ce sens, mais il nous semble que ce n'est pas correct. *Nahasi* est un participe passé et ne peut avoir une signification active.

Nastu, nasten, g. *naastu*, b. *nahas, nahasi, nahasten*, ou *nahastatzen*, l. bn. mêler, brouiller, importuner. *Ez neza zula nahas*, l. Luc, XI. 7. Soc. bib. Londres. Ne m'importunes point.

Nasiera, g. mélange; de *nasi-era*.

Nasmen, g. confusion, mélange; de*nas-men*.

Naspil, g. syn. de *nasmen*. *Zeñak esan nai dute nasmena edo naspilla*. Lardiz. Lesquels (mots) veulent dire : confusion (Babel et Babylone).

Nahasmendu, l. syn. de *nasmen*. *Ihez egiozu ahal guziaz munduko harrabotsari eta nahasmenduari*. Chourio. Fuyez de tout (votre) pouvoir le tumulte et les brouilleries du monde.

Nahastepen, l. syn. de *nasmen*. Du subst. verb. *nahaste* et de la term. *pen*.

Naskiro. g. confusément; de *naski-ro*. Deux terminaisons pour une.

Naski, nauaski, noaskiro, g. peut-être. Evidemment une corruption de *nas* ou *nahas-ki*. Larr. dans sa lettre à Mend. dit que c'est un mot des pays-bas et que *ausa* est en usage dans la montagne. — *Noaskiro ezta bestea bezain jakiña*. Peut-être n'est-il pas si savant que l'autre.

Nahaskeria, bn. *nahastakeria*, l. brouillerie, tracasserie; de *nahas-* et *nahaste-keria*.

Nahastaria, l. brouillon; de *nahaste-ari* 4.

Nahasteka, bn. en mélange; de *nahaste-ka*.

Nahastekatu, nahastekatzen, l. bn. mélanger.

Nahaszaille, nahatsale, bn. celui qui fait ou qui aime à faire l'action indiquée par le verbe. De *nahas-tzaille* et *zale*. — *Presentatu drautaçue guiçon haur popularen nahatsale beçala*. Luc, XXIII. 14. Test. Roch. Vous m'avez présenté cet homme comme pervertisseur du peuple.

Nahasgarri, l. cuillière; syn. de *burunzale*. De *nahas-garri*.

Nasai, g. b. détendu, relâché. — bn. ample, terme de tailleur et de cordonnier. Sal.

Nasaitasun, g. b. l. relaxation, relâche; de *nasai-tasun*. *Boztasuna nasaitasunik gabe*, réjouissance sans relâche. P.

Nasaikeria, g. b. méchanceté; de *nasai-keria*. *Milliñoiak gizon Noeren demporan bota zituban infernura, eureen nasaikerija gaitik*. Des millons d'hommes, au temps de Noé, furent précipités dans l'enfer à cause de leur méchanceté. Moguel.

Nasaiki, l. bn. amplement; de *nasai-ki*.

Nasaikeria, v. *nasai*.
Nasaiki, v. *nasai*.
Nasaitasun, v. *nasai*.
Nasiera, v. *nas*.
Naski, v. *nas*.
Naskiro, v. *nas*.
Nasmen, v. *nas*.
Naspil, v. *nas*.
Naste, v. *nas*.
Nastu, v. *nas*.
Nauaski, v. *naski*, s. v. *nas*.
Nausi, v. *nagusi*.
Nauzatzea, se gausser. *Aditzen eztuan gauza eztezala phusta ez nauza*. La chose que tu n'entends pas ne la vilipende ni ne t'en gausse. Prov. 483. d'O.

Nazkatu, v. *nagatu*.

Nebia, b. frère.
Negala, v. *negelarra.*
Negar, g. b. *nigar,* l. bn. larme. *Han içanen da nigar eta hortz garrascotz.* Matt. VIII. 12. Test. Roch. Là il y aura des pleurs et des grincements de dents. *Garrascotz,* paraît être formé de *garraska* (v. *karrazka,* s. v. *karraka*) et de *ots* bruit. *Nigar purpuilla,* grosse larme. P. *Nigar beroz,* à chaudes larmes. P.
Negarregin, g. *nigar egin,* l. bn. *nigarrez egon,* l. pleurer.
Negargarri, g. b. *nigargarri,* l. lamentable; de *nigar-garri.*
Negargarri, v. *negar.*
Negarregin, v. *negar.*
Negela, l. grenouille.
Negelarra, l. P. *negala,* l. bn. dartre. *larra* pour *larru?*
Negu, g. l. hiver.
Nehabe, bn. domestique. Sal. s. v. *michkaudi.* Comp. *nerhabe.*
Nehor, nehork, v. *nor.*
Nehorat, v. *nor.*
Neitu, neitzen, l. finir.
Neka, bn. mêche; syn. de *muku.*
Nekadura, v. *neke.*
Nekatu, nekatze, v. *neke.*
Nekazale, v. *neke.*
Nekazari, v. *neke.*
Nekazaritz, v. *neke.*
Neke, g. b. l. travail, peine. M. Mahn (Bask. Sprachd. p. XXXV.) laisse indécis, si *nekatu,* vient du latin *necare* ou bien si le latin vient du basque. Nous n'aimerions pas trancher la question et surtout pas pour le latin, (necare paraît se rattacher à l'aryaque nak, v. Fick,

E. Wb. p. 106); mais il nous semble que *neke* a donné *nekatu;* si *neke* dérivait de *nekatu,* comme il arrive quelquefois que le nom dérive du verbe, (comp. *ahar* de *ahartu*), la forme serait très-probablement *neka* et non *neke.* M. Sal. cite *neke* seulement comme adjectif: difficile, fatigant. *Nekez* cependant prouve que *neke* est aussi subst. en bn.
Nekez, g. l. bn. avec peine, difficilement; de *neke-z.*
Nekatu, nekatzen, g. b. l. bn. se fatiguer.
Nekadura, l. lassitude.
Nekazale, b. l. bn. *nekazari,* g. ouvrier, laboureur; de *neke-zale* et *ari* 4. *Ipuiok atera naiditut gaztecho ta nekazarientzat edo Viscaian esan oi dan nekezaleentzat.* Je veux publier ces fables, pour les enfants et les ouvriers, ou comme on a coutume de dire en biscaïen *nekezaleentzat.* Ant. Moguel. *Ipui onac,* etc.
Nekazaritz, g. l. labourage, travaux des champs. *Noe kuchatik irten zanean nekazaritzari eman zitzayon.* Lardiz. Noé étant sorti de l'arche s'adonna au labourage.
Nekizerdi, bn. travail fatigant; de *neke-izerdi.*
Nekezi, l. disette, *nekezu,* l. disetteux. P.
Nekez, v. *neke.*
Nekezi, v. *neke.*
Nekezu, v. *neke.*
Nekhaitz, v. *ehaitz.*
Nekoxa. Le gîte que font les brebis hors de la bergerie, sur la rase campagne, pour prendre le frais,

lorsqu'il fait serein. O. C'est du soul. mérid.

Nerau, v. *ni.*

Nere, v. *ni.*

Nerhabe, l. enfant, garçon ou fille. P. Comp. *nehabe.* De la Vieuxville écrit *norhabe. Zuen herrietan adin eta estatu guzietako guiristinoak, haurrak norhabeak, zaharrak eta sehiak zuenganik bizitzeko hitzaren ogiaren begira daudez.* Dans votre pays, les chrétiens de tout âge et de toute condition, enfants et jeunes gens (?) vieillards et serviteurs, attendent de vous le pain de la parole de vie.

Neronek, v. *ni.*

Neroni, v. *ni.*

Neska, g. l. fille. En guip. *neska* est considéré plutôt comme une expression grossière; on se sert de *neskacha*; p. ex. pour les servantes d'auberge; la chica des espagnols.

Neskach, g. *neskatcha,* bn. *neskato,* l. bn. fille, jeune fille; de *neska,* avec le diminutif *ch* et *to. Baina Kainen ondorengo neskach ederrai oniritzita.* Lardiz. Mais la postérité de Caïn aimant les belles filles. *Neskatcha, hiri diosnat, iaiqui.* Marc. V. 41. Test. Roch. Jeune fille, lui dit-il, lève-toi. *Eta segur neure muthilen eta neure nescatoen gainera egun hetan erautsiren dut neure spiritutic.* Act. II. 18. Et pour vrai, en ces jours là je répandrai de mon esprit sur mes serviteurs (garçons) et sur mes servantes (filles). — M. de Charencey cite *nerkato,* mais nous n'avons trouvé nulle part cette variante. Comme elle doit servir d'antithèse à *nerabe* et expliquer ce mot, on aimerait savoir où M. de C. l'a prise. Nous avons à relever ici, comme déjà ailleurs (v. *merchika*), une traduction „littérale". „De même dans *nerabe,* garçon, serviteur, litt. sub homine, homo parvus, par opposition à *nerkato* ou *neskato* servante". (Degrés de dimension et de comparaison en basque, p. 8. par M. de Charencey). Disons d'abord que *nerabe, nerhabe* signifie selon P. enfant, soit garçon soit fille. Ainsi l'opposition de *nerabe* à *nerkato* tombe de suite. Mais admettons un moment que *nerabe* signifie spécialement garçon, alors il est difficile d'accepter sub homine comme étant une traduction littérale, puisque *nera* n'existe pas. Et de plus où se trouve l'opposition à *nerkato* (forme problématique). Si *nera-be* est sub homine, que signifie alors *ner-ka-to.* M. de C. oublie de nous le dire. — Nous sommes donc tenté de croire, jusqu'à preuve du contraire, que *nerkato* n'existe pas.

Neskatzar, bn. fille méprisable; de *neska-char.*

Neskaso. Mot d'O. qu'il écrit *nescasso* et selon lui de *nesca osso,* fille entière = vierge.

Neskame, g. syn. de *neskach.*

Neskatilla, b. syn. de *neskach*; de *neska-illa,* ou *il,* dimin. qui se retrouve dans *opil.*

Neskacha, v. *neska.*

Neskame, v. *neska*.
Neskaso, v. *neska*.
Neskato, v. *neska*.
Neskatcha, v. *neska*.
Neskatilla, v. *neska*.
Neskatzar, v. *neska*.
Netchale, bn. mule ou mulet d'environ six mois.
Neuk, v. *ni*.
Neure, v. *ni*.
Neuror, v. *ni*.
Neurri, g. b. l. bn. mesure. *Neurriz*, l. avec mesure, sobrement.
Neurtu, neurtzen, g. l. *neurritu*, bn. mesurer.
Neurthitzak, l. vers. O. écrit *neurtiz*; sing. de *neurtu-hitzak*.
Neurtasun, l. mesurage; de *neurtasun*.
Neurtzaille, l. mesureur; de *neurtzaille*.
Neurthitsak, v. *neurri*.
Neurtasun, v. *neurri*.
Neurtu, v. *neurri*.
Neurtzaille, v. *neurri*.
Neurtze, v. *neurri*.
Ni, nik, g. b. l. bn. *neuk*, b. je. *Ni naiz*, je suis. *Nik diot*, je dis. *Eztot nik ezer merezidu*, b. je ne mérite rien.
Niri, g. l. bn. à moi.
Nere, g. *neure*, l. bn. b. *nire*, b. mon, ma. C'est le génitif de *ni*, comme *hire* de *hi*. Pour la mutation de *i* en *e*, comp. *heren* de *hiru*. — *Neure buruari ungi behatzen badiot*. Chourio. Si je me considère bien moi-même. *Ikaratu zaiteze neure maiteak*, b. Tremblez, mes (bien-) aimés. *Jauna eztuc hic ansiaric ceren neure ahizpac neuror cerbitzatzera utziten nauen?* Luc. X. 40. Test. Roch. Seigneur n'as tu point de souci de ce que ma soeur me laisse moi seule (litt. moi-même) pour le service?

Nerau, neronek, g. moi-même; de *ni-au*, avec *r* euphonique, ou bien du gón. *nere-au*. Nous ne savons qu'elle est la meilleure des deux explications. L'objection M. Duvoisin que le lab. dit *nihau, guhau*, n'est pas un argument décisif; on peut le tourner contre lui. Le bn. dit *neuror*, qui paraît plutôt composé de *neure-ori*, que de *ni-ori*. Et même Pouvreau dit: *neurk eguin dut*, j'ai fait moi-même. *Neurk* peut être une contraction de *ni-haurek*, et probablement le sera; mais comme le bn. dit *neuror*, évidemment de *neure-ori*, il se pourrait que *neurk* fût pour *neure-orrek*.

Nihau, nihaur, v. ci-dessus *nerau*.
Neuror, v. ci-dessus *nerau*.
Nerea, g. *neurea*, bn. b. le mien.
Nigar, v. *negar*.
Nigargarri, v. *negar*.
Nihaur, v. *ni*.
Nihoiz, v. *noiz*.
Niholere, v. *nola*.
Nihon, v. *non*.
Nihor, nihork, v. *nor*.
Nihun, v. *non*.
Nik, v. *ni*.
Ninia, g. l. bn. prunelle; — g. l. poupon; de l'esp. *niña*, enfant. M. Sal. écrit *nini*, ce qui nous semble fautif; le *a* final n'est pas l'article, ou plutôt il représente

les deux, la terminaison et l'article. Sans l'article le mot est encore niña, enfant (en hébreu prunelle est rendu par petit homme), puisque l'oeil fait l'effet d'un miroir, on s'y voit.

Ninika, g. bouton de fleur.
Nire, v. *ni.*
No, v. *to.*
Noaski, noaskiro, v. *nas.*
Nobera, v. *nor.*
Noharroin, l. vil abject; syn. de *errumez* et de *onbehar. Eta halarik ere bethi dira errumez, noharroin eta onbehar.* Ax. p. 232. a. éd. 350. n. éd. Et toutefois ils sont toujours misérables.
Noiz, g. l. bn. *nos,* b. quand. *Jainkoaren doaya dezu, noiz ta nori nai duen ematen diona.* Lettre de Larr. à Mend. Vous avez le don de Dieu qu'il donne quand et à qui il veut. *Nos ilgo gara?* Quand mourrons nous?
Noizbait, g. l. bn. *nosbait,* b. un jour ou l'autre; de *noiz-bait* pour *baita. Bait* correspond ici à l'angl. ever; à l'all. auch ou irgend. *Noizbait,* whenever, irgend wann. *Nombait,* quelquepart, wherever, irgend wo, wo auch. *Norbait,* quelqu'un, whoever, wer auch. *Zerbait,* quelque, quoique ce soit, whatsoever, irgend was. *Nolabait,* d'une façon ou d'une autre, howsoever, irgend wie. — *Noizbait ere hobeago da, ezen ez nihoiz ere.* Il vaut mieux à la fin que non pas jamais. P. (Mieux vaut tard que jamais). *Noizpaiteren buruan.* Au bout de quelque temps (*p* pour *b* après la sibilante).

Noizik beñ, g. *nosik bein,* b. *noizik behin,* l. quelquefois, de temps en temps; esp. de vez en cuando. Le basque imité de l'esp. ou l'esp. du basque?

Noizetik noizera, l. *noizetik noiz,* bn. de temps en temps; de *noiztik* et *ra,* avec *e* de liaison.

Noizten, jadis; mot d'O. selon P. La terminaison est obscure.

Noiztenka, bn. syn. de *noizetik noiz.* Paraît être formé de *noizten-ka.*

Noiz edo noiz. l. bn. une fois ou l'autre, tôt ou tard.

Noizkotz, l. pour quand; de *noiz-kotzat.*

Noizere, l. toutes les fois que; de *noiz-ere.*

Iñoiz, g. *iños,* b. *nihoiz,* l. bn. quelquefois, jamais. *Nihoiz bezambat bothere du,* l. Il a autant de pouvoir que jamais. Dans les phrases semblables on se sert en fr. de „jamais" ce qui produit de la confusion et a fait croire que *inoiz* ou *nihoiz* a un sens négatif. *Inoiz* correspond à ever, angl.; je, all. ooit, holl. C'est donc une erreur quand M. Salaberry traduit *nihoiz* par „en aucun temps." Pour que la phrase soit négative il faut encore ajouter *ez.* — *Ikusi dituzute iñoiz bildots jayoperriak?* Avez vous jamais (quelquefois) vu des agneaux nouveau-nés? *Iños entzun deutseet gurasuei esaten.* Moguel. Quelquefois j'ai entendu dire aux parents.

Iñoizko, g. syn. de *iñoiz. Iñoizko*

demboratan esaten badezu, g. Si jamais vous le disiez.

Iñoiz-ez, g. *inos ez, inosbere ez*, b. *nihoiz ez*, l. bn. jamais. *Nos gichituko dira infernuko pena? Inosbere ez, inosbere ez.* Quand diminueront les peines de l'enfer? Jamais, jamais.

Noizbait, v. *noiz*.
Noizere, v. *noiz*.
Noizetik, v. *noiz*.
Noizik beñ, v. *noiz*.
Noizkotz, v. *noiz*.
Noizten, noiztenka, v. *noiz*.
Noiztik, v. *noiz*.
Nok, v. *nor*.
Nokhu, v. *noku*.
Noku, l perclus; *nokhu*, bn. défaut matériel. Sal.

Nola, g. l. bn comment, comme. Puisque le *n* est élidé devant *l, r, k, t* (*egille* pour *eginle*, *hula* pour *hunla*, *ala* pour *anla*, *ara* pour *anra*, *aitzitik* pour *aintzintik*, etc. v. Essai, Ch. II), il est probable que *nola* est pour *non-la*, comme *nora* pour *non-ra*, *norontz* pour *non-rontz*.

Nolatan, l. comment. Comp. *alatan*. *Nolatan horrela minzo zare*. Comment parlez vous de la sorte. P. Il paraît que *nolatan* n'est plus usité de nos jours dans ce sens. *Nolatan ahal dateke beraz egia, errege Davitek dioena, eztela nehor heriotzean, Jainkoaz orhoitzen?* Ax. 204. a. éd. 64. n. éd. Comment pourrait-il donc être vrai, ce que dit le roi David, que personne ne songe à Dieu en mourant?

Nolabait, g. *nolazpait*, g. l. *nolazbait*, bn. de quelque manière, de façon ou d'autre; de *nola-bait*, v. *noizbait*.

Nola nai, g. *nola nahi*, bn. d'une manière ou d'autre. Litt. comme on veut.

Nolako, g. l. comment; de *nolako*. *Jakiñik zerorrek non eta nolako ibilleretan egiten zan aimbeste pekatua*. Sachant vous-même où et comment tant de péchés ont été commis. *Bada bertzerik hari dagokanik, choilki zeren den gizon, nolakoa baita*. P. Guir Dot. 26. Il y en a d'autres (titre de J. C.) qui lui appartiennent, seulement parce qu'il est homme, ainsi qu'il l'est.

Iñolaere ez, g. *niholaere ez*, l. d'aucune façon.

Nolabait, v. *nola*.
Nolako, v. *nola*.
Nolatan, v. *nola*.
Nolazbait. nolaspait, v. *nola*.
Nolazpeka, v. *nola*.
Nombait, v. *non*.
Non, g. l. bn. *nun*, b. g. bn. où.

Nombait, g. bn. *nonbait*, l. (mieux avec *m*) *nunbait*, bn. quelque parti de *nom-bait* pour *baita;* v. *noizbait*.— *Non ere baita*, quelque part qu'il soit. *Beste nonbait*, g. ailleurs.

Non edo non, l. bn. *nun edo nun*, bn. syn. de *nombait*. *Ardietsiko zaitut non edo non*. Je t'attrapperai en un lieu ou l'autre. P.

Iñon ez, iñon ere ez, g. *nihon ez*, l. *nihun ez*, bn. nulle part.

Nora g. b. l. bn. où; litt. vers où; de *non-ra*, avec élision de *n* devant *r*, v. Essai, Ch. II. *Nora zoaz?* où allez vous? En all. Wo gehen sie hin?

Norabait, l. *norapait,* bn. vers quelque part: de *non-ra-bait* pour *baita,* v. *noizbait.* Comme on ne dit pas en français, il est allé vers quelque part, mais bien quelque part, ce mot se trouve traduit chez P. et chez M. Salaberry par „quelque part." *Joan da norapait.* Il est allé quelque part. V. Essai, p. 128.

Norontz, noruntz, g. b. *norutz,* b. où; litt. vers où; de *non-rontz.* Ce mot régit le suffixe *n. Norontz erorten geran, an izango gera eternidadean,* g. *Norutz jausten garian, an izango gara eternidadian,* b. Moguel. Où que nous tombions, nous serons dans l'éternité.

Non correspond encore à la conjonction que. *Alako moduan non,* g. de telle manière que. *Arrazoina galdetzen baduzu, huna non den.* Si vous me demandez la raison, la voici, ou, voici qu'elle est. *Hain bertze dira non.* Il y en a tant que.

Nor, nork, g. b. l. bn. *nok,* b. qui. Génitif: *noren.* Datif: *nori.* — *Nor da hor?* qui est là? *Nork dio?* qui le dit? *Nok esan eban Ave Maria?* Qui a dit l'Ave Maria?

Nortzuk, b. pluriel de *nor.* Comp. *batzuk.*

Norbait, g. l. bn. quelqu'un; de *nor-bait* pour *baita,* v. *noizbait.*

Nor bere, g. *nobera,* b. quiconque. *Norberak daukanerik bere emon biardau necesidadian dagozan pobriak sokorrietako.* Olaechea. 79. Quiconque possède doit donner le sien pour le secours des pauvres qui sont dans le besoin.

Iñor, iñork, g. *inor (?) inok,* b. *nihor, nihork,* l. *nehor, nehork,* l. bn. Tous ces pronoms, accompagnés de *ez* ou d'un verbe avec un sens négatif, signifient: personne. *Iñor ez dezu illko* g. *Eztuzu nihor hillen.* P. Guir. Dot. Tu ne tueras personne. *Nehorc bi nabussi ecin cerbitza ditzaque.* Matt. VI. 24. Test. Roch. Personne ne pourra servir deux maîtres *Zuhaitz bethakorra eztu nehork ebakitzen.* Ax. 38. a. éd. Personne ne coupe l'arbre qui porte des fruits. Le seul exemple que nous puissions citer où *nehor* est employé seul et alors affirmativement, est le 241me prov. d'O. *Hirur gutik, eta hirur anhitzek galtzen dute nehor.* Trois peu et trois beaucoup gâtent le monde; litt. quelqu'un.

Nora, v. *non.*
Norabait, norapait, v. *non.*
Noren, v. *nor.*
Nori, v. *nor.*
Norhabe, v. *nerhabe.*
Nork, v. *nor.*
Norontz, v. *non.*
Nortzuk, v. *nor.*
Noruntz, v. *non.*
Norutz, v. *non.*
Nos, v. *noiz.*
Nosbait, v. *noiz.*
Nosik bein, v. *noiz.*
Noski, g. peut-être, sans doute (interr. et dubit.). Sera une variante de *noaski. Baña Sodoma eta Gomorrakoak, noski, ikaraturik, itzultzera egin bide zuten.* Lardiz. Mais ceux

de Sodome et de Gomorrhe, peut-être, ayant peur (litt. tremblant) prirent le chemin pour retourner.

Notha, 1. tache, saleté; syn. de *kutsu*. En bn. défaut, et syn. de *nokhu. Jayoko notha, jaya notha*, péché originel. *Sort notha*, tache de naissance.

Nothatu (?) *nothatzen*, 1. salir, tacher.

Nothatze, v. *notha*.

Nuk, bn. je suis.

Nun, v. *non*.

Nunbait, v. *non*.

Nuzu, bn. je suis.

Ñ.

M. Salaberry est le seul auteur qui représente, le son de ñ, esp., gn. fr. par *nn*. Il sera donc mieux de conserver ñ qui est accepté par la majorité.

Ñabar, v. *nabar*.

Ñaphur, v. *napur*.

Ñika, bn. niche.

Ñimiño, bn. petit.

Ño, g. b. l. bn. *no*, bn. Nous avons parlé ailleurs de ce suffixe, v. *egundaño*. Nous pouvons donc nous résumer ici et dire que *ño* signifie jusque; qu'il se trouve seul (p. ex. *onaño*, de *ona-ño*, jusque ici; *oraiño* de *orain-ño*, jusque maintenant); ou bien uni au verbe ou au suffixe *ra*, sans doute à cause de la signification de „tendance vers" qui les rapproche, ainsi *raño*, jusque vers, jusqu'à. *Zeruraño*, jusqu'au ciel. *Ño* suffixé à *da*, donne en guip. *daño*, en l. et bn. *deiño* pour *den-ño* (*den* de *da* + *n*); en bisc. *diño* et généralement *gino*, par suite de la permutation de *d* et *g*. Le *d* de *deiño* se perd quelquefois en lab. comme dans *arteiño* pour *arte deiño*, et même tout le verbe disparaît et *arteiño* devient *artio*. *Sarri artio*, jusqu'à tantôt. *Zuk erran arteiño*, l. jusqu'à ce que vous ayez dit. *Bitiña, gazte deiño, on da jateko.* Ax. p. 97. a. éd. 271. n. éd. Le chevreau, aussi longtemps (litt. jusqu'à ce que) qu'il est jeune, est bon à manger. *Azken giño ondo iraunten dabena.* Anibarro p. 10. Celui qui persévère bien jusqu'à la fin. *Oraindiño gichiago eskatuten dot.* Anibarro, p. 84. Jusqu'à présent j'ai demandé moins. *Hanitzek maite dute Jesus nahi gaberik gerthatzen ez deiño, laudatzen dute eta benedikatzen, konsolatzen ditueiño* Chourio, p. 128. Plusieurs aiment Jésus aussi longtemps qu'il ne leur arrive point d'adversité, le louent et le bénissent aussi longtemps qu'il les consolent. — Liçarrague emploie *dano*, et *no*, aves les terminaisons verbales. *Eçar ditzaquedano hire etsayac hire oinen scabella.* Act. II. 35. Jusqu'à ce qu'il les puisse mettre (pour) le marchepied de tes pieds. *Dano* a donc perdu sa signification propre et ne signifie plus que „jusque." Dans ces cas-là Lardizabal se sert de *raño*, jusque vers, ce qui paraît être plus logique, v. l'ex. s. v. *egundano*. L'emploi ici de *dano* appuierait notre opinion, abandonnée maintenant, mais émise dans notre Essai, que *daño* serait une variante de *raño* et qui s'expliquerait par la permutation de *d* et *r;* mais il nous semble qu'il y a de la confusion chez Liçarrague. Nous trouvons ailleurs qu'il emploie *no* et même *drano*. *Diotza Jesusec. Baldin hori nahi badut dagoen nathorreno.* Jean, XXI. 22. Test Roch. Jésus lui dit, si je veux cela qu'il demeure jusqu'à ce que je vienne. *Nothorreno*, de *nathor* (je viens) — *no;* avec *e* de liaison puisque *n* et *r* ne peuvent se suivre. *Aicen adisquide eure partida contrastarequin filetz harequin bidean aiceno* (de *aiz-no*). Matt. V. 25. Test Roch. Sois ami avec ta partie adverse, pendant que tu es en chemin avec elle. *Eguiaz, eguiaz, erraiten drauat, eztic 'ioren oillarac, ukatu nuqueano hiruretan.* Jean, XIII. 38. En vérité, en vérité je te dis, le coq ne chantera pas, jusqu'à ce tu m'auras renié trois fois. *Eta gucien karracaquin beçala oraindrano.* 1 Cor. IV. 13. Et comme avec la râclure de tous, jusqu'à maintenant. Le groupe *dr* (dont Liçarrague se sert constamment) n'est pas basque; il faut donc décomposer *oraindrano* en *orain-da-ra-no*. Comp. *drauat* dans l'ex. ci-dessus, pour *darauat* (*erraiten drauat*, je te dis). *Drauat* vient probablement de *eroan*, bien que M. Inchauspe prétende que les terminaisons n'ont pas de radical! — Ainsi *darano, rano*, et *no*, signifient chez Licarrague la même chose „jusque". Cela n'est guère possible. Si c'était nécessaire le mot *oraindrano* démontrerait ce que vaut l'assertion de M. Duvoisin, que *egundano* est pour *egunera-dino*, et par conséquent *oraindrano* pour *orainera-dino!*

O.

Oa, g. l. *oha*, l. bn. *ua*, b. bn. vas; 2ᵈᵉ pers. de l'impér. de *joan*.

Oar, g. attention. Peut-être de *oartu*. M. Mahn (Bask. Sprachd. p. XXXVI) compare *oartu* à l'all. wahrnehmen; c'est à dire *o artu*, wahr-nehmen; nehmen, prendre, *artu*. Ce qui plaiderait en faveur de cette étymologie serait le lab. et bn. *ohartu*; or *hartu* correspond à *artu*. Le sens de wahr, all. est connu, mais jusqu'à présent nous n'avons pas trouvé *o* ailleurs. Si la supposition est fondée *oar* dérive de *oartu*, et non *oartu* de *oar*. Comp. *ahar* de *ahartu*. *Jakiñ ez ezen, irakurri ere badet oarrez ta arretaz zure eskuskribatua*. Lettre de Larr. à Mend. Non seulement je le sais, mais j'ai lu avec attention et avec soin votre manuscrit.

Oartu, oartzen, g. *ohart, ohartu, ohartze*, l. bn. observer, apercevoir, prendre garde, s'aviser. *Iñor ere oartu gabe*, g. sans épargner, sans faire attention, à personne. *Eta bere buruari ohart cequionean*. Luc. XV. 17. Test. Roch. Or étant revenu à lui-même. *Eznatzayo ohartu*, l. je ne m'en suis pas avisé. Pour la forme de *ohart*, comp. *laket*.

Oarraz, g. attentivement; de *oarra-z*.

Oarkabean, g. par inadvertance; de *oar-gabea-n*.

Oarkabean, v. *oar*.
Oarraz, v. *oar*.
Oartu, oartze, v. *oar*.

Obe, g. b. *hobe*, l. bn. meilleur. C'est le seul comparatif irrégulier (comp. *gei*) que nous connaissions; cependant on trouve aussi: *obeago, hobeago*. — *Oberen* (gén. de *obe*, régi par *bat*, v. Essai, p. 122) *bat ager dedin artean*. Mendiburu. Jusqu'à ce qu'il s'en publie un (quelqu'un, irgend eines) (livre) de meilleur. *Guzietarik hoberena*. Le meilleur de tous. *Hoberen*, est le superlatif ici, c'est à dire le génitif. En bn. *hoben*. *Har ezazu hobena*, prenez le meilleur. Sal. *Hoben* est le génitif (superlatif) de *hob* et non de *hobe* qui donne régulièrement *hoberen*.

Obe uni aux terminaisons auxiliaires correspond à: il est mieux que. *Obedet egitea*, il est mieux le faire, il est mieux que je le fasse. Ces locutions ne peuvent se traduire littéralement en fr. Le verbe (*det*) indique qu'il s'agit de la première personne. La construction anglaise se rapproche plus du basque, p. ex. I had better go myself; j'aurais fait mieux d'aller moi-même.

Obeki, g. b. *hobęki,* l. bn. mieux adv.; de *obe-ki.* Même observation que pour *obe;* bien qu'exprimant le comparatif on trouve *obeki* avec le suffixe de comparaison. *Len ere baño obekiago dakust.* Lettre de Larr. à Mend. Je vois mieux qu'auparavant. *Obeto,* g. b. mieux. *Obeto esateko,* pour mieux dire.

Obeki, v. *obe.*
Obeto, v. *obe.*
Obi, g. *hobi,* l. bn. tombe, fosse. Comp. *oi* l. Au plur. *obiak,* g. gencives. *Baldin itsuac itsua guida badeça, biac hobira eroriren dirade.* Matt. XV. 14. Test. Roch. Si l'aveugle guide l'aveugle, les deux tomberont dans la fosse.

Obiratu, obiratzen, g. *hobiratu,* l. enterrer; de *obi-ra-tu.*

Obitchina, prière qu'on fait sur la fosse des morts. P. Nous ignorons ce que la terminaison signifie. P. écrit *hobi* avec *h* et *obitchina* sans *h;* il se pourrait donc que le lat. obit se trouve dans la première partie du mot *obitchina.*

Obiak, v. *obi.*
Obiratu, obiratze, v. *obi.*
Oboro, davantage. Mot d'O. selon P. De *obe-ro?*

Odei, g. bu. *hodei,* l. bn. *hedoi, edoi,* l. nuage.

Hobiel, bn. couvert, en parlant du temps. Nous plaçons ce mot ici puisque dans l'ordre alphabétique il est renvoyé à *odei;* mais nous craignons que ce ne soit une erreur. Il est plus probable que *hobiel* se rattache à *hobi. Hobi* a pu désigner primitivement couvert, et puis comme subst. fosse, exprimant non pas l'idée d'un trou creusé dans la terre, mais l'idée de quelque chose de couvert. L'adj. *oiheski,* couvert, viendrait peut-être à l'appui de cette supposition; car il semblerait que *oi,* lit et *obi,* fosse ont une origine commune, et contiennent l'idée de couvrir. V. *oiheski.*

Odi, l. mangeoire; vallon étroit.
Odol, g. b. l. bn. sang. Avec l'art. *odola,* le sang. *Odol dut hura.* Je l'ai pour parent. P. De nos jours on dirait plutôt, à ce qu'il paraît: *Odoleko haut hura. Odol aldi batez.* Par un mouvement de colère. P.

Odol sendoa, l. colère, superbe. P. *Nere odol sendoaz,* par ma colère.

Odolsu, l. *odolzu,* bn. sanguinaire; de *odol-tsu.*

Odolisurle, l. meurtrier; de *odolisur* (de *isuri*)-*le.*

Odoltzatu, odoltzatzen, l. *odolstatu,* bn. ensanglanter.

Odolki, l. *odolgi,* bn. boudin; plat de sang cuit; de *odol-gi* pour *gai.*

Odolgi, v. *odol.*
Odolisurle, v. *odol.*
Odolki, v. *odol.*
Odolstatu, v. *odol.*
Odolsu, v. *odol.*

Odoltzatu, odoltzatze, v. *odol.*

Odolzu, v. *odol.*

Oe, v. *oi.*

Ogale, l. bn. nourriture pour les porcs composée de farine, de son et d'herbe. Selon P. excrément.

Ogara, chienne chaude. Mot d'O. selon Pouvreau, qui cite cependant le même mot légèrement modifié, *ohara,* et avec la signification de prostituée, mère de l'Antechrist. Pour la permutation de *g* et *h,* v. *chingar* 1. Pour la permutation de *l* et *r,* v. *arilla,* s. v. *ari* 3. On serait tenté de voir dans la terminaison le mot *gar, khar,* flamme, qui se retrouve dans les qualificatifs des animaux en chaleur : *arkara,* pour la brebis ; *azkara,* pour la chèvre, et ici *ogara,* pour la chienne.

OGAZA, v. *hogasa.*

Ogei, g. b. *hogoi,* l. vingt.

Ogeigarren, g. b. *hogoigarren,* l. bn. vingtième. La term. est *garren.*

Ogeitabat, g. vingt et un.

Ogen, *hogen,* bn. tort. Est-ce une variante de *hoben.* Pour la permutation de *b* et *g,* v. *gurasoak. Eta huna nic çuen aitzinean interrogaturic, hoguenic batre* (pour *batere*) *eztut eriden guiçon hunetan çuec accusatzen duçunetaric.* Luc, XXIII. 14. Test. Roch. Et voici, l'en ayant fait répondre devant vous, je n'ai trouvé en cet homme aucun des crimes dont vous l'accusez.

Ogi, g. b. l. bn. pain. — l. blé, froment. — P. emploie en français indistinctement pain et blé. Blé chamois, pain chamois. Glainot de pain, glainot de blé. Glainot doit signifier gerbe (de glaner?) ; mais nous le trouvons pas ; v. *espal.*

Okin, l. *okhin,* bn. boulanger ; de *ogi-egin.*

Okhinza, bn. le métier de boulanger ; de *ogi-egintzea.*

Ogigaztai, b. belette.

Ogigaztai, v. *ogi.*

Oha, v. *oa.*

Ohaide, v. *oi* 1.

Ohako, v. *oi* 1.

Ohalano, l. dogue.

Ohantze, v. *oi* 1.

Ohara, v. *ogara.*

Ohatse, v. *oi* 1.

Ohartu, v. *oar.*

Ohartze, v. *oar.*

Ohatu, v. *oi* 1.

Ohatze, v. *oi* 1.

Ohe, v. *oi* 1.

Ohi, v. *oi* 2.

Ohikunde, v. *oi* 2.

Ohil, ohildu, ohiltzen, l. bn. effrayer, chasser, (des oiseaux).

Ohiltze, v. *ohil.*

Ohitu, v. *oi* 2.

Ohitza, v. *oi* 2.

Ohoin, l. bn. voleur.

Ohoinkeria, l. vol ; de *ohoin-keria.*

Ohoinza, bn. vol ; subst. verb. *ohointza,* comp. *aditza.*

Ohoingoa, bn. syn. de *ohoinza.*

Ohoingoa, v. *ohoin.*

Ohoinkeria, v. *ohoin.*

Ohoinza, v. *ohoin.*

Ohol, v. *ola.*

Ohondikatu, ohondikatze, v. *oñ.*

OHORE, l. honneur; du prov. honor. Pour la mutation de n en *h*, v. *doai.*

Oi, 1. *ohe*, l. bn. lit. Au plur. *oyak*, g. gencives, ainsi que *obiak*, de *obi*, fosse. Lit et fosse ont pu être exprimés par le même mot; v. *hobiel*, s. v. *odei.*

Oiratu, oiratzen, g. *oheratu, oheratzen,* l. bn. aller au lit; de *oira-tu. Oherako naiz*, j'irai au lit.

Ohatu, ohatzen, l. bn. s'aliter; placer, ranger. *Ohaturik datza* (de *etzan*) *aspaldi.* Il y a longtemps qu'il est alité.

Ohatse, l. nid. Comp. *ohantze.*

Ohantze, bn. nid, grabat. La terminaison n'est pas claire. Le *n* paraît avoir disparu en lab.

Ohaide, l. concubine; de *oha* pour *ohea-ide.*

Oi, 2. g. b. *ohi*, l. bn. communément, d'ordinaire, habituellement. *Jaten oidet*, g. je mange d'ordinaire. *Etorten oinaiz*, g. je viens communément.

En bn. *ohi*, signifie encore: ci-devant, ex. *Nausi ohia*, l'ex-maître, le ci-devant maître. Ce qu'il faudra entendre comme: maître ordinaire, maître habituel.

De *oi* s'est formé l'adj. verb. *oitu, ohitu* accoutumé, habitué. *Ohitu naiz erorten*. J'ai coutume de tomber. P. Plus litt. je suis habitué à tomber.

Oitu, oitzen, g. s'accoutumer.

Oitura, g. b. coutume; de *oi-dura.*

T pour *d* après la voyelle, v. Essai, Ch. II.

Ohitza, l. la coutume; subst. verb. pour *ohitzea*; comp. *aditza.*

Ohikunde, l. coutume. La terminaison est obscure; comp. *naikunde.*

Oihal, v. *oyal.*

Oihan, l. bn. *oyan*, l. bois, forêt.

Oihanzain, l. garde forêt; de *oihan-zain.*

Oihatu, s'effaroucher, en parlant des animaux. Serait-il risqué de placer ce nom verb. ici, comme dérivé de *oihan*, avec l'élision régulière de *n* devant *t*; comp. *jaten* de *jan, egotu* pour *egon-tu* etc. En holl. de „wild", sauvage, dérive *wildernis*, forêt, pays sauvage, inculte; *verwilderen*, devenir sauvage, effarouché.

Oihanzain, v. *oihan.*

Oihatu, v. *oihan.*

Oiher, oyer, oyen, l. oblique, tortueux. P. (i. a.) Le même mot que *oker*, g. b. l. *okher*, bn. En g. et b. *oker* est syn. de *oiher*, c. a. d. oblique, de travers; mais en lab. et bn. *oker* a pris la signification de borgne. — *Bide oiherra*, le chemin tortueux. *Itsua baiño okerra hobe*, l. mieux vaut borgne qu'aveugle.

Okhertu, bn. devenir borgne. En soul. s'écarter.

Okertasun, g. b. défaut, travers; de *oker-tasun. Okerkeria* est plus correct, v. *keria.*

Okerkeria. b. syn. de *okertasun*; de *oker-keria.* A l'article *arin*, nous avons traduit *okerkeria* par méchanceté, ce qui est une erreur.

Oiheski, bn. abrité, selon M. Sal. La forme de ce mot paraît plutôt indiquer que c'est un adverbe, *oi-z-ki,* à l'abri, (comp. *zaldiz* à cheval). Nous croyons retrouver ici le mot *oi* avec sa signification primitive de „couvert." Comp *oi* 1. et *obi.*

Oihu, v. *oyu.*

Oillachitoak, v. *ollo.*

Oillagor, v. *ollo.*

Oillaka, 1. or *oillaka,* levrette.

Oillasko, v. *ollo.*

Oillar, v. *ollo.*

Oin, v. *oñ.*

Oinez, v. *oñ.*

Oinhase, v. *unha.*

Oinhats, v. *oñ.*

Oinhazi, v. *unha.*

Ointhux, v. *oñ.*

Oitian, partant. Mot d'O. selon P.

Oitu, oitze, v. *oi* 2.

Oitura, v. *oi* 2.

Ok. Terminaison plur. en guip. et qui correspond à „autres," dans des locutions comme: *Gizonok joango gera.* Nous autres hommes nous irons. *Goazen biok.* Allons nous autres deux. Il nous semble que c'est le pron. dém. plur. *oyek,* sans une forme contractée.

Oka, 1. vomissement. *Oka egitea,* 1. vomir.

Okhazta, okhaztatu, bn. se dégouter fortement, jusqu'à vomir.

Okhaztagarri, bn. dégoutant; de *okhazta-garri.*

Okai, g. froment. Peut-être de *ogi-kai,* matière à pain. Humboldt à déjà proposé cette étymologie, croyons nous.

Okela, 1. morceau de viande, de pain ou d'autre chose bonne à manger.

Okeli, b. viande; syn. de *aragi.*

Okeli, v. *okela.*

Oker, v. *oiher.*

Okerkeria, v. *oiher.*

Okertasun, v. *oiher.*

Okhaztatu, v *oka.*

Okher, v. *oiher.*

Okhertu, v. *oiher.*

Okhilo, v. *okil* 1.

Okhin, v. *ogi.*

Okhinza, v. *ogi.*

Okhitu, bn. Ce mot ne se dit que pour renchérir sur le poids de la vieillesse soit des personnes soit des bêtes. Sal. — Cette explication n'est pas très-claire. *Jaundoni Joane apostolia zahar okhiturik hilzen.* St. Jean l'apôtre mourut dans un âge fort avancé. *Zure zaldia zahar okhitia da.* Votre monture est très-vieille. Sal.

Okil, 1. 1. *okhilo,* bn. pic-vert (oiseau). Avec l'art. *okilla.*

Okil, 2. 1. nord-est; syn. de *lausua,* bigle (louche). P. Comp. aussi *eskela,* louche et nord-est. Est-ce que *okil* (*okilla* comme écrit P.) pourrait être une variante de *oker,* oblique, de travers; ceci expliquerait très bien le nord-est. *Eskela,* louche et *ezkerra* gauche, paraissent avoir une origine commune. Comp. ces deux mots.

Okin, v. *ogi*.

Okotz, v. *kokotz*.

Ola, 1. g. planche ; *ohol*, l. bn. bardeau. M. Sal. donne *ohol* et non *ohola*. En g. cependant le mot paraît être *ola* et on le trouve écrit avec l'article *olaa*, ce qui est fautif, puisqu'on n'écrit pas non plus *aitaa*. Comme terminaison *ola* indique le lieu où se fait le travail, l'atelier. *Egurrola*, l'atelier du charpentier ; de *egur-ola*. *Burniola*, la forge. *Ola*, tout seul, est aussi en usage, pour désigner la forge et s'écrit en b. *olia, olea*; en lab. et bn. *olha*, et signifie dans ce dernier dial. aussi: cabane, ce qu'on exprime en g. par : *echola* (*eche-ola*). Il est donc probable que *ohola* et *olha* ne sont que des variantes du même mot ; les exemples de métathèse sont nombreux *edoi = odei ; irudi = iduri ; ideren = eriden = ediren*, etc.

Olaska, g. auge.

Ola, 2. *olatu*, bn. frapper violemment. Ne faudrait-il pas rattacher ce mot à *ola* forge, à cause du bruit en battant, en forgeant le fer.

Olandriko, bn. correction violente par des coups. Il n'est pas clair comment ce mot est composé.

Ola 3. v. *ala*.

Olandriko, v. *ola 2*.

Olaska, v. *ola 1*.

OLATA, 1 offrande: petit pain. P. Probablement du prov. oblatio.

Oldar, 1. élan. *Oldar aldi batez*. Par un élan. De *oldartu?*

Oldartu, oldartzen, l. bn. s'élancer, se jeter sur. De *olde 1-artu?*

Oldarmendu, oldardura, l. élancement; de *oldar-dura*. *Arimako oldardurak*. Les passions de l'âme. P.

Oldardura, v. *oldar*.

Oldarmendu, v. *oldar*.

Oldartu, oldartze, v. *oldar*.

Olde 1. l. volonté. *Ene oldez* ou *ene nahiaz*, de ma volonté, par mon mouvement. P. *Oldez edo moldez*. De façon ou d'autre.

Olde 2. adj. Grande masse d'eau. M. Salaberry embrouille plus souvent les termes adjectifs et substantifs. Il aura voulu dire substantif. — *Hur olde handian, Noe eta haren familia salbatu ziren arkhan.* Dans ce grand déluge Noé et sa famille se sauvèrent dans l'arche. Le mot *hurolde* est un échantillon de l'orthographe arbitraire de quelques auteurs. Eau est *ur* et non *hur* en bn. et *olde* devra être probablement *holde*. Le lab. a *uholde* et le g. *ugolde ;* le *h* est donc tombé en bn.

Olgau, v. *olhe*.

Olgete, v. *olhe*.

Olha, bn. fausse avoine. Comp. *olo*.

Olhatu, v. *olhe*.

Olhatze, v. *olhe*.

Olhe, l. apprivoisé, familier. P. (i. a.). *Haren olhia!* qu'il est aise.

Olhatu, olhatzen, l. *olgau* (pour *olgatu*), b. En l. apprivoiser. En b. s'amuser. *Gaztiak olgau biar dabeela*. Les jeunes gens doivent s'amuser.

Olgeete, olgete, (avec l'art. *olgee-*

tia) b. amusement. Subst. verb. formé de *olge* (= *olhe*, l.) que nous n'avons pas encore rencontré et dont l'adj. verb. correspondant sera *olgau*. On l'écrit avec un et avec deux *e*. *Olgeeta guzien artian*, de, parmi, tous les amusements. Bartolome, p. 9. *Alau olgeetiaren izenagaz ta estalgijagaz egiten dira.* Ainsi sous (avec) le nom et sous (avec) prétexte d'amusement sont faites.

Olitz, v. *oritz*.
Ollagor, v. *ollo*.
Ollanda, v. *ollo*.
Ollar, v. *ollo*.
Ollasko, v. *ollo*.
Ollo, g. b. bn. *oillo*. l. poule. *Oilloa chitatzen dago*, la poule couve.
Ollar, g. b. bn. *oillar*, l. coq. Serait-il risqué de faire dériver *ollar* de *olla-ar*, poule mâle? Larr. écrit: *ollarra*. P. *oillara*, avec un *r*. O. *oilo*, le *i* indiquant le son mouillé.
Ollagor, g. *oillagor*, l. bécasse; de *ollo-gor*, puis qu'elle est sourde, à ce qu'on dit.
Oillasko, l. *ollasko*, bn. poulet.
Ollanda, bn. poularde.
Oillartzea, l. devenir maître.
Oillachitoak, les sept étoiles. P. De *oillo-chito*; métaphore de la poule avec les poussins.

Olo, g. b. l. bn. avoine.
Omen, l. un dire, un bruit commun, renommée. P. — g. l. bn. particule dubitative qui correspond à: on dit; il paraît. Elle est toujours placée devant la terminaison auxiliaire. *Etorri omen da*, g. Il est venu dit-on, il paraît qu'il est venu. *Zeren jende gaixto batzuek, lehen nitzaz gaizki erraiten zutenek, erraiten omen dute orai ongi*. Ax. p. 448. a. éd. Car quelques mauvaises gens qui avaient dit premièrement du mal de moi, disent maintenant, dit-on, du bien (de moi).

On, g. b. l. bn. *hun*, bn. bon.
Ongi, g. l. bien; de *on-gi* pour *ki* puisque *k* ne peut suivre *n*. v. Essai, Ch. II. — *Oberen bat ager dedin artean alik ogiena moldatu dut hau*. Mendiburu. Jusqu'à ce qu'il en paraisse un de meilleur, j'ai fait celui-ci, le mieux possible. *Ongiena* est le superlatif (génitif) de *ongi*.
Ondo, g. b. bien. *Chit ondo*, très bien.
Ondonayezko, g. bienveillant; de *ondo-nai-z-ko*.
Ontasun, g. l. bonté, biens. De *on-tasun*. *Eta gero emaiten deraukute bereziki aditzera hartan lau ontasun beregaineko edireiten direla*. P. Guir. p. 79. Et ensuite ils (Apôtres) donnent particulièrement à entendre par cela qu'il se trouve quatre choses (biens) excellentes. *Zeinaren mienbroak halako maneraz hellzen baitzaizko bata bertzeari, non bataren ontasuna bertzearen ere ontasunera bihurtzen baita*. P. Guir. p. 89. Dont (l'Église) les membres s'aident de telle manière l'un l'autre, que le bien de l'un soit aussi tourné vers le bien

de l'autre. *Miserikordios da Jainkoa, ontasunez bethea.* Ax. p. 133. Dieu est miséricordieux et plein de bonté.

Onestasun, g. syn. de *ontasun.*

Ondasun, g. b. *onhasun, onarzun,* bn. biens, possessions. *Ceinec iretsi ukan baitu hire onhassun gucia putequin.* Luc. XV. 30. Test. Roch. Qui a mangé tout ton bien avec des putains.

Ongille, g. *ongiegille,* l. bienfaiteur; de *on-egille* et *ongi-egille.*

Onbide, l. bienfait; de *on-bide.*

Onbidetsu, l. bienfaisant; de *on-bide-tsu.*

Ongose, l. avare; de *on-gose.*

Onbehar, l. nécessiteux; de *on-behar.*

On ibarrak, l. biens qui consistent en fond et en héritages. P.

Ongune, ongunde, l. accommodement, accord; de *on-gune?* Il est difficile de rendre compte de *gune.*

Ongoa, mot d'O. et syn. de *ongune.*

Ondu, l. *hondu,* bn. mûr.

Ondu, ontzen, g. l. bn. devenir bon, rendre bon; mûrir. *Onduko nais,* l. je redeviendrai bon. *Frutuak ondu dira,* les fruits sont bons.

Onetsi, g. l. *onexi,* bn. v. *etsi.*

Oneritzi, onerechi, v. *iritzi.*

Onerran, l. *onherran,* bn. bénir; de *on-erran* l. *Maledictione çuey guiço guciek onherranen çaituztenean.* Luc. VI. 26. Test. Roch. Malheur à vous quand tous les hommes diront du bien de vous.

Oneratu, oneratzen, l. s'amender, se porter au bien.

Ongitzea, l. accomoder, apprêter. Comme P. ne cite pas l'adj. verb. il est difficile de décider si *ongitzea* est formé de *on-ein,* ou bien de *ongi* et alors *ongitu, ongitze.* La dernière supposition est la plus probable; *egin* ne fait pas *egitzen,* mais *egiten.*

Ongarri, l. *hungarri,* bn. fumier; de *on-garri.*

Onkhaillu, l. *hungaillu,* bn fumier; syn de *ongarri.* La terminaison se retrouve dans *estekaillu, hertskaillu,* mais nous ignorons ce qu'elle signifie.

Ona, g. b. *huna,* l. bn. voici. *Ona, bada, atsegin gucien leku artatik gure lenengo gurasoak nola irten ziran.* Lardiz. Voici donc comment nos premiers parents sortirent de ce lieu de toutes les délices. *Huna ene ama eta ene anayeac.* Matt. XII. 49. Test. Roch. Voici ma mère et mes frères. — P. traduit *ona* encore par: ici, huc; ainsi avec les verbes qui indiquent mouvement. Nous n'en avons pas trouvé d'exemple; et P. cite lui-même: *Hunat zaite,* (et non *huna*) venez ici. Nous ne croyons pas que le *t* seul, indique, dans les dial. basq. fr., le mouvement. La raison de cette confusion sera peut-être celle-ci. En guip. *ra* ne peut suivre *emen* (ici) et l'on dit *onera,* vers ici, *oneraño,* jusqu'ici, pour *emenra* et *emenraño,* qui ne sont jamais employés. *On* (*ona*) + *ra* signifie alors: ici, avec mouvement et *hunat* est peut-être la syncope de *hune-*

rat = onera. — Comme l'adv. *an* est très-probablement formé du démonstratif *a + n*, caractéristique du locatif, il serait possible que *ona*, dont le thème paraît être *on*, fût formé du démonstratif *o* (hypothétique) *+ n*. Le *a* final sera le démonst. *a* et *ona* correspondra à l'italien eccoci,(voici), eccola,(voilà). En ital. on trouve même eccola lì, trois démonstratifs réunis, et cette forme correspondrait au guip. *ona emen*, voici. *Ona emen itz bitan munduaren egitea eta asiera*. Lardiz. Voici, en deux mots, la création et le commencement du monde. On trouve aussi : *ona non*, *huna non*. *Huna non gauden belhauniko lurrian jarriak zure oinetan*. De la Vieuxville, p. 14. Nous voici agenouillés en terre à tes pieds. Comp. *ara* 2, ou *hara*, voilà. Comme nous l'avons dit plus haut, le thème de *ona* paraît être *on*, comme celui de *ara*, *hara*, voilà, paraît être *ar*. Tous les deux se retrouvent dans les composés; et tous les deux ont été remplacés, comme nominatif patient du pronom démonstratif; le premier (*on*) par *au*; le second (*ar*) par *hura*. Mais tous les deux reparaissent comme nominatifs agents: *onek*, celui-ci; *ark*, celui-là (*onek* est pour *onk* puisque *k* ne peut suivre *n*, v. Essai, Ch. II); et aussi dans les dérivés, *ar* ou *hargatik*, pour cela; *onetan*, dans ceci.

Onela, g. *hunela*, 1. de cette façon-ci, ainsi; de *on-la*, avec *e* de liaison. Comp. *ala*, de cette façon

là, ainsi; de *a-la*, ou peut-être de *an-la*, avec élision de *n*, puisque *n* et *l* ne peuvent se suivre; v. Essai, Ch. II. Dans ce dernier cas les deux formes (*onela* et *ala*) seraient parallèles: *on-la*, *an-la*. *Hula*, pour *hunla*, (v. plus bas) viendrait à l'appui de cette supposition. *Hunela dio St. Thomasek*. Ainsi dit St. Thomas.

Onelako, g, *hunelako*, 1. pareil; de *onela-ko*, pour *go*. *Go* transforme le mot en adj.; comme en all. de dort, on forme dortig; de hier, hiesig; et si cela était permis de also, alsoig. Cependant *onelako* précède le substantif. *Bana onelako aitzakiak ezer balio etzuten*. Lardiz. Mais de pareilles excuses n'avaient pas de valeur.

Hula, bn. adv. comme celui-ci. Sal. Comme M. Salaberry ne donne pas d'exemple on ne sait où est l'erreur. *Hula* sera apparemment une variante de *hunela*, avec élision de *n* (puisque *l* ne peut suivre *n*), au lieu de la lettre de liaison *e*. *Hula* est alors une adv. mais signifie, ainsi, de cette façon-ci.

Oneraño, g. *huneraino*, 1. jusqu'ici; de *on-raño* avec *e* de liaison, puisque *r* ne peut suivre *n*; v. Essai, Ch. II.

Ononz, *onunz*, g. vers ici; de *onrontz*, avec élision de *r* après *n*, v. Essai, Ch. II.

Onetarako, g. à cause de ceci; de *on-etara-ko*.

Onek, g. *hunek,* l. bn nominatif agent du pron. dém. celui-ci; de *on-k, hun-k,* avec *e* de liaison, puisque *n* et *k* ne peuvent se suivre; v. Essai, Ch. II. Le nominatif patient correspondant à *onek* est *au.* Le thème *on, hun* reparaît dans les composés et dérivés.

Onen, g. *hunen,* l. bn. Génitif: de celui-ci.

Oni, g. *huni,* l. bn. Datif: à celui-ci.

Oyek, g. *oneek,* b. *hoyek,* l. *hauk,* bn. Nom. pl. ceux-ci. Le bn. *hauk* est le plur. de *hau.*

Oyen, g. *oneen,* b. *hoyen* (?) l. *hauen* bn. Gén. pl. de ceux-ci.

Oyei, g. *onei,* b. *hoyei* (?) l. *hauei* (?) bn. Dat. pl. à ceux-ci. *Hil ukan draucac huni aretze guicena.* Luc. XV. 30. Test. Roch. Tu lui as tué à celui-ci le veau gras. *Hitz hunek, catholica erran nahi du.* P. Guir. Dot. p. 86, Ce mot veut dire catholique. *Hitz hauk irakatzen deraukute.* P. Guir. Dot. p. 88. Ces paroles nous enseignent. *Gauça hauen ondoan Paul partituric.* Act. XVIII. 1 Test. Roch. Après ces choses (après cela), Paul étant parti.

Onche, onechek, celui-ci même; esp. este mismo; de *on-che.* Gén. *onechen.* Dat. *oniche.* Nom. plur. *oye-chek.* Gén. *oyechen,* Dat. *oyechei.*

Onembeste, g. quelque; *onembeste bat,* une certaine quantité. De *onenbeste?* Comp. *aimbeste.*

Onarzun, v. *on.*
Onbehar, v. *on.*
Onbide, v. *on.*

Onbidetzu, v. *on.*
Onche, v. *ona.*
Onda, v. *ondo.*
Ondamen, v. *ondo.*
Ondar, g. *hondar,* l. fond, lie; de *ondo-are* 3.
Ondatsu, v. *ondo.*
Ondasun, v. *on.*
Ondatu, v. *ondo.*
Ondazale, v. *ondo.*
Ondatze, v. *ondo.*
Ondiko, l. affliction. *Ondikoz bethea,* plein d'affliction. P. *Ondiozko,* affligé.
Ondo, 1 v. *on.*

Ondo, 2. g. l. bn. fond, extrémité, bout, tronc; — l. au plur. *ondoak,* champignons, potirons. De l'esp. *hondo,* profond. Les dial. l. et bn. souvent si prodigues de l'*h,* écrivent *ondo. Ondora doa,* il va au fond. *Sagarrondo,* g. l. bn. pommier. *Harritz ondo,* souche de chêne; chêne.

Ondatsu, g. profond. *Baña zein ere dan goi, mee, ondatsu.* Lettre de Larr à Mend. Mais quelqu'élevé, léger, profond qu'il (sujet de son livre) soit de *ondo-tsu.*

Ondoan, g. l. bn. près, après, au bout de; de *ondoa-n. Bayonaren ondoan da Miarritze.* Biarritz est près de Bayonne. *Aritz ondoan,* près, au pied, du chêne. *Egun biren ondean.* Au bout de deux jours. *Erran ondoan.* Après avoir dit.

Ondoren, g. *ondotik,* l. bn. après, par derrière. Le guip. est le génitif de *ondo.* En holl. et en all. ou emploie aussi le génitif; van achteren, von hinten. *Ondoren* régit le génitif. *Zure ondoren nabil.* Je vais après vous; litt. je vais par ou de, derrière de vous. En all. Ich folge euch von hinten. — Le lab. et bn. *ondotik*, est composé de *ondo-tik*. *Ondotik narrait niri.* Il me suit par derrière. *Bernard phartitu da bere bi anayen ondotik*, bn. Bernard est parti après ses deux frères.

Ondore, g. postérité. — 1. bn. suite, conséquence. Paraît être le génitif de *ondo*, avec chute de *n*. Au plur. *ondoreak*, g. syn. de *ondore*, les descendants. — *Bekhatuaren ondoreak*, l. les conséquences du péché.

Ondorengo, ou le plur. *ondorengoak,* g. b. les descendants. *Ondorengoak ere berdin izatea naiko dezute, g.* Trad. de Moguel. Voudrez vous que la postérité soit comme (égale à) vous.

Ondoko, 1. bn. postérieur, successeur; de *ondo-ko*.

Ondokoak, 1. bn. plur. de *ondoko*; les descendants, la postérité.

Ondatu, ondatzen, g. b. *ondatu, hondatu, hondartu, hondartzen,* l. *unda, undatu, onda, ondatu,* bn. En g. détruire. En l. abîmer, enfoncer, prodiguer. En bn. gaspiller, prodiguer. La forme lab. *hondartu* doit être une corruption de *hondatu*. *Hondar, ondar,* existe, mais signifie: lie, fond; nous croyons de *ondo-are* 3; à peu-près, le holl. *grondsop*, de *grond*, fond, et *sop*,

liquide épais, suc. — *Eta bizidun guziak ondatzeko asmoa artu zuen.* Lardiz. Et il prit la résolution de détruire tous les vivants. *Hondatuko zaitut.* Je te ruinerai. P.

Hondatzaille, l. *hondazale, ondazale,* bn. prodigue; de *hondo-tzaille*.

Hondale, l. fondrière.

Ondamen, g. destruction; de *ondomen*. *Ondamen onetarik iges egin zuen batek,* g. Un échappa à cette déroute. *Ondamen ark etziola ukiteko,* g. Que cette destruction (le déluge) ne le toucherait pas.

Ondar, g. *hondar,* l. lie, reste, fond; de *onda-are* 3. *Arnoa hondartu da.* Le vin est au bas. P. *Lurraren hondarrean.* Au centre de la terre. P. Il semblerait que *hondar* dévie un peu trop de sa signification primitive, qui se sera peut-être perdue.

Hondartu, v. *hondatu*.

Ondoan, v. *ondo*.

Ondoko, v. *ondo*.

Ondonayezko, v. *on*.

Ondore, v. *ondo*.

Ondoren, v. *ondo*.

Ondorengo, ondorengoak, v. *ondo*.

Ondotik, v. *ondo*.

Ondu 1, v. *on*.

Ondu 2, g. sec; se dit des fruits secs comme: raisins, figues, etc. Il nous semble que c'est le même mot que *ondu*, mûr; v. *on*.

Onechek, v. *onek*, s. v. *ona*.
Oneek, v. *onek*, s. v. *ona*.
Oneen, v. *onek*, s. v. *ona*.
Onei, v. *onek*, s. v. *ona*.

Onek, v. *ona.*
Onela, onelako, v. *ona.*
Onembeste, v. *ona.*
Onen, v. *onek,* s. v. *ona.*
Oneraño, v. *ona.*
Oneratu, oneratze, v. *on.*
Onerechi, v. *eritzi.*
Oneritzi, v. *eritzi.*
Onerran, v. *on.*
Onestasun, v. *on.*
Oneste, v. *etsi.*
Onetarako, v. *ona.*
Onetsi, v. *etsi.*
Onexi, v. *etsi.*
Ongarri, v. *on.*
Ongi, v. *on.*
Ongiegille, v. *on.*
Ongille, v. *on.*
Ongitzea, v. *on.*
Ongoa, v. *on.*
Ongose, v. *on.*
Ongune, ongunde, v. *on.*
Onhasun, v. *on.*
Oni, v. *onek,* s. v. *ona.*
Oniritzi, v. *eritzi.*
Onkhaillu, v. *on.*
Ononz, v. *ona.*
Ontasun, v. *on.*
Ontz, g. *hontz,* l. *huntz,* bn. hibou.
Ontze, v. *on.*
Ontzi, g. b. *untzi,* l. *unzi,* bn. vase, vaisseau, plat, navire.
Onunz, v. *ona.*
Oñ, g. *oin,* b. l. *oin, huin,* bn. pied. Il paraît que de nos jours on dit toujours en lab. et bn. *zango* pour pied. — *Bada kausa komuna etu ardurakoa oiñak likits izaitea.* Ax. p. 190. a. éd. 52. n.

éd. Mais c'est une chose commune et fréquente que d'avoir (l'avoir) les pieds sales. *Eta pot eguiten cerauen haren oiney.* Luc, VII. 38. Test. Roch. Et lui baisait ses pieds.
Oñez, g. *oinez, huinez, huinka,* bn. à pied; de *oñ-z* et *ka.*
Oñutsik, g. *ointhux, huinthux,* bn.: pieds nus; de *oñ-uts-ik.*
Oñatz, g. b. *oinhats,* l. pas, trace, vestige; de *oin-atz.* Exactement le holl. voetspoor; voet, pied; spoor trace.
Oñazkar, g. (Tolosa) *oñaztar,* g. *oñaztu,* b. (Astarloa) foudre, éclair; de *oñatz-kar?* Pour la variante de *zk* et *zt,* comp. *azken, atzen.*
Oñaztu, oñazten, g. fouler aux pieds.
Oinhatstea, oinhatsten, l. enjamber. P.
Oindogora, ondagora, l. talon. P.
Oinetakoak, l. chaussure, souliers; de *oin-eta-ko-ak.* Adj. employé substantivement et au pluriel.
Oñaze, v. *unha.*
Oñazkar, v. *oñ.*
Oñaztar, v. *oñ.*
Oñazte, v. *oñ.*
Oñaztu, v. *oñ.*
Oñezko, v. *oñ.*
Oñutsik, v. *oñ.*
Opa, g. b. désir. Selon Astarloa: cadeau (regalo, ofrenda). L'adverbe *oparo,* abondamment (de *opa-ro*) nous met probablement sur la trace de la véritable signification et de l'origine de *opa.* La signification sera abondance; comp. l'aryaque *apa 2.* (Fick, E. Wb. p. 9), dont

le grec *opos*, sève, lat. *op*, puissance, force (kraft); an. *afa*, sève, abondance. L'auteur ajoute que si l'on accepte „sève" comme signification primitive, alors la signification force, abondance du latin et de l'allemand, s'explique facilement.

Opailla, b. le mois d'avril. De *opa-illa?* mois d'abondance. Pour un climat du nord, cette dénomination ne serait pas très bonne; mais le mot peutêtre ancien, et les Basques ont peut-être habité d'autres latitudes. L'explication d'Astarloa (Apologia, p. 384), mes de ofrendas, mois de cadeaux, n'est pas à l'abri de plusieurs objections sérieuses. D'abord est-ce que *opa*, *opia*, signifie cadeau? Ensuite l'explication des cadeaux est louche. Les Basques s'offraient réciproquement des agneaux dans ce mois-là; ou bien ils faisaient des sacrifices; Astarloa n'est donc pas certain de son étymologie. Des sacrifices on n'en sait rien; il n'est resté aucune notion par rapport aux usages religieux des Basques; et la coutume de s'offrir des agneaux est assez bizarre, pour que l'on soit en droit de demander quelques détails. M. Cordier qui s'est occupé de cette question (Croyances des Anciens Basques, par Eugène Cordier. Extrait du bulletin de la Societé Ramond) dit, page 20. „Nous ne possédons, en définitive, aucune notion certaine sur la religion des premiers Basques."

Opa, opatu, opatzen, g. désirer, souhaiter. *Opa dizut*, je te souhaite. *Seme biurria da aitari eriotza opatzen diona*. C'est un fils pervers, celui qui désire la mort de son père.

Opailla, v. *opa*.
Oparo, v. *opa*.
Opatu, v. *opa*.
Opatze, v. *opa*.
Ope, g. pain rond.

Opil, g. l. *ophil*, bn. petit pain, gâteau, galette. Diminutif de *ope*. La terminaison *illa* se retrouve dans *neskatilla*. En bn. *ophil* est employé comme pain en français, dans pain de sucre, *sukre-ophil*; pain de cire, *esko-ophil*; pain au lait, *esne-ophil*. Comme on dit en lab. *sukopil*, galette cuite sous la cendre, de *su-ophil*, il est probable que *opil* est pour *hopil*. Pour la mutation de *h* en *k*, v. Essai, Ch. II, et l'introd. du dict. p. 8.

Ophera, bn. rassemblement de moissonneurs. Sal. N'est-ce pas plutôt ouvrier en général? En tout cas il nous semble de l'esp. operario, ouvrier. En italien le second *r* s'est aussi perdu: operaio.

Ophil, v. *ope*.
Opil, v. *ope*.
Opoa, (ou *opo?*) l. défaut.
Opor, opora, l. tasse, gobelet; syn. de *gatillu*.
Or, l. g. *hor*, l. bn. là. *Nor da or?* Qui est là?
Orra, l. g. b. *horra* l. l. bn. voilà; de *hor-a*, comme *hara* de *har*, (v. *ara* 2). Le *r* de *or* paraît être dur et par conséquent redoublé *orra*;

comp. cependant *ori*, qui n'a qu'un *r*. Selon M. Salaberry c'est encore un impératif de *ikhusi!* *Horra Apostoluek emaiten derauskiguten seinaleak Elizaren ezagutzeko.* P. Guir. dot. p. 86. Voilà les signes que les Apôtres nous donnent pour connaître l'Eglise. *Horra non den*, le voilà.

Orra, 2. g. *horra* 2. l. bn. là, litt. vers-là ; de *or-ra*. *Horra nintzen*, j'étais allé là. En fr. on dit toujours là, mais en all. p. ex., on dit dorthin, en angl. thither, ce qui rend mieux le basque.

Orrela, g. de cette façon là, ainsi ; de *or-la*. Comp. *onela*.

Orreraño, g. jusque là ; de *or-raño*.

Orregatik, g. *orregaitik*, b. pour cela, à cause de cela ; de *or-gatik*. *Orregaitik egija da, diabrubak pekatuban jausi eragite arren sinistu eragin gura deutsala askori.* Moguel. p. 68. Pour cela il est vrai que le diable, pour faire tomber dans le péché veut fait croire à beaucoup que...

Orretarako, g. pour cela, syn. de *orregatik ;* de *or-eta-rako*.

Hortakotzat, l. pour cela ; de *horeta-kotzat*. *Hortakotzat hasitzen egitetik molderik gabeko leze ilhun bat bezala.* Larreguy. Test. Çahar. 1. p.1. Pour cela ayant commencé sans aucune forme, comme un abîme obscur.

Ori, orrek, g. b. *hori, horrek*, l. bn. Nominatif patient et agent, ce, celui-là, cela.

Orren, g. b. *horren*, l. bn. Gén. de celui-là. Le *r* de *or* paraît être dur et par conséquent redoublé quand suit une voyelle ; de là *horra, orrela* etc. ; et de même le génitif *orren* et le datif *orri*. Cependant le plur. *oriek, horiek, orien, horien, oriei, horiei*, n'a qu'un *r ;* pour cette raison nous avions considéré dans notre Essai, p. 27, le gén. *orren*, comme étant la syncope de *oriren* et le dat. *orri*, de *oriri*, en prenant pour thème le nominatif *ori*. De cette façon le pluriel s'explique aussi et n'offre aucune irrégularité. Mais alors le nominatif *orrek, horrek*, et les composés *orrela* etc. demandent une explication, que nous ne savons donner. — Il paraît que *ori* est employé en bn. pour tiens, voilà. V. *ori* 2. C'est encore un impératif, selon M. Salaberry. Cette fois-ci on a le choix entre *atchik* et *har!* — *Biortu egizuz gugana zeure begi miserikordiazko orrek.* Olacchea, 8. Tournez vers nous ces (vos) yeux de miséricorde. En holl. et en all. on s'exprime de la même façon, en employant le pron. poss. et le pron. dém. à la fois. — *Ezen hori gerthatuko zait kampotik choilki banaiz abisatua.* Chourio, p. 143. Car cela arrivera si je suis seulement instruit du dehors. — Larramendi écrit *hor, hori*, avec *h*, et *orregatikan* sans *h ;* v. les exemples s. v. *jayera* et *menderatu*.

Oriche, orrechek, g. celui là même ; esp. eso mismo ; de *ori-che*.

Or 2, l. *hor* 2. bn. chien. Un

des très-rares mots dont le r n'est pas doublé; *ora, hora,* le chien. En g. *or* se retrouve dans *artzanora.*

Or oillaka, l. levrette. P.

Orachte, v. *orain.*

Orachtean, v. *orain.*

Orai, v. *orain.*

Oraidanik, v. *orain* et *da.*

Oraiko, oraikoan, v. *orain.*

Oraikotz, v. *orain.*

Orain, orañ, g. b. *orai,* l. bn. maintenant. Du lat. *hora,* ou du prov. *ora* avec le suffixe *n,* dans l'heure ? C'est généralement le dial. g. qui supprime le *n* final, v *arrai* 2; ici c'est le contraire, ce sont les dial. basq. français.

Orai berehala, l. tout de suite.

Oraingo, g. l. *oraiko,* l. bn. d'à présent, récent; de *orain-ko.* Comme *n* et *k* ne peuvent se suivre (v. Essai, Ch. II) le *k* a été adouci dans *oraingo,* et le *n* élidé dans *oraiko.*

Orañago, g. depuis peu; de *orañ-go.* Comp. *oraingo. Orañago esan dan bezela.* Comme il vient d'être dit; comme il a été dit tout-à-l'heure.

Orañagotik, g. *oraingotik,* l. dès à présent; de *oraingo-tik.*

Oraingoan, g. *oraikoan,* bn. maintenant, cette fois; de *oraingo-a-n.*

Oraindanik, g. l. *orai danik,* l. bn. désormais; de *orain-danik.*

Oraindaño, g. *oraindaino,* l. bn. *oraindrano,* bn. jusqu'à présent, jusqu'à maintenant; de *orain-da-ño,* et *orain-da-raño.* Comp. *egundaño. Eta gucien karracaquin beçala orain-drano.* 1 Cor. IV. 13. Test. Roch.

Et comme avec la râclure de tous, jusqu'à maintenant.

Oraino, l. *orano,* bn. encore; de *orai-no.* Liçarrague écrit *no* pour *ño,* ou *ino.* Le *i* dans *oraino* peut également bien appartenir à *orai* qu'à *iño* puisqu'en lab. on rend le son *ñ* par *in. Aitek eta amek irakhatsi behar diozkate oraino haur chumei* Pater Noster, etc. De la Vieuxville. Les pères et mères doivent enseigner encore aux petits enfants le pater noster, etc.

Oraintche, l. *orachte,* bn. tantôt (en parlant du passé).

Orachtean, bn. tantôt, récemment, de *orachte-a-n.*

Oraindanik, v. *orain.*

Oraindaño, v. *orain.*

Oraingo, oraingoan, v. *orain.*

Oraingotik, v. *orain.*

Oraino, v. *orain.*

Oraintche, v. *orain.*

Oraiño, v. *orain.*

Oramai, v. *ore.*

Orano, v. *orain.*

Oranz, v. *ore.*

Orañago, v. *orain.*

Orañagotik, v. *orain.*

Oratu, v. *ore.*

Oratze, v. *ore.*

Orbain, v. *orbal.*

Orbal, (orbala?) l. cicatrice.

Orbain, mot d'O. selon P.

Orbi, course, galop. Mot d'O. selon P.

Orda, ordara, l. tocsin.

Ordain, v. *orde.*

Ordaindu, v. *orde.*

Ordaintzalle, v. *orde.*

Ordaintze, v. *orde*.
Ordainzka, v. *orde*.
Ordainzkatu, v. *orde*.
Ordannaz, v. *orde*.
Ordara, v. *orda*.
Orde, g. b. l. bn. lieu, place. — l. bn. au lieu de. *Haren orde da.* Il est en sa place. P. Litt. c'est sa place. *Egungo orde indazu bihar.* Au lieu d'aujourd'hui donnez-moi demain. On dit aussi *ordez*, au lieu, et il semblerait que *ordez* (*orde-z*) est plus logique que *orde;* Il n'est pas clair ce que *orde* signifie. Lugarteniente lieutenant, est traduit chez Larramendi par *orde;* et P. cite *andre ordea*, dame en seconde noces; litt. celle qui en tient lieu. Nous retrouvons *orde* encore dans *ama* et *aita ordeko*, marraine et parrain; celui qui tient lieu de la mère ou du père. Ici nous avons un adjectif *orde-ko.* Est-ce que *orde* dériverait de *or*, là, avec la terminaison *de*?

Ordetu. Ce nom verb. est donné par Larr. pour: substituer, mais il paraît que ce mot n'est pas connu.

Ordea, g. l. bn. *ordia, ordian*, bn. mais, cependant. Il nous semble que *ordian*, aura été la forme primitive, *orde-a-n*, dans le lieu, au lieu (de); et plus tard „cependant." Pour la chute de *n* final v. *arrai 2*. — *Bai ordea*, l. oui, si fait.

Ordain, l. bn. la pareille. P. Remplaçant. Sal. — g. récompense. — l. au lieu de. *Emozu ene ordain.* Donnez au lieu de moi. P. Comp. *orde*, dans le sens de „au lieu." — Il nous semble que *ordain* (avec l'art. *ordaina*) vient du nom verb. *Orde egin* ou de l'adj. verb. *orde egiña*. Il arrive que le nom est pris du verbe, comp. *ahar* de *ahartu*.

Ordain, pour „au lieu" s'explique tout aussi peu que *orde*, au lieu.

Ordonnaz, bn. en échange. Comme M. Salaberry écrit *ordain* il aurait pu ou dû écrire *ordainaz* ou *ordaiñaz; de *ordaina-z*. Les deux *n = ñ*.

Ordainzka, bn. par réciprocité; de *ardain-z-ka*.

Ordainzkatu, bn. user de réciprocité.

Ordaindu, ordaintzen, g. récompenser.

Ordaintzalle, g. remunérateur; de *ordain-tzalle*.

Ordea, v. *orde*.
Ordean, v. *ordu*.
Orden, l. bn. ordre.
Ordenu, l. bn. testament.
Ordi, g. b. *hordi*, l. bn. ivre.
Ordikeria, g. b. *hordikeria*, l. bn. ivrognerie; de *ordi-keria*.
Orditu, orditzen, g. b. *horditu, horditzen*, l. bn. s'enivrer.
Ordia, ordian, v. *orde*.
Ordikeria, v. *ordi*.
Orditu, orditze, v. *ordi*.
Ordo, l. uni, égal. *Bide ordo bat.* Un chemin uni.
Ordotz, g. *ordox*, bn. verrat. — l. porc châtré. P.
Ordotx, (x = ch) l. petit cochon mâle. P.
Ordox, v. *ordotz*.

Ordu, g. l. bn. moment, temps. *Ordu da jaikitzeko*. Il est temps de se lever. *Zer ordu da?* g. Quelle heure est-il? *Orduz geroztik*. Depuis ce temps là. P.

Orduan, g. l. bn. *orduban*, b. *ordean*, bn. alors; de *ordua-n*.

Orduko, g. d'alors; de *ordu-ko*. *Orduko gizonak*. Les hommes d'alors.

Orduan danik, l. *ordudanik*, bn. dès-lors.

Ordukotzat, l. bn. dès lors; de *ordu-kotzat*. *Zeren ja ordukotzat neurria bethe baitzuten*. Ax. 125. a. éd. 296. n. éd. Car déjà de ce temps-là la mesure était pleine. *Barazkal orduko*. Pour l'heure du dîner. P. *Behar orduko*. Pour quand il en sera besoin. P. Ces deux locutions sont assez curieuses; le suffixe *ko* indique ici le futur.

Orduan, v. *ordu*.
Ordudanik, v. *ordu*.
Orduko, v. *ordu*.
Ordukotzat, v. *ordu*.

Ore, g. *orhe*, l. bn pâte de farine préparée pour la cuisson.

Oratu, oratzen, g. *orhatu, orhatzen*, l. bn. pétrir.

Orheta, bn. la manipulation du pain, pétrir et cuire. Il nous semble que c'est le subst. verb. dont le *n* s'est perdu; v. *hetan*, s. v. *ta*.

Oramai, g. pétrin; de *ore-mai*.

Orhaska, l. pétrin; de *orhe-aska*.

Oranz, g. levain; de *ore* —?

Orein, l. cerf. *Orein adarrak*. Bois de cerf.

Oren, l. bn. heure. Probablement du prov. *ora*, heure, bien que nous ne sachions pas comment. *Oren erditsu bat*, environ une demi heure.

Oren oroz, oren guziez, à toute heure. P.

Orenerdi, bn. demi-heure; de *oren-erdi*.

Orenkal, à chaque heure. Mot d'O. selon P.

Orenerdi, v. *oren*.
Orenkal, v. *oren*.

Orga, l. char, charretée. *Orga bat egur*. Une charretée de bois. P.

Orgazain, l. charretier; de *orga-zain*.

Orgari, orgagille, l. charron; de *orga-ari* 4, et *orga-gille* pour *egille*.

Orgahats, (mieux avec z) l. ornière; de *orga-hatz*.

Organetche, l. corps de la charrette; de *orga-etche* avec *n* euph.

Orgagille, v. *orga*.
Orgahats, v. *orga*.
Organetche, v. *orga*.
Orgari, v. *orga*.
Orgatil, g. *orkatil*, b. cheville du pied; esp. tobillo.
Orgazain, v. *orga*.
Orhaska, v. *ore*.
Orhatu, v. *ore*.
Orhatze, v. *ore*.
Orhe, v. *ore*.
Orheta, v. *ore*.
Orhit, orhitu, v. *oroi*.
Orhitze, v. *oroi*.
Orhoitkarri, v. *oroi*.
Orhoitu, v. *oroi*.
Orhoitza, v. *oroi*.
Orhoitzapen, v. *oroi*.

Orhoitzar, v. *oroi*.
Orhoitze, v. *oroi*.
Ori, 1. v. *or* 1.
Ori, 2. **orizu, orizie**, bn. Selon M. Salaberry ces trois mots sont des impératifs du verbe *atchik*, et signifient le premier: tiens; le second: tenez (sing. forme polie); le troisième: tenez, plur. Cette étymologie ressemble à celle de *huna* et de *horra* et a la même valeur. Il nous semble qu'il ne peut y avoir de doute que *ori* dérive du démonstratif *or*, là, et a pris le caractère d'un impératif par l'adjonction de *zu* (toi) et de *zie*, corruption de *zute* (vous). V. *or* 1.

ORI, 3 g. *hori*, 1. bn. jaune, pâle, blême; de l'esp. *oro*.

Oritz, g. b. *olitz*, 1. le premier lait après l'accouchement. Pour la permutation de *r* et *l*, comp. *juale*.

Orizie, v. *ori* 2.
Orizu, v. *ori* 2.
Orkatil, v. *orgatil*.
Orkhatz, bn. chevreuil. Sal.
Orkira, v. *brozela*.
Orma, b. *horma*, 1. bn. glace, gelée. *Horma urtzen da*. La glace fond. P.
Oro, g. l. bn. tout, chaque.
Orobat, g. l. bn. tout un, indifférent. *Oro bat da bihar*. Autant vaut demain. P. *Zeren berdin ezta deusen perilik, ora bat da bihar, ora bat da gero*. Ax. p. 133—134. a. éd. 388. n. éd. Puisque tout de même, il n'y a rien de périlleux autant vaut demain que plus tard.

Orabatsu, 1. presque égal. Pouvreau cite quelques adjectifs comme celui-ci, se terminant par *tsu*, avec la signification de „à peu-près, presque." *Oren erditsu bat*, environ une demi-heure. *Tsu* ne peut être ici la terminaison qui forme un grand nombre d'adjectifs. Ce sera peut-être une corruption du diminutif *ch*, qui s'écrit aussi *tch*.

Oroch, l. *orox*, bn. veau mâle.

Oroi. Ce mot ne se retrouve que dans les composés; mais le bn. a *orhit*, adj. qui se souvient. En français il n'y a pas d'équivalent; en all. eingedenk. Il y a tout lieu de croire que le *t* de *orhit* appartient à la terminaison verbale *orhitu* (comp *laket*). La signification comme adjectif s'est donc conservée, mais la forme s'est corrompue; elle semble devoir être *orhoi*, dont le *i* final sera la caractéristique des adj. verbaux; v. lettre I.

Oroitu, oroitzen, g. *orhoitu, orhoitzen*, l. *orhit, orhitu, orhitzen*, bn. se souvenir. Ce nom verb. régit z. *Ene semea, orhoit zaite bethi horiez*. Chourio, p. 2:1. Mon fils souvenez-vous toujours de cela. Ch. écrit *orrhoit*, mais nous ne trouvons nulle part deux *r*.

Orhoitza, l. souvenance. Subst. verb. Comp. *aditza*.

Oroipen, g. b. *orhoitzapen*, l. souvenir, commémoration. *Oroipenean mesedeen*, g. En souvenir des faveurs.

Oroipengarri, g. souvenir. *Auts puska bat eta izur tristeak geratu zaizne beren oroipengarritzat*. g.

Trad. par M. Arrue de l'*Echeco escolia* de Moguel. Un peu de poussière et de misérables os vous restent en souvenir d'eux.

Orhoitkarri, l. mémoire (document). *Sarako orhoitzarriek erakusten dute.* Les mémoires de Sare font voir que...

Oroipen, v. *oroi*.

Oroipengarri, v. *oroi*.

Oroitu, v. *oroi*.

Oroitze, v. *oroi*.

Oroldio, g. bn. *oroldi*, b. *goroldio, goroldi, orolio*, l. mousse (plante).

Orox, v. *oroch*.

Orpo, erpo, g. b. talon; gond.

Orra, v. *or* l.

Orrase, v. *orraze*.

Orratz, g. épingle. — l. bn. aiguille, à coudre, d'une horloge. Comp. *ortz*, dent.

Jostorratz, g. aiguille; de *jos* (de *josi*) — *orratz* Le *t* de *jostorratz*, pourrait bien, comme dans les dérivés de *begi*, être un *g* devenu *t*. *Orratz* est probablement le même mot que *ortz*, en lab. *hortz*. Comme *h* permute avec *g*, *hortz* explique peut-être *gorosti*, houx. *Gorosti* a la forme d'un adj. verb. et pourrait signifier, (*gorostia*) le pointu, celui qui est muni d'aiguilles.

Galzetorratz, g. aiguille à tricoter.

Orratze, g. bn. *orrase*, l. peigne. Probablement comme *ortz* de *orratz*.

Orrazetu, g. *orrazta, orraztatu*, l. bn. peigner.

Orrazetu, v. *orraze*.

Orraztatu, v. *orraze*.

Orre, bn. *orri*, l. genièvre. En lab. aussi feuille.

Orregaitik, v. *or* l.

Orregatik, v. *or* l.

Orrek, v. *or* l.

Orrela, v. *or* l.

Orren, v. *or* l.

Orreraño, v. *or* l.

Orretarako, v. *or* l.

Orri, g. b. l. feuille.

Orilla, b. le mois de mai. De *orri-illa?*

Orrilla, v. *orri*.

Orro, l. bn. mugissement; se dit de la vache, de l'âne, de la mer, etc. *Asto deiturik egizu, orro.* Quand on t'appelle âne, brais. Prov. d'O.

Ortera, l. tine de terre. P. Au mot *aska*, auge, P. ajoute *ortera* comme syn. C'est alors en terre cuite?

Orthuts, *orhutsik*, l. *ortosik*, b. pieds nus; syn. de *ointhux*. De *or-huts* et *or-huts-ik*. Jusqu'à présent nous n'avons trouvé qu'un seul mot dans lequel *r* se trouve pour *n*, c'est *belaun*. Nous avons cité *iruntz*, b. mais c'est une erreur; nous n'avions pas vu que c'est une faute d'impression chez Moguel. *Belhaur* paraît donc être une exception et par conséquent *orthux* ne nous paraît pas être une variante de *ointhux*. *Ort* ou *or* doit alors signifier pied, et se retrouve dans *ortkoi*, l. forme de soulier. Pouvreau ajoute un exemple qu'il ne traduit pas, et qui ne rend pas le mot plus clair. *Hartzen dute bere plega* *eta orkoia.* Ils prennent son pli et la forme de soulier? La traduction ne peut être bonne, car elle n'offre aucun sens. — Comme le *t* dans *ointhux* est euphonique (*oin-huts*), il sera également euphonique dans *orthuts*, et il faudra décomposer ce mot en *or-huts. Or* est donc pied et se retrouve peut-être dans *orpo*, talon. — *Orthuts dago.* Il va pieds nus. *Orthutsetan joaitea.* Aller pieds nus. *Orthutsik ibiltea.* Marcher pieds-nus.

Ortkoi, v. *orthuts.*
Ortosik, v. *orthuts.*
Ortz, g. *hortz*, l. bn. dent. — l. échelon, degré. Serait-ce la syncope de *orratz?*

Ortzkatu, ortzkatzen, g. mordre. *Hortzkitzea,* l. agacer les dents. P. *Hortztoki, hortzkrosko,* l. gencive; de *hortz-toki* et de *hortz-krosko. Krosko* que nous avons omis sur la lettre *k*, signifie : enveloppe, coque, d'un oeuf, d'un navire (le corps), de la tête (crâne). O. écrit *kurskua* selon P. Du prov. *crosta*, croûte. La variante *tz* (pas *zt*) et *zk* se retrouve dans *atzen* et *azken.*

Ortzkatu, ortzkatze, v. *ortz.*
Orz, horz, bn. nuage. Ce mot a vieilli; il est syn. de *hodei*, et s'est conservé dans quelques dérivés.

Orzadar, horzadar, bn. *holtzadar.* P. arc-en-ciel; de *orz-adar*. Pour la permutation de *l* et *r*, v. *juale.*

Orzgorri, bn. rouge (du ciel).
Orzanz, bn. tonnerre; de *orzazantz.*

Orzozki, l. serein. *Zeru orzozki*, ciel serein. P.

Orzaizkiara, bn. à la clarté du ciel; de *orzozki-ra? Ezagutu zintudan orzaizkiara ene borthan igaraiten.* Je vous ai reconnu, au clair des étoiles, quand vous passiez devant ma porte.

Orzadar, v. *orz.*
Orzaizkiara, v. *orz.*
Orzanz, v. *orz*
Orzegun, v. *ostegun.*
Orzgorri, v. *orz.*
Orzilare, v. *ostirala.*
Orzirale, v. *ostirala.*
Orzozki, v. *orz.*
Osaba, g. b. l. bn. *oseba*, bn. oncle.

Osagarri, v. *oso.*
Osasun, v. *oso.*
Osasuntsu, v. *oso.*
Osatu 1, soul. châtrer. Sal.
Osatu 2, v. *oso.*
Osatze, v. *oso.*
Osin 1, g. ortie.
Osin 2, bn. eau profonde dont le cours est ralenti par une cavité de son lit dans certains endroits. Sal.

Oske, l. *ozke*, bn. entaille, qu'on fait à un bâton.

Ozkarratu, bn. faire des entailles.
Oski, l. bn. soulier.
Oso, g. l. bn. entier. — l. bn. sain, bien portant.

Osasun, g. b. l. bn. santé; de *oso-tasun?*

Osasuntsu, g. salutaire; de *osasun-tsu.*

Osoro, oso ta oro, g. *osoki,* l. bn.

entièrement; de *oso-ro* et *ki*. *Oso ta oro* pourrait se comparer au holl. geheel en al, entier et tout = entièrement; ainsi qu'à l'all. ganz und gar.

Osatu, osatzen, g. guérir. — rassembler, rendre entier. — bn. coudre ensemble.

Osoki, v. *oso*.

Osoro, v. *oso*.

Ospa, ospako, v. *ots*.

Ospe, v. *ots*.

Ospel, g. (avec l'art. *ospela*) engelure; *uspel*, bn. meurtrissure. De *otz-bele?* Bien que *s* soit rarement pour *z*, puisque la prononciation est très différente, il s'en trouve des exemples. La mutation de *b* en *p*, après la sibilante est régulière; v. Essai, Ch. II.

Ostaro, v. *osto*.

Ostatu 1, v. *osto*.

OSTATU 2. l. bn. hôtellerie, auberge; du prov. ostau, v. L. R.

Hostaler, bn. aubergiste; du prov. hostalier, v. L. R.

Ostazuri, v. *osto*.

Oste 1, g. derrière. *Echearen ostea*. Le derrière de la maison.

Ostean, g. en outre; *ostian*, b. derrière,en outre; de *oste-a-n*; comp. *aurrean, gibelean*, etc. *Leleenguan, letra gaistuaz ostian*. Moguel. Dans la première (édition) en outre de la vilaine lettre. *Orrezaz*, ou *enezaz* ou *arzaz, ostean*, g. en outre de ceci, de cela.

Osteko, g. postérieur; de *oste-ko*.

Osteronzean, g. du reste; de *oste-ronz-n*. La terminaison paraît être *ean* pour *n* comme c'est le cas après les lettres *n* et *r, lurrean, gizonean*.

Osterontzeko, g. reste; de *osteronz-ko. Pagatuko dizkidazu osterontzekoak bigar*. Vous me payerez le reste demain.

Ostera, g. b. de nouveau; de *oste-ra*.

Ostiko, l. bn. coup de pied; de *oste-ko*; expression elliptique.

Ostikada, g. coup de pied; la terminaison n'est pas claire. Comp *ostiko*.

Ostikatu, l. bn. donner des coups de pieds; fouler aux pieds, vilipender.

Ostikoka, l. bn. à coups de pieds; de *ostiko-ka*.

Oste 2. bn. *ozte*, l. grande quantité.

Ostean, v. *oste* 1.

Ostegun, g. b. *orzegun*, l. jeudi. De *ots*, bruit? Comp. l'all. donnerstag.

Osteko, v. *oste* 1.

Ostera, v. *oste* 1.

Osteronzean, v. *oste* 1.

Osterontzeko, v. *oste* 1.

Ostian, v. *oste* 1.

Ostikada, v. *oste* 1.

Ostikatu, v. *oste* 1.

Ostiko, v. *oste* 1.

Ostikoka, v. *oste* 1.

Ostirala, g. b. *orzilare, orzirale*, l. vendredi.

Osto, g. l. bn. *hosto*, bn. feuille.

Ostoilla, l. *ostaro*, b. l. bn. le mois de mai; de *osto-illa* et *aro*.

Ostazuri, g. aune; de *osta-zuri*, à cause de la couleur du feuillage?

Ostatu, ostatzen, l. bn. se garnir de feuilles.

Ostoillatu, ostoillatzen, l. garnir, meubler une maison. De *ostoilla?*

Ostoilla, v. *osto*.

Ostoillatu, ostoillatze, v. *osto*.

OSTREINATU, OSTREINATZEN, l. s'endurcir, s'obstiner. P. Sera probablement une corruption de obstiner.

Ostrellaka, g. arc-en-ciel. Ce mot dérivera de *orz;* mais nous ignorons comment il est composé.

Ostu, ostutzen, g. voler, dérober.

Ota, g. perche, sur laquelle dorment les poules.

Otadi, v. *ote* 1.

Otar, g. *otharre*, l. panier.

Ote 1. g. bourg-épine (?) esp. argoma. Dans le Dicc. de Dominguez on est renvoyé de argoma à aliaga, plante à épines et à fleurs jaunes. *Othe*, l. bn. ajonc épineux, genêt.

Otadi, g. *othar*, bn. terrain ou croît cette plante; esp. argomal.

Othaska, l. l'endroit dans la ferme où l'on pile l'ajonc.

Ote, 2. g. *othe*, l. bn. mot explétif, de doute, d'interrogation. *Joan ote da?* Est-il parti? *Egin othe duzu?* Avez-vous fait? *Ez othe duzu egin?* N'avez-vous pas fait? *Bai othe?* Est-il vrai? *Ezta otherik*. Il n'y pas de doute. Il nous semble que *othe*, et *othoi* ont une origine commune, ou plutôt que *othe* est la syncope de *othoi*, *othoy*, je vous prie, je vous demande. Ainsi : *Joan ote da*, signifie au fond : Je vous demande, je vous prie, est-il parti.

Othar, v. *ote* 1.

Otharre, v. *otar*.

Othe, v. *ote* 2.

Othi, v. *oti*.

Othian, bn. donc. *Othian pagatuko nuzu*. Donc vous me payerez. Sal. Il nous semble de *othe*.

Othoi, l. je vous prie. P. *Ene Jainkoa, indazu, othoi atzo arraxa geroz egin ditudan hutsen eta bekhatuen barkhamendua*. De la Vieuxville, p. 9. Mon Dieu donnez-moi, je vous prie, le pardon des fautes et des péchés que j'ai faits hier au soir. — La forme de *othoi* est obscure. Ce n'est pas la 1re pers. de l'indicatif; il faudrait pour cela un *n* initial (forme passive) ou un *d* initial (forme active). La forme de *othoi* est plutôt celle de l'adjectif verbal, *otho + i;* mais l'emploi de *othoi* rend cette supposition peu probable. Il ne reste alors que l'impératif qui pourrait expliquer *othoi*, si ce n'est que la 2de personne porte toujours la caractéristique, soit du masc. (*k*), soit du fém. (*n*), soit de la forme polie (*zu*). Nous ne pouvons donc rien dire de positif sur *othoi*, mais le subst *othoitza*, prière, nous fait supposer que *othoi* doit être un adj. verb. dont le subst. verb. correspondant est *othoitza*, comme *aditza* de *adi*, *agintza* de *agin*. Nous trouverons peut-être plus tard l'explication de *othoi*.

Othoitz, l. bn. prière. *Othoitz eguioçue bada uzta Jabeari*. Matt. IX. 38. Test. Roch. Faites donc prière (priez) le Dieu de la moisson. *Heien othoitzak entzunak izan ziren*. Larregui, Test. Çahar. Leurs prières furent écoutées.

Othoitz egin, l. bn. *othoitzez egon*, l. prier. *Othoitzez nagotzu*. Je vous prie. P.

Othoitztea, l. prier. P. Ce subst. verb. correspond à un adj. verb. *othoitztu*.

Othoitztia, othoitztiar, l. dévot en prières. P.

Othoitz, v. *othoi*.

Othoitzte, v. *othoi*.

Othoitztia, othoitztiar, v. *othoi*.

Othoronza, v. *othurunza*.

Othurunza, l. *othoronza*, bn. repas; syn. de *apairu*. *Santhurunza*, O. selon P.

Othurunzatu, othurunzatzen, l. donner ou prendre repas. P. *Othurunzatu naiz*, j'ai pris repas.

Othurunzatu, v. *othurunza*.

Othurunzatze, v. *othurunza*.

+ **Oti**, g. *othi*, l. bn. sauterelle. *Eta ketic ilki citecen othiac lurrera*. Apoc. IX. 3. Test. Roch. Et de la fumée sortirent des sauterelles sur la terre. — Selon la version française : Et de la fumée du puit il sortit des sauterelles qui se répandirent sur la terre. *Haren iaquia cen othiz eta basa eztiz*. Matt. III. 4. Test. Roch. Et son manger était des sauterelles et du miel sauvage.

Otorde. *Otorde dabila maiaza su eske*. Le mois de Mai est en quête de feu, en troque de pain. Cela veut dire que quand il fait froid en Mai il y aura abondance de grain. Prov. 381. d'O. P. fait dériver ce mot de *ogi-ordia*; ce qui est possible. Pour la mutation de *g* en *t*, comp. plusieurs dérivés de *begi*. — Nous ignorons si l'explication qui accompagne le proverbe est de Oienhart; mais il nous semble qu'elle n'est pas bonne; c'est le contraire de ce que dit le proverbe : Mai est en quête de feu (demande de la chaleur) en troque de pain, c. a. d. pour du pain, afin de pouvoir donner du pain.

Ots 1, g. *hots*, bruit. O. cite *hots*, bruit, renommée, sans dire à quel dialecte *hots* appartient. Ce mot n'est pas lab.; mais on le retrouve dans *hilhots*; il paraît ne pas être bn., mais il s'est conservé dans *oxez*, (Sal.) selon la rumeur; de *ox-z*. Il est cependant plus probable que M. Salaberry a oublié de de citer *ox*.

Otsegin, g. appeler, invoquer.

Ozen, l. bn. sonore. Probablement l'adj. verb. *otsegin*, avec l'art. *otsegina*. *Egin* se contracte en *ein* et en bn. même en *in*; v. *imbide*, s. v. *egin*.

Ozengi, l. à haute voix; de *ozenki*. *G* pour *k* après *n*, v. Essai, Ch. II.

Ospe, g. b. bruit, *ospe*, l. *ospa*, bn. renommée. — bn. vanterie. *Ospe* paraît devoir se rattacher à *ots*; la forme est à peu près et la signification est tout-à-fait la même. La permutation de *p* et *t*, très-rare il est vrai, explique les deux formes; comp. *aipatu = aitatu; aizpa = aizta. — Ateraten dabee ospe edo buillia*, b. Ils s'attirent grand bruit.

Ospako, g. *hazpasu*, O. renommé, célèbre. De *ospa-ko* et *tsu*.

Ozpaz, bn. vanterie; de *ozpa-z*.

Hospatzea, publier. O.

Ost 2. g. *hots* / l. allons, voyons! *Ots, uri bat egin dezagun*. Lardiz. Voyons, bâtissons une tour.

Otsailla, b. l. *oxalla*, bn. le mois de février.

Otsegin, v. *ots*.

Otsein, b. domestique; syn. de *mirabe*. Variante de *otzan*?

Otso, g. l. *oxo*, bn. loup.

Otso-gizon, l. loup-garou.

Oxo phutz, bn. vesse de loup; espèce de champignon.

Ozt, g. *hotz*, l. bn. froid. *Hotz naiz*, l. J'ai froid. *Hotz da*, l. Il fait froid.

Oztu, oztutzen, g. *hotztu, hotzten*, l. avoir froid, refroidir.

Ozpera, g. *hotsbera*, l. frileux; de *otz-bero*.

Hotzki, l. bn. froidement; de *hotz-ki*.

Otzan, g. doux, inoffensif (des animaux), domestiqué, esp. domestico, tratable; ang. domesticated. Comp. *otsein*.

Oxaba, l. espèce de poisson.

Oxalla, v. *otsailla*.

Oxatz, bn. chiendent.

Oxo, v. *otso*.

Oxaputz, v. *otso*.

Ogal, g. *oihal*, l. bn. drap, toile. En guip. *oyal* est généralement en usage pour du drap de laine; cependant à Hernani, p. ex. on dit *oyal* pour drap de lit. Pour la permutation de *g* et *h*, v. *chingar*, l.

Oyan, v. *oihan*.

Oyarzun, g. l. *oyharzun*, bn. écho, c. a. d. le lieu où se trouve l'écho. De *oyu?*

Oyechek, v. *onek*, s. v. *ona*.

Oyei, v. *onek*, s. v. *ona*.

Oyek, v. *onek*, s. v. *ona*.

Oyen, 1. v. *onek*, s. v. *ona*.

Oyen 2. v. *oiher*.

Oyer, v. *oiher*.

Oyes, bn. stupide et brutal à la fois.

Oyu, l. *oihu*, l. bn. cri.

Oyu egin, l. *oyuz, oihuz egon*, l. bn. *Eta bata berceari oihuz dagozcan haourchoac beçalaco dirade*. Luc, VII. 32. Test. Roch. Et ils sont comme les enfants qui crient les uns aux autres.

Oyulari, l. crieur, clabaudeur. P. De *oyu-ari* 4. Le *l* doit être euphonique.

Oyutu. Larr. cite ce nom verb. dans son supplément pour rogar, prier.

Oyulari, v. *oyu*.

Oyutu, v. *oyu*.

Ozar, l. gros chien. *Ozartchar*, vieux chien (injure); de *ozartchar = char*. *Ozar-izarra*, la canicule.

Ozen, v. *ots*.

Ozengi, v. *ots*.

Ozi, bn. *hozi*, l. la première pointe qui sort d'un grain qui germe. Cette fois-ci c'est le bn. qui n'écrit pas l'*h*.

Ozitu, ozitzen, bn. *hozitu, hozitzen,* l. germer.

Hozidura, l. germure; de *hozidura. Are gehiago hozidurak janez gero ere lurraren humidurak eta hezetasuna.* Ax. p. 36. a. éd. n. éd. De plus quand l'humidité de la terre a rongé les germures.

Ozkarratu, v. *oske*.
Ozke, v. *oske*.
Ozkerren, bn. plante à épines.
Ozkornoki, bn. croupion.
Ozpal, v. *espal*.
Ozpera, v. *ots*.

Ozpin, g. *ozpin,* b. l. bn. vinaigre. Pouvreau cite *ozpin* et *ozprin* pour foudre. *Ozpinen garhasiak,* éclats de foudre. Il nous semble qu'il doit y avoir une erreur ici; foudre sera pour tonnerre et *ozpin* ou *ozprina,* dérivera de *ots,* bruit.

Ozta, g. à peine, à peu-près. *Zenean hizkuntzaren naasiaz ta aditu bageaz ozta jakin oi da bear dana.* Lettre de Larr. à Mend. Dans lequel (pays basque) on sait d'habitude à peine ce qu'il faut, par le (à cause du) mélange des dialectes et parcequ'on ne se comprend pas.

Ozte, v. *oste*. 2.
Oztu, v. *otz*.
Oztutze, v. *otz*.

P.

Paba, pabeza, l. appui, soutien. *Pabeza handia zaizkit.* Vous m'êtes un grand appui. P.

Pabeza, v. *paba.*

Pachela, pachelu. *Pochelu,* bn. selon O. empêchement.

Pachelatu, pachelatzen, l. empêcher.

Pachelu, v. *pachela.*

Padera, l. poêle à frire.

Pagatu, pagatzen, g. l. payer.

Pago, v. *bago.*

Pagu, l. content. *Pagu da pagurik dago,* il est content. P.

Paieru, mesure. Mot d'O. selon P.

Pairadura, v. *pairatu.*

Pairatu, pairatzen, l. bn. souffrir. Du prov. patir? bien que la chute du *t* soit une exception.

Pairu, l. souffrance; de *pairatu,* (comp. *ahar* de *ahartu*), si notre supposition est fondée; sans cela *pairatu* de *pairu.*

Pairadura, l. souffrance; de *pairadura.*

Pairutsoa, l. très-patient. P. De *pairu-tsu.* La forme *tso* vient à l'appui de ce que nous avons dit de *mintzo.*

Pairu, v. *pairatu.*

Pairutsoa, v. *pairatu.*

Pake, g. *bake,* b. l. bn. paix. Du lat. pace ou de l'esp. paz avec mutation de *z* en *k;* comp. *keñu* de signo, et *karamitcha.*

Pala, l. *phala* bn. pelle; bn. entrave qu'on met aux animaux pour les empêcher de s'introduire dans les champs.

Palanka, b. *palenka,* l. barre de fer.

Palota, l. truelle de maçon; batoir de paume. P. En esp. la balle avec laquelle on joue le jeu de paume et le jeu même, sont appelés pelota, comme le fr. pelote du lat. pila, v. Littré, D. La seconde acception ferait croire que pelota, est une variante de pelota, esp. et basque; bien qu'il soi difficile de voir comment pelota, balle, a jamais pu signifier batoir de paume.

Paltatu, manquer; de l'esp. faltar.

Paltsu, b. faux, de l'esp. falso.

Paluma, l. palombe; du lat. palumba.

Pamichi, b. (selon Humboldt) pain long. Comp. *pampulet.* De l'esp. *pan* —?

Pampotz, brave. Mot d'O. selon P. — *Bihotz pampotza.* Palpitation de coeur.

Pampulet, b. (selon Humboldt) pain rond. Comp. *pamichi.* De l'esp. *pan* — ?

Panchu, g. espèce de poisson.

Pandero, g. b. tambour de basque. De l'esp. pandero, ou l'esp. du basque.

Paneka, g. espèce de poisson.

Panela, l. table à porter le pain au four. P. Du prov. panel, fr. panneau, terme de menuiserie, p. ex. les panneaux d'une porte. Le lex. roman ne donne pour panel que l'acception suivante : espèce de selle sans arçons ; mais probablement panel aura aussi désigné panneau.

Pangeru, panyeru, l. chaudière.

Panta, l. bande d'étoffe plissée qui garnit le haut de la cheminée dans toute sa largeur. En holl. val ou schoorsteenval. Schoorsteen est cheminée.

Pantetch, bn. chambranle. Sal. Ce mot paraît, comme *panta,* signifier cheminée ou quelque chose qui a rapport à cheminée ; or chambranle est un terme de menuiserie qui signifie : encadrement de porte, fenêtre ou cheminée.

Pantoka, Sponda, salebra. P. pile de pierres, O. *Harri pantoka.* Endroit dans le chemin entrecoupé de pierres, où on ne marche que sur des pierres. P.

Panyeru, v. *pangeru.*

Paparda, v. *papo.*

Paparo, v. *papo.*

Papo, l. bn. partie supérieure de la poitrine. En ital. ou dit en parlant d'une femme, le poppe, (plur.) le sein, la gorge. P. cite encore : *paparda, paparo,* grosse gorge. — *Oilloaren paparo,* jabot de poule. P.

Papor, l. miette.

Paportzea, l. émietter.

Par, v. *marra.*

Para, paratu, paratzen g. *para, paratuten,* b. mettre ; syn. de *ipini.* — l. *pharatu,* bn. tendre. *Parazazu eskua,* tendez la main. *Belauniko para biot (biar dot).* Je dois me mettre à genoux. *Paratu natzayo.* Je me suis présenté à lui. P.

Parabisu, g. l. *pharabizu,* bn. paradis.

Parada, l. bn. occasion ; — bn. commodité.

Paratchiko, l. espèce de potiron. Serait-ce un diminutif de *pertz,* à cause de la forme ?

Paratze, v. *paratu.*

Pare, g. l. bn. paire, couple. — l. bn. égal, semblable. *Idi pare bat.* Une paire de boeufs. *Eztu bere parerik.* Il n'a pas son pareil.

Parrezpar, bn. en position égale (?) Sal. — Pourquoi deux *r ;* le mot est *pare* en bn. aussi.

Pargamio, pergamio, l. parchemin ; du prov. parguamina, avec chute de l'*n* final.

Parkatu, v. *barkatu.*

Parpara, l. caille. Comp. *galeper.* Le passereau est aussi appelé en basque : *parra choria.* P. — Il n'est pas clair ce que *parra* signifie; mais est-ce que *par* (*parra*) se trouverait dans la première partie de *parpara*?

Parra, v. *marra*.

Parraska, grand nombre, multitude. Comp *barrasta*.

Parrete, b. syn. du guip. *arrai, toka*; paraît être un jeu, un passe-temps. *Mutil nausijei berekautan legez oi jatorkeez kaza, peska, palanka, bola, parrete ta onelako jokuen afizinue edo eraspenak iños pelatakun aaztu baga euskal errijetan*. Moguel, p. 154. Comme aux grands garçons il leur vient habitude de la chasse, pêche, barre (?) boule (paume) *parrete* (?), et pour cela la passion des jeux, sans jamais oublier le jeu de paume dans le pays basque.

Parropia, l. bn. paroisse.

Parropiant, bn. l'individu avec lequel on est en rapport de vente, de travail, etc. Sal.

Partale, l. participant. P. Du prov. part, fr. part et la terminaison basq. *le*. *Partaletasun*, participation. P.

Paseatu, bn. se promener; de l'esp. pasear.

Pastenagri, l. carotte. Du prov. pastenaga et du basque *gorri*.

Patar, l. bn. colline; sol en pente.

Patu, g. sort, destinée; de l'esp. hado plutôt que du lat. fatum. *O* suivi de l'art. *a*, devient *u*. Pour la mutation de *n* en *p* v. *bago*. Le *m* de fatum, il est vrai aurait pu ou dû se perdre puisque le *m* n'est pas toléré comme finale. *Patu* peut donc dériver également bien de *fatum* que de *hado*; le *t* plaiderait peut-être pour la dérivation latine; mais on aura remarqué que généralement le basque prend ses mots à l'espagnol plutôt qu'au latin.

Pats g. l. marc de fruit; en lab. surtout de pommes.

Patsarno, l. petit cidre.

Pauma, bn. *panoa*, l. le paon.

Pazi, g. chaudron.

Pe, v. *be*.

Pean, v. *be*.

Pedasa, l. espèce de pommes.

Pedatchu, bn. *pedazu*, l. morceau; de l'esp. pedazo.

Pedoi, bn. espèce de serpe; syn. de *aihotz*.

Pegar, l. bn. cruche pour l'eau, à forte panse et avec un goulot.

Pegartei, bn. évier; de *pegar-tegi*.

Pegartei, v. *pegar*.

Pegeseria, bn. bagatelle.

Pegorreria, bn. misère; de l'esp. peor, pire avec la terminaison basque *eria*?

Pek, pekatu, v. *bekatu*.

Pekado, bn. *pekade*, l. bécasse.

Pelata, bn. quadrain, liard, selon Pouvreau; mais le liard était en cuivre et non pas en argent, et il paraît que pelata vient de plata, esp. argent. — *Eguiaz erraiten drauat, ezaiz ilkiren handic, renda diroano azquen pelata*. Matt. V. 26. Test. Roch. En vérité je te dis que tu ne sortiras point de là, jusqu'à ce que tu aies rendu le dernier quadrain.

Pelatu, pelatzen, l. bn. se mouiller. *Pelaturik ethorriko da.* Il viendra bien mouillé P.

Peldo, pheldo, bn. menthe sauvage.

Peleatu, peleatzen, l. combattre.

Pelkar, l. raboteux.

Pen. Cette terminaison forme des substantifs dans tous les dialectes. Nous ignorons ce qu'elle signifie. *Erospen, iduripen, nahastepen, oroipen, sortzapen,* etc.

PENA, l. peine; le prov. pena.

Perdira, l. (Guéthary) *perdiroin,* P. plomb de chasse.

Perdiroin, v. *perdira.*

PERESIL, l. *pherrechil,* bn. persil.

PERFOSTA, bn. conséquemment. Corruption d : par force=forcément.

PERKACHANT, bn. actif, adroit.

Permatzaki, v. *berne.*

PERMATU, PERMATZEN, l. appuyer; de *berme.*

PERPOSA, PREPOSA, l. propos; du fr. avec metathèse de *r.*

PERRECHIL, v. *peresil.*

Perrehiku, g. champignon. Variante de *paratchiko.*

Pertala, l. bord (de robe), lambeaux, déchirures de robes. P. cite *petrala,* ce qui ferait penser à une origine étrangère, *tr* n'étant pas basque.

Pertol, bn. petit filet de la forme d'un pain de sucre Sal.

Pertz, g. l. *bertz,* l. bn. chaudron; syn. de *pangeru.*

Peskiza, l. attente, espérance; *pheskiza,* bn. abaudon. *Gaitz handien peskizan dago.* Il est dans l'attente de grands malheurs. *Ez da utzi behar sekulan haurren pheskizan surik ez harmarik.* Il ne faut jamais laisser à la disposition des enfants ni feu ni armes.

Pesuin, besuin, lesuin, l. *phezoin,* bn. dos de fossé, digue; fossé qui sert de clôture.

Peya, l. *pheya,* bn. entrave, pour arrêter la roue d'une voiture; chaîne qu'on met aux pieds des chevaux pour les empêcher de courir.

Pheyatu, bn. entraver.

PIAIANTAK, voyageurs. P. cite d'abord *piaïa,* qu'il ne traduit pas. *Piaïa,* voyage?

Picher, g. *pitcher,* l. *phitcher,* bn. petit pot à eau, sans goulot.

Phitchastre, bn. vessie.

Pichika, v. *piska.*

PIESTE, b. fête.

Pijo, g. adroit, apte. Comp. *pinoa.*

PIKA, l. *phika,* bn. pie.

PIKAILLATZEA, l. émailler.

PIKALAPORTE bn. pie-grièche.

Pikain, le meilleur morceau d'un mets quelconque. Mot d'O. selon P.

Pikar, chétif, infructueux. Mot d'O. selon P.

PIKARDA, bn. *pikarta,* l. bigarré. Corruption du français.

Pikarrai, bn. tout nu.

Pikatu, pikatzen, l. couper, tailler. *Harri pikatua.* Pierre taillée. P.

Pikero, bn. terme de mépris ; syn. de *asto*, âne.

Pikitta, bn. très petite quantité, pincée. Diminutif de *piska*.

Pitchika, moins que *pikitta*.

Pikor, bn. petit corps dur. Comp. *pikar*. *Gazna pikor*. Petit morceau de fromage dur. *Harri pikor*. Petit morceau de pierre.

Pikorrik, adv. dans les phrases négatives pour dire : pas la moindre chose.

Pilla. v. *bila*.

Pillika, bn. syn. de *pikitta*.

Pillo, v. *bila*.

Pilota, g. l. bn. balle du jeu de paume ; de l'esp. pelota.

Pimpirina, l. espèce de poisson ; papillon.

Pimpirinatchea, l. petite délicate (ironiquement) P.

Pimpirinaketak, l. petites jolivettes. P.

Pinttolakulo, bn. jeu d'enfants aux épingles (?) Sal.

Pinu, l. *pin*.

Pipi, g. l. ver qui ronge le bois. *Zur pipiatua* ou *pipilatua* ou *pipiztatua*. Bois vermoulu. P. Variante de *biphi*.

Pipita, l. bn. pepin ; holl. pit.

Pipoilla, l. merrain pour faire des tonneaux. De *ola*, planche, mais qu'est-ce que *pip* ? le prov. pipa, fr pipe, pour tonneau ?

Pirkoildu, bn. entrer en convalescence.

Piro, l. *piru*, bn. oison, selon M. Salaberry le petit de la dinde, de l'oie, du canard.

Piru, v. *piro*.

Pisatu, l *phizatu*, bn. peser ; du prov. pezar.

Piska, g. *puska*, *puchka*, b. l. bn. peu. *Piska* ou *pichka* ou *puchka bat*, un peu.

Pikitta, pillika, pichika, bn. diminutifs de *piska*.

Pisti, g. La signification de ce mot ne semble pas bien fixée. Dans le suppl. du dict. de Larramendi on trouve ave, oiseau. Lardizabal s'en sert pour reptile. *Onetarako, suge pistirik sotillenaz baliatu zan*. Pour cela il se servit du serpent, le plus rusé des reptiles (des animaux ?).

Pitcho, pito, l. membre viril.

Pitar, l. bn. petit cidre.

Pito, v. *pitcho*.

Pitzgarri, v. *bizi*.

Pitzte, v. *bizi*.

Pitztu, v. *bizi*.

Pitztura, v. *bizi*.

Piuoa, l. lieu montant. P. Ce sera peut-être le même mot que le guip. *pijo*, adroit, apte. Comme adroit vient de droit, *pijo* pourrait avoir signifié, lieu montant, droit, et adroit. Cependant l'esp. a propio, apte que Larr. cite comme basque. Si ce mot a été en usage en basque il se pourrait qu'il eût perdu la première syllabe pro.

Plainu, l. bn. plainte.

Platutcha, l. espèce de poisson.

Pleitu, bn. procès ; holl. pleidooi ; pleiten, plaider.

Pochelu, v. *pachela*.

Pochi, v. *pochin*.

Pochin, l. *pochi*, bn. morceau. *Pochinka jatea*. Manger morceau à morceau.

Pocho, g. terme de tendresse pour toute sorte d'animaux.

Podore, l. bn. pouvoir; du prov. poder.

Podra, v. *potro*.

Pokal, bn. endroit convenable pour y attirer le monde. Sal.

Poker, l. rot.

Poliki, polikicho, g. petit à petit.

Polsu, l. pouls.

Poltsa, b. bourse; de l'esp. bolzo.

Pontsu, l. humeur sombre. *Pontsuz dagot niri*. Il me fait la mine. P. On dirait que *pontsu* est un adjectif *pon-tsu*.

Pordoin, l. bourdon. Comme le prov. est bordo il faut que *pordoin* soit pris du français.

Porfidiatzea, l. s'enfler de colère, disputer, s'obstiner; de l'esp. porfiar.

Porro, bn. panse d'une bouteille, d'un tonneau.

Porroska, l. *phorroska* bn. miette, petits débris de bois.

Porru, l. *phorru*, bn. porreau.

Poru, l. bruit. *Zuzen gaistoak porua handi*. Celui qui a le plus mauvais droit fait le plus grand bruit. P.

Pospolina, caille. Quel dialecte? pas guip.

Pot, l. bn. baiser, subst. *Pot egin*, baiser. *Eure gelaria ez potikeia*. Ne baisotte pas ta femme de chambre. Prov. d'O. 168.

Potchia, l. lancornet; sèche syn. de *chipirodi*.

Potcho, v. *potzo*.

Potika, l. à quatre pieds. *Potika joaitea*. Marcher à quatre pieds.

Potingo, l. chien basset.

Potro, l. bn. poulain. C'est l'esp. potro. M. Sal. donne encore *podra*, pouliche; terminaison fém. en basque!

Potroska, bn. ordure.

Potza, g. abandonné.

Potzo, potcho, l. chien.

Potzuak, g. parties naturelles de l'homme. De *poztu?*

Poz, g. b. joie; *boz*, l. joyeux. *Poztu, poztutzen*, g. b. *boztu, bozten*, l. réjouir, se réjouir. *Bozkario*, l. réjouissance, allégresse. P.

Poztun, g. gai; de *poz-dun*.

Pozik, g. gaîment; de *poz-ik*.

Pozik, v. *poz*.

Pozonia, g. *pozoa, pozoin*, l poison; au fig. haine.

Poztu, v. *poz*.

Poztun, v. *poz*.

Poztutze, v. *poz*.

Praij, b. frère (en religion). De l'esp. frai, de fraile pour fraire, du lat. frater. Pour la mutation de f en *p*, comp. faltar qui a donné *paltatu*.

Premia, l. nécessité, besoin; de l'esp. premio.

Preposa, v. *perposa*.

Prest, g. b. l. prêt, disposé à. *Ondo da prest egotia eriotzia datorreneko*. Olaechea. Il est bon d'être prêt pour la mort qui vient.

Prestatu, prestatzen, g. préparer, apprêter.

PRESTATU, v. *prest.*

Prestu, l. *pherestu*, bn. honnête, probe. Ce mot n'est probablement pas basque; si ce n'est cependant que l'orthographe bn. soit la meilleure.

Prestutasun, g. b. l. honnêteté. V. l'ex. s. v. *karkabu.*

PRESUNA, l. bn. personne. Le groupe *pr* qui n'est pas basque est pour *per* que la langue basque tolère.

PREZATZE, PREZATZEN, l. *pheretchatu*, bn. priser, apprécier.

PRIBATU, bn. les latrines.

PROBEA, l. pour *pobrea*, pauvre.

PROBECHATU, l. bn. profiter; de l'esp. aprovechar.

PRUTU, b. *frutu*, g. fruit.

PUCHANT, l. bn. puissant.

Puchka, v. *piska.*

Puka, l. (Guéthary) crapaud.

Pulo, l. *phulo*, bn. amas. Serait-ce une variante de *pila?* v. *bila.*

Pulusta, bn. une certaine quantité.

Puska, v. *piska.*

PUTA, bn. putain.

Putar, bn. ruade.

PUTSU, g. l. puit, fosse; de l'esp. pozo.

Putz, g. b. l. *phutz*, bn. En g. et b. souffle, haleine. En l. et bn. vesse.

Puztu, puztutzen, g. enfler.

Ph.

Ph. Ce groupe ne se trouve que dans le dialecte bn. et représente le son de p aspi.. ... non celui de f, selon M. Salaberry.

PHAGATCH, v. *bago.* Nous avons oublié *phagatch*, faîne, s. v. *bago.*

PHAGO, v. *bago.*

PHALA, v. *pala.*

PHALACHA, PALACHATU, tailler une haie de façon à former une clôture.

PHALACHU, haie vive.

PHALDO, jante.

Phalza, sang coagulé.

PHANCHETA, v. *phanz.*

PHANZ, panse.

Phancheta, farci fait avec des boyaux d'agneaux. Sal.

Phanzoil, estomac des animaux.

PHANZOIL, v. *phanz.*

PHARA, PHARATU, v. *para.*

PHARABISU, v. *parabisu.*

PHARTE, part.

PHASU, passage.

PHAUSU, repos; marche d'un escalier.

Pheldo, v. *peldo.*

PHENNA, rocher; de l'esp. peña.

Phendaitz, rocher présentant une pointe avancée.

PHENA, v. *pena.*

PHENDAITZ, v. *phenna.*

Phenze, prairie.

PHREDERIKATU, prêcher.

Pherdo, refrain. P.

PHEREKATU, frotter, enduire; du prov. fricacio.

PHERESTATU, v. *perestatu.*

PHERETCHA, PHERETCHATU, apprécier.

PHERRECHIL, v. *peresil.*

PHERRO, chien. C'est l'esp. perro.

Pherza, v. *pertz.*

Pheskiza, v. *peskiza.*

Phex, dépit violent.

Pheya, v. *peya.*

Phezoin, v. *pesuin.*

PHICHA, urine; *pichegin,* pisser.

Phichka, mauvaise humeur momentanée.

PHIKA, v. *pika.*

PHIKO, figue; de l'esp. higo.

PHIKO, marteau des meuniers pour piquer la meule; propos piquant.

PHIKOTA, petite vérole.

PHILDA, v. *filda.*

Philzar, drille, vieux linge; de *phil* ou *philda-zar.*

Phildamu, haillon; de *phil-damu; damu* dans le sens de endommagé, abimé.

Philzarkari, marchand de drilles; de *philzar-hari* v. *ari* 4. Pour la mutation de *h* en *k* v. Essai, Ch. II et l'introd. du dict. p. 8.

Phindar, étincelle; variante de *chindar.* Exemple unique, autant que nous sachions, de mutation de *ch* en *ph.*

PHINZTU, se faire une cloche, une ampoule; du fr. pincer? *Phintz,* ampoule.

Phirphir, peu à peu.

Phiru, morceau.

Phitchastre, v. *picher.*

Phitcher, v. *picher.*

Phitztu, v. *bizi.*

PHIZATU, v. *pisatu.*

PHISU, instrument pour peser, poids.

PHOROGATU, prouver; du prov. proar.

PHOROGU, épreuve.

Phorroska, v. *porroska.*

PHORRU, v. *porru.*

Phosa, partie supérieure du tablier qui couvre la poitrine.

Phuchulu, entrave.

Phulo, v. *pulo.*

Phulumpatu, v. *pulo.*

Phumpatu, bondir.

Phumpe, bond.

PHUNDU, point de couture.

PHUNZELA, pucelle.

Phurdumpatu, remuer un liquide.

Phurtzikatu, déranger les vêtements, toucher une femme d'une façon indécente.

Phutz, v. *putz.*

PHUTZU, v. *putsu.*

R.

Ra, g. b. *rat*, l. bn. correspond 1º à: vers. En français on rend généralement *ra* par à, faute d'avoir un mot correspondant, puisqu'en fr. on ne peut pas exprimer „la tendance vers" (wohin, all.) d'une autre façon. *Echera noa*. Je vais à la (litt. vers la) maison. *Orrera noa*. Je vais là; litt. vers là; all. dorthin. *Hiri diossat iaiqui adi, eta har eçac eure ohea, eta habil echerat*. Marc, II. 11. Test. Roch. Je te dis, lève-toi et prends ton lit et va à la maison. *Eta norat ni ioaiten naicen badaquique eta bidea badaquique*. Jean, XIV. 4. Test. Roch. Et vous savez où je vais et vous en savez le chemin. *Aitzitik altchatu behar duzu zure anima estatu gora hartarat, edo bederen ensaiatu zure desirez, harat igaterat*. Chourio, p. 226. Au contraire vous devez élever votre âme vers cet état sublime ou au moins y aspirer par vos désirs; litt. monter vers là par vos désirs; *harat* ou *hara* est pour *hanra*, v. a.

2º à: pour, de, a; all. um, um zu. En français *ra* n'est souvent pas rendu du tout. *Jatera noa*. Je vais (pour) manger. *Badirudi hitz horiez ertchatzen zaitudala gauzarik baliosenen despendioz tcharrenen eta mezpreçagarrienen erosterat*. Chourio, p. 227. Il semble que par ces paroles il te pousse à acquérir des choses mauvaises et méprisées, aux dépens des choses de valeur.

Ra se trouve dans un grand nombre de noms verbaux pour indiquer une direction vers une chose. Ainsi de *begi* oeil, *begira-tu*, regarder. En all. nous retrouvons la même chose; *ra* est en all. zu; et regarder, considérer, zuschauen. De *gogo*, pensée, *gogora-tu*, se rappeler, venir à la pensée.

Comme aucun mot ne commence par r, il faut en conclure que *ra* a souffert par la corruption phonétique et ne nous offre plus qu'une forme tronquée. Il nous semble que *ra* est la syncope de *arau*, règle, dont on fait *arauz* (*arau-z*) selon. Or „selon" et „vers," se touchent, quant à la signification, et sont rendus dans d'autres langues par le même mot. En all. nach, après, signifie aussi selon, vers, en, et même en français, „d'après" pour „selon."

D'après lui ou selon lui; all. nach ihm. Er ist nach Frankreich gegangen. Il est allé en France. Cette supposition se trouve encore appuyée par plusieurs substantifs, dont la terminaison est *ra*, avec la signification de *arau*, règle, exactement comme en hollandais. *Aztura*, habitude, façon de vivre, de *aztu-ra*; holl. leefregel; regel, règle. Dans quelques substantifs la signification est moins claire; quelquefois elle est pléonastique, p. ex. *oitura*, habitude, de *oitu-ra* coutume-règle; d'autrefois elle se perd, et *ra* n'est qu'une terminaison (mot vide, comme disent les Chinois, v. Stratif. of lang. M. Müller p. 14), p. ex. *estuera*. Mais cela a lieu dans toutes les langues et la terminaison mente, des adv. fr. esp. et it. en est un exemple remarquable.

Il va sans dire qu'on peut suffixer à *ra*, comme à tout autre mot, les suffixes *ko* ou *ño*. S'il s'agissait de toute autre langue, pareille remarque serait superflue, mais on en a tant voulu à ce pauvre suffixe *raño*, (qui n'existe même pas selon M. le capitaine Duvoisin!) qu'il nous a semblé nécessaire d'affirmer spécialement que *raño* et *rako* existent. *Oneraño*, g. jusqu'ici. V. *egundaño*.

Raño, raiño; v. *no* et *egundaño*.
Rako, g. vers, pour; de *ra-ko*; litt. de vers. *Norako zoaz?* Où, vers où, allez vous? *Dabil Españarako*. Il part pour l'Espagne. *Lau urterako eche bat alogeratzen det.* J'ai loué une maison pour quatre ans.

Rañoko, g. *rainoko*, 1. jusque vers; synonyme de *raño*. *Ots, uri bat egin dezagun, eta uri onetan zeru-rañoko dorre bat.* Lardiz. p. 11. Or, faisons une ville et dans cette ville une tour jusqu'au ciel. *Baña bere leyaltasuna zembaterañokoa zan ikusi nai izan zuen.* Lardiz. p. 2. Mais il avait voulu voir jusqu'où allait sa loyauté.

Eta berriz bertzea, non da halaber bitartean, urthe hunetan, zure gero horretara hel arterainekoan, galtzen duzun dembora. Ax. p. 153. a. éd. 366. n. éd. Et encore où est pareillement le temps que vous avez perdu cette année, en attendant que, jusqu'à ce que, vous parveniez à votre avenir.

Etara, etarako. Quand *ra*, ainsi que *n, onz, go*, et *dik*, doit exprimer le pluriel ou l'indéfini, il est uni à *eta*. V. *hetan* s. v. *ta*.

Ro. Terminaison qui forme des adverbes.

Ronz, rontz, g. **runz, runtz,** b. vers. Dans notre Essai p. 53 nous avons donné *onz*, pour „vers" en admettant le *r* comme lettre euph. Nous croyons que c'est une erreur. Un mot comme *ononz*, vers ici, s'explique par la chute de *r* après *n*, de *on-ronz*, puisque ces deux lettres ne se suivent jamais; v. Essai, Ch II. L'observation que nous avons faite sur le *r* initial de *ra* s'applique donc aussi à *ronz*. Peut-être faudra-t-il voir dans *ronz*, une syncope de *arautzat*. Nous savons que *tz*, syncope de *tzat*, existe dans *kotz* pour *kotzat*; nous aurons donc *arautz*; et comme le *a* s'est perdu dans *ra*, nous pouvons admettre aussi cette chute pour *arautz*; ce qui donne *rautz*.

Le *r* initial dans les deux mots (*ra* et *ronz*), qui ont la même signification, semble en outre indiquer une origine commune. L'introduction de l'*n* est rare; comparez cependant *garranga*, s. v. *karraka* et *koainta*.

S.

Sabai, bn. fenil, grenier à foin.

Sabato, l. bn. *sapato*, b. samedi, sabbat.

Sabel, g. b. l. bn. ventre. *Eta guertha cedin ençun ceçanean Elisabethec Mariaren salutationea iauz baitzedin haourra haren sabelean.* Luc. 1. 41. Test. Roch. Et il arriva qu'aussitôt qu'Elisabeth eut entendu la salution de Marie, que l'enfant tressaillit dans son ventre.

Sabel batez, l. d'une ventrée.

Sabeltra, bn. ventrée.

Sabelzorro, l. bn. gros ventre; de *sabel-zorro*.

Sabelbatekoak, l. bn. jumeaux; de *sabel-bat-ko-a-k*; litt. les, ceux, d'un ventre, d'une ventrée.

Sabeldasun, l. dyssenterie; de *sabel-tasun*; d pour t, après l; v. Essai, Ch. II.

Sabeldura, l. (i. a.) syn. de *sabeldasun*. P.

Sabeldarrayotasun, l. (i. a.) Gourmandise. P.

Sabeldarrayotasun, v. *sabel*.
Sabeldasun, v. *sabel*.
Sabeldura, v. *sabel*.
Sabeltra, v. *sabel*.
Sabelzorro, v. *sabel*.

Sagar, g. b. l. bn. pomme.

Sagardo, g. *sagarno*, l. bn. cidre; de *sagar-ardo*.

Sagarrondo, g. l. bn. pommier; de *sagar-ondo*.

Sagardi, l. bn. *sargardoi*, bn. pommeraie; de *sagar-tegi* et *toki*. *Tegi* devient souvent *tei* et *ti* et ici *di*.

Sagara, l. son de cloche pour l'élévation du sacrement. P. Il faut supposer que *sagara* n'est pas basque, puisque tout ce qui a rapport à la religion est emprunté au culte catholique.

Sagardi, v. *sagar*.
Sagardo, v. *sagar*.
Sagardoi, v. *sagar*.
Sagarno, v. *sagar*.
Sagarroi, l. bn. *saharroya*, l. l. hérisson. Pour la permutation de *g* et *h*, v. *chingar* l.

Sagarrondo, v. *sagar*.
Sagatz, v. *sarats*.
Sagu, g. l. bn. souris.

Sagutei, l. bn. souricière; de *sagu-tegi*.

Saguzara, g. chauve-souris. Selon Larr. *sagusyarra*.

Saguka, l. bn. *saguko*, l. (i. a.) sureau; de l'esp. *sauco*.

Sagutei, v. *sagu*.
Saguzara, v. *sagu*.
Saharde, v. *sarde*, bn. fourche à deux dents.
Saharrayo, v. *sagarroi*.
Sahats, bn. saule. Comp. *sarats*.
Sahets, v. *sayets*.
Sahex, sahexian, v. *sayets*.
Sahi, v. *sai* et *zai*.
Sai, l. bn. *sahi*, bn. vautour.
Saihan, saihandu, bn. abuser de la faiblesse de quelqu'un.
SAIHERA. bn. groupe, syn. de *mulzo*, avec cette différence que *saihera* se dit des êtres qui se suivent et *mulzo*, de ceux qui sont réunis. Sal. Probablement une corruption du mot fr. série, qui correspond mieux que groupe, à l'explication donnée par M. Sal. *Egun ikusi dut lexon saihera bat.* J'ai vu aujourd'hui une série, une file, de grues.
Saihets, v. *sayets*.
Sail, 1, v. *zail*.
Sail, 2, g. l. bn. terme de laboureur, étendue de terre, donnée ou prise à tâche pour qu'on y exécute les travaux qu'on doit y faire, p. ex. la tâche d'un faucheur d'un bout du champ à l'autre. *Zembat sail egin dituzue?* Combien de *(sail)* avez vous fait? P. ne donne que la signification générale, tâche. *Hau da ene sailla.* Ceci est ma tâche. *Etzinioke aiñ argi ta garbi saill oni ekingo.* Let. de Larr. à Mend. Vous n'auriez pas entrepris cette tâche si brillante et si pure.

Sainga, v. *sanga*.
SAKA 1, l. terme de jeu de paume, le but; de *sakatu*.
Sakatu, sakatzen, l. bn. servir la balle, c. a. d. la lancer d'une extrémité de la place à l'autre; de l'esp. sacar.
Sakarri, g. esp. botadera, la pierre d'où la paume est lancée; de *saka-arri*.
SAKA 2, l. bn. grand sac.
Sakela, l. bn. *sakola*, l. (Guéthary) poche.
Sakabanatu, g. disperser. *Eta ogia erabazteko bidea guziak sakabanatuta artu zuten*, g. Et ils prirent le moyen de gagner le pain en se dispersant tous.
Sakar, sakartsu, v. *zakar*.
SAKELA, v. *saka*. 2.
Sakera, l. charlatan, bateleur.
Sakho, bn. Sal. *sakhi*, l. bn. blessure grave.
Sakhi, v. *sakho*.
Sakil, l. membre viril du taureau et de l'âne. *Idi sakilla*, le nerf de boeuf.
Sal, v. *saldu*.
SALDA, g. l. bn. bouillon; de l'esp. caldo. Pour la permutation de *k* et *z* ou *s*, v. *karamitcha*.
Saldo, v. *zaldo*.
Saldu, saltzen ou **saldutzen**, g. b. *sal, saldu, saltzen*, l. bn. vendre.
Saldura, salera, g. vente; de *sal-dura* et *era?*
Salze, salzapen, bn. vente. *Salze* est pour *saltze*, subst. verb.

Salerosi, l. bn. commerce; de *sal-erosi*.

Saltzaille, l. bn. vendeur; de *sal-tzaille*.

Saldura, v. *saldu*.
Saldutze, v. *saldu*.
Sale, v. *zale*.
Salechea, v. *zaldo*.
Salera, v. *saldu*.
Salerosi, v. *saldu*.
Saletu, v. *zale*.
Saletze, v. *zale*.
Salhati, v. *salho*.
Salhatari, v. *salho*.
Salhatu, v. *salho*.
Salhatze, v. *salho*.
Salhazale, v. *salho*.
Salhe, salhi, v. *zale* 1.
Salho, l. message, proposition, (i. a.) P. Comp. *salhatu*.

Salhatu, salhatzen, g. l. bn. dénoncer, déceler. *Mandatu baten salhatzea*. Faire un message. P.

Salhatari, l. bn. dénonciateur; de *salha-ari* 4. Le *t* sera celui de la terminaison *tu*, v. *laket*.

Salhazale, l. bn. syn. de *salhatari*. De *salha-zale* 2.

Salhati, l. (i. a.) syn. de *salhazale*.

Salhu, salhutze, v. *zalhu*.
Salo, g. empressé, violent, impétueux; esp. atropellado.
SALSA, l. bn. sauce.
Saltza, l. aulne. P. Comp. *haltz*.
Salzaille, v. *saldu*.
Saltze, v. *saldu*.
Saltzapen, v. *saldu*.
Salze, v. *saldu*.
Samalda, l. bn. beaucoup. A Guéthary *zamalda*.

Samar, l. *zamar*, bn. taie, tache sur les cornes; nuage léger. A Guéthary *zamar*, crabe; P. écrit *chamar*, écrevisse.

SAMARRA, v. *zamarra*.

Samarrak, l. chair où il y a de la graisse et des nerfs. (i. a.) P.

Samats, l. bn. Selon M. Sal. *samax*, syn. de *barrio, korrale*, basse cour. On nous a dit que *samats* ne signifie pas basse-cour, mais le fumier qui s'y fait.

Samin, g. *zamin*, l. amer. — l. bn. âpre, aigu (de la douleur). La terminaison est peut-être *min*; mais qu'est-ce que *sa*? Comp. *samur*, tendre.

Samindura, samintasun g. l. amertume, aigreur, colère; de *samindura* et *tasun*.

Saminkiro, g. *saminki*, l. amèrement; de *samin-ki*.

Samindura, v. *samin*.
Saminki, saminkiro, v. *samin*.
Samintasun, v. *samin*.
Sampantzar, g. carnaval. Nous ignorons comment ce mot est composé. Larr. cite le plur. *zampantzartak*, correspondant au plur. esp. *carnestolendas*. *Sampantzar* est un des très-rares mots, le seul avec *tussuria*, qui ait rapport à un culte quelconque.

Samur, 1, l. bn. faché.

Samursa murtu, samurtzen, l. bn. se fâcher.

Samur 2, g. b. l. tendre. *Bitiña, ahuntz-umea, gazte deiño*, *on da jateko, samur da, uzter da, sasoal da.* Ax p. 97. Le chevreau, le petit de la chèvre, aussi longtemps qu'il est jeune, est bon à manger, il est tendre. *Uzter* et *sasoal* sont des synonymes de *samur*. *Samurtu, samurtzen*, l. devenir tendre.

Samurtu, v. *samur*.

Sandia, g. l. un tel; lat. quidam; esp zutano. *Sandia ta urlia,* tel et tel; esp fulano y zutano. *Anhitzetan ere ekartzen derauskigute elha-berriak, erran-merranak enzuten dugu zer dioten urliak eta sandiak, hunelakok eta halakok, eta gerok ere desiros gara jakitera.* Ax. p. 312. a. éd. 135. n. éd. Souvent aussi ils nous apportent les nouvelles, les (*erran-merranak*, propos?), nous entendons ce que disent tel et tel, de cette façon-ci et de cette façon là, et après nous sommes aussi désireux de savoir.

Sanga, g. *saunke*, b. *sainga*, l. bn. aboiement. *Erakusten deutsee umiai chakur saunkiari iges egin.* Moguel, p. 15. Apprends aux enfants de fuir l'aboiement des chiens.

Saingatu, saingatzen, l. bn. aboyer.

Santhurunza, mot d'O. selon P. et syn. de *othurunza*.

Sanya, v. *chanda*.

Sapar, v. *zapar*.

Sapato, v. *sabato*.

Sar, sartu, sartzen, g. b. l. bn. entrer. *Elemosyna esca lequientzat templean sartzen ciradeney.* Act. III. 2. Test. Roch. Pour demander l'aumône à ceux qui entraient dans le temple. *Eta urik sartu etzekion, Jainkoak kuchako atea ichi zion.* Lardiz. Et pour que l'eau ne pût entrer Dieu ferma la porte de l'arche.

Sarerazo, g. *sararazi, sararazten,* l. bn. faire entrer; de *sar-erazo.*

Sarera ou *sarrera*, g. introduction, entrée; de *sar-era*. En l. et bn. aimable, qui entre facilement en relation.

Sarkura, bn. syn. de *sarrera*. Le terminaison n'est pas claire.

Sara, g. b. scorie.

Saragar, saragarsu, v. *zaragar*.

Sarati, b. bruit.

Sarats, l. saule. P. *Sagats*. Fabre, Guide etc. *Sahats*. Manuel de la conv. Pour la mutation de *r* en *g*, v. *iritai*.

Sardai, bn. grosse baguette.

Sarde, v. *saharde*.

Sardina, l. sardine.

Sare, g. b. l. bn. filet. *Ikucitzan Jacques Zebedeoren semea eta Joannes haren anayea hec-ere uncian bere sareac adobatzen cituztela.* Marc, 1: 19. Test. Roch. Il vit Jacques fils de Zébédée et Jean son frère, qui eux aussi raccommodaient leurs filets dans la nacelle. v. *zare*.

Amarau sareak, toiles d'araignées.

Sarera, v. *sar*.

Sarerazo, v. *sar*.

Sargori, g. chaleur suffocante quand le ciel est couvert; esp. bochorno.

Sari, g. b. l. bn. récompense.

Saristatu, saristatzen, g. b. l. bn. récompenser.

Saristatu, saristatze, v. *sari.*
Sarkura, v. *sar.*
Sarrai, espèce de poisson. P. A. Guéthary on nomme la raie, *serra* ou *zerra*. Serait ce le même poisson que *sarrai*, cité par P?
Sarraïlla, l. bn. serrure.
Sarraski, v. *sarratz.*
Sarratz, charogne. *Beleak sarratzera.* Les corbeaux (vont) à la charogne. Prov. 87 d'O. Il nous paraît que c'est le même mot que *zaratz, charratx, zarotx,* qui signifie selon P. la paille qui reste debout quand le blé est coupé; le holl. stoppel; l'esp. hera (Le mot hera ne se trouve ni dans le Dict. de l'Ac. esp. ni dans le Dict. de Dominguez) La signification primitive de *sarratz* aura été rebut, ou quelqu' autre mot analogue; de là aussi:
Sarraski, g. dépouille, cadavre; de *sarratz-gai,* chose de rebut. En l. et bn. *sarraski* a pris le sens de carnage.
Sarri, g. b. l. bn. tantôt. — g. b. fréquemment. *Sarri arte,* l. A tantôt. *Ahalik sarriena,* le plutôt possible
Sarritan, g. b. *sarricho,* g. souvent; de *sarri-tan.*
Sarricho, v. *sarri.*
Sarritan, v. sarri.
Sartain. Selon P. cuillière de pot; syn. de *burunzale*. Ce mot n'est plus connu aujourd'hui, mais bien *zartein* en bn. poêle à frire, de l'esp. sarten. Est-ce que P. aurait fait une erreur?
Sartu, v. *sar.*
Sartze, v. *sar.*

Sasi, g. l. bn. buisson, broussaille; syn. de *zapar.*
Sasikume, g. b. bâtard; de *sasihume. K* pour *h,* v. Essai, Ch. II et l'introd. du dict. p. VIII. Formation analogue à celle de bâtard.
Saska, bn. action, travail à l'impromptu, de peu de durée. Sal.
Saski, g. l. bn. corbeille sans anses. Selon M. Sal. avec deux anses. *Eta goiti citzaten çathi soberatuetarik çazpi sasqui betheric.* Matt. XV. 37. Test. Roch. Et on remporta des restes des pièces du pain sept corbeilles pleines.
Sasmadoi, bn. broussaille; syn de *sasi.*
Sasoal, l. tendre; syn. de *samur, uzter.* En bn. sain, fort. V. l'ex. s. v. *samur.*
Sasta, l. bn. *sastada,* g. élancement (de douleur); élan.
Sastada, v. *sasta.*
Sastraka, g. écueil. *Ordu hura ezkero lurrak ayentzat sastrakak baizik etzuen.* Lardiz. p. 5. Après ce moment la terre n'eut pour eux que des écueils.
Sathor, v. *sator.*
Sator, g. l. *sathor,* bn. taupe. *Sathor oski,*bn. taupinée, taupinière.
Satsa 1, l. poupée d'enfant; poupée qu'on met aux mais qu'on plante le premier du mois de mai. Larr. écrit *sitsa.*
Satsa 2, bn. mite, teigne. Selon Larr. *sitsa.*
Satsu, l. *saxu,* bn. sale, vilain; syn. de *likitz.* En esp. sucio; ital. sozzo. Selon M. Sal. *saxu* est un

substantif: objet dégoûtant par sa malpropreté; mauvaise herbe.

Satsutu, satsutzen, l. bn. salir.

Satsukeria, l. vilenie, ordure. P. De *satsu-keria.*

SATSUKERIA, v. *satsu.*

SAUIA, l. sauge. P. Du prov. salvia.

Saunke, v. *sanga.*

SAXU, v. *satsu.*

Sayets,g.*saihets,*l. *sahex,*bn. côté. *Saye tsou saihets* ou *sahex-ezur,* côté.

Sahexian, bn. à côté; de *sahex-ian* pour *ean.* Comp.*aurrean, gibelean,* etc.

Seaska, g. berceau; de *ze-aska?* petite cuve ou auge.

Sebatu, sebatzen, l. dompter.

SEGA, g. l. bn. faux. — bn. scie. De *segatu.*

Segatu, segatzen, faucher; du prov. segar.

Segada, v. *chekada.*

SEGATU, *segatze,* v. *sega.*

SEGITU, l. bn. suivre.

Sehabethe, v. *zehe.*

Sehame, v. *zehe.*

Sehe, v. *zehe.*

Sehi, l. bn. domestique (homme et femme).

Sehitasun, l. servitude; de *sehi-tasun.* P. donne *sehiatasun;* ce sera une erreur.

Sehitasun, v. *sehi.*

Sei, g. b. l. bn. *sey,* l. six.

Seigarren, sixième; de *sei-garren. Seyetan,* l. six fois; de *sei-etan.*

Seigarren, v. *sei.*

Sein, señ, b. l. enfant. (qui vient de naître).

Señdun, b. enceinte; de *sein-dun.*

Señaiteko, b. syn. de *seindun. Seindera,* b. enfance; de *sein-era? Senide,* b. g. consanguin; de *sen-ide;* syn. de *houride.*

Senitasun, b. parenté.

Semin, bn. douleur annonçant l'accouchement; de *sein-min.*

Seindera, v. *sein.*

Seindun, v. *sein.*

SEKERA, l. *sekere,* g. aride, altéré.

Sekeria, l. place où l'on met le poisson à sécher. Du prov. secar?

Semaizun, v. *seme.*

Sematchi, v. *seme.*

Semberabena, l. bn. espèce de fromage qui se fait avec du petit-lait. P. Il paraît qu'il serait mieux d'écrire *zemberabena.*

Seme, g. b. l. bn. fils.

Semebitchi, l. filleul. v. *semeatchi.*

Semeatchi, sematchi, l. syn. de *semebitchi.* Nous ignorons comment ces trois mots sont formés. Est-ce que *atchi* se rattacherait à *atchiki;* tenir: celui que l'on tient pour fils, que l'on considère comme fils?

Semaizun, bn. fillâtre, c. a. d. le fils d'un mariage précédent.

Semeatchi, v. *seme.*

Semebitchi, v. *seme.*

Semin, v. *sein.*

SEÑAR, g. *senhar,* l. bn. mari; de l'esp. señor.

SENDABAIL, bn. essentiel.

SENDAGAI, v. *sendo.*

SENDAGAIL, (i. a.) plaisir, chose réjouissante, bel exploit. P.

Sendagaillaz bezala, comme par gausserie.

SENDAGAR, v. *sendo.*

SENDATU, v. *sendo.*

Sendo, g. l. bn. sain, fort. Il ne nous paraît pas que *sendo* soit basque, et cependant, l'esp. sano ou le prov. san ne peuvent avoir donné le basque *sendo.* Il est difficile de rendre compte du *d,* si ce n'est que *n* se renforce en *nd,* comme le croit M. Vinson (Revue ling. III. p. 454), qui cite *ondra* de l'esp. honra, honneur.

Sendotasun, g. b. l. santé; de *sendo-tasun.*

Sendoro, sendoki, l. fortement, P.

Sendotu, sendotzen, g. *sendatu, sendatuten,* b guérir. Selon P. *sendatu,* guérir; *sendotu,* devenir fort.

Sendagai, g. remède; de *sendo-gai.*

Sentatzea, se dorloter. Mot d'O. selon P.

Sendoki, v. *sendo.*
Sendoro, v. *sendo.*
Sendotasun, v. *sendo.*
Sendotu, sendotze, v. *sendo.*
Senide, v. *sein.*
SENITAR, v. *senar.*
Senitasun, v. *sein.*
SENJORALEA, l. le pèlerin, P.

Senjoretasun, l. pèlerinage. *Senjoretasuna da gure bizia.* Notre vie est un pèlerinage. P. Du prov. cenher, ceindre?

SENTATZEA, v. *sendo.*

Sentheria, bn. surabondance de force ou de bonheur dont on se targue, Sal. Jactance, suffisance. O. traduit ce mot dans le 516ᵐᵉ prov. par: aise, prospérité. Il nous semble de *sendo-eri.* Ainsi plutôt un défaut (v. *eṛi*). *Esta (ezta)*

sentheria bano min gaizagoric. Il n'y a pas de pire mal, que celui de ne pouvoir pas durer dans l'aise ou dans la prospérité.

Sentheriaz, bn. par jactance Sal.

Sentoñ, l. bn. vieillard. Ax. écrit *senton,* sans tilde.

Sentontasun, l. l'âge décrépit; de *senton-tasun. Leheni hiltzen da haurtasuna.... zahartasunaren ondoan hiltzen da sentontasuna....* Ax. 63. a. éd. 238 n. éd. Premièrement l'enfance se meurt,.... après la vieillesse l'âge décrépit se meurt.

Sentoñtasun, v. *senton.*
Señaiteko, v. *sein.*
Sepa, v. *set.*
Sepatu, v. *set.*
Sepatuki, v. *set.*
SERRA, l. scie; le latin serra.

Seska, l. (Guéthary) jonc; le prov. sescha. Le prov. du basque?

Set, seta, g. b. bn. *sepa,* l. M. Sal. écrit *set.* En g. et l. opiniâtreté, obstination. En b. tenacité. En bn. renonciation. Pour la permutation de *p* et *t* comp. *aitatu = aipatu; aizta = aizpa.*

Setartu, setartzen, g. *sepatu, sepatzen,* l. s'obstiner.

Setatsu, g. tenace; de *seta-tsu.*

Sepatuki, l. opiniâtrement.

Setabe, *zethabe,* bn. tamis. v. Prov. 435, d'O. Syn. de *bahe. Zethatchu,* bn. tamis commun.

Setartu, setartze, v. *set.*
Setatsu, v. *set.*
Setio, l. bn. cercle en jonc ou en paille sur lequel on pose les chaudrons.

Setio, 2. l. bn. siège (d'une ville); du prov. seti.

Sey, v. *sei*.

Seyar, v. *zear*.

Seyetan, seygarren, v. *sei*.

Seyu, *suy*, *sia*, *sigua* l. *sihua*, bn. suif. Du prov. seu.

Ziho, bn. chandelle, graisse de viande. *Zihotu*, bn. graisser.

Sia, v. *seyu*.

Sierpe, zierpe, l. engeance, serpent; de l'esp. sierpe, serpent.

Sillutegi, b. imprimer, presser; de l'esp. sello, sceau et de *egin*.

Sin. En lab. et bn. on écrit *cin* ou *zin*, serment, jurement. En g. et b. ce mot n'est pas usité; cependant il y a un grand nombre de composés et de dérivés, qui s'écrivent avec *s*, non seulement en g. et b. mais aussi en lab. et bn. Il serait mieux d'écrire uniformément *s* ou *z*.

Sinistu, *sinisten*, g. *sinisetan*, b. *zinetzi*, *zinetsten*, l. *sinhex*, *sinhexi*, *sinesten* bn. croire. Le g. et b. de *sin-z-tu*. Le lab. et bn. de *sinetsi*. *Sinisetan dot Espiritu Santu bagan. Olaecaea.* Je crois au St. Esprit.

Zinein (*zin-egin*) bn. jurer, affirmer par serment.

Siniskor, g. *zinetskor*, *zinetsbera*, l. *sinhexkor*, bn. crédule; de *sinets-kor*.

Sinisezkor, g. *sinetsgogor*, l. *sinhexgogor*, bn. incrédule; de *siniz-ez-kor*, et de *sinets-gogor*.

Sinisgarri, g. gage, témoignage; de *siniz-garri*. *Eta bere itzaren sinisgarritzat ostrellaka eman zien*. Et comme gage de sa parole il leur donna l'arc-en-ciel.

Sinez, *zinez*, g. en effet. *Zinez*, bn. sincèrement, véritablement; de *sin-z*, avec *e* de liaison.

Zin zinez, l. bn. vraiment, sérieusement. *Bainan Jesu Christo zinzinez maite duena.* Mais celui qui aime vraiment J. C. *Devozioneko grazia behar duzu galdegin zinziñez.* Vous devez chercher sérieusement la grâce de la dévotion.

Zinezko, l. sérieux; de *zinez-ko*.

Zinak, g. sérieusement. La terminaison est obscure.

Zinetan, l. sérieusement; de *sinetan*. Comme l'all. im Ernst.

Sineste, v. *sin*.

Sinetsgogor, v. *sin*.

Sinez, v. *sin*.

Single, g. usé. Ce mot ne peut être basque, du moins sous cette forme.

Sinhex, sinhexi, v. *sin*.

Sinhexgogor, v. *sin*.

Sinhexkor, v. *sin*.

Sinisetan, v. *sin*.

Sinisezkor, v. *sin*.

Sinisgarri, v. *sin*.

Siniskor, v. *sin*.

Siniste, v. *sin*.

Sinistu, v. *sin*.

Sista, bn. coup d'une arme pointue. Comp. *chista*.

Sistaka, bn. à coups d'arme pointue; de *sista-ka*.

Sistatu, sistatzen, bn. piquer, percer.

Sistaka, v. *sista*.

Sistatu, sistatze, v. *sista*.

Sitsa, v. *saisa.*
So, bn. regard.
So egin, l. bn. regarder. En bn. généralement *sogin.*
So egon, bn. regarder. *So dagoka,* il le regarde.
Soka, bn. par des regards; de *so-ka.*
Soallu, v. *soilleru.*
SOBERA, l. bn. trop; du prov. sobre, sur.
Soberatu, soberatzen, l. bn. excéder, rester.
Soberazko, l. bn. excès; de *soberaz-ko.*
Soberakin, l. bn. restant; de *sobera-egin?*
SOBERAKIN, v. *sobera.*
SOBERATU, SOBERATZE, v. *sobera.*
SOBERAZKO, v. *sobera.*
SOBERRA, SOPERRA, v. *soberra.* l. débordement d'eau. P.
Sogin, v. *so.*
Sohorna, ruelle ou gouttière, entre deux maisons; fossé. (i. a.). Mot d'O. selon P. *Hiriko sohornak.* Les fossés de la ville.
Soil, g. l. bn. dépouillé, désert, nu, stérile, chauve. Selon M. de Charencey du lat. solus. Est-ce que la ressemblance n'aurait pas de nouveau induit M. de Ch. en erreur? Nous aimerions citer ici, en passant, deux mots qui n'ont rien de commun comme origine, *elkar,* basque et elkaâr holl. signifiant tous les deux „l'un l'autre" et se prononçant exactement de la même manière. Elkaâr, syncope de elkander, de elk ander. — P. cite *suhil,* désert. *Elche suhilla,* la maison déserte. *Etchea suhil dute.* Ils ont laissé la maison déserte. P. donne encore *sua hillik,* et ceci nous explique le mot *suhil,* c. a. d. feu éteint, mort. Ainsi c'est une métaphore, la maison, le foyer est abandonné, on a laissé le feu s'éteindre; de là désert, nu, dépouillé et finalement chauve. *O* pour *u* se retrouve dans *sokil = sukil.* — Le feu a toujours joué un grand rôle et il est resté encore de nos jours des traces de son importance primitive. Le vendredi saint les paysans donnent aux enfants de l'amadou qu'ils apportent le vendredi soir au curé pour le bénir; le lendemain, samedi, cet amadou sert à allumer ce qu'on nomme „le nouveau feu".
Le lab. et bn. *choil,* seul, semble une variante de *soil.* Choil signifie encore en bn. habitant de la campagne vivant à la journée.
Choilki, l. bn. seulement; de *choil-ki.*
Soilleru, l. *soallu,* bn. étage supérieur, grenier; du prov. solar, étage?
Soin, v. *soñ.*
Soinka, v. *soñ.*
SOINU, l. bn. son; du prov. son.
Soinulari, l. bn. ménétrier. De *soinu-ari* 4. Le *l* euphonique?
Soka 1, v. *so.*
SOKA 2, g. l. corde; de l'esp. soga.
Sokatu, sokatzen, l. bn. lier. *Sokatzen zitzayon gendea.* Le monde se liait, se joignait, à lui. P.
Sokarrari, railleur. *Sokarraria,*

xotila bada, da gosogarri, tholdea bada, erdeinagarri. Un railleur subtil donne du plaisir, mais s'il est grossier il est dégoûtant. Prov. 408 d'O.

SOKATU, SOKATZEN, v. *soka.*

Sokharan, bn. l'écorce verte de la noix.

Sokil, v. *su.*

Sokor 1, g. motte de terre.

Sokor 2, l. veau mâle d'un an et au delà.

Sola, ZOLA, l. bn. semelle, partie inférieure d'un corps. *Oin sola,* la plante du pied.

SOLAS, v. *jolas.*

SOLASTATU, v. *jolas.*

SOLEATU, bn. soulager.

SOLHAS, v. *jolas.*

SOLHASTATZE, v. *jolas.*

SOLHASTI, discoureur. P. (i. a.) v. *jolas.*

SOLHASTIAR, v. *jolas.*

SOLHASTURI, discoureur. P. (i. a.). v. *jolas.*

Solo, v. *soro.*

Soñ, g. *suñ,* b. *soin,* l. bn. dos, charge, vêtement complet. On nous a dit qu'en lab. ce mot n'est plus usité pour dos. — *Soñ berri bat egin dezu?* Avez-vous un nouveau vêtement? *Bai soñean dauket,* oui je l'ai sur le dos. *Soin bat egur.* Une charge de bois. P. *Bide luzean lastoa ere sorta (sortha) soinean.* En un long voyage la paille même est à charge. Prov. 99 d'O. *Soin burutik soin burura.* l. D'une épaule à l'autre.

Soinka, bn. à dos, avec le dos; de *soin-ka.*

Sopa 1, l. cabine du propriétaire des bateaux de pêcheurs où se trouvent les vivres. Boîte.

SOPA 2, v. *zopa.*

SOPATU, SOPATZE, v. *zopa.*

Soperra, v. *soberna.*

SOPIKU, v. *zopa.*

Sor 1, v. *sortu.*

Sor 2, g. insensible. — l. stupide. — bn. sourd. Sal. v. *Zor 2.*

Sortatu, sortatzen, g. engourdir.

Sorrera, g. engourdissement.

Sorbalda, g. l. bn. épaules. *Ene sorbalden gaiñean egin zuten egur bekatorreak.* Ax. 136. a. éd. 391. n. éd. (Ps. XXIX: 3 et non XXVIII) Sur mes épaules les pêcheurs ont travaillé. Des laboureurs ont labouré sur mon dos. Version fr. Supra dorsum meum fabricaverunt peccatores.

Sorberia, bn. rumeur vague.

Sordetch, bn. pire.

Soregun, v. *sortu.*

Sorgia, v. *sortu.*

SORGIN, l. sorcier.

Sorhayo, l. lépreux. — Comp. *zauri.*

Sorho, v. *soro.*

Sori, l. bn. permis. *Egiten dute egin zori eztena.* Ils font ce qu'il n'est pas permis de faire. *Sori eguna da,* l. bn. C'est jour gras.

Sorkatu, sorkatzen, l. bn. être pressé, entassé.

Sorna. Mot demandé par P. à O. qui ne le connaissait pas. Comp. *sohorna.*

Sorne, v. *zorne.*

Soro, g. *solo,* b. *sorho,* l. bn.

En g. champ cultivé. En l. b. prairie. En bn. regain. Selon M. de Charencey du lat. solum.

Sorrera, v. *sor* 2.

Sorta, g. poignée, paquet. *Sorta lotzalle,* celui qui lie les gerbes.

Sortalde, v. *sortu.*

Sortatu, sortatze, v. *sortha* et *sor* 2.

Sortegun, v. *sortu.*

Sortha, *zortha,* l. pesant (i. a.). P. Comp. *sor,* 2.

Sorthatu, sorthatzen, l. rendre pesant, s'appesantir.

Sorthatu, sorthatze, v. *sortha.*

Sortu, sortutzen, g. *sor, sortu, sortzen,* l. bn. naître, germer, engendrer. *Adanek sortu zuen Set.* Lardiz. Adam engendra Seth. *Zeren bertzela sor liteke bihi hura buztan liteke belhar bihur liteke.* Ax. 37 a. éd. Car autrement ce grain germerait, deviendrait (tournerait en) herbe.

Sortze, g. l. bn. naissance. Subst. verb. *sortzea,* le naître, la naissance.

Sortzapen, bn. naissance; de *sortza* pour *sortzea-pen.*

Soregun, sortegun, l. bn. jour de naissance. Pour le *t* qui est resté attaché au thème, v. *laket.*

Sortalde, g. oriente; de *sort* (pour *sor*) — *alde.* Pour le *t,* v. *laket.*

Sortu berri, l. nouveau-né.

Sortzain, l. qui préside à la naissance; de *sor-zain.*

Sorgia, bn. source, lieu de naissance; de *sor-tegi.*

Sortzain, v. *sortu.*

Sortzapen, v. *sortu.*

Sortze, v. *sortu.*

Sosa, l. bn. sou.

Sotal, v. *zolhal.*

Sotil, g. subtil, rusé, v. l'ex. s. v. *balio.*

Soto, l. bn. cave: du prov. *sotol,* fondement?

Su, g. b. l. bn. feu; colère. *Emozu ur, mintza zakitza emeki eta eztiki, sua iraungiko da, gaitzerizkoa jabalduko da.* Ax. p. 293 a. éd. 118 n. éd. Donnez-lui de l'eau, parlez-lui doucement, la colère se calmera, la haine s'apaisera.

Eta batbederaren obra nolaco daten, suac phorogaturen du. 1 Cor. III: 13. Test. Roch. Et le feu éprouvera quelle sera l'œuvre de chacun.

Sukartu, sukartzen, g. *suakartu, suakartzen,* l. allumer, prendre feu; de *su-hartu.* Pour la mutation de *h* en *k,* v. Essai Ch. II et introd. du dict. p. VIII. Le thème (*su*) et non le nom défini (*sua*) sert à former les composés; la forme guip. est donc la plus correcte. Nous avons fait la même observation pour *lokartu,* qu'Axular écrit *lohacartu,* et que nous trouvons écrit dans un vocabulaire *loak hartu,* ce qui est pire encore. — *Etchea suakartu da.* La maison a pris feu.

Suaus. Lardiz. s'en sert pour *auts-erre.*

Sukar, l. bn. fièvre. De *sukartu* comme *ahar* de *ahartu.* M. Salaberry écrit *sukhar* et *sukhalde,* mais le *h* est évidemment de trop, il est déjà converti en *k.*

Suhar, l. bn. très-vif. Ce sera

probablement une variante de *sukar ;* le *h* est conservé.

Sutu, sututzen, g. brûler.

Suta, sutatu, sutatzen ; suzta, suztatzen, bn. s'animer.

Sukalde, g. l. *sukhalde,* bn. cuisine; de *su-alde* pour *halde.* Pour la mutation de *h* en *k* v. Essai Ch. II et introd. du dict. p. VIII. Le *h* dans *sukhalde* est de trop; v. *sukar.*

Sukhal, bn. impôt prélevé sur les cheminées avant 1789. Pour le *h* v. l'article précédent.

Sukopil, l. galette cuite sous les cendres; de *su-opil* pour *hopil.* Pour la mutation de *h* en *k* v. Essai Ch. II et introd. du dict. p. VIII.

Sukil, sokil, l. (i. a.) grosse bûche qui entretient le feu; de *su-hil,* feu mort, puisque la bûche se consume si lentement?

Subazter, l. bn. foyer, âtre; de *su-bazter.*

Sutegi, g. forge; *sutei,* bn. âtre; de *su-tegi.*

Suburdina, l. bn. le chenêt; de *su-burdin.*

Sugibelekoa, bn. la plaque en fonte placée au fond de l'âtre; de *su-gibel-ko-a.*

Suharri, l. pierre à feu. Il faudrait, selon la règle, *sukarri.*

Suharotz, l. forgeron; généralement *harotz.* Même observation que ci-dessus.

Sumin, g. l. bn. furieux. — bn. engourdi; de *su-min.* Comp. *eri.*

Sumindu, sumintzen, g. l. bn. courroucer. — l. bn. s'inquiéter vivement; s'engourdir.

Sumindura, l. bn. mal que l'on ressent en s'étant piqué aux orties ou causé par la violence du froid.

Susara, l. bn. en chaleur; en parlant de la vache. De *suz-aro,* l'époque de feu (chaleur)?

Supitzgarri, l. allumette.

Suphala, l. pelle; de *su-phala.*

Su, 2. v. *tsu.*

Suakartu, v. *su.*

Suakartze, v. *su.*

Suaus, v. *su.*

Subazter, v. *su.*

Suburdin, v. *su.*

Suderia, v. *sudur.*

Sudu, certaine mesure de terre. Selon P. elle contient deux tiers de —? Nous n'avons pu lire le mot. P ajoute que par méthaphore on emploie *sudu* pour interêt. *Hain zinez eta hain sudu handiz berdinzki dohakunaz gero.* Puisqu'il nous y va tout de bon et d'un si grand interêt.

Sudur, g. l. bn. *sur,* b. nez.

Suderia, bn. maladie des bêtes se purgeant par les narines. Sal. De *sudur-eri.*

Sudur oyal, l. mouchoir.

Suerte, l. bn. sorte, espèce; sort, hasard. *Suertez,* par hasard. *Halalo suertez non.* De telle sorte que. *Zembat bekatu suerte dira.* Combien d'espèces de péchés y a-t-il?

Sugarrast, v. *suge.*

Suge, g. l. bn. serpent.

Sugarrast, g. serpent; de *suge-arrast.*

Sugibeleko, v. *su.*

Suhar, v. *su.*

Suharotz, v. *su*.
Suharri, v. *su*.
Suhi, v. *sui*.
Suhil, v. *soil*.
Sui, g. *suhi*, l. bn. gendre.
Suil, v. *usul*.
Sukalde, v. *su*.
Sukar, v. *su*.
Sukartu, v. *su*.
Sukartze, v. *su*.
Sukhal, v. *su*.
Sukhalde, v. *su*.
Sukhar, v. *su*.
Sukil, v. *su*.
Sukopil, v. *su*.
Sumbil, g. tête d'arbre; syn. de *moskor* 2. Comp. *sumpur*.
Sumin, sumindu, v. *su*.
Sumindura, v. *su*.
Sumintze, v. *su*.
Sumpur, l. s. grosse souche d'arbre. *Sua eguberris sump'urreki, pascos aldis adarreki*. Il faut faire le feu de Noël avec de grosses souches et à Pâques avec des branches. Prov. 411. d'O. *Eguerri gaueko sumpurra*. Souche de Noël. P. L'apostrophe chez O. indique l'aspiration ; ainsi *sumphurreki*. *Eguerri* pour *egun berri*.
Sun, suna, profond. P. (i. a.). Comme P. cite encore *suntzea* et *sundatzea*, éprouver, qui dériveront très-probablement de sonder, il serait possible que *sun* en dérivât aussi.
Sundatzea, v. *sun*.
Sunhar, ormeau. *Sunharrak eder du adarra*. L'ormeau a le branchage fort beau. Prov. 441 d'O.
Sunsi, sunsitu, sunsitzen, l. *sunxi, sunxitu*, bn. ravager, abîmer, ruiner. *Atzoko harriak sunxitu ditu gure bazter guziak*. La grêle de hier a ravagé toutes nos campagnes.
Sunsuna, bn. simple, niais. Au fond *sunsuna* indique le son du tambourin.
Suntzea, v. *sun*.
Sunxi, sunxitu, v. *sunsi*.
Suñ, v. *soñ*.
Supertu, supertzen, l. rester. P. Variante et synonyme de *soberatu*; du lat. super.
Supertuz, par excès; de *supertu-z*.
Suphala, v. *su*.
Supio, l. force. P. (i. a.).
Supitzgarri, v. *su*.
Subituki, l. subitement.
Supu, l. fossé. P. (i. a.).
Sur, v. *sudur*.
Surda, v. *zurda*.
Surmur, g. Larramendi, dans sa lettre à Mendiburu, se sert de ce mot, qui paraît être une variante de *churimuri*. V. l'ex. s. v. *jakimbide*.
Susara, v. *su*.
Sustrai, g. racine.
Suta, sutatu, v. *su*.
Sutatze, v. *su*.
Sutegi, v. *su*.
Sutei, v. *su*.
Sutu, sututze, v. *su*.
Suya, v. *seyu*.
Suzta, suztatzen, v. *su*.

T.

Ta. 1°. On trouve *ta* uni à l'adj. verbal, qui est rendu alors par „après avoir" ou „ayant". *Ikusita*, après avoir vu ou ayant vu; *edanda*, ayant bu. Dans ce dernier exemple on voit que le *t* devient *d* quand les lois phonétiques l'exigent. Les Basques disent que *ta* est ici la contraction de la conjonction *eta*, et; cette explication nous semble confirmée par Liçarrague et Pouvreau qui écrivent encore *eta*. P. dans son dictionnaire écrit quelque part *ikusi eta*. — *Hartan sartu eta eridenen duçue asto-ume arbat.* Luc. XIX. 30. Test. Roch. Et après y être entré (ou y étant entré) vous trouverez un ânon. Quelque chose d'analogue se trouve dans les dial. basq. espagnols; là les deux mots *ez gero* sont si bien unis, que de nos jours encore on écrit *ezkero* (*esquero*), se figurant que ce n'est qu'un seul mot.

2°. *Ta* sert encore à donner aux suffixes *n*, *ra*, *ko*, etc. une signification indéfinie ou plurielle: *tan, tara, tako*; v. Essai, p. 51. *Lan + n* fait *lanetan* (de *lan-e-ta-n*) dans les travaux; *eche + n* fait *echetan*, dans les maisons. On trouvera plus bas, s. v. *hetan*, pourquoi cette forme est plurielle; mais *ta* reste jusqu'à présent sans explication. Du moment qu'un suffixe est uni aux pron. démonstratifs, il faut que ce suffixe soit composé avec *ta;* ainsi *orretara* (non pas *orrera*) vers ce; *orietara* (non pas *orira*) vers ces.

3°. *Ta* contraction de *eta*.

Hetan, l. bn. y, en, dans lui, dans eux, dans ces. Nous donnerons d'abord quelques exemples et ensuite l'explication. — *Vanitate da aberastasun galkhorren ondoan ibiltzea eta hetan esperantzaren ematea.* Chourio, p. 27. C'est de la vanité que d'amasser des richesses périssables et d'y (en elles) placer son espoir. *Etzazula hetan bilha komplazenzia vano bat.* Chourio, p. 144. Ce n'est pas une vaine satisfaction qu'on y (en mes paroles) doit rechercher. *Eta egun hetan iaiquiric Pierrisec discipuluen artean.* Act. 1. 15. Test. Roch. Et en ces jours-là Pierre s'étant levé au milieu des disciples. — *Hetan* est un mot très-remarquable. Le pluriel de *hura* celui là, est *ayek* en guip., *hayek* ou *hek* en lab. *Ayek* + *tan* fait *ayetan* avec élision du *k*, puisque *t* et *k* ne peuvent se suivre, v. Essai, Ch. II; et ainsi *hek* + *tan* est devenu *hetan*. *Hetan* se retrouve dans tous les dialectes, sous une forme syncopée *etan*, et perd même souvent le *e* initial. En bisc. *etan* se retrouve dans les substantifs verbaux. Nous savons que le nom verb. n'est autre chose qu'un nom au locatif; que *ikusten* est pour *ikus-ten* dans le voir; or en bisc. *etan* s'est conservé, et ainsi *adi* a donné *adietan*, subst. verb.; de *adi-etan* pour *hetan*. *Erantetan*, pour *erant-hetan*, lever. Que la forme primitive était *hetan*, nous semble encore confirmé par plusieurs noms verbaux, dans lesquels le *h* est devenu *k*, conformément à la règle; v. Essai, Ch. II et l'introd. du dictionnaire p. VIII. Par exemple: *Ardatzketan naiz*, g. je file; de *ardatz-hetan. Jostaketan ibilli*, g. se réjouir; de *josta-hetan. Anreketan ibilli*, g. aller (s'amuser) avec les femmes; de *anre* (pour *andere*) — *hetan*. Cette forme se retrouve peut-être dans *orheta* (chute de *n*, comp. *arrai* 2); de *orhe-hetan;* et dans *hitzketa*, conversation; de *hitz-hetan*. La différence en guip. est grande entre *ayetan*, dans ce, dans celui-là, et *etan*, syncope de *ayetan*, et aujourd'hui terminaison; mais la différence entre *hetan* et *etan* est très-petite. Malgré cela les dial. lab. et bn. ont tenu séparé ces deux formes du même mot en écrivant *hetan* exclusivement pour le pronom démonstratif, et *etan* pour la terminaison qui indiquera le pluriel ou l'indéfini du locatif. — *Egun hetan, orduan penetan (pene-etan) daudenek, desiratuko dute bere egunen fina*. Ax. p. 595 a. éd. 427 n. éd. Dans ces jours là, ceux qui sont en peine alors, désireront la fin de leurs jours. *Inoizko demboratan esaten badezu*, g. Si jamais (indéfini, si en aucun temps,) vous le disiez.

Hetangoa, bn. celui qui est dedans; de *hetan-go-a. Hetan* signifie dans ce, dans cela; l'all. darin (dar-in); le suffixe *go* en fait un adjectif, de dedans; *a* est l'article le; le, celui, de dedans. De la même manière nous avons vu l'adv. *emen*, ici, donner l'adj. *emengo* d'ici, l'all. hiesig, avec l'art. *emengoa*, le, celui d'ici. — *Eta hirietan (hiri-etan) iragaiten ciradela iracazten cituzten hetangoac Jerusalemen ciraden apostuluez eta ancianoez eguin içan ciraden ordeñacen beguiratzen*. Act. XVI: 4. Test. Roch. Et eux qui passaient dans les villes, instruisaient ceux qui étaient dedans, de garder les ordonnances qui avaient été faites par les Apôtres et les Anciens de Jérusalem.

Hetaz, bn. d'en, de cela; de *hek-ta-z*, avec élision de *k* devant *t*. *Eta hetaz zuhurki eta goraki minzatzea*. Chourio, p. 29. Et d'en parler savamment et hautement.

Hetara, bn. vers eux; de *hek-ta-ra*,

avec élision de *k* devant *t*. *Eta gauaren laurgarren veilla irian ethor cedin hetara*. Marc, VI: 48. Test. Roch. Et environ la quatrième veille de la nuit il alla vers eux.

Hetarik, l. bn. en, de cela, de lui; de *hek-ta-ik*, avec élision de *k* devant *t*, et avec *r* euphonique. *Eta hetaric ilkiric arrançalec sareac ikutzen cituzten*. Luc, V: 2. Test. Roch. Et les pêcheurs en (nacelle) étant sortis, lavèrent leurs filets.

Tous ces mots composés auraient dû se trouver à l'article *hura*; mais nous avons découvert trop tard comment *hetan*, etc. étaient composés pour pouvoir les y placer.

Tafalla, bn. nappe; du prov. toalha.

Taka taka, bn. promptement.

Tako, v. takoñ.

Takon, takoin, l. talon. P. cite la forme syncopée *takoa*. La terminaison est probablement *oin*; mais qu'est-ce que *tak* ou *ta*? Le *k* pourrait être pour *h*, si *oin* est pour *hoin*.

Talde, g. troupeau, assemblage.

Talika, bn. souffrance vive, momentanée qu'un malade éprouve à l'improviste.

Talo, g. l. bn. galette de maïs. *Thalo*, gâteau de millet. P.

Tamarina, g. *tamborina*, bn. tamarin, tamaris. Ce sont deux arbres différents, mais nous ignorons auquel des deux le nom basque s'applique.

Tambolin, v. *tamborina* 2.

Tamborina, **1**, v. *tamarina*.

Tamborina 2, l. instrument de musique, d'un mètre à peu-près de long, à six cordes, sur lesquelles on frappe avec une baguette. Olaechea, (biscaïen) écrit *tambolin*. *Taberna, joko, tambolin.... iges egin*. Fuir la taverne, le jeu, le tambourin(?)

Tan, v. *hetan*, s. v. *ta*.

Tanka, bn. bruit d'un corps dur frappant un autre corps dur. Sal. De *tankatu*, comme *ahar* de *ahartu*.

Tankatu, tankatzen, l. bn. frapper un corps dur. Sal. Frapper sur quelque chose pour le faire entrer par force. P. Du prov. tancar, qui vient du lat. v. Diez, E. W. I. 396. s. v. stancare.

Tankatu, v. *tanka*.

Tankatze, v. *tanka*.

Tanta, g. b. goutte; de l'esp. tanto.

Tantai, bn. piquet de vigne Sal.

Tapa, l. *tapoin*, bn. bouchon; de l'esp. tapon.

Tapatu, tapatzen, l. bn. boucher. — g. couvrir.

Tapia, l. (Guéthary) chausson en laine qui ne monte pas plus haut que le sabot.

Tapoin, v. *tapa*.

Tar. Suffixe de l'ethnique. Le *t* devient *d* quand les lois phonétiques l'exigent. *Burgostarra*, l'habitant de Burgos. *Olorondarra*, l'habitant d'Oloron. Si le nom finit par une voyelle, il parait que c'est l'oreille qui décide si le *t* est maintenu ou non. Selon Lardizabal on dit également bien: *Erromarra* et *Erromatarra*. Il serait possible que le *t* fût euphonique et que *tar* fût pour *ar*, mâle. v. *ar* 1. — *Tar* a formé, par exception, l'adj. *anaitar*, g. fraternel.

Tara, v. *ta* et *ra*.

Tarrapata, bn. marche rapide et bruyante.

Tarritatzea, l. fâcher, mettre en colère. P.

Tarro, bn. un peu grand.

Tarrotu, devenir grand.

Tarte, Selon P. entre deux, espace. *Tarte hartan*. En cette entrefaite. Il nous semble que c'est une erreur ou en tout cas une corruption de *arte*. *Arte*, espace, (entre), avec *bi*, deux, a donné *bitarte*, traduction littérale du fr. entre deux. Le *t* paraît être euphonique. Pouvreau nous semble avoir coupé le mot en *bi-tarte*. — Le *t* de *betazal* et *betondo*, auxquels mots nous avons renvoyé s. v. *bitarte*, nous paraît plutôt être une mutation du *g*; cependant nous ne voudrions pas l'affirmer, puisque jusqu'à présent cette permutation ne se trouve que dans les composés de *begi*.

Tarzun, v. *tasun*.

Tasun, g. b. l. *tarzun*. bn. Terminaison qui forme des substantifs; nous n'avons pu en découvrir le sens. v. *eri*.

Taulen, bn. carreau de jardin.

Taz, v. *zaz*.

Tchar, tchartu, v. *char* et *zar*.

Tchit, v. *chit*.

Tchitcharro, l. espèce de poisson.

Tegi, g. l. bn. lieu, demeure. v. *ziri*. En guip. *tegi* ne s'emploie que comme terminaison. *Toki* est une variante et s'emploie seul ou comme terminaison. En bn. *tegi* est généralement contracté en *tei*.

Argindegi, g. atelier du lapidaire; de *arri-egin-tegi*. D pour *t* après *n*, v. Essai, Ch. II.

Sutei, bn. foyer, âtre, de *su-tegi*.

Tella, bn. *theilla*, l. tuile.

Tenore, bn. époque précise; moment opportun; de l'esp. tenore, ordre, forme; ou du lat. tenor?

Tentu, l. jugement rassis. P. *Bere tentu onean dago*. Il a l'esprit en bonne assiette. *Kechatzen nau tenturik*. Il me fait perdre patience.

Tepertu, bn. crise, moment critique.

Thai, bn. suspension d'une action; n'est guère en usage que dans le sens négatif. *Thai-ik gabe*, sans cesse. *Thai-ik gabe minzo da*. Il parle sans cesse.

Thaillu, l. façon, sorte. P. *Ene thaillutakoa da*. Il est de même façon (taille) que moi. *Zer nahi den thailluz*. De quelque façon que ce soit.

Thaka, bn. défaut.

Thalo, v. *talo*.

Thamborin, bn. tambourin; v. *tamborina* 2.

Thanu, bn. tan.

Tharroka, bn. motte de terre.

Thaztarika, bn. en ébullition suivie, non interrompue. De *thaz-*

tari-ka. Alors *thaztari,* bouillir, entrer en ébullition, doit aussi se trouver.

THATCHA, bn. tache, défaut.

THEILLA, v. *tella.*

Theka, bn. opiniâtreté. Comp. *sepa* et *thema.*

Thema, bn. 1. opiniâtreté, entêtement.

Thematu, thematzen, 1. bn. s'obstiner, s'entêter.

Thematsu, 1. opiniâtre ; de *thematsu.*

Thematsu, v. *thema.*

Thematu, thematze, v. *thema.*

Therestaka, bn. en traînant à terre ; de *theresta-ka. Theresta* ne se trouve pas. Est-ce que ce mot dériverait de terre ?

Therestan, bn. syn. de *therestaka.*

THESTO, bn. sens. Sal. *Gizon thesto huna.* Homme de bon sens. Probablement du prov. testa, tête.

Theyu, 1. sale, vilain.

Theyukeria, 1. vilenie ; de *theyukeria.*

Thini, bn. sommité. Il est curieux qu'en holl. tin, généralement employé au pluriel, tinnen, ainsi que l'all. zinne, signifient créneaux, pinacle.

Thoilla, 1. v. *tolla.*

Tholdo, v. *tolde.*

Tholdatu, v. *tolde.*

Thona, bn. tache d'une couleur différente imprimée (? !) sur l'étoffe. Sal. Du français ton, couleur ?

Thonatu, tacher.

THORNU, bn. tour ; charge. *Egur thornu bat.* Une charge de bois.

Thu, 1. bn. crachat.

Thu egin, cracher.

Ti, v. *dik.*

Tik, v. *dik.*

Tileta, bn. le point sur l'i.

Tilika, bn. un peu ; ne se dit que des liquides.

Tillape, 1. carène de navire. Peut-être de *tilla-pe,* sous-tillac ? Tillac est en esp. tilla ; tillac est une corruption et n'est pas ancien en français ; v. Littré, D.

Tille, 1. titre, inscription. Selon O. d'après P. qualité.

TIMPLA, 1. ornement de coiffure de femme ; bandelette. Ce mot ne peut-être basque sous cette forme.

Tina, 1. espèce de vaisseau.

Tinka, 1. *tinki,* bn. serré fortement.

Tinkatu, tinkatzen, 1. bn. presser fortement, bander.

Tinketz, 1. fortement. P. (i. a.). *Tinketz edatea,* boire d'autant (?).

Tinkatu, tinkatze, v. *tinka.*

Tinketz, v. *tinka.*

Tinki, v. *tinka.*

TINTO, bn. fortement coloré ; du fr. teint.

Tiotia, 1. un tout petit peu.

TIPULA, g. 1. bn. oignon. Aussi *kipula.* Plutôt de l'esp cebolla, que du bas-lat. caepula. Pour la mutation de la sibilante en *t,* v. *zirzil;* de la gutt. en sibil. v. *karamitcha.*

Tipuri, bn. pustule. Variante de *tipula ?*

Tipustapast, (Guéthary) subitement.

TIRENTA, bn. tiroir.

TITCHA, l. bonheur; de l'esp. dicha.

Tireso, bn. fort, bien assis, solide.

Tiresoki, bn. solidement.

TIRO, bn. coup de fusil.

Tirria, bn. désir, envie.

Tirriatu, bn. désirer.

Tirtil, bn. Comp. *chirchil, chirgil, zirzil*.

Titi, v. *dithi*.

To, g. l. bn. Ce mot correspond à : tiens, quand on s'adresse à un homme. Quand on parle à une femme on dit *no*. Il va sans dire que *to* n'est pas la seconde pers. de l'impératif de *har*, prendre, comme le dit M. Salaberry; mais nous ignorons d'où ces mots (*to* et *no*) viennent. *Totzik, har itzak eure diruak eta utstak niri*. Tiens, prends ton argent et me laisse en paix. P. *Hemen no da to*. Ici la femelle commande le mâle. P. Dans le premier exemple *to* paraît être considéré comme tout autre nom verbal, *to itzak*, (*totzik*) tiens-les, *har-itzak*, prends-les. Nous ne nous expliquons pas pourquoi l'on écrit *itzik* et non *itzak*.

Tocho, l. stupide.

Toki, g. l. lieu, endroit; v. *tegi*. *Eta beren tokira biurtu ziran*, g. Et ils retournèrent dans leur pays.

Tolde, l. grossier; *tholdo*, bn. maladroit, engourdi. *Toldez egin du*. Il l'a fait par grossièreté. P.

Tholdotu, bn. s'engourdir.

Toles, g. pli.

Tolestu, tolestutzen, plier.

Tolesgabe, sincérité, candeur; de *toles-gabe*. Analogie avec le holl. eenvoud, l'all. einfalt, litt. un pli.

Toleskor, toleskoi, flexible; de *toles-kor*.

Tolesgabe, v. *toles*.

Toleskoi, toleskor, v. *toles*.

Tolestu, tolestutze, v. *toles*.

Tolla, g. *thoilla*, l. grand poisson de mer de la forme du brochet, mais plus grand.

Tontor, g. b. sommet (d'une montagne). — b. bosse. Par erreur ici; v. *konkor*, et *merchika*.

Topatu, topatzen, g. *topau*, b. (chute du *t*) chercher.

Topau, v. *topatu*.

TORPE, v. *dorpe*.

Torticha, v. *tortika*.

Tortika, g. *torticha*, l. lie.

TORTOILLA. *Uso tortoilla*, tourterelle. P.

Totilla. l. gentil. *Ema totilla*. Femme belle et gentille. P. Serait-ce pour *tortoilla*, tourterelle?

Tsu, su, Terminaison qui sert à former des adjectifs; *Altsu, adartsu, egarsu, itsu* = *ichu, odolsu*.

Tta, bn. interj. exprimant ordre d'empêcher ou de faire cesser une action. (*Tt*, comme *tie* dans tiède.)

Ttattiko, bn. bernique.

Ttipika, pitika, l. (Guéthary) chevreau.

Ttiritta, l. cigale.

Ttutta, bn. terme de tisserand; petite cheville de roseau, placée au milieu de la navette, de laquelle l'ouvrier tire le fil de la trame par le mouvement qu'il lui donne. Sal. Dimin. de *tuta*, tuyau.

Tumpa, bn. coup peu violent, mais faisant un certain bruit. Sal.

Tuntur, bn. variante de *kunkur*; v. *konkor*.

Tupa, v. *dupha*.

Tupin, v. *dupin*.

Tupust, bn. à l'improviste.

Turmoi, g. tonnerre. Ce mot est-il basque? Comp. l'angl. turmoil, vacarme.

Turrusta, bn. chute d'eau ou de tout autre liquide, cataracte.

Turrustan, bn. en versant avec abondance; de *turrusta — n*.

T'usto. O. écrit l'apostrophe pour l'*h*; ainsi *thusto*. *Thusto du irabasten, jokoa eta putak dituenak ahasten*. Celui-là gagne beaucoup qui oublie le jeu et les putains. Prov. 448.

Tusuria, soul. le diable. P. dit que c'est un vieux mot basque dont on se sert encore (de son temps) en Soule. En tout cas nous le donnons puisque c'est un des très-rares mots basques (dumoins il paraît être basque) qui ait rapport à la religion.

Tuta, bn. cornemuse à un seul tuyau. Le prov. et l'esp. ont tudel, fr. tuyau, anciennement tuyel, du lat. tubellus; v. Brachet, D. E. Selon Diez, E. W. tuyau, etc. ne vient pas du lat. tubellus (ce que Ménage avait déjà proposé), mais de l'anc. haut-all. tûda, holl. tuit. Comp. *dutchulu*.

Tuta, tutatu, bn. corner aux oreilles; dissiper (son bien). En holl. tuiten, signifie tinter aux oreilles. Comp. *dutchulu*.

Tutulu, bn. gobelet en bois à anse, dont le peuple fait usage pour prendre de l'eau dans les seaux.

Tutatu, v. *tuta*.

Tutulu, v. *tuta*.

Tutuluya, sot, lourdeau. Mot d'O. Selon P. — Comp. *tutulu*.

Tzaille, v. *zale*.

Tzaka, v. *zaka*.

Tzalle, v. *zale*.

Tzat. Ce suffixe correspond à pour. *Zerentzat*. Pourquoi. *Esantzat daukat*. Je le tiens pour dit. *Gizonarentzat*. Pour l'homme. *Gizonentzat*. Pour les hommes. Comme nous l'avons déjà fait remarquer dans notre Essai, *tzat* régit le génitif. — *Tzat* se trouve uni à *ko* et forme alors *kotzat*, quelquefois contracté en *kotz*. *Laurgarrenekotzat*, pour la quatrième fois. *Ain alerats izatekotz eskua labur*. Pour être si riche il est peu généreux.

Tzaz, v. *zaz*.

Tr.

Tr. Ce groupe n'est pas toléré dans la langue basque; cependant elle a adopté plusieurs mots commençant pas *tr*.

Traba, v. *trabu*.

Trabu, l. *traba*, bn. entrave. Le port. a trave, du lat. trabes, poutre. V. Littré, D. et Diez, E. W. s. v. travar.

Tragaza, l. dard, trait d'arbalète. P. — Du prov. trag, trait, L. R. — La terminaison est obscure.

Traka, bn. mesure, taille. *Ene trakako gizon bat ikhusi dut*. J'ai vu un homme de ma taille.

Trapu, l. drapeau; haillon. P. Du fr. drapeau.

Trastatu, l. bn. traiter, trafiquer.

Trasteria, bn. haillon.

Tratu, b. l. bn. trafic.

Trebatu, v. *trebe*.

Trebe, bn. habile, adroit; l. familier, privé. P.

Trebatu, trebatzen, g. Se rendre habile.

Trebes, bn. en position opposée à la ligne perpendiculaire. Sal. (?) Est-ce que l'auteur veut dire horizontal ou penché? On dirait du prov. travers?

Trego, l. trêve.

Trempe, l. bn. disposition bonne ou mauvaise, d'une personne. Du prov. tempre.

Trenkatu, bn. rompre un fil, une corde, etc. en tirant des deux côtés; de tronquer?

Tresna, l. bn. outil, instrument. Sal. Selon P. qui donne *tresnak* (plur.) habits, robes. *Tresnak irakasten du bidean joaiten eta diruak hitzgiten*. L'habit apprend à marcher et l'argent à parler.

Trika, trikatu, trikatzen, l. bn. demeurer, arrêter; suspendre un peu la marche. Probablement de *trego*, litt. faire trêve.

Triku, g. hérisson.

Trimpoilla, l. panse, gros ventre. Comp. tripa.

Trinko, g. épais.

Tripa, bn. ventre.

Tripazoiro, bn. syn. de *trimpoilla*.

Trocha, trochatu, v. *trosa*.

Trokiu, b. Selon W. v. Humboldt. Danse mimique.

Trombilka, l. en roulant.

Tronadura, l. bn. plancher.

Trosa, g. *trocha*, l. maillot; du prov. trossa.

Trosatu, g. *trochatu*, l. bn. Emmailloter.

Trosatu, v. *trosa*.

Trosta, bn. *troste*, l. trot. *Trostean dago*. Il va au trot.

Trua, l. *Haur trua*. Enfant trouvé. Corruption du fr. trouvé.

Truka, l. espèce de jeu de cartes. P.

Trukatu, trukatzen, g. l. bn. troquer; de l'esp. trocar.

U.

Ua, v. *oa*.

Ubal, ual, g. courroie, ceinture. Le *b* est probablement intercalé; il l'est toujours en bisc. après *u* quand l'art. *a* suit.

Abal, g. *habail*, l. *habela*, bn. fronde. Est-ce que *ubal* et *abal* ne seraient pas des variantes du même mot dont la signification primitive était courroie? — *Davidek artu zituen artzai-soñekoa eta aballa bost arrirekin*. Lardiz. David prit les habits de berger et la fronde avec cinq pierres. — Larr. donne aussi *uballarri* fronde; de *ubal-arri*.

Ubalarri, v. *ubal*.

Ubel, avec l'art. *ubela*, g. l. bn. pâle terne. Selon P. „Couleur obscure tirant sur le noir; noirceurs que causent les meurtrissures." Dans ce dernier sens il y a la variante *uspel*, bn. meurtrissure, contusion qui ne saigne pas, mais laisse une tache livide; en lab. noirceur causée par la contusion. Le guip. a *ospel* pour *uspel*, engelûre. *Uspel* nous semble dériver de *uts-bele* et non de *otzbel*, comme nous l'avons dit s. v. *ospel*.

Ubeltasun, g. pâleur; de *ubeltasun*.

Ubeldura, l. meurtrissure. — bn. obscurcissement, de *ubel-dura*.

Ubel, ubeldu, ubeltzen, l. bn. meurtrir, ternir, obscurcir.

Ubeldu, ubeldura, v. *ubel*.

Ubeltasun, v. *ubel*.

Ubeltze, v. *ubel*.

Ubil, ubildu, ubildutze, v. *ur* 3.

Ubiziak, v. *ur* 3.

Uchada, v. *uts*.

Uda, g. b. l. bn. été.

Uda berri, g. *uda barri*, b. printemps.

Uda haste, l. printemps.

Udatzen, g. *uda azken*, l. automne.

Udalantzea, labourer avec des boeufs. Mot d'O. selon P. De *uda-landu*. — P. ajoute encore l'exemple suivant qui n'est pas clair. *Udalen ari du*. Il laboure la terre.

Udabarri, v. *uda*.

Udagara, l. bn. loutre. P. cite encore *uhadera* et *uhain*. *U* sera probablement pour *ur*.

Udalantzea, v. *uda*.

Udare, g. l. bn. poire.
Udarondo, g. l. poirier.
Udararno, g. l. poiré.
Udarondo, v. *udare*.
Udatzen, v. *uda*.
Uder, bn. petit bouton sur la peau.
Udi, v. *hudi*.
Ufa lareua, l. peau de chamois; du buffle. P. Nous citons ce mot puisque *ufa* paraît être pour buffle et avoir perdu le b initial.
Ufiafia, l. dédain. *Ufiafiaz kechatzea Jainkoaren contra*. Se dépiter contre Dieu. P. De oh! fi?
Ufu hatsa, l. fi! du vilain! P.
Ugari, g. b. abondant, abondance. Probablement de *ur*, eau et *ari* 4. Pour la mutation de *r* en *g*, comp. *ernari = ernagi ; buruzari = buruzagi ; iritai = igitai*, ainsi que plusieurs mots composés avec *ur*, p. ex. *ugolde, ugaste, ugarri*, etc. En holl. et all. abondance est rendu par débordement, overvloed, überfluss ; de over, par dessus et vloed, flux.
Ugaritu, ugaritzen, g. b. abonder, augmenter, féconder.
Ugaritasun, g. b. abondance ; de *ugari-tasun*.
Ugaritasun, v. *ugari*.
Ugaritu, ugaritze, v. *ugari*.
Ugarri, v. *ur* 3.
Ugarte, v. *ur* 3.
Ugaste, v. *ur* 3.
Ugatz, v. *ur* 3.
Ugazaba, *ugesaba*, b. maître de la maison; syn. de *echeko-jaun*. Comp. s. v. *ugazaita* tous les composés avec *ugaz*.

Ugazaita, g. b. l. beau-père ; c. a. d. le second mari de la mère. *Ugazama*, g. b. l. la seconde mère. *Ugazseme*, g. b. l. fils d'un mariage précédent. *Ugazalaba*, g. b. l. fille d'un mariage précédent. Humboldt (Berichtigungen, etc. p. 19) rattache tous ces mots à *ugatz*. Est-ce bien prouvé?
Ugazalaba, v. *ugazaita*.
Ugazama, v. *ugazaita*.
Ugazesne, v. *ur* 3.
Ugazseme, v. *ugazaita*.
Ugesaba, v. *ugazaba*.
Ugolde, v. *ur* 3.
Ugotcho, v. *ur* 3.
Ugotso, v. *ur* 3.
Uhadera, v. *udagara*.
Uhain, v. *udagara*.
Uhaitz, v. *ur* 3.
Uharka, v. *ur* 3.
Uharre, v. *ur* 3.
Uhartu, bn. s'aviser.
Uhe, l. bâton ; syn. de *makil*.
Uhendil, v. *ur* 3.
Uher, l. gris. *Gain eder barren uher*. Beau dessus sombre dedans. Bonne mine à mauvais jeu. Comp. *urdin*.
Uherlo, bn. terne. Comp. *urdin* et *uher*.
Uherritzea, v. *ur* 3.
Uhillatu, uhillatze, v. *ur* 3.
Uhin, v. *ur* 3.
Uhobi, v. *ur* 3.
Uholde, v. *ur* 3.
Ujayotz, v. *ur* 3.
Ukabil, g. l. *ukhumil*, l. poing. Le curé biscaien de l'église des Carmélites à Londres nous a dit

que dans son pays on dit *ikubil*, (par erreur *ikutil* dans l'ordre alphabétique). Comp. encore *ukarai*, poignet; *ukaldi*, coup, et *ukalondo* ou *ukondo*, coude. — Tous ces mots paraissent avoir une origine commune. La forme bisc. se rapproche du lat. ictus coup; ico, je frappe. La terminaison *bil* (v. *bila*) peut signifier ici rond. *B* est devenu *m* dans *ukhumilla*.

Ukaite, v. *ukan*.

Ukaldi, l. *ukhaldi*, bn. coup. *Harrukaldiz*. A coups de pierre. *Davidek Goliath hil zien habela ukhaldi batez*. David tua Goliath d'un coup de fronde. Comp. *ukabil*.

Ukalondo, g. *ukondo*, l. coude.

Ukan, ukaite, l. bn. *ukhan, ukhaite*, bn. P. dit: avoir et être. M. Salaberry dit: avoir, ce qui nous semble être la véritable signification. V. Essai, p. 56. la note. M. Inchauspe a relevé cette note et y a répondu par une tirade, dont le fond et la forme se valent v. l'introd. p. XVI et suiv. *Guzia despendatu ukan zunean*. Luc, XV. 14. Test. Roch. Quand il eut tout dépensé.

Ukarai. l. *ukharai*, bn. poignet. Comp. *ukabil*.

Ukatu, ukatze, v. *uko*.

Ukha, v. *uko*.

Ukhaite, v. *ukan*.

Ukhaldi, v. *ukaldi*.

Ukhan, v. *ukaite*.

Ukharai. v. *ukarai*.

Ukhatu, v. *uko*.

Ukho, v. *uko*.

Ukhumil, v. *ukabil*.

Ukhur, ukhurtu, bn. se pencher en avant. De *gurtu?* Mais d'où vient le *u* initial?

Ukitu, ukitzen, g. l. *ukutu*, b. *hunki, hunkitu*, bn. toucher. La forme bn. est la moins correcte; le *n* est élidé devant *k*; v. Essai, Ch. II. *Ba^{n}a erdian dagoan arbolatik jatea eta ukitzea, debekatu digu*. Lardiz. Mais le manger et le toucher à l'arbre qui se trouve au milieu, il nous l'a défendu.

Uko, g. l. *ukho*, bn. déni, renoncement; couardise. *Ukatu, ukatzen*, g. l. nier, *ukha, ukhatu*, bn. se rendre par épuisement, par manque de forces suffisantes. Sal. — *Hark asma, nik uka*. Il a beau deviner, je nie. P.

Uko egin, g. l. renier, renoncer. *Ukoan dago* (de *egon*). Il en est au déni. P. *Ukho egizute zure pasioneei*. Chourio, p. 32. Renoncez à vos passions.

Ukondo, v. *ukalondo*.

Ukutu, v. *ukitu*.

Ukuz, ukuzkatu, v. *kutsu*.

Ulertu, b. comprendre.

Uli, v. *euli*.

Ulitcha, v. *euli*.

Ulle, v. *ille* 1.

Ulletsu, v. *ille* 1.

Ultze, v. *iltze* 2.

Umatzea, v. *umo*.

Ume, v. *hume*.

Umekeria, v. *hume*.

Umerri, v. *hume*.

Umetasun, v. *hume*.

Umezurtz, v. *hume*.

Umo, l. mûr, mou.
Umatzea, umotzea, l. mûrir.
Umotzea, v. *umo.*
Unchi, g. lapin.
Unda, undatu, v. *ondatu,* s. v. *ondo* 2.
Undar 1, bn. reste. Ce mot aurait dû se trouver avec *ondar, hondar,* s. v. *ondo* 2.
Undar 2, bn. dernier; syn. de *azken.* Sal. Probablement le même mot que *undar* 1. reste, dans le sens de fond, ce qui reste en dernier.
Underze, bn. le rectum. *Erze* est pour *herze,* v. *esteak,* s. v. *es. Und* de *undar?*
Une, g. b. *gune,* bn. endroit, lieu, moment. Le *g* bn. proviendra de *h,* ce qui donne *hune;* le *h* s'est perdu, comme presque toujours, dans les dial. g. et b. *Hune* sera formé de l'adv. *hun,* là. En lab. selon P. *gune,* signifie geste, maintien. *Gorputzearen guneak.* Le maintien du corps. *Gune itsusiak.* Gestes sales. En all. „stelle" signifie endroit, lieu; et „stellung" position. — *Ez naiz oroitzen une onetan,* g. Je ne me rappelle pas dans ce moment.
Gunez, bn. à la portée; de *gune-z.*
Guneka, bn. par quartiers; de *gune-ka.*
Une se retrouve encore dans quelques composés: *Aterrune, uspelgune, utsune* ou *hutsgune,* etc. Lardizabal écrit *aterrune* avec deux *r* (v. l'ex. s. v. *ateri*), ce qui nous paraît être une erreur, le mot étant formé de *ateri-une.*

Unha, unhe, l. las, fatigué. *Unhe da.* Il est fatigué.
Unhatu, unhatzen, l. *aunatu, aunatzen,* g. lasser.
Unhadura, l. lassitude; de *unhadu-ra.*
Le subst. verb. *unhatze,* a donné, croyons nous:
Oinhase, l. *oñaze,* g. *oinhazi,* bn. douleur. Le *i* du bn. sera pour *e; e* suivi de *a* devient quelquefois (toujours en biscaien) *i.*
Unhadura, v. *unha.*
Unhai, unhain, l. vacher. Comp. *urdain.*
Unhama, l. corde à prendre la baleine.
Unhatu, unhatze, v. *unha.*
Unhe, v. *unha.*
Unhide, l. bn. nourrice.
Unil, l. entonnoir; syn. de *imito.*
Unki, souche qui reste après que l'arbre est coupé. Mot d'O.
Untz, g. *huntz,* l. bn. *hontz,* l. lierre. Comp. *iltze* 2.
Untze, v. *iltze* 2.
Upa, v. *upel.*
Upel, g. *upa,* b. cuve. Comp. *dupela. Upa* du lat. *cupa?* avec chute de la gutturale, ce dont nous n'avons pas encore trouvé d'exemple bien établi. V. p. XI de l'introd. où nous citons *abi* de *cavia* en passant par *habi.* — La terminaison *el* est obscure.
Ur 1, g. *hur,* l. bn. noisette. Avec l'art. *urra,* la noisette.

Urritz, g. l. bn. noisetier. Pourquoi en l. et bn. sans *h?* La terminaison n'est pas claire; serait-ce pour *ur-aritz? aritz* dans le sens d'arbre. P. donne pour *haritz*, chêne, arbre. Pour la forme du mot il n'y aurait pas d'obstacle; en all. en angl. en holl. on dit de la même façon : nussbaum, nooteboom, appletree, etc. baum, boom, tree, signifient arbre. *Hurrak*, l. noisillier. P. (Noisille diminutif de noix).

Ur 2, g. b. *urbil*, l. *hurbil*, bn. près, proche, (V. p. XIV de l'introd. N. 131.) La terminaison *bil* est obscure. *Ahalik hurbillena*, le plus près possible; *hurbillena*, superlatif c. a. d. génitif de *hurbil*.

Urrean, g. *hurren*, l. près de, dans la proximité; de *urra-n;* comp. *aurrean, gibelean.* etc. Les mots en *l* et *r*, comme nous l'avons dit dans l'Essai, p. 49, note 1. intercalent un *e;* p. ex. *lurrean, gizonean, gañean.* P. cite *hurren* et le traduit par presque. *Ibil hurren da.* Il est presque mort. Presque et près de se tiennent; presque est formé de près que; en all. beinahe, de bei, chez et nahe, proximité. — La forme basque française est généralement *hurbil* avec ses dérivés; cependant P. cite encore *hurrena*, le plus proche; c'est le superlatif, c. a. d. le génitif de *hur*. *Apezak dira Jainkoaren hurren gizonak*. Les prêtres sont les hommes le plus près de Dieu. P. (modeste!)

Urko, g. l. *urreko, urrengo*, b. *hurreneko, hurrengo*, l. proche, voisin. *Zetako esaten dozu Paternosterraen urrengo Ave Maria?* b. Pourquoi dites-vous un Ave Maria, près (avec, après) du Paternoster? *Aide urkoak*, g. les proches parents. *Hunen hurreneko hitza*. La parole qui suit celle-ci. P. *Hurbillago tut* (*dut, t* pour *d* après la voyelle), *hortzak urkoak baino*. Mes dents me sont plus près que mes parents. P.

Urkotasun, l. proximité. P. De *urko-tasun.*

Hurrentsu. l. à peu près. P. De *hurren-tsu*. Nous n'avons pas d'exemple à citer, mais *hurren-tsu* doit être un adjectif.

Hurrentu, hurrentzen, l. *urhent, urhentu*, bn. achever, terminer. Le *t* final de *urhent* appartient à la terminaison; comp. *laket*. Le *h* initial se trouve par hyperthèse après *ur*.

Urreratu, urrezatuten, b. approcher.

Hurbildu, hurbiltzen, l. bn. approcher. *Eta ia Oliuatzetaco mendi ondora hurbiltzen cela.* Luc, XIX. 37. Test. Roch. Et lorsqu'il se fut approché de la descente de la montagne des Oliviers.

Ur 3, g. b. l. bn. eau. Un des très-rares mots en *r* doux, c'est-à-dire dont le *r* ne se double pas; *ura* l'eau. Dans les noms composés le *r* se perd presque toujours.

Urtu, urtzen, g. l. *hurtu*, bn. fondre.

Hurta, hurtatu, bn. arroser, mêler d'eau. *Arno hurtatu frango saltzen da ostatuetan.* Il se vend dans les cabarets du vin mêlé abondamment d'eau.

Urhatu, urhatzen, l. étendre.

Ubiziak, g. se dit des fortes marées à certaines époques de l'année. En esp. aguas vivas. De *ur-bizi*.

Ugaste, g. source; de *ur-haste* (de *asi*), origine-eau. Pour la permutation de *h* et *g*, comp. *iges = ihes; ego = eho; chingurri = chinhaurri; olgatu = olhatu;* Pour la chute de *r* v. plusieurs mots composés avec *ur* que l'on trouvera ci-dessous. Nous devons nous arrêter quelques moments à cette mutation de *h* en *g*, qui a fait le sujet d'un discussion entre M. de Charencey et M. Vinson (Revue ling. vol. v. p. 220). M. de Ch. ne peut croire à cette mutation que sur des preuves indiscutables. M. V. (même Revue, vol. 5. p. 12) pense que le *g* est un substitut naturel de l'*h*, qui s'est produit après la chute de *r*. D'ailleurs, ajoute M. de Ch., pourrait-on supposer que la forme dialectique *nigan*, in me, soit pour *nihan?* A cette observation M. Vinson répond que le *g* ne peut venir de *h*, puisque le suffixe du locatif n'est pas *an*, mais *n*, et par suite le *g* n'est pas euphonique; c'est l'initiale d'un suffixe spécial. — Nous ne pouvons admettre qu'en partie l'opinion de MM. V. et de Ch. Il ne peut y avoir de doute que le *r* de *ur* ne se perde; v. *ubiziak, usul, uholi*, etc. qui sont incontestablement pour *ur-biziak, ur-sul*, etc. La mutation de *h* en *g* est prouvée, croyons nous, par les mots composés avec *ur*. Même *nigan* est pour *nihan; ni-gan*, en moi; et *gan* pour *han*, v. *gan*. D'ailleurs l'objection de M. V. que le suffixe du locatif est *n* et non *an*, n'est pas concluante. Le suffixe du locatif n'est jamais, autant que nous sachions, uni à un pronom purement et simplement; c'est toujours par l'intermédiaire d'un autre suffixe, soit *baith* (*baithan*), soit *ta* (*oyetan, zuetan*). — Il se trouvera sans doute des mots comme *ugo-tcho*, de *ur-otcho* (*otso*), où nous ne retrouvons plus le *h, hotcho;* mais l'orthographe basque n'est rien moins que correcte sous ce rapport, p. ex. *urhentu* de *hurrendu*, v. *ur* 2; *hurkari, hurolda*, etc. v. *ur* 3. V. encore *eri*.

Ugari, g. b. abondant; probablement de *ur-ari* 4. V. ce mot et ses dérivés s. v. *ugari*.

Ugarri, g. écueil; de *ur-harri;* v. *arri* 1.

Ugarte, g. île; de *ur-arte?* entre, au milieu de, l'eau.

Ugolde, g. *uholde*, l. *hurolde*, bn. déluge, torrent; de *ur-holde* pour *olde*. Le *h* en bn. se trouve où il ne devrait pas être, et n'est pas où il le faudrait.

Hurkari, bn. porteur d'eau; de *ur-hari*, v. *ari* 4. Pour la mutation de *h* en *k* v. Essai, Ch. II et l'introd. du dict. p. VIII.

Utorki, g. source; de *ur-toki*, avec transposition de *r?*

Ujayotz, g. source; de *ur-jayotz*.

Usul, g. avec l'art. *usulla*, seau; de *ur-sul* ou *suil* (*i* pour *l* mouillé).

Urzulo, g. mare; de *ur-zulo*.

Ubil, g. flux, fluide; v. *ubildu*.

Ubildu, *ubildutzen*, g. couler; de *ur-bildu*. Il nous semble que *ubil* vient de *ubildu*, comme *ahar* de *ahartu*.

Uharre, l. bn. torrent, ondée; syn. de *uholde* P.

Uharka, l. fleuve. P.

Uhaitz, l. bn. fleuve, rivière; de *ur* —?

Uhin, l. ondes.

Uhobi, l. embouchure, golfe, gouffre. P. De *ur-hobi*.

Urzilho, l. puit; de *ur-zilho*.

Urpetu, *urpetzen*, g. se noyer; de *ur-pe-tu*.

Uhillatu, *uhillatzen*, l. mouiller, tremper.

Ureztatu, *ureztatzen*, l. syn. de *uhillatu*. De *ur-z-ta-tu*.

Uherritzea, Troubler l'eau P.

Uhendil, l. insecte d'eau qui ressemble à l'araignée.

Ugatz, b. (?) mamelle, lait; syncope de *ugazenea*. Humboldt cite ce mot. (Bericht. etc. p. 19 s. v. *bularra*) Selon M. Mahn (Denkm. p. XXXIX) de *ur-atz*. Comme nous l'avons dit plus haut *g* est pour *h*, et *atz* est *hatz* encore de nos jours en lab. et bn.

Ugotso, g. *ugotcho*, l. brochet; de *ur-otso* ou *otcho*, pour *hotcho*.

Ur 4, v. *urhats*.

Urbil, v. *ur* 2.

Urchinch, bn. belette.

Urdai, v. *urde*.

Urdain, v. *urde*.

Urdal, g. estomac.

Urdatu, v. *urde*.

Urdalde, v. *urde*.

Urde, g. l. bn. cochon.

Urdai, g. l. bn. lard.

Urdain, l. porcher. P. De *urde-zain?* La chute de *z* nous est inconnue. Comp. *unhai*.

Urdalde, l. troupeau de porcs; de *urde-alde*.

Urdatu, bn. mot exprimant l'unité à laquelle sont réduits et comptés pour la dépense, les petits porcs s'introduisant dans les bois pour la consommation de la glandée. Sal.

Urdiñ, g. bleu. *urdin*, l. gris, moisi, — bn. gris. *Begi urdinak*. Yeux gris. De *ur-edin* pour *egin?* D pour *g* v. *atsegin* = *atseden*. Comp. *uher* et *uherlo*.

Urdindu, *urdintzen*, l. grisonner, moisir. *Ogi urdin du*. Le pain s'est moisi.

Urdinchak, l. potirons. P.

Urdindu, urdintze, v. *urdin*.

Ureztatu, ureztatze, v. *ur*, 3.

Urgaitz, urgaitzi, bn. Ménager quelqu'un par pitié. Selon P. aider. Comp. *urrikari*. *Ur* peut tenir de *urri*; la terminaison *gaitz* n'est pas claire.

Urgoi, bn. discret; — l. reproche.

Urhats, l. *urhax,* bn. pas. P. écrit *urrats,* mais il vaut mieux conserver le *h,* comme dans son synonyme *oinhats. Urhats* vient de *ur-hats,* exactement le holl. voetspoor, pied — vestige, trace. Nous n'avons trouvé nulle part le mot *ur,* mais déjà à l'article *orthuts* nous soupçonnions son existence. *Urhats* vient donc confirmer que *ur* ou *or* signifie pied.

Urhatska, l. *urhaxka,* bn. pas à pas; de *urhats-ka.*

Urhatska, v. *urhats.*
Urhatu, urhatze, v. *ur* 3.
Urhax, urhaxka, v. *urhats.*
Urhe, v. *urre.*
Urhent, urhentu, v. *ur* 2.
Uri, v. *euri* et *iri* 2.
Urin, bn. graisse.
Urinda, urindatu, graisser.
Uringatzgabe, sain-doux; de *uringatz-gabe.*
Urinda, urindatu, v. *urin.*
Uringatzgabe, v. *urin.*
Uritea, v. *euri.*
Uritsu, v. *euri.*
Urka, l. fourche; du lat. *furca* ou de prov. *forca;* la mutation de *o* en *u* est fréquente.

Urkatu, urkatzen, g. l. *urkhatu,* bn. pendre.

Urkabe, l. *urkabieta,* bn. potence. Le lab. de *urka-abe.*

Urkagia, bn. lieu où l'on pend; de *urka-tegi.*

Urkabe, v. *urka.*
Urkabieta, v. *urka.*
Urkagia, v. *urka.*
Urkatu, urkatze, v. *urka.*
Urkhatu, v. *urka.*
Urki, g. bouleau.
Urko, urkotasun, v. *ur* 2.
Urlia, v. *sandia.*
Urpetu, urpetze, v. *ur* 3.
Urra, v. *urratu.*
Urragia, v. *urratu.*
Urraida, g. cuivre; de *ur-rea-ide.*
Urrapen, v. *urratu.*
Urratu, urratzen, g. b. l. *urra, urratu,* bn. déchirer, rompre. *Irriz urratu gara.* Nous avons crevé de rire. P. *Argi urratzea.* La pointe du jour P.

Urrapen, g. rupture; de *urrapen. Urra* ne se trouve pas pour le moment.

Urragia, bn. déchirure; de *urra-egina.*

Urre, g. l. *urhe,* bn. or.
Urrean, v. *ur* 2.
Urreko, v. *ur* 2.
Urrengo, v. *ur* 2.
Urreratu, urreratute, v. *ur* 2.
Urretatu, v. *ur* 2.
Urri, g. rare. — l. pressé, serré. — bu. lent. Il n'est pas clair comment ces trois acceptions différentes sont indiquées par le même mot; surtout pressé et lent. — *Bestetik zuen artean chit urria daleka.* Lardiz. D'un autre côté puisqu'il (livre) est très rare parmi vous. — La signification de rare, parcimonieux, se retrouve dans *zur, chur, chukur,* qui, peut-être,

n'est après tout qu'un diminutif de *urri* Le *i* serait la caractéristique de l'adj. verb.

Urriki, bn. avec lenteur; de *urri-ki*.

Urria, v. *urilla*.

Urricha, bn. femelle des quadrupèdes. — l. génisse. P.

Urrikal, v. *urrikari*.

Urrikalmendu, v. *urrikari*.

Urrikalsu, v. *urrikari*.

Urrikaltu, v. *urrikari*.

Urrikaltze, v. *urrikari*.

Urrikalkizun, v. *urrikari*.

Urrikalsu, v. *urrikari*.

Urrikari, l. bn. qui excite la compassion, qui fait pitié; de *urrihari* (v. *ari* 4.) Pour la mutation de *h* en *k* v. l'essai Ch. II, et l'introd. du dict. p. VIII. *Urrikari zaitut*. J'ai pitié de vous. P. — *Urri* ne se trouve que dans les composés; jusqu'à présent nous ne l'avons pas trouvé seul.

Urrikaltu, urrikaltzen, l. bn. avoir compassion; de *urrikari-du*, comme *afaldu* de *afari*, *auhaldu* de *auhari*, etc. *Urrikaltzen zaizkit*. J'ai compassion de vous P.

Urrikal, g. l. bn. Ce mot ne se présente qu'accompagné de l'auxiliaire. *Urrikal zayo*, g. Il a pitié de lui. *Urrikal nakizu*, l Ayez pitié de moi. *Urrikal* dérive de la forme verbale *urrikaltu* comme *ahar* de *ahartu*.

Urrikalmendu, l. pitié, compassion; de *urrikal-mendu*.

Urrikalkizuna, l. digne de compassion; de *urrikal-kizuna*, bien que *kizun* corresponde généralement à : après avoir. *Orduan zinez zinateke onbehar, ondikozko eta urrikalkizun.* Ax. p 592. a. éd. 424. n. éd. Alors vous vous croirez misérable, affligé et digne de compassion.

Urrikalsu, l. pitoyable; de *urrikal-tsu*.

Urriki, l. bn. repentir, regret. — g. compassion; de *urri-kide*; con-passion? en admettant pour le moment que *urri* signifie passion (souffrance). *Urriki dut*. J'ai regret.

Urrikimendu, l. repentir, contrition; de *urriki-mendu*.

Urrikitu, urrikitutzen, g. avoir compassion.

Urriki, urrikitu, urrikitzen, l. bn. se repentir. *Urrikitzen zait*. Je me repens.

Urgaitz, urgaitzi, v. ce mot.

Urriki, v. *urri* et *urrikari*.

Urrikimendu, v. *urrikari*.

Urrikitu, v. *urrikari*.

Urrikitutze, v. *urrikari*.

Urrikitze, v. *urrikari*.

Urrila, g. *urria*, g. bn. le mois d'octobre. La terminaison est *illa*; Qu'est-ce que *urri* ou *ur* ?

Urrin, l. bn. odeur. *Lurrin*, g. haleine, vapeur. *Ussain onezco urrinetan*. Eph. V. 2. Test. Roch. Eu odeur de bonne senteur.

Urrin, urrindu, bn. prendre une mauvaise odeur.

Urrinda, urrindatzen, bn. flairer. — l. parfumer.

Urrinda, v. *urrin*.

Urrindatze, v. *urrin*.

Urrindu, v. *urrin*.

Urririk, v. *ururik*.

Urriñ, v. *urruti*.

Urritz, v. *ur* 1.
Urruiti, v. *urruti*.
Urrun, v. *urruti*.
Urrundari, v. *urruti*.
Urrupa, l. gorgée.
Urrupatu, urrupatzen, l. avaler à gorgées.
Urrupatu, urrupatze, v. *urrupa*.
Urrupitcha, l. espèce d'herbe.
Urruti, g. *urriñ*, b. *urrun*, b. l. bn. *hurrun*, l. loiu. En lab. on trouve aussi *urruiti*. *Urruititik ikusten du*. Ax. 391. Il voit de loin. *Joan da etchean urruiti*. Il a passé par la maison. P. *Eta hura oraino urrun cela ikus zezan bere aitac*. Luc, XV. 20. Test. Roch. Et comme il était encore loin, son père le vit.
Urrundari, bn. voix ou son qui se fait entendre de loin.
Ursain, v. *urzinz*.
Ursaiztea, v. *urzinz*.
Ursapal, v. *uso*.
Urt. Nous n'avons trouvé ce mot que dans le composé *urtaize*, g. b. vent d'est; de *urt-aize*. D'où vient *urt*?
Urtaize, v. *urt*.
Urtarilla, g. b. *urtharilla*, l. *urtharila*, bn. le mois de janvier; de *urtar-illa*. Qu'est-ce que *urtar*?
Urte, g. b. *urthe*, l. bn. année. *Urthe oroz, urthe guziez*. Tous les ans. *Urte guzian gerta ezedina, bethirekian (begi-irekian, t* pour *g*, le *h* introduit). Ce qui n'arrivera durant toute l'année, arrive parfois en un clin d'oeil. Prov. 471 d'O.

Aurten, g. b. *aurthen*, l. bn. cette année; de *urte-n?* mais d'où vient le *a* initial?
Urthax, bn. premier jour de l'an; de *urthe-haste*. Cette déplorable orthographe de *x* pour *ts* obscurcit ici entièrement la métathèse de *ts* pour *st*.
Urthaburu, l. bout de l'an P.
Urthaur, l. enfant de l'année.
Urthume, l. rejeton d'arbre.
Urten, urteten, v. *irten*.
Urtha, urthatu, bn. rouir, en parlant du lin.
Urthaburu, v. *urte*.
Urtharilla, v. *urtarilla*.
Urthaur, v. *urte*.
Urthax, v. *urte*.
Urthe, v. *urte*.
Urthume, v. *urte*.
Urtu, v. *ur* 3.
Urtza, l. ais, table (planche). P.
Urtze, v. *ur* 3.
Urun, v. *iriñ*.
Ururik, l *urririk*, bn. gratuitement; de *uru* et *uri-ik* avec *r* euphonique; mais qu'est-ce que *uru, urri*?
Urzainz, v. *urzinz*.
Urzekitea, conduire, accompagner. Mot d'O. selon P.
Urzilho, v. *ur* 3.
Urzindu, v. *urzinz*.
Urzinz, g. *ursain*, l. *urzainz*, bn. éternûment. Le nom verbal est *ursain egin*; selon Larr. *urzindu*. Est-ce que *ursain* ne serait pas déjà *urs-ein*, pour *egin* bien que *urs* ne se trouve pas. P. cite encore *ursaiztea*, éternûment; c'est

un subst. verb. défini: l'éternuer.
Urzo, v. *uso*.
Urzoapal, v. *uso*.
Urzobelhar, v. *uso*.
Urzokari, v. *uso*.
Urzulo, v. *ur* 3.
Usai, v. *usan*.
Usain, v. *usan*.
Usaindatu, v. *usan*.
Usaindatze, v. *usan*.
Usaindu, v. *usan*.
Usaintze, v. *usan*.
Usan, usai, g. *usain*, l. bn. odeur. — b. puanteur.
Ahal usain, l. bâillement. Cette expression est obscure; *ahal* viendra de *ao*, bien qu'il soit difficile d'expliquer la présence de *l*.
Usaindu, usaintzen, l. devenir puant. P.
Usaindatu, usaindatzen, l. parfumer. P. — bn. flairer, syn. de *urrinda*.
Usandu, usantzen, g. sentir. En guip. sentir, verb. actif se conjugue avec *izan*.
Usna, l. odorat.
Usandu, v. *usan*.
Usantze, v. *usan*.
Usanza, l. bn. *usaya*, g. bn. usage, habitude.
Usapal, v. *uso*.
Usaya, v. *usanza*.
Usena, b. sangsue; syn. de *izai*, l. De *uts-eina* pour *egina*. En bisc. *egin* perd généralement le *g*. Ainsi la videuse; le Grec dit bien la suçeuse; le Russe la buveuse. V. Pictet, Or. Indo-Europ.
Uske, l. millet. P.

Uski, l. *uzki*, bn. cul. Il nous semble de *uts*, vide. Ce qui est vide est creux; creux en holl. „hol" signifie creux et cul. La terminaison *ki* n'est pas claire; peut-être de *gai*
Uzker, bn. pet; de *uski?*
Uzkornoki, bn. cul; de *uski?*
Uzkal, uzkali, uzkaltzen, bn. renverser. Il nous semble de *uzki-ali* pour *ari*. V. *afaldu*.
Uskurtu, uskurtzen, l. se courber. Ne serait-ce pas de *uzki-kurtu* (v. *gur*), en prenant *uzki* dans un sens plus général de reins?
Usna, v. *usan*.
Uso, g. l. *urzo*, bn. palombe, pigeon. Il est probable que *uso* a perdu le *r*.
Usokume, l. pigeonneau; de *uso-hume*. Pour la mutation de *h* en *k*, v. l'introd. du Dic. p. VIII.
Usotegi, l. pigeonnier; de *uso-tegi*.
Usapal, l. *urzo apal*, l. tourterelle. O. écrit *ursapal* selon P.
Urzobelhar, bn. herbe qui ressemble au trèfle.
Urzokari, bn. chasseur de palombes; de *urzo-hari* (v. *ari* 4). Pour la mutation de *h* en *k*, v. l'introd. du dict. p. VIII.
Usokume, v. *uso*.
Usotegi, v. *uso*.
Uspel, bn. meurtrissure, contusion. — l. la noirceur causée pas une contusion. Nous nous sommes demandé s. v. *ospel*, si ce mot dériverait de *otz-bele*. Nous croyons plutôt que *ospel* est une variante de *uspel* et que *uspel*

est pour *uts-bele*, vide ou trou noir.

Uspeldu, uspeltzen, l. bn. meurtrir; de *uspel-du.*

Uspelgune, bn. enfoncement dans les landes, abri contre le soleil et le vent, de *uspel-gune.*

Uspelgune, v. *uspel.*

Uspeldu, v. *uspel.*

Uspeltze, v. *uspel.*

Ustai, v. *uztai.*

Uste, g. b. opinion, attente, espérance. — 1. opinion. — bn. croyance. En g. b. l. *uste* est invariable, et uni à l'auxiliaire *det*, etc., correspond à : je pense, il me paraît. *Uste det, dut* ou *dot.* Je pense; litt. j'ai opinion. — *Bere* ou *nere ustez.* Selon son ou selon mon opinion. M. Salaberry prend *uste* pour un nom verbal dont *sinhex* est le présent de l'indicatif!

Ustegabe, g. b. bn. inadvertance de *uste-gabe.*

Ustekabez, ustekabean, g. *uste gaberik,* 1. *uste gabez,* bn. sans y penser, par inadvertance; de *ustegabe-z* et *ik.* K pour *g* v. Essai, Ch. II.

Ustekeria, bn. croyance tenant du doute (?) Sal. La forme de ce mot (*uste-keria*) indiquerait plutôt crédulité.

Usteketa, g opinion; de *ustehetan* avec chute de *n* final, comp. *arrai* 2. *Banagoka gezurtatzen dituzula Erdaldunen ta Euskaldunen usteketa charrak.* Lettre de Larr. à Mendiburu. Il importe que vous démentiez les mauvaises opinions des étrangers et des Basques.

Ustegabe, ustegabez, v. *uste.*

Ustei, v. *uztai.*

Ustekabean, ustekabez, v. *uste.*

Ustekeria, v. *uste.*

Ustel, v. *uts.*

Usteldu, v. *uts.*

Ustelkor, v. *uts.*

Usteltasun, v. *uts.*

Usteltze, v. *uts.*

Uster, 1. bn. fragile, facile à rompre, tendre, l'opposé de coriace. Axular écrit *uxter.* Peut-être une variante de *ustel,* pourri. Pour la permutation de *l* et *r*, v. *juale.* *Hari haur usterra da.* Ce fil est peu solide. Sal.

Ustu, ustutze, v. *uts.*

Usul, v. *ur* 3.

Utkitzea, l. le goût. *Zein baitira ikustea, dastatzea, enzutea, usnatzea eta utkitzea.* Ax p. 391. a. éd. 204. n. éd. Qui sont la vue, le toucher, l'ouie, l'odorat et le goût.

Utorki, v. *ur* 3.

Uts, g. b. *huts,* l. *hux,* bn. vide; seul, pur. Pour rendre compte des dernières acceptions (dont les exemples ci-dessous), il faut examiner le nom verbal *utzi,* laisser, cesser, que nous trouvons partout avec *z,* excepté chez Pouvreau, qui écrit dans son dictionnaire *utsia,* délaissé, mais par contre *utzitea,* laisser. Il est superflu de faire remarquer qu'il n'avait pas la plus légère idée que *huts* et *utsi* pussent avoir une origine commune. Quoique nous trouvions *utzi* avec *z* dans le Test. de la Rochelle, chez Larramendi, chez M. Salaberry et chez Pouvreau, si l'on veut, il nous semble que *utsi* est l'adj. verbal de *uts* (*uts-i*), et ainsi devrait s'écrire *utsi*, laisser. Nous pouvons tracer clairement, croyons nous, les différentes acceptions de *uts*, qui signifie primitivement vide; puis délaissé (maison vide ou délaissée), seul (du pain seul, rien que du pain, *ogi utsa*); pur (*ogi huts*, l. du pain pur; c. a. d. seul, sans mélange, pur.) Seul a précédé pur. Seul a dû être appliqué d'abord a la quantité (seul), puis à la qualité (pur).

A l'article *ich*, nous n'avons pas voulu décider la question d'identité des deux noms verbaux *ichi* et *utzi* (v. *ich*) et nous croyons avoir bien fait. Il nous semble aujourd'hui que l'adj. verb. bisc. *ichi*, *itzi*, laissé, cessé, vient de *ich*, et n'a aucun rapport, malgré la ressemblance, avec *utzi*. Le bisc. a donc perdu la signification primitive de *ich*, fermé, et n'a gardé que la signification secondaire de „laisser, cesser. Comme nous l'avons déjà dit l'ital. firmarse, s'arrêter, vient du latin firmar dont le sens propre était" arrêter". Arrêter, cesser, laisser se tiennent.

Nous ne changerons rien à l'orthographe, mais nous placerons *utzi*, ici, puisqu'il ne nous semble plus douteux que *utzi* dérive de *uts*.

Uts ou *huts* ou *hux* signifie donc vide; seul, pur. Comme substantif: faute, erreur; v. l'ex. s. v. *indak*. — P. écrit *hutz*, dans son Guir.

Dotrina qui date de 1656. *Hutz berean errortzen da, nork ere.* Il tombe dans la même faute, quiconque... Dans son dict. qui a paru plus tard, P. écrit *huts*. Ceci montre une fois de plus combien peu l'orthographe était fixée. *Arno huts*, l. vin pur. *Ogi huts*, l. pain pur. *Ogi utsa*, g. Seulement du pain. *Gezur hutsez*, l. Par pure vanterie. — En all. on se sert indifféremment de „vide" et de „pur". Das ist lediglich (vide) unsinn. Das ist reiner (pur) unsinn. C'est du verbiage tout pur.

Ustu, ustutzen, g. *hustu* ou *hutstu, husten*, l. *huxt, huxtu*, bn. vider. La transposition de *s* et *t* ou *z* est très fréquente; comp. *gaitz, gaistakeria; erautsi, erausten*, etc.

Utsarte, l. espace, loisir. P. De *uts-arte*.

Utsune, g. *hutsgune*, l. manque, défaut; de *uts-une*. *Dezuten utsunea ez du, nai bezala, betetzen.* Lardiz. Ne comble pas, comme il le fallait, le manque que vous (en) aviez. Le lab. a conservé la signification propre. Selon P. c'est „le lieu où il y a danger de manquer ou faillir"(?) *Eztu bazterrik, eztu huts-gunerik, guztia da bethea.* Ax. p. 592, a. éd. 424 n. éd. Il n'y a pas de recoin, pas d'endroit-vide, tout est plein. (c. a. d. tout ce corps est plein de douleur).

Hutsegin, l. bn. *huxegin*, bn. manquer, faire une faute, offenser. *Bidea hutsegin du.* Il a manqué le chemin. P. *Aita huts eguin diat ceruaren contra.* Luc, XV. 21. Test. Roch. Mon père, j'ai péché contre le ciel.

Utsegite, g. b. faute. C'est le subst. verb. de *utsegin. Oh! zein utsegite andija gurasuena galduten bada seña eureen erruz!* Oh! quelle grande faute des parents si l'enfant est perdu par leur faute. Moguel.

Utsaldi, g. manque, défaut; de *uts-aldi.*

Usteldu, usteltzen, g. b. *ustel, usteldu, usteltzen,* 1. bn. pourrir; de *uts-el,* avec métathèse de *t* comme dans le nom verbal *ustu,* vider. Le bn. *hux* a donné *ustel* tout comme les autres dialectes; le *h* s'est donc perdu et le *x* a été converti en *st.* Comp. *urthax.* Nous n'avons pas la prétention de changer l'orthographe; mais on avouera qu'il est temps que ce désordre finisse. — P. cite aussi *busteldu*; nous ignorons d'où vient le *b* qui paraît être préfixé; comp. *buztarina* et *buztino.*

Usteltasun, g. b. corruption; de *ustel-tasun.*

Ustelkor, b. périssable; de *ustel-kor.*

Uchada (mieux *utsada*) l. dyssenterie. *Da* est probablement la 3ᵐᵉ pers „il est". Nous avons entendu dire „va-vite" pour diarrhée. Euphémisme enfantin, il est vrai; mais qui prouve comment les mots se forment.

Utzi.

Utzi, uzten, utziten, g. *utsi, utsten* ou *utzten* ou *utziten,* l. *utz, utzi, utziten,* bn. laisser, cesser, abandonner; de *uts-i,* (laissé) adj. verbal; v. ce que nous avons dit ci-dessus, s. v. *uts.* — Le bisc. *ichi, ichiten* ou *itzi, isten,* laisser, cesser, doit être placé s. v. *ich*; ainsi que l'exemple qui suivra. — *Erran ceçan bada Jesusec, utzi eçac ene sepultura eguneco hori beguiratu dic.* Jean XII: 7. Test. Roch. Mais Jésus lui dit: laisse-la faire, elle l'a gardé pour le jour de ma sépulture. *Baina urte osuan egon biar baleu jokuari ichi bagarik,* b. Mais s'il fallait jouer une année entière sans cesser. *Bere lanari etzion utzi,* g. Il ne laissa, cessa, pas son travail. *Utzazu guziak eta kauzitako tutzu guziak.* Chourio. p. 225. Laissez tout et vous trouverez tout. Ax. écrit *utzten.* P. *utziten* et *utstea,* dans son dict. — *Ordea bat ere eta nehoiz ere, bekaturik egin gabe egoiteko gogo deliberatua perseveratzeko firmetasuna, geroko utzten dute.* Ax. p. 466. a. éd. 543. n.éd. Mais personne, ayant pris envie de vivre sans péché, (et ayant pris) la résolution de persévérer, ne l'abandonnera jamais plus tard.

Norc ere utziten baitu bere emaztea. Luc. XVI: 18. Test. Roch. Quiconque abandonne sa femme.

Utziera, g. abandon; de *utzi-era.*

Utsa, v. *uts.*

Utsaldi, v. *uts.*

Utsarte, v *uts.*
Utsegin, v. *uts.*
Utsegite, v. *uts.*
Utsi, v. *uts.*
Utsik, v. *uts.*
Utsio, mangeoire de boeuf. Mot d'O. selon P.
Utste, v. *utzi* s. v. *uts.*
Utsune, v. *uts.*
Utz, v. *utzi* s. v. *uts.*
Utzi, v. *utzi,* s. v. *uts.*
Utzite, v. *utzi,* s. v. *uts.*
Utziera, v. *utzi,* s. v. *uts.*
Utzte, v. *utzi,* s. v. *uts.*
Uxter, v. *uster.*
Uxu, aveugle, variante de *ixu.*
Uzkal, uzkali, v. *uski.*
Uzkaltze, v. *uski.*
Uzker, v. *uski.*
Uzki, v. *uski.*
Uzkornoki, v. *uski.*
Uzkur, g. l. irrésolu, — bn. récalcitrant. Comp. *uskurtu;* le bn. s'expliquerait ainsi; se courber pour résister.
Uzkurtasun. g. l. irrésolution ; de *uzkur-tasun.*
Uzkurtasun, v. *uzkur.*
Uzta, g. bn. récolte.

Uztailla, g. b. l. *uztalla,* bn. le mois de Juillet, de *uzta-illa*
Uztai, g. *ustai,* l. *ustei,* bn. arc, cercle (d'un tonneau).
Uztargi, g. arc-en-ciel; de *uztai-argi.*
Uztailla, v. *uzta.*
Uztalla, v. *uzta.*
Uztar 1, l. ruade, coup de pied. *Zamariaren uztar.* Coup de pied de cheval. P.
Uztar 2. uztartu, bn. v. *uztarri.*
Uztargi, v. *uztai.*
Uztarhede, v. *uztarri.*
Uztarina, l. v. *buztarina.*
Uztarri, g. bn. joug. En bn. aussi *buztarri.* Nous ignorons comment ce mot est formé. Est-ce que *buz* pourrait être pour *buruz,* de tête? et le nom verb. *burustartu,* pris par la tête, au lieu de *uztartu?*
Uztar, uztartu, bn attacher au joug.
Uztarhede, bn. courroie du joug. de *uztar-hede.*
Uztartu, v. *uztarri.*
Uzte, v. *utzi,* s. v. *uts.*
Uzterina, v. *buztarina.*

Y.

Nous avons adopté *j* initial à l'exclusion de *y* (v. *J*). Continuer à écrire comme la Vieuxville et de nos jours comme M. Archu et d'autres *jaun* et *yaun*, nous semble du désordre. Nous avons conservé le *y* dans la syllabe finale suivie d'une voyelle; là il provient de *i*, précédé d'une voyelle, *amorrai* fait *amorraya*; *lai* fait *laya*; *gei* fait *geyago*; là aussi l'*y* a sa raison d'être, du moins en guip; il ne se prononce plus comme y dans ayant, mais avec ce son, que nous appellerons mouillé; le son dj hongrois ou die dans Dieu.

Cette orthographe a l'avantage de ne pas être une innovation que nous aimerions introduire, ni d'appartenir spécialement au dialecte guipuzcoan. Pouvreau qui se sert invariablement de *J* initial (ou *i*) emploie le *y* comme nous le proposons. Il écrit *baya* de *bai*, tache; *natzayo*, etc. En guip. ce son mouillé est rarement (jamais?) initial; mais on le trouve en lab. et bisc., ce qui a produit une double orthographe, tantôt *j* ou *y*, tantôt *d*; p. ex. *dostatu*, *jostatu*, que l'on prononce en Labourd avec le son mouillé. *Deitzi*, l. bn. traire, vient de *jachi* et doit cette orthographe au son mouillé du *j* initial en lab. Il serait donc mieux d'écrire ces mots avec *y*. Pour le moment le nombre nous a semblé trop insignifiant pour établir cette différence; mais cela devra se faire quand la liste des mots bisc. et lab. sera plus complète.

Z.

Z, g. b. l. bn. Ce suffixe est de tous les dialectes et correspond à : de, par, à, avec. *Zaldiz*, à cheval; de *zaldi-z*. *Buruz*, par coeur; de *buru-z*. Quand le mot auquel il est joint finit par une consonne, il faut, comme toujours dans ces cas-là, intercaler le *e* de liaison. *Zillarrez*, d'argent; de *zillar-z*. Le *r* est doublé puis qu'il est dur. *Danez*, comme étant; de *dan-z* plus le *e* de liaison. *Dan* est pour *da-n*, qui ou que est; litt. pour que est.

Jakiñ ez ezen, irakurri ere badet oarrez (de *oar-z*, et *r* redoublé puis qu'il est dur), *ta arretaz* (*arreta-z*) *zure eskuskribatua; eta ikusiaz* (*ikusia-z*) *ta erabilliaz* (*erabillia-z*) *are geyago ezagetu det lan onen anditasuna*. Lettre de Larr. à Meud. Non seulement je sais, mais j'ai lu avec attention et avec soin votre manuscrit et par la vue et par la —? je connais mieux la grandeur de votre travail. *Eta nor berearekin irten nayez*. Lardiz. Et chacun voulant sortir (litt. par le vouloir, *nai-z*) avec ce qui était à lui. Ce suffixe se trouve souvent uni au suffixe *ko*: *zillarezko*, d'argent.

Z se trouve quelquefois uni aux terminaisons verbales; p. ex. *Badakizu gertatuko danz? Danz* est ici pour *dan edo ez*. Savez-vous s'il est arrivé ou non? C'est ainsi que Lardizabal l'explique dans sa grammaire p. 70. — Quand nous voyons le bisc. *biar dot*, je dois, il me faut, devenir *biot*, il nous semble qu'on peut admettre aussi la syncope *z* pour *edoz*.

Zaako, v. *zagi*.

Zaar, v. *zar*.

Zabal, g. b. l. bn. large, plat. *Olgeeta guztien artian lekurik zabalena*. Bartolome. La plus large place parmi tous les amusements.

Zabaldu, zabaltzen, g. b. l. bn. élargir, étendre. — g. bn. ouvrir.

Zabaltasun, l. bn. largeur; de *zabal-tasun*.

Zabaldura, g. l. ouverture, élargissement; de *zabel-dura*.

Zapaldu, zapaltzen, g. écraser. Rendre plat, peut avoir pris la signification d'écraser; mais *zapaldu* pourrait être une variante, de *zapatu*, et être formé de *zapa-ari-du*, comme *bazkaldu*.

Chabal, bn. diminutif de *zabal*; v. *ch*.

Chahal, chabaldu, bn. aplatir.

Zabaldu, v. *zabal*.

Zabaldura, v. *zabal*.

Zabalera, g. espèce de poisson de mer, d'aumoins un mètre de long

Zabaltasun, v. *zabal*.

Zabaltze, v. *zabal*.

Zabar, g. 1. indifférent, lent.

Zabarkeria, g. indifférence; de *zabar-keria*.

Zabartu (?) *zabartzen*, l. devenir lent, ralentir. *Begirautzue (begira-auzu) orduan zabartzetik nagitzetik, eta ez antsiatzetik*. Ax. p. 188. a. éd. 50. n. éd. Gardez-vous de la lenteur, de la paresse, et de l'insouciance. — Ces noms sont en basque des noms verbaux; *zabartzetik*, du ralentir; etc.

Zabarkeria, v. *zabar*.

Zabartze, v. *zabar*.

Zafarda, zafardarako, l. coup. *Orduan ustez ezen egiaz minzo zen, behatu zuen gibelat eta bitarte hartan eman zioen bere bethea, eman zioen zafardarako eder bat*. Ax. p. 469. a. éd. 546. n. éd. Alors croyant qu'il disait vrai, il regarda en arrière, et dans ce temps, il (c. a. d. l'autre) lui donna son plein (en holl. nous disons la pleine râclée) il lui donna un coup. — Ce mot n'est probablement pas basque; comp. *zafla*.

Zafla, l. soufflet; comp. *chafla*. Peut-être du fr. gifle.

Zafla, zaflatu, bn. se battre. P.

cite *zaflakatu*, se battre à coups de poing. De *zafla-ka*.

Zaflatu, v. *zafla*.

Zagi, g. *zahagi*, l. bn. outre. P. cite encore *zahato, zahako, zaako*.

Zagoz, zagoze, v. *zaude*.

Zahagi, v. *zagi*.

Zahako, v. *zagi*.

Zahalburu, bn. véron à tête plate. Sal. Vairon est un petit poisson de rivière. Littré, D. Ne serait-ce pas pour *zabal-buru*?

Zahalo, bn. *zaharo*, l. verge, gaule.

Zahamiola, l. haut-bois. P. Corruption de chalumeau? Comp. *charamella*.

Zahar, v. *zar*.

Zaharo, v. *zahalo*.

Zahartasun, v. *zar*.

Zahartu, v. *zar*.

Zahartze, v. *zar*.

Zahato, v. *zagi*.

Zahi, v. *zai*, 1.

Zai 1. g. *zahi*, l. bn. son, poussière des céréales. P. écrit *sahi*.

Zai 2. g. *zain*, b. l. bn. garde, gardien. En guip. *zai* n'est en usage que dans les mots composés, comme *arzai*, etc.

Zaitzalle, g. gardien; de *zai-tzalle*.

Zaitzari, g. gardien; de *zaitze* (nom verb.) et *ari* 4.

Zaitu, zaituzten, g. soigner.

Zaindu, zaintzen, g. l. bn. garder, veiller à.

Etsai, g. l. ou *etzai* comme l'écrit Larr. dans le supplément de son dictionnaire; *exai*, bn. ennemi; de *ez-zai*, puisque *z* devant *z* devient *t*; *etzan* pour *ezzan*, v. Essai,

Ch. II. Ainsi litt. non-gardien. Nous avons en holl. des formes analogues, p. ex: ondier, monstre; de on négation et dier, animal; onmensch, homme dénaturé, monstre, de on et mensch, homme. En basque il y a *ezdeus* qui est formé exactement comme *etsai*.

Etsaitasun, g. l. *ezaintasun*, b. inimitié; de *etsai-tasun. Amodijo nasaijen ezaintasuna.* Moguel. Le tort des amours relâchées.

Etsaigo, l. *exaigo*, bn. inimitié; de *etsai-go;* adj. employé substantivement.

Zail, g. b. bn. *sail*, l. coriace, ferme, résolu; se dit de quelqu'un de fort qui supporte bien la fatigue. — g. difficile.

Zain, v. *zai* 2. et *zañ*.

Zaindu, v. *zai* 2.

Zaintze, v. *zai* 2.

Zaitu, v. *zai* 2.

Zaituzte, v. *zai* 2.

Zaitzalle, v. *zai* 2.

Zaitzari, v. *zai* 2.

Zaka, zake, b. syn. de *gabe*. Lardizabal s'est servi de *tzaka*, mais ce mot ne paraît pas être du Guipuzcoa.

Zakar, g. l. *sakar*, l. *zakhar*, bn. Selon P. balle de blé, syn. de *ahotz;* croûte de teigne. Selon Sal. croûte qui se fait sur la peau. En Guip. en général une petite saleté, croûte ou poussière, qui se trouverait p. ex. dans la soupe ou dans le vin, etc. Comme adj. *zakar* signifie dur, mauvais en guip. *Gizon zakar bat*. Un homme dur.

Sakartsu, l. teigneux; de *sakar-tsu*.

Zakhar, zakhartu, bn. devenir croûte.

Chakhar, diminutif de *zakhar,* v. *ch.*

Zake, v. *zaka*.

Zakel, g. grenouille; syn. de *igel*.

Zakhar, v. *zakar*.

Zakhartu, v. *zakar*.

Zakhur, v. *zakur*.

Zakil, l. *idi zakilla*, nerf de boeuf. P.

Zakon, v. *zoko*.

Zakur, g. *chakur*, l. *zakhur*, bn. chien. La forme lab. est au fond un diminutif.

Chakur, g. *chakhur*, bn. dimin. de *zakur;* v. *ch.*

Zalants, g. vacillation; doute, suspens.

Zalaparta, g. grand bruit.

Zaldain, bn. pont étroit en bois d'une seule pièce pour passer les ruisseaux.

Zaldar, b. selon O. furoncle, clou.

Zaldi, g. b. l. bn. cheval. M. Sal. dit „monture de bête chevaline ou asine, mâle ou femelle".

Zamari, est traduit par cheval. Nous ignorons quelle est l'acception généralement admise aujourd'hui; mais dans le testament de la Rochelle *zaldi* est cheval. — *Ehun saldik ehun salloki behar.* A cent chevaux il faut cent selles. Prov. 127· d'O.

Zoldiz, l. à cheval; de *zaldi-z*.

Zaldun, l. cavalier, gentilhomme. P. A Guéthary on dit *zaldidun;* de *zaldi-dun*.

Zaltoki, l. selle; de *zaldi* — ?

Zaldo, l. *saldo*, bn. troupe, groupe. Comp. *Talde*. La permutation de *z* ou *s* en *t* nous est inconnue. *Zaldo* dérive peut-être de *zaldi*, à peu près comme cavalcade de caballus et aura pris plus tard l'acception générale de troupe. — *Gizon zaldo*, troupe d'hommes.

Zaldun 1. v. *zaldi*.

Zaldun 2. P. cite: *zaldun ihaute*, dimanche gras. Qu'est-ce que *zaldun?*

Zale 1. g. b. *zalhi*, bn. *salhe*, l. cuillière en bois ou en fer. — bn. roue de moulin en bois qui met l'usine en action. Sal.

Zale 2. g. b. l. bu. porté à, qui aime une chose. P. écrit *sale*, mais on prononce en lab. toujours *zale*. *Erdi gauzak ezta sale*. Il n'aime pas la moitié des choses. *Gale* est probablement une autre forme (primitive?) pour *zale*. Pour la permutation de *g* et *z*, v. *zapar=gapar; itozin=itogin*, et aussi *karraka*.

Zaletu, zaletzen, g. b. (avec *izan*) avoir envie.

Zale se trouve comme terminaison d'un grand nombre de noms, pour indiquer celui qui fait ou qui aime à faire l'action: p. ex. *nekazale*, ouvrier; de *neke-zale; eginzale*, faiseur, créateur; de *egin-zale*. Employé comme terminaison *zale* est souvent écrit *tzalle*, (chez P *tçaille*); p. ex. *ontzalle*, bienfaiteur; *saltzaille*, vendeur, traître. Plusieurs de ces mots cependant pourraient être formés du subst. verbal avec la terminaison *ille* ou *ile*, syncope de *egille* pour *egin-le* (puisque *n* s'élide devant *l*). Ainsi *apaintzaille, saltzaille*, sont peut-être formés de *apaintza* (pour *apaintzea*, comp. *aditza*) et *ille*, et *saltza-ille*. Quoiqu'il en soit *zale* existe comme terminaison, v. les exemples ci-dessus. La différence entre les terminaisons est peut-être indiquée par les *l* mouillés; mais d'un autre côté cette distinction n'est pas toujours certaine; comp. *ile*, bn.=*ille*, g. *hila*, bn. mort, *illa*, g.

Zaletu, v. *zale* 2.

Zaletze, v. *zale* 2.

Zalge, bn. vesce; plante.

Zalhi, v. *zale* 1.

Zalhu, bn. souple. P. écrit: *salhua, çalua* et *çaulia*; puisqu'il écrit généralement *u* pour *b* (*çauala* pour *zabala*), *çaulia* sera pour *çablia* et *çablia, zablia, sablia*, pourrait dériver de souple. Le *h* qui se trouve dans *zalhu* n'est pas un obstacle, comp. *eri.* — *Esku zaluak*. Mains douillettes. P. *Makilla zaulia*. Bâton souple.

Salhutzea, zaulitzea, l. rendre souple. P.

Zaltoki, v. *zaldi*.

Zalu, v. *zalhu*.

Zama, l. bn. charge, fardeau, faisceau, botte, fagot. *Belhar zama*. Botte de foin. *Egur zama*. Fagot de bois.

Zamari, g. l. bn. cheval. Il nous semble que *zamari* dérive de *zama-ari* 4, comme *agintari, asmari*. Si notre supposition est juste, il faut que *zamari* signifie „bête de somme," ce qui est exprimé aujourd'hui plutôt par *zaldi*. On nous a dit que *zamari* en bn. était employé pour cheval hongre.

Zamaldun, bn. cavalier; de *zamari-dun*. Pour la permutation de *l* et *r*, v. *arilla* et *afaldu*.

Zamalzatz, l. étalon (i. a.) P.

Zamariz, l. bn. à cheval; de *zamari-z*.

Zamarikina, l. hennissement. P.

Zamaldun, v. *zama*.

Zamalzatz, v. *zama*.

Zamar 1, l. crabe. P. donne *chamar*, écrevisse.

Zamar 2, l. herbe qui reste sur les champs et que l'on brûle.

Zamarra, l. blouse. Il y a le français simarre, de l'ital. zimarre selon M. Brachet. D. E.

Zamari, v. *zama*.

Zamarikin, v. *zama*.

Zamastra, l. lit, couche. P. Ce mot n'a pas l'air basque.

Zamin, v. *samin*.

Zampela, l. (Guéthary) crin de cheval; syn. de *zurda*. Syncope de *zamari-biloa?*

Zampha, zamphatu, zamphatzen, l. bn. frapper; abîmer de coups.

Zangar, l. tibia, l'os de la jambe. Probablement de *zango*; mais qu'est-ce que *ar?* la syncope de *sagar?* v. *zango*.

Zango, zanko, g. mollet. — l. bn. jambe; en lab. aussi: pied. Ce mot se retrouve dans toutes les langues romanes; v. Diez, E. W. s. v. zauca. L'origine n'en paraît pas certaine; cependant ce n'est pas un mot basque d'origine, la gutturale forte après *n* ne s'y trouverait pas. *Zango lerraturik* ou *leundurik*. Le pied ayant glissé.

Zangokari, l. bn. piéton; de *zangohari*, v. *ari* 4. *h* pour *k*, v. l'introd. du dict. p. VIII.

Zango sagar, bn. mollet. En lab. *zangar*, qui est peut-être la contraction de *zango sagar*.

Zangokari, v. *zango*.

Zanko, v. *zongo*.

Zantzu, g. trace, syn. de *aztarna*, selon M. Arrue, maître d'école à Zarauz. *Eta Pharaonek gaitz ayen ituriaren, zantzua nombait izan zuen.* Et Pharaon eut quelques traces de la source de ces maux.

Zañ, g. *zain*, l. bn. veine, l. bn. nerf, racine.

Zapaldu, zapaltze, v. *zabal*.

Zapar, l. bn. buisson. O. écrit *gapar* selon P. et *sapar* dans l'édition des prov. d'O. par M. F. Michel. Pour la mutation de *z* en *g*, v. *itogin*. *Sapar edozeinek du bere izala*. Chaque buisson a son ombre. Prov. 403 d'O.

Zaparrada, g. ondée, bourrasque.

Zapata, g. l. bn. soulier; esp. zapato. Selon M. Mahn. (Etym. Unters. p. 16) l'espagnol vient du basque; et la racine de *zapatu* est „zap" all. sappen, soppen, marcher difficilement. Nous ajouterons l'ital. zopicare, boiter. — Comp. cependant l'aryaque kapa, sabot; v. Fick, Indog. Wb. 2e éd. p. 32. Pour la mutation de *k* en *z*, v. *karraka*.

Zapatu, zapatzen, g. l. *zaphatu*,

bn. fouler, presser, pas seulement avec les pieds, mais en général.

Zapatain, l. bn. cordonnier; de *zapata-egin*.

Zapatain, v. *zapata*.
Zapatu, v. *zapata*.
Zapatze, v. *zapata*.
Zaphatu, v. *zapata*.
Zaphora, bn. bonne disposition.
Zapi, g. linge.

Zapo, g. crapaud; de l'esp. sapo. Comp. *apo*.

Zapore, l. saveur; *zaphore* — bn. bonne disposition. Aussi en lab. dans ce sens.

Zar, g. bn. *zaar*, b. *zahar*, l. bn. vieux. Selon M. Salaberry *zar* signifie: vieux, usé, de peu de valeur et est toujours un terme de mépris; et *zahar* signifie vieux. Cette différence paraît être assez arbitraire, puisque *zar* et *zahar* ne sont que des variantes du même mot. Les autres dialectes ont pris *char* le diminutif de *zar*, pour indiquer mauvais, usé. M. Sal. donne *chahar* comme dimin. de *zahar*, et *char* dimin. de *zar*.

Char, g. *chaar*, b. *char, chahar*, bn. *tchar*, l. mauvais. Diminutif de *zar*, v. *ch*. Pour l'acception v. ci-dessus *zar*.

Chahartu, bn. vieillir. *Zartu* bn. devenir vieux, usé. Sal. *Tchartu*, l. devenir mauvais. P.

Zartu, zartzen, g. *zahartu, zahartzen*, l. bn. vieillir.

Zartza, g. vieillesse; subst. verb. Comp. *aditza*.

Zarrera, g. syn. de *zartza*. De *zar-era?*

Zahartasun, l. vieillesse; de *zahar-tasun*.

Zarkume, enfant malingre; de *zar-hume*. Pour la mutation de *h* en *k*, v. l'introd. du dict. p. VIII.

Zaragar, l. gale. P. écrit *saragar*. Ce mot est évidemment composé; mais nous ignorons comment. Peut être de *sara*, scorie, à cause de la ressemblance de la gale avec les scories des métaux? L'esp. sarna vient du basque selon M. Diez.

Zaragoil, bn. culotte.
Zarale, g. fourrage.
Zaramatika, bn. embarras causé par une mauvaise chicane. Ne serait-ce pas une variante de *zaramika*, égratigure? V. ce mot s. v. *karraka*.

Zaramika, v. *karamitcha*, s. v. *karraka*.

Zaramikatze, v. *karamitcha*, s. v. *karraka*.

Zarapatu, zarapatzen, v. *zarrapo*.

Zaratz, charratx, l. chaume, éteule, paille qui reste sur pied quand le blé est coupé. P. Comp. *sarratz*. — De *zar*, vieux?

Zarhatu, zarhatzen, bêcher la terre pour en arracher les herbes. O.

Zarbaskitzea, v. *zauri*.
Zarde, l. instrument de menuiserie. P.
Zarduka, bn. verges d'osier, de genêt, etc. Comp. *zarika*, et *zare*.

Zare, sare, l. bn. panier à anse qu'on porte au bras. M. Salaberry distingue *zare*, panier de *sare,* filet. P. écrit *sare* pour filet et panier. Cette diversité d'orthographe n'a pas une grande importance étymologique. — Larramendi écrit *sarria,* en esp. sarria. Il est superflu de dire que selon Larr. l'esp. sarria vient du basque *sarea;* et cette fois-ci il pourrait avoir raison. En esp. sarria signifie proprement une espèce de filet pour transporter la paille. Il n'y a donc, selon toute apparence, qu'un seul mot, qui est *sare* ou *zare* et qui signifie panier et filet; l'analogie entre filet et panier est claire.

L'origine de sarria dans les langues romanes est incertaine; M. Diez compare (E. W. II. p. 173.) sarria à l'anc. all. sahar (jonc, sparte) et au bas-latin sarex pour carex, sans en venir cependant à une conclusion. Sarria ne vient pas non plus de l'arabe, v. la note dans le Glossaire de MM. Dozy et Engelmann, p. 357. L'origine pourrait en être berbère, mais M. Dozy dit ne pas être en état de le prouver. — Peut-être que sarria vient du basque *sare; sare* avec l'article fait *sarea,* du moins aujourd'hui, mais puisque *e* suivi de *a* devient *i, sarea* a pu s'écrire *saria. Sare* panier, trouverait son explication en basque puisque les paniers sont faits en osier et que le saule (l'osier est une espèce de saule) s'appelle en basque *sarats* et aussi *zarika.* L'arbre aurait pris, dans cette hypothèse, le nom de l'objet qu'on fabriquait de ses branches. Mais encore faut-il expliquer la terminaison *ats* ou *ts,* ce qui est très-difficile. M. de Charencey dit dans ses Recherches sur les noms d'animaux, p. 25, que „*tzea* est souvent ajouté au nom du fruit pour désigner l'arbre qui le porte." — Ce serait alors une terminaison, comme en français „ier" dans noyer, figuier, mais aussi dans peuplier, qui ne porte pas de fruits. Comp. *ametz, haritz, haltz.* Ou bien est-ce que *tze* ou *tz* serait la syncope de *tzat?* Comp. *beltz.* — *Zarika* par suite de la permutation si fréquente de *r* et *l* pourrait être comparé au lat. salix; mais salix dériverait de l'aryaque salakâ, saule (v. Fick, Indog. Wb. p. 402), de sala, eau. Ceci ne pourrait s'accorder avec la dérivation de *sare,* panier. En tout cas nous ne voulons pas nous risquer sur un terrain qui n'est pas le nôtre; l'astérisque dont le mot sala est accompagné, indique peut-être que cette étymologie n'est pas certaine. Quoiqu'il en soit *zarika* doit être un mot composé et s'il est primitivement basque, ce qui est fort possible, la terminaison sera pour *gai* (v. ce mot). *Zarika* signifierait alors: chose à (branche de) saule = verges. *Zarduka* sera une variante de *zarika.* Aussi M. Sal. traduit-il *zarika,* non par saule, mais par genêt; le genêt n'est pas un arbre et représente plutôt une touffe, un paquet de branches.

Zarhatu, v. *zarats.*

Zahartze, v. *zarats.*
Zarika, g. l. saule. — bn. genêt. V. *zare.*
Zarkume, v. *zar.*
Zarpa, l. pochette.
Zarrakatu, zarrakatzen, g. se fendre; v. *karraka.*
Zarrapo, l. égratignure; écume; syn. de *karamitcha*, v. ce mot s. v. *karraka*
Zarapatu, zarapatzen, l. égratigner. Mieux avec deux *r.*
Zarraski, g. ravage. Comp. *sarraski;* et puis *karraka* dont *zarraski* dérivera.
Zarrasta, v. *karraka.*
Zarrera, v. *zar.*
Zartagin, v. *karraka.*
Zartatu, v. *karraka.*
Zartatze, v. *karraka.*
Zartein, b. poêle à frire; de l'esp. *sarten* ou du prov. *sartan*; (v. L. R.) du lat. *sartago.*
Zarthatu, zarthatze, v. *karraka.*
Zartsu, g. force.
Zartu, v. *zar.*
Zartza, v. *zar.*
Zartze, v. *zar.*
Zarzaro, g. vieillesse; de *zar-z-aro. Jacobek zarzaro mingarria zeraman.* Lardiz p. 51. Jacob eut (mena) une vieillesse douloureuse.
Zarzo, v. *karraka.*
Zatar, g. chiffon, torchon; laid.
Zatchezte, l. 2me pers. de l'impér. de *itcheki. Zatcheste hari.* Saisissez-vous de lui. P.
Zathi, v. *zati.*
Zathikatu, v. *zati.*

Zathikatze, v. *zati.*
Zathitu, v. *zati.*
Zathitze, v. *zati.*
Zati, g. *zathi,* l. bn. morceau, pièce. — l. jante (de la roue).
Zatitu, zatitzen, g. *zathitu, zathitzen, zathikatu zathikatzen,* l. rompre, mettre en morceaux, diviser, partager.
Zatitu, v. *zati.*
Zatitze, v. *zati.*
Zato, l. bn. 2me pers. de l'impér. de *etorri. Zato, othoi, ene laguntzerat.* Chourio, p. 203. Venez, je vous prie, à mon aide. Larr. donne: *ator, atoz, zato* ven tu, viens. P. traduit *zato* par viens, venez. Il nous semble que le *z* initial indique que *zato* correspond à *zu*, et signifie venez. *Ator* et *atoz* doivent correspondre à *hi*. Mais P. a raison, en tant que *zu* a remplacé *hi*; ainsi: (*ni*) *nator*; (*zu*) *zator*, vous venez, (sing.) correspondant dans les grammaires à: tu viens, mais „tu viens" proprement dit est: *hi ator.*
Zaude, g. l. bn. *zagoz,* b. restez (sing.) 2me pers. de l'impér. de *egon.*
Zaudete, g. *zagoze,* b. *zaudezte,* bn. restez (plur).
Zaudete, zaudezte, v. *zaude.*
Zauli, v. *zalhu.*
Zaulitzea, v. *zalhu.*
Zauri l. g. b. l. bn. plaie, blessure. Ce mot est-il basque? Comp. l'angl. *sore,* plaie, de l'ang. sax. *sâr,* le goth. *saira.* — D'un autre côté *zaur* ou *sor* se retrouve

dans beaucoup de mots basques. P. écrit *zaurne (çaurne)*, et Larr. *sorne,* pus. Comme nous ne pouvons rendre compte de la terminaison *ne* nous plaçons *zaurne,* pus, à part. *Zori* signifie mûr. *Sohorna* avec chute de *ch, sorna,* est gouttière.

Zaur paraît être le thème, dont *zauri,* l'adj. verb. blessé. Le bn. a formé son nom verbal de *zaur; zaurtu* et non *zauritu* comme en g. v. *Zori* 2.

Zauritu, zauritzen ou *zaurtzen,* g. b. l. *zaurt, zaurtu,* bn. blesser. Pour le *t* de *zaurt,* v. *laket.*

Zarbaskitzea, charger de plaies, (i. a.). Mot d'O. selon P.

Zauri 2. bn. Venez. 2ᵐᵉ pers. sing. de l'impér. du verbe —? M. Sal. ajoute: syn. de *zato,* impératif du verbe *yin.* Nous ne savons si „impératif" se rapporte ici à *zato* ou à *zauri;* mais en tout cas M. Sal. se trompe. *Zato* vient de *etorri,* et si nous ne savons pas d'où vient *zauri,* nous croyons savoir que cet impératif ne vient pas de *yin.* Peut-être de *eroan.*

Zauritu, v. *zauri.*
Zauritze, v. *zauri.*
Zaurnatu, v. *zorne.*
Zaurnatze, v. *zorne.*
Zaurne, v. *zorne.*
Zaurte, bn. venez. 2ᵐᵉ pers. plur. de l'impér. du verbe *eroan?* v. *zauri* 2.

Zaya, bn. jupon.

Zaz, g. bn. *tzaz,* g. *taz,* l. Suffixe qui correspond à : de. *Nizaz,* de moi. *Nere aitaren liburuenzaz*

galdetu det, g J'ai demandé les livres de mon père. *Zutaz minzo du.* Il parle de vous. P. *Baina baldin gatza gueçat badadi, cerçaz gacituren da?* Luc, XIV: 34. Test. Roch. Mais si le sel perd sa saveur avec quoi le salera-t-on? *Baina maledictione hari, norçaz ethorten badirade.* Luc, XVII: 1. Test. Roch. Mais malédiction à celui par qui ils arrivent. *Andijagoa da zuk nitzaz dezun kuidado.* Echeverria. Le soin que vous avez de moi est plus grand.

Zazpi, g. b. l. bn. sept; *zazpigarren,* septième. *Zazpitan,* l. sept fois.

Zazpigarren, v. *zazpi.*

Zazpitan, v. *zazpi.*

Ze, v. *che* 2 et *zer.*

Zeakor, v. *che* 2.

Zear, g. *zeyar,* l. *zeihar,* l. bn. de travers, en travers, oblique, p. ex. les fils sur la trame, les uns debout (*zutak*), les autres en travers (*zearrak*). — *Begiratu zearka,* g. regarder de travers; de *zear-ka.*

Zearkatu, g. dévier.

Zeiharmen, bn. machine en bois sur laquelle on roule la trame de la pièce de toile qu'on doit tisser.

Zearka, zearkatu, v. *zear.*

Zearo, v. *che* 2.

Zeatu, v. *che* 2.

Zedarre, v. *zedarri.*

Zedarrestatu, v. *zedarri.*

Zedarri, l. *zedarre,* bn. borne, limite; syn. de *mugarri.* De *zehe-arri?*

Zedarrestatu, bn. planter des bornes. Sal.

Zeden, l. ver; carcoma, Larr.

Comp. *zerren*. Pour la mutation de *r* en *d*, v. *egundaño*. *Ezta zedenik urdaya hala bohatzen eta jaten duenik nola*. Ax. 423 a. éd. 320, n. éd. Il n'y a pas de ver (à) lard qui le mange autant.... que.

Zegaiti, v. *zer*.

Zeha, zehatu, zehatzen, l. bn. frapper, battre très-fort; aplatir quelqu'un de coups. v. *che* 2.

Zehatu, zehatze, v. *zeha*.

Zeharka, l. berceau.

Zehe, l. bn. empan. En lab. du pouce à l'index. En bn. du pouce au petit doigt. *Zehabethe*, l. du pouce au petit doigt. P.

Zehe chume, bn. du pouce à l'index. P. cite encore *sehe, sehame, seume*.

Zeihar, zeiharmen, v. *zear*.

Zein, zeñ, g. b. *zein*, l. bn. quel, lequel. *Zein da hor?* Qui est là? Dans les dialectes g. b. bn. *zein* est des deux nombres. En bisc. on forme le pluriel de *zein* en y ajoutant *tzu*; comp. *batzuek*. Lardizabal, quoique du Guipuzcoa, emploie cette forme. *Zeintzuetatik bakoitzari bere itzkuntza berezi bestek etzikiena Jainkoak eman zien*. A chacun desquels Dieu donna sa langue particulière que les autres ne connaissaient pas.

Zein-ere, g. b. quelque. *Zein eri izanik ere*. Quelque malade qu'il soit. *Zein ere* régit *n*. *Zein ere dan*, quelque soit.

Zein, g. l. bn. employé comme adv. comme. *Zein erraz dan!* Comme c'est facile.

Zeña ou *zeina*, g. b l. bn. pronom relatif, lequel, qui; de *zeñ-a*.

Liçarrague emploie *zein* au nominatif. *Eta handic Philipposera, cein baita Macedoniaquo artereko lehen hiria*. Act. XVI. 12. Test. Roch. Et de là à Philippes, qui est la première ville du quartier de Macédoine. En guip. on dit *zeña*. *Gizona, zeña atzo etorri zan*. L'homme qui est venu hier. On sait qu'il est de règle de ne faire usage de *zein* que pour les cas obliques. v. Essai, Ch. VI.

Zeña dan, g. c'est à savoir.

Zembat, g. b. l. bn. combien; de *zeñ-bat*, un quel un quoi. *Zembat balio du?* Combien cela vaut-il? Le *n* devant *b* est devenu *m*. *Zembat geyago*, g. combien plus.

Zeintzuk, b. lesquels; v. ci-dessus *zein*.

Zembat — ambat, g. *zembatenaz — hambatenaz*, l. plus — plus. *Zembatenaz bai dire zeruko zigorradez zaurthuak, hambatenaz lehiatzen dire bere ezkerrak Jainkoari bihurtzerat*. Royaumont. Test. zahar. Plus il y en a de blessés par les châtiments du ciel, plus ils s'efforcent de rendre grâce à Dieu.

Zembatenaz areago, l. combien davantage? *Areago* paraît être la syncope de *are-geyago*. V. cependant au Supplément *are* 2.

Zembatetan, l. combien de fois; de *zembat-etan*.

Zembana, l. à combien chacun. P. De *zembat-bana*.

Zembait, g. l. *zembat ere bait* bn. quelques (toujours pluriel). *Baña erakusleak zembait argibide gai onetan ematen dizkigute*. Lardiz. p. 7. Mais les docteurs nous ont donné quelques éclaircissements à ce sujet. *Eta egon guentecen hiri hartan cembatre (zembat-ere) beit eyun.* Act. XVI. 12. Test. Roch. Et nous séjournâmes quelques jours dans la ville.

Nous ignorons si Liçarrague écrit généralement *beit* pour *bait*. Nous n'en avons pas encore trouvé un autre exemple. *Beit* est ici pour *bait*, croyons nous. Comp. *baitaere*. L'expression de Liçarrague nous explique la forme guip. *zembait*, qui sera la syncope de *zembat-bait*. Le *i* serait sans cela inexplicable. Nous avons déjà fait remarquer s. v. *ño*, que Liçarrague écrit *dr, tr*, etc.

Zembatre, v. ci-dessus *zembait*.

Zembate, zembatezko, g. nombre. *Abraham zerraikion galdeak egiten eta justuen zembatezko gichitzen.* Lardiz. Abraham continua à faire des questions et à amoindrir (abaisser) le nombre des justes.

Zeina, v. *zein*.

Zeintzuk, v. *zein*.

Zeinu, bn. cloche. De signe, signal?

Zeken, cheken, bn. chiche, taquin. P. *Eta haur erraiten dut: cekenqui ereiten duenac cekenqui bilduren ere du.* 2 Cor. IX. 6. Test. Roch. Et je vous dis ceci, celui qui sème chichement, recueillera aussi chichement.

Zekentasun, bn. parcimonie; de *zeken-tasun*.

Zelai, g. b. *zelhai*, l. bn. plaine.

Zelhaitzea, l. aplanir. P.

Zelako, v. *zer*.

Zelan, zelango, v. *zer*.

Zelata, g. l. guet, embûche.

Zelatatu, zelatatzen, g. l. espionner. On pourrait croire que ce nom verbal dérive du lat. celare ou du prov. celar, céler, ce qui serait possible; cependant on aurait alors *zelatu* plutôt que *zelatatu*. Aussi longtemps que la syllabe *ta* ne sera pas expliquée, il faudra admettre que *zelatatu* vient de *zelata*.

Zelatari, g. l. espion; de *zelata-ari* 4.

Zelatari, v. *zelata*.

Zelatatu, v. *zelata*.

Zelatatze, v. *zelata*.

Zeldor, l. poids; (i. a.) Syn. de *zortha*. Mot d'O. selon P.

Zelhai, v. *zelai*.

Zelhaitze, v. *zelai*.

Zelodun, g. zélé; de zelo, esp. et *dun*.

Zelu, v. *zeru*.

Zematu, b. menacer.

Zembait, v. *zein*.

Zembat, v. *zein*.

Zembera, bn. breuil.

Zemendi, b. Novembre.

Zemphor, bn. pain grossier.

Zen, bn. feu, défunt. *Eztor zena*, le feu curé. Il nous semble que c'est la 3me pers. de l'imparfait: était. En italien on dit de même: fu, la fu regina, feu la reine. L'ital. du lat. fuit; le fr. du lat. fatutus; v. Littré, D. et Brachet, D. E.

Zentoi, g. géant.

Zentzu, g. *zenzu*, bn. sens, jugement; du lat. sensus?

Zenzadar, g. boiteux, estropié.
Zeñ, v. *zein.*
Zena, zeña dan, v. *zein.*
Zer, zerk, g. b. l. bn. *ze,* b. quoi, que, quel. *Zer duzu?* qu'avez-vous? *Ze juicio egingo dan Jangoikoak orduban?* Olaechea. Quel jugement Dieu fera-t-il alors? *Eta zer erantzungo jako onetara Juez artez edo zuzenari?* Et que lui sera-t-il répondu au juge équitable?

Zergatik, g. l. *zergaitik, zegaiti,* b. pourquoi ; de *zer-gatik.*

Zertako, g. l. *zetako,* b. syn. de *zergatik.* De *zer-tako.*

Zertan, g. *zetan,* b. en quoi; de *zer-tan.*

Zerbait, g. b. l. bn. quelque chose; de *zer-bait.* Comp. *norbait, noizbait.*

Zerbait — go, g. un peu plus.

Zelan, b. comment, de *zer-alan;* avec chute de l'*r,* v. ci-dessus *zetan, zegaiti,* etc.

Zelako, b. comment, de quelle façon; de *zelan-ko* avec chute de *n* devant *k,* v. E sai, Ch. II. Larramendi cite *zelango* (dialecte?) où le *n* s'est conservé étant suivi par *g.*

Zeren — n, g. b. l. bn. parce que; génitif de *zer.* On trouve en bisc. aussi *zerren.*

Zerez, g. parce que; de *zer-z* et *e* de liaison. *Eztezu hau zerez Jainkoaren doaya dezu.* Lettre de Larr. à Mend. Vous n'avez pas cela, parce que vous avez le don de Dieu.

Zernahi, l. bn. quoi que ce soit; de *zer-nahi.*

Zerba, bn. herbe potagère.
Zerbait, v. *zer.*
Zerbitzari, g. l. bn. serviteur. Ce mot aura été formé sur le modèle des mots qui se terminent en *ari.* V. *ari* 4.

Zerdak, zurdak, g. *churdak,* l. *zurdak.* bn. l'esp. *cerda.* Soies de cochon, crin de cheval; — g. ligne à pêcher. — l. corde d'instrument.

Zere, v. *zu.*
Zeregiñ, b occupation; de *zeregin. Gero gogo obiagaz ostera ekiteko bere zeregiña.* Pour entreprendre de nouveau plus tard avec plus de zèle son travail.

Zeren, v. *zer.*
Zerez, v. *zer.*
Zergaitik, zergatik, v. *zer.*
Zerhelere, l. bn. par prévoyance. Litt. quoi qu'il arrive, de *zer-hel-ere.*
Zerk, v *zer.*
Zernahi, v. *zer.*
Zerok, v. *zu.*
Zerori, zerorrek, v. *zer.*
Zeronek, v. *zu.*
Zerra 1, cherra, l. morceau. *Ogi zerra bat.* Un morceau de pain. Comp. *zerrenda.*

Zerra, 2. l. colline. Mot d'O. selon P. En prov. il y a ser, sera, cime, sommet de mont; v. L. R.; du lat. *serra,* scie, à cause de la forme dentelée. v. Diez, E. W,

Zerra 3, l. (St. Jean de Luz) raie.
Zerren 1, l. bn. teigne, mite. Comp. *zeden.*

Zerren 2, v. *zeren,* s. v. *zer.*
Zerrenda, g. lambeau, morceau. *Latinezko zerrenda batzuek.*

Introd. dict. Larr, p. CCIV. Quelques fragments latins.

Zerroldo, g. cercueil.
Zertako, v. *zer.*
Zertan, v. *zer.*
Zerthana, l. quartier de pays, région.

ZERTZU. Ce mot dont Axular se sert (certçu) et que Pouvreau traduit par: à peu près, dérivera du lat. circa avec la terminaison de l'adjectif basque *tsu.* Il est assez curieux que dans la conversation nous nous servions en holl. du lat. circa. Circa een uur, environ une heure. — *Ikusten da zertzu diren.* Ax. p. 414 a. éd. 225 n. éd. On voit ce qu'ils sont à peu près.

ZERU, g. b. l. bn. ciel. P. donne aussi la forme *celuya,* que nous n'avons pas encore trouvée ailleurs. Probablement du lat. coelum. Pour la mutation de *l* en *r*, v. *kapera.* Le *m* final n'est jamais toléré; il est supprimé ou changé en *n;* v. Essai, Ch. II.

Zeruko, g. l. bn. céleste; de *zeru-ko.*

ZERUKO, v. *zeru.*
Zetako, v. *zer.*
Zetan, v. *zer.*
Zetha, bn. espèce de lin qui tient le milieu entre l'étoupe et le lin propre.
Zethabe, bn. tamis fin.
Zethachu, bn. tamis ordinaire. Apparemment de l'esp. seda, soie. Comp. *setabe.*
Zeu, v. *zu.*

Zeure, v. *zu.*
Zeyar, v. *zear.*
Zezeartzea, Ce nom verbal que P. écrit avec raison *ceceartzea,* puisqu'il signifie „prononcer mal le *c* en prononçant *s*," pourra s'écrire avec *z*, puisque cette lettre a remplacé le *ç*.

Zezeilla, b. le mois de février. De *zezen-illa,* selon Astarloa.
Zezen, g. b. l. bn. taureau.
Zezka, bn. petite chandelle en cire. Sal.
Zi, l. bn. gland de chêne. *Ziz bizi da.* Il vit de glands.
Zidor, v. *chidor.*
ZIERPE, v. *sierpe*
Zigar, l. ciron. P.
Zigor, g. b. *zihor,* l. gaule, verge; châtiment, fléau. V. l'ex. s. v. *zembatenaz.*

Zigorrada, g. coups de gaule.
Zigorrada, v. *zigor.*
Zihi, v. *ziri.*
ZIHO, *zihotu,* v. *seyu.*
Zihor, v. *zigor.*
Zikhin, v. *zikin.*
Zikhinda, v. *zikin.*
Zikhinkeria, v. *zikin.*
Zikinkeria, v. *zikin.*
Zikin, g. b. l. *zikhin,* bn. En g. avec l'article *zikiña.* Crasse, ordure; sale.

Zikin, zikintzen, l. *zikhin, zikhinda,* bn. *zikhindu?* Salir.

Zikinkeria, l. *zikhinkeria,* bn. saleté; action sale, de *zikin-keria.*

Chikkin, chikhindu et *chinkhinkeria,* bn. sont des diminutifs, de *zikhin,* etc.; v. *ch.*

Zikintze, v. *zikin*.

Zikotz, 1. chiche, taquin.

Zikultzea, v. *ziskurtu*.

Zila 1, (Tolosa) nombril. A Zarauz et Azpeitia on dit *chilbor*. Comp. *zulo*.

Zila 2, g. membre génital du taureau. Nerf de boeuf. C'est une erreur populaire que cette partie est prise pour le membre génital du boeuf. v. Littré, D.

Zilatu, zilatze, v. *zulo*.

Zilbor, v. *chilbor*.

Zilder, bourgeon, bouton qui vient à la figure. Mot d'O. selon P.

Zilegi, g. *zilhegi*, 1. permis. Selon Pouvreau *zilhegia* signifie: qui a permission de fuir, qui est libre. La dernière acception de „rendu libre" sera la signification propre, bien qu'elle ne soit plus connue aujourd'hui. *Zilegi* nous paraît donc un adj. verbal: rendu libre, libéré, de *zil-egi* pour *egin*. Le *n* de *egin* se perd quelquefois, p. ex. *urragia* de *urra-egina*, et en général comme finale le *n* disparaît souvent; v. *arrai 2*. Comme la signification d'aucun mot n'a été abstraite primitivement, on pourra admettre, croyons nous, que *zilegin* a d'abord signifié faire un trou, c'est à dire, ouvrir ce qui était fermé, puis dégager (dégager le ventre), débarrasser, délivrer, rendre libre, permettre.

Zilhegi da. Il est permis. *Zilhegi naiz erraitera*. Il m'est permis de dire.

Zilegitu, zilegitzen, g. *zilhegitu zilhegitzen*, 1. permettre.

Zilegitu, v. *zilegi*.

Zilegitze, v. *zilegi*.

Zilhar, v. *zillar*.

Zilhargin, v. *zillar*.

Zilhatu, v. *zulo*.

Zilhatze, v. *zulo*.

Zilhegi, v. *zilegi*.

Zilhegitu, v. *zilegi*.

Zilhegitze, v. *zilegi*.

Zilhetze, détacher. Mot d'O. selon P. Apparemment syncope ou variante de *zilhegitze*.

Zilho, v. *zulo*.

Zilipurdi, v. *itzulipurdi*.

Zilindroin, bn. sans tenue, insouciant, sans énergie. Nous ne réussirons qu'en partie à décomposer ce mot. *Zilin*, nous semble venir de *zil-egin* que l'on retrouve en lab. sous la forme *zilhegi*, libre. La chute de l'*n* final est fréquente, v. *arrai 2*. Comp. *zinzillo*.

Zillar, g. b. *zilhar*, 1. bn. argent. L'origine du mot pour argent, dans les langues germaniques et lithuano-slaves, était encore incertaine et disputée quand M. Pictet publiait ses Orig. Indo-Eur. en 1859. Le goth. a silubra, angl. sax. seolfor; scand. silfr; auc. all. silapar; anc. pruss sirabras. — Fick, Indog. Wb. p. 894, dit entre parenthèse „(Comp. le lat. sulpur, sulphur?)"

Zilhargina, 1. l'orfèvre; de *zilhar-egin*.

Zillo, zilo, v. *zulo*.

Zilotu, zilotze, v. *zulo*.

Zimaur, g. fumier.

Zimaurtu, zimaurtzen, g. fumer la terre.

Zimaurtu, v. *zimaur.*
Zimaurtze. v. *zimaur.*
Zimel, chimel, g. b. sec. *chimel*, l. bn. ridé. Comp. *zimur.*
Zimeldu, g. b. sécher.
Zimikatu, v. *zimiko*
Zimiko, l. bn. *chimiko,* pince, l'action de pincer.
Zimikatu, chimikatu, chimikatzen, pincer.
Zimitch, zimitx, v. *chimich.*
Zimitz, l. éclisse où l'on met le fromage.
Zimur, g. l. *chimur,* b. bn. ride. Comp. *zimel.*
Zimurtu, zimurtzen, g. l. *chimurtu, chimurtzen,* b. bn. rider, froncer, chiffonner.
Zimurtu, v. *zimur.*
Zimurtze, v. *zimur.*
Zin, v. *sin.*
Zinak, v. *sin.*
Zinein, v. *sin.*
Zinetan, v. *sin.*
Zinetsbera, v. *sin.*
Zinetskor, v. *sin.*
Zinetste, v. *sin.*
Zinetzi, v. *sin.*
Zinez, v. *sin.*
Zinezko, v. *sin.*
Zingira, g. lac.
Zinka, v. *zinkha.*
Zinkha, zinka, bn. cri de joie sauvage en usage chez les paysans basques; syn. de *irhinziri.* Sal. — Dans le Labourd, du moins à Baïgorri, *irhinziri* signifie hennissement.
Zinkhor, bn. *chingor,* l. avare.
Zinkhuri, bn. murmure plaintif. Même origine que *zinkha?*
Zintz, l. bn. Selon P. morve, gourme. Selon M. Sal. l'effort pour faire sortir la morve.
Zamal zintz, l. bn. gourme de cheval. Pour *zamal* v. *zamari.*
Zintz egitea, l. souffler (i. a.), se moucher. P. *Egizak zintz.* Mouche-toi.
Zintzo, g. apte, capable. Comp. *zentzu.*
Zinzilika, g. l. suspendu, ballant. *Zinzillika gelditu zan.* Il resta suspendu. — *Zinzillika* est probablement une expression adverbiale, et formé de *zinzili-ka.* Mais *zinzili* jusqu'à présent ne se trouve pas. *Zinzilikatu,* signifie en bn. briser.
Zinzilikatu, v. *zinzilika.*
Zinzillo, bn. sans souci, sans tenue. Sal. Peut-être l'esp. sencillo, simple, niais. Comp. *zilindroin.*
Zinzinez, v. *sin.*
Zinzur, l. bn. gorge, gosier.
Chinchur, bn. diminutif de *zinzur.*
Zinzurzilo, bn. syn. de *zinzur* selon M. Sal. Proprement l'entrée, l'ouverture du gosier, de *zinzur-zilo.* Nous disons la même chose en holl. keelgat; gat est trou.
Zinzur konkor, l. pomme d'Adam.
Zinzur konkor, v. *zinzur.*
Zinzurzilo, v. *zinzur.*
Ziri, g. l. *zihi,* l. *ziri, chiri,* bn. coin, cheville. En cherchant d'où vient *ziri,* nous trouverons peut-être l'origine de plusieurs autres mots assez obscurs jusqu'à présent. Il faudra faire un détour pour y arriver. — *Iri, hiri,* signifie ville;

ce qui ne peut être la signification primitive. *Iri*, comme stadt, ville en all. aura indiqué lieu, endroit, et puis ville. Comp. l'all. statt dessen, angl. in stead of, au lieu de. *Iri* avec *egin* a donné *iriki*, ôter, c'est-à-dire: faire place. Le *g* est devenu *k* après la voyelle (v. Essai, Ch. II); et le *n* final s'est perdu, v. *arrai* 2. *Iriki* a produit les variantes *ideki*, par suite du changement de *r* en *d* (v. *eguñdano*), puis *idoki*. De *idoki* dérive *toki*, lieu, endroit, après la chute de *i* initial; comp. *iarraitu* qui fait *arreit*.

Iri avec *egin* a produit une autre forme où le *n* s'est maintenu et où le *g* s'est perdu (comp. *ein*, b. et *in*, bn. dans *imbide*). C'est *irin* avec l'art. *iriña*, de nos jours *irriña*. Ce mot s'est conservé dans *irriñarte*, fente, ouverture, de *irriña-arte*, entre-espace, exactement l'all. zwischenraum, de zwischen, entre, et raum, place. Un troisième dérivé de *iri* est le nom verbal *iriten*, sortir, se lever, de *iri-egiten*; (en b. *egiten* se contracte en *eiten*); ainsi une autre acception de „faire place". — Un quatrième dérivé de *iri*, est *iritu*, *hiritu*, (*irritu*, *hirritu*); le *h* de *hiri* s'est conservé en lab. *Irritu* signifie s'entr'ouvrir, se fendre, à peu près la même signification que *ideki*. Un cinquième dérivé est *irristatu* (Larram. s. v. deslizar) glisser, qui s'écrirait plus correctement *iriztatu* de *iri-z-tatu*. Or une variante de *irristatu* est *chiristatu*, avec un *r*. Le *ch* initial paraît indiquer, comme s'est souvent le cas, le diminutif. C'est cette forme qui reliera *ziri* et *iri* en passant par *chiri*. La signification de coin se trouve dans les noms verbaux entr'ouvrir, glisser. *Ziri* ou *chiri* est donc formé du nom verbal (comme *ahar* de *ahartu*), et non le nom verbal du substantif. — La mutation de *r* en *h* (*ziri* et *zihi*) est très-rare, nous ne pouvons citer que *sarats*, mais elle s'explique sans peine. Le *r* doux a un son si incertain, qu'il se perd souvent (comp. les mots composés avec *ur*) ou qu'il devient *g*; de *g* à *h* il n'y a qu'un pas; aussi *sarats* donne les trois variantes *sarats*, *sahats* et *sagats*.

Zirista, ziristatu, l. bn. cheviller.

Chiristatu, chiristatzen, g. glisser. Selon Larr. *irristatu*.

Zirristatu, zirriztatzen, l. bn. terme de jeu de paume, faire rouler la paume d'un bout à l'autre du gant.

Zirritu, g. fente. Selon la forme c'est un adj. verb. employé substantivement.

Chiritu, bn. ouverture ou petite croisée sans fenêtre dans les maisons ou les étables. Même observation que pour *zirritu*.

Zirri, g. action de toucher une femme d'une façon indécente.

Ziriko, soie; du lat. sericus.

Zirista, ziristatu, v. *ziri*.

Ziristatze, v. *ziri*.

Zirraida, g. étain; de *zillarra-ide*.

Zirri, v. *ziri*.

Zirritu, v. *ziri.*

Zirristatu, zirristatze, v. *ziri.*

Zirtoin, v. *kirten.*

Zirzil, l. bn. *tirtil, chirchil, chirgil,* bn. mal soigné, qui a ses habits déchirés, dégoûtant. — l. lent. — g. charlatan. La mutation de *z* ou *t* est rare; cependant il faudra l'admettre; comp. *zunkur* = *tontor; tipula* de l'esp. *cebolla. Tipula* est plus près du lat. *caepula*, ce qui supposerait une permutation entre *k* et *t*, permutation dont nous ne croyons pas qu'on puisse citer un seul exemple indiscutable. Le lat. *caepula*, qui se prononçait *kaepula* (v. Diez, Gr. I. p. 231, sur la prononciation du c), a donné *kipula*, et aurait pu donner *zipula* qui n'existe pas. La mutation de *k* en *z* est parfaitement établie, et est beaucoup plus fréquente que nous ne l'avions cru d'abord (v. *karraka*). *Zunkur* dérive donc de *kunkur* et non de *tuntur;* par contre *tuntur* dérivera de *zunkur* plutôt que de *kunkur;* cette mutation se retrouve dans *tirtil* = *zirzil*, et il nous semble que *tipula* dérive de *cebolla;* peut-être y a-t-il eu une forme intermédiaire, qui s'est perdue ou qui nous est inconnue. De *z* à *ch* il n'y a qu'un pas, *zirhil* = *chirchil;* ch a été rendu par *t*, dans quelques dialectes, pour le son mouillé: *gizoncho*, ou *gizontto*, petit homme. Les exemples qu'on a cité pour prouver la mutation de *k* en *t*, s'expliquent autrement, à ce qu'il nous paraît. Le *k* de *chichkabar* qui serait devenu *t* dans *chichtapur*, provient de *h*, selon notre règle de l'*h* initial, v. Essai, Ch. II. et l'introd. du dict. p. VIII. *Chichkabar* est pour *chich habar* (*abar*) menu-bois. Dans *chichtapur* le *t* paraît être euphonique, *chich-apur*. Il nous semble que ce sont deux mots différents qui ont la même signification. *Bozkario*, dérive de *boz-hari*, v. *ari* 4, et le *h* converti en *k; boztario*, du subst. verb. *bozte* et *ari* 4.

Chirchil, l. bn. diminutif de *zirzil*.

Chirgil, bn. v. ce mot. Pour la mutation de *z* en *g*, v. *itogin*.

Ziska, v. *zizka.*

Ziskaldu, zizkaltze, l. aurait dû se trouver s. v. *kiskaldu*, dont c'est une variante. Pour la mutation de *k* en *z*, v. *karamitcha.*

Ziski, v. *zizka.*

Ziskita, v. *zizka.*

Ziskurtu, v. *zizkurtu.*

Zista, l. homme vigilant. P.

Zital, g. b. *zithal*, l. bn. sale, vilain, méprisable.

Chithal, bn. diminutif de *zithal.* V. *chithal.*

Ziur, b. sûr, certain; de l'esp. *seguro. Ziurra da diñozun.* C'est sûr ce que vous dites.

Zizallu, g. *zizeillu*, l. (i. a.) banc; du lat. *subsellium*.

Zizeillu, v. *zizallu.*

Zizari, bn. ver; variante de *chichari.* Paraît dériver du diminutif *che, chich* et *ar.*

Zizialea, espèce de poisson endurci (séché?) par l'air ou par le vent. Mot d'O. selon. P.

Zizka, bn. vermoulure. Sal. *Ziska,* sciure de bois. Mot d'O. selon P. Il nous semble de *ziz,* variante de *chich,* qui indique quelque chose de petit (comp. *chichari, chichkabar,* etc.) et de *gai,* chose; chose menue. P. donne encore une forme légèrement différente: *ziskia,* menu fatras, chose de peu; de *ziz-ki* pour *gai,* v. *gai.* Nous écrirons partout z. Zizka, *zizkatu,* bn. se ronger de vers (parlant du bois). *Zizkita,* l. bn. éteule; ce qui reste du blé quand il est coupé. De *ziz-ki* (pour *gai*)-*ta.* La terminaison *ta* n'est pas claire; peut-être est-ce le diminutif *t* qui est généralement écrit *tt.*

Zizkatu, v. *zizka.*

Zizkita, v. *zizka.*

Zizkurtu, zizkurtzen, l. hérisser, se resserrer, rétrécir. P. écrit *ziskurtzea,* mais le *z* représente dans tous ces mots *ch.* Il donne encore la variante *zikultze* qui n'est plus connue. *Zizkurtu,* est une autre forme pour le bn. *chichgortu.* V. *chigortu.*

Zizkurtze, v. *zizkurtu.*

Zizmizta, v. *chimista.*

Zizo, zizotu, bn. blaiser en parlant.

Zizpuru, b. larme. *Zuzenduten dituz gau ta egun zerura orazinoe ta bere biotzeko zizpurubak.* Moguel, p. 12. Elle adressait au ciel, nuit et jour des prières brûlantes et les larmes de son coeur.

Ziztapurrak, l. fétus, branchettes P. Ce mot aurait dû se trouver s. v. *chichtapur.* De *chich* et *apur* avec *t* euphonique? *Ziztapur* paraît ne pas indiquer uniquement du bois; *fétu* est un brin de paille. Sans cela il serait mieux de considérer *ziztapur, chichtapur* comme une variante de *chichkabar* bien que n'ayons aucun exemple certain de la mutation de *k* en *t.* V. *zirzil. Ziztapur* indiquerait donc plutôt quelque chose de petit, comme brin, brimborion.

Zoaz, g. b. *zuaza,* bn. 2me pers. de l'impér. de *joan;* allez, sing. *Zoazte, zuazte,* pluriel.

Zogeri, bn. manifeste. *Bada çogueriac dirade haraguiaren obrac.* Gal. V: 19. Test. Roch. Car les œuvres de la chair sont manifestes.

Zohardi, soul. Serein selon M. Gèze; étoilé selon M. Sal.

Zohi, v. *zoi.*

Zoi, g. *zohi,* l. *zorhi,* bn. motte de terre. En guip. c'est au fond la motte de terre retournée par la *laya.*

Zoinu, bn. soin.

Zokho, v. *zoko.*

Zoko, g. l. *zokho,* bn. coin. P. cite encore *zakolu* (i. a.).

Choko, g. l. *chokho,* bn. diminutif de *zoko.*

Chokon, zakon, g creux; de *choko-n?*

Zokolu, v. *zolo.*

Zola, v. *sola.* Liçarrague se sert de *çola* pour fond. *Eçar baitzitzan presoindegui çolan.* Act XVI: 24. Et ils les mit au fond de la prison.

Zoldra, bn. rouille ou saleté

qui s'attache à la peau, aux vases, etc. Sal. — Ce mot n'est probablement pas basque, du moins sous cette forme.

Zoli, g. vif, perspicace.

Zopa, l. bn. P. écrit *sopa*. M. Sal. *zopa*, et *sopikou*, soupe faite de maïs ou de seigle.

Arnoan sopatzea, l. s'enivrer. P. *Hordi sopatua*, l. tout-à-fait ivre. P.

Zopin, v. *zotin*.

Zor 1, g. b. l. bn. dette. Avec les terminaisons *det*, *dezu*, etc. *zor* correspond à devoir. *Zor det*, je dois, *zor dezu*, tu dois, etc. *Zor* est alors invariable. *Parkatu egiguzuz geure zorrak*. Pardonne-nous nos offenses (en holl. aussi dettes dans ce sens).

Zordun, g. l. bn. débiteur; de *zor-dun*.

Zor 2, sourd. Larr. et M. Sal. écrivent *sor*. *Sor* a une variante *gor*. Pour la permutation de *g* et *z* ou *s*, v. *itogin*. La ressemblance entre *sor* et sourd nous semble fortuite. Si le basque eût pris ce mot des langues romanes, *sor* serait *sorta* ou *sorda*.

Zortasun, l. surdité; de *zor-tasun*.

Zoragarri, v. *zoro*.
Zorakeria, v. *zoro*.
Zoratasun, v. *zoro*.
Zoratu, v. *zoro*.
Zordun, v. *zor*.
Zorhi, v. *zori* 1. et *zoi*.
Zorhitu, v. *zori* 1.
Zorhitze, v. *zori* 1.
Zori 1, g. *zorhi*, l. bn. mûr, proprement jaune. Comp. *zori* 2.

Zoritu, zoritzen, g. *zorhi, zorhitu, zorhitzen*, l. bn. mûrir. *Ogia zorhitzen da*. Le blé mûrit.

Zoritasun, g. maturité; de *zori-tasun*.

Zori 2, g. l. bn. sort, fortune, succès. La ressemblance entre *zori* et sort nous paraît être fortuite. Le *i* empêche de faire dériver *zori* de sort. Comme les mots basques *zori*, sort, *zori*, mûr, *zauri*, plaie, *zorne*, pus, sont tous obscurs, ainsi que le mot français saure, prov. sor, jaune, roux; nous aimerions réunir ici quelques hypothèses sur la forme de tous ces mots dont l'origine est peut-être la même. D'abord le fr. saur ou le prov. sor, est d'origine incertaine. M. Diez compare (E. W. p. 365) sor au holl. soor, sec; mais il demande comment sor, sec, pourra signifier jaune, roux. M. Brachet se décide pour la dérivation d'une forme germanique, dont le holl. soor est le représentant. M. Mahn (E. U. p. 16) donne pour origine le basque *zuri, churi*, blanc; blanc peut avoir indiqué jaune, et jaune, roux. Ainsi hareng saur n'est pas hareng sec, mais hareng jaune, en angl. a red (rouge) herring.

L'étymologie donnée par M. Mahn paraît acceptable, d'autant plus que comme *g* permute avec *z* ou *s*, *zori* peut être une variante de *gori*, incandescent, c. a. d. rouge-blanc. La difficulté pour „sec" d'en venir à signifier „jaune, roux" est résolue, à ce qu'il nous paraît, par M. Diez lui-même, en citant feuille jaune et feuille sèche comme synonymes. La signification de „sec" aura précédé celle de „jaune". L'idée abstraite de couleur ne peut être qu'une signification secondaire. Nous croyons aussi pour cette raison avec M. Diez et contre M. Mahn que hareng saur, indique hareng séché et non jaune, bien qu'en anglais on dise red herring, hareng rouge. — En tout cas le basque *zori*, mûr, sera le prov. sor. Ce qui était jaune était mûr; le blé jaunit ou mûrit. Quant à *zauri*, plaie, nous ne pouvons, pour le moment, que le comparer au goth. saira, l'angl. sore, l'ang. sax. sâr. Peut-être le *i* de *zori*, est-il la caractéristique de l'adj. verbal; ainsi *zori*, signifirait plutôt jauni, rougi, mûri. Il est encore possible que le *i* soit primitivement *e*, *zore*; *e* + *a* devenant *ia*.

La première hypothèse est la plus probable, car l'adjectif verbal est *zoritu*, mûri, qui aurait été *zoretu* ou *zortu* si le primitif avait été *zore*. Zuri ou *churi* explique peut-être le prov. sor, le fr. saur, etc. Il reste maintenant à découvrir la véritable signification de *zuri*. L'idée très-abstraite de couleur est toujours difficile à rendre; p. ex. rouge et beau sont exprimés en russe par le même mot (krasnoe); en anglais fair veut dire blond et joli. *Zuri* et *zori* sont peut-être des variantes; comme *o* est souvent pour *au* nous pourrions écrire *zauri*. Il est difficile de décider lequel des deux mots est le plus primitif.

On pourrait les comparer à l'aryaque savari, sc. sûri, soleil; v. Fick, Indog. Wb. p. 197. Nous aurions alors, à ce qu'il nous semble, l'explication des différentes acceptions. La signification primitive de *zuri*, *zauri* dériverait alors de soleil et exprimerait la qualité de „sec"; de là jaune, qui a servi à exprimer, dans une direction, pâle puis blanc; dans l'autre, roux, rouge (*gori* pour *zori*); de là plaie et finalement malheur (comp. le fr. plaie, et plaies d'Egypte).

Zori, sort, étant toujours accompagné d'un qualicatif *zorion*, bonheur, *zorigaitz*, malheur, peut avoir perdu sa signification propre, pour prendre celle plus générale de „sort".

Zorikaitz, g. *zorigaitz*, l. bn. *zorigach*, b. malheur; de *zori-gaitz*.

Zorion, g. l. bn. bonheur; de *zori-on*.

Zoriontasun, g. b. bonheur; de *zorion-tasun*.

Zorioneko, g. l. *zorijoneko*, b. heureux; de *zorion-ko* pour *go*, avec *e* de liaison puisque *n* et *k* ne se suivent pas, v. Essai, Ch. II.

Zoriongabe, g. l. malheureux; de *zorion-gabe*.

Zorigaiztoko, g. *zorigaistoko*, b. malheureux; de *zori-gaisto-ko*.

Zorigach, v. *zori*, 2.
Zorigaitz, v. *zori*, 2.
Zorigaiztoko, v. *zori*, 2.
Zorikaitz, v. *zori*, 2.
Zorion, zorioneko, v. *zori*, 2.
Zoriongabe, v. *zori*, 2.

Zoriontasun, v. *zori,* 2.
Zoritasun, v. *zori,* 1.
Zoritu, v. *zori,* 1.
Zoritze, v. *zori,* 1.
Zorkhatu, v. *zorri*
Zorne, g. l. pus. P. écrit *zaurne* (*çaurne*). On aimerait pouvoir rattacher *zorne* ou *zaurne* à *zauri* plaie, mais comment? la terminaison est obscure.
Zoro, g. b. fou, stupide, simple, niais. *Choro,* bn. état d'allégresse de quelqu'un poussé jusqu'à la stupidité. Sal. En guip. *choro* et *zoro* sont synonymes et signifient simple, niais. Comme *ch* indique le diminutif il est probable que *zoro* signifie au fond fou et *choro* niais. Comp. *ero.*
Choratasun, l. simplicité, naïveté. Axular écrit p. 342. *Eta hartan da ageri usoaren inocentcia.* Et en cela se manifeste la simplicité de la colombe. M. l'abbé Inchauspe, dans son édition d'Axular, a changé le mot de *inocentcia* en *choratasun.*
Zorakeria, chorakeria, g. b. folie, extravagance; de *zora-keria.*
Zoratasun, g. folie, maladie mentale; de *zora-tasun.*
Zoratu, b. devenir fou, admirer.
Choratu, bn. enchanter, éblouir, charmer.
Zoragarri, g. l. bn. admirable; de *zoro-garri.*
Zorri, g. b. l. bn. pou. — bn. vermine.
Zorritsu, l. *zorrizu,* bn. pouilleux; de *zorri-tsu.*
Zorkha, zorkhatu, bn. prendre des poux, probablement de *zorrihartu; k* pour *h,* v. Essai, Ch. II et l'introd. du dict. p. VIII.
Zorritsu, zorrizu, v. *zorri.*
Zorro 1, g. fourreau (d'épée).— l. bn. sac; gros ventre. V. *churru.*
Chorro, gouttière; diminutif de *zorro,* v. *ch.*
Zorro 2. Ce mot se trouve dans *lozorro,* cauchemar, en esp. *pesadilla; lozorro* paraît être composé de *lo-zorro,* probablement de sommeil lourd; cependant *zorro* ne se trouve pas avec cette signification.
Zorrota, l. cours d'eau. P. Comp. *churru* et *zorro* 1.
Zorrotz, g. b. l. bn. aigu, tranchant.
Chorrotz, g. syn. de *zorrotz,* diminutif de *zorrotz* du moins selon la forme.
Zorroztu, zorrozten, g. l. *zorrotz, zorrotzi,* bn. aiguiser.
Zorrotz, g. adv. formellement. *Baña erdiko onenik jatea zorrotz debekatu zion.* Lardiz. Mais il lui défendit formellement le manger de ceux (fruits) de celui (arbre) du milieu.
Zorrotzki, l. de point en point.
Zorrotzle, zorrotzaille, l. remouleur; de *zorrotz-le* et *tzaille.*
Zorrotzaille, v. *zorrotz.*
Zorrotzi, v. *zorrotz.*
Zorrotzki, v. *zorrotz.*
Zorrotzle, v. *zorrotz.*
Zorrozte, v. *zorrotz.*
Zorroztu, v. *zorrotz.*
Zorta, bn. goutte.
Chorta, diminutif de *zorta.*

Zortasun, v. *zor*, 2.

Zorte, g. *zorthe*, l. bn. sort.

Zortha, v. *sortha*.

Zortzi, g. b. l. bn. huit. *Zortzian behin*. Une fois ou huit jours. *Zortzigarren*, huitième; de *zortzigarren*.

Zothal, l. bn. amas d'herbes sèches que les laboureurs font brûler et qui proviennent du hersage de terres labourables. Sal.

Zotin, g. l. *zopin*, b. *chotin*, b. bn. *chopin*, l. hoquet. *Nigar chopin*, l. sanglot. P.

Zotz, l. bn petit morceau de bois en forme de petit bâton ou cheville; le menu bois avec lequel on allume le feu. *Barrikaren zotza*. Le douzil (ou comme l'écrit P. doisil) de la barrique. *Zotzezko galzerdiak*. Bas faits à l'aiguille. *Zotz-z ko*.

Zozkor, l. bn tige d'arbrisseau.

Zozo, b. l. bn. *chocho*, bn. merle; au fig. sot; de l'esp. zorzal, grive? Zorzal vient de l'arabe zorzâl, dont il y a une variante zorzour; v. Dozy, Glos.

Zozollo, bn. niais; de l'esp. zorzal, v. *zozo*.

Zu, zuk, g. b. l. bn. *zeu, zeuk*, b. vous. *Zu* est proprement le pron. pers. de la 2me pers. du pluriel, mais il est employé pour la 2me pers. du singulier, v. Essai, p. 21. Le singulier qui y correspond est *hi*, tu. Cette substitution de pronoms n'a rien de surprenant; (elle a fortement étonné M. Duvoisin); au contraire, il serait surprenant que le basque y eût échappé. La politesse a voulu partout une substitution de pronoms. En all. on ne s'est même pas arrêté là. L'arrogance ou la fierté a exigé la même chose, et comme il ne suffisait pas d'adresser la parole à un inférieur à la 2me pers. du sing. (du) on s'est servi de la 3me pers. du sing. (er). Ainsi l'on dit en s'adressant à qu'elqu'un. Wo ist er gewesen? où as-tu été; au fond: où a-t il été. Familièrement on dira: Wo bist du gewesen? où as-tu été? et plus poliment: Wo sind Sie gewesen? où avez-vous été? Il y a donc en all. trois pronoms pour indiquer la 2me pers. du singulier: du, tu; er, il; sie, ils. — En italien la 3me pers. du sing. correspond à vous fr. Malheureusement *hi* n'a pas seulement dû faire place à *zu*; mais *hi* a presque entièrement disparu de la langue basque. Pour les dial. basq. espagnols *zu* n'était pas encore assez cérémonieux, et l'on a introduit la forme *berori, berok*, correspondant sous quelques rapports à l'allemand, vu que la forme est celle de la 3me personne; mais sous d'autres rapports à l'espagnol. *Berori*, vous, sing. correspond à usted, vous, sing, et *berok* à ustedes, vous, pluriel.

Comme le pronom *zu*, quoique du pluriel, était employé pour le singulier, il fallait une autre forme pour indiquer le pluriel, et on a écrit *zuek*. Le pronom a été traité comme tout autre nom en y suffixant la caractéristique du pluriel *k*, avec cette différence qu'on a intercalé un *e*, puisque *zuk* servait déjà comme nominatif agent. Le *e* intercalé ici a une valeur toute négative; comme nous l'avons dit dans l'Essai, nous aimerions appeler cette lettre: la caractéristique de l'indéfini.

Le génitif de *zu* comme sing. est *zure*, qui ainsi que tous les autres génitifs des pron. pers., sert comme pron. possessif. Le datif est *zuri*. Le génitif de *zu* comme pluriel, est *zuen*, et le datif *zuei*. *Zuen* sert, cela va sans dire, comme pron. possessif.

Zure, g. b. l. bn. *zeure*, b. *zere*, g. ton, votre; génitif de *zu*, sing. *Baña zeure biotzeko semiaen odol preziosuagaiti.* Olaechea, p. 172. Mais par le sang précieux de votre fils chéri. *Emozute, othoi, zure benedizione saindua*, l. Donne-moi je t'en prie, ta sainte bénédiction. *Zere erri eta echetik bereala irten zaite.* Lardiz. p. 12. Sortez de suite de votre pays et de votre maison. Cette forme (*zere*) dont Lardiz. se sert est, croyons nous, inusitée; elle ne reparaît que dans *zerori*.

Zuen, g. l. bn. *zeuben*, bn. vos; génitif de *zu*, plur. *Zuen gurasoak obeto begiratu bazizuten*, g. Si vos parents avaient mieux surveillé.

Zerori, zerorrek, g. l. *zeroni, zeronek*, l. vous-même. V. *nerau*. Si *nerau* est pour *ni-hau*, alors *gerok* est pour *gu-oyek*, *zerori* pour *zu-ori*, *berau* pour *be-au*. C'est là l'explication de M. Duvoisin, v. l'introd du dict. p. XXVIII et XXIX. Le *r* est alors par conséquent une lettre euphonique. Les formes comme *zerori* décident bien la question en faveur de notre supposition; à savoir que *zerori*, est composé du génitif *zere* (pour *zeure* ou *zure*) et *ori*; et ainsi *nere-au*; *gure-oyek*, etc.

Zerok, g. vous-mêmes; de *zere-oyek*.

Zuaitz, v. *zur*.

Zuaza, v. *zoaz*.

Zubia, g. l. bn. pont. De *zurbidea?* Le *r* de *zur* se perd souvent, v. *zur*.

Zuei, v. *zu*.

Zuek, v. *zu*.

Zuen, v. *zu*.

Zugan, bn. cuve à vin.

Zuhai, v. *zuhain*.

Zuhain 1, zuhai, l. bn. fourrage. Pour la chute de *n* v. *arrai* 2.

Zuhaindegi, le grenier à fourrage; de *zuhain-tegi*. D pour *t*, après *n* v. Essai, Ch. II.

Zuhain, 2, v. *zur*, 1.

Zuhaindegi, v. *zuhain*, 1.

Zuhaitz, v. *zur*, 1.

Zuhamu, v. *zur*, 1.

Zuhantze, v. *zur*, 1.

Zuhañ, v. *zur*, 1.

Zuhar, v. *zur*, 1.

Zuhari, v. *zur*, 1.

Zuhur, v. *zur* 2.

Zuhurina, l. poudre qui vient du bois rongé de vers. De *zur*, bois; mais la terminaison n'est pas claire.

Zuhurintzea, l. se dit du bois rongé par les vers.

Zuhurki, v. *zur* 2.

Zuhurtu, v. *zur* 2.

Zuhurtze, v. *zur* 2.

Zuhurzi, v. *zur* 2.

Zukutu, zukutzen, g. mettre en morceaux, écraser.

Zukutze, v. *zukutu.*

Zulatu, v. *zulo.*

Zulatze, v. *zulo.*

Zulho, v. *zulo.*

Zulo, g. b. *zillo, zilho,* l. *zilo, zulho,* l. (i. a.); *chulo,* bn. trou. De l'esp. *culo?* Pour la mutation de *k* en *z,* v. *karamitcha.* En gaélique *cûl,* kymri, *kîl,* v. Littré.

Zulatu, zulatzen, g. *zilhatu, zilhatzen,* l. *zila* ou *zilo, zilatu* ou *zilotu, zilatzen, zilotzen,* bn. trouer, percer. *Chila, chilatu,* bn. trouer, percer.

Zulogille, g. fossoyeur; de *zulo-egille.*

Zulogille, v *zulo.*

Zuma lakarra, l. Selon P. espèce de bois puant.

Zumadegi, v. *zur* 1.

Zumar, v. *zur* 1.

Zumarika, v. *zur* 1.

Zumatze, v. *zur* 1.

Zume, v. *zur* 1.

Zumendil, v. *zur* 1.

Zumin, v. *zur* 1.

Zumitze, v. *zur* 1.

Zumu 1, saule. Mot d'O. selon P. Nous trouvons dans un vocabulaire du dial. soul. (Eléments de gr. basq. Louis Gèze) *zume,* saule. Saule et osier paraissent s'être confondus. *Zume* est généralement osier.

Zumu 2,g. jus; de l'esp. zumo. *Matzari zumua kendu edan, orditu eta loac artu zuen.* Lardiz. Au raisin il ôta le jus, il but, s'enivra et s'endormit.

Zunkur, v. *konkor.*

Zuntoi, g. tronc d'arbre.

Zuntz, l. aiguillée. *Hari zuntz.* Aiguillée de fil. P.

Zur 1, g. b. l. bn. bois de construction. Le *r* de *zur* est doux, par conséquent il n'est pas doublé; *zura,* le bois. Généralement dans les mots composés le *r* s'est perdu.

Zuaitz, g. *zuhaitz,* l. arbre, chêne. Larramendi cite ce mot pour arbol, arbre et P. donne d'abord arbre, puis chêne. *Zuhaitz* servirait donc comme terme générique. Le chêne, l'arbre par excellence, soit par ses qualités, soit parce qu'il était le plus généralement (le seul?) connu, aura servi à indiquer toute l'espèce. *Haritz,* que l'on prononce toujours *haitz,* signifie chêne. Le *r* s'est tout-à-fait perdu, à ce qu'il paraît dans *haitz,* rocher, qui, il faut le croire, aura été primitivement *haritz.* La dureté du chêne et du rocher, aura fait appliquer le nom de l'un à l'autre. Lequel a été le premier nommé? nous l'ignorons. En tout cas on paraît avoir trouvé nécessaire, afin d'éviter la confusion, d'appeler l'arbre, le *zu-haitz,* bois-rocher. — M. Sal. cite *zuhain,* arbres épars. Ce terme dit-il „n'est employé qu'en Labourd et en Espagne."

Dans le vocabulaire de la gram. de M. Gèze se trouve *zuhañ, zuhantze,* arbre, ce qui explique les „arbres épars" de M. Sal. Nous n'avons pas encore rencontré ce mot de *zuhain,* ni en guip. ni en lab. Oihenart écrit *sursai* (Prov. 535) et est corrigé dans l'édition de Bordeaux, où *sursai* est devenu *surhain.* C'est le soul. *zuhañ.* Nous ignorons ce que la terminaison signifie.

Zume, g. b. l. bn. osier; de *zur-me.*

Zumadegi, zumatze, l. oseraie: de *zume-tegi.*

Zumitze, g. bandes de bois très-minces dont on fait des paniers; ce n'est pas de l'osier, à ce qu'on nous a dit. Qu'est-ce que *mitz?*

Zurchuri, l. bn. peuplier; de *zur-churi.* On prononce souvent *chur-churi.* P. dit: sorte de bois que les marins apportent de Terre-Neuve.

Zumar, g. *zuhar,* l. orme. *Zu* sera pour *zur;* mais nous ignorons ce que la terminaison signifie. La permutation de *m* et *h* n'est pas prouvée; nous ne connaissons que *hun* pour *mun.*

Zuhar, v. ci-dessus *zumar.*

Zumarika, bn. genêt. Sal. Comp. *zumar.*

Zuhamu, l. jeune arbre. Pied de vigne qui s'attache à un arbre. De *zu-hamu?*

Zumendilla, espèce d'arbre, avec les branches duquel Jésus Christ aurait été fouetté, selon la tradition basq. P.

Zurgille, l. *zurgin.* l. bn. charpentier; de *zur-egille* et *zur-egin.*

Zurkaitz, l. *zurkhaitz,* bn. rameau pour ramer les pois; tuteur de plantes. De *zur-haitz,* avec mutation de *h* en *k,* v. Essai, Ch. II et l'introd. du dict. p. VIII. C'est une variante de *zuhaitz. Illarrak zurkaitatzea,* ramer les pois.

Zurkai, arbre. Mot d'O selon P. Il se pourrait que *zurkai* fût formé de *zur-gai,* (v. *gai*) chose à bois = arbre; mais il est aussi possible que *zurkai* soit une corruption de *zurkaitz.* Il nous a semblé, plus d'une fois, qu'Oihenart emploie des mots corrompus ou qui ne se trouvent que chez lui, du moins si P. les cite correctement.

Zuhari, l. cordeau, ligne du charpentier; de *zur-hari.*

Zurmin, bn. moisissure; de *zur-min.*

Zurmindu, zurmintzen, l. bn. moisir.

Zur 2, g. b. *zuhur,* l. *chuhur,* bn. sage, sobre, économe. Selon Larr. *zurra* viendrait de *zurra,* anc. esp., *zorro,* esp. mod., renard, avec la signification d'astucieux. M. Diez, E..W. II p. 191 se range à l'opinion de Larramendi. Il y a cependant deux observations à faire; d'abord le mot basque n'est pas *zurra,* mais *zur;* et puis est-ce que Larr. pour sauver son étymologie, n'aurait pas donné à *zurra* l'acception d'astucieux? v. *urri. Zeinek ichitzen baitute infinituki munduko zuhurren jakintasun guzia.* Chourio, p. 144. Qui (paroles) surpassent infiniment toute la science des sages du monde. Relevons ici en passant l'emploi assez surprenant de *ichitzen* pour surpasser.

Zuhurtu, zuhurtzen, l. devenir sage, bn. sobre, parcimonieux jusqu'à l'avarice.

Zuhurzi, l. sagesse.

Zuhurki, l bn. sagement *Gogoauçue bada nola çuhurqui ebil çaitezqueten, ez erho anço, baina çuhur anço.* Eph. V: 15. Test. Roch. Prenez donc garde comment vous vous conduirez sagement, non point comme des fous, mais comme des sages.

Zurbi, v. *zurrubi*.

Zurchuri, v. *zur* 1.

Zurda, v. *zerda*.

Zure, v. *zu*.

Zurgille, v. *zur* 1.

Zurgin, v. *zur* 1.

Zuri, g. b. *churi*, g. l. bn. blanc. V. *zori* 2.

Churi, churitu, churitzen, l. bn. blanchir. — l. tromper, enjôler.

Churitzaille, l. trompeur; de *churi-tzalle*.

Zurigana, g. flagornerie; de *zurigaña*, selon Larr.

Zuritasun, g. *churitasun*, l. blancheur; de *churi-tasun*.

Churingo, g. l. blanc d'œuf. *Arraultzaren churingoa.* Le blanc d'œuf. *Arraultzaren gorringoa.* Le jaune d'œuf. Nous ignorons d'où vient le *n* dans ces deux mots. *Zuri* et *gorri* étant des adjectifs, la terminaison *go* ne peut être le suffixe *go* du génitif, si ce n'est que le *n* n'ait transformé *zuri* et *gorri* en substantifs.

Churpail, l. *churphail*, bn. *churhail*, bn. blanchâtre; blême, hâve.

Zurigaña, v. *zuri*.

Zuritasun, v. *zuri*.

Zurkai, v. *zur* 1.

Zurkaitz, v. *zur* 1.

Zurhaitz, v. *zur* 1.

Zurmin, v. *zur* 1.

Zurmindu, zurmintze, v. *zur* 1.

Zurra, zurratu, bn. châtier; de l'esp. *zurrar*, châtier, battre.

Zurroa, zurrona, sac. Mot d'O. selon P. Variante de *zorro*, dont *zurrona* sera une corruption.

Zurrona, v. *zurroa*.

Zurrun, l. raide. *Edireiten da presuna zaharraren eta gaztearen artean ere, gaztea zalhui eta manayukor bezain, da zaharra gogor eta zurrun.* Ax. p. 181. a. éd. 43. n. éd. On la trouve (différence) aussi parmi les personnes vieilles et jeunes; il est des jeunes lestes et remuants, des vieux durs et raides. A l'article *manayukor*, nous avons cité la traduction que P. donne de ce mot: facile à manier. Il nous semble qu'Axular veut dire ici: actif, remuant, vigilant, ce qui est aussi la signification propre du mot *manayu-kor*, porté, enclin, à se remuer. *Gizon zurruna.* Personne lente et peu agissante; O. selon P.

Zurrunga, g. l. bn. ronflement. Ce mot aurait dû se trouver, ainsi que *gurrunga*, s. v. *kariaka*.

Zurrungatu, zurrungatzen, g. ronfler.

Zurrungatu, zurrungatze, v. *zurrunga*.

Zurrupatu, zurrupatzen,

g. prendre par ruse; de l'esp. *zorro,* renard? La terminaison *pa* n'est pas claire.

Zurruta, l. adv. en coulant; de *zorta,* goutte; v. *churrustan.*

Zurubi, zurbi, l. échelle; variante de *zubia.*

Zurumuru, v. *churimuri.*

Zurtz, bn. isolé, abandonné.

Zurtz, g. *churtch,* bn. *umezurtz,* bn. orphelin.

Zut, g. l. *chut,* l. bn. *zutin,* b. droit, raide. Le bisc. paraît être composé de *zut-ein* pour *egin.*

Zutik, g. *chutik,* g. l. bn. *zutinik,* b. debout. *Gizon zahar bat badago chutik, bainan ez chut.* Un vieillard se tient debout, mais non pas droit.

Chuti, chutitu, bn. se lever.

Zutik, v. *zut.*

Zutin, zutinik, v. *zut.*

Zuzembalitz, v. *zuzen.*

Zuzembide, v. *zuzen.*

Zuzen, g. b. l. bn. *chuchen,* bn. droit, équitable.

Zuzentasun, g. l. équité; de *zuzentasun.*

Zuzembide, g. l. *zuzenpide,* l. mesure, carrière, profession; de *zuzen-bide.* En lab. moyen équitable, droits, droit d'aînesse. *Eta zuzembideak artu zuen.* Et il prit des mesures.

Libru onetako utsegineen zuzembidea. Correction (redressement) des fautes de ce livre. Añibarro s'en sert pour notre Erratum.

Zuzendu, zuzentzen, g. b. l. *chuchendu,* bn. rendre droit, régler, corriger, adresser. *Ama zuzenduten dituz gau ta egun zerura orazinoe.* Moguel. La mère adressait nuit et jour des prières au ciel.

Zuzenki, adv.

Zuzembalitz, l. de travers, tortueusement; de *zuzen-balitz,* si c'était droit.

Zuzendu, v. *zuzen.*

Zuzenki, v. *zuzen.*

Zuzenpide, v. *zuzen.*

Zuzentasun, v. *zuzen.*

Zuzentze, v. *zuzen.*

Zuzi, zuzitu, bn. détruire. *Undar igandeko harriak gure herri guziko ogiak zuzitu ditu.* La grêle de dimanche dernier a détruit tous les froments de notre village.

Zuzpertu, zuzpertzen, g. recouvrer ses forces, se remettre. *Eta gero zer jana emango ziela, onekin zuzpertuta, bideari ekiteko.* Lardiz. p. 11. Et qu'ensuite il leur apporterait de quoi manger, pour entreprendre le voyage, après s'être réconfortés avec cela. — Il serait possible que *zuzpertu* fut une variante de *supertu,* dans le sens de surmonter, surmonter les fatigues, se reposer, se réconforter.

SUPPLÉMENT.

A.

Ara (s. v. *a*). Ajoutez : *harat*, 1.

Abaraska. Selon M. Mahn (Etym. Unters. p. 56, 57), d'une des langues romanes. Ce mot n'est pas indigène (einheimisch), dit l'auteur ; le vrai mot basque est *eztiorracea*, de *ezti*, miel et *orracia* (v. *orratze*) peigne. — Nous ne voyons pas pourquoi *abaraska* est moins basque que *eztiorracea*. La forme de ce dernier mot est plus claire, voilà tout ; c'est une imitation des autres langues ; p. ex. l'angl. honeycomb, le holl. honiggraat (arrête) ; peigne ou arrête, c'est la même idée. — Nous ne voulons pas contester, que *abaraska* ne puisse se rattacher au prov. brusc, ruche ; cependant il nous semble que les preuves ne sont pas satisfaisantes. Il est vrai qu'une voyelle est souvent intercalée pour éviter les groupes *bl*, *br*, etc. ; mais les voyelles prosthétiques sont extrêmement rares ; *baraska* pour *brusc* est possible, mais *abaraska* est moins certain. — Sans vouloir prétendre à une origine basque pour *abaraska*, nous voulons cependant faire remarquer que *abar* veut dire branche et que les ruches, comme le dit M. Mahn lui-même, étaient faites primitivement de branches. Nous ignorons ce que la terminaison *aska* signifie ici ; nous avons seulement voulu dire que *abaraska* pourrait être un mot basque et qui s'expliquerait même très-bien s'il désignait ruche *abar-aska*, au lieu de rayon de miel. *Aska* est pétrin, auge.

Abi. Cet article est rectifié s. v. *kabi*.

Adirazi, g. variante de *adierazo*.

Adu, b. coutume, habitude, penchant. Par erreur : diable. *Adu gaistoko infernutarra*. Mauvais penchant de l'enfer. *Nire adu gaistoz jausten banas bekatu mortalean*. Añibarro, p. 155. Par mes mauvais penchants je suis tombé dans le péché mortel.

Aen, v. *hura*.
Ahalegar, l. pépie.
Anitz. Ajoutez: *hanitz*, bn.
Alaere. Ajoutez: *halere*, bn.
ALOF, du français „aller au lof."
Ar 3. Ajoutez: *harabartu*.
Araitzin. Ajoutez: *haraitzin*, bn. *Guiçon anayeac çuec badaquiçue ecen haraitcina danic Jaincoac gure artean elegitu ukan nauela*. Act. XV: 7. Test. Roch. Hommes frères, vous savez que depuis longtemps (litt. avant cela, c'est-à-dire jadis) Dieu m'a choisi entre nous.
Are 2. Dans une locution comme *are geyago*, encore plus, *are* est, croyons nous, le génitif du pron. dém. dont le *n* final s'est perdu; exactement le holl. des te meer ou l'all. desto mehr; „des" est le génitif du pronom.
Arek, areek, v. *a* et *hura*.
Ari 3. Ajoutez: *haliketa*, bn.

s'occupant à dévider, de *hali-hetan*. Comp. *hitzketa* et *orheta*, s. v. *hetan*.
Aritz. Ajoutez: arbre. P.
Arrega, du lat. fraga? Le f initial supprimé et *a* posthétique, puisque *r* n'est jamais initial.
Ate 2. De anade. Pour la mutation de *n* en *h* v. *liho*.
Atseden. Ajoutez: *atsedeten*.
Aurkao, bn. *Eta Lybia bazterretan, baita Cynereco aurkan eta Roman daudenec*. Act. II: 10. Test. Roch. Et dans les quartiers de la Lybie qui est près de Cyrène.
Aurkientza, l. rencontre.
Ausko, v. ce mot. En esp. il y a ascua, braise, que Covarr. dit venir de l'arabe. Ce mot ne se trouve pas dans le Gloss. de M. Dozy; il est donc probable que cette étymologie n'est pas juste.
Auzu, v. *euki*.
Ayertu, syn. de *jayeratu*.
Azaro 3, v. *as*.

B.

Baratche baratche, l. petit à petit.
BARATU, BARATZEN, bn. arrêter; du prov. barrar, fermer.
BEDEINKATU, béni; du lat. benedictum.
Bestenaz, g. Variante de *bestannez*.
Berregin, l. attifé, enjolivé.

P. *Semea ase eta zirzil, alaba gose eta berregin*. Le fils soûl et déchiré, la fille affamée et vêtue.
Besuin, v. *pesuin*.
Borroe, b. faute, erreur. *Atera zituban guzur ta borroe asko imprentatik*. Moguel, préface de l'*Escolia*. Beaucoup d'inexactitudes et de fautes ont été ôtées en imprimant.

Ch.

Chistmista chismista, v. *chimista*.

CHUKHU et CHUKATU, ainsi que le bn. *ichukatu*, dérivent du prov. echucar, qui vient du lat. sucus, suc. V. Diez, E. W. 1 p. 402.

D.

Dela, v. *da* 1.

E.

Edeki. Ajoutez: v. *idiki*.
Edoski. Ajoutez: g.
Eguerri, 1. jour de Noël; de *egun-berri*.
Ekinekin, b. remontrance. *Ta agintariaren irauntsi ta ekiñekin....* Moguel. Et avec les encouragements et les remontrances du commandant....
Elgaitz, v. *gelberia*.
Elhaberri, variante de *elheberri*.
Elkhor. Nous avons comparé ce mot à *elkor*, sec. Nous croyons que c'est une erreur. *El* doit signifier quelque chose comme maladie. Comp. *elgorri, elgaitz*.
Emero, syn. de *emeki*.
Enzule, g. auditeur; de *enzunle*, avec élision de *n* devant *l*, v. Essai, Ch. II.
Epai. Probablement de *ebaki*.
Eraunstiki, l. flabe de pluie, tempête. P.
Erdeinabera, l. syn. de *nardabera*.
Ertchatu, au lieu de *erchatu*.
Erreka. Même origine que *herreka*.
Estura, variante de *hertstura*.
Esnatu, comp. *ernatu*.
Echeki, v. *ich*.
Eyhar, v. *igar* 2.
Eztheustasun, syn. de *ezdeuskeria*.
Ezarri. Ajoutez: *ezarten*.
Ezjakin, v. *jakin*.

G.

Gaille, v. *joan*.
Gaitzerisko, l. haine.
Galerazo, b. **galerazi**, g. empêcher.
GALERNE, v. *kalerna*.
Galkhor, galkor, l. périssable, s. v. *galdu;* de *gal-kor*.
Gan 3, v. *joan*.
Garrazkotz, bn. grincement. v. *karraka*.

Garreitu, v. *jarraitu*.
Gate, v. *joan*.
Geyegi. Ce mot nous paraît plutôt formé comme les autres adverbes, c. a. d. avec la terminaison *ki*, qui par exception est ici *gi*.
Gomuta, b. souvenir.
Gurrinka. Ajoutez: v. *karraka*.
Gurrunga. Ajoutez: v. *zurrunga*.

H.

Halere, bn. variante de *alaere*.
Heroia, pus. P.
Heuragi, bn. Variante de *heuregi*. *Eta batzu erori içan dirade leku harri çuelara non ezpaitzuten heuragi lurric*. Matt. XII: 5. Test. Roch. Et une autre (partie) tomba dans des lieux pierreux où elle n'avait pas beaucoup de terre. — P. se sera peut-être trompé en citant *heuregi, heuregoi;* mais il nous semble que Oihenart a souvent une orthographe assez bizarre.
Hitzketa, l. v. *itzketa*.
Hitztun, g. orateur, s. v. *hitz;* de *hitz-dun*.
Hogen, v. *ogen*.
Hutstu, v. *uts*.
Hutsgune, v. *uts*.

I.

Iduri, g. poussier. Par erreur à l'article *irudi, iduri*.
Ihartu, ihartze, v. *igar 2*.
Ikusbide, g. preuve, démonstration. *Eta egia onen ikusbidea zure libru hau izango da*. — Lettre de Larr. à Mend. Et de cette vérité, votre livre sera la preuve.

Imiki, l. coiffure de femme. P.
Iñara, v. *enada*.
Iraitz, bn. v. *iraitsi*.
Itzera, g. langage, manière de parler; de *itz-era*.
Itzi, v. *utzi*, s. v. *uts*.
Ixurbatu, v. *ichurba*.

J.

Jakitze, v. *jaki.*
Jareiki, v. *jarrailu.*

Jasaite, jasate, v. *jasan.*

K.

Kabardena, l. barbu, en parlant du froment. P.

Kadera, bn. Donné par erreur pour un mot basque; vient du prov. cadera.

Kipula, v. *tipula.*
Koloka, v. *kolka.*
Krako, v. *kako.*
Kuzkatu, kuzkatze, v. *kusku.*

L.

Lautu. Ajoutez: égaliser, aplatir, écraser.

Lizar. Ajoutez: *legizar*, l. (Manuel de la conv. basq.). *Leizar*, l. (Guide de la conv. 1873.)

M.

Mokor. Nous regrettons l'erreur que nous avons faite en disant que grigne et grignoter ne se trouvaient pas dans le dict. de M. Littré. Les deux mots s'y trouvent.

N.

Nehoiz, variante de *nihoiz.*

Notha, du lat. nota.

O.

Obeago, v. *obe.*
Obitchina, v. *obi.*
Oindagora, v. *oñ.*
Oinetakoak, v. *oñ.*
Oinhatste, v. *oñ.*
Ondagora, v. *oñ.*
Oraindrano, v. *orain.*
Orañ, v. *orain.*
Orduban, v. *ordu.*
Orthuts. *Urhats* explique *orthuts.* *Orgatil* devra aussi trouver sa place ici, bien que la terminaison ne soit pas claire.
Oseba, v. *osaba.*
Oski. Ajoutez: de *or-z-ki; ki* pour *gai*, chose pour le pied. La chute de *r* est très-fréquente. V. *orthuts* et *urhats.*
Ozpaz, v. *ots* 1.

P.

Pitcher, v. *picher.*
Pitiak, v. *ttipika.*

S.

Sararazi, v. *sar.*
Sarera, v. *sar.*
Señ, v. *sein.*

U.

Untzi, v. *ontzi.*
Unzi, v. *ontzi.*
Usteketa, v. *uste.*

VERBES RÉGULIERS.

Egin. Faire.

Impératif.

Egik, egin, egizu.

Subjonctif.

(Selon Larramendi)   Présent.   (Selon Lardizabal)
Dagidala.   *Dagidan.*
Dagizula.   *Dagizun.*
Dagiala.   *Dagien.*
Dagigula,   *Dagigun.*
Dagizuela.   *Dagizuten.*
Dagitela.   *Dagiten.*

Imparfait.

Negian.   *Negian.*
Zenegian.   *Zegian.*
Zegian.   *Egian.*
Genegian.   *Gengian.*
Zenegiten.   *Zengien.*
Zegiten.   *Egien.*

Dagidala est formé de *dagidan-la*, avec élision de *n* devant *l;* v. Essai, Ch. II. *Dagidan* est formé de *dagit*, présent de l'indicatif, qui n'est pas en usage.

Egoki. Importer, concerner.

Ce nom verbal a produit un très-grand nombre de formes fléchies. Nous n'en donnerons que quelques unes.

Indicatif.

Présent.	Imparfait.
Dagokit, il m'importe.	*Zegokidan*, il m'importait.
Dagokizu, il vous importe.	*Zegokizun*, il vous . . .
Dagokio, il lui importe.	*Zegokion*, il lui . . .
Dagokigu, il nous importe.	*Zegokigun*, il nous . . .
Dagokizute, il vous importe.	*Zegokizuten*, il vous . . .
Dagokiote, il leur importe.	*Zegokioten*, il leur . . .

Egon. Être.

Impératif.

Ago, zagoz, zaude.
Bego.
Zagozte, zaute.
Begoz, beude.

Indicatif.

Présent.	Imparfait.
Nago.	*Nengoan.*
Ago, zagoz, zaude.	*Engoon, zengozan, zeunden.*
Dago.	*Zegoan.*
Gagoz, gaude.	*Gengozan, geunden, zengozaten.*
Zaute, zaudete.	*Zeunten, zeundeten.*
Dagoz, daude.	*Zegozan, zeuden.*

Ekarri. Porter.

Impératif.

Ekark, ekan (Larr.), *ekarzu.*
Bekar.
Ekarzue.
Bekarte.

Indicatif.

Présent.	Imparfait.
Dakart.	*Nekarren.*
Dakarzu.	*Zenekarren.*
Dakar.	*Zekarren.*
Dakargu.	*Genekarren.*
Dakarzue.	*Zenekarten.*
Dakarte.	*Zekarten.*

Entzun, enzun. Entendre.

Impératif.

Entzuzu.
Bauntso (Larr.)   *Bentzu* (Lardiz.)

Indicatif.

Présent.	Imparfait.
Dantzu.	*Nentzuan* (Lardiz.)
Dantzuzu.	*Zentzuan.*
Dantzu.	*Entzuan.*
Dantzugu.	*Gentzuan.*
Dantzuzue.	*Zentzuen.*
Dantzue.	*Entzuen.*

Erabilli. Mouvoir.

Impératif.

Erabilk, erabillan, erabilzu.
Berabil.
Erabilzute.
Berabille.

Indicatif.

Présent.	Imparfait.
Darabilt.	*Nerabillen.*
Darabilzu.	*Erabillen, zenerabillen.*
Darabil.	*Zerabillen.*
Darabilgu.	*Generabillen.*
Darabilzute.	*Zenerabilten.*
Darabilte.	*Zerabilten.*

Eraman, porter, emporter.

Impératif.

Eramak, eraman, eramazu.
Berama.
Eramazute.
Beramate.

Indicatif.

Présent.	Imparfait.
Daramat.	*Neraman.*
Daramazu.	*Zeneraman.*
Darama.	*Zeraman.*
Daramagu.	*Generaman.*
Daramazute.	*Zeneramaten.*
Daramate.	*Zeramaten.*

Eraunsi. Couler.

Indicatif.

Présent.	Imparfait.
Badarauntsat.	*Banerauntsan.*
Badarauntsak-san-sazu.	*Bazenerauntsan.*
Badarauntsa.	*Bazerauntsan.*
Badarauntsagu.	*Bagenerauntsan.*
Badarauntsazute.	*Bazenerauntsan.*
Badarauntsate.	*Bazerauntzaten.*

Erausi. Parler, bavarder.

Impératif.

Erausk.

Indicatif.

Présent.	Imparfait.
Darauskit.	*Nerauskian.*
Darauskizu.	*Zenerauskian.*
Darauski ou *kio.*	*Zerauskian.*
Darauskigu.	*Generauskian.*
Darauskizute.	*Zenerauskiaten.*
Darauskie ou *kiote.*	*Zerauskiaten.*

Esan. Dire.

Impératif.

Esak, esan, esazu.

C'est tout ce qui paraît exister de ce nom verbal. Il va sans dire que les formes citées par Larrameudi et Lardizabal comme dérivées de *esan* n'ont rien de commun avec ce nom verbal. Nous voulons dire les formes suivantes.

Présent.	Imparfait.
Diot.	*Nion.*
Diozu.	*Zinion.*
Dio.	*Zion.*
Diogu.	*Ginion.*
Diozute.	*Zinioten.*
Diote.	*Zioten.*

Eritzi, iritzi. Paraître.
Indicatif.

Présent.	Imparfait.
Deritzat.	*Neritzan.*
Deritzazu.	*Zeñiritzan.*
Deritza.	*Zeritzan.*
Deritzagu.	*Geñiritzan.*
Deritzazute.	*Zeñiritzaten.*
Deritzate.	*Zeritzaten.*

Eroan, eruan. Emmener.
Indicatif

Présent.	Imparfait.
Daroat.	*Neroian.*
Daroazu.	*Zeroian.*
Daroa.	*Eroian.*
Daroagu.	*Geroian.*
Daroazute.	*Zeroien.*
Daroe.	*Eroien.*

Eroan est formé de *erazo-joan*, faire aller, et est encore employé pour les verbes fréquentatifs. Lardizabal donne les formes ci-dessus comme dérivant de *oi*, „soler", avoir coutume, ne se doutant pas que ce sont les formes fléchies de *eroan*. Mais en tout cas il aurait dû voir que *oi* est tout-à-fait étranger à ces formes. En biscaien on dit donc *jaten daroat*, j'ai l'habitude de manger, suelo comer. En italien le verbe andare sert aussi comme auxiliaire, p. ex. se va dicendo, on va disant = on dit.

Etorri. Venir.
Impératif.

Ator, atoz, zato.
Betor.
Atozte.
Betoz.

Indicatif.

Present.	Imparfait.
Nator.	*Nentorren.*
Ator, zatoz.	*Etorren, zentozen.*
Dator.	*Zetorren.*
Gatoz.	*Gentozen.*
Zatozte.	*Zentozten.*
Datoz.	*Zetozten.*

Etzin, etzan. Se coucher.
Impératif.

Atza, zautza.
Betza.
Zautzate.
Betzate.

Indicatif.

Présent.	Imparfait.
Natza.	*Neutzan.*
Zatza.	*Zeuntzan.*
Datza.	*Zetzan.*
Gautza.	*Geuntzan.*
Zauzate.	*Zeuntzaten.*
Dautza.	*Zetzaten.*

Eutsi. Tenir.
Indicatif.

Présent.	Imparfait.
Dautsat.	*Neeutsan.*
Dautsazu.	*Zeeuntsan.*
Dautsa.	*Zeutsan.*
Dautsagu.	*Geeuntsan.*
Dautsazue.	*Zeeuntsen.*
Dautsee.	*Zeutsen.*

Ezagutu. Connaître.
Indicatif.

Présent.	Imparfait.
Dazaut.	*Nezauan.*
Dazauzu.	*Zezauan.*
Dazau.	*Ezauan.*
Dazaugu.	*Gezauan.*
Dazauzue.	*Zezauen.*
Dazaue.	*Ezauen.*

En général construit avec *ba, badazaut*. Le *g* est élidé partout; *dazaut* pour *dazagut*. Le *e* initial devient toujours *a*; comp. *dakart* de *ekarri; nabil* de *ebilli*, etc.

Ibilli. Marcher.

Impératif.

Abil, zabiltza.
Bebil.
Zabiltzate.
Bebiltza.

Indicatif.

Présent.	Imparfait.
Nabil.	*Nembillen.*
Zabiltza.	*Embillen, zembiltzan.*
Dabil.	*Zebillen.*
Gabiltza.	*Gembiltzan.*
Zabiltzate.	*Zembiltzaten.*
Dabiltza.	*Zebiltzan.*

Iduki ou euki.

Impératif.

Eukazu.
Beuka.
Eukazute.
Beukate.

Indicatif.

Présent.	Imparfait.
Dadukat.	*Nedukan.*
Dadukak, kan, kazu.	*Zenedukan.*
Daduka.	*Zedukan.*
Dadukagu.	*Genedukan.*
Dadukazute.	*Zenedukaten.*
Dadukate.	*Zedukaten.*

Le *d* a disparu dans „*euki*" comme dans les formes fléchies *daukat*, etc.

Ikusi. Voir.

Impératif. (Selon Lardizabal).

Ekuszu.
Bekus.
Ekuszute.
Bekuste.

Indicatif.

Présent.	Imparfait.
Dakust.	*Nekusan.*
Dakusu.	*Zenkusan.*
Dakus.	*Zekusan.*
Dakusgu.	*Genkusan.*
Dakusute.	*Zenkusaten.*
Dakuste.	*Zekusaten.*

Iñotsi. Couler.
Indicatif.

Présent.			Imparfait.
Badiñotsat	ou	*biñotsat.*	*Biñotsadan.*
Badiñotsazu	„	*biñotsazu.*	*Biñotsazun.*
Badiñotsa	„	*biñotsa.*	*Biñotsan.*
Badiñotsagu	„	*biñotsagu.*	*Biñotsagun.*
Badiñotsazue	„	*biñotsazute.*	*Biñotsazuten.*
Badiñotsate	„	*biñotsate.*	*Biñotsaten.*

Irakin. Bouillir.
Indicatif.

Présent.	Imparfait.
Dirakit.	*Nirakien.*
Dirakizu.	*Zeñirakien.*
Diraki.	*Zirakien.*
Dirakigu.	*Geñirakien.*
Dirakizute.	*Zeñirakiten.*
Dirakite.	*Zirakiten.*

Iraun. Durer.
Indicatif.

Présent.	Imparfait.
Diraut.	*Nirauen.*
Dirauzu.	*Zeñirauen.*
Dirau.	*Zirauen.*
Diraugu.	*Geñirauen.*
Dirauzute.	*Zeñirauten.*
Diraute.	*Zirauten.*

Iresegi. Brûler, allumer.

Lardizabal cite ce nom verbal biscaïen et donne le présent et l'imparfait suivants:

Présent.	Imparfait.
Daxakat.	*Daxakadan,* etc. en
Daxakazu.	ajoutant *n.*
Daxako.	
Daxakagu.	
Daxakazue.	
Daxakee.	

On voit que *iresegi* n'a rien de commun avec *daxakat,* etc.; c'est plutôt de *izeki* que ces forment dérivent; v. ci-dessous.

Irudi. Sembler.
Indicatif.

Présent.	Imparfait.
Dirudit.	*Nirudien.*
Dirudizu.	*Zenirudien.*
Dirudi.	*Zirudien.*
Dirudigu.	*Genirudien.*
Dirudizute.	*Zeniruditen.*
Dirudite.	*Ziruditen.*

Izeki. Brûler.
Indicatif.

Présent.	Imparfait.
Dizekat.	*Nizekan.*
Dizekazu.	*Zeñizekan.*
Dizeka.	*Zizekan.*
Dizekagu.	*Zizekagun.*
Dizekazute.	*Zeñizekaten.*
Dizekate.	*Zizekaten.*

Jakin. Savoir.
Indicatif.

Présent.	Imparfait.
Dakit.	*Nekien.*
Dakizu.	*Zenekien.*
Daki.	*Zekien.*
Dakigu.	*Genekien.*
Dakizute.	*Zenekiten.*
Dakite.	*Zekiten.*

Jardun, iñardun. Être occupé.

Indicatif.

Présent.	Imparfait.
Diardut.	*Niardun.*
Diarduzu.	*Zeñiardun.*
Diardu.	*Ziardun.*
Diardugu.	*Geñiardun.*
Diarduzute.	*Zeñiarduten.*
Diardute.	*Ziarduten.*

Jario, Jarion, Erion. Couler.

Indicatif.

Présent.	Imparfait.
Dariot.	*Nerion.*
Dariozu.	*Zeñirion.*
Dario.	*Zerion.*
Dariogu.	*Geñirion.*
Dariozute.	*Zeñirioten.*
Dariote, darie.	*Zerioten, zerien.*

Jarraitu. Suivre.

Impératif.

Darraidazu.
Arreit.
Berraikit.
Darraidazute.
Berraizkit.

Indicatif.

Présent.	Imparfait.
Zarraikit (tu me suis.)	*Zenerraikidan.*
Darraikit.	*Zerraikidan.*
—	—
Zarraizkit.	*Zenerraizkidan.*
Darraizkit.	*Zerraizkidan.*

Joan. Aller.

Impératif.

Zoaz.
Oa.
Bijoa.
Zoazte.
Bijoaz.

Indicatif.

Présent.	Imparfait.
Noa.	*Ninjoan.*
Zoaz.	*Zinjoazen.*
Doa, dijoa.	*Zijoan.*
Goaz.	*Ginjoazen.*
Zoazte.	*Zinjoazten.*
Doaz, dijoaz.	*Zijoazten.*

ERRATA.

page.	colonne.	ligne.		au lieu de.	lisez :
XIII		11.	d. h.	à se	à ce
XVI		20.	d. h.	vielle	vieille
XXI		8.	d. h.	trouvées	trouvé
XL		17.	d. h.	*z* en *d*	*r* en *d* après *z*
4	1	1.	d. h.	*adats,* l.	*adats,* bn.
6	1	6.	d. b.	*ahantsi, zait*	*ahantsi zait*
12	1	7.	d. h.	*alabiz*	*halabiz*
16	2	15.	d. h.	*pikatuan*	*pekatuan*
32	1	14.	d. h.	*artzanora*	*artzanor*
32	2	11.	d. b.	Et des voir	Et de voir
37	1	17.	d. b.	*Ats,* l.	*Ats* 1.
38	2	9.	d. h.	*Hatzeri*	*Hazteri*
45	1	11.	d. b.	en de *azpian*	de *azpian*
46	1	14.	d. b.	*barbarruma*	*babarruma*
51	2	4.	d. h.	*boa*	*bera*
64	2	14.	d. h.	qui n'est admis	qui n'est pas admis
72	1	18.	d. h.	mammelle	mamelle
74	1	11.	d. h.	*burkoku*	*burkoka*
75	1	4.	d. h.	*burrunzale*	*burunzale*
93	1	3.	d. h.	*ettoriko*	*etoriko*
100	1	12.	d. b.	tous dialectes	tous les dialectes
103	2	13.	d. b.	le participe	Le participe
105	2	2.	d. h.	par	pas
106	1	8.	d. h.	l'un et l'autre	l'un l'autre
112	2	14.	d. h.	*eraso-ansi*	*eraso-ausi*
119	2	23.	d. h.	v. *es*	v. *etsi*
120	1	20.	d. h.	*belharra*	*belhar*
127	1	19.	d. b.	*esekitzen*	*eseritsen*
133	1	1.	d. b.	lesens	le sens
138	1	4.	d. b.	v. *iyar*	v. *igar*
138	1	3.	d. b.	*Eeyartze*	*Eyartze*
141	1	10.	d. b.	méconnaisable	méconnaissable

page.	colonne.	ligne.		au lieu de.	lisez :
148	2	8.	d. b.	*gatde*	*galde*
152	1	12.	d. h.	charbon	chardon
154	2	19.	d. h.	*karanka*	*karranka*
155	1	9.	d. b.	*garatztasun*	*garratztasun*
156	1	15.	d. h.	*gazunak*	*garunak*
157	2	13.	d. b.	*gaztechu*	*gaztecho*
159	2	8.	d. b.	des auteurs et	des auteurs g. et b.
160	2	12.	d. h.	dessus hanches	dessus des hanches
168	1	6.	d. b.	*goierre*	*goierri*
179	1	5.	d. h.	*horreindi*	*horrendi*
179	1	14.	d. h.	*horreindiko*	*horrendiko*
186	2	19.	d. h.	*hozto*	*hosto*
187	2	19.	d. h.	haei	haei
192	2	8.	d. b.	*ichurta*	*ichurtu*
196	1	9.	d. h.	verbal un adjectif	un adjectif verbal
200	1	1.	d. h.	*Ikutil*	*Ikubil*
200	2	14.	d. b.	*iruntz*	doit être effacé
205	2	7.	d. b.	*ihaurtiria*	*ihautiri*
211	1	1.	d. b.	*instingor*	*istingor*
219	2	7.	d. h.	citent	cite
220	2	16.	d. h.	du *y*	de l'*y*
223	1	5.	d. h.	v. *jakin*	v. *jaki*
227	1	8.	d. b.	v. *jaigura*	v. *jai*
227	2	14.	d. b.	*jayotze*	*jayotza*
228	1	20.	d. h.	v.*jausi*, s.v.*jachi*	v. *jachi*
229	1	16.	d. b.	*jorutitzen*	*joritutzen*
229	2	13.	d. h.	*harri*	*hari*
233	1	12.	d. h.	rouflement	ronflement
233	1	18.	d. h.	d'un charette	d'une charrette
233	2	2.	d. b.	ou	ou
234	1	16.	d. h.	*Kakastu*	*Kaskatu*
235	1	1.	d. b.	*ke*	v. *ke*
235	2	1.	d. h.	solicitude	sollicitude
236	1	10.	d. b.	v. *khonda*	v. *khondu*
236	1	6.	d. b.	*khurulla*	*khurrulla*
240	1	16.	d. b.	*tato*	*talo*
254	1	13.	d. h.	v. *legez*	v. *lege*
255	2	10.	d. b.	aurait	auraient
257	1	3.	d. h.	*lora*	*lore*

page.	colonne.	ligne.			au lieu de	lisez:
259	1	15.	d.	h.	le	de
259	2	20.	d.	h.	*tuze*	*luze*
265	1	3.	d.	h.	d'un	d'une
267	1	13.	d.	b.	*matelaco*	*matelako*
267	2	9.	d.	b.	un erreur	une erreur
268	1	15.	d.	h.	moi	mois
269	2	4.	d.	h.	ou	du
270	1	7.	d.	b.	un autre	une autre
272	1	11.	d.	b.	comission	commission
272	2	11.	d.	b.	p. 8	p. VIII
274	2	13.	d.	b.	s'étaient	s'était
275	1	20.	d.	h.	p. 8	p. VIII
277	2	7.	d.	h.	v. *muki*	v. *muka*
278	1	6.	d.	b.	v. *moroil*	v. *morroil*
281	1	12.	d.	h.	*ginonean*	*gizonean*
285	1	18.	d.	h.	*nariatu*	*narriatu*
286	1	13.	d.	h.	*nahastepen*	*nahastapen*
289	1	22.	d.	h.	*neurhitsak*	*neurthitzak*
289	2	11.	d.	h.	L'objection M.	L'objection de M.
294	1	10.	d.	b.	*nothorreno*	*nathorreno*
295	1	8.	d.	b.	*ohartze*	*ohartzen*
299	1	7.	d.	b.	sans	sous
303	2	12.	d.	b.	une	un
309	1	2.	d.	h.	doublé	redoublé
309	2	8.	d.	b.	cicatriec	cicatrice
313	2	18.	d.	b.	*orhutsik*	*orthutsik*
318	1	12.	d.	h.	*Ost* 2	*Ots* 2
318	1	24.	d.	h.	*Ozt*	*Otz*
318	1	29.	d.	h.	*hotsbera*	*hotzbera*
318	2	1.	d.	h.	*Oxaputz*	*oxophutz*
318	2	2.	d.	h.	*Ogal*	*Oyal*
319	2	1.	d.	h.	*Ozpin g. ozpin*	*Ozpin* g. b. l. bn.
320	2	11.	d.	b.	soi	soit
321	2	15.	d.	b.	v. *paratu*	v. *para*
323	2	15.	d.	b.	*pinoa*	*piuoa*
327	1	3.	d.	b.	*chindar*	*chingar*
331	2	12.	d.	b.	*saharroya*	*saharrayo*
333	2	4.	d.	b.	*samursa murtu*	*samur, samurtu*
338	1	14.	d.	b.	*sinetsi*	*sin-etsi*

page.	colonne.	ligne.			au lieu de.	lisez :
339	1	20.	d.	h.	v. *soberra*	v. *sobera*
340	2	6.	d.	h.	v. *soberna*	v. *soberra*
342	2	19.	d.	h.	méthaphore	métaphore
348	1	6.	d.	b.	*Tholdatu*	*Tholdotu*
356	2	15.	d.	b.	*urrezatuten*	*urreratuten*
357	1	21.	d.	h.	d'un	d'une
360	1	5.	d.	h.	v. *urilla*	v. *urrilla*
360	2	16.	d.	b.	*Urrila*	*Urrilla*
384	1	7.	d.	h.	ou	en
384	1	8.	d.	b.	*zirhil*	*zirzil*

54

www.ingramcontent.com/pod-product-compliance
Lightning Source LLC
Chambersburg PA
CBHW070212240426
43671CB00007B/626